INVESTIGATIONS OF THE ATTACK ON PEARL HARBOR

Recent Titles in
Bibliographies and Indexes in Military Studies

Stress, Strain, and Vietnam: An Annotated Bibliography of Two Decades of Psychiatric and Social Sciences Literature Reflecting the Effect of the War on the American Soldier
Norman M. Camp, Robert H. Stretch, and William C. Marshall

Military and Strategic Policy: An Annotated Bibliography
Benjamin R. Beede, compiler

INVESTIGATIONS OF THE ATTACK ON PEARL HARBOR

Index to Government Hearings

Compiled by
Stanley H. Smith

Bibliographies and Indexes in Military Studies, Number 3

GREENWOOD PRESS
New York • Westport, Connecticut • London

Library of Congress Cataloging-in-Publication Data

Investigations of the attack on Pearl Harbor : index to government
  hearings / compiled by Stanley H. Smith.
     p.   cm. — (Bibliographies and indexes in military studies,
  ISSN 1040-7995 ; no. 3)
    ISBN 0-313-26884-3 (alk. paper)
    1. Pearl Harbor (Hawaii), Attack on, 1941—Indexes. I. Smith,
  Stanley H. II. Series.
  D767.92.I58 1990
  940.54'26—dc20   90-31739

British Library Cataloguing in Publication Data is available.

Copyright © 1990 by Stanley H. Smith

All rights reserved. No portion of this book may be
reproduced, by any process or technique, without the
express written consent of the publisher.

Library of Congress Catalog Card Number: 90-31739
ISBN: 0-313-26884-3
ISSN: 1040-7995

First published in 1990

Greenwood Press, 88 Post Road West, Westport, CT 06881
An imprint of Greenwood Publishing Group, Inc.

Printed in the United States of America

The paper used in this book complies with the
Permanent Paper Standard issued by the National
Information Standards Organization (Z39.48-1984).

10 9 8 7 6 5 4 3 2 1

Contents

Preface	vii
Abbreviations	xi
Index to Hearings, Investigations, and Reports	1

    Hearings of Joint Committee, Parts 1–21

    Roberts Commission Proceedings, Parts 22–25

    Hart Inquiry Proceedings, Part 26

    Army Pearl Harbor Board, Parts 27–31

    Navy Court of Inquiry, Parts 32–33

    Clarke Investigation, Part 34

    Clausen Investigation, Part 35

    Hewitt Inquiry Proceedings, Parts 36–38

    Reports of Roberts Commission, Army Pearl Harbor Board, Navy Court, Hewitt Inquiry, Part 39

    Report of the Joint Congressional Committee, Part 40 (Senate Document 244 of the 79th Congress, 2nd Session)

Preface

Between December 1941 and June 1946 the United States conducted eight official investigations into the attack on its Pacific Fleet by the Japanese Imperial Navy at Pearl Harbor on December 7. At their conclusion in 1946 the 79th U.S. Congress compiled and published, in forty parts, the full testimony and evidence from all eight investigations. Parts 1 through 39 appeared under the single title, *Hearings before the Joint Committee on the Investigation of the Pearl Harbor Attack.* Part 40 appeared separately as the Joint Committee's *Report.*

Beyond each of these forty individual parts, the total record of testimony and evidence has never been indexed or cross-referenced as a unit and has never contained an accurate aid for its use as a whole. This index has been created to satisfy a need that historians and other researchers using the Hearings and the Report have long wished for.

The assembled material has, since its release in 1946, been considered crucially important for piecing together the complicated story of this disaster and why it took place.

One of the important conclusions of these investigations was that the attack was the culmination of a long period of tension between Japan and the United States. The year 1941 was witness to ten months of intensive negotiations that failed; in other words, a cold war had blazed into a hot one. The story recounted in these hearings and inquiries should help determine how to prevent another cold war from turning hot.

That there were eight separate investigations is itself a story. The president quickly appointed the Roberts Commission in December 1941 to satisfy the public outcry to fix blame for the disaster. This incomplete investigation was followed by the Hart Inquiry, in early 1944, ordered by the Secretary of the Navy, Frank Knox. It was feared that certain members of naval forces, with knowledge pertinent to the Japanese attack on Pearl Harbor, were carrying this important information into combat where it could be lost forever. Admiral Hart was charged with recording this evidence. This inquiry started on March 7, 1944, by taking the testimony of Admiral Block, the Commandant of the Fourteenth Naval District at the time of the attack. There followed interviews with many of the other naval players in the event. This testimony pointed to the need for a more formal Court of Inquiry, which was assembled in July 1944.

Not to be outdone by the Navy, the army implemented its own Pearl Harbor Board in August 1944. Neither the Secretary of War nor the Secretary of the Navy were satisfied with the conclusions of these groups and called for further investigations. For the army the Clarke and Clausen investigations resulted, and for navy the follow-up review was called the Hewitt Inquiry, each in 1945.

With the end of hostilities, the "Joint Congessional Committee on the Investigation of the Pearl

viii PREFACE

Harbor Attack" was ordered by a resolution of the Seventy-ninth Congress. The Committee began its deliberations on November 15, 1945 and continued until May 31, 1946. This investigation was by far the most complete of the eight and fills the first twenty-one parts of the assembled material. With the wraps taken off secrets that had to be kept during hostilities, much of the testimony given previously became more complete. The records of the earlier inquiries served as supporting material to this last and most comprehensive hearing.

This leads to the question of the "fortieth" part. The final reports, majority and minority, of the Joint Committee were assembled with the title, "Report of the Joint Committee on the Investigation of the Pearl Harbor Attack." Substitution of the word "Report" for "Hearing" created a cataloguing confusion in many libraries that resulted in this very important part being separated from the other thirty-nine. For indexing purposes the citations from this volume are shown as Part 40.

Method

With ten pages numbered "1" in the forty parts the citation technique requires the use of both the part and page number. For example, "XX: 230" designates part 20 and page 230. Also, in parts 21, 25, 31, and 38 many maps, photographs, and charts are identified by "Item" number rather than by page number. In such cases they are cited as Part and Item, i.e., XXI: Item 4 for example.

To distinguish ship names from people, warships from merchant ships, and people from places the following type fonts are used:

(1) Names in **BOLDFACE CAPITALS** are warships and include country designators if they are not U.S. ships. A list of country designators is shown below.

(2) Names in *ITALIC CAPITALS* indicate merchant ships with the same country designation method.

(3) Names in **bold face upper and lower case** are persons.

(4) Words upper and lower case Roman are reserved for all other citations.

(5) Country Designators: Australian (Au), British (Br), Canadian (Ca), Danish (Da), Dutch (Du or Ne), Egyptian (Eg), Finnish (Fin), German (Ger), Greek (Grk), Italian (It), Japanese (Ja), Norwegian (No), Philippine Island (P.I.), Portuguese (Por), Yugoslavian (Yu).

Many subheadings are used because the major persons, places, events, and ideas generated a great number of citations. Some minor persons not directly connected to the attack have been omitted. People serving as members of investigative boards and their staff support are not included unless, like Admiral Hart, they testified as witnesses in a different investigation. Admiral Hart, for example, was an active participant in events in the Philippine Islands in 1941 and testified to these actions before the Joint Congressional Committee. When directing the Hart Inquiry in 1944, his name appears on almost every page of Part 26 and is cited as XXVI: 1–565.

People are frequently referred to by their position rather than name, such as "the President" or the "CNO." Is it President Roosevelt or President Truman, Stark or King being referred to? Great care was taken to use this kind of reference as a citation. When Russia or the Soviet Union are referred to, all citations will appear under the Soviet Union heading, and the term "Dutch East Indies" has its citations collected under the term "Netherlands East Indies."

Because four years separated the first and last investigation, the rank of many of the witnesses changed. The rank the person held when first cited is the one used throughout. In many cases the last name and rank are the only identification given and to make these more complete Samuel Eliot Morison's *History of the United States Naval Operations in World War II* is used. The standard for spelling Japanese ship names is the work, *Warships of the Imperial Japanese Navy, 1869-1945* by Jenntschura, Jung, and Mickel.

Places such as Pearl Harbor, Washington D.C., and Tokyo are referred to many hundreds of times in the material and to avoid burdening the index with them the Pearl Harbor citations are confined to eyewitness accounts and the several narratives prepared by the Navy Department for the hearings. The Washington D.C. references are restricted to events taking place on December 6, 7, and 8, 1941.

Many of the letters, memoranda, and messages that were made part of the various investigations are included in the index since they portray the thinking of people in decision-making positions. The communications between the seats of government and responsible military and diplomatic personnel in the field became crucial to the process of establishing responsibility for the disaster.

Acknowledgments

There are many hands that made this index possible. First, Patricia Shelden of the Government Documents section of the University of Hawaii proposed the project. The staff of the University of Washington Library provided unlimited access to the basic material that made this project possible. Dr. Dean Allard, Director of the Naval Historical Center, provided the vital clue to the "mysterious Part 40." Also from the Naval Historical Center are Jim Mooney, ships history section, and John Vajda of the Navy Library, each of them provided valuable suggestions and support. The final format was the result of a very patient editor, Mildred Vasan, of the Greenwood Press and the skill of the Humanities and Arts Computing Center at the University of Washington.

Finally, many thanks to my good friends and teachers, Professors Dauril Alden and Otis Pease of the University of Washington for their valued support and suggestions.

Abbreviations

ABC-1,2,22 — American-British-Canadian
ABCD — American-British-Chinese-Dutch
ABD — American-British-Dutch
AWS — Aircraft Warning Service
CINCAF — Commander-in-Chief, Asiatic Fleet
CINCLANT — Commander-in-Chief, Atlantic Fleet
CINCPAC — Commander-in-Chief, Pacific Fleet
CINCUS — Commander-in-Chief, U.S. Fleet
CNO — Chief of Naval Operations
COS — Chief of Staff, U.S. Army
DIO — District Intelligence Office
DNC — Director of Naval Communications
DNI — Director of Naval Intelligence
DWP — Director of War Plans
FBI — Federal Bureau of Investigation
FCC — Federal Communications Commission
IFF — Identification, Friend or Foe
JN-25 — Japanese Naval Code
MAGIC — American term for Japanese Diplomatic Codes
MID — Military Intelligence Division, U.S. Army
N.E.I. — Netherlands East Indies
ONI — Office of Naval Intelligence
OPNAV — Office of Naval Operations
PATWING — Patrol Wing
PURPLE — American term for the top-priority Japanese Diplomatic cipher
SIS — Signal Intelligence Service

A

ABCD Block, II: 401, 454, 461, 492, 512, 514, 977, III: 992, 994, 999, 1040, 1197, 1218, 1219, 1251, 1386, 1453, IV: 1654, V: 2373, 2389, 2448, VII: 3173, IX: 4272, 4315–4319, 4387, 4389, 4400, 4426, 4490, 4491, 4564, 4565, 4569, X: 4694, 4695, 4763, 5019, 5080, XI: 5258, 5259, 5414, XII: 235, XIV: 1361, 1363, 1368, 1382, 1383, XIV: 2213, XVIII: 3196–3198, 3200, XIX: 3748, XX: 4088, 4223, XXIX: 1887–1889, XXXIII: 1169, 1232, XXXV: 97, 102, 154, 160, 192, 193, 197, 272, 284, 615, 674, XXXVII: 1074, XXXIX: 235, XXXX: 41, 87n, 168, 422

ABD Powers, V: 2469, XVI: 2141, XXXIV: 224

ABDA Area, V: 2233, XVI: 1970

ABSD-2, XXVI: 217

ABUKUMA (Ja), I: 184, 245, X: 5140, 5141, XI: 5356, 5359, XII: 358, XIII: 394, 519, 553, 579, 583, 584, 719, XVII: 2673, 2681, XX: 4125, XXIII: 665, 681, XXVIII: 1585, XXX: 3066, XXXV: 54, XXXVI: 10, 114, 562, 596, XXXVII: 731, 774, 1131, 1328, XXXX: 57n

Acheson, Dean, V: 2250, VI: 2527, 2699, 2853, XI: 5523, XVII: 2872, XX: 4382

ACHILLES (Br), IV: 1934, XV: 1582, XIX: 3552

Adak, XIII: 581–583

Adams, Gen. E. S., II: 827, 833, 835, III: 1024, 1025, 1033, 1054, 1154, 1155, 1212, 1288, 1290, V: 2076, 2452, VII: 2930, 2936–2939, 3091, 3212, 3214, 3215, XIV: 1326; XV: 1593–1595, 1627, XVII: 2480, 2727, 2748, XVIII: 2962, 3008, 3011, 3027, 3030, XIX: 3797, 3804, XXIV: 1568, 1778, 1780, 1826, 1842, 1845, 1849, 1872, 1873, 1885, 1890–1893, 1896–1900, 1904, 1905, 1908, 1911–1913, 1925, 1927, XXVII: 27, 28, 264, 308, XXIX: 1714, 1716, 1717, 1872, 1873–1875, 2132, 2133, 2213, XXX: 2466, 2469, 2512, 2515, 2531, 2534, 2538, 2562, 2567, 2579–2582, 2586, 2587, 2592–2594, 2597, 2600, 2602, 2614, 2616, 3003, 3005, XXX: 3007, XXXIII: 707, XXXIV: 160, 182, 189, 197, 210, 211, 213, 244, 245, 249, XXXIX: 48, 59, 237, 239, 316, XXXX: 101, 101n, 102, 103, 103n, 121, 122

Adams, J. Sterling, XXX: 3075, 3081, XXXV: 327, 494, XXXVII: 918, 919

Adelson, Lt.(jg.) Morris, XXXV: 322, 325, 339, 487, XXXVII: 913, 915, 916

Adlon, Capt. Hall, XXXII: 388

ADMIRAL CHASE, XXIV: 1659, XXXVII: 1276, 1277

ADMIRAL COLE, XII: 348

ADMIRAL HALSTEAD, XII: 347, XIV: 1404

ADMIRAL HIPPER (Ger), XV: 1787, 1809, 1830, XX: 4349, XXXIII: 1325, XXXVI: 656

ADMIRAL SCHEER (Ger), XV: 1787, 1808, 1830, XX: 4349, XXXIII: 1325, XXXVI: 656

ADVANCE (Fin.), XXIX: 3536

Agnew, Lt. Cdr. D.M., XXIX: 1591, 1599

2 AGREEMENTS

Agreements,
  ABC-1, II: 977, III: 991, 993–999, 1003,
    1040, 1052, 1197, 1218, 1220–1226, 1230,
    1348, 1435, 1436, 1525, 1526, 1542–1544,
    IV: 1593, 1928, 1936, 1951, 1983, 2014, V:
    2102, 2104, 2361, 2373, 2387, 2390, 2392,
    2448, VI: 2501, VII: 3175, IX: 4242, 4256,
    4261, 4271, 4273, 4276, 4289, 4371, X:
    4762, XIV: 1063, XV: 1586–1588, 1677–
    1679, 1781, XVI: 2183, 2223, 2275, 2299,
    XVII: 2462, 2576, XVIII: 2882, 2909,
    2911, 2914, XIX: 3457, 3459, XX: 4430,
    4431, 4435, XXIV: 2160, XXVI: 460, 499,
    XXXII: 69, 70, XXXIII: 931, 956, 957,
    959, 962, 993, 1174, 1357, XXXV: 51, 382,
    426, 653, XXXVII: 845, XXXIX: 407, 438,
    XXXX: 87, 88, 169, 169n, 171
  ABC-2, III: 991, 993, 995, 997, 1052, 1197,
    1218, 1220, 1230, 1386, IV: 1928, 1936,
    1951, 1983, 2014, 2361
  ABC-22, III: 996, 997, 1003, IV: 1593, 1928,
    VII: 3175, XV: 1426, 1566, XVII: 2576,
    XVIII: 2882, 2889, 2909, 2911, 2918,
    2921, 2922, XXIV: 2160, XXVI: 499,
    XXXI: 3163, XXXII: 69, XXXIII: 931,
    956, 957, 959, 962, 965, 968, 969, 972, 994,
    XXXVII: 845
AGGRESSOR, XX: 4441
Aiea, XXXV: 356, 375, 383, 506, 512, 521, 522,
  547, 556, 560, 574, 575, XXXVI: 32, 33, 42,
  166, 225, 466, 565, XXXVII: 1223, 1230,
  1237, XXXX: 69n
AIKOKU MARU (Ja), XIII: 551
Air Attack, I: 43, 65, 95, 103, 110, 118, 177–
  179, 181, 84–187, 191, 238–249, 286, 337,
  339, 374, 380–382, II: 410, 821, 854, 868,
  869, 870, 872, III: 1423, 1456, 1457, 1474–
  1478, 1496, 1540, 1541, IV: 1626, 1756,
  1757, 1772, 1782, 1805, 1842, 1882, 1884,
  1887, 1906, 1937–1941, 1957, 1963, 1966,
  1998, 2032, V: 2127, 2128, 2139–2142, 2149,
  2152–2154, 2174, 2178, 2179, 2213, 2220,
  2221, 2239, 2245, 2246, 2288, 2289, 2332,
  2335, 2338–2345, 2353, 2410, 2451, VI: 2507,
  2577–2579, 2582, 2584, 2590, 2591, 2594–
  2596, 2601, 2603, 2609, 2619, 2639, 2640,
  2705, 2706, 2707, 2753, 2754, 2761, 2762,
  2817, 2830, VII: 2923, 2930, 2944, 2956,
  2958–2961, 2968, 2969, 2972, 2973, 2985,
  3029, 3050, 3062, 3063, 3068, 3076, 3083–
  3085, 3088, 3090, 3094, 3116, 3127, 3128,
  3192, 3194, 3237, 3240–3245, 3250, 3254–
  3257, 3282, 3289, 3291, 3292, 3295, 3296,
  3306, 3308, 3315, 3326, 3333, 3339, 3344,
  3349, 3352, 3356, 3357, 3360, 3365, 3375,
  3378, VIII: 3412, 3442, 3472, 3374, 3478–
  3480, 3484, 3504, 3507, 3519, 3548, IX:
  4534, X: 4843, 4894, 4937, 4938, 4948, 4998,
  XI: 5452, 5488, XIV: 985, 1001, XV: 1428,
  1437, 1439, XVI: 1937, 1938, 2256, 2267,
  2269, 2281–2283, 2288–2290, 2294, 2311,
  2338, 2342, 2345, 2348, 2351, 2352, 2354,
  2355, 2360, 2363–2365, 2399, 2403, 2414,
  2418, 2422, 2424, XVII: 2467, XVIII: 2960,
  2964, 2966, 2981, 3218, 3219, 3227, 3229,
  3241, 3238, 3251, 3254, 3294, 3295, 3301,
  3430, XIX: 3635, 3848, XX: 4277, 4300,
  4325, XXI: 4584, 4592, 4599, 4600–4602,
  4604, 4636, 4637, 4657, 4662, 4665, 4679,
  4688, 4690, 4699, 4700, XXII: 27, 39, 49,
  57, 74, 76, 82, 83, 86, 99, 103, 104, 108, 125,
  134, 179, 260, 320–322, 324–328, 334, 338,
  350, 352, 358, 380, 387, 388–390, 395, 401,
  403, 429, 431, 439, 460, 477, 484, 494, 511–
  514, 521, 527, 535, 557, 569, 574, 582, 593,
  XXIII: 606, 615, 617, 626, 627, 630, 669,
  711, 766, 894, 895, 935, 976, 1033, 1042,
  1053, 1093, 1118, 1125, 1126, 1131, 1132,
  1142, 1145, 1147, 1153, 1173, 1181, 1183,
  1184, 1188, 1193–1195, 1226, 1234, XXIV:
  1285, 1365, 1463–1468, 1474, 1495, 1497,
  1568, 1569–1601, 1606, 1623, 1631, 1633,
  1649, 1749, 1751, 1753, 1755, 1757, 1776,
  1780, 1805, 1807, 1969, XXIV: 2027, 2150–
  2155, 2161, 2162, XXVI: 13, 18, 20, 46, 51–
  53, 57, 59, 60, 66, 67, 73, 76, 79, 85, 87, 91,
  94–97, 103, 105, 108, 110, 124, 129, 135,
  137, 148, 150, 152, 162, 163, 166, 169–172,
  177, 184, 193–195, 198, 203, 206–208, 210,
  211, 247, 259, 273, 275, 309, 311, 326, 328,
  345, 384, 385, 390, 400, 412, 422, 423, 429,
  430, 454, 455, 459, 465, 466, 470, 478, 505,
  534–537, 539, 541, 546, 561, 562, XXVII:
  18–20, 33, 41, 60, 67, 96, 97, 100, 128, 129,
  142, 146, 156, 158, 159, 166, 177, 186, 191,
  201, 207, 208, 216, 222, 226, 242, 246, 247,
  251, 257, 258, 280, 282, 283, 418, 421, 427,
  430, 431, 433, 474, 501, 502, 533, 577, 588,
  589, 592, 593, 595, 599, 601, 602, 624, 641,
  706, 708, 709, 719, 720, 758, 777, 779, 795,

XXVIII: 829, 830, 834, 877, 893, 902, 904, 926, 931, 939, 941–943, 954, 958, 960, 962, 964, 967, 973, 990, 991, 1001, 1023, 1024, 1046, 1050, 1057, 1375, 1376, 1379, 1383, 1394, 1405, 1406, 1411, 1420, 1441, 1473, 1474, 1478, 1479, 1485, 1496, 1497, 1500, 1541, 1552, 1554, 1555, 1569, 1594, 1602, 1607, XXIX: 1724, 1725, 1996, 2010–2012, 2080, 2088, 2119, 2158, 2210, 2253, 2254, 2264, 2265, 2267, 2400, XXX: 2462, 2463, 2465, 2468, 2470, 2472, 2485, 2531, 2617, XXXI: 3165, XXXII: 30, 31, 66, 72, 73, 126, 174, 185, 186, 195–197, 207, 215, 216, 222, 225, 231, 234–236, 261, 275, 281, 282, 291, 292, 297, 302, 304, 308, 314, 323, 327, 330, 332, 346, 369, 374, 378, 398, 429, 437, 438, 450, 454, 458, 499, 500, 503, 504, 514, 515, 517, 518, 532, 548, 556, 558, 575, 583, 616, 619, 627, 666–668, 676, 677, XXXIII: 689, 690, 692, 705, 706, 708, 709, 712, 720–722, 725, 781, 830, 920, 1000, 1160–1162, 1164, 1165, 1180, 1183, 1193, 1194, 1200, 1202, 1232, 1295, 1300, 1301, 1332, XXXIV: 47, 57, 144, 151, 156, 157, XXXV: 15, 16, 18, 93, 105, 119, 149, 152, 153, 156, 157, 167–169, 172, 174, 178, 306, XXXVI: 42, 59, 100, 102, 105, 106, 148, 178, 179, 181, 193, 195, 205, 209, 212, 220, 239, 283, 369, 379, 387, 389, 390, 392–395, 397, 398, 405, 407, 412, 413, 418, 426, 437–447, 450, 453, 461, 462, 525–527, 533, 536, 538, 539, 541, 549, 552, 557, 559, 566, 576, 577, 580, 586, 587, 593, 644–648, 929, XXXVII: 947–950, 1207–1261, 1267, 1285, 1290, XXXVIII: Item 8–10, XXXIX: 2, 5, 6, 9, 10, 12, 15, 16, 18, 36, 48, 51, 62, 63, 68, 72–77, 79, 122, 124, 143, 232, 234, 238, 239, 253, 254, 263, 265, 268, 300, 305, 307, 308, 320, 331, 338, 344, 348, 354, 358, 363, 367, 374, 378, 381–384, 398, 400, 413–415, 418, 419, 425, 426, 430, 485, 489, 499, 501, 503, 507, 510, 511, 513, 522, 525, 527, XXXX: 4, 58–67, 69, 71n, 75n, 76, 79, 81, 83–85, 85n, 86–88, 105, 108n, 113n, 116, 120, 120n, 127, 137, 140n, 154, 155, 161, 163, 168n, 183, 190, 203, 227, 234, 235, 266B, 266E, 519, 523, 537, 544, 555

 Dive Bombing, I: 43, 44, 47–51, 58, 240, 241, XIII: 405, 409, 423, XVI: 2348, XIX: 3589, 3594, 3614, 3615, 3619, 3621, 3622, 3632, 3635, 3641, 3642, XX: 4520, XXXVI: 646, 647, XXXXVII: 1207, 1216, 1223–1243, 1245, 1247, 1268, 1285, XXXIX: 503, XXXX: 58–62

Horizontal Bombing, I: 43–49, 50, 51, 239, 279, III: 1001, 1058, 1452, IV: 1749, 1939, 2023, V: 2127, 2341, VI: 2536, 2753, VII: 2923, 3288, XIII: 405, 409, 423, XVI: 2284, 2348, XVIII: 3230, XXI: 4599, 4600, 4602, 4663, XXII: 495, 536, 582, 583, 588, 590, 592, 596, 599, 600, XXIII: 630, 666–668, 695, 696, 704, 705, 707, 710, 736, 741, 747, 1092, 1093, XXIV: 1363, 1368, 1453, 1569, 1572–1592, 1595, 1617, 1649, 1752, XXVI: 195, 197, 561, 646, XXVII: 197, 431, XXIX: 2077, XXXII: 30, 64, 183, 221–223, 260, 314, 504, 543, XXXIII: 920, 1164, 1193, XXXV: 153, XXXVI: 193, 369, 402, 438, 646, XXXVII: 1234, 1237–1244, 1248, 1268, XXXIX: 5, 73, 75, 76, 123, 124, 197, 233, 300, 362, 377, 418, 419, XXXX: 55, 58, 60, 61, 76, 148

Torpedo Bombing, I: 43–46, 49, 58, 180, 240, 241, 279, III: 1001, 1058, 1063, 1065, 1067, 1452, IV: 1749, 1939, 1989, 2023, 2026, 2027, V: 2127, 2264–2267, 2286, 2340, 2341, 2350, VI: 2508, 2536, 2537, 2591–2593, 2617, 2618, 2640, 2641, 2753, 2789, VII: 2923, 3288, VIII: 3472, 3832, XIII: 405, 423, XIV: 991, 1001, 1033, XV: 1628, XVI: 2267, 2284, 2285, 2333, 2348, 2410, 2412, XVII: 2468, 2470, 2472–2475, 2700–2702, XVIII: 3230, 3235, 3238, XIX: 3589, 3618, 3621, XXI: 4599, 4600, 4602, 4650, 4663, 4670, 4671, 4683, 4695, 4698, XXII: 88, 120, 121, 328, 331, 333, 492, 493, 495, 497, 536, 583, 588, 590, 593, 596, XXIII: 630, 666–668, 696, 704, 707, 747, 749, 894, 1039, 1092, 1093, 1133, 1137, 1138, XXIV: 1360, 1363, 1368, 1369, 1570, 1572–1584, 1590, 1649, 1751–1753, 1758, 2162, XXVI: 35, 36, 69, 167, 195–197, 248, 286, 412, 433, 523, 524–526, 541, 561, XXVII: 197, 244, 431, XXVIII: 943, 1383, XXIX: 2077, XXXII: 30, 64, 183, 205, 221, 222, 225, 255, 314, 335, 378, 391, 393, 398, 406, 504, 543,

4   AIR ATTACK ROUTES TO OAHU

544, 568, 569, XXXIII: 721, 879, 921, 1164, XXXV: 153, XXXVI: 9, 193, 195, 279, 368, 402–404, 438, 443, 444, 446, 447 526, 538, 646, 647, XXXVII: 1207, 1216, 1223–1237, 1239, 1245, 1247, 1268, 1285, XXXVIII: Item 7, XXXIX: 5, 73, 76, 123, 124, 197, 199, 233, 300, 311, 338, 348, 362, 377, 380, 399, 418–420, 503, XXXX: 55, 58, 59, 76, 78, 79, 118n, 148, 545

Air Attack Routes to Oahu, XI: 5360, 5361, XIII: 406, XXVII: 58, 59, 61, XXXVI: 170, 460, 461, XXXVIII: Item 7, XXXIX: 99, XXXX: 54, 57

Air Attack Units (Ja), I: 238, 239 facing pages, 242, XIII: 405, 516

Air Corp (U.S. Air Force), II: 751, 837, III: 1079–1081, 1245, 1258–1260, 1383, 1496, 1537, IV: 1610, V: 2122, 2130, VII: 2923, 2927, 2930, 2942, 2943, 3047, 3079, 3086, 3126, 3178, 3179, 3211, 3215, 3226, 3260, IX: 4439, 4440, XI: 5262, XIV: 1064, 1066, XV: 1510, 1511, 1514, 1520, 1525, 1529, 1547–1549, 1626, XVI: 2203, 2222, 2238, XVIII: 2963–2965, 2976, 3431, XIX: 3978, XXI: 4586, 4595, 4632, 4766, 4767, 4770, 4771, 4773, XXII: 22, 362, XXIII: 992, XXIV: 1376, 1890, 1899, 1901, 1903, 1907, 2009, 2130, 2137, 2140, 2147, XXVI: 79, 83, XXVII: 22, 88, 93, 103, 104, 125, 181, 255, 257, 263, 274, 281, 213, 510, 511, 513, 561, 569, 592, 626–628, 631, 632, 641, 654, 677, XXVIII: 974, 983, 984, 987, 1022, 1285, 1393, 1577, XXIX: 1634, 1727, 1729, 1771, 1772, 1831, 1967, 1968, 1994, 1996, 1997, 2008, 2132, 2134, 2312, XXX: 2476, 2478, 2479, 2588, 2593, 2760, 2878, 2898, 2902, 2983, 3018, XXXII: 32, 35, 173, 430, 494, 559, 563, XXXIII: 820, 956, 1036, 1165, 1169, 1203, 1211, 1238, 1335, XXXIV: 10, 158, XXXV: 27, 219, XXXVII: 1301, XXXIX: 49, 59, 71, 78, 80, 105, 108, 115, 117, 118, 132, 240, XXXX: 140, 165n

Aircraft and Crew Losses off the ENTERPRISE on 7 Dec. 1941, (See ENTERPRISE Air Operations)

Aircraft (Japanese), I: 43–53, 62–65, 109, 134, 139, 140, 186, 199, 239(FP), 239, 240, 241, III: 1064, 1067, XI: 5324, 5326–5330, 5332–5335, XIII: 410, XIV: 1023, 1024, 1351, 1355, 1380, XV: 1627, 1628, XIX: 3609, 3610, 3615–3619, XXIV: 1448, 1464, 1475, 1572–1592, 1594, 1595, 1600, 1661, 1750–1752, XXVIII: 861, 944, 977, 978, 1051, 1052, XXXI: 3216–3220, 3223, XXXIV: 199–201, 204, 206, 208–212, 220, 224, XXXV: 300, 301, 311, 312, 318, 398, 401, 578, 584–586, 588, 590, 593, 604, 608, 611, 618, 630, 639, XXXVI: 561, 562, 564, 566–568, 570, 576, 597, XXXVII: 954, 1216, 1221, 1222, 1224–1235, 1239, 1240, 1242, 1244–1248, 1250, 1252, 1268, 1280, 1285, 1290, XXXIX: 15–17, 34n, 99, 122, 123, 196, 198, 383, XXXX: 57, 58, 68, 70, 71, 71n

Aircraft (Japanese by type)
 95 Recon., XIII: 404
 97 Bomber, XIII: 405, 407, 423
 97 Recon., XIII: 404
 99 Bomber, XIII: 405, 407, 423
 BAHA, XXXVII: 1156
 BETTY, XIII: 759, XXXVI: 609, 639, XXXVII: 1156, 1174,
 DAVE, XXXVIII: Item 46,
 DINAH 3, XXXVI: 605
 EMILY, XXXVI: 639, 640, 642
 FRANK, XXXVI: 620, XXXVII, 1155, 1157
 GEKKO, XXXVI: 622, 623, XXXVIII: Item 47
 GEORGE, XIII: 751, XXXVI: 607, 621, 622, XXXVII: 1152, 1153, XXXVIII: Item 28, 259, 260
 GEORGE 11, XXXVII: 1152, 1153
 GEORGE 21, XXXVII: 1153
 HELEN, XIII: 750, XXXVI: 606, 607, XXXVIII: Item 27,
 IRVING, XXXVI: 622, 623
 JAKE, XXXVI: 561, 562, 639, 640, 642
 JILL, XXXVI: 639, 640, 642
 JINI, XXXVI: 622
 JUDY, XIII: 754, XXXVI: 607
 LIZ, XXXVI: 620
 NATE, XXXVII: 1155, 1156, XXXVIII: Item 269, 271,
 NICK, XXXVII: 1157
 OSCAR, XXXVI: 619, 620, XXXVII: 1152, XXXVIII: Item 44
 RENZAR, XXXVI: 620

AIRCRAFT (U.S.) 5

SALLY, XXXVI: 605, XXXVII: 1154, 1155, XXXVIII: Item 261–263, 268, 270
SALLY 2, XXXVII: 1154
SAM 11, XXXVII: 1153
SONIA, XXXVII: 1155, 1156, XXXVII: Item 269, 271
TAIZAN, XXXVI: 621
TOJO, XXXVI: 620
TONY, XXXVI: 620, XXXVII: 1152
ZEKE, XXXVI: 619, 625, XXXVII: 1174
ZERO Fighter, XIII: 405, 423, XXXIX: 197
ZERO Float, XIII: 576
ZERO Recon., XIII: 404
Aircraft (U.S.), I: 36–38, 43, 44, 50, 53–55, 58, 60–66, III, 114, III: 1354, IV: 1687, VI: 2784, VIII: 3455, 3467, X: 4873, XI: 5321, XX: 4428–4435, 4442–4444, XXXVI: 571, XXXX: 149
    Aircraft (U.S. by type)
8-A, X: 4874, XIX: 3979
A-12, XVIII: 3018, XIX: 3640, XXIV: 1765, 2168, XXX: 2522
A-20, I: 54, 55, 396, III: 1068, 1085, 1459, VI: 2772, VIII: 3456, 3468, X: 4874, XII: 373, XIII: 1034, XV: 1629, XVII: 2723, 2725, 2868, XVIII: 3018, XIX: 3606, 3635, 3979, XX: 4520, XXI: 4632, 4639, XXII: 60, 73, 101, 122, 194, 560, XXIII: 611, 996, XXIV: 1564, 1566, 1607, 1721, 1726, 1736, 1744, 1745, 1833, 1834, 1840, 2009, 2019–2021, 2168, XXVI: 137, XXVII: 158, 171, 172, 242, 256, 273, XXVIII: 853, 973, XXX: 2522, 2529, 2929, XXXI: 3171, XXXII: 178, 456, XXXIV: 66, XXXV: 160, XXXVI: 289, 299, 551, 564, XXXVII: 1220, 1264, XXXIX: 117, 119, 126, 243
A-22, XIX: 3979
A-24, X: 4606, XI: 5322, XXXIII: 1394, XXXIV: 66
A-27, : 2074, X: 4874, XXXIII: 718, 1394
A-28, 4874
A-29, 4874
A-30, 4874
AR, XXIV: 1833

ASB, XVI: 2199
AT-6, XXII: 257, 259, 293, XXIV: 1705, 1833
BR, XXIV: 2013
BT-2BL, XXIV: 1765, 2168
BT-2BR, XXIV: 1833, XXX: 2519
BT-2CR, XXIV: 1833, 2168
BT-1, XXIV: 1833, XXX: 2519
B-10, V: 2073, 2074, XI: 5322, XXI: 4768, 4769
B-12, III: 1085, XVIII: 3018, XXIX: 3640, XXIV: 1765, 1833, 2168, XXVIII: 1049, XXX: 2522,
B-17, I: 37–39, 51, 54, 74, 79, 80, 99, 116, 126, 388, 388, 391, 393–396, III: 1068, 1077, 1082, 1084, 1085, 1089, 1120, 1141, 1161, 1217, 1251, 1259, 1456, 1459, 1519, V: 2073, 2074, 2157, 2168, 2339, 2405, VI: 2571, 2611, 2722, 2730, 2731, 22749, 2772, 2773, 2799, 2803–2805, VII: 2932, 2949–2951, 2958, 2962, 2963, 2970, 2985, 3055, 3068, 3074, 3075, 3113, 3122, 3124, 3203, 3222, VIII: 3453, 3456, 3460, 3468, 3501, 3527, X: 4606, 4811, 4851, 4937, 4998, 5032, 5037, 5048, 5051, 5078, 5134, 5135, 5142, 5144–5146, XI: 5293, 5294, 5322, 5325–5332, 5465, 5466, 5498, XII: 265, 271, 323, XIII: 551, 575, 581, XIV: 1019, 1020, 1022, 1023, 1025, 1028, 1030–1032, 1035, XV: 1602, 1624, 1625, 1629, 1631, XVI: 2211, 2267, 2291, 2347, XVII: 2480, 2482, 2489, 2491, 2492, 2723, 2867, 2868, XVIII: 2961, 2965, 2968, 3012, 3015, 3018, 3019, 3027, 3430, 3431, XIX: 3597, 3598, 3606, 3622–3624, 3635, 3639, 3641, 3679, XX: 4277, 4520, XXI: 4618, 4632–4634, 4639, 4642, 4670, 4674, 4677, 4766–4769, 4775, XXII: 38, 45, 60, 64, 73, 83, 92, 114, 122, 124–127, 146, 202, 204, 208, 254, 293–296, 541, 560, 566, 586, XXIII: 617, 984, 996, 1027–1031, XXIV: 1365, 1564, 1588, 1596, 1607, 1653, 1667, 1676, 1687, 1691, 1698, 1705, 1707, 1714–1716, 1719, 1747, 1748, 1777, 1781, 1784, 1827, 1830, 1833, 1834, 1841, 2008, 2009, 2011, 2013, 2019–2021, 2139,

6 AIRCRAFT (U.S.)

2144, 2147–2149, 2151, 2153–2158, 2168, XXVI: 35, 49, 60, 136, 137, 230, 259, 278, 320, 329, 383, 490, XXVII: 14, 17, 90, 93, 96, 97, 101, 102, 157, 158, 167, 170–172, 177, 180, 200, 201, 242, 244, 254–256, 273, 419, 424, 430, 439, 548, 553, 568, 569, 634, 635, 640, 694, 798, 799, XXVIII: 830, 853, 911, 922, 924, 925, 929, 973, 974, 978, 979, 981, 982, 984, 989, 1186, 1470, 1545, 1571–1573, XXIX: 1728, 1729, 1781, 1981, 2123, 2315, 2316, 2326, XXX: 2465, 2469, 2472, 2516, 2519, 2522, 2530, 2901, 2902, XXXI: 3158, 3171, 3191, XXXII: 172, 177, 178, 181, 184, 186, 219, 223, 224, 344, 345, 351, 371, 432, 442, 454, 456, 473, 487, 500, 507, 509, 510, 514, 556, 562, 565, XXXIII: 718, 911, 1170, 1233, 1289, 1333–1336, 1394, XXXIV: 66, 157, 160, 218, 224, 225, 229, 238, 392, 431, 443, 504, XXXVI: 171, 280, 287, 289, 299, 411, 456, 460, 462, 463, 497, 551, 553, 561, 562, 564, XXXVII: 669, 931, 960, 1022, 1090, 1095, 1219, 1264, XXXIX: 97, 116–119, 126, 200, 239, 242, 243, 310, 316, 320, 399, 428, 502, XXXX: 66, 96, 115n, 126, 140, 164, 165, 165n, 166n, 229, 262, 549

B-18, I: 277, III: 1085, 1459, V: 2074, VI: 2772, 3069, VIII: 3456, 3468, XI: 5322, 5325, XII: 271, 323, XIV: 985, 1332, XV: 1602, 1629, 1631, XVII: 2467, 2489, 2723, XVIII: 3018, 3019, XIX: 3597, 3606, 3640, XX: 4520, 4544, XXI: 4632, 4634, 4639, 4642, 4775–4777, XXII: 60, 73, 122, 127, 560, XXIII: 996, XXIV: 1365, 1369, 1564, 1607, 1653, 1660, 1676, 1678, 1685, 1686, 1714, 1716, 1730, 1745, 1747, 1748, 1765, 1833, 1834, 1972, 2009, 2011, 2012, 2019–2021, XXVI: 35, 132, 539, XXVII: 17, 93, 101, 121, 122, 158, 172, 242, 256, 419, 422, 423, 439, 634, 640, 798, XXVIII: 830, 853, 925, 973, 978, 979, 1574, XXX: 2522, 2929, XXXII: 178, 500, 565, XXXIII: 911, 1194, 1333, 1394, XXXV: 160, XXXVI: 280, 289, 299, 462, 551, XXXVII: 1219, 1220, 1264, XXXIX:

116, 119, 126, 131

B-19, VI: 2784

B-24, III: 1215, 1288, 1454, XII: 271, XIII: 553, 581–583, XIV: 1328, XVI: 2211, 2339, XVII: 2490, 2492, 2495, 2867, 2869, XVIII: 2964, 2965, 3011, 3012, 3018, XIX: 3979, XX: 444, XXI: 4603, 4604, XXII: 44, 292, 562, XXIII: 1108, XXIV: 1780, 1781, 1824, 1833, 2165, XXVII: 166, 167, 244, 547, 548, XXVIII: 945, XXIX: 2175, XXX: 2468, 2469, 2515, 2516, 2522, XXXI: 3168, XXXII: 185, 186, XXXIII: 1170, 1334, 1336, 1337, 1340, XXXV: 52, 155, XXXVI: 159, 160, 462, 625, XXXVII: 802, 1205, XXXIX: 236, 491, XXXX: 102, 164

B-25, VI: 2805, XIII: 552, 581, 582, XIX: 3979, XXX: 2902, XXXVI: 159

B-26, I: 394–396, XIII: 1030, 1034, XIX: 3979, XXIV: 2157

B-29, XXXVI: 625, XXXVII: 1152, 1176, XXXVIII: Item 50, 296

BR, XXIV: 2019–2021

BT2, XXX: 2522

BT2BL, XXIV: 1765

BT2BR, XVIII: 3018, XXIV: 1833, XXX: 2522, XXXI: 3171

BT2CR, XXIV: 1833

BT21, XXIV: 2168, XXXI: 3171

BT2RR, XXIV: 2168

BT2CR, XXIV: 2168

CEAG, XXIV: 1393

C-33, XVIII: 3018, XXIV: 1833, 2168,

C-39, XXXIII: 911, 1394

C-47, XVII: 2723, XXVI: 1554, XXVII: 422, XXXI: 3171

C-49, XXXI: 3171, XXXIII: 911, 1394

DC3, XIV: 3490, XX: 4543, 4544

F2A, XXIV: 1677, XXXIII: 1260

F2A3, XXIV: 1665

F4F, XII: 352, XVI: 2200, 2245, XXIII: 712, XXIV: 1554, XXXIII: 1207

F4U, XXXIII: 1226, XXXVII: 1174

J2F, XXIV: 1607, 1660, 1668, 1689, 1690, XXXIII: 911, 1269, 1394, XXXVII: 1217, 1219, 1265, XXXIX: 503

J2V, XXXVII: 1217, XXXIX: 503

JRB, XXXVII: 1217

JRS, XXIV: 1677, XXXVII: 1217, XXXIX: 503
N3PB, X; 4874, XIX: 3979, 3981
OA-4, XXIV: 1970, 2168, XXXI: 3171
OA-8, I: 54, XXIV: 2019–2021, 2168, XXXI: 3171
OA-9, I: 54, XXIV: 1765, 1833, 2019–2021, XXXI: 3171
OS-2, XXIV: 1677
OS-2U, XXXII: 312, XXXIII: 1260
O-46, XXIII: 742,
O-47, I: 54, 55, XII: 323, XVIII: 3018, XIX: 3640, XXII: 293, XXIII: 742, XXIV: 1765, 1833, 2019–2021, 2168, XXVII: 592, XXVIII: 1570, XXX: 2522
O-49, I: 54, 55, XXIII: 742, 1833, XXIV: 2019–2021, 2168, XXVIII: 1570, XXX: 2522
PA-8, XXIV: 1765
PBM, XVI: 2203, XVII: 2493, XIX: 3981, XXXIII: 1228, 1338
PBY, I: 37, 60, 61, 144, 159, 160, III: 1075, 1082, 1083, 1085, 1163, 1217, V: 2139, 2141, VI: 2533, 2755, VIII: 3453, 3454, 3499, 3506, 3507, 4874, XIII: 551, 581, 582, 740, XVI: 2122, 2125, 2139, 2159, 2176, 2177, 2203, 2241, 2341, 2349, 2453, XVII: 2490–2494, 2531, 2721, 2722, 2869, XIX: 3979, 3981, XXI: 4593, 4594, 4635–4637, 4642, 4643, XXII: 329, 562, XXIII: 738, 939, 1134, XXIV: 1373, 1571, 1572, 1605–1607, 1651, 1653, 1657, 1659, 1661, 1663, 1664, 1668–1670, 1672–1674, 1676, 1677, 1679, 1683, 1690, 1691, 1694, 1696, 1699, 1712, 1715, 1719, 1720, 1726, 1748, XXVI: 61, 122, 125, 131, XXVII: 421, 425, 428, 429, 516, 538, 539, 547, 639, 769, 773, 775, 778, 795, 798, XXVIII: 838, 843, 847, 894, 946, 1356, 1394, XXIX: 2265, XXXII: 232, 441, 442, 447, 456, 500, 505, 507, 508, 510, 667, 668, 681, XXXIII: 911, 1207, 1216, 1228, 1229, 1258–1260, 1334–1338, XXXVI: 108, 159, 160, 171, 280, 288, 297, 408, 423, 600, XXXVII: 1218, 1219, 1222, XXXIX: 50, 65, 66, 120–123, 128, 131, 491, 493, 504, XXXX: 69, 70, 75n
P-3, XXVI: 34
P-26, I: 54, 55, X: 4874, XI: 5321, 5325, 5333, XVII: 2725, XVIII: 3018, XIX: 3640, XXI: 4632, XXIV: 1564, 1677, 1765, 1833, 2010, 2019–2021, 2168, XXVIII: 973, 974, 1049, XXX: 2522, XXXIII: 911, XXXIX: 116
P-35, XI: 5333, 5334, XXXIII: 911
P-36, I: 54, 55, III: 1059, 1060, 1063, 1067, 1068, VIII: 3501, 4874, XI: 5325, XII: 258, 323, XIV: 1003, XV: 1601, 1628, XVII: 2723, XIX: 3638, 3640, XX: 4520, XXI: 4632, XXII: 199, 200, 250, 301, XXIII: 739, 1094, XXIV: 1671, 1677, 1682, 1683, 1686, 1690, 1735, 1735, 1764, 1765, 1834, 1985, 2013, 2019–2021, 2168, XXVI: 106, 563, XXVII: 17, 273, 431, XXVIII: 973, 974, 995, 1049, 1050, XXIX: 2318, XXXII: 554, 556, 565, XXXIII: 1186, XXXVII: 1129, 1130, XXXIX: 116, 117, 197, 198, XXXX: 166
P-38, XI: 5318, 5325, XVII: 2723, XXIV: 1564, XXVIII: 978
P-39, VIII: 3501, XIV: 1332, XV: 1629, XIX: 3491, XXIV: 1712, XXVI: 34, 50, 106, XXXII: 412, XXXV: 213, XXXVI: 449, XXXX: 242n
P-40, I: 54, 55, 61, 126, III: 1059, 1060, 1063, 1064, 1229, VII: 3121, 3378, VIII: 3501, X: 4606, 4874, XI: 5318, 5321, 5326, 5332, 5334, XII: 323, XIII: 583, XIV: 985, 1003, 1332, XV: 1601, 1628, 1629, XVI: 2182, XVII: 2468, 2723, XVIII: 3018, XIX: 3490, 3491, 3604, 3606, 3629, 3638, 3640, XX: 4520, 4542, 4544, XXI: 4632, XXII: 117, 127, 199, 200, 250, 256, 295, 301, XXIII: 608, 624, 743, 744, XXIV: 1564, 1658, 1682, 1683, 1690, 1704, 1719, 1720, 1744, 1763, 1764, 1834, 1960, 1962, 2010, 2013, 2019–2021, 2168, XXVI: 34, 49, 50, 106, 385, 539, 563, XXVII: 17, 273, 412, 429, 431, 592, XXVIII: 973, 974, 978, 995, 1049–1051, 1052, 1570, 1572, XXIX: 2114, 2318, XXX: 2890, 2895, 2901, 2902, XXXI: 3171, 172, XXXII:

8   AIRCRAFT WARNING SERVICE

412, 554, 556, 565, XXXIII: 911,
  1186, 1218, XXXV: 213, XXXVI: 449,
  XXXVII: 1130, XXXIX: 116, 197,
  198, XXXX: 62, 77, 166, 242n
P-43, XIX: 3491, XX: 4542
P-47, XIX: 3491, XX: 4542
P-48, 4544
R3D2, XXIII: 712
RD, XXIV: 1677
SB, XXIV: 1554
SB-2, XII: 352
SB-2C, XVI: 2159, XXXIII: 1207
SB-2U, XIX: 3979, 3981, XXIV: 1695
SBC, XIX: 3979, 3981
SBD, VII: 3468, XII: 352, XVI: 2199,
  XIX: 3979, 3981, XXIII: 932, XXIV:
  1607, 1660, 1665, 1683, 1695, XXVI:
  137, XXXIII: 1207, 1226, 1260, 1284,
  XXXVII: 1219, 1265
SBN, XIX: 3979, 3981
SNJ, XXIV: 1678, 1695
SOC, XXIV: 1677, XXXIII: 911, 1394
SO3C, XVI: 2159, XXXIII: 1207
TBF, XVI: 2159
TBD, XXIV: 1670
TDB, XXIV: 1678
VB, IV: 1688, 1689, XXIV: 1373, 1394
VF, IV: 1688, 1689, XXIV: 1393, 1394
VJ, I: 62, IV: 1687–1689, XII: 351,
  XXXIII: 1333, XXXVI: 462, XXXVII:
  1220
VJR, IV: 1688, 1689
VMJ, XII: 351
VN, IV: 1688, 1689
VO, XXIV: 1655, 1678
VOS, IV: 1688, 1689, XXIII: 996,
  XXIV: 1607, 1679, XXXVII: 1220
VOVS, VIII: 3468, XXVI: 136, 137
VP, XXIV: 1655, XXVIII: 853, XXXVII:
  1220
VPB, IV: 1687, 1689
VS, IV: 1688, 1689, XXIV: 1393, 1394,
  1655
VSB, IV; 1688, 1689, XXIV: 1393, 1677
VSO, IV: 1688, 1689, XXXII: 140,
  XXXIII: 1333, XXXVI: 462
VT, XXIV: 1393
VTB, IV: 1688, 1689, XXIV: 1393, 1677
VT-2, XVIII: 3018
XPB-2Y, XVI: 2165

Aircraft Warning Service (Interceptor Command), I: 38, 39, 58, 74, 108, 277, 280, 281, 370, 378, 379, 384, III: 1013, 1014, 1060, 1066, 1070–1074, 1279, 1451, 1458, V: 2126, 2127, 2242, 2245, 2339, 2344, 2457, 2478, VI: 2510, 2586–2589, 2605, 2741–2746, 2758, 2805, 2812, VII: 2926, 2941, 2951, 2983, 2987, 2993–2995, 3034, 3036, 3082–3084, 3109–3111, 3114, 3115, 3119, 3183, 3192, 3288, 3292, 3293, 3296, VIII: 3501, 3527, IX: 4407, X: 4977, 4982, 4985, 4992, 4998, XIV: 986, 1001, 1003, 1332, XV: 1435, 1436, 1442, 1443, 1445, 1606, 1607, 1609, 1661, XVI: 1939, 1940, 2264, 2267, 2279, 2280, 2888, 2352, 2363, 2369, 2410, 2424, 2425, XVII: 2468, 2726, 2735, 2736, 2738, 2745, XVIII: 2959, 2963, 2966–2968, 2972, 2976, 2989, 3013–3015, 3065, 3066, 3098, 3099, 3187, 3213, 3217, 3228, 3233, 3234, 3237–3249, 3253, 3373, XIX: 3602, 3604, 3608, 3635, 3899, XXI: 4587, 4588, 4593, 4595, 4598, 4600, 4612, 4617, 4623–4627, 4635, 4643, 4656, 4663, 4670, 4682, 4700, XXII: 9, 15, 16–20, 22, 24, 25, 35, 40, 41, 49, 52, 78, 106–108, 110–112, 114, 143, 194, 201–204, 211–213, 225, 226, 228, 251, 252, 276, 346, 404, 407–410, 420, 421, 466, 468, 518, 519, 535, 569, 571, XXIII: 626, 716, 752, 756, 979, 981, 984, 999, 1032, 1093, 1094, 1195, 1199, 1201, 1208, 1209, 1251, 1254, 1255, XXIV: 1358, 1363, 1551, 1637, 1642, 1650, 1655, 1751, 1755, 1774–1776, 1779, 1782, 1783, 1792, 1805, 1806, 1821, 1829, 1830, 1878, 1879, 1882, 1900, 1901, 1935, 2010, 2013, 2095, 2112, 2114, 2116, 2165, XXVI: 20, 28, 30, 87, 104, 106, 107, 116, 137, 171, 206, 242, 376, 379, 380–384, 405, 431, 458, 459, 485, 534, 539, 562, 563, XXVII: 21, 129, 147, 148, 163, 170, 178, 191, 197, 198, 203, 234, 237, 242, 248, 250–252, 257, 258, 260–263, 266, 268–270, 272–275, 298, 311, 313, 324, 328, 329, 333, 356, 359, 379, 403, 423, 428, 517, 524, 541, 555–561, 565, 566, 568, 591, 593, 598, 599, 600, 615, 617, 619, 621, 623, 630–632, 640, 654, 659, 690, 768, 779, 782, XXVIII: 859, 860, 897, 913, 914, 935, 955, 981, 986, 1006, 1008, 1073, 1074, 1076, 1112–1114, 1119, 1127, 1131, 1181, 1232, 1233, 1282, 1308, 1309, 1317, 1320, 1357, 1358, 1373, 1377, 1378, 1385, 1509,

1512, 1513, 1520, XXIX: 1628, 1629, 1635, 1698, 1701–1704, 1742, 1757–1763, 1764, 1767, 1801, 1810, 1877, 1892, 1893, 1895, 1976, 1983, 1988, 1991, 1993–1995, 1998, 2069, 2087, 2108, 2115, 2181, XXX: 2461–2463, 2467, 2470, 2471, 2476, 2492–2494, 2496, 2514, 2517–2519, 2567, 2569, 2590, 2599, 2623–2650, 2746, 2880, 2881, 2967, 2969, 2970, 2993, 3000–3002, 3004–3009, 3012–3017, 3023, 3041, XXXI: 3102, 3119, 3127, 3131–3158, 3168, 3169, XXXII: 31, 35, 172–177, 184, 199, 201–203, 207, 224, 227, 235, 236, 256, 257, 301, 342, 364, 367, 370, 422, 455, 461–463, 471, 476, 517, 556, 558, 664, 679, XXXIII: 690, 708, 722, 1031, 1129, 1155, 1164, 1181, 1182, 1186, 1195, XXXV: 104, 105, 273, 282, 369, 386, 387, 390–392, 402, 433, 446, 542, 543, 544, 545, 546, 548, 552, 576, 577, XXXVII: 940, 942, 1140, 1300, 1311, XXXIX: 4, 11, 16, 20, 47, 49, 50, 57, 65, 65n, 68, 71, 74, 90, 96, 105, 106, 107, 108, 109, 111, 120, 132, 148, 180, 187, 193, 194, 196, 197, 199, 232, 241, 242, 300, 320, 338, 348, 361, 362, 368, 368, 377, 382, 384, 395, 398, 424, 509, 524, 526, XXXX: 76, 77, 83, 113, 119, 120, 129, 155, 234, 240
    Information Center, XIX: 3612, 3613, 3639, 3640, XXVII: 518, 519, 521, 526, 532, 533, 555, 557, 558–560, 561–563, 566–568, 571, 621, 623, 625–628, 640, XXVIII: 898, 934, 936, 1010, 1075, 1307, 1491, XXIX: 1763, 1983, 1989, 1990, 2108, 2117, 2121, 2123, 2124, 2291–2294, XXX: 2518, 2568, 2569, 3010, XXXI: 3142, 3144, 3153, 3154, 3156, XXXII: 174, 206, 341, 389, 463, 464, 469, 470, 472–476, 478, 486, 489, 490, 495, 678, XXXIII: 1344, 1345, XXXVI: 543, 545–547, 549, 561, 565, XXXIX: 96, 97, 106–111, 194, 195, 197, 199, 310, 311, 413, XXXX: 66, 129, 130, 140, 140n, 141
Air Defense, I: 277–281, 369, 370, 378–384, 388–397, III: 1013, 1014, 1036, 1060–1070, 1073, 1079–1084, 1093, 1116, 1452, IV: 1940, 1957, V: 2126, 2239–2241, 2244, 2246, 2342, 2456, VI: 2573, VII: 2925, 2933, 2962, 2975, 2976, 3086, VIII: 3501, 3548, IX: 4293, XVI: 2266, 2280, XVIII: 2961, 2968, 3217, 3218, 3228, 3231, 3430–3435, XXII: 40, 41, 325, 331, 364, 461, 512, 527, 571, XXIV: 1358, 1359, 1364, 1629, 1910, XXVI: 12, 45, 129, 172, 273, 294, 422, 458, 459, 469, 475, 524, 539, 546, 561–564, XXVII: 16–21, 32, 128, 243, 431, 432, 480, 577, 779, XXVIII: 835, 925, 987, 1006, 1023, XXXII: 219, 322, XXXIII: 690, 1158, 1162, 1165, 1170, 1180, 1186, 1193, 1194, 1196, 1199, 1332–1339, XXXIV: 52, XXXVI: 279, 280, 285, 369, 394, 397, 402, 407, XXXIX: 49, 68, 74, 300, 307, 413, 418, XXXX: 76, 77, 80, 153n, 167n
Air Reconnaissance (Br), II: 491, III: 1341, IV: 2047, IX: 4254, X: 4807, 5084, XI: 5484, XV: 1768, 1769, XXXVI: 49, 50.
Air Reconnaissance (Ja), I: 186, 193, 194, 199, 239, III: 1364, V: 2299, VI: 2880, 2881, IX: 4437, 4439, 4440, XI: 5317, 5357, 5361, 5362, XIII: 411, 491, 499, 523, 561, 573, 576, XIV: 1367, 1368, 1404, XVIII: 2942, 2943, XXXI: 3222, XXXVI: 639–643, XXXVIII: Item 71, XXXX: 148
Air Reconnaissance (US), I: 37, 41, 61, 66, 71, 77, 78, 126, 129, 134, 135, 137, 144, 146, 159–161, 187, 271–273, 288, 297, 369, 380, 389, 390, 398, II: 491, 824, 830–832, 868–870, 878, 916, 958, 964–966, III: 1005, 1033, 1034, 1082–1084, 1116, 1142, 1145, 1250, 1381, 1425, 1456, 1474, 1475, 1477, 1502, 1507, 1532, IV: 1598, 1638, 1651, 1804, 1810, 1811, 1908, 1934, 1951, 1996, 2025, 2026, 2033, 2047, 2055, V: 2126, 2142, 2143, 2145, 2172, 2203, 2204, 2216, 2222, 2339, 2409, 2417, 2418, 2429, 2447, 2450, 2456, VI: 2571, 2579, 2601, 2605, 2629, 2671, 2723, 2724, 2726, 2730, 2731, 2755, 2778, 2799–2802, 2809, 2810, 2817, 2879, VII: 2935, 2979, 2982, 3014–3017, 3021, 3028, 3029, 3031, 3039, 3042, 3048–3051, 3055, 3066, 3070, 3090, 3094, 3119, 3120, 3290, 3298, VIII: 3403, 3447, 3466–3470, 3480, 3485, 3486, 3493, 3502, 3509, 3511, 3518, 3626, 3628, IX: 4167, 4281, 4295, 4393, 4581, X: 4807, 4810, 4811, 4938, 4974, 5007, 5008, 5025, 5105, XI: 5216, XII: 226, 270, XIII: 581, XIV: 1022–1031, 1332, XV: 1438, 1450, 1453, 1472, 1575, 1600, XVI: 1940, 2284, 2335, 2339–2342, 2352, 2359, 2364, 2401, 2423–2425, XVII: 2489, 2596, 2722, XVIII: 2982, XIX: 3487, 3548, XXII: 34, 372, 373, 381, 388, 390, 465, 478, XXIII: 612, 931–934,

984, 986, 1077, 1108, 1109, 1112, 1166, 1167, 1174, 1181, XXIV: 1632, 1750, 1751, 1758, 1758, XXVI: 18, 22, 44, 105, 172, 309, 312, 476, 488, 501, XXVII: 30, 31, 49, 52, 53, 61, 70, 92, 96, 118, 119, 121, 122, 131, 157, 186, 199, 201, 202, 204, 205, 206, 233, 238, 242, 243, 251, 252, 259, 422, 423, 428, 546, 550, 592, 634, 703, 793, 796, XXVIII: 839, 840, 847, 848, 850, 903, 913, 938, 939, 943, 945, 946, 952, 954, 964, 966, 969, 972, 979, 980, 1378, 1381, 1392, 1463, 1474, XXIX: 1725, 2075, 2076, 2079, 2114, 2160, 2181–2183, 2185, 2205, 2206, 2207, 2262, 2267, 2302, XXXII: 177, 193, 231, 232, 365, 368, 444, 512, 514, 515, 563, 564, 570, 623, 624, 630, 659, 661, 672, 673, 676, XXXIII: 693, 694, 704, 793, 999, 1000, 1058, 1158, 1184, XXXIV: 25, 153, 157, XXXV: 15, 172, 174, 177, XXXVI: 8, 9, 37, 40, 43, 49, 107–109, 154, 165, 191, 203, 215, 216, 218, 283, 284, 291, 292, 338, 407, 412, 444, 446, 451, 475, 479, 515, 527, 537, 551, 576, 583, XXXVII: 669, 949, 1222, XXXIX: 18, 19, 69, 86, 87, 89, 119, 128, 131, 199, 239, 241–243, 259, 358, 420, 430, 454, 456, 485, 522, XXXX: 55, 58, 104, 106n, 119, 124, 124n, 126, 137, 148, 203, 241, 256, 258–260, 401, 403, 404, 525, 528n, 555.

Air Reconnaissance—In Shore, I: 126, 376, 377, III: 1013, 1014, 1356, V: 2140, X: 4943, XIV: 951, 995, XVIII: 3241, XXII: 465, XXIII: 761, XXVI: 17, XXVII: 94, XXVII: 428, XXVIII: 914, 968, XXXII: 288, XXXVI: 270, 386, 551, XXXIX: 12, 13, 20

Air Reconnaissance—Long Distance, I: 274, 277, 286, 287, 325, 377, 391–395, III: 1005, 1013, 1031, 1061, 1093, 1218, 1288–1292, 1356, 1451, 1457–1460, 1467, 1473, 1478, IV: 1606, 1611, 1690, 1691, 1757, V: 2141, 2145, 2241, VI: 2507, 2531; 2590, 2593, 2609, 2625, 2663, 2722, 2727–2729, 2756, 2791, 2808, VII: 2923, 2931, 2942, 2950, 2982–2984, 2992, 2995, 2996, 3018, 3030, 3037, 3038, 3041, 3043, 3044, 3047, 3054, 3056, 3057, 3059, 3060, 3074, 3123, 3239, 3242, 3247, 3266, 3293, 3294, 3296, 3297, VIII: 3453–3465, 3468, 3474, 3480, 3481, 3485, 3491, 3492, 3494, 3497, 3499, 3501, 3504, 3506–3508, 3517, 3537, 3543–3545, IX: 4258, 4279, 4280, 4293, 4294, 4298, 4371, X: 4844, 4943–4946, 4949, 4952, 4953, 4983, 5102, XI: 5484, XIV: 947, 949, 995, 1035, 1328, XV: 1437, XVI: 1939, 1940, 2215, 2267, 2269, 2280, 2284, 2288, 2338, 2360, 2361, 2367, 2368, 2379, 2383, 2400, 2404, 2408–2410, 2423–2425, XVII: 2467, 2488, 2491–2495, 2867–2869, XVIII: 2960, 2964, 3007, 3010, 3241, 3243, 3244, XXI: 4585, 4592, 4593, 4595, 4596, 4604, 4609, 4610, 4612, 4626, 4634–4636, 4640, 4642, 4651, 4654, 4662, 4665, 4669, 4680, 4682, 4686–4688, 4691–4695, 4700, XXII: 10, 14, 15, 37, 38, 43, 44, 55, 72, 74, 83, 92, 101, 141, 324, 329–331, 389, 403–405, 462, 463, 469, 471, 486, 487, 500, 541, 627, 709, 898, 983, 985, 1027, 1028, 1085, 1086, 1134, 1142, 1145, 1195, 1196, 1212, XXIV: 1360, 1373, 1631, 1777, 1779, 1780, 1797, 1826, 1827, 2150, 2153, 2154, 2157, XXVI: 15, 17, 20, 23, 26, 51, 52, 91, 106, 109, 124, 125, 127, 131, 137, 172, 253, 328, 429–431, 479, 485, 535, 539, XXVII: 29, 30, 49, 52, 53, 95, 121, 122, 129, 135, 136, 155, 160, 161, 164–166, 194, 198–201, 203, 205, 234, 538, 538, 547, 587, 633, 643, 772, 773, 775, 777, 794, 795, 797, 798, XXVIII: 840, 842, 854, 892–894, 900, 911, 914, 918, 927, 938, 953, 954, 966, 979, 1016, 1017, 1389, 1391, 1393, 1394, 1556, XXIX: 2078, 2206, 2262, 2263–2266, 2319, XXX: 2464, 2465, 2468, 2485, 2510, 2514, XXXII: 39, 40, 56, 175, 181, 182, 190, 191, 193, 206, 219, 224, 236, 254, 271–273, 288, 292, 298, 305, 307, 368, 371, 408, 441–443, 446, 447, 450, 451, 454, 455, 505, 507, 509, 510, 513, 515, 535, 556, 559, 564, 570, 577, 619, 624, 625, 629, 662, 673, 677, 681, XXXIII: 708–710, 717–719, 1013–1015, 1033, 1156, 1194, 1301, 1332, 1333, 1335–1339, 1350, XXXIV: 25, 159, XXXV: 22, 152, 155, 157–160, 168, XXXVI: 52, 159, 160, 182–184, 194, 285, 289, 297–301, 367, 368, 386–388, 408, 433, 439, 450, 453–463, 507, 512, 550–554, 567, 577, 578, 586, 587, XXXVII: 1205, 1218–1220, 1312, XXXIX: 12, 13, 17, 20, 47, 48, 50, 63–65, 67, 67n, 71, 86, 87, 119, 120, 121, 128, 131, 134, 144, 176, 232, 239–243, 254, 259, 262, 268, 300, 304, 308, 309, 320, 337, 338, 343, 344, 347, 348, 352, 354, 357, 359, 361, 367, 368, 372, 373, 376, 381, 382, 384, 385, 395, 398, 400–402, 412, 413, 418, 420,

ALERT STATUS   11

424, 426, 489–496, 509, 519, 520, 521, 523, 526, XXXX: 75n, 82–85, 86n, 105, 105n, 106, 107, 111–113, 114, 114n, 115, 115n, 116, 116n, 117, 117n, 118, 119, 123, 125, 127, 128, 131, 136, 151, 152, 155, 164, 165, 165n, 234, 260, 261, 266B, 266I, 266J, 266P, 545, 546–548
Air Reconnaissance—Off Shore, I: 36, 38, 126, 137, 158, 161, 272, 388, III: 1075, 1503, XIV: 951, XXIII: 989, XXVII: 92, 94, XXVIII: 914, XXXVI: 386, 412
Air Search Plan of 20 Aug. 1941, I–387–396
AISHU (Ja), XXXV: 603, 607
AKAGI (Ja), I: 179, 182, 184, 187, 216, 233, 238, 239, F.P.1 239, F.P.2 239, 242, 243, 245, IV: 1796, VI: 2522, VII: 3244, X: 4835, 4836, 4906, 5140, XI: 5356, 5359, XII: 358, XIII: 392, 394, 401, 403, 405, 418, 420, 427, 621–623, 630, 640, 644–647, 717, 719, XV: 1871, 1875, 1879, 1883, 1896, XVI: 2322, 2323, 2325, 2328, 2350, XVII: 2485, 2610, 2635, 2644, 2674, 2676, 2687, XVIII: 3300, 3337, XX: 4127, XXIII: 665, 666, 680, 681, 939, XXIV: 1372, 1593, 1598, 1607, XXVI: 233, 417, XXVII: 74, 77, XXVIII: 1585, XXX: 3066, XXXIV: 162, XXXV: 58, 66, 78, XXXVI: 10, 35, 36, 113, 114, 116, 124, 135, 140, 149, 152, 190, 472, 481, 487, 510, 515, 562, 595, 596, XXXVII: 709, 721, 735, 742–745, 748, 751, 753, 758, 770, 775, 776, 783, 1132, 1208, 1219, 1250, 1255, 1265, 1316, 1318, 1320, 1323, 1325, 1329, XXXIX: 467, 468, 470, 475, 506, XXXX: 56, 57n
AKASHI (Ja), XIII: 477, 479, 482, 484, XVII: 2689, XXXV: 59, 73, XXXVI: 615, XXXVII: 716, 736, 765, 776, 1331
AKASHISAN MARU (Ja), XIII: 462–464
AKATSUKI (Ja), XIII: 575, XVII: 2687, XX: 4127, XXXV: 58, XXXVII: 735, 1131, 1328
AKEBONO (Ja), I: 239, F.P. 239, XIII: 403, 407, XVII: 2687, XX: 4217, 4349, XXXV: 58, XXXVI: 656, XXXVII: 735, 1131, 1328
AKEBONO MARU (Ja), I: 239, F.P. 239
AKIGUMO (Ja), I: 239, F.P. 239, XIII: 403, 419, 477, 552
AKIKAZE (Ja), XVII: 2687, XXXV: 55, XXXVII: 733, 1132, 1328,
AKITSUKI (Ja), XIII: 548
Alaska, I: 294, 370, III: 996, 1064, 1068, 1088, 1109, 1122, 1161, 1265, 1277, 1298, 1347, 1425, 1470, IV: 1598, 1681, 1683, 1936, 1965, V: 2108, 2138, 2438, 2478, VI: 2775, 2780, VII: 2966, 3010, 3011, IX: 4257, XI: 5424, 5460, XIV: 932, 999, 1010, XV: 1514, 1515, 1587–1590, 1592, 1602, 1629, 1637, 1641, 1726, 1930, XVI: 2005, 2212, 2242, XVII: 2575, 2586, 2753, XVIII: 2892, 2897, 2902, 2904, 2917, 2919, 2925, 2930, XX: 4360, 4361, 4430, 4433, 4443, 4444, XVI: 4572, 4608, 4632, 4712–4715, 4722, XXII: 32, 331, XXIII: 1009, 1137, XXIV: 1423, XXVI: 457, 498, 503, 508, 509, 510, XXVII: 17, 28, 393, XXVIII: 1078, 1157, 2068, XXIX: 2211, 2281, 2317, 2407, 2452, XXV: 2741, 2819, 2995, 3015, XXXI: 3177, 3193, 3194, 3216, XXXII: 15, 408, 555, 559, 561, 562, 566, XXXIII: 940, 945, 950, 952, 967, 972, 975, 993, 998, 1004, 1005, 1120, 1121, 1123, 1124, 1141, 1143, 1168, 1232, 1258, 1260, 1261, 1351, XXXIV: 18, 57, 225, XXXV: 172, XXXVI: 410, XXXVII: 855, 856, 1033, XXXIX: 32, 49, 84, 116, 259, XXXX: 95
ALBERT (Fr), XX: 4349
ALDEBARAN, XI: 5506, XII: 346, XVI: 2027, XXIV: 1704, XXXIII: 1268, XXXVII: 1278
Alert Status, I: 36, 39, 52, 71, 102, 103, 108, 149, 383, VII: 2941, 2960, 2985, 2986, 3015, 3062, 3067, 3077, 3078, 3087, 3102, 3111, 3112, 3292, 3296, 3298, 3305, 3341, 3342, 3359, 3371–3373, VIII: 3471, 3500, 3501, IX: 4258, 4293, 4356, 4407, 4484, X: 4871, 4872, 4882, 4890, 4938, 4943, 4950, 4966, 4972, 4973, 4991, 4993, 4995, 5101, 5103, XI: 5430, 5462, 5488, XIV: 947–951, XV: 1440–1444, 1455, 1470, 1471, 1593–1599, 1655–1659, XVI: 2270, 2283, 2349, 2368, 2401, XVII: 2478, XVIII: 2955–2963, 2968, 2987–2989, 3015, 3171, 3212, 3235–3237, 3241–3243, 3245–3247, 3249, 3250, 3354, 3356, 3357, 3374, XIX: 3506, 3602, 3603, 3635, XXI: 4576, 4577, 4581, 4584, 4591, 4592, 4598, 4603–4605, 4613, 4619, 4622, 4628, 4629, 4634, 4636, 4637, 4639, 4642, 4643, 4649–4651, 4653, 4654, 4667, 4674, 4681, 4692, XXII: 23–25, 32, 33, 35, 36, 38–40, 57, 58, 72, 75–78, 81, 82, 85, 92, 97, 103, 108–110, 114, 116, 122, 123, 134–137, 140, 142–144, 149, 151, 153, 154, 157, 160, 161, 164,

165, 168–170, 172, 173, 180, 185, 186, 188, 189, 197–203, 206–212, 266, 268, 275, 279, 282, 285, 297, 298, 300, 302, 313, 385, 386, 399, 416, 457, 474, 503, 504, XXIII: 711, 738, 743, 744, 752, 810, 987, 993, 998, 1078, 1112, 1179, 1204, 1243, XXIV: 1767, 1771–1779, 1784, 1793, 1802, 1803, 1805, 1806, 1811, 1831, 2009, 2018, 2028–2030, 2032, 2033, 2041–2043, 2054–2056, 2058, 2059, 2062, 2075–2077, 2079, 2081, 2083, 2090, 2093–2095, 2098, 2099, 2100, 2108, 2109–2112, 2119, 2163, XXVI: 22, 23, 25, 197, 198, 258, XXVII: 29, 30, 31, 33, 50, 118, 120–122, 125–127, 129, 130, 137–140, 143, 145, 146, 156, 158, 159, 163, 171, 210, 211, 213, 217, 219, 222, 226, 228, 229, 231, 232, 239–241, 243, 245, 246, 251, 256, 257, 273, 276–278, 280, 281, 283, 284, 286, 413–417, 419, 425–427, 433, 435, 477, 480–482, 503, 508, 512, 515, 577, 579, 580, 583–596, 598, 624, 633, 635, 636, 641–643, 703, 706, 707, 709–711, 713, 716, 719, 720, 726–728, 756, 761, 763, 779, 780, 786–788, XXVIII: 858, 895, 931, 956–960, 964, 965, 967, 968, 970, 971, 975, 976, 982, 985, 991, 993, 1000–1003, 1009, 1017–1019, 1030, 1031, 1037, 1042, 1054, 1055, 1111, 1361, 1364, 1365, 1367, 1369–1371, 1375, 1380, 1382, 1383, 1396, 1397, 1403, 1407, 1416, 1419, 1421, 1442, 1445, 1469, 1476, 1479, 1486, 1488, 1489, 1530, 1534, 1541, 1555, 1558, 1559, 1565, 1601, 1602, 1605, 1606, 1607, 1608, 1610–1612, XXIX: 1630, 1639, 1650, 1660–1662, 1719–1722, 1996, 2112, 2114–2116, 2119, 2220, 2257, 2290, 2330, 2405, 2414, XXX: 2459, 2460, 2462, 2465, 2466, 2467, 2468, 2472, 2485, 2490, 2491, 2393, 2499, 2519, XXXI: 3166–3168, XXXII: 124, 174, 176, 177, 181, 182, 185, 186, 187, 193, 195, 196, 203, 251, 255, 256, 263, 289, 300, 345, 365, 203, 251, 255, 256, 263, 289, 300, 345, 367, 369, 374, 408, 494, 535, XXXII: 124, 174, 176, 177, 181, 182, 185, 186, 187, 193, 195, 196, 203, 251, 255, 367, 369, 374, 408, 494, 535, XXXIII: 707, 1305–1307, XXXIV: 39, 144, XXXV: 6, 15, 16, 18, 28, 34, 39, 44, 89, 117, 118, 129, 131, 140, 145, 149, 151–153, 155, 158, 167–169, 178, 272, 274, XXXVI: 448, 450, 451, 462, 539, 563, 564, XXXIX: 10, 11, 16, 20, 44, 47, 49, 50, 53, 62, 63, 71,

77, 79, 80, 81, 91, 99, 102, 103, 107, 112, 113, 119, 122, 123, 126, 127, 130, 134, 141–145, 176, 197, 198, 221, 231, 232, 234, 240, 254, 255, 258, 268, 276, 281, 283, 305, 316, 337, 347, 358, 385, 395, 402, XXXX: 75n, 120, 124, 125, 126, 128, 128n, 129, 129n, 140n, 151, 153n, 155n, 203, 227, 240, 259, 260, 266K, 266T, 534, 537, 557, 559
Aleutian Islands, I: 28, 182, 186, 238, II: 838, III: 1122, 1129, 1131–1134, 1267, 1277, 1471, IV: 1942, V: 2106, 2395, 2415, 2438, VI: 2609, 2688, VII: 3010, 3011, 3357, VIII: 3522, IX: 4543, XI: 5354, 5357, XIII: 402, 438, 578–584, 616, XIV: 944, 1010, XV: 1641, XVI: 2325, XXI: 4572, 4632, 4714, XXII: 485, 486, 515, XXIV: 1369, XXVI: 146, 234, XXVII: 59, XXVIII: 1498, XXIX: 2281, 2317, 2452, XXX: 3066, XXXI: 3177, 3194, XXXII: 15, 28, 559, XXXIII: 1188, 1189, XXXIV: 145, XXXV: 172, XXXVI: 17, 146, 487, XXXIX: 32, 116, 223, 259, XXXX: 63
ALGONQUIN, XVIII: 2934, XXXIII: 979
ALGORAB, I: 26
ALGORMA, XI: 5505, XXXIII: 1246
Aliamanu Crater, I: 52, 55, 149, 150, VII: 3004, 3005, XVII: 2737, 2738, 2741, XVIII: 3017, 3018, XIX: 3603, 3626, 3629, XXI: 4629, 4631, 4635, 4642, XXII: 55, 57, 168, 216, XXIV: 1538–1540, 1784, 1832, XXVII: 799, XXVIII: 1053, 1279, 1291, 1297, 1323, 1358, 1602, XIX: 1726, 1863, XXX: 2521, 2527, XXXI: 3142, 3153, XXXVII: 1276, 1299, 1300, XXXIX: 113, 115, 121, 131, XXXX: 68n, 130
ALLEN, V: 2210, XI: 5506, XII: 349, XVI: 2027, XXIV: 1592, 1615, 1644, 1673, 1681, 1685, 1696, 1712, 1713, 1716, 1719, 1742, XXXIII: 1313, XXXVI: 60, XXXVII: 936, 1248, 1272, 1274, 1292
Allen, Maj. Brooke E., XXII: 124–127, XXIII: 1252, XXIV: 2013, 2015
Allen, Rear Adm. E.G., I: 357, 364, XXXV: 152
Allen, George E., XXX: 3075, 3081, XXXV: 327, 494, XXXVII: 918, 919
Allen, Riley, XXVII: 1, XXVIII: 1614–1621, XXXIX: 232
ALLIANCE, XXIV: 1692
ALTAIR, VI: 2599, XVI: 2155, XVII: 2519,

2521, 2527, XXVI: 555
AM 1–12, 17, 18 (Ja), XVII: 2683, XXXV: 55, 60, XXXVII: 733, 737, 1330, 1135
AMAGIRI (Ja), XVII: 2681, XX: 4126, XXXV: 54, XXXVII: 732, 1132, 1328
AMAGISAN MARU # 1 (Ja), XIII: 462–464
AMAKASU MARU (Ja), XIII: 462–464, XXXV: 126, 592, 634
AMASUKAZE (Ja), XVII: 2682
AMATSUKAZE (Ja), XIII: 510, 575, XX: 4126, XXXV: 55, XXXVII: 732, 1132, 1329
AMBER, XII: 310
Amaganselt Island, VIII: 3559, 3633, 3708, XXXVI: 74, XXXVII: 1083
Amateur Radio Stations—Hawaiian Japanese, XIX: 3599, XXVI: 338
Amchitka Island, XIII: 578, 580–583, 651
AMERICAN LEADER, I: 89, 90, IV: 1674, 1675, X: 5127, XV: 1692, 1695, 1697, 1700, 1702, 1704, 1705, 1707, 1708
AMERICAN NAVIGATOR, XII: 303
AMERICAN SAILOR, XIV: 982
AMERICAN SEAMAN, XIV: 977, 982, 983
American Volunteer Group (Flying Tigers), II: 656, III: 1229, 1230, V: 2122, 2123, XIV: 1062, 1073, XV: 1480, XVI: 2222, 2223, XIX: 3473, 3489–3495, XXI: 4742, XXXI: 613, XXXIII: 1239, XXXV: 448, 505, 506, XXXVII: 932, 1091, XXXX: 29, 174, 340–343
Ammunition Expended on 7 Dec., I: 56, 57
Ammunition Shortage, VI: 2595, XVI: 2158, XXIX: 1376, XXXII: 392, 555
ANCON, XVI: 2166
Andaman Islands, XI: 5354, XIII: 438
ANDERSON, XI: 5505
Anderson, Maj. Edward B., XXXV: 2, 20, 32, 33
Anderson, Ray, XXVII: 1, XXVIII: 1290–1297
Anderson, Rear Adm., W.S., I: 29, 224, II: 444, IV: 1806, 1807, V: 2357, 2358, VII: 3316, 3317, 3336, 3343, XVI: 2144, 2146, XVIII: 3255, 3256, 3266, XXI: 4556, XXII: 459, XXIII: 611, 856, 973, XXIV: 1398, 1419, 1498, 1502, 1504, 1648, 1756, XXVI: 1, 3, 428–435, 441, 454, XXXI: 3178, XXXIV: 58, 59, XXXVI: 371, 403, 412, 439, 521, 538, 549, 573

Andrews, Vice Adm. Adolphus, I: 10, 224, 254, 263, 271, 272, 286–288, 398, IV: 1724, 1725, 1883, 1884, 2031, VIII: 3396, XIV: 937, 947, 1409, XVI: 2265, 2392, 2395, XVII: 2710, XXI: 4678, 4690, XXII: 459, 527, XXIII: 764, XXIV: 1392, XXVI: 22, 23, 299, 457, 545, XXVII: 134, 797, XXVIII: 1418, XXXII: 5, 9, 99, 514, 673, 681, XXXVI: 196, 359, 360, 363, 367, 380, XXXIX: 321, 330, 355, 371, 397,
Andrews, Gen., II: 961, III: 1026, 1032, IV: 1886, VII: 3161, 3162, X: 4978, XIV: 1331, 1333, XV: 1908, 1929, 1930, 1931, XXI: 4605n, 4766, XXIX: 2075, XXXIX: 81n, XXXX: 115n,
Angaur, XXI: 4763, XXIX: 2279
Ansel, Cdr. W. C., IV: 2029, X: 5133, 5134, XXVI: 184, XXXVI: 526
Anstey, Mrs., Alice, XVII: 442, 448, XXIX: 2054
ANTARES, I: 42, VII: 3295, XIII: 491, 494, XVI: 2227, 2344, XXI: 4636, XXII: 472, 516, 518, XXVI: 31, 65, 409, XXXVI: 587, XXXIII: 1199, 1271, 1272, XXXIII: 1199, 1271, 1272, XXXVI: 56, 57, 555, 557–559, XXXVII: 935, 1218, 1222, 1223, 1228, 1230, 1252, 1255, 1263, 1267, 1276, 1283, 1289–1291, XXXIX: 15, 123, 498, XXXX: 138
Anthony P. Biddle, XIV: 981, XVII: 2465
Antiaircraft Defenses, I: 34, 36, 39, 46, 52, 53, 55–57, 59, 103, 129, 143, 148, 150, 275, 277–281, 326, 369, 370, 375, 378, 383, 384, 386, III: 1012–1014, 1060, 1063, 1064, 1066, 1073, 1074, 1081, 1161, 1425, 1452, 1508, IV: 1806, 1848, 1906, 1940, 1989, V: 2126–2128, 2142, 2157, 2163–2165, 2167, 2168, 2178, 2204, 2213, 2242, 2245–2247, 2273, 2339, 2340, 2342, 2343, 2345, 2399, 2405, 2438, 2456, 2457, 2478, VI: 2500, 2507, 2508, 2518, 2536, 2573, 2580, 2581–2584, 2595, 2606–2608, 2780, 2781, 2791, 2812, 2818, 2894, 2906, VII: 2923, 2933, 2934, 2938, 2941, 2946, 2961, 2963, 2985, 2998, 2999–3005, 3052, 3085–3088, 3095, 3096, 3122, 3191, 3210, 3288, 3294, 3296, 3299, 3305, 3362, VIII: 3475, 3482, 3523, 3527, 3546, 3548, 3549, IX: 4235, 4258, 4293, 4295–4297, X: 4860, 4873–4875, 4890, 4977, 4987, 4992, 4995, 4998, 5098, 5130, XI: 5185, 5421, 5429, 5487, 5488, XII: 324, XIV: 974, 985, 986, 988, 990, 995,

ANTI-COMINTERN PACT

998, 1001–1003, 1033, 1040, 1332, 1333, XV: 1435, 1440, 1450, 1455, 1459, 1464, 1492, 1594, 1595, 1601, 1603, 1608–1610, 1614, 1623, 1627, 1635, 1654, 1655, XVI: 1938–1940, 2211, 2227, 2236, 2237, 2243, 2254, 2255, 2257, 2264, 2267, 2279, 2282, 2283, 2291, 2349, 2351, 2361, 2363, 2364, 2424, 2447, XVII: 2467–2470, 2472, 2474, 2480, 2481, 2483, 2496, 2533, 2534, 2701, 2702, 2712, 2713, 2726, 2738, 2745, XVIII: 2956, 2957, 2959, 2968, 2974, 2976, 2977, 2986, 3020, 3021, 3028, 3082, 3098, 3099, 3105, 3106, 3124, 3214, 3217, 3218, 3228, 3230, 3235–3238, 3240, 3242, 3245–3248, 3253, 3373, XIX: 3482, 3589, 3591, 3592, 3598, 3605, 3606, 3607, 3635, 3636, 3743, 3978, 3979, 3982, 3983, 3984, XX: 4355, XXI: 4575, 4586–4588, 4592, 4594, 4600, 4624, 4626, 4628–4630, 4634–4636, 4639, 4642, 4643, 4656, 4662, 4663, 4667, 4671, 4677, 4681, 4700, XXII: 9, 16–18, 36, 40, 41, 51, 52, 57, 58, 62, 65, 76, 77, 82, 86, 105, 110, 111, 126, 143, 147, 155, 157, 160, 166, 167, 170, 256, 262, 266, 275, 297, 299, 301, 305, 306, 325, 327, 328, 330–332, 338, 343, 344, 363, 364, 366, 368, 370, 404, 436, 461, 471, 476, 478, 492, 512, 527, 528, 535, 536, 571, 582, 590, XXIII: 610, 624, 626, 633, 693, 695, 696, 704, 710, 715, 726, 727, 730, 732, 733, 740, 744, 756, 765, 895, 926, 944, 955, 956, 958, 959, 979, 1026, 1093, 1094, 1096, 1101, 1118, 1132, 1134, 1136, 1143, 1158, 1159, 1161, 1164, 1195, 1230, 1257, XXIV: 1294, 1358, 1360, 1361, 1364, 1366, 1382, 1383, 1417, 1420, 1433, 1435, 1453, 1464, 1465, 1467, 1468, 1470, 1471–1475, 1484, 1485, 1494, 1502, 1503, 1505–1508, 1512, 1513, 1517–1519, 1524, 1525, 1528, 1551, 1562, 1572–1592, 1597, 1606, 1629, 1635, 1649, 1650, 1750, 1751, 1753, 1754–1756, 1774, 1784, 1786, 1792, 1802, 1805, 1806, 1831, 1832, 1835, 1836, 1742, 1868, 1871, 1872, 1894, 1895, 1911, 1917, 1929, 1961, 2011, 2013, 2027, 2029, 2036, 2054, 2062, 2064, 2066, 2073, 2081, 2086, 2093–2095, 2109, 2112, 2114, 2163, XXVI: 12, 17, 19, 20, 33, 45, 47, 48, 50, 53, 57, 85, 95, 146, 149, 150, 164, 171–173, 175, 196–198, 200, 201, 206, 207 211, 244, 247, 250, 251, 273, 274, 278, 280, 326, 328, 330, 370, 371, 380, 381, 384, 400, 406, 407, 412, 422, 429, 433, 434, 458, 459, 477, 478, 490, 524, 534, 539, 541, 562, 563, XXVII: 16, 17, 20–22, 29, 42, 51–53, 120, 128–130, 135, 138, 145, 157, 165, 171, 174, 176, 194, 196–198, 227, 234, 243, 247, 260, 275, 281, 285, 431, 432, 433, 436, 476, 500–502, 540, 541, 552, 561, 569, 577, 591, 595, 596, 625, 626, 635, 640, 708, 720, 758–760, 779, 800, XXVIII: 859, 889, 914, 923, 925, 968, 991, 998, 1000, 1022, 1023, 1053, 1057, 1058, 1356–1363, 1367, 1369, 1371, 1372, 1374–1378, 1385, 1388, 1391, 1470, 1487, 1488, 1500, 1501, 1570, 1611, 1622, XXIX: 1627, 1628, 1639, 1719, 1720, 1724, 1725, 2115, 2317, 2327, XXX: 2461–2463, 2472, 2473, 2490, 2491, 2493, 2524–2526, 2560, 2561, 2583–2586, 2590, 2606, 3010, XXXI: 3153, 3166, 3168, 3172, XXXII: 31, 35, 39, 73, 138, 139, 171, 172, 175, 176, 184, 193, 194, 196, 199, 204, 205, 215, 219, 223, 228, 232, 251, 255, 266, 276, 280, 281, 290, 297, 299, 307, 313, 317–320, 322–324, 332, 335, 337, 339, 340, 364, 365, 372, 376, 385, 388–398, 400, 407, 418, 499, 517, 555–559, 565, 575, 599, 618, 619, 627, 629, 655, 661, 678, XXXIII: 690, 693, 694, 696, 697, 722–724, 1038, 1155, 1160, 1161, 1164, 1165, 1170, 1181, 1186, 1193–1196, 1212, 1215, 1219, 1233, 1247, 1250, 1251, 1258, 1283, 1285–1288, 1290, 1294, 1299, 1304, 1305, 1330, 1345, 1350, 1351, 1360, 1361, 1362, XXXIV: 47, 52, 56, XXXV: 15, 89, 153, 245, 305, 306, 310, 579, XXXVI: 105, 195, 205, 212, 225, 270, 271, 369, 379, 386, 387, 389–392, 402, 403, 405, 412, 413, 433, 436, 443, 444, 446, 511, 519, 538–541, 547, 550, 552, 576, 577, 587, 599, XXXVII: 947, 1130, 1172, 1173, 1223–1248, 1268, 1270, 1271, 1292, XXXIX: 4, 13, 16, 20, 49, 50, 53, 57, 59, 61, 67n, 71, 74, 106, 109, 111–113, 115, 118, 119, 121, 122, 131, 133, 234, 300, 306, 307, 312, 320, 342, 352, 368, 382–384, 395, 398, 413, 415, 416, 428, 505, 525, 526, XXXX: 60, 67–69, 70, 71n, 76, 77, 79, 80, 82, 117, 118, 118n, 119, 124, 129, 130, 153n, 155, 187, 229, 234, 240, 266B, 545, 547, 548

Anti-Comintern Pact, II: 408, IV: 1828, VI: 2851, XII: 166, XV: 1775, XVI: 2000, XX: 4088, 4146, 4148, 4166, XXIX: 2308, XXXIII: 820, 1320, XXXIV: 216, XXXV:

171, 414, XXXVII: 989, 1112, XXXIX: 258, XXXX: 2, 47, 392
Anti-Mine Net, III: 1466, IX: 4349, XVI: 2313, XXXIII: 1386, XXXIV: 198, XXXX: 148
ANTINOUS, X: 4355
AOBA (Ja), XI: 5359, XIII: 542–544, 548, 574, 588, 589, 605, 611, XVII: 2657, 2681, XX: 4125, XXXV: 54, XXXVI: 156, XXXVII: 731, 786, 1131, 1328
AOTAKA (Ja), XVII: 2683, XXXV: 55, XXXVII: 733, 1133, 1134, 1329
APACHE, XX: 4456
APPLACHIN, XXVI: 300
ARARE (Ja), I: 239, FP-1 239, XIII: 403, XVII: 2682, XXXV: 55, XXXVI: 656
ARASHIO (Ja), XVII: 2682, XX: 4126, XXXV: 55
ARATAMA MARU (Ja), XIII: 462, 463, 497
Archangel, XXIX: 1889, 1890
ARCTIC, XII: 346, XXXII: 587, XXXIII: 1268
Argentia, III: 1051, IV: 1856, 2042, V: 2194, 2281, XXXX: 300, 302, 305
ARGENTINA MARU (Ja), IV: 1886, 1887, XV: 1909, 1924, 1927, 1928, XXXVI: 139, XXXVII: 790, 791
Argentina, VIII: 3783, XI: 5479, XIV: 1009, XV: 1779, 1803, 1823, XVII: 2948, XXXIII: 1322, XXXV: 671, 677, XXXX: 469
ARGONAUT, XII: 345, XVI: 2019, 2035, XVII: 2520, 2521, XXI: 4560, 4564, XXIV: 1644, XXVI: 555, XXXII: 647, XXXIII: 1255, 1264, 1314, XXXV: 498, 650, XXXVII: 926, 1149,
ARGONNE, VIII: 3382, XII: 349, XVI: 2027, 2348, XXII: 498, 509, 589, 590–592, XXIV: 1504, 1520, 1591, 1600, 1605, 1649, 1719, XXVI: 237, 238, XXXVI: 536, XXXVII: 935, 936, 1217, 1263, 1272
ARIAKE (Ja), XIII: 521, XVII: 2681, XX: 4126, XXXV: 54, XXXVII: 731, 1131, 1328
Arita, Hachiro, (Foreign Minister 1939), II: 410, XX: 4148–4150, 4165, 4177, 4184, 4187, 4203, 4219
ARIZONA, I: 33, 45, 46, 76, IV: 1676, 2023, V: 2210, 2324, 2341, 2342, VI: 2674, 2676, 2677, VIII: 4222, X: 4849, 4850, XI: 5348, 5349, XII: 256, 260, 348, 354–356, 365, 388, 390, XIII: 414, XVI: 2023, 2350, XVII: 2517, 2521, XX: 4123, 4522, XXI: 4557, 4563, XXII: 385, 442, 460, 493, 533, 537, 545, 546, 590, 591, 595, 598, XXIII: 605, 622, 632, 635, 704, 1097, 1101, 1178, 1229, 1261, XXIV: 1365, 1368, 1386, 1499, 1502, 1503, 1574, 1575, 1579, 1580, 1581, 1583, 1585, 1587, 1590, 1591, 1592–1594, 1596, 1600, 1601, 1603, 1609, 1611, 1612, 1614, 1615, 1617, 1752, XXVI: 65, 433, 554, XXVII: 431, XXVIII: 1551, XXIX: 1669, XXX: 2901, XXXIII: 1253, 1264, 1341, 1343, XXXIV: 198, XXXV: 383, 389, 497, 501, 514, XXXVI: 538, 568–570, XXXVII: 925, 928, 937, 1207, 1213, 1214, 1226, 1227, 1228, 1232, 1233, 1234, 1235, 1237, 1239, 1242, 1245, 1246, 1248, 1249, 1250, 1253, 1258, 1259, 1260, 1268, 1270, 1275, XXXIX: 197, 507, XXXX: 59–61, 64
ARKANSAS, I: 26, 76, VIII: 3382, X: 4980, XIV: 934, XX: 4122
ARK ROYAL (Br), XXXIII: 1325, 1326, XXXVI: 656
ARMGAARD (Private Yacht), XXVIII: 1145, 1146
ARMS AORANGI (Br), XXXIV: 169
Army Casualties, Hawaiian Dept., 7 Dec., I: 58, VII: 3194, XII: 325, XIX: 3611
Army Intercept Activity—Philippine Islands, XXXV: 85, 120
Army Pearl Harbor Board, I: 15–18, 94–96, 148, 150, 167, 169, 226, 227, II: 490, 492, 575, 577, 579, 580, 593, 598, 599, 613, 614, 800, 801, 823, 843, 898, 899, 903, 959, 968, 969, 978, 980, III: 1051, 1095, 1110, 1158, 1160, 1209, 1287, 1324, 1329–1335, 1343–1346, 1359, 1411, 1421, 1429, 1431, 1434, 1441, 1443–1497, 1508, 1517, 1560, 1563, 1567, 1569, IV: 1587, 1623–1625, 1627, 1662, 1663, 1910, V: 2301, 2321, 2346, VI: 2526, 2607, 2663, 2763, 2795, 2796, 2807, 2812, 2813, VII: 2931, 2922, 2936, 2942n, 2943n, 2944, 2948n, 2949n, 2950n, 2953n, 2954n, 2957n, 2960n, 2963n, 2991, 2993, 2994, 3008, 3013, 3015–3018, 3035, 3070, 3080, 3090, 3091, 3100, 3109, 3110, 3112, 3113, 3116, 3122, 3127, 3128, 3134, 3135, 3149, 3150, 3151, 3153–3155, 3166, 3186, 3190, 3198, 3201, 3207, 3228, 3229, 3268, VIII: 3577, 3591, 3600, 3646, 3730–3732, 3803, 3865, 3874, 3891, 3892, IX: 3929, 3961, 4284, 4300–4307, 4310, 4311, 4314, 4315,

4319–4321, 4326, 4327, 4332, 4342, 4343, 4345, 4349, 4351, 4353, 4354, 4356, 4357, 4367, 4372, 4282, 4384, 4385, 4388–4390, 4405, 4406, 4411, 4412, 4414–4420, 4423, 4426–4428, 4431, 4432, 4442–4450 4459, 4462–4464, 4468, 4473, 4474, 4477, 4479, 4480, 4482, 4484, 4488–4490, 4495, 4496, 4498–4502, 4506, 4507, 4511, 4515, 4527, 4536, 4537, 4541, 4544, 4550, 4555, 4556, 4558, 4567, 4577, 4597, 4599, X: 4607, 4608, 4611–4616, 4620–4623, 4631, 4633, 4638, 4639, 4645, 4647, 4653, 4654, 4744, 4745, 4796, 4952, 4981, 4989, 4992–4994, 5022, 5053, 5055, 5125, XI: 5236, 5294, 5297, 5309, 5416, 5425, 5428, 5441, 5444, 5449, 5524, XVI: 2262, 2269–2271, 2314–2316, 2345, 2346, XVIII: 3354, 3355, 3357, 3360, 3405, XIX: 3845, 3861, 3863–3865, 3869–3876, 3879, 3881–3884, 3889, 3893, 3895–3899, 3935, XXI: 4565–4655, 4658, 4660, 4690, XXVII: 1–801, XXVIII: 803–1624, XXIX: 1625–2457, XXX: 2458–3086, XXXI: 3087–3357, XXXIV: 139, XXXV: 1, 4, 5, 7–10, 13, 14, 17, 19, 91, 92, 96, 98–101, 104, 104, 110, 113, 114, 116, 119–121, 127, 129, 130, 132, 133, 137, 140, 141, 146, 147, 149–151, 157, 160, 161, 168, 169, 172, 174–179, 645, XXXVI: 8, 70, 560, XXXIX: 23–295, 356, 372, 383–385, 390, 400–402, 457–459, 461, 499, 500, XXXX: 43n, 47n, 75n, 79n, 86, 87n, 101n, 124n, 127n, 128, 128n, 130n, 140n, 146n, 150, 153n, 155n, 199n, 206n, 210n, 211n, 224n–226n, 236n, 239n, 241, 245, 245n, 253, 266K, 266R, 266S, 266U, 269, 270, 483n, 495, 514, 515, 524, 526, 531–534, 537, 543, 559, 564,
    Cross-Reference Index to Testimony, XXXI: 3259–3326
    Cross-Reference to Roberts Commission Testimony, XXXI: 3327–3340
    Exhibits, XXVII: 6, 7, XXXI: (vii, viii)
    List of Important Dates, XXXI: 3341–3355
Army Radio Intercepts, X: 4674, 4675 XVI: 2313
Army Radio Intercept Stations, (See Radio Intelligence)
Army to Midway and Wake, (See Proposal to Reinforce Midway and Wake)
Arnold, Gen., H. H., I: 128, II: 482, 514, 537, 650, 652, 833–836, 974, III: 1016, 1024, 1025, 1059, 1061–1063, 1067, 1068, 1075, 1077, 1081, 1121, 1155, 1161, 1192, 1217, 1236, 1252, 1264, 1287, 1289–1291, 1389, 1415, 1437, 1537, 1556, IV: 1610, 1611, VI: 2804, VII: 2937, 2949, 3113, 3215, IX: 4421, 4437, X: 5013, XI: 5294, 5323n, 5324n, 5423, 5435, XIV: 1062, 1063, 1065, 1390, 1392, XV: 1628, 1641, 1642, 1647, XVIII: 2974, 3077, 3091, 3430, 3432, 3433, 3435, XXI: 4574, 4576, 4606n, 4608, 4614n, 4631, 4633, 4644, 4651, XXII: 96, 198, XXIV: 1789, 1889, 1903, 1905, XXVI: 278, XXVII: 1, 27, 44, 50, 66–69, 87–105, 163, 167, 180, 467, 469, XXVIII: 973, 978–985, 1069, XXIX: 1967, 2066, 2071, 2078, 2080, 2085, 2089, 2090, 2127, 2130, 2315, 2316, 2318, XXX: 2476, 2477, 2479, 2546, 2552, 2566, 2578, 2592, 2594, XXXII: 554, XXXIV: 156–158, 160, XXXV: 110, 155, 209, 210, 213, XXXIX: 36–38, 82n, 92n, 116–118, 135, 141, 144, 145, XXXX: 103, 122, 389, 513,
ARTHUR FOSS, XXIV: 1465, 1720, XXXVII: 1279
ASAGIRI (Ja), XVII: 2682, XX: 4126, XXXV: 54, XXXVII: 732, 1132, 1328
ASAGUMO (Ja), XIII: 542, 544, 547–549, 575–577, 579, XVII: 2682, XXXV: 55, XXXVII: 732, 1132, 1329
ASAHI (Ja), XIII: 478, 479, XVII: 2689, XXXV: 59, XXXVII: 736, 1331
ASAHI MARU (Ja), XIII: 477, 479, 482, 484, XXXV: 73, XXXVII: 765
ASAKA (Ja), XV: 1860, 1861
ASAKA MARU (Ja), XIII: 579, XXVI: 228, XXXVI: 470
ASAKAZE (Ja), XIII: 543, 556, XVII: 2683, XXXV: 55, XXXVII: 733, 1133, 1135, 1329
ASAKAZE MARU (Ja), XIII: 462–464
ASAMA MARU (Ja), XII: 300, XVI: 2300, XXX: 3077, XXXIII: 913, 1392, XXXV: 109, 111, 121, 181, 187, 253, 277, 283, 368, 369, 395, 397, 411, 418, 428, 432, 437, 446, 447, 454, 455, 534, XXXVII: 884, 1091, 1096, XXXIX; 439,
ASANGI (Ja), XIII: 565, XVII: 2690, XX: 4128, XXXV: 56, XXXVII: 733, 1134, 1330
ASASHIO (Ja), XVII: 2682, XX: 4126, XXXV: 55, XXXVII: 732, 1132, 1329
ASAUGI (Ja), X: 5141

ASAYAMA MARU (Ja), XIII: 462–464
ASH, XIV: 1657, 1709
ASHI (Ja), XXXV: 579, 635
Asher, Ensign Nathan Frederick, XXIII: 689, 692–698, 1263
ASHI MARU (Ja), XXXVII: 716
ASHIGARA (Ja), X: 5141, XI: 5359, XV: 1890, 1893, XVII: 2655, 2690, XX: 4129, XXXV: 60, XXXVI: 123, 156, XXXVII: 737, 741, 742, 753, 783, 787, 788, 1063, 1135
Ashlock, E. E., XVIII: 1185, XXIX: 1698, 1699, 1779, 1791, 1817, 1822, 1840, XXX: 2924–2926, 2931, 2990
Asiatic Fleet, I: 82–90, 123, 124, 151, 172, 254, 264, 265, 283, 301, 302, 306, 316, 318–320, 329, 331, II: 440 491, 504, 760, 765, 954, 955, 966, III: 992, 1081, 1153, 1228, 1267, 1291, 1464, 1493, 1526, 1542, 1543, 1544, 1559, IV: 1619, 1621, 1641, 1731, 1750–1753, 1777, 1795, 1843, 1844, 1846, 1850, 1872, 1895, 1921, 1929–1934, 1936, 1946, 1950, 1990, 2004, 2008, 2046, 2050, V: 2102, 2103, 2109, 2115, 2119, 2123, 2124, 2130, 2131, 2133, 2167, 2240, 2245, 2247–2249, 2254, 2256, 2258, 2266, 2302, 2416, 2419, 2491, VI: 2498, 2512, 2516–2518, 2520, 2521, 2567, 2595, 2631, 2703, 2814, 2835, 2836, 2871, 2872, 2877, 2889, VII: 3166, 3167, 3153, 3290, VIII: 3382–3384, 3537, 3580, 3593, 3597, 3598, 3623, 3657, 3668–3670, 3891, IX: 3934, 3951, 3952, 4067, 4170, 4174, 4176, 4177, 4195, 4212, 4213, 4240, 4242, 4243–4255, 4257, 4262, X: 4675, 4677, 4684, 4688, 4693, 4736, 4795, 4802, 4809, 4812, 4813, 4824, 4859, 4891, 4893, 4899, 5083, XI: 5251, 5382–5384, XIV: 932, 984, 1006, 1007, 1010, XV: 1502, 1516, 1517, 1562, 1566, 1569, 1570, 1582, 1601, 1642, 1677, 1679, 1681, XVI: 1990, 2213, 2217, 2252, 2256, 2294, 2315, 2320, 2334, 2336, 2358, 2370, 2388, 2444–2446, 2455, XVII: 2462, 2583, 2592, 2711, 2832, XVIII: 2883, 2894, 2895, 2898, 2904–2906, 2912, 2916, 2932, 2942, XIX: 3550, XX: 4067, 4068, 4071, 4317, 4334, 4336, XXI: 4556, 4672, 4673, 4683, XXII: 587, XXIII: 664, 1013, 1070, 1171, XXIV: 1355–1357, 1361, XXVI: 25, 32, 54, 56, 62, 78, 109, 1881, 190, 210, 218, 237, 280, 293, 388, 449, 463, 466, 498, 546, XXVII: 17, 193, 544, XXVIII: 912, 1591, XXIX: 2320, 2397, XXXI: 3221, XXXII: 33, 47, 48, 83, 212, 405, 407, 550, 565, 589, 598, 609, 629, XXXIII: 706, 714, 791, 818, 838, 864, 924, 930–932, 942, 943, 946, 952–954, 959, 964, 977, 985, 993, 1001, 1169, 1191, 1202, 1203, 1232, 1236, 1244, 1245, 1277, 1287, 1357, 1361, XXXIV: 142, XXXV: 577, XXXVI: 13, 18, 29, 30, 45, 61, 62, 374, 406, 414, 419, 434, 470, 488, 506, 508, 522, 582, 584, XXXVII: 852, XXXIX: 8, 250, 314, 431, 459, 465, 487, 518, XXXX: 90, 99n, 108n, 112, 133, 134, 161n, 238, 403, 414, 469, 485, 528n, 554
ASO MARU (Ja), XIII: 544
Asset Freeze, (See Economic Sanctions)
Associated Powers—U.S., Britain, Netherlands, China, Free French, III: 1224, 1225, IV: 1593, 2011, V: 2103, VI: 2862, XVII: 2574, 2575, XVIII: 2890, 2909, 2912, 2914–2917, XXVI: 498, 500, 512, XXXII: 70, 71, 80, 96, XXXIII: 947, 956, 957, 961–965, 992, 993, 995, 1005, 1007, 1009, XXXVI: 101, 176, 202, 204, 218, 290, 291, 433, 578, 586, XXXVII: 843, 844, XXXIX: 407–410, 423, 492, 508, 521, XXXX: 87, 88, 507
ASTORIA, I: 136, IV: 1678, V: 2162, 2210, VI: 2655, XII: 73, 345, XIV: 983, XV: 1715, XVI: 2108, 2116, 2117, 2122, 2125, 2129, XVII: 2425, 2525, 2530, XX: 4123, XXI: 4558, 4562, 4564, XXIV: 1604, 1659, 1671, 1733, XXVI: 68, 264, 556, XXXII: 423, XXXV: 389, 395, 501, XXXVII: 928, 957, 1216, 1262
ASUGA (Ja), XVII: 2690, XXXV: 59, XXXVII: 737
ATAGO (Ja), XI: 5359, XIII: 576, XV: 1890, 1898, 1899, XVII: 2619, 2655, 2663, 2682, XX: 4129, XXXV: 55, 69, XXXVI: 130, 156, XXXVII: 713, 732, 787–789, 1132, 1326, 1329
ATAKA (Ja), XVII: 2690, XXXVII: 737, 1135
ATAMI (Ja), XVII: 2690, XXXV: 59, XXXVII: 737, 1135
Atkinson, Guy, XXVIII: 1194, 1196, 1226, 1227, XXIX: 1737, 1738, 1750, 1788, 1811, 1825
ATLANTA, IV: 1827, V: 2248, 2449, XV: 1905, XVI: 2033

18 ATLANTIC CHARTER

Atlantic Charter, II: 459, 476, 478, 485, 510, 516, 517, 522, 523, 527–529, 537, 662, IV: 1785, V: 2235, XIX: 3649, XXVII: 14, XXIX: 1642, XXXV: 681, XXXX: 12, 266T, 300, 305

Atlantic Conference, II: 423, 459, 468, 477–483, 489, 510, 514, 524–528, 537, III: 1051, 1035, 1577, IV: 1694, 1695, 1856, 2042, V: 2194, 2281, 2359, 2361, 2368, 2420, VI: 2696, 2697, 2867, 2885, IX: 4069, XI: 5189, 5387, 5388, 5409, 5453, 5459, XVI: 1968, XXV: 278, XXIX: 2084, XXXII: 105, 106, 229, XXXIV: 142, 143, XXXX: 21, 22, 168n, 170, 266I, 291, 300, 300n, 302n, 508, 509, 522, 523, 530, 542

Atlantic Fleet, I: 29, 61, 75, 76, 115, 122–125, 152, 162, 254, 284, 301, III: 1045, 1241, 1244, IV: 1750, 1828, 2004, V: 2103, 2104, 2115, 2119, 2123, 2124, 2240, 2245, 2247–2249, 2266, 2294–2296, 2359, 2436, 2467, VI: 2512, 2516, 2524, 2631, 2667, 2850, 2877, 2886, 2901, IX: 4222, 4243, 4257, 4289, 4299, X: 4899, XI: 5249, 5252, 5294, 5295, 5505, XIII: 718, XV: 1482, 1527, 1587, 1590, XVI; 2154, 2156, 2158, 2162, 2178, 2179, 2203, 2219, 2224, 2234, 2253, XVII: 2462, 2476, 2832, XVIII: 2883, 2886–2890, 2898, 2900, 2901, 2903–2906, 2915, 2928, 2930, 2935, XIX: 3457, XX: 4277, 4278, XXI: 4556, XXII: 328, 361, XXIII: 946, 1131, 1134, 1156, XXIV: 1355, 1356, 1375, XXVI: 56, 121, 158, 190, 292, 296, 446, 456, XXVII: 246, XXVIII: 912, XXXII: 33, 212, 432, 529, 550, 589, 598, 599, XXXIII: 813, 924, 930–937, 946, 948, 949, 952–954, 960, 963, 973, 978, 980, 983, 993, 1175, 1209, 1228, 1244, 1245, 1259, 1357, 1359, 1361, XXXVI: 374, 406, 545, 595, XXXVII: 844, XXXX: 90, 161n, 164n, 166n, 167, 168

Attack Time, I: 29, 43, 46–49, 103, 136, 170, 171, 177–179, 186, 191, 192, 194, 196, 221, 223, 225, 226, 239, 241, V: 2185, 2219, 2220, 2279, 2346, VI: 2675, 2818, 2819, 2883, 2884, 2892, 2893, VII: 2950, IX: 4048, 4051, X: 4810, 4815, XI: 5314, 5315, 5361, 5492, 5499, 5500, XVIII: 3129, XXIII: 668, 699, 704, 728, 739, 741, 742, 1202, XXIV: 1285, 1368, 1522, 1781, 1784, 1969, 1974, XXVII: 169, 171, XXIX: 2257, 2264, 2309, XXXII: 195, XXXIX: 98, 98n, 503, 522, XXXX: 53, 53n, 54, 57, 441, 489

Attu, III: 1129, 1131, 1132, 1134, 1445, XIII: 552, 578–582, XXIX: 2452, XXXIX: 223

AUGUSTA, I: 253, 310, 328, 329, II: 477, 482, 660, III: 1237, 1389, IV: 1785, IX: 4222, XI: 5505, XIV: 930, 933, 1275, XVI: 2447, 2448, 2456, XX: 4122, XXXVI: 165

AURORA, XVIII: 2940, XXXIII: 985

AUSING (Au), XXIV: 1654

AUSTRALIA (Au), IV: 1934, XV: 1581, XIX: 3353, XX: 4130

Australia (Australian Government), I: 31, 88, 309, 316, II: 433, 451, 461, 490, 525, 651, 653, 675, 743, 748, III: 984, 999, 1010, 1261, IV: 1798, 1930, 1934, 1956, 1964, V: 2072, 2230, 2232–2236, 2319, 2414, VI: 2560, 2854, 2870, 2905, 2908, 2911–2913, VIII: 3584, 3585, 3594, 3614, 3615, 3710, IX: 4282, 4294, 4370, 4406, 4565, 4566, 4568, 4569, X: 4601, 4602, 4604–4606, 4624, 4625, 4667, 4694, 4695, 4806, 4851, 5086, XI: 5164–5167, 5169–5173, 5185, 5192, 5243, 5347, 5354, 5412, 5437, 5479, 5507, 5508, 5509, XII: 86, 167, 168, 172, 175, 197, 245, 287, XIII: 438, 440, 519, 521, 564, 566, 567, 572, 615, 710, 715, XIV: 1012, 1064, 1065, 1122, 1141, 1143, 1169, 1176, 1182, 1219, 1356, 1365, 1372, 1378, 1402, 1403, XV: 1495, 1500, 1515–1517, 1519, 1520, 1533, 1553, 1554, 1557, 1560, 1571–1576, 1578, 1583, 1584, 1841, XVI: 1964, 1967, 1970–1973, 1999, 2148, 2153, 2158, 2161, 2163, 2251, 2304, XVII: 2457, 2458, 2463, 2575, XVIII: 2883, 2901, 2912, 2913, 2947, 2953, 3348, XIX: 3448, 3452, 3461, 3493, 3551, 3634, 3685, 3687, 3689, 3690, 3691, XX: 4061, 4065, 4067, 4106, 4108, 4130, 4290, 4304, 4402, 4447, 4454, XXI: 4738, XXII: 356, XXIII: 757, 909, 942, 942, 945, 1011, 1029, 1151, XXIV: 1304, XXVI: 71, 98, 181, 267, 278, 397, 401, 467, 470, 498, XXVII: 179, 180, 549, 665, 669, 677, 680, XXVIII: 1068, 1069, 1077, 1287, 1294, 1434, 1445, XXIX: 1742, 1755, 1774, 1775, 1779, 1815, 2219, 2220, 2240–2243, 2248, 2252, 2301 2304, 2320, 2327, 2403, XXX: 2739, 2755, 2809, 2864, 2865, 2916, 2975, XXXI: 3216, 3218, 3247, XXXII: 428, 456, 632, XXXIII: 707, 748, 933, 949, 956, 960, 961, 993, 1173, 1197, 1206, 1259, 1286, 1358, 1373, 1384, XXXIV:

18, 59, 60, 63, 64, 113, 123, 131, 142, 180, XXXV: 41, 49, 122, 156, 263, 315, 318, 367, 392, 443, 504, 624, 658, 667, 671, 679, XXXVI: 73, 141, 160, 217, 421, 460, 492, 590, 594, 616, 660, XXXVII: 687, 699, 844, 931, 1022, XXXIX: 21, 327, 444, XXXX: 36, 115n, 165, 205, 216, 266O, 304, 363, 364, 367, 369, 377, 381, 399, 400, 411, 428, 429, 431, 438, 465, 508, 511, 523, 563
AVOCET, XI: 5506, XII: 349, XVI: 2252, XVII: 2529, 2531, 2545, 2549, 2554, 2558, 2563, XXI: 4562, 4565, XXII: 320, XXIII: 1126, XXIV: 1537, 1572, 1598, 1610, 1645, XXVI: 557, XXXIII: 1315, XXXVII: 975, 977, 979, 981, 1223, 1224, 1255
AWATA MARU (Ja), XIII: 579
AWATEA (Br), XII: 298
Axis Powers—Germany, Italy, Japan, Hungary, Bulgaria, Thailand, II: 1225, IV: 1593, V: 2353, XVII: 2574, 2575, XVIII: 2909, 2914–2917, XXVI: 264, XXXII: 70, 80, XXXIII: 957, 962, 963, 968, 1363, XXXIV: 103, XXXV: 93, 192, 197–199, XXXVI: 101, 200, 264, 291, 421, 578, XXXV: 843, 1192, 1327, XXXIX: 6, 407, 423, 508, XXXX: 9, 10, 48, 87, 89, 169n, 172
AYANAMI (Ja), XIII: 576, 577, XVII: 2681, XX: 4126, XXXV: 54, XXXVII: 732, 1132, 1328
AYLWIN, IV: 1676, V: 2210, XII: 349, XVI: 2128, 2131, XVII: 2498, 2499, 2500, 2511, XXI: 4557, 4563, XXIV: 1613, 1617, 1721, XXVI: 553, XXXV: 498, 499, XXXVII: 926, 937, 1273
Azores, III: 1437, IV: 1786, V: 2113, 2117, 2309, 2310, 2373, VI: 2505, VII: 3185, IX: 4290, XI: 5259, 5260, XIV: 1277, 1278, 1356, 1378, XV: 1506, 1602, 1637, XVI: 2161, 2168, 2169, XVIII: 2883, 2886, 2915, 2920, 2921, XX: 4352, 4353, XXVI: 266, XXVII: 17, XXXIII: 933, 934, 962, 963, 968, XXXVI: 400, XXXX: 168, 168n, 301, 508
AZUMASAN MARU (Ja), XIII: 571

B

Bacteriological Warfare, XXI: 4717, 4724
Baecher, Lt. John, IX: 4137, 4153, 4159, 4160, 4166, 4175, 4177, 4178, 4184, 4186, X: 5011, 5017, 5025, 5026, 5086, 5088, 5146, 5147, XI: 5209–5212, 5231, 5249–5251, 5255, 5267, 5289, 5291, XXXVI: 364, 365, XXXIX: 345, 355, 403
BAGLEY, IV: 1676, V: 2210, XII: 348, XVII: 2519, 2521, XXI: 4558, 4563, XXIV: 1573, 1576, 1591, 1609, 1618, 1654, 1668, 1670, XXVI: 555, XXXV: 498, XXXVII: 926, 936, 1224, 1246, 1247, 1272
BAIKAL MARU (Ja), XIII: 732, XXXVI: 508
Bainbridge Island, III: 1433, IV: 1967, V: 2082–2084, VIII: 3423, 3559, 3560, 3581, 3582, 3615, 3633, 3652, 3710, 3726, 3756, 3760, 3765, 3766, IX: 3998, 4000, 4022, 4100, 4101, 4510, 4536, X: 4743, 4931, XVI: 2333, 2355, XVIII: 3349, XXVI: 393, XXIX: 2371, 2373, XXXIII: 763, 771, 772, XXXIV: 198, XXXV: 35, XXXVI: 67, 72, 73, 247, 261, 266, 312, 316, 327, 508, 581, XXXVII: 1083, XXXIX: 459, 482, 513
Baka, XXXVIII: Item 272, 273
Bako, Formosa, X: 4693, 4694, 4887, XVI: 2377, 2328, 2331, 2332, 2359, XVII: 2604–2606, 2608, 2613, 2630, 2631–2633, 2639, 2641, 2642, 2654, 2656, 2662, 2668, XVIII: 3340, XX: 4129, 4404, XXI: 4733, XXIX: 2364
Balabac Strait, V: 2418, VI: 2671, XIII: 442
Balboa, Canal Zone, IV: 1716, 1717, VI: 2667, XVIII: 2891
BALCH, I: 132, V: 2210, XII: 345, XVI: 2043, 2053, 2079, 2081, 2083, 2085, XVII: 2519, 2521, XXI: 4558, 4561–4563, XXIV: 1571, 1671, 1672, 1681, XXVI: 555, XXXV: 498, XXXVII: 926, 1222
Bales, Col. W. L., IX: 4153, 4155, 4164–4166
Balikpapan, IV: 1935, V: 2361, XIII: 444, 457, 544, XIV: 973, XVI: 2449, XVIII: 3342, XXIX: 3553, XX: 4124, XXXV: 319
Ball, Ens., N. E., XXIII: 603, 637–639, 1262
Ballantine, Joseph W., II: 465, 534, 686, III: 1016, IV: 1701, V: 2094, 2095, 2323, 2381, 2334, XI: 5446, XII: 36, 61, 104, 119, 120, 123, 124, 131, 167, 168, 223, XV: 1732, XVI: 2015, XX: 4093, XXXII: 639, XXXIII: 1377, XXXIV: 117, XXXVI: 377, 428, XXXVII: 691, XXXX: 385,
BALLARD, XI: 5506, XII: 346, XVI: 2252, XVII: 2528, 2531, XXI: 4562, 4565, XXIV: 1537, XXVI: 557, XXXVI: 171
Ballard, Emma Jane, XXVII: 1, XXVIII: 1336–1343
BALTIMORE (old), XXII: 460, XXIV: 1574, 1578, 1598, 1661, 1666, XXXVII: 936, 1226, 1231, 1255
BANDE NERE (It), IV: 1826, XV: 1904
Bandoeng, XVIII: 3343, 3350
Bangkok, II: 745, 912, III: 1495, IV: 1803, 1862, 1876, 1877, 2015, VI: 2540, 2794, VIII: 3388, 3673, 3869, IX: 3943, 4176, 4254,

4337, X: 4735, 4848, 5084, XI: 5436, 5533, XII: 181, XII: 543, 554, XIV: 1247, 1367, 1383, XV: 1562, 1768, 1841, 1854, XVI: 2300, 2326, 2328, 2387, XVII: 2484, 2656, 2664, 2665, XVIII: 3350, XIX: 3444, 3482, 3492, 3699, 3717, 3720, 3744, 3745, 3752, 3761, 3766, 3768, 3770, 3779, 3781, 3782, XX: 4060, 4064, 4455, XXVI: 302, XXIX: 2084, 2397, XXXI: 3202, 3218, XXXIII: 740, 835, 1369, XXXIV: 109, 174, 209, XXXV: 148, 203, 205, 277, 283, 309, 314, 583, 589, 608, 635, 684, 689, XXXVI: 121, 130, 135, 429, 660, XXXVII: 683, 787–789, 1061, 1084–1087, XXXIX: 279, 323, 440, 472, 475, XXXX: 99n, 178, 207, 395, 401, 407, 408, 418, 422, 425

BANKERT (Ne), XX: 4131

BANSEU MARU #2 (Ja), XIII: 462–464

BANSEU MARU #3 (Ja), XIII: 462–464

BANSEU MARU #5 (Ja), XIII: 462–465

BANSHU MARU (Ja), XIII: 544

Barber, Bruce G., XXVII: 1, XXIX: 2027–2036, 2052, 2215

Barbers Point, I: 158, (F.P.) 239, 240, III: 1073, 1110, 1499, IV: 1690, 1691, V: 2107, VI: 2727, VII: 3180, 3297, XIII: 405, 406, 408, 421, 492, 496, 501, 506, 530, XV: 1607, 1608, XVI: 2118, 2207, 2242, 2257, 2348, XVII: 2423, 2726, XVIII: 3054, 3248, 3371, XIX: 3591, 3592, 3628, 3629, 3631, 3633, XXII: 125, 194, 239, 251, 252, 254, 263, 267, 268, 270, 296, 313, 510, 517, XXIII: 612, 621, 710, 733, 934, 936, 938, 996, 1002, XXIV: 1371, 1372, 1389, 1393, 1546, 1564, 1567, 1578, 1582, 1584, 1590–1600, 1607, 1646, 1649, 1650, 1652–1658, 1663, 1665, 1667–1669, 1671, 1675, 1691–1696, 1700, 1704–1707, 1710, 1711, 1713–1715, 1717–1719, 1721–1723, 1727, 1729, 1731, 1735, 1739, 1743, 1744, 1747–1749, 1868, 2022, 2169, XXVI: 98, 109, XXVII: 19, 20, 204, 616, XXVIII: 1002, 1004, 1227, 1470, 1580, 1623, XXX: 2523, 2527, 2557, 2808, 2850, XXXI: 3172, XXXII: 396, 426, XXXIII: 1217, 1227, 1261, 1276, XXXVI: 58, 171–173, XXXVII: 804, 954, 1145, 1209, 1211, 1212, 1219, 1231, 1236, 1239, 1245–1247, 1249–1251, 1253, 1255, 1267, 1269, XXXIX: 19, 503

Barbey, Vice Adm. D. E., IX: 1893

Barking Sands, I: 388, VII: 2925, XIV: 1020, XV: 1615, 1622, XVII: 2492, 2723, XVIII: 2971, 2975, 2976, 3044, 3045, 3092, 3095, 3431, XXI: 4643, XXII: 65, 78, XXIV: 1564, 1651, 1736, 1737, 1787, 1791, 1792, 1858, 1904, 1907, 2022, 2148, XXVII: 177, 408, XXVIII: 968, 981, 1306, 1491, XXIX: 1725, 1729, 1759, 1768, XXX: 2475, 2478, 2480, 2546, 2547, 2593, 2596, 2660–2663, XXXIII: 1336, XXXV: 358, 359, 373, 525, 539, XXXIX: 132, 200

BARPLEUR (Fr), XX: 4352

Barrage Balloon, I: 92, 126, 279–281, II: 1215, 1216, III: 1060, 1064, 1214–1216, 1466, V: 2127, 2128, 2242, 2409, VII: 2958, 3225, 3338, VIII: 3546, IX: 4349, 4391, 4393, XII: 266, 269, XIV: 1001, 1004, XV: 1436, XVI: 2280, 2292, 2313, 2369, XVII: 2701, 2702, 2712, 2745, 2747, XX: 4353, XXI: 4663, XXII: 502, XXIII: 1093, 1094, XXIV: 1309, 1361, 1364, XXVI: 72, 406, 458, 524, 534, 547, 562, 563, XXVII: 17, 768, XXVIII: 1546, XXXI: 3192, 3250, XXXII: 31, 183, 223, 225, 391, 544, 565, 629, XXXIII: 1164, 1187, 1283, 1386, XXXV: 367, 390, 453, 481, 503, 646, 661, XXXVI: 39, 265, 310, 369, 379, 389, 392, 402, 403, 413, 448, 496, XXXVII: 669, 942, 998, 999, 1130, XXXIX: 300, 312, 339, 348, 428, 430, 455, 485, XXXX: 76, 77, 143, 148, 229, 231,

BARRHILL (Br), XX: 4352

Barros, Jack, XXII: 263

Bartlett, George Francis, XXVII: 1, XXVIII: 1297–1309, XXXIX: 132, 133n

Bassele, Carl, XXIII: 876

Bataan, II: 731, IV: 1887, 2004, IX: 4382, XI: 5323, XII: 293, 295, XIII: 543, 554, XXXIII: 909, 1396, XXXIV: 140, 146

Batavia, II: 839, 840, III: 1446, 1481, 1493, 1535, 1547, IV: 1630, 1631, 1693, 1753, 1802, 1921, 1031, 2002, V: 2131, 2135, 2215, 2369, 2432, VI: 2521, 2596, 2792, 2793, VII: 3105, VIII: 3589, 3597, 3620, 3779, 3783, IX: 3967, 4064, 4066, 4067, 4214, 4226, 4240, 4270, 4271, 4338, X: 4667, 4718, 4843, 4883, 4966, XI: 5257, XII: 209, XIII: 437, 444, 457, XIV: 973, 1407, 1408, XV: 1578, 1584, 1772, XVI: 2315, 2330, 2388, 2449, XVII: 2651, XVII: 2651, XVIII: 2947, 3212, 3233, 3242, 3343, XX: 4069, 4083, 4092, XXI: 4614, XXII: 376,

XXIII: 1170, XXIV: 1357, XXVI: 293, 489,
XXVII: 789, XXIX: 2369, 2370, 2396, XXXI:
3217, 3221, XXXII: 252, XXXIII: 757, 770,
777, 778, 782, 794, 801, 834, 887, 1178, 1390,
XXXIV: 174, 190, 195, 208, 211, XXXV:
105, 133, 134, 146, 297, 316, 442, 609, 614,
677, XXXVI: 61, 95, 96, 136, 137, 318, 520,
XXXVII: 785, XXXIX: 93, 277, 286, 456,
478, XXXX: 100, 130, 130n, 187, 189, 228n,
405, 406, 470, 471, 484, 554

Bates, Lt. Cdr. Paul M., XXIII: 963–966,
1033, 1034, 1040, 1270

Battle of Midway Island, III: 1158, VII: 2962,
3249, 3341, VIII: 3403, 3499, 3522, 3548,
3701, 3735–3737, X: 4844, XXI: 4619,
XXVI: 152, XXVIII: 1384, 1406, XXX: 3066,
XXXII: 447, 460, 512, XXXV: 547, XXXVI:
297, XXXIX: 332

Battle of the Coral Sea, I: 75, 163, III: 1129,
1131, 1132, 1134, 1158, IV: 1666, VIII: 3522,
3548, XIII: 572–574, XXVI: 152

Baughman, Capt. C.C., XXXVII: 1268

Bayler, Maj. W., XXIII: 1070–1072

Bay of Bengal, XIII: 524

Bayon, Sgt., XXII: 260

Beardall, Rear Adm. John R., I: 128, II:
514, 929, III: 1448, 1487, IV: 1762–1764,
1874, 1875, 1947, VIII: 3392, 3425, 3558,
3570, 3611, 3638, 3639, 3651, 3699, 3703,
3899–3903, 3905, IX: 3985, 3986, 3992,
4025, 4044, 4045, 4072, 4096–4099, 4179,
4187, X: 4660–4662, 4665–4668, 4670, 4753,
4777, XI: 5156, 5268–5291, 5475, 5476, 5512,
5513, 5546, 5547, XVIII: 3347, XX: 4518,
XXVI: 392, XXIX: 2374, 2378, 2384, 2385,
2387–2389, XXXIII: 779, 780, 781, 857, 865,
XXXIV: 1, 4, XXXV: 102, 139, XXXVI: 23,
64, 416, 417, 532, XXXIX: 227, 293, XXXX:
180, 211, 211n, 212, 217, 218, 221, 222, 346,
420, 434, 436, 513, 521, 528

Beardall, Ens. John R. Jr., XXIII: 689,
745–748, 1264

BEARN (Fr), XV: 1819

Beatty, Capt. Frank, VI: 2886, 2889, VII:
3360, VIII: 3611, 3786, 3814–3827, IX: 4033,
XV: 1851, XVI: 2165, XVIII: 3347, XXI:
4555, XXXII: 429, 536, XXXIII: 848, 849,
XXXVI: 535, XXXX: 439

Beatty, Crp., XVIII: 2967, 3014, XIX: 3613,
XXX: 2471, 2518

Bechtel, Price & Callahan, XXVIII: 1157,
XXX: 2732, 2733, 2739, 2741, 2758, 2764,
2768, 2774, 2779, 2878, 2903, 2908, 2909,
2914

Belgium, IV: 1791, V: 2441, IX: 4588, XIV:
1298, XX: 4227, XXXVI: 485, XXXVII:
1030, 1032, 1042, 1178

Bellinger, Vice Adm. P. N. L., I: 129,
382, 387, III: 1458, 1459, IV: 1941, 2034,
VI: 2510, 2511, 2533n, 2534, 2559, 2609,
2651–2653, 2655, 2657, 2722, 2730, 2731,
2747, 2754–2758, VII: 3047, 3370, VIII:
3379, 3380, 3447, 3449–3519, 3524, 3543,
3544, 3832–3834, IX: 4291, 4292, 4298, X:
4889, 5014, 5015, XV: 1440, 1464, 1468,
XVI: 2270, 2272, 2286, 2289, 2310, 2338,
2340–2342, 2352, 2360, 2363, 2409, 2417,
2423, XVII: 2492, 2543, 2709, 2722, 2723,
2727, XVIII: 3223, 3228, 3250, XXI: 4556,
4560, 4562, 4585, 4586, 4591, 4594–4599,
4601, 4602, 4634, 4635, 4641, 4642, 4650,
4665, 4698, XXII: 106, 194, 349–359, 453,
463–465, 474, 495, 513, 553–588, 593, XXIII:
607, 609, 621, 628, 711, 714, 731, 738, 760,
898, 931, 939, 983, 985, 995, 996, 1085, 1144,
1148–1152, 1260, 1261, XXIV: 1368, 1391,
1398, 1415, 1431, 1537, 1563, 1568, 1630,
1634, XXVI: 1–3, 13, 18, 19, 30, 34, 35, 44,
61, 95, 96, 106, 108, 121–140, 169, 202, 249,
252, 309, 311, 321, 329, 381, 459, 526, 535,
538, 558, XXVII: 1, 20, 103, 146, 161, 199,
203, 207, 209, 421, 547, 550, 551, 552, 600,
768–770, 773–776, 792, 793, 799, XXVIII:
827–861, 889, 890, 910, 936, 954, 966, 972,
992, 1024, XXXII: 2, 71, 137, 182, 212,
228, 261, 269, 270, 277, 286, 305–307, 408,
426, 436–438, 445, 448, 449, 451, 452, 454,
455, 458–460, 497–518, 577, 594, 674–677,
XXXIII: 708, 709, 718–720, 723, 725, 1298,
1299, 1303, 1335–1337, XXXV: 156–160,
XXXVI: 1, 9, 184, 196, 216, 217, 278–302,
371, 372, 380, 392–394, 398, 399, 408, 423,
435, 447, 448, 450, 451, 453–460, 462, 468,
544, 548, 550, 553, 557, 564, 568, 571–573,
575, 586, XXXVII: 872, 948, 952, 954, 955,
958–967, XXXIX: 47, 48, 54, 56, 61, 66n, 68,
68n, 69–72, 75, 119, 120, 128, 129, 199, 238,
242, 243, 304, 361, 364, 367, 376, 379, 381,
401, 403, 406, 413, 415, 425, 450, 489–491,
493–495, 510, 520, 524, XXXX: 58, 68n, 69,

71n, 83, 84n, 106n, 107n, 110n, 113n, 114, 114n, 115n, 116n, 117n, 152, 254, 265, 523
Bellows Field, I: 36, 38, 49, 51, 52, 55, 58, 61, 100, 211, 388, IV: 1813, V: 2095, VI: 2599, 2722, 2826, VII: 2926, 3069, 3295, X: 4849, 4943, 4974, XII: 323, 324, XIV: 1037, 1039, XV: 1441, 1442, 1444, 1608, 1615, 1622, XVI: 2016, 2017, 2019, 2345, XVII: 2723, 2725, 2868, XVIII: 2956–2959, 2971, 2975, 2987–2989, 2991, 2995, 2996, 3018, 3019, 3043, 3055, 3089–3092, 3237, 3246, 3431, XIX: 3597, 3603, 3623, 3625, 3535, 3636, 3638, XX: 4520, 4521, XXI: 4595, 4631, 4637, 4643, Items 87, 99–104 XXII: 36, 59, 64, 118, 275, 293, 295, 400, 545, XXIII: 722, 740, 741, 1192, 1218, 1257, 1264, 1267, XXIV: 1369, 1564, 1566, 1643, 1650, 1654, 1661, 1667, 1669, 1673, 1674, 1678, 1712, 1715, 1716, 1722, 1734, 1762, 1766, 1768, 1769, 1769, 1772–1775, 1787, 1791, 1803–1806, 1810, 1812, 1833, 1840, 1856, 1857, 1868, 1901–1904, 1935–1967, 1970–1972, 2010, 2014, 2021, 2029, 2032, 2054, 2056, 2059, 2062, 2074, 2075, 2082, 2098, 2110–2112, 2114, 2118, 2119, 2132, 2138, 2159, 2160, XXV: 87, XXVI: 30, 381, XXVII: 20, 168, 177, 200, 252, 259, 408, 415, 416, 422, 424, 434, 592, 690, 692, 696, XXVIII: 981, 989, 1076, 1077, 1104, 1186, 1231, 1232–1234, 1297, 1318, 1319, 1491, 1492, 1569–1574, 1581, XXIX: 1731, 1768–1771, 1862, 1979, 2290, 2291, XXX: 2460–2462, 2464, 2475, 2479, 2491–2494, 2498, 2500, 2522, 2523, 2529, 2545, 2546, 2557, 2560, 2590–2593, 2651–2660, 2808, 2811, 2812, 2849, 2850, 2853, 2856, 2877, 2878, 2881, 2889–2895, 2898, 2902, 2917, 2919–2921, 2926, 2928–2930, 2934–2936, 2938, 2939, 2941–2948, 2988, 2990, 3002, 3003, XXXI: 3106, 3125–3130, XXXII: 177, 196, 311, XXXIII: 1346, XXXV: 224, 234, 237, 335, 356, 522, 550, XXXVI: 40, 58, 165, 167, 170, 172, 547, 551, 559, 560, XXXVII: 1147–1149, XXXIX: 15, 67, 115, 124, 133, 191, 200, 499, 501, XXXX: 62, 70, 492
BENHAM, I: 132, V: 2210, XII: 345, XVI: 2057, 2081, 2091, 2105, XVII: 2519, 2521, XXI: 4558, 4562, 4563, XXIV: 1431, 1571, 1651, 1672, 1681, XXVI: 555, XXXV: 498, XXXVII: 926, 1227, 1274,

Bennion, Capt. M. S., XXI: 4557, XXII: 442, XXIII: 1229, XXIV: 1581, 1609, 1611
Benny, Chris J., XXIII: 771, 842–852, 1266, XXIV: 1304, 1305
Benson, Henry P., XXVII: 1, 395, XXVIII: 1116–1118, 1123, 1288, 1296, 1326, 1434–1436, 1438, XXIX: 1798, 1840, 1843–1846, 1849, 1850, 1853, 1864, 1903–1918, 1920, 1921, 1925, 1927, 1929, 1930, 1938, 1941, 1998, 2042, XXX: 2848, 2852–2854, 2930, 3056, XXXIX: 132, 133n, 156, 168, 171, 172, 186, 212–214
Berge, Wendell, XVII: 2870–2873
Berle, Adolf, IX: 4408, X: 4781, XXXI: 3181, XXXIV: 59, XXXV: 285
Berlin, Germany, III: 1462, IV: 1816, 1817, 1821, 1822, 1828, 1860–1862, 1864, 2054, V: 2070, 2314, 2323, 2425, VI: 2540, 2548, 2853, 2870, VII: 3174, VIII: 3421, 3423, 3440, 3615, 3689, 3703, 3796, 3737, 3868, 3869, 3896, 3897, IX: 3944, 3980, 3981, 3985, 3988, 3992, 4016, 4041, 4055, 4199, 4200, 4216, 4458, 4509, X: 4615, 4863, XI: 5181, 5352, 5397, 5403, 5404, 5492, 5520, 5527, XII: 205, 229, XIII: 555, XIV: 1398, XV: 1775, 1776, 1796, XVI: 2304, XVII: 2463, XVIII: 3349, XIX: 3454, 3498, 3503, 3814, XX: 3989, 4205, 4326, 4401, 4471, XXI: 4706, 4707, 4749, XXVII: 606, 610, XXVIII: 1266, 1309–1311, XXX: 2858–2861, XXXI: 3245–3247, 3251, XXXIII: 742, 743, 756, 776, 778, 851, 858, 860, 866, 867, 873, 1320, 1358, 1363, 1372, 1377, XXXIV: 53, 104, 113, 119, 190–192, 195, XXXV: 1, 162, 308, 328, 656, 657, 662, 668, 671–675, 677, 681–684, 686, 687, 692, XXXVI: 61, 73, 342, 420, 492, 493, 530, 651, XXXVII: 664, 677, 686, 687, 700, 1053, 1084–1087, 1201, XXXIX: 152, 246, 247, 434, 443, 444, 448, 462, XXXX: 13, 16, 19, 91, 172, 266D, 297, 298, 409, 410, 515, 569–571
Bermuda, IV: 1668, XIV: 1063, XV: 1507, 1636, XVI: 2162, 2451, XVIII: 2886, 2889, 2897, 2904, 2915, 2917, 2918, 2920, 2930, XXXII: 15, XXXIII: 934, 937, 952, 962, 965, 967, 975, XXXX: 11
Beery, Rear Adm. Bernard H., I: 318
Berry, S1/c, Frank M., XXIII: 689, 748–751, 1264
Berquist, Maj. Kenneth P., VII: 2993,

2994, 3034–3036, 3038, 3114, 3115, 3177, XVIII: 2968, 3015, 3213, 3223, 3237, 3239, 3240, 3242, 3245, 3246, 3248, 3250, XIX: 3639, XXI: 4624–4626, 4643, 4644, XXII: 272, 224–232, XXIII: 1254, XXIV: 1730, 1784, 1830, XXVII: 1, 262, 555–557, 561, 563, 565, 567, 615–632, XXIX: 2108, 2109, 2111, 2112, 2117, 2118, 2123, 2291, XXX: 2472, 2519, 3064, 3065, XXXII: 346, 349, 350, 474, XXXIII: 1344, XXXV: 257, XXXVI: 562, XXXIX: 106, 108, 132, 133n

Betts, Lt. Col. Thomas J., II: 785, III: 1490, VII: 2988, 2989, 3029, 3070, IX: 4327, 4383, 4459, X: 4616, XXVI: 395, XXXIV: 43, 44, 47, 48, 53, 59, 70, 71, 95, XXXV: 2, 89, 90 96, 115, 121, 143, XXXVI: 509, XXXIX: 273, XXXX: 483

BIBB, XVIII: 2930, XXXIII: 975

Bicknell, Col. George W., I: 129, II: 865, III: 1454–1456, 1460, 1480, 1481, 1483, 1485, 1485, 1491–1496, 1568, VII: 2997, 3103, 3104, 3117, 3124, 3173, 3277, VIII: 3787, IX: 4315, 4317, 4318, 4328, 4335, 4336, 4345, 4346, 4348, 4351, 4355, 4356, 4358, 4359–4362, 4371, 4376, 4388, 4400, 4407, 4408, 4410, 4430, 4466–4469, X: 4675, 4698, 4699, 4700, 4703, 4853, 4870, 4871, 4951, 4967, 5000, 5001, 5089–5122, 5341–5344, XVIII: 3196–3202, 3223, 3245, 3349, XXI: 4615, XXII: 99, 189–193, XXIII: 676, 860, 914, 923, 930, 951, 1254, XXVI: 360, XXVII: 1, 123, 248, 249, 279, 735–749, 757, 765, XXVIII: 1542, 1558, XXIX: 1665, 1666, 1675, 1887, 2000, 2003, 2255, 2256, XXXI: 3179, 3185, 3188, 3190, XXXII: 179, XXXV: 2, 20, 29–32, 39, 41–44, 51, 84, 88, 89, 100, 104, 109, 111, 112, 114–117, 119, 120, 127, 128, 132–136, 138, 144–148, 154, 156, 161, 167, 191–194, 197–199, 203, 205, 225, 282, 283, 286, 288, 321, 336, 342, 346, 394, 401, 479, 484, 592–594, 597–602, 604, 605, 608, 609–611, 615, 630–632, 634, 637, 644, XXXVI: 329, 467, XXXVII: 912, 934, XXXIX: 236–238, 242, 253, 274–280, 285–287, 289, 292, XXXX: 131, 132, 132n, 137, 137n, 142, 142n, 554

Bicknell Reports—G2 Estimate, XXXV: 192, 193, 197–199, XXXIX: 289

Biddle, Francis, VII: 3142, XI: 5216, 5221, XV: 1773, XIX: 3923, XX: 4365, 4368, XXVIII: 1161, XXX: 2741, 2742, XXXIV: 171, XXXX: 2660

BIDDLE, X: 4711

Biesemeier, Cdr. Harold, XVI: 2265, 2395, XXI: 4678, 4690, XXIX: 2375, XXXIX: 322

Big Five, XXVIII: 1386, 1398, 1435, 1531

Bikini Island, XVII: 2596, XXVI: 518

Binford, Cdr. T. H., I: 263

BIRD, XII: 310

Birmingham City, XXXVII: 1278, 1279

Bishop, Lt. Samuel W., XIX: 3638

Bishop's Point, V: 2107, VI: 2559, X: 4849, XV: 1599, XVI: 2344, 2345, XVII: 2716–2720, XXIV: 1627, 1651, 1656, 1707, 1715, 1969, XXXIII: 1261, XXXVI: 52, 57, 245, 276, 555, 556, XXXVII: 703–705, 1297, XXXIX: 497, 498, XXXX: 138

BISMARK (Ger), VI: 2905, XV: 1786, 1831, 1832, XX: 4354, XXIII: 755

Bismark Archipelago, V: 2170, XIII: 564, XVII: 2483, XXIX: 2301

Bissell, Gen. Clayton, III: 996, 1101, 1136, 1137, 1139, 1330, 1332–1335, VIII: 3611, 3646, 3648, 3649, IX: 4425, 4426, 4444, 4567, X: 4640, 4641, 4656, 4657, 5147, XV: 1586, XVIII: 3347, XXIX: 2325, XXXIV: 2, XXXV: 21

Bissell, Col. John, X: 4638, 4640, 4641, XVI: 2318, XXXIV: 7–10, 69, 70, 72, 75, 76, 78, 86, 87, 90–92, 98–102, XXXVI: 70, 503, XXXIX: 461

Black, Lt. Cdr. F. L., XXVI: 209

Black, Lt. R. B., XXIV: 1574

Black Chamber, IV: 1823

Black Dragon Society, III: 1454, IX: 4558, XIV: 1381, XXIII: 1023, XXVIII: 1538, XXIX: 2447, XXXIV: 23, 123, 153, 185, XXXV: 22, 154, 202, 203, XXXIX: 45

BLACKHAWK, VI: 2784–2786, XII: 286, 288, 290–292, 296, 299–301, XXXIII: 910–913, 1392–1394

Blake, Capt. Frank O., XXXV: 326, 354, 382, 384, 488, 513, 515, 520

Blake, Maj. Gordon A., XIX: 3642

Blandy, Rear Adm. W. H. P., XVI: 2153, 2158, 2233, 2243, 2453–2455, XXI: 4555, XXXIII: 1206, 1351

Block, Rear Adm. C. C., I: 29, 33, 79, 106, 254, 257, 273, 283, III: 1066, 1082, 1458, 1464, IV: 1744, 1805, 1982, 1985, V:

2098, 2100, 2105, 2107, 2109, 2113, 2130, 2132, 2164, 2200, 2244, 2341, 2355, VI: 2508, 2526–2528, 2575, 2577, 2580–2585, 2592, 2597, 2609, 2624, 2742, 2748, 2757, 2788, 2802, 2837, 2886, 2893, 2894, 2898, 2903, VII: 2950, 2959, 2973–2976, 2980, 2981, 3063–3065, 3078, 3082, 3086, 3101, 3246, 3287, 3291, 3292, 3309, 3360, 3361, 3371, 3377, VIII: 3553, 3565, 3566, 3570, 3580, 3590, 3656, 3668, 3673, 3703, 3833, IX: 4254, 4408, 4412, 4413, X: 4672, 4832, 4856, 4862, 4865, 4941, 4960, 4980, 5005, 5006, 5015, XIV: 931, 932, 935, 947, 949, 974, 975, XV: 1599, 1602, XVI: 2146, 2147–2149, 2168, 2169, 2175, 2177, 2181, 2215, 2220, 2227–2229, 2243, 2256, 2266, 2270, 2287, 2339, 2366, 2409, XVII: 2466, 2471, 2733–2736, 2742, XVIII: 2963, 3020, 3223, 3227, 3278, 3247, 3249, 3254, 3296, 3406, XX: 4486, XXI: 4556, 4560, 4571, 4585, 4586, 4589, 4591, 4614, 4624, 4640–4644, 4650, 4653, 4654, 4662, 4665, 4673, 4676, 4680, 4686, 4691, 4695, 4701, XXII: 2, 9, 33, 41, 43, 49, 54, 55, 64, 67, 84, 90, 95, 98, 138, 149, 164, 165, 355, 385, 401, 404, 405, 407, 410, 417, 419–424, 429, 447, 451, 457–479, 483–508, 560, 568, 591, XXIII: 618, 661, 687, 691, 730, 861, 882, 910, 912, 913, 926, 958, 984, 987, 1018, 1092, 1113, 1132, 1196, 1199, 1201, 1208, 1209, 1217, 1244, 1259, XXIV: 1389, 1456, 1495, 1538–1547, 1550, 1552, 1553, 1622–1624, 1628, 1630, 1635, 1641, 1646, 1752, 1835, 1925, XXVI: 1, 3, 43–46, 51, 55–59, 70, 74, 84, 85, 112, 117, 118, 128, 129, 131, 133, 136, 137, 143, 152, 155, 157, 167, 197, 200, 205, 206, 210, 218, 221–223, 239, 241–243, 250–252, 258, 286, 304, 306, 337, 339, 351, 361, 364, 381, 384, 410, 432, 435, 474, 481, 526, 547, XXVII: 1, 21, 30, 49, 50, 117, 157, 164, 170, 193, 209, 210, 313, 216, 253, 257, 258, 411, 412, 540, 543, 734, 754–756, XXVIII: 828, 832, 837, 845, 850, 864–866, 888, 892, 900, 923, 934, 935, 1068, 1368, 1506, 1534, XXIX: 1659, 1728, 2362, 2364, 2396–2399, 2456, XXX: 2467, 2524, 2614, XXXI: 3117, 3158, 3185, 3189, XXXII: 2, 12, 13, 40, 42, 60, 61, 65, 140, 184, 185, 194, 212, 220, 229, 235, 237, 258, 261, 263, 264, 268, 274, 277, 280, 283–287, 292, 293, 323, 338, 358, 360, 362, 389, 428, 429, 436, 439, 454, 459, 498, 499, 512, 536, 586, 590, 597, 649, 656, 662, 665, 666, XXXIII: 705–707, 709, 712, 713, 722–726, 774, 1165, 1190, 1197–1199, 1217, 1235, 1240, 1241, 1243, 1281, 1284, 1285, 1294, 1295, 1299, 1356, 1360, XXXV: 109, 112, 123, 152, 156, 158, 159, 161, 165, 184, 321, 347, 349, 484, XXXVI: 34, 37, 165, 166, 224, 273, 278, 293, 296, 333, 338, 365, 367, 371, 372, 380, 381, 386, 387, 389, 411, 422, 433, 436–438, 449–451, 453, 456, 463–465, 468–471, 477, 478, 489, 522, 523, 535, 538–541, 543, 544, 550–552, 563, 566, 571, 572, 579, 586, 587, XXXVII: 912, 1299, 1300, XXXIX: 5, 9, 10, 31, 47, 54–56, 61, 66, 93, 96, 129–131, 133n, 175, 237, 242, 244, 299, 303, 304, 319, 324, 336, 342, 346, 352, 372, 374, 382, 384, 398, 401, 415, 420, XXXX: 71n, 76, 104, 114n, 139, 146n, 152, 242n, 254

Air Defense, I: 275–279, 326, V: 2244, VIII: 3478, 3479, XXVI: 140, 173, 541

Air Reconnaissance, I: 271, 272, 326, III: 1459, VI: 2507, VIII: 3543–3545, X: 4945, 4946, XVI: 2338, 2342, XXI: 4593, 4595, 4597, 4669, 4691, 4695, XXVI: 139, XXVII: 515, 547, 551, 643, XXVIII: 840, 843, 894, 1394, XXIX: 2265, XXXII: 181, 206, 271–274, 305, XXXIII: 718, 719, XXXVI: 408, 455, XXXIX: 67, 128, 240, 308, 309, 357, 373, 376, 489, 490, 494, 495, XXXX: 86n, 105n, 114, 127

Anti-Torpedo Baffles and Nets, I: 275, 278, IV: 2027, V: 2264, 2266, VI: 2508, 2895, VIII: 3832, 3833, XIV: 974, 975, 987, 991, XVI: 2344, XVII: 2468, 2473–2475, 2702–2707, XXI: 4671, XXII: 328, 333, 334, 417, 418, 472, 493, 497, 492, 593, XXIII: 691, 1039, 1092, 1133, 1139, 1205–1207, XXIV: 1366, 1454, XXVI: 15, 20, 69–71, 196, 525, 526, 540, 541, XXXII: 226, 310, 318, 319, 405, 406, 544, 547, XXXIII: 721, 1316–1318, XXXVI: 403, 404, XXXVII: 1128, XXXIX: 419, XXXX: 78

Block Report, I: 127, 227, 275–279, 339, III: 1001, 1058, 1059, 1118, IV: 1938–1940, V: 2136, 2137, 2139, VI: 2580, 2581, 2661, 2791, XIV: 923, 973, XVII: 2467, 2469, XXVI: 539, 540, XXXII:

BLOEMFONTEIN

137, 139, 170, 171, 180, 223, XXXIII: 1193–1196, XXXIX: 300
Joint Coastal Frontier Defense Plan, I: 377, 379, III: 1451, IV: 1958, V: 2239, 2243, 2245, VI: 2515, 2895, VII: 2931, 2942, 2982, 3016, 3047, XV: 1434, 1436, 1460, 1464, 1610, XVI: 2281, 2289, 2353, 2360, XVII: 2712, XVIII: 2964, 3235, 3241–3244, 3248, XXI: 4596, 4598, 4601, 4602, XXII: 8, 11, 14, 37, 56, 347–349, 354, 403, 563, 577, XXIII: 894, 898, 982, 1142, 1144, 1149, 1150, 1195, 1205–1207, 1234, 1260, XXIV: 1758, 1779, 1822, XXVI: 482, 487, 530–534, XXVII: 155, 186, 204, XXVIII: 833–836, 841, 842, 889, 896, 910, 911, 913, 915–918, 1390, 1391, XXX: 2468, 2485, 2510, 2511, XXXII: 211, 234, 281, 296–298, 301, 374, XXXIII: 694, 715–717, 1153–1157, 1179–1182, XXXVI: 204, 281, 392–394, 398–400, XXXVII: 940–942, 947, 948, 1306–1314, XXXXIX: 4, 17, 48, 65, 67–70, 72, 75, 77, 143, 176, 232, 412, 417, 424–426, 489, 510, 511, 519, 520, XXXX: 80, 82, 83, 127,
Message/Dispatch, Block to Stark 17 Oct. 1941, XVII: 2466, XXI: 4663, XXXIII: 714, XXXVI: 421, XXXIX: 301
Message/Dispatch, Block to Stark 3 Nov. 1941, VI: 2787, XVII: 2737
Message/Dispatch, Block to Stark 26 Nov. 1941, V: 2255, 2256, XXX: 133, 151
Message/Dispatch, Stark to Kimmel 27 Nov. 1941, VI: 2510, 2651, XXI: 4673, XXIII: 1243, XXXII: 288, 425, XXXIII: 706, XXXIX: 315, XXXX: 118n
Message/Dispatch, Stark to Block 3 Dec. 1941 I: 839, IV: 1847, XXIV: 1357, XXXX: 100n
Message/Dispatch, Block to Stark 6 Dec.1941, I: 840, III: 1455, IV: 1803, 2003, V: 2263, IX: 4282, 4283, XXXX: 228
Message/Dispatch, U.S.S. WARD to Block 7 Dec. 1941, I: 67, 68, V: 2339, VI: 2600, XI: 5293, XVI: 2345, 2351, 2361, XXIII: 1051, XXIV: 1649, 1750, XXVI: 65, 209, 411, 412, XXXIII: 720, 721, XXXVI: 268, 556–559, XXXIX: 498, 499, 507, 522
Probability of a Torpedo Attack on Pearl Harbor, I: 278, 279, III: 1452, IV: 2027, V: 2265, 2266, 2286, VI: 2508, VIII: 3832, XIV: 975, XVI: 2285, 2344, XVII: 2473–2475, 2702–2707, XXI: 4671, XXII: 328, 333, 334, 418, 492, 493, 497, 593, XXIII: 1133, 1139, 1206, 1207, XXIV: 1366, XXVI: 35, 36, 69–71, 525, 526, 541, XXXII: 226, 341, 405, 569, XXXIII: 1316, 1317, XXXVI: 403, 404, XXXVII: 1128, 1129, XXXIX: 311, XXXX: 78, 549
Telephone Conversation, Stark and Block 7 Dec. 1941, XX: 4522–4524
Testimony—Roberts Commission, XXII: 459–479, 483–508
Testimony—Hart Inquiry, XXVI: 12–38, 93–102
Testimony—Army Pearl Harbor Board, XXVII: 765–801
Testimony—Navy Court, 296–321, 672–681
War Diary—14th Naval District 7 Dec. to 1 Jan. 1942, XXXVII: 1267–1298
BLOEMFONTEIN (Ne), VI: 2878, 2912, XII: 347, XIV: 1404, 1405
BLUCHER (Ger), XXX: 3075
BLUE, IV: 1676, V: 2210, XII: 348, XIII: 491, 495, XVI: 2073, XVII: 2519, 2521, XXI: 4558, 4563, XXIII: 689, 692, 694, 698, 699, 701, 702, 1263, XXIV: 1431, 1571, 1573, 1578, 1580, 1585, 1588, 1591, 1593, 1597, 1609, 1612, 1614, 1615, 1668, 1670, XXVI: 555, XXXVII: 936, 1223, 1231, 1233, 1234, 1240, 1243, 1247, 1249, 1255
BOBLINK, XII: 349, XVI: 2252, XXVI: 1573–1575, 1585, 1587, 1596, 1599, 1600, 1611, 1690, 1691, 1722, 1729, XXXVII: 937, 1224, 1227, 1234, 1239, 1241, 1253, 1256–1258
Bode, Capt. H. D., XXIX: 1598, 1609, XXXVII: 1275, 1287
BOGGS, IV: 1678, XII: 345, XIV: 941, XV: 1715, XVI: 2252, XVII: 2527, 2530, XXI: 4559, 4564, XXIV: 1657, 1659, 1670, 1674, 1703, 1720, XXVI: 557, XXXV: 390, 502, XXXIII: 1252, XXXVII: 929, 944, 1274
BOISE, I: 89, 90, 114, 115, 155, 227, 229, IV: 1643, 1673–1676, 1821, 1827, V: 2248, 2249, 2349, VI: 2561, VIII: 3534, 3535, X: 4813,

4904, 5127, XV: 1584, 1689–1714, 1906, XVII: 2510, 2514, XIX: 3557, 3563, 3578, XX: 4124, XXI: 4557, 4562, 4563, XXIV: 1398, 1399, 1406, 1604, XXVI: 401, 553, XXXVII: 1216, 1261

BOKUYO MARU (Ja), XXXV: 352

BOLZANO (It.), IV: 1825, 1826, XV: 1813, 1835, 1901, 1904

Bombardment by Gun Fire, I: 279, III: 1058, 1452, IV: 1940, V: 2127, VII: 3288, XVI: 2284, XVIII: 3230, XXI: 4600, 4663, XXIII: 1093, XXIV: 1363, XXVII: 197, XXXII: 30, 64, 183, 221, XXXIII: 1033, 1164, XXXV: 153, XXXVI: 193, 369, 402, XXXIX: 5, 73, 233, 300, 418, XXXX: 76

Bonin Islands, XIV: 997, XVI: 2236, XVII: 331, 363, XXIII: 1136, 1159, XXIV: 1377, XXVI: 505, XXXIII: 1212, 1350, XXXVII: 851, XXXVIII: Item 110

Bombing Threat on Fleet Oct. 1940, VI: 2603, VII: 3236, 3237, 3245, 3330, XVIII: 3254

Boogy Woogie Summary, XXXIV: 135

Books Cited,
  A Thesis on the Final Battle of the World, by Lt. Gen. Kanji Ishihawa, XXXV: 348
  Bataan, by Lt. Col. Allison W. Ind, XI: 5323n
  Battle Report: PEARL HARBOR TO CORAL SEA, by Karig & Kelley I: 75, XVI: 2272, XXXVI: 8, 21, 38, 42, 50–54, 98, 574, XXXVII: 661, XXXIX: 405
  Far Eastern Crisis, by Henry L. Stimson, II: 757, 758, 767, 768, 781, 856
  Foreign Relations: 1931–1941, II: 402, 407, 460, 505, 509, 516, 576, 615, 616, 620, 622–624, 662–664, 666, 670–673, 684–686, 705, 706, 715, 756, 757, 759, 775, 976, III: 1384–1386, IV: 1616, 1705, 1715, 2051, V: 2380, VI: 2916, IX: 4069, 4070, 4259, XI: 5368, 5369, 5371, 5377–5379, 5388, 5389, 5395, 5397–5399, 5401, 5405, 5453, 5459, XIV: 1315, XXI: 4578n, XXVIII: 930, XXIX: 2153, 2282–2284, XXXII: 90, 115, 121–123, XXXIII: 701, 786, 787, XXXIX: 40n. XXXX: 4n, 8n, 16n, 24n, 26n, 30n, 32n, 38n, 41n, 43n, 266F, 291, 302n, 513
  Gentlemen of Japan, by B.S. Haven XXI: 4580n, XXXIX: 44n
  Hawaii—Restless Bastion, by Joseph Barber Jr., IV: 1606, 1607
  How War Came, by Davis and Lindley XI: 5398, XXXIV: 143, 146
  Peace and War, II: 427, 485, 509, 516, 529, 622, 624, 628, 669, 670, III: 1435, V: 2116, 2381, IX: 4259, 4260, XI: 5396, 5407, 5415, XXI: 4578n, XXVI: 445, 447, 448, 450, 451, 561, XXVII: 58, XXIX: 2017, 2065, 2145, 2281–2283, 2383, XXXII: 122, 123, 242, 244, 526, 643, XXXIII: 734, 751, 787, XXXIV: 149, 150, XXXVI: 370, 430, 493, XXXIX: 33n, 40n, XXXX: 2n, 6n, 7n, 10n–13n, 43n, 46, 291, 302n, 510, 512, 521, 563
  Public Papers and Addresses of Franklin D. Roosevelt, II: 748, 749
  Stimson's Diary, II: 451, 498, III: 1095, 1283, 1285, 1286, 1292, 1411, 1412, 1414–1416, V: 2301, VI: 2859, VII: 3188, XI: 5222, 5223, 5335, 5539, XXI: 4607, XXXIX: 82–85, XXXX: 176n, 177, 501, 563
  Ten Years in Japan, by Joseph Grew, II: 561, 564–566, 577, 579, 582, 584, 615–618, 621–624, 627, 641, 684, 694, 695, 755, XIV: 1315, XXI: 4580n, XXIX: 2143, 2150, 2282, 2285, XXXI: 3163, XXXIX: 43n, XXXX: 40n, 291
  The Case Against the Admirals, by William Huie, XI: 5464, XXI: 4766
  The Southern Cross, by Kuramoti Iki, I:175, XIII: 513–524
  The American Black Chamber, by Herbert Yardley, XXIII: 1014
  Three-Power Alliance and American-Japanese War, by Kinoaki Matsuo, IX: 4414, XXXIV: 144, XXXV: 341, 348
  The Time for Decision, by Sumner Welles, II: 502, 509
  United States Foreign Policy, 1931–41
  When Japan Fights, by Noasaku Hirsta, VII: 3244, XVIII: 3254, 3300

Boone, Lt. Cdr. Gilbert E., XXXVI: 327–329, 355, 574, XXXIX: 405

Boone, Col. R.A., III: 1041, IV: 1762, 1773, VIII: 3392, 3429, XXVI: 300, 395, XXXVI: 26, 509

Booth, Clare, XXXV: 442, XXXVII: 1023

BOREAS, XII: 346, XXXII: 587, XXXIII: 1246, 1268

BOUGAINVILLE (Fr), XXXV: 632

Borneo, I: 179, III: 1140, 1228, 1249, 1251,
1455, 1519, 1521, 1543, IV: 1604, 1608, 1752,
1781, 1799, 1805, 1934, 1949, 1963, 1966,
1987, 1990, 1995, 1996, 2010, 2059, 2060,
V: 2071, 2110, 2114, 2125, 2150, 2200, 2201,
2207, 2208, 2215, 2220, 2258, 2259, 2288,
2417, 2518, VI: 2518, 2594, 2610, 2649, 2670,
2761, 2781, 2857, 2864, 2865, VII: 2931,
2934, 2945, 2983, 3027, 3062, 3128, 3290,
VII: 3361, VIII: 3535, IX: 4240, X: 4867,
4937, 4955, 4957, 5004, 5007, XI: 5434, XIII:
435, 439, 716, XIV: 973, 1337, 1406, XV:
1559, 1561, 1574, 1575, 1583, 1678, XVI:
1964, 2142, 2143, 2152, 2173, 2276, 2302,
2325, 2333, 2355, 2369, 2420, 2446, 2449,
XVII: 2577, XVIII: 2909, 3232, XIX: 3548,
XX: 4512, XXI: 4673, 4683, 4759, XXII:
326, XXIII: 1132, XXIV: 1356, XXVI: 59,
232, 250, 579, 703, 785, XXVIII: 838, 902,
929, 963, XXIX: 2177, 2196, 2210, 2327,
XXXI: 3216, XXXII: 131, 233, 406, 413,
605, XXXIII: 689, 701, 956, 994, 1176, 1204,
1352, XXXIV: 41, XXXV: 155, 316, XXXVI:
101, 119, 137, 192, 206, 382, 408, 418, 431,
437, 450, 486, 581, 594, XXXVII: 782, 845,
XXXIX: 7, 237, 315, 339, 349, 366, 408, 441,
470, 483, 513, XXXX: 93, 98, 105, 107, 195,
535, 538, 561
Bothne, Boatswain, Adolph, M., XXIII:
689, 723–726
Bowman, Capt., XXIV: 1398, 1399
Boxer Protocol of 1901, XIV: 1099, 1101, 1119,
1135, XV: 1749, XXXX: 40, 383
Boyd, Thales, XXIII: 1207
Bragdon, Brig. Gen. John Stewart, XIX:
3883, 3884, 3899 XXVII: 1, XXVIII: 1507–
1526, XXIX: 1633, 1695, 1698, 1702–1708,
1711, 1810, 1830, 1839, 1866, 1880, 1881,
1884, 1885, 1891, 1893, 1901, 1943, 1962–
1982, 2007, 2008, XXXIX: 201
Brainard, Rear Adm. R. M., IV: 1725,
1942, 1944, 2044, VIII: 3384, 3394, 3431,
XVI: 2179, XXI: 4555, XXVI: 1, 3, 437, 443,
XXXII: 165, XXXVI: 26, 375, 432, 436, 484,
537, 573,
Brandeis, Wilhelm, XXXIV: 162, 163
BRANT, XI: 5505, XXXIII: 1246
Bratton, Col. Rufus S., I: 127, 128, II: 444,
784, 788, 789, 837, 889, 890, 925, 926, 929,
930, 932, 933, 935, 937–946, 949, 951, 963,
979, III: 1043, 1108, 1109, 1112–1114, 1176,
1191, 1324–1328, 1331, 1340, 1343, 1344,
1374, 1375, 1427–1431, 1444–1449, 1453,
1455, 1463, 1465–1467, 1471–1473, 1480–
1482, 1484–1487, 1489–1491, 1509, 1551,
1554, 1555, 1558–1562, 1578, 1581, 1582,
IV: 1595–1597, 1624, 1625, 1627, 1629, 1630,
1661, 1662, 1846, 1867–1870, V: 2304, VI:
2527, 2528, VII: 2960, 2988, 2989, 3010,
3092, 3093, 3199, 3200, 3202, VIII: 3383,
3387, 3418, 3430, 3433, 3439, 3568, 3611,
3613, 3644, 3645, 3655, 3682, 3699, 3700,
3701, 3703, 3727, 3729, 3730, 3732, 3733,
3750, 3807, 3865, 3912, IX: 3961, 3995, 4026,
4027, 4035, 4046, 4052, 4096, 4097, 4099,
4105–4107, 4143, 4184, 4189, 4285, 4302.
4307, 4308, 4313, 4321, 4325–4329, 4351,
4383–4385, 4387, 4416, 4427, 4447, 4455–
4460, 4463, 4476, 4477, 4484–4489, 4493–
4499, 4501, 4503, 4505, 4506, 4508–4599,
X: 4601, 4607–4629, 4633–4636, 4638, 4644,
4649, 4650, 4728, 4744, 4780, 4781, 5122, XI:
5175, 5176, 5191, 5194, 5448, 5449, 5475,
5476, XIV: 1066, 1348, 1391, 1409–1411,
XVI: 2316, 2318, XVIII: 3305, 3318–3320,
3347, 3348, XXI: 4616, 4623, 4648, 4649,
4716, XXII: 2, XXIII: 1076, 1102, 1103–
1105, XXVI: 391, 392, 395, XXVII: 70, 107,
108, 110, 112, 115, XXIX: 2199, 2200, 2309–
2311, 2315, 2324, 2325, 2335–2355, 2357,
2358, 2374, 2384, 2387, 2390, 2409, 2412,
2415–2424, 2429–2431, 2441–2456, XXXI:
3201, XXXII: 356, XXXIII: 768, 780, 822,
868, 873, 1388, 1389, XXXIV: 1–7, 10–30,
32, 36, 38, 41, 43–46, 48, 49, 56, 57, 67, 69–
74, 79, 80, 87, 94–96, 124, 125, 133, 159,
174, 176, XXXV: 2, 6, 17, 21, 23–26, 35, 36,
39, 40, 90–92, 95–99, 101, 102, 104, 115, 116,
121, 128–130, 133–135, 138, 139, 142–144,
154, 156, 161, 164–167, 172–174, XXXVI:
19, 20, 27, 70, 71, 75, 84, 349, 414, 503,
509, 529, 531, 532, XXXVII: 661, XXXIX:
95, 104, 139–141, 222, 224, 225n, 226–229,
235, 237, 244, 248–253, 260, 261, 262, 271–
274, 285–288, 290, 292–294, 458, 461, 462,
XXXX: 179n, 211, 212, 212n, 218, 223, 224,
225n, 262, 266E, 266G, 433, 434n, 472, 473,
473n, 474, 480, 480n, 482, 483, 519, 528, 567
BRAZOS, XII: 346, XXIV: 1403, XXXIII:
1270

Brazil, IV: 1780, 1786, 1803, 1823, 1886, V: 2373, 2383, VIII: 3783, XI: 5479, XIV: 1009, 1277, XV: 1637, 1642, 1780, 1803, 1823, 1908, 1930, XVIII: 2882, 2921, 2947, 2948, XX: 4278, XXXIII: 1322, XXXV: 692

BREESE, IV: 1676, XI: 5506, XII: 349, XIII: 491, 495, XVI: 2027, XVII: 2519, 2514, XXI: 4558, 4563, XXII: 595, XXIV: 1573, 1575, 1580, 1583, 1584, 1586, 1589–1591, 1594, 1595, 1611, 1618, 1656, 1657, 1676, 1685, 1695, 1703, 1708, 1733, XXVI: 555, XXXV: 499, XXXVII: 926, 937, 1224, 1233, 1237, 1238, 1240, 1241, 1244, 1246, 1247, 1251, 1252, 1273

Bremerton Navy Yard, I: 255, IV: 1747, 1794, 1806, IX: 4179, X: 4668, XII: 308, 310, XVI: 2316, XXIII: 702, XXVI: 393, XXXIII: 909, 913, 914, 1391, 1392, 1396, XXXVI: 508, XXXIX: 459, XXXX: 184, 187, 188

Brenchman, Albert C., XXII: 310–313, XXIII: 1257

Brereton, Gen. L. H., II: 964, III: 1270, V: 4606, XI: 5319, 5320, 5323, 5323n, 5324, 5334, XIV: 1329, XXXIV: 66

Brett, Lt. Gen. G. H., III: 1065, 1067, 1068

Briant, Cdr. G. C., XXVI: 1, 3, 241–245, 276, XXXVI: 558, 572

Briand-Kellogg Pact, II: 558

BRIDGE, XI: 5503, XII; 346, XXXII: 587, XXXIII: 1268

Bridges, Sir E., XXXV: 669, 672–675, 677–684, 686, 687, 689, 690–692

Brink, Brig. Gen. Francis, III: 992, V: 2071, 2072, 2080, X: 5083, 5086, XI: 5513, 5514–5516, XV: 1554, 1584, XVIII: 2941, 3436, 3437, XXVII: 63, 64, XXIX: 2406, XXXIV: 3, 23, 154, XXXV: 102

Brisbane, Australia, X: 4606, XI: 5322, XXVI: 341, XXXIV: 66

BRISTOL, XX: 4441

British Admiralty, I: 268, 308, III: 1337, 1338, 1341, IV: 1990, V: 2131, 2311, 2425, VI: 2792, 2835, 2871, 2822, VII: 3105, IX: 4042, 4240, 4255, 4271, 4273, 4274, 4338, X: 4806, 4883, XI: 5214, 5376, 5531, XIV: 963, 1246, 1247, 1408, XX: 4353, 4511, XXIX: 2396, XXXIII: 1390, XXXVI: 136, 520, XXXX: 100, 130n, 424, 425, 508, 570

British Air Force, XIV: 1338, 1339, XV: 1493, 1499, 1518, 1529, 1531, 1532, 1546, 1547, 1549, XX: 4545–4548, 4726, 4735, 4751, XXIII: 1162, XXXIII: 1361, XXXIV: 208

British Army, XVI: 1964, XXI: 4709, 4718, 4751

British Columbia, VI: 2681, 2687, 2688, XVIII: 2918, XX: 4482, XXXIII: 965

BRITISH FORTUNE (Br), XX: 4454

British Navy, IV: 1934, 2037, XII: 143, XIV: 1276, 1278, 1338, XV: 1502, 1505, 1518, 1521–1523, 1526, 1528–1530, 1532, 1534, 1535, 1537–1539, 1541, 1569, 1582, 1677–1679, 1754, 1929, 1930, XVI: 1991, 2153, 2173, 2189, 2213, XVII: 2460, 2576–2578, 2587, XIX: 3457, 3504, 3548, 3550, 3552, XX: 4277–4279, 4323, 4735, 4751, XXIII: 1162, XXVI: 460, XXVII: 548, XXXIII: 832, 1190, 1352, 1365, XXXIV: 106, XXXVII: 676

British SIS, IX: 4345, 4355, 4358, 4361, 4377, 4378, 4379, XVI: 2321, XVII: 2659, XVIII: 3437, 3438, XX: 4067, XXIII: 658, XXXI: 3217, 3221, XXXIII: 832, XXXIV: 47, 186, 211, XXXV: 31, 41, 44, 84–86, 88, 89, 113, 118–120, 124, 135, 137, 148, 577–592, 618, 619, XXXIX: 279, 280, 289, 291, 465

BROOKLYN, VII: 3363, VIII: 3529, XI: 5505, XVII: 2465, XX: 4122, XXVI: 340, XXXI: 3191, XXXIII: 1247, 1267, XXXV: 392, 441, 504, XXXVI: 201, XXXVII: 931, 1026

BROOKS, XII: 309

Brooks, Lt. Col. H. E., XXI: 4635, XXVII: 1, 507–517, XXXIX: 120

Brotherhood, Lt. F. M., III: 1450, VIII: 3572, 3600, 3602, 3613, 3619, 3642–3547, 3650, 3671, 3698, 3701, 3716, 3717, 3743, 3749, 3756, 3759, 3778, 3779, 3808, 3874, 3894, IX: 4002, 4122, 4147, XVI: 2315, 2317–2321, XVIII: 3320, 3344, XXVI: 394, XXIX: 2323, 2357, 2379, 2389, 2390, XXXII: 2, XXXIII: 768, 772, 804, 839–847, 1388, XXXIV: 125, 173, XXXVI: 1, 69, 71, 74, 75, 86, 87–90, 257, 316, 318, 340, 502–505, 507, 509, 532, 572, 574, XXXVII: 661, XXXIX: 229, 404, 458, 460–465, XXXX: 480, 484

Brown, Lt. Col. Lee, XXII: 7

Brown, Lt. Cdr., XXXIII: 842, XXXVI: 89

Brown, Vice Adm. Wilson, I: 29, 30, VI: 2510, 2529, 2531, 2532, 2539, 2602, 2605, 2609, 2651–2654, 2657, 2658, 2736, 2898,

VII: 3357, 3378, X: 4859, 4883, XVI: 2122, 2131, 2144, 2231, 2244, 2256, 2257, 2348, XVII: 2524, XXI: 4556, 4558, 4560, 4661, XXII: 56, 394, 402, 452, 459, XXIII: 612, 689, 758-769, 1069, 1187, 1194, 1264, XXIV: 1422, 1431, 1432, XXVI: 1, 3, 43, 50, 61, 67, 141-153, 171, 179, 204, 239, 321, 332, 339, 341, 342, 345, 346, 474, 526, 556, XXVII: 238, 792, 795, XXXII: 211, 237, 268, 292, 409, 427, 660, XXXVI: 371, 390, 435, 436, 440, 449, 450, 464, 470, 536, 538, 566, 572, XXXIX: 298, 503, 504, XXXX: 64n, 106, 106n, 242n, 261

Brown, 2d Lt. Harry, XIX: 3638
Browning, Cdr. Miles, XXVIII: 962, 1008
Brunner, Mrs. Gertrude, XXVII: 1, XXVIII: 1155-1157, 1249
Bruns, Capt. H. F., XXXVII: 1267, 1270
Bryant, Chief Ships Clerk, H. L., VIII: 3611, 3749, 3887-3892, 3908, IX: 3939, 4171-4173, 4205, 4209, 4210, XVIII: 3347, XXVI: 395, XXXVI: 304, 509
Bryden, Maj. Gen. William, II: 650, 789, 835, 836, 908, 971, 972, 974, III: 1017, 1022, 1024, 1065, 1071, 1072, 1077, 1096, 1252-1264, 1271, 1272, 1323, 1324, 1414, 1437, 1557, IV: 1613, 1654, VII: 3084, 3165, IX: 4437, XIV: 1062, 1103, XV: 1471, 1607, 1627, 1631, 1641, XXI: 4608, 4610, 4611, 4651, XXVII: 1, 68, 88, 101, 467-472, XXIX: 2130, 2137, 2160, 2162, 2163, 2165, 2193, 2194, XXXIV: 39, 40, 158, XXXIX: 84, 87, 144, 145
BUCK, XI: 5505, XVII: 2465
BUENOS AIRES MARU (Ja), VI: 2775, XII: 272
Bulgaria, IV: 1593, IX: 4568, XV: 1775, 1788, 1797, XVI: 2275, XX: 4227, XXVI: 497, XXXIII: 957, 992, 1320, 1325, XXXIV: 27, 28, XXXVI: 101, 291, 382, 651, 656, XXXVII: 843, 989, XXXIX: 407
Bullitt, William C., III: 1213
Butler, Bernard J., XXIII: 1047, 1054-1061, 1270
Bundy, Col. Charles W., I: 514, II: 650, 929, 979, III: 1024, 1027, 1031, 1097, 1098, 1109, 1112, 1113, 1191, 1423, 1424, 1472, 1523, 1530, 1535, IV: 1599, 1600, 1663, 1664, 1666, 2056, V: 2075, VI: 2738, VII: 2948, 3164, 3186, 3260, IX: 4493, 4517, 4553, 4554,
X: 4640, XIV: 1063, 1391, 1410, XXI: 4608n, 4609, XXIII: 1076, 1106, XXVII: 25, 28, 47, 49, 468, XXIX: 2162, 2172, 2191, 2194, 2203, 2311, 2347, XXXIII: 822, 828, XXXIV: 2, 6, 7, 20, 30, 33, 38, 39, XXXV: 25, 172, 177, XXXIX: 84, 85, 260, 266, XXXX: 202, 202n, 224

Bundy, Harvey, III: 1521, IV: 1600, IX: 4303, 4305-4308, 4325, 4435, 4449, 4491, 4496, XVIII: 3253, XIX: 3902, XXIX: 2077, XXXV: 8, 11, 114, 115, 118, 127, 129, XXXX: 141n
BUNKER HILL, XXXVI: 612, 627-629
Bunkley, Capt. J.W., XXIV: 1589, 1592, 1609, XXVI: 1, 3, 453-456, 471, 564, XXXVI: 371, 441, 540, 541, 573
Bureau of Immigration and Naturalization, XXVIII: 807, 808, 810, 812, 816, 817, 819, 821, 822, 880, 881, 883, XXIX: 2028, 2031-2033, 2035, 2052, 2095, 2099, 2100, 2138, 2139, 2214, 2227, XXX: 2882, 2885, XXXI: 3161, XXXIX: 158, 158n, 183, 203, 204
Bureau of Ordnance, V: 2266, 2267, 2284-2286
Burgess, Lt. Col. Thos. B., XXIV: 2033, 2043
Burgin, Maj. Gen. Henry T., I: 35, 148, 150, III: 1468, VII: 2941, 3062, 3110, 3113, 3114, IX: 4342, XVIII: 3223, 3236, 3238, 3242, 3245, 3247, 3354, 3373, 3374, XIX: 3628, 3631, XXI: 4590, 4628-4630, 4633-4635, 4641, 4644, XXII: 70, 88, 163-172, 174, 182 XXIII: 1253, XXIV: 1546, 1668, 1693, 2101, XXVII: 1002, 1003, 1355-1389, 1604, XXIX: 2115, 2209, XXXV: 152, 168, XXXIX: 60, 111-115, 118, 119, 121, 127, 133n, 232, 253, XXXX: 68n, 492
Burial of Pearl Harbor Casualties, XXI: Item 79-84, XXIV: 1752, XXXVII: 1271
Burma, I: 449, 676, 817, III: 1285, IV: 1759, 1829, 1844, 1847, 2042, V: 2072, 2229, 2232, 2235, VI: 2547, VIII: 3585, IX: 4590, X: 4982, 4992, 5095, 5096, XI: 5166, 5183, 5353, 5422, 5434, 5479, XII: 175, XIII: 435, 710, XIV: 1083, 1346, 1350, 1371, 1377, 1381, XV: 1559, 1561, 1573, 1575, 1576, 1839, XVI: 1964, 1966, 1972, 1988, 2140, 2152, XVII: 2457, XVIII: 3436, 3437, XIX: 3490, 3491, 3493, 3503, 3553, 3713, 3761, 3765, XX: 4060, 4064, 4098, 4223, 4351, 4403, XXIII: 1010, XXVI: 498, XXVII: 15, XXIX:

2070, XXX: 2975, XXXI: 3219, XXXII: 242,
XXXIII: 700, 838, 960, 993, 1205, XXXIV:
141, 161, 179, 202, XXXV: 185, 263, 264,
297, 298, 317, 319, 394, 506, 679, XXXVI:
145, 590, 612, 659, XXXVII: 844, 933, 1017,
XXXX: 175, 388, 405, 416, 422, 507
BURMA MARU (Ja), XXXV: 614
Burma Road, I: 305, 306, 311, 316-318, 330,
II: 648, 649, 706, 774, 842, 921, 922, 950, III:
1056, 1083, 1170, 1244, 1276, 1278, 1285,
1395, 1403, IV: 1693, 2052, V: 2087, 2088,
2090, 2114, 2122, 2124, 2179, 2228, 2317,
2327, 2413, VI: 2517, 2646, 2857, 2858, VII:
3206, IX: 4399, XI: 5214, 5353, 5422, 5426,
5434, 5436, 5473, XIV: 1006, 1012, 1061,
1083, 1123, 1160, 1162, 1168, 1172, 1350,
1361, 1363, 1371, 1377, 1378, 1383, XV:
1476, 1478-1480, 1843, 1849, XVI: 2141-
2143, 2173, 2222, 2298, 2299, 2433, 2435,
2441, 2442, XVIII: 3436, XIX: 3490, 3492,
3503, 3718, 3760, 3765, 3776, XX: 4022,
4473, 4512, XXI: 4746, 4747, XXVII: 15,
XXVIII: 1546, XXIX: 2070, 2309, XXXI:
3192, 3219, 3221, XXXII: 561, XXXIII:
1175, 1238, 1239, 1323, 1352, XXXIV: 179,
180, 211, XXXV: 109, 185, 186, 309, 318,
392-394, 433, 444, 445, 448, 452, 504-506,
594, XXXVI: 145, 408, 424, 426, 527, 654,
XXXVII: 931-933, 1006, 1017, 1020, 1092,
XXXIX: 436, 438, XXXX: 37, 93, 98, 143,
173, 174, 266N, 300, 317, 337, 338, 340, 341,
343, 370, 376-378, 380, 388, 390, 393, 395,
398, 400, 405, 407, 422, 428, 535
Burnett, Sir Charles, IX: 4568, X: 4602,
4604-4606, XXXIV: 60, 63, 65, 66
Burns Field, VII: 2925, XV: 1615, 1672, XVII:
2723, XVIII: 2971, 3050, 3051, XXII: 78,
XXIII: 611, XXIV: 1564, 1657, 1682, 1704,
1787, 1864, XXVII: 177, XXIX: 1725, 1759,
XXX: 2475, 2553,
Burr, Lt. Harold S., VII: 2983, 2984, 2994,
3042-3044, 3228, IX: 4372, 4443, X: 4940,
4980, 4988, 5005, XVI: 2272, XVIII: 3243,
XXI: 4604, XXII: 150, 416, 457, 467, 468,
XXIII: 1204, 1205, 1243, XXIV: 1651,
XXVII: 1, 258, 262, 643, 756, 757, 783,
XXVIII: 934, 935, 1007, 1008, 1389, 1583,
1596-1599, XXXII: 174, 184, 203, 288,
XXXV: 51, 118, XXXVI: 1, 115, 220, 221,
430, 449, 574, XXXIX: 79, 404
Burton, Ralph, XXVII: 1, 441-463, XXXIX:
218, 219
Burwell, Gen. H. S., VII: 3112, 3113, 3226,
XXII: 208, 209, 249, XXIII: 1255, XXIV:
2128-2145, XXVII: 160, 255, XXIX: 1727,
XXXV: 110, 119, 241-244
Burwell Report, XXIV: 2128-2145, XXXV:
217-225, 227-239
Butler, J. Bernard, XXIII: 1054-1061
Butterfield, James W., XXVII: 1, XXIX:
2095-2102, XXX: 2743
BUTTERNUT, XII: 310
Byrnes, James F., I: 5, 212, 270, 337, II:
443, V: 5352

C

Cabinet Meetings
  7 Nov. 1941, II: 429, XI: 5432, XXXX: 30, 45, 510
  5 Dec. 1941, II: 452
  7 Dec. 1941, II: 610, XI: 5240, 5438, 5439, XXXX: 442, 443
CACHALOT, XII: 349, XVII: 2528, 2531, XXI: 4560, 4564, XXIV: 1573, 1579, 1585, 1591, 1609, 1644, 1713, 1717, XXVI: 557, XXXIII: 1314, XXXVII: 936, 1224, 1232, 1239, 1247, 1272, 1274
Cadogan, Sir Alexander, II: 459, 494, IV: 1784, 1785, 1787-1790, 1876, XIV: 1247, 1269, 1275, 1283, 1285, 1292
Caffney, Capt. John, XXXVII: 1267
CALEDON (Br), XV: 1580
Calhoun, Rear Adm. W. L., I: 29, VI: 2510, 2609, 2651, 2899, XIV: 949, 951, XVI: 2227, XXI: 4556, 4562, XXII: 442, 451, 452, 588, XXIII: 1229, 1261, XXIV: 1415, 1432, XXVI: 1, 3, 205, 237, 275, 276, XXXII: 2, 212, 293, 585-598, XXXIII: 706, 724, 726, 1199, XXXVI: 371, 372, 380, 401, 447, 452, 461, 542, 559, 572
CALIFORNIA, I: 33, 41, 43, 45-47, 70, 76, 117, 118, IV: 1676, 1820, V: 2210, 2324, 2342, 2344, VI: 2674, 2676, 2677, VII: 3335, X: 4849, 4859, 5134, XI: 5348, 5349, 5351, XII: 257, 260, 348, 354, 376, XVI: 2075, 2108, 2350, XVII: 2509, 2514, 2736, XIX: 3565, 3567, 3575, 3578, 3580, 3582, 3585, 3587, 3589, XX: 4123, 4522, XXI: 4556,

4563, XXII: 420, 453, 460, 472, 533, 534, 537, 538, 540, 590, 591, XXIII: 638, 938, 1208, 1239, XXIV: 1365, 1371, 1372, 1386, 1398, 1399, 1471, 1473, 1494, 1497, 1498, 1501-1503, 1520, 1572, 1573, 1575, 1577-1581, 1583-1586, 1589, 1590, 1592, 1594-1603, 1609, 1613, 1615-1617, 1666, 1752, 1754, 1936, XXVI: 3, 174, 175, 177, 189, 236, 383, 453, 455, 553, XXVIII: 1551, XXIX: 1669, XXXII: 324, 325, 335, XXXIII: 1254, 1263, 1341, XXXV: 389, 497, 501, XXXVI: 371, 441, 488, 541, 548, 549, 563, 568, 573, XXXVII: 925, 928, 937, 1213, 1214, 1223, 1225, 1228, 1230, 1232, 1233, 1235, 1236, 1238, 1245, 1247, 1250, 1260, 1261, 1268, 1270, 1272, 1273, 1275, XXXIX: 507, XXXX: 58-61, 64, 70n
Callahan, Bill, XXVII: 366, 367, 401, 491, 603, 612, XXVIII: 1192, 1194, 1196, 1198, 1331, XXIX: 1737, 1789, 1926
Callahan Construction Co., XXVII: 441, 490, 491, 493, 603, 611, 613, 657, XXVIII: 1062, 1063, 1071, 1116, 1127, 1135, 1171, 1192-1194, 1198, 1207, 1208, 1210, 1213, 1215, 1221, 1228, 1241, 1251, 1255, 1256, 1300, 1305, 1306, 1308, 1316, 1324, 1440, 1446, XXIX: 1696, 1698, 1702, 1737, 1738, 1749-1751, 1776, 1779, 1787-1789, 1806, 1807, 1812, 1813, 1817, 1904, 1905, 1907, 1913-1915, 1923, 1927, 1974, 2092, 2099, 2100, 2141, XXX: 2623, 2738, 2741, 2747, 2748, 2750, 2752, 2757, 2785, 2795, 2843, 2878,

2882, 2955, 2960, 2972, 2982, 2990, 3039, 3056–3058, XXXI: 3101, 3102, XXXII: 2, XXXIX: 149, 150, 160, 161, 163, 164, 167, 181, 182, 185, 204
Callaghan, Rear Adm. D. J., XXIV: 1609
Cambodia, XIX: 3482, 3544, 3760, 3761, 3765, XXXV: 195, XXXVI: 659
Cambodia Point, IV: 1877, IX: 4042, XIV: 1246, XXXX: 424, 430
Campell, Sir Ronald, XIX: 3483, 3683, 3721, 3722, 3737–3739, XX: 4079, XXXX: 363, 364, 373, 396, 406
CAMPELL, XVIII: 2930, XXXIII: 975
Camp Malakoli, I: 35, 36, 148, 150, VII: 2952, 3004, 3006, XII: 324, 325, XVIII: 2968, 2995, 3017, 3236, 3248, XXII: 58, 296, 299–303, XXIII: 733, 906, 1257, XXIV: 1310, 1784, 1810, 2014, 2032, 2054, 2056, 2059, 2062, 2074, 2075, 2078, 2082, 2098, 2118, XXVIII: 1363, 1622, 1623, XXX: 2472, 2520, XXXV: 245, XXXX: 492
Camouflage, XXX: 2530–2538
Camranh Bay, II: 955, 957, III: 1248–1250, IV: 1618, 1641, 1644, 2045, 2047, 2050, V: 2131, VI: 2521, 2871, 2917, IX: 4252–4255, 4371, X: 4760, 4805–4807, 4813, 4859, XIII: 444, 456, 459, 468, 469, 741, 755, 758, XIV: 1384, 1397, 1407, XV: 1561, 1768, 1769, 1838, 1877, 1895, 1897, XVI: 2143, 2326–2328, 2332, XVII: 2485, 2646, 2661, 2665, XVIII: 2942, 3341, 3342, XIX: 3444, XX: 4120, 4129, 4515, XXII: 326, XXIII: 1132, XXVI: 232, 236, 302, 488, XXXII: 581, XXXIII: 361, XXXV: 50, 75, 196, 296, 317, 579, 637, XXXVI: 49, 50, 121, 126, 131, 136, 141, 150, 447, 479, 486, 512, 514, 516, 518, 608, XXXVII: 702, 719, 723, 767, 784, 788, 789, 796, 1062, 1319, 1323, 1326, XXXIX: 472–475, 480, XXXX: 266P, 404, 414, 432, 528n
Canada (Canadian), II: 947, III: 993, 995–997, 1014, 1052, 1053, 1220, 1221, 1386, 1387, IV: 1699, 1917, 1936, 1966, V: 2102, 2117, 2235, 2292, 2294, 2295, 2469, VI: 2688, VII: 3175, VIII: 3584, 3585, 3633, IX: 3974, 4241, XI: 5153, 5154, 5165, 5415, 5479, XIV: 1372, 1378, XV: 1495, 1500, 1501, 1505, 1513, 1514, 1586–1590, 1592, 1725, 1841, XVI: 1971, 1972, 2198, 2205, 2209, 2210, 2214, 2453, XVII: 2476, 2576, XVIII: 2882, 2912,

2913, 2921, 2947, 2948, XIX: 3688, 3698, XX: 4061, 4065, 4323–4325, 4403, 4473, XXIV: 1287, 1288, 1303, XXVI: 182, 498, 499, XXVIII: 1156, 1189, 1225, 1304, XXX: 2755, 2819, 2835, 2836, 2903–2907, 2914, XXXI: 3162, XXXII: 70, XXXIII: 931, 956, 959, 961, 962, 968, 994, 1234, 1361, XXXV: 677, XXXVII: 1032, 1033, 1105, XXXX: 11, 165, 169, 169n, 429
Canary Islands, IV: 1785, 1786, XVI: 2161, XX: 4351, 4353, 4401, XXXX: 300
Canberra, Australia, VIII: 3597, X: 4605, XI: 5509, XVIII: 3310, 3311, XX: 4108
CANBERRA (Br), IV: 1934, XV: 1581, XIX: 3553
Cannon, Mr., XXVIII: 1160–1162, 1164, 1204, 1206, 1208, 1216–1219, XXXIX: 162, 163, 202, 204
Canol Project, XXVII: 322, 323, 374–376, 379, 603, 611, XXVIII: 1078, 1079, 1084, 1156, 1189, 1235, 1236, XXIX: 1802, 2037, 2060, 2247, XXX: 2733, 2739, 2741, 2742, 2755, 2759, 2760, 2779, 2780, 2878, 2903, 2905, 2908, 2915, 2974, XXXI: 3162
CANOPUS, IV: 1930, V: 2784, 2785, XII: 238, 288, 291, 292, 299, 300, 302, 303, XXXIII: 910, 913, 1392, 1394
Canton, China, XV: 1805, XVI: 2143, 2329, XVII: 2605, XXVI: 230, XXXIV: 165, 171
Canton Island, I: 29, 31, V: 2165–2167, 2170, 2171, 2463, VI: 2530, 2758, 2864, VII: 2932, 2938, 3042, 3211, 3287, X: 5146, 5147, XIV: 996, 1011, 1063, 1065, XV: 1614, XVI: 2255, 2256, 2277, 2344, XVII: 2480, 2483, 2484, 2578, 2581, 2582, 2709, 2714, 2715, XVIII: 2963, 3124, XIX: 3605, 3606, XX: 4296, XXII: 38, 42, 330, 373, 458, 518, XXIII: 1011, 1030, 1063, 1136, 1167, 1244, XXIV: 1391, 1571, 1606, 1748, 1779, XXVI: 278, 310, 483, 501, 503–505, 511, 544, XXVII: 91, 137, 165, 179, 180, 193, 253, 395, 680, 786, XXVIII: 913, 931, 1011, 1069, 1186, 1273, 1364, 1433, 1439, 1495, XXIX: 1659, 1756, 1774, 1775, 1779, 1780, 1793, 1795, 1797, 1815, 1822, 1847, 1848, XXX: 2467, 2745, 2753, 2808, 2809, 2853, 2854, XXXII: 194, 266, 414, XXXIII: 707, 996, 998–1000, 1006, 1153, 1258, 1286, 1290, 1348–1350, XXXV: 215, 315, XXXVI: 202, 384, 555, XXXVII: 847, 849–851, 857, 963, 965, 1222,

1263, 1309, XXXIX: 3, 158, 169, 212, 409, XXXX: 490
CAPE FAIRWEATHER, X: 5127, XV: 1705
CAPELLA, XXXIII: 1270
CAPE LOOKOUT, XVI: 2160, XXXIII: 1208
Cape St. Jacques, II: 955, 957, III: 1248, IV: 1618, IX: 4252, XIV: 1407, XXXVI: 608, XXXX: 414, 528n
CAPE TOWN (Br), XV: 1580
Cape Verde Islands, IV: 1786, XIV: 1278, 1356, 1379, XV: 1506, 1637, XVI: 2161, XVIII: 2885, 2886, 2915, 2921, XX: 4353, 4355, 4456, XXXII: 933, 934, 962, 963, 968, XXXX: 301
CAPILLO, XXXV: 592
Capron, Col. W. A., XXVII: 1, XXVIII: 1052–1060, XXXV: 245, 247, 251, 257
CAPTAINE DAMIANI (Fr), XX: 4349
Captured Documents, I: 174-188, 198-200, 202, 208-211, 217, 221, IX: 4014, XI: 5361, XIII: 497-612, 655-703, 720-723, 767-922, XVIII: 2943-2946, XXII: 192, XXVIII: 1585, XXIX: 2254, XXXI: Items 49-58, XXXII: 1279, XXXVI: 2-5, 8-11, 52-54, 319-325, 357, XXXVIII: Items 2-10, 37, 46, 106, 107, 110-119, 270, XXXIX: 385, 402, 515, 516, XXXX: 55n
CARACARA, XX: 4441
Caribbean, III: 1044–1046, 1050, 1109, 1112, 1141, V: 2115, VI: 2512, VII: 2932, 3030, X: 4976–4979, XIV: 933, 946, 1332, 1333, 1390, 1400, 1409, XV: 1481–1483, 1507, 1631, XVI: 2152, XVIII: 2923, 2924, XX: 4278, 4424, XXII: 437, 490, XXIII: 1225, XXIV: 2164, XXXV: 218, 228
Caribbean Naval Coastal Frontier, XVIII: 2880, 2887, 2888, 2900, 2928, 2938, XXXII: 608, XXX:III: 936, 937, 965, 967, 971, 972, 974, 983
Carmichael, Lt. Col. William A., XXVII: 1, XXIX: 2028, 2031, 2051–2054, 2138, 2215, XXXIX: 159
Caroline Islands, IV: 1878, 1955, 1957, 2010, 2011, V: 2166, 2167, 2702, 2288, VI: 2503, 2529, VII: 2943, 3051, 3216, VIII: 3547, IX: 4261, 4278, 4281, 4299, 4371, X: 4835, 4841, XIV: 964, XV: 1512, 1562, 1642, XVI: 2213, 2255, 2276, XVII: 2481, 2577, 2582, 2584, 2585, 2590, XVIII: 2885, 2890, 2916, 2964, 3011, XIX: 3516, 3526, XXI: 4603, 4763, XXII: 44, XXIV: 1780, 1826, 2165, XXVI: 67, 68, 500, 505–508, 512, XXVII: 104, 166, XXVIII: 1582, XXX: 2468, 2515, XXXI: 3168, 3210, XXXII: 27, 71, XXXIII: 883, 933, 938, 963, 995, 1000–1003, 1007, 1191, 1232, 1286, 1287, XXXV: 155, XXXVI: 101, 145, 149, 218, 383, 390, 396, 400, 410, 613, 631, 637, XXXVII: 791, 846, 852–854, 858, 1143, 1205, XXXVIII: 108, 109, XXXIX: 79, 236, 408, 479, XXXX: 95, 102, 398
Carr, Cdr. Denzel, IX: 4376, 4377, 4466, XXVI: 360, 361, XXXI: 3188, XXXV: 84, 118, XXXVI: 223, 337, XXXVII: 934
CARTAGE (Br), XV: 1580
Carter, Mr., VIII: 3644, XVIII: 3318, 3320, XXXIV: 173–176
Carter, John Franklin, VI: 2681, 2682
CARVACHO ARAUJO (Pr), XX: 4357
CASCO, XI: 5506, XII: 346, XVII: 2529, 2531, XXVI: 557
CASE, IV: 1676, V: 2210, XII: 348, XVII: 2511, 2514, XXI: 4557, 4563, XXIV: 1573, 1577, 1600, 1668, 1670, 1677, 1679, XXVI: 553, XXXI: 3191, XXXV: 392, 441, 498, 504, XXXVII: 926, 931, 936, 1026, 1224, 1230, 1258
Casey, Richard G., X: 4605, XI: 5509, 5510, XIV: 1122, 1143, 1182, XVI: 2457, XIX: 3689, 3690, XXIX: 2304, XXXX: 370, 372, 392, 393, 400, 403, 428, 429, 431
CASSIN, I: 47, IV: 2023, V: 2210, 2324, 2342, VI: 2674, XII: 348, 354, 356, 370, 389, XVI: 2249, 2350, XVII: 2511, 2514, XXI: 4557, 4563, XXII: 596, XXIII: 906, XXIV: 1310, 1365, 1387, 1572, 1575, 1578, 1580–1582, 1584, 1589, 1591, 1594, 1602, 1603, 1609, 1672, 1753, XXVI: 553, XXXI: 3191, XXXIII: 1342, XXXV: 392, 441, 498, 499, 504, XXXVI: 570, XXXVII: 926, 931, 936, 1026, 1214, 1223, 1227, 1230, 1233, 1235, 1236, 1238, 1245, 1247, 1250, 1260, XXXVII: 1261, 1268, 1270, 1272, 1273, 1275, XXXIX: 507, XXXX: 61, 64
CASTOR, XII: 349, XVI: 2249, XXII: 372, XXIII: 945, 1166, XXIV: 1573, 1578, 1585, 1590, 1593, 1609, 1611, 1668, XXXII: 47, 230, 587, XXXIII: 699, 1171, 1246, XXXVII: 935, 937, 1224, 1230, 1240, 1246, 1249, 1277
Caulfield, Francis M., XXVII: 82, 83

CHIANG KAI-SHEK 35

Cave, Miss Ray, XXXV: 94, 117, XXXVI: 315
Cavite, I: 320, III: 1064, 1153, 1508, IV: 1930, VI: 2784, VII: 3364, VIII: 3395, X: 4673, 4678, 4710, 4714, 4722, 4773, 4830, 4834, 4835, 4850, 4901, 4906, XII: 283, 296, 300, 302, XIV: 983, 984, XV: 1578, 1601, 1627, XVI: 2173, 2447, 2455, XVII: 2486, 2627, XIX: 3982, 3984, XX: 4455, 4507, XXII: 104, 428, XXIII: 657–659, 675, 676, 972, XXIV: 1385, 1650, 1653, XXVI: 21, 56, 226, 227, 231, XXVII: 17, XXVIII: 862, 864–867, 870, 1579, 1591, XXIX: 2317, 2362, 2364, XXXII: 358, 540, 565, XXXIII: 912, 1259, 1352, 1392, 1393, XXXVI: 7, 13, 31, 33, 38, 118, 123, 134, 266, 468, 469, 481, 484–486, 502, XXXVII: 717
CAVOUR (It), IV: 1825, 1826, XV: 1813, 1835, 1901, 1904
Cebu Island, IV: 1930, VI: 2784, 2785, XIII: 544
Celebes Island, XIII: 435, 519, 716, XV: 1574, XVI: 1964 2276, XXVI: 500, XXIX: 2301, XXXVI: 102, 145, 594, XXXIX: 408
Celebes Sea, I: 316, XIII: 521
CERES (Br), XV: 1580
Ceylon, XIII: 522, 523, XIV: 973, XV: 1572, XVI: 2449, XXVIII: 1585
Chapman, Capt., XXIX: 1944, XXXVII: 914,
Chamberlin, Neville, XVI: 1990, 1999, 2000, 2005, XIX: 3999
CHANDLER, IV: 1678, XII: 345, XV: 1715, XVI: 2227, XVII: 2527, 2530, XXI: 4559, 4564, XXIV: 1652, 1654–1656, 1699, 1729, 1737, XXVI: 557, XXXVII: 1273,
Chaney, Gen., III: 1069, IV: 2115, VII: 2932, 3260, XIV: 1327, XV: 1605, XXVII: 18, XXIX: 2076
CHARLESTON, XII: 296, 310, XXXIII: 909, 1396
CHATEAU THIERRY, VIII: 3539
CHAUMONT, I: 320, VI: 2912, XII: 347, XIV: 1404, 1405
Chatham, Mass., VIII: 3757, XXXVI: 74
Chavez, Sea. 1c R. B., XXXVII: 1299
Cheltenham, Maryland, (See Radio Intelligence)
Chemical Warfare, XXI: 4724, XXXI: 3221, XXXIV: 208, 220, XXXV: 578, XXXIX: 131

Chenault, Lt., XI: 5517
CHENGHO, XXXVII: 937
Chennault, Maj. Gen. C. L., III: 1383, XIV: 1079, XV: 1480, XXXI: 3209, XXXX: 338
CHESTER, I: 132, IV: 1678, V: 2162, 2210, VI: 2702, XI: 5505, XII: 290, 291, 345, XIV: 930, XV: 1715, XVII: 2487, 2518, 2521, 2736, XX: 4123, XXI: 4558, 4561–4563, XXII: 420, XXIII: 622, 1208, XXIV: 1415, 1419, 1571, 1619, 1671, 1672, XXVI: 555, XXXV: 497, XXXVII: 925, 955, 956, 1222
CHEW, V: 2210, XI: 5506, XII: 349, XIX: 3565, XXII: 1369, XXIV: 1369, 1593, 1644, 1654, 1656, 1666, 1668, 1669, 1670, 1675, 1676, 1678, 1679, 1685, 1686, 1698, 1711, 1713, 1274, 1722, 1746, XXXIII: 1313, XXXVII: 936, 937, 1250, 1273, 1274, 1281, 1294
Chiang Kai-shek, II: 419, 428, 441, 476, 505, 588–591, 638, 644, 648, 649, 651–653, 655–657, 662, 674, 700, 774, 842, III: 1019, 1041, 1056, 1091, 1244, 1253, 1255, 1257, 1260, 1261, 1383, 1400, 1401, 1570, IV: 1701, 1708, V: 2085, 2122, 2148, 2193, 2233, 2236, 2304, 2316, 2319, 2326, 2327, 2329, 2330, 2481, VII: 3311, 3312, VIII: 3839, IX: 4341, X: 4856, XI: 5179, 5180, 5412, 5434, 5437, 5473, XII: 23, 60, 106, 108, 128, 161, 166, 169, 172, 173, 181, 226, 241, XIII: 711, XIV: 1061, 1063, 1065, 1066, 1070–1072, 1078, 1079, 1081, 1160, 1161, 1167, 1168, 1170, 1183, 1194, 1195, 1198, 1231, 1300, 1350, 1353, XV: 1476, 1478–1480, 1642, 1728, 1730, 1752, 1843, 1846, 1849, 1921, XVI: 1970, 1973, 2143, 2222, 2298, 2300, 2301, 2387, XVIII: 2950, 2952, 2953, 3258, 3260, XIX: 3488, 3496, 3500, 3501, 3693, 3694, XX: 3994, 4018, 4224, 4225, 4292, 4323, 4355, 4378, 4379, 4393, 4415, 4445, 4446, 4457, 4473, XXI: 4742, 4745, 4758, 4761, XXXI: 3205, 3254, XXXII: 680, XXXIII: 740, 746, 752, 1238, 1369, 1370, 1382, XXXIV: 110, 121, 128, 191, XXXV: 432, 445, 664, XXXVI: 424, 429, 591, XXXVII: 683, 684, 696, 1005, 1041, 1091, 1188, 1189, XXXIX: 324, 436, 440, XXXX: 14, 29, 37, 46, 97n, 173, 174, 214, 337–343, 352, 362, 364, 376–379, 386, 389, 393, 400, 401, 407,

420, 428, 446, 447, 456, 462, 512, 522, 538n, 563
  Madame Chiang Kai-shek, V: 2327, XIV: 1168, XV: 1481, XX: 4446, XXXX: 377
CHICAGO, I: 136, IV: 1890, V: 2162, 2210, VI: 2542, 2655, 2656, XII: 345, XVI: 2027, 2108, 2111, 2113, 2116, 2117, 2122, 2124, 2125, 2128, 2129, 2131, 2134, 2155, 2156, 2157, 2310, 2447, XVII: 2425, 2525, 2530, 2536, XX: 4123, XXI: 4558, 4562, 4564, XXII: 420, 425, 548, XXIII: 767, 1208, 1213, XXIV: 1507, 1508, 1590, 1661, 1682, 1716, 1717, 1733, XXVI: 340, 343, 347, 556, XXXI: 3191, XXXIII: 1247, 1264, XXXV: 389, 392, 441, 501, 504, XXXVII: 928, 931, 957, 1026, 1246, XXXIX: 450
Chicago Tribune, VIII: 3701, 3735–3738
CHICHIBU (Ja), XXXV: 622
CHICHIBU MARU (Ja), XXX: 3077, 3079
CHIDORI (Ja), XVII: 2691, XXXV: 60, XXXVII: 737, 1135
CHIKUBU (Ja), XVII: 2690, XXXV: 59, XXXVII: 737
CHIKUMA (Ja), I: 184, 186, 234, 239, FP #1 239, 245, XI: 5356, 5359, XII: 358, XIII: 392, 394, 403, 404, 407, 427, 719, 720, XVI: 2322, 2323, 2325, 2350, XVII: 2682, XX: 4125, XXIII: 665, 670, 671, 681, XXVIII: 1585, XXX: 3066, XXXV: 55, XXXVI: 10, 114, 510, 511, 562, 596, XXXVII: 732, 1132, 1329, XXXIX: 467, 468, 470, 506, XXXX: 57n
CHIKUMI (Ja), XXVIII: 874
CHILDS, XXIV: 1644, XXXIII: 1314
Chile, IV: 1699, XV: 1726, 1780, 1802, 1822, XVIII: 1848
Chiles, Ens., XXIV: 1575, 1578
Chillingsworth, Lt. Cdr., XXIV: 1719
China, I: 179, 253, 331, II: 407–413, 423, 428, 433–436, 440, 481, 512, 553, 561, 574, 588, 589, 592, 606, 617, 629, 639, 644, 743, 744, 785, 950, III: 1018, 1049, 1050, 1064, 1068, 1148, 1153, 1158, 1220, 1313, 1315, 1316, 1340, 1370, 1391, 1393, 1396, 1398, 1454, 1461, 1470, 1539, IV: 1593, 1641, 1694, 1695, 1701–1703, 1705, 1707, 1709, 1731, 1799, 1828, 1851, 1852, 1936, 1943, 2015, V: 2079–2081, 2232, 2235, 2253, 2284, 2342, VI: 2498, 2560, 2703, 2870, 22875, 2910–2912, VII: 3020, 3063, 3219, 3322, VIII: 3383, 3443, 3584, 3921, 3922, IX: 4176, 4233, 4259, 4261, 4277, 4317, 4321, 4323, 4370, 4564, 4594, X: 4835, 4955, 4999, 5007, 5095, XI: 5201, 5204, 5214, 5245, 5258, 5287, 5384, 5410, 5422, 5473, 5479, XII: 23, 24, 31, 43, 64, 68, 80, 83, 86, 90, 94, 96, 105, 106, 114, 115, 120, 137, 142, 144, 145, 157, 175, 181, 185, 193, 205, 212, 224, 230, 237, 239, 241, 244, 247, 250, 251, XIII: 417, 432, 715, XIV: 1061, 1064, 1086, 1092, 1098, 1099, 1101, 1102, 1105, 1114, 1115, 1118, 1119, 1121–1123, 1135, 1139, 1143, 1144, 1157, 1158, 1162, 1164, 1165, 1170, 1171, 1174, 1176, 1191, 1204–1212, 1221, 1231, 1234, 1281, 1294, 1355, 1366, 1380, 1381, 1385, 1402, XV: 1502, 1559, 1565, 1572, 1576, 1733–1736, 1739–1742, 1749, 1750, 1783, 1796, 1840, 1924, 1925, XVI: 1969, 1972, 1983, 1991, 1996, 2174, 2276, 2294, 2300, 2304, 2322, 2324, 2387, 2389, 2433, 2447, 2450, XVII: 2485, 2575, 2614, 2620, 2625, 2627, 2630, 2674, 2680, 2690, 2691, XVIII: 2912, 2921, 3842, 3436, 3438, 3440, XIX: 3472, 3496, 3500, 3509, 3524, 3658, 3659, 3662, 3663, 3674, 3675, 3681, 3685, 3692, 3694, 3704, 3744, 3755, 3760, 3761, 3771, XX: 3992, 3995–3998, 4000, 4002, 4003, 4006, 4019–4021, 4023, 4033, 4060, 4064, 4077, 4078, 4085, 4086, 4088, 4094, 4095, 4147, 4155–4158, 4162, 4168, 4173, 4179, 4185, 4186, 4190, 4195, 4198, 4199, 4220–4222, 4224–4226, 4282, 4283, 4292, 4293, 4295, 4297–4299, 4302, 4323, 4326, 4351, 4352, 4360, 4373, 4376, 4378, 4379, 4382, 4408, 4414, 4442, 4445, 4446, 4455, 4457, 4471, 4473, 4475, 4511, 4531, 4536, XXI: 4569, 4718, 4723, 4756, 4758, 4760, 4761, XXII: 460, 575, XXIII: 659, 661, 924, 1015, 1018, 1081, 1152, XXVI: 24, 158, 230, 264, 283, 300, 302, 325, 420, 447–450, 497, 498, 500, XXVII: 15, 17, 56, 59, 70, 76, 791, XXVIII: 926, 1407, 1555, 1578, 1579, 1616, XXIX: 1649, 2252, 2320, 2326, 2364, 2365, XXX: 2864, XXXI: 3202–3207, 3213, 3214, 3216–3221, 3223, 3236, 3238, 3244, 3246, 3249, 3252–3257, XXXII: 43, 100, 242, 248, 382, 526, 540, 542, 561, 565, 580, 631, 643, 664, 680, XXXIII: 700, 743–748, 752, 776, 867, 873, 877, 919, 942, 957, 992–994, 1170, 1214,

1233, 1323, 1353, 1356, 1360, 1363, 1369, 1372, 1373, 1379, 1381–1385, XXXIV: 18, 44, 103, 109–111, 113, 116, 120–123, 126–130, 149, 150, 159, 166, 167, 179, 187, 192, 193, 209–211, 214–216, 218, 219, 220, 222, 224, XXXV: 49, 50, 65, 122, 154, 161, 171, 194–196, 198, 257, 259, 278, 279, 284, 306, 309, 317, 364, 365, 369, 541, 576, 581, 589, 594, 601, 602, 610, 612, 618, 626, 642, 649, 657, 658, 662–667, 681, XXXVI: 13, 18, 84, 101, 122, 126, 382, 408, 410, 415, 423–425, 429, 492, 493, 511, 518, 530, 531, 593, 609, 610, 651, 654, XXXVII: 676, 683, 684, 686–688, 693, 695–698, 700, 709, 742, 754, 755, 762, 766–768, 800, 843, 844, 846, 932, 989, 1019, 1023, 1029, 1030, 1042–1045, 1060, 1169, 1170, 1177, 1178, 1180, 1189–1193, 1201, XXXIX: 236, 245, 258, 313, 324, 327, 407, 408, 431, 436, 440, 441, 443, 444, 448, 469, 473, 474, 476, XXXX: 1, 4–9, 13–15, 18–20, 25–30, 33, 36–38, 40, 43, 45, 96, 97n, 162, 173, 177, 205, 214–216, 221, 235n, 293, 297, 298–301, 304, 312, 313, 317–322, 326–330, 338, 340, 342–344, 346, 348, 349, 351–355, 358, 360–364, 366, 367, 369–371, 373, 375–381, 383, 386, 388, 390, 392, 393, 396, 399, 401, 408, 410–412, 419, 421–423, 428, 438, 440, 448, 454, 456, 459, 461–465, 508, 522, 561

China Incident, I: 86, 254, 309, II: 408, 424, 427, 430, 438, 525, 612, 631, 636, 648, 674, 675, 683, 711, 714, 717, 721, 817, III: 1255, 1395, 1396, 1565, IV: 1714, 1777, 1786, 1881, 1888, 2005, V: 2086, 2088, 2090, 2119, 2120, 2197, 2287, 2313, 2314, VI: 2852, 2853, VII: 3311, 3312, IX: 4299, XI: 5234, 5262, 5347, 5370, 5373, 5379, 5380, 5408, 5418, 5431, 5440, XII: 1, 9, 23, 37, 38, 60, 75, 78, 84, 89, 97, 107–109, 151, 158, 173, 222, XIII: 433, 471, 472, 711, 712, XIV: 1095, 1172, 1173, 1264, 1337, 1346–1348, 1350–1353, 1357, 1362, 1364, 1381, 1392, XV: 1752, 1754, 1757, 1762, 1805, 1815, 1844, 1846, 1848, 1849, 1852, 1854, XVI: 1988–1990, 1995, 2000–2006, 2141–2143, 2176, 2214, 2215, 2222, 2275, 2305, 2435, 2438, 2439, 2441, XVII: 2463, 2576, XVIII: 2951, 2952, 3258, 3260, 3326, XIX: 3471, 3493, 3494, 3503, 3515, 3517, 3525, 3527, 3531, 3678, 3680, 3584, XX: 3985, 3986, 3988–3990, 3994, 4009, 4010, 4014, 4015, 4017, 4018, 4022, 4024–4029, 4034, 4056, 4101, 4139, 4143, 4178, 4181, 4268, 4289, 4290, 4291, 4294, 4530, 4534, XXI: 4574, 4722, 4738, 4742, 4743, 4745, XXII: 505, XXIII: 944, XXVI: 226, 355, 499, XXVII: 67, XXIX: 2308, 2383, XXX: 2869, 2977, XXXI: 3202, 3204, 3207, 3209, 3210, 3212, 3215, 3252, 3256, XXXIII: 700, 744, 778, 838, 1234, 1235, 1238, 1354, 1369, 1374, 1375, 1378, 1381, 1384, XXXIV: 104, 115, 117n, 120, 123, 126, 131, 157, 192, 199–203, 212, 213, XXXV: 257, 258, 279, 301, 343, 478, 518, 542, 610, 660, 663, 667, XXXVI: 494, 592, XXXVII: 683, 688, 692, 694, 1009, 1045, XXXIX: 29, 35, 441, XXXX: 2, 3, 4, 16, 18, 23, 27, 37, 47, 216, 293, 296, 304, 312, 317, 318, 328, 332, 335, 337, 344, 346, 349, 359, 362, 398, 427, 445, 446, 447, 450–453, 456, 458, 460

U.S. Aid to China, I: 179, 305, II: 409–413, 419, 428, 429, 431, 461, 463, 467, 476, 554, 557, 590, 649, 651–654, 656, 657, 662, 667, 722, 724, 743, 744, 774, 943, III: 1056, 1091, 1250, 1253, 1260, 1400, 1401, IV: 1693, 1708, 1790, 1923, 1945, 2043, 2052, V: 2085, 2089, 2118, 2122, 2123, 2148, 2236, 2271, 2319, 2327, 2330, 2331, VI: 2918, IX: 4259, XI: 5179–5181, 5187, 5407, 5412, 5414, 5420, 5434, 5437, 5450, 5534

China Sea, I: 316, II: 966, III: 1086, 1119, 1120, 1149, 1167, 1171, 1177, 1219, 1228, 1229, 1249, 1250, 1261, 1277, 1336, 1434, 1543, IV: 1761, 1798, 1871, 1878, 1934, 1950, 1962, 1966, 2045, 2060, V: 2190, 2201, 2448, VI: 2521, 2594, 2610, 2623, VII: 3077, 3166, IX: 4042, 4052, 4234, 4262, 4407, X: 4883, 4895, XI: 5186, XIV: 1402, 1407, XVI: 2370, XIX: 3548, XXI: 4673, XXII: 25, XXVI: 256, 280, 463, XXVII: 64, XXIX: 2300, 2303, XXXIII: 879, 883, XXXVI: 419, 431, 481, XXXVII: 7148, XXXIX: 315, 339, XXXX: 398, 414

Chinese Aircraft Program, (See American Vol-

unteer Group)
Chinese Army, XXI: 4745, 4762
CHIQHIBU MARU (Ja), XIII: 462–464
Chishima (Kurile Islands), X: 5141
CHITOSE (Ja), XIII: 548, XVI: 2322, XVII: 2687, XXXV: 59, XXXVI: 122, 510, XXXVII: 736, 744, 1132, 1328, XXXIX: 467
CHIYODA (Ja), XIII: 476, 478, 480, 481, 484, 489, 718, XVI: XVI: 2322, XVII: 2687, XXXV: 59, XXXVI: 510, 596, XXXVII: 736, 1132, 1328, XXXIX: 467
CHOGEI (Ja), XV: 1899, XVII: 2663, 2683, XXXV: 55, XXXVII: 707, 733, 742, 780, 788, 1064, 1134
CHOKAI (Ja), XI: 5359, XIII: 546–548, 574, 575, 661, 700, XV: 1881, 1893, 1898, XVII: 2665, 2669, 2682, XX: 4129, XXXV: 55, XXXVI: 123, XXXVII: 732, 737, 780, 788, 789, 1063, 1132, 1137, 1321, 1326, 1329
CHOKAI MARU (Ja), XVII: 2685, XXXV: 57, XXXVII: 734, 1134
CHOKO MARU (Ja), XIII: 462–464
Chou En-Lai, XX: 4282
Christensen, Lt. Hans C., XIX: 3638
Christmas Island, I: 319, V: 2165–2167, 2170, 2171, VI: 2530, 2758, 2864, VII: 2932, 2938, 3042, 3211, 3287, X: 5146, 5147, XIII: 520, XIV: 971, 978, 979, 981, 983, 1007, XV: 1643, XVI: 2250, 2255, 2256, XVII: 2480, 2483, 2714, 2715, XVIII: 3124, XIX: 3605, 3606, XXI: 4571, XXII: 38, 373, 458, 518, XXIII: 1011, 1063, 1176, 1244, XXIV: 1457, 1674, XXVI: 278, XXVII: 91, 137, 179, 180, 193, 206, 395, 634, 680, XXVIII: 931, 1011, 1069, 1186, 1273, 1294, 1364, 1433, XXIX: 1659, 1676, 1677, 1686, 1756, 1774, 1775, 1779–1781, 1793, 1795, 1797, 1815, 1822, 1847, 1848, 1951, 1954, XXX: 2753, 2853, XXXII: 266, XXXIII: 707, 1173, 1286, 1290, 1348, 1349, XXXV: 215, XXXVII: 1277, XXXIX: 3, 31, 158, 169, 206, 212
Chrysanthemum Society, XXXV: 593, 594
Chu, Gen., XIV: 1347, 1348
Chungking, II: 410, 745, III: 1041, IV: 1697, 1703–1705, 1707, 1715, 1790, 2052, V: 2122, IX: 4548, XI: 5472, XII: 168, 181, 244, 245, XIV: 1063, 1101, 1121, 1135, 1170, 1174, 1348, 1368, XV: 1721, 1739, 1750, 1767, 1849, XVI: 2141, 2222, 2300, 2323, 2387, XVIII: 2951, 3328, 3343, XIX: 3489, 3500, 3663, 3721, XX: 3986, 3994, 4018, 4060, 4064, 4081–4083, 4216, 4283, 4386, 4445, 4446, XXI: 4742, 4743, 4761, XXIV: 1598, XXVIII: 1578, 1888, XXIX: 2445, XXXI: 3191, 3192, 3202, 3214, 3216, 3218, 3221, 3252, 3256, XXXII: 526, XXXIII: 700, 740, 744, 748, 752, 1238, 1369, 1381, 1384, XXXIV: 109, 120, 123, 127, 130, 131, 208–211, XXXV: 155, 185, 186, 193, 195, 308, 393, 431, 440, 442, 444, 449, 506, 579, 594, 663, 667, XXXVI: 33, 158, 429, 469, XXXVII: 683, 695, 698, 699, 1004, 1023, 1012, 1188, 1192, 1256, XXXIX: 236, 323, 440, XXXX: 3, 4, 19, 37, 40, 173n, 213, 216, 297, 337, 377, 383, 396, 423, 425, 428, 455, 458, 460, 464, 465
Chun, Philip Chew, XXVII: 1, 398, XXIX: 1691–1694
Churchill, Winston, British Prime Minister, II: 423, 430, 458–460, 468, 475–481, 483–489, 514–518, 523–529, 537–542, 548, 554, 644, 660, 667, 675, 700–702, 712, III: 1018, 1057, 1058, 1091, 1092, 1133, 1135, 1213, 1219, 1221, 1222, 1237, 1253, 1389, 1400, IV: 1616, 1656, 1694–1696, 1698, 1705, 1783–1792, 1828, 2042, 2043, V: 2068, 2092, 2224–2236, 2330, 2363, 2366, 2368, 2369, 2374, 2390, 2413, VI: 2696, 2697, 2699, 2709, 2864, 2885, 2909, VII: 3199, VIII: 3439, 3839–3842, IX: 4259, 4284–4286, 4320, 4323, XI: 5207, 5292, 5379, 5388, 5453, 5508, 5509, 5529, 5531, 5534, XII: 115, 118, 193, 201, XIV: 972, 1063, 1081, 1139, 1195, 1255, 1269, 1271, 1273, 1275–1279, 1281–1295, 1298, 1299, 1347, XV: 1476, 1717, 1719, 1725, 1796, XVI: 2221, XVII: 2754, 2795, XIX: 3441, 3452, 3454, 3693, XX: 4000, 4227, 4373, 4457, XXI: 4578, XXIX: 1642, 1771, 2088, XXXII: 105, 106, XXXIII: 703, 1236, XXXIV: 142, 143, XXXV: 6, 542, 676, XXXX: 12, 22, 25, 168n, 172n, 293, 300, 301, 301n, 302, 302n, 304, 314, 340, 342, 373, 375, 393, 400, 403, 413, 425, 429, 430, 501, 508–510, 522, 530, 563
CHUYO (Ja), XIII: 550, 742, XXXVI: 601
Ciano, Count, VI: 2852, XII: 44, 205, 228, XXXI: 3246, XXXV: 657, 673, 682, 683, 687, XXXVII: 664, XXXX: 410, 436
CIMARRON, XI: 5505, XXXIII: 1246, 1270, 1341

CINCAF, (Commander in Chief, Asiatic Fleet), III: 1301, IV: 1990, 2040, 2050, V: 2078, 2081, 2132, 2135, 2256, 2436, VI: 2668, 2670, 2671, 2702, 2707, 2814, 2873, 2887, 2888, 2890, 2910, VII: 2933, 3107, 3108, VIII: 3415, 3589, 3800, IX: 4175, 4176, 4195, X: 4718, 4721, 4802, 4848, 4859, 4966, 5082, XI: 5168, 5202, XIV: 1403, 1404, 1406, 1408, XV: 1680, 1771, XVI: 2298, 2323, 2326-2328, 2331, 2336, 2358, XVII: 2650, XVIII: 3233, XIX: 3550, XX: 4412, XXII: 326, 327, XXIII: 1261, XXIV: 2165, XXVI: 232, 236, 392, XXIX: 2159, 2175-2177, 2363, XXXII: 87, 146, XXXIII: 757, 770, 1173, 1174, 1176, 1178, XXXV: 46, 155, XXXVI: 27, 29, 33, 47, 49, 61-63, 116, 119, 121, 126, 135, 137, 140, 141, 295, 419, 425, 431, 446, 467, 471, 479, 481, 484, 488, 502, 511, 512, 514, 516, 518, XXXVI: 520, 584, 648-650, XXXVII: 702, 703, 705, 789-801, 1059-1061, 1063-1065, 1129, XXXIX: 236, 433, 468, 469, 472-475, 479, 486, 517, XXXX: 470

CINCINNATTI, II: 852, XI: 5505, XII: 256, 281, XX: 4122, XXXII: 83, XXXIII: 1246

CINCLANT, (Commander in Chief, Atlantic Fleet), IV: 1990, VII: 2933, XVII: 2465, XXVII: 146, XXXIII: 1174, 1176, XXXVI: 119, 514, XXXVII: 1129, XXIX: 433

CINCPAC, (Commander in Chief, Pacific Fleet), II: 1301, IV: 1964, 1990, 2023, 2050, V: 2132, 2135, 2161, 2162, 2167, 2171, 2215, 2256, 2436, VI: 2632, 2662, 2666, 2668, 2787, 2814, 2815, 2878, 2890, 2910, VII: 2933, 3107, 3108, 3757, 3250, 3308, VIII: 3313, 3415, 3588, 3616, 3800, 3835, 3894, IX: 4175-4179, 4195, 4364, X: 4688, 4718, 4767, 4848, 4854, 4966, 5149, XIV: 1403, 1406, 1408, XV: 1771, 2135, XVI: 2287, 2298, 229, 2323, 2326, 2327, 2331, 2332, 2336, 2339, 2345, 2348, 2358, XVII: 2478, XVIII: 2932, 3233, 3254, 3255, 3349, XXI: 4558, 4561, 4562, XXII: 326, XXXIII: 936, 938, 939, 1041, 1132, 1261, XXIV: 1457, 1459-1464, 1466, 1472, 1489, 1493, 1497, 1493, 1497, 1498, 1501, 1502, 1510, 1520, 1545, 1553, 1554-1556, 1582, 1590, 1592-1597, 1650, 1654-1657, 1663, 1666, 1672, 1679, 1681, 1684, 1701-1703, 2165, XXVI: 82, 112, 114, 115, 119, 346, 381, 392, XXIX: 2159, 2176, 2177, 2363, XXXII: 87, 146, 412, XXXIII: 688, 793, 795, 813, 847, 848, 1173, 1174, 1176-1178, 1240, XXXV: 46, 47, 578-591, XXXVI: 2-5, 17, 27, 29, 30, 34, 43, 46, 48, 49, 63, 68, 85, 99, 111, 113, 116, 119, 121, 126, 130, 135, 137, 140, 141, 144, 146, 155, 161, 170, 175, 176, 199, 216, 295, 353, 354, 365, 372, 373, 394, 395, 398, 401, 405, 411, 412, 418, 419, 422, 425-427, 430, 431, 433, 434, 438, 441, 444, 446, 451, 453, 455, 456, 458, 459, 462, 467, 471, 475, 478, 479, 481, 482, 484, 491, 496, 508, 510, 511, 514-516, 518, 520-522, 535, 547, 550, 553, 554, 557, 559, 564, 568, 580, 584, 599-601, 605, 609-614, 619, 620, 621, 624-632, 636, 648-650, XXXVII: 702, 703, 705, 789-801, 926, 942-946, 954-958, 1059-1065, 1129, 1145, 1153, 1173, 1175, 1205-1213, 1236, 1254-1256, XXXIX: 236, 416, 417, 419, 422, 433, 437-439, 442, 468, 469, 472-475, 478, 479, 486, 487, 490, 494, 498, 502, 517, XXXX: 94, 470

CINCUS, (Commander and Chief United States Fleet), I: 303, V: 2098, 2112, VII: 3308, XVI: 2154, 2444, XVII: 2371, XVIII: 2981, 3254, 3255, XIX: 3591, XXX: 2485, XXXII: 94, XXXIII: 1208, XXXVI: 548

Civilian Conservation Corps, (CCC), XXXV: 251, 252

Civilian Intelligence Corps, XXXII: 179

Clark, Gen. Mark, XXVII: 124

Clark, Tom (Dept. of Justice), XXIX: 2034

CLARK, V: 2210, XII: 346, XVII: 2511, 2514, XXI: 4557, 4563, XXIV: 1604, XXVI: 553, XXXI: 3191, XXXV: 392, 441, 504, XXXVII: 931, 1026, 1216, 1261

Clark Field, III: 1142, 1507, 1508, 1550, IV: 1659, 1665, 1666, V: 2072-2074, VI: 2818, 2819, IX: 4436, 4437, X: 4804, 4811, 4821, 5143-5145, XI: 5316, 5321, 5322, 5337, 5339 5499, 5500, 5540, XIII: 554, 763

Clarke Investigation, III: 1332, 1333, 1345, 1346, V: 2178, VII: 2988, 3225, VIII: 3648, 3729, 3767, 3881, 3885, 3886, IX: 3929, 4189, 4510, 4511, 4551, 4567, 4568, X: 4601, 4625, 4639, 4656, 5125, XI: 5237, 5475, XXXIV: 1-225, XXXX: 183n

Exhibits, XXXV: 181-693

Unexplored Leads Covered, XXXV: 6, 7

Clarke, Col. Carter, II: 843-845, 860, III: 1128-1130, 1132, 1133, 1135, 1136, 1156, 1165, 1329-1335, IV: 1624, VII: 3225, 3226,

VIII: 3885, IX: 4337, 4432, 4435, 4566, 4567, X: 4601–4604, 4638, 4649, 4656, 4658, XXIX: 2348, 2349, 2420, 2438, 2439, XXXIV: 7, XXXV: 99, 100, 101, 114, 115, 118, 127, 129
Clarke, Chester R., XXIX: 1857–1864
Claterbos, Col. Louis J., XXVII: 1, XXIX: 2091–2094, XXXIX: 158, 158n
Clausen, Lt. Col. Henry C., I: 16, 128, II: 800, 801, 959, 960, III: 1211, 1326, 1331–1333, 1345, 1359, 1437, 1478–1491, 1495–1497, 1518, 1519, 1580, IV: 1624–1627, 1633, 1637, 1644, 1661, 1662, VII: 2991, 3198, 3200–3202, 3205, 3207, 3275, VIII: 3892, IX: 4068, 4149, 4284, 4300–4340, 4344–4460, 4462–4508, 4511, 4535, X: 4611–4620, 4622, 4623, 4644–4648, 4650, 4795, 4853, 4856, 4864, 4871, 4902, 4924, 5113–5115, XI: 5316, 5344, 5441, 5455, 5513, XIX: 3883, 3888, 3902, XXI: 4566, 4655, 4658, XXXIV: 74, XXXV: 1, 5–14, 17, 22, 23, 25–29, 31–34, 36, 37, 39–49, 51, 82–86, 89–91, 94–96, 98, 100, 101, 103–109, 114, 115, 117, 121, 127, 129–131, 141, 151, 253, 341, 592, 645, XXXIX: 24, 192, 193, 196, 200, 217–219, 270, 279–294, XXXX: 132n, 137n, 142n
Clausen Report, I: 16, II: 843, 950, 959, 961, 964, III: 1332, 1333, 1347, 1359, 1429, 1433, 1434, 1439, 1440, 1483, 1484, 1495, 1517, 1560, IV: 1630, 1632, 1633, VII: 2930n, 2940, 2991, 3133, 3186, 3190, 3197, 3201, IX: 3929, 4068, 4284, 4301–4307, 4312–4340, 4344–4460, 4462–4508, 4567, X: 4640, 5076, 5125, XI: 5236, XXXV: 1–695, XXXIX: 279–292, XXXX: 212n, 270, 271, 434n, 483n
Climb Mt. Niitaka, I: 185, 190, 214–217, 220, 221, 278, X: 4906–4908, 5140, XIII: 426, 631, 646, 713, XXXVI: 593, XXXX: 57
COAST FARMER, XII: 347, XIV: 1404
Coast Guard, I; 369, IV: 1847, X: 4902, 4903, XI: 5252, 5254, 5267, 5268, XIV: 995, XVI: 2146, 2149, 2158, 2161, 2167, 2174, 2228, XVII: 2472, 2704, 2719, 2745, XVIII: 2899, 2928, 2934–2940, XIX: 3537, 3538, 3540, XX: 4304, XXI: 4768, 4769, 4770, XXII: 330, 465, 475, XXIII: 643, 954, 1038, 1165, XXIV: 1561, 1649, 1650, 1652–1654, 1656, 1657, 1674, 1680–1682, 1696, 1700, 1701, 1703, 1705, 1708, 1710, 1712, 1714, 1715, 1718–1720, 1727, 1731, 1732, 1735, 1744, 1746, 1747, XXVI: 26, 210, 279, 409, XXIX: 2428, XXX: 2950, XXXII: 38, 141, 277, 296, 303, XXXIII: 714, 947, 973, 979–985, 1037, 1038, 1104, 1198, 1199, 1206, 1242, 1344, 1353, XXXV: 432, 439, XXXVI: 58, 258, 451, 550, 558, XXXVII: 895, 1099, 1284, 1285, 1289, XXXX: 106
COAST MERCHANT, XXXVII: 1277
COAST MILLER, IV: 1680
COCHRANE, XXIV: 1642
COCKATOO, XV: 1461, XXI: 4560, 4594, 4636, XXIV: 1625, 1655, 1674, 1676, 1681, 1729, XXXIII: 1296, XXXVII: 935, 937, 1274, 1281
Coddington, Capt., XXVIII: 979, 981
Codes and Ciphers, IV: 1822, 1976, XXXIII: 835, XXXV: 459–474, XXXIX: 432, 433
  AD, XVIII: 3335, 3336, XXXVI: 61, 64, 311, 313
  AJ-12, IX: 3984
  CA, XXXVII: 1082
  Hidden Word, VIII: 3409, 3655, 3695, 3743, 3790, 3801, 3846, 3846, 3864, 3868, 3870–3874, 3909, 3913, 3920, IX: 3961, 3966–3974, 3978, 4015, 4017, 4018, 4022, 4071, 4072, 4106, 4110, 4121, 4206, 4207, 4539, XI: 5477-5499, XII: 186-188, 216, 217–221, 226, XVI: 2300, 2302, 2314, 2319, 2334, 2355, XVIII: 3348, XXXI: 3240, XXXIII: 755, 781, 1367, XXXIV: 108, 195-197, XXXV: 162, 473, 474, XXXVI: 2, 76, 77, 80, 82, 83, 102, 234, 239, 260, 307, 308, 341, 343, 349, 356, 357, 504, 505, 529, 531, 532, 582, XXXVII: 662, 665-667, 670, 671, 706, XXXIX: 245, 405, 456, 457, 463, 483, 484, 514, 515, XXXX: 192, 193, 211, 418, 435, 477, 478
  J17-K6, XII: 254–259, 311–313
  J18-K8, XII: 259–261, XXXVII: 663
  J-19, V: 2074, 2082, 2083, VII: 3337, VIII: 3594, 3614, 3626, 3703, IX: 4187, 4350, X: 4674, 4677, 4696, 4714, 4723, 4878, 4879, XII: 261–266, 271–280, 282, 283, 285, 288, 290, 307, XVI: 2295, 2357, XVIII: 3348, XXIX: 2393, XXXIV: 83, XXXV: 23, 649–651, 655, XXXVI: 46, 47, 61, 62, 64, 67, 238, 260, 310, 311, 313, 314, 323, 324, 416, 467, 475, 476, 496, 497, 499, 500, XXXVII: 664, 660, 668, 670, 681, 682,

CODES AND CIPHERS 41

695, 701, 1002, 1003, 1082, XXXIX: 428, 432

J22, XXXVII: 1082

JN-25 (Japanese Flag Officers Code), XVIII: 3335-3341, XXXVI: 48, 467

LA, VIII: 3626, 3640, XVI: 2295, 2311, XXXIV: 83, XXXVI: 68, 322, 324, 350, 351, 530, XXXVII: 700, 988-990, 992-995, 1002-1006, 1011-1022, 1082, 1176, 1177, XXXIX: 432, 453-455, 485, 516, XXXX: 479n

PA-K2, VIII: 3626, 3640, 3872, 3873, IX: 3973, 3974, 4350, 4351, 4390, 4391, 4394, 4396, 4440, X: 4675-4677, 4686, 4696, 4869, XII: 266-270, 307, 310, 314, XVI: 2295, 2312, 2314, 2335, 2357, XXXIV: 83, 196, 197, XXXV: 103, 106, 325, 646, XXXVI: 3, 39, 40, 66-68, 238, 248, 249, 265, 310, 311, 313, 322-325, 351, 475, 476, 497, 498, 593, 1002, 1008, 1011, 1082, 1176-1179, XXXIX: 406, 429, 430, 432, 453, 454, 456, 485, 516, XXXX: 230, 230n, 231, 478, 479n, 480

PA-KY, XXXV: 646

Purple, II: 963, 964, III: 1207, 1577, IV: 1723, 1741-1743, 1860-1863, 1865, 1977, V: 2074, VII: 3337, IX: 4377, X: 4677, 4714, 4715, 4717, 4723, 4774, 4842, 4845, 4878, XIII: 1-253, 280-307, 314, 316, XVI: 2295, 2300-2309, XXXIII: 898, 902, 903, 909, 910, 912-914, XXXIV: 83, 85, XXXV: 23, 646-649, 652-654, 656-667, XXXVI: 43, 46, 47, 61, 64, 234, 311, 312, 314, 315, 323, 328, 346, 416, 418, 427, 428, 467, 476, 478, 491-493, 495, 496, 500, 522, 527, 530, 531, XXXVII: 664, 676-680, 682-684, 686-701, 1064, 1082-1087, XXXIX: 406, 432, 433, XXXX: 230

Red, XII: 314, 315, XVI: 2295, XXXVI: 46, 47, 467

WA, XXXV: 458, 459, XXXVII: 995, 996

Winds Code, II: 513, 837, 923, 959, 980, 981, III: 983-988, 1010, 1011, 1102, 1103, 1106, 1108, 1162, 1335, 1342- 1344, 1374, 1445-1447, 1455, 1463-1465, 1470, 1480-1486, 1489- 1492, 1495, 1506, 1507, 1547, 1577, 1578, IV: 1625, 1630, 1759, 1760, 1873, 1967-1969, 2035, V: 2182, 2432, VI: 2549, 2552, 2794, 2795, VII: 2957, 2997, 3107, 3199, 3200, 3268, 3269, 3272, 3274- 3277, 3302, 3323, 3337, VIII: 3387-3389, 3397, 3398, 3408, 3409, 3411, 3413, 3416, 3418-3420, 3424, 3434, 3441, 3569, 3577-3590, 3593-3657, 3662, 3664, 3667, 3669-3671, 3674, 3675, 3676, 3677, 3678, 3680, 3683, 3684, 3687-3698, 3701, 3704-3707, 3708, 3710- 3712, 3725, 3728-3734, 3741-3743, 3745, 3748, 3756-3763, 3766, 3769, 3770, 3780, 3787-3794, 3797, 3800, 3803-3807, 3810-3812, 3816, 3817, 3825, 3844, 3846-3853, 3856, 3857, 3860, 3864-3867, 3869, 3870, 3872-3874, 3876, 3878, 3880, 3881, 3885, 3888-3893, 3897, 3913-3922, 3924, IX: 3930, 3932-3937, 3939, 3941, 3943- 3962, 3967, 3969, 3973, 3975-3979, 4009, 4054-4061, 4063-4067, 4070, 4071, 4081, 4106, 4121-4123, 4126-4149, 4152, 4187, 4189- 4191, 4211, 4214, 4223-4232, 4268, 4304, 4322, 4323, 4334-4337, 4346, 4347, 4349, 4355, 4356, 4371, 4376, 4377, 4379, 4382, 4383, 4385-4387, 4389, 4390, 4414, 4422, 4430, 4470, 4471, 4515, 4516, 4519-4522, 4528, 4537-4543, 4565, 4568, X: 4612-4614, 4624, 4628, 4537, 4642-4645, 4647, 4648, 4650, 4652-4658, 4675, 4699, 4700, 4701, 4702, 4705, 4706, 4709, 4711, 4725-4735, 4739-4743, 4745-4747, 4749, 4750, 4752-4755, 4775-4792, 4795-4797, 4799-4801, 4824, 4848, 4878, 4888, 4914, 4916-4925, 5010, 5011, 5020, 5021, 5026, 5100, 5118, XI: 5162, 5163, 5190, 5307, 5339-5344, 5455, 5477, 5478, XVI: 2268, 2300, 2314-2321, 2334, 2355, 2356, 2362, 2374, 2375, 2382, 2387, 2420, XVIII: 3302-3333, 3343-3351, XXI: 4659, 4685, 4688, XXVI: 228, 232, 391, 393-395, 426, 469, XXVII: 219, XXIX: 2321-2325, 2328, 2336-2341, 2351, 2352, 2354, 2356, 2357, 2358, 2367, 2368, 2371-2374, 2378-2380, 2391-2394, 2396- 2398, 2408, 2429, 2430, 2439-2445, 2456, XXXI: 3239, 3240, XXXIII: 729, 730, 766-774, 782, 789, 794, 800, 801, 804, 806, 807, 821, 833, 835-841, 845, 853, 854, 866, 867, 870, 873, 874, 876, 880, 885, 886, 894, 899, 900, 905, 906, 916, 921, 922, 1387, XXXIV: 1, 5, 16, 17, 21, 22, 25, 26, 34-37, 49, 50, 54, 56, 67, 68, 72, 74, 76-81, 86, 87, 90, 95, 124-126, 173-176, 194, XXXV: 6, 7, 22-27, 30, 31, 33, 34, 37, 38, 46, 50, 84,

85, 88-94, 97- 99, 102, 103, 106, 116, 120, 127, 128, 130, 132-135, 137, 138, 141-145, 148, 156, 161, 163, 164, 166, 167, 171, 542, 543, 669, XXXVI: 8, 23-25, 27, 28, 33, 44, 47, 50, 66, 68-77, 80-82, 86-91, 93-96, 131, 161, 162, 234, 235, 258, 259, 261, 263, 305-307, 318, 338-342, 502-510, 514, 575, 582, XXXVII: 661, 662, 664, 681, XXXIX: 223-225, 229, 237, 244, 247, 249, 250, 252, 271-276, 280, 285, 286, 288-292, 305, 306, 341, 350, 355, 366, 400, 405, 456- 466, 483, 501-509, 514, 523, XXXX: 103, 151, 192, 209, 360, 464- 474, 474n, 475-479, 479n, 480-486, 525, 526, 531

WO, XXXV: 458, 459, 470

Code Breaking (Cryptanalytic, Cryptographic, Decrypt), I: 8, 24, 173, 190, 214, 218, 219, II: 788, 791, 851-853, 857-861, 864, 865, 873, 885, 889, 962-964, III: 1124, 1125, 1128, 1130-1137, 1146, 1156-1158, 1196, 1200, 1203, 1481, 1492, 1564, 1547, 1559, 1560, 1562, 1580, IV: 1624, 1629, 1666, 1731, 1740-1742, 1745, 1794, 1815-1819, 1821-1823, 1850, 1851, 1853, 1854, 1923, 1967, 1975, 1976, 2017-2019, V: 2082-2084, 2175, 2177, 2419, 2466, 2467, VI: 2541-2547, VII: 2961, 3262, 3264, 3267, 3273, 3342, 3374, VIII: 3395, 3396, 3400, 3401, 3406-3408, 3556, 3882-3884, 3896, 3897, IX: 3933, 3946, 3963, 4002, 4003, 4017, 4064, 4068, 4069, 4075, 4082, 4118, 4176, 4193, 4271, 4333, 4344, 4346, 4350, 4358, 4360, 4365, 4377, 4378, 4380, 4381, 4386, 4390, 4394, 4395, 4412, 4437, 4438, 4440, 4461, X: 4673, 4682, 4713-4716, 4720, 4721, 4736, 4771, 4831, 4844, 4845, 4919, XI: 5520, XVI: 2236, 2294, 2295, 2307, 2309, 2311-2313, 2317, 2318, 2321, 2333-2335, 2356, 2357, 2362, 2363, 2416, 2417, 2421, XVII: 2861, 2862, XVIII: 3335, 3336, XXIV: 1407-1412, XXVIII: 862, XXIX: 2397, 2398, XXXII: 358, XXXIII: 761, 762, 769, 836, 837, 848, 855, 863, 864, 882-884, 886-889, 893, 897, 902-904, 915, 1211, 1252, 1255, 1256, 1308, XXXIV: 34, 35, 77, 78, 82, 83, 85, XXXV: 22-24, 34, 77, 78, 84, 86, 87, 94, 95, 101-104, 133, 145, XXXVI: 13, 22, 31, 32, 45, 46, 64, 85, 87, 91, 163, 227, 233, 234, 247, 262, 263, 305, 310-317, 319, 322, 324, 325, 347, 350-352, 416, 417, 466, 467, 475, 476, 478, 479, 575, 576, 580, 581, 583, XXXIX: 273, 275, 286, 332, 333, 364, 365, 427, 431-433, 448, 453, 455, 456, 485, 489-491, 511-513, 516, 523, 524, XXXX: 42, 179, 180, 180n, 230-232, 266F, 514, 520, 527

Code Breaking—Did Japan Know?, II: 518, III: 1203, 1369, IV: 1815-1822, 1859–1863

Code Destruction by the British, VIII: 3625

Code Destruction by the Japanese, II: 513, 770, 818, 839–841, 846, 865, 896, 913, III: 1317–1319, 1327, 1444–1446, 1455, 1465, 1467, 1469, 1481, 1493, 1494, 1574, IV: 1625, 1628–1630, 1635, 1636, 1753, 1768, 1771, 1802, 1803, 1870, 1922, 1925, 1960, 1961, 2002, 2003, 2024, V: 2067, 2135, 2181, 2261, 2263, 2282, 2335, 2419, 2444, VI: 2521, 2763–2765, 2792–2794, VII: 2956, 2996, 2997, 3103–3107, 3277, 3353, 3354, VIII: 3413, 3414, 3416, 3419, 3420, 3781, 3810, IX: 4430, 4431, 4522, 4526, 4576, 4578, X: 4630, 4632, 4633, 4635, 4646, 4648, 4650, 4653–4655, 4667, 4683, 4729 4730, 4748, 4753, 4843, 4857, 4883, 4884, 4925, 4996, 4997, 5001, 5090, 5099, 5109–5113, XI: 5284, XII: 137, 208, 209, 231, 236, 237, XV: 1837, XVI: 2269, 2309, 2374, XVIII: 3312, XX: 4096, XXI: 4604n, 4615, XXIII: 687, 1050, XXVI: 26, 27, 165, 228, 295, 304, 469, 489, XXVII: 187, XXVIII: 1554, XXIX: 1717, 2257, 2314, 2323, 2344, 2396, 2397, XXXI: 3248, 3250, 3251, 3257, XXXII: 197, 198, 204, 205, 252, 253, 264, 304, 328, 332, 355, 574, 591, XXXIII: 704, 776, 777, 782, 809, 817, 818, 835, 867, 868, 873, XXXIV: 1, 9, 16, 25, 41, 53, 69, 74, 173, 194–197, XXXV: 17, 31, 43, 47, 50, 92, 97, 116, 120, 128, 130, 134, 135, 138, 140, 146, 147, 156, 161–163, 167, 472, 661, 669, 675, 677, 678, 684, 689, 690, XXXVI: 38, 82, 135–137, 141, 194, 210, 274, 414, 478, 507, 520, 521, 581, XXXVII: 668, 1001, 1065, XXXIX: 8, 79n, 93, 222, 224, 227, 237, 244, 246, 247, 252, 253, 270, 274, 276, 277, 288, 292–294, 295, 340, 341, 350, 475, 478, 480, XXXX: 100, 130, 130n, 132, 145n, 151, 155, 190n, 205, 205n, 206, 206n, 207, 210, 227, 228n, 231, 234, 255, 259, 360, 419, 420, 424, 435, 472, 475, 475n, 479, 479n, 482, 526, 527, 554, 555, 569

Code Destruction by the U. S., II: 690, 691, 745, 755, 756, 764–766, 771, 772, 841, 912,

913, III: 1455, IV: 1752, 1803, 1870, 1925,
2002, V: 2066, 2067, 2135, 2263, VI: 2797,
VII: 2956, 3049, 3417, 3420, 3640, 3690,
X: 4842, XVI: 1950, 1951, XXIII: 1110,
XXIV: 1357, 1369, XXVI: 283, XXXII: 197,
355, 405, 428, XXXIII: 689, 888, 900, 901,
XXXV: 165, XXXIX: 79n, 340, 479, XXXX:
100, 131, 131n, 207, 423
Code Machines—(Purple/Red), III: 1178, V:
2131, VI: 2792, VIII: 3416, 3561, IX: 4034,
4174, 4332-4334, 4338, X: 4714, 4715, 4773,
4774, 4842, 4845, XVIII: 3348, XXXIII: 833,
835, 855, XXXIV: 84, 85, XXXV: 47, 136,
137, XXXVI: 43, 61, 62, 64, 70, 136, 137,
161, 312, 315, 416, 467, 518, 520, 521, 565,
XXXIX: 478
Code Word "Haruna", V: 2076, X: 4653, 4654,
XXXIV: 197, XXXV: 472, 675, 677, 679, 689
Coe, Capt. C. F., XXVII: 556, 618, XXXII:
445, 455, 467, XXXIII: 1344
Coleman, Lt. H. M., VII: 3415, 3668, IX:
4339, X: 4831, 4842, XXVI: 392, XXXIII:
833, XXXVI: 136, 520
COLLINGSWORTH, XII: 348
Collins, Col. J. L., XXIV: 1820, XXVII:
646, 723, XXX: 2509
Coll, Raymond S., XVIII: 3212, 3251, XXI:
4592, XXVII: 1, 249, XXVIII: 937, 1415,
XXIX: 1646-1655
Colombo, Celyon, XIII: 523, XX: 4067
COLOMBO (Br), XV: 1580
COLORADO, I: 34, 75, 76, V: 2209, 2210,
2219, 2247, 2342, X: 4711, XII: 257, 260,
310, 346, XVII: 2509, 2514, XX: 4123, 4522,
XXI: 4557, 4563, XXII: 393, XXIII: 1186,
XXIV: 1415, 1498, 1499, 1501, 1597, 1604,
1752, XXVI: 553, XXXII: 410, XXXIII:
909, 914, 1277, 1391, 1396, XXXVI: 537,
XXXVII: 1216, 1254, 1261
Colton, Maj. Gen. Roger B., XXVII: 352-
365, 521, XXX: 2517, XXXIV: 88, XXXIX:
193-196
COLUMBIA (Ger), XXXV: 431, 434,
XXXVII: 1090, 1093
COMANCHE, XVIII: 2934, XXXIII: 979
Combat Intelligence, (See Radio Intelligence)
Combined Operating Center—Hawaii, XVI:
2752, 2286, 2287, 2290, XVII: 2737-2742,
2744, XXXVI: 271, XXXVII: 1300, 1301
Combs, R. E., XXVII: 1, XXVIII: 1177,

1239, 1241, 1247, 1265-1279, XXIX: 2038,
2216, XXX: 2790, 2804, 2812, 2813, 2820-
2822, 2839, 2844, 2846, 2847, 2849, 2852,
2853, 2855-2858, 2860-2863, 2865, 2868-
2870, 2872, 2873, 2875, XXXIX: 152, 218,
219
Commercial Cable Messages, II: 815, VI: 2575,
XVI: 2310, 2314, 2335, XXVIII: 1544, 1545,
XXIX: 2356, XXXVI: 50, 212, 241, XXXIX:
452-456
Commercial Pacific Cable Co., XXVI: 356,
XXVII: 109, XXXI: 3189
Communications Act of 1934, I: 815, XXXVII:
32n, XXXX: 150
Communications Between Honolulu and Wash.
D.C., XXII: 216, 244, XXIII: 1080, 1081
Communications Intelligence, (See Radio Intelligence)
Communication Intelligence Summary
Oct. 14th through 31st, XXXVII: 739-754
Nov. 1st through 23rd, XXXVII: 706-722,
754-766
Nov. 24th, XXXVI: 186, 482, XXXVII: 717,
718, 766, 767
Nov. 25th, XXXVI: 155, 157, 186, 482,
XXXVII: 718, 767
Nov. 26th, XXXVI: 156, 186, 482, XXXVII:
718, 719, 767, 768, XXXIX: 487
Nov. 27th, XXXVI: 106, 482, 584, 514,
XXXVII: 719, 720, 768, XXXIX: 486, 487,
XXXX: 134
Nov. 28th, XXXVI: 158, 186, 483, XXXVII:
720, 768, 769, XXXIX: 473, XXXX: 134
Nov. 29th, XXXVI: 186, 483, 515, XXXVII:
720, 721, 769, 770, XXXIX: 474, XXXX:
134
Nov. 30th, XXXVI: 126-128, 150, 184, 186,
483, 515, XXXVII: 721, 722, 770, 771,
XXXIX: 474, 475, 487
Dec. 1st, XXXVI: 187, 483, 516, XXXVII:
722, 771, XXXIX: 476, XXXX: 134
Dec. 2nd, XXXVI: 131-133, 152, 483, 516,
517, XXXVII: 722, 723, 771, 772, XXXIX:
478, 519, XXXX: 135
Dec. 3rd, XXXVI: 136, 137, 483, 518,
XXXVII: 723, 772, XXXIX: 478, XXXX:
135
Dec. 4th, 138, 139, 483, 518, XXXVII: 723,
724, 772, 773, XXXIX: 479, 519, XXXX:
135

44 COMNAVEU (U.S. NAVAL ADVISOR TO EUROPE)

Dec. 5th, XXXVI: 184, 188, 483, 518, XXXVII: 724, 725, 773, XXXIX: 479, 480, XXXX: 135

Dec. 6th, XXXVI: 140, 188, 483, 518, 519, XXXVII: 773, 774, XXXIX: 480, 481, XXXX: 135

Dec. 9th through 13th, XXXVII: 774–778

COMNAVEU (U.S. Naval Advisor to Europe), V: 2441

Conant, Chief Yeoman Arnold, XXXVI: 247, 262

Conant, Lt. (jg.) Joseph M., XXXVI: 96–98, 574, XXXIX: 404

CONCORD, V: 2210, XII: 346, XX: 4124, XXXIII: 1247

Condition of Readiness—Aircraft, I: 136, 382, III: 1175, 1182, V: 2280, VI: 2532, 2755, 2772, 2773, 2802–2805, VII: 3068, 3095, 3124, 3194, 3296, 3298, VIII: 3453–3455, 3465, 3475, 3476, 3479, 4258, X: 5130–5132, XI: 5334, 5429, 5485–5489, XIV: 1022–1034, 1332, XV: 1439, 1440, 1444, 1445, 1455, 1467–1469, 1604, 1656, 1659, 1660, XVI: 2289, 2349, 2351, 2353, 2361, 2363, 2364, 2367, 2383, XVII: 2707, 2708, 2713, 2714, 2721, 2724, XVIII: 2991, 3218, 3219, 3250, 3253, XXI: 4591, 4596, 4643, 4681, 4682, 4685, 4700, Item 14, XXII: 82, 102, 109, 117, 201, 352, 353, 354, 474, 475, 541, 558, 560, XXIII: 710, 711, 713, 739, 1118, 1147, 1148, XXIV: 1367, 1382, 1389, 1392, 1474, 1528, 1529, 1536, 1537, 1571, 1605, 1633, 1634, 1773, 1807, 1934, 1935, XXVI: 96, 109, 132, 134, 478, 538, XXVII: 208, 245, 415, 416, 426, 427, 584, 585, XXVIII: 851–854, XXX: 2495, XXXII: 191, 300, 439, 440, 441, 443, 449, 501, 504, 505, 510, 511, 674, XXXIII: 720, 1162, 1185, 1186, 1302–1305, XXXVI: 196, 286, 299, 369, 388, 393, 394, 412, 413, 457, 545, 553, 579, 587, XXXVII: 947, 951–953, 961–967, XXXIX: 16, 20, 50, 68, 115, 116, 119, 132, 197, 198, 347, 381, 395, 425, 505, 522, XXXX: 66, 68, 68n, 119 124, 129

Condition of Readiness—Army Antiaircraft Batteries, I: 52, 53, 55, 148, 150, 280, 281, IV: 1989, V: 2340, VI: 2581, 2582, 2818, 2894, VII: 2941, 2952, 2998–3006, 3052, 3191, 3298, VIII: 4258, X: 4995, 5130, XI: 5429, XIV: 990, 995, XV: 1435, 1601, 1602, 1608, 1623, 1627, 1659, XVI: 2364, 2424, XVII: 2745, 2747, XVIII: 2958, 2986–2990, 3015–3018, 3021, 3082, 3083, 3087, 3235–3238, XXI: 4623–4631, 4635, 4636, XXII: 65, 77, 78, 262, 267, 268, 274, 297, 298, 299, 302, 331, XXIII: 998, XXIV: 1551, 1552, 1784, 1802, 1805, 1961, 2062, 2066, 2081, 2086, 2093, 2109, XXVI: 197, 206, 288, 407, 477, XXVII: 20, 29, 120, 171, 227, 476, 500, 708, 758–760, XXVIII: 998 1000, 1053, 1057, 1058, 1358–1363, 1374, 1501, 1622, XXIX: 1719, 1724, 2317, XXX: 2461, 2462, 2472, 2473, 2490, 2493, 2561, 2583–2585, XXXII: 196, 204, 255, 299, 317–320, 365, 389–391, 396, 558, 575, 655, 678, XXXIII: 722, 723, 1164, 1165, 1186, 1285, 1288, XXXVI: 195, 205, 577, XXXVII: 1130, XXXIX: 113, 115, 121, 131, 300, 306, 368, 382–384, XXXX: 67, 68, 70, 77, 129, 130

Condition of Readiness—Harbor Control Post, XXXIII: 1306

Condition of Readiness—Ships, I: 102, 103, 117, 118, 278, 298, 299, 386, IV: 1904, V: 2273, 2379, VI: 2584, 2606, 2609, 2676–2678, VII: 3199, 3294, 3298, 3305, 3315, 3334, 3335, 3341, 3342, 3358, 3359, VIII: 4258, X: 5128–5132, XI: 5347–5351, 5485–5489, 5495, 5496, XIV: 956, 983–970, 1332, 1333, XV: 1449, 1450, 1452–1457, 1469, XVI: 2349, 2351, 2361, 2363, 2364, 2367, 2368, 2373, 2383, 2423, 2424, XVII: 2532 2534, XXI: 4667, 4681, 4682, 4685, XXII: 368, 370, 443, 471, 472, 538, 539, XXIII: 634, 720, 721, 724, 727, 765, 1117, 1118, 1155, 1162, XXIV: 1382, 1471–1475, 1480, 1484, 1485, 1494, 1496, 1498, 1499, 1506, 1508–1512, 1518, 1525, 1626, 1750, XXVI: 25, 26, 58, 60, 64, 79, 150, 151, 173, 175, 197, 199, 200, 206, 280, 324, 432, 453, 477, XXVII: 540, 552, 553, XXVIII: 905, XXXII: 215, 216, 221, 235, 251, 256, 280, 300, 302, 323, 332, 379, 389, 396, 397, 415, 593, XXXIII: 720, 723, 1160, 1161, 1329–1331, XXXV: 6, XXXVI: 450, 540, 541, 568, 587, XXXIX: 305–307, 337, 340, 347, 350, 374, 375, 381, 384, 395, 504, 522, 526, XXXX: 66, 118, 118n

Condon, Mr., XXVIII: 1101, 1106, XXIX: 1674

CONDOR, I: 41, 42, X: 5026, XIII: 490, 494, XV: 1461, XVI: 2343–2345, XXI: 4560, 4594, 4636, XXIV: 1625, 1657, 1686, 1694, 1695,

1697, 1698, 1703, 1711, 1729, 1732, 1737, XXXIII: 1296, XXXVI: 2, 5, 8, 42, 52, 55–57, 246, 253–255, 268, 276, 277, 354, 554, 555, 574, XXXVII: 935, 937, 1267, 1282, 1283, 1289, 1298, 1299, XXXIX: 405, 406, 496, 497, 499, XXXX: 66, 138, 139

CONNECTICUT (old), IX: 4222

Connolly, Thomas Ernst, XXVII: 1, 351, 352, 366, 368, 442, 455, 484, XXVIII: 1083, 1084, 1124–1145, 1165–1167, 1170, 1172, 1174, 1176, 1177, 1194–1198, 1201–1203, 1208, 1209, 1213, 1215, 1216, 1221, 1224, 1252, 1270, 1305, XXIX: 1698, 1750, 1751, 1786, 1790, 1804, 1812, 1823, 1824, 1832, 2039, XXX: 2724–2727, 2738, 2739, 2742–2744, 2793–2796, 2810, 2821, 2834, 2840, 2842, 2875, 2960, 2966, 3056, XXXIX: 150, 163–165, 185

CONTE GRANDE (It), XV: 1797

CONTENDER (Private Yacht), XXVIII: 1146, XXX: 2730, XXXI: 2729

Control Post—Watch Officers Log, XXIV: 1646–1749

CONWAY, XX: 4456

Convoying Ships in the Pacific, XXIV: 1479–1481, XXXIII: 1293

CONYNGHAM, IV: 1676, V: 2210, XII: 348, XVII: 2511, 2514, XXI: 4557, 4563, XXIV: 1573–1575, 1577, 1580, 1582, 1582, 1583, 1585, 1588, 1589, 1609, 1654, 1668, 1670, 1672, 1686, 1700, XXVI: 553, XXXI: 3191, XXXV: 392, 441, 498, 504, XXXVII: 926, 931, 936, 1026, 1224, 1227, 1230, 1234–1237, 1240, 1243, 1244

Cooke, Capt. C. M., Jr., I: 305, XI: 5349, XVI: 2145, 2163, 2175, 2177, 2233, XXI: 4556, XXII: 360, XXIII: 1155, XXIV: 1374, 1609, XXXIII: 1208, 1354, 1356, 1357, XXXX: 266-O

Cooper, Lt. Howard Frederick, XVIII: 3223, 3236, 3246, XXII: 283–286, XXIII: 1256, XXVII: 1, XXVIII: 1109–1111

Copek, XXXIII: 863, 864, 868, XXXVI: 232, 521, 648

Coquelle, Edward John, XXXVII: 798

CORLA (It), XV: 1813

CORNWALL (Br), IV: 1934, XIX: 3552, XXVIII: 1585

Corps of Army Engineers, XXVIII: 810–814, 876, 879, 881, 882, 1286, 1297, 1333, 1509, 1520, XXIX: 1629, 1635, 1655, 1676, 1681, 1684, 1848, 1851, 1868, 1876, 1906, 1987, 2039, 2040, 2060, XXX: 2579, 2760, 2951, 2962, 2968, XXXIX: 50, 133, 146, 148, 149, 154, 163, 168, 169, 171, 173, 174, 177, 187, 194, 195, 202, 204, 211

Corregidor, II: 960, 966, III: 1064, 1068, 1142, 1348, 1559, 1560, 1580, IV: 1737, 1740, 1741, 1774, 1779, 1795, 1804, 1870, 1878, 1930, V: 2425, VIII: 3385, 3394, 3395, 3559, 3560, 3580, 3583, 3585, 3590, 3614, 3615, 3703, 3710, 3756, 3763, 3797, 3858, IX: 4174, 4176, 4377, 4378, 4380, X: 4713, 4710, XII: 281, XV: 1628, XVI: 2294, 2295, 2316, 2319–2321, 2455, XVIII: 3349, XXIV: 1722, XXVI: 387, 392, 393, XXVII: 17, 295, XXIX: 2317, XXXII: 564, XXXIV: 140, 146, XXXV: 84–86, XXXVI: 2, 45, 46–48, 61, 64, 72, 73, 416, 466, 467, 479, 484, 506, 508, XXXVII: 776, XXXIX: 432, 459, 462, 465, XXXX: 179

Covington, Lt. Cdr. H. S., XXII: 534, XXIII: 605, 606, 1260, XXIV: 1400, 1402–1405, 1407, 1410, 1413, 1511,

Craig, Lt. Cdr. J. E., XXIV: 1386

Craig, Gen. Malin, III: 1100, 1146

Craig, Col. Melvin L., XVIII: 3223, XXII: 182–188, 286, 287, XXIII: 1253, 1256

Craigie, Sir Robert L., II: 487, 488, 675, 676, 680, IV: 1696, XII: 50, XIX: 3479–3482, XX: 4149, XXXV: 541, XXXX: 333, 350, 442

Cramer, Maj. Gen. Myron, III: 1478, 1488, 1497, VII: 3142, 3143, 3146–3148, 3186, 3189, 3190, 3195, 3200, 3207, IX: 4284, 4285, 4306, 4311, 4319, 4320, 4324, 4416, 4417, 4419, 4420, 4424, 4446–4454, 4457, 4462, 4468, 4472, 4490, 4491, 4496, XVIII: 3205–3210, XIX: 3819, 3829, 3838, 3850, 3851, 3855, 3869, 3883, 3891, 3910, 3913, 3915, 3918, 3922, 3927–3929, 3936, 3938, 3956, XXXV: 2, 5, 7, 8, 13, 14, 114, 115, 118, 127, 129, 131–179, XXXIX: 231–295

Cranberry, Lt. Edwin R., XIX: 3639

CRANE, XI: 5505

CRAVEN, I: 132, V: 2210, XII: 345, XVI: 2033, 2057, 2061, 2065, 2077, 2089, 2097, XVII: 2519, 2521, XXI: 4558, 4561, 4563, XXIV: 1387, 1431, 1671, 1681, 1683, 1699,

1712, XXVI: 555, XXXV: 498, XXXVII: 926, 1273, 1274
Creighton, Capt. John, X: 4803, 4809, 4818, 4819, 5075, 5080–5089, XI: 5207, 5484, 5514, 5515, XVIII: 3344, XXXIII: 838, XXXX: 170n, 414n
CRELE, XXXVII: 1273
CRESENT CITY, XXI: 4559, 4584
Creswell, Lt. Col. Harry I., II: 692, XXI: 4703, XXVII: 73, XXIX: 2147, XXXIV: 24, 161, 165–168, 186–188
CRETE MAERSK (Yu), IV: 1930
CRISTOBAL, XVI: 2166
CROSBY, XI: 5505
Crosley, Cdr. P. C., XXIV: 1413, 1414, 1422, 1443, 1475, 1478, 1483, 1484, 1487, 1490–1493, 1518, XXVI: 1, 3, 187–192, 213, 549, 551, XXXV: 53, XXXVI: 537, 572
CROSSBILL, I: 41, XV: 1461, XVI: 2344, XXI: 4560, 4594, 4636, XXIV: 1625, 1652, 1654, 1657, 1685, 1686, 1694, 1697, 1698, 1703, 1709, 1725, 1732, 1737, XXXIII: 1296, XXXVI: 254, 555, XXXVII: 935, 937, 1283, 1289, XXXIX: 497
Cross-Reference Index to Testimony Before the Army Pearl Harbor Board, XXXI: 3259–3355
CROW, XII: 310
Crowe, Cdr., XXIV: 1399
Cryptographic Analysis, (See Code Breaking)
CUNEO, XXIV: 1369
CUMMINGS, V: 2210, XII: 348, XVI: 2033, XVII: 2511, 2514, XIX: 3578, XXI: 4557, 4563, XXII: 599, XXIV: 1572, 1573, 1576, 1579, 1580, 1582, 1583, 1585–1589, 1592–1594, 1597, 1667–1669, 1671, 1672, 1681, XXVI: 553, XXXI: 3191, XXXV: 392, 441, 498, 504, XXXVII: 931, 936, 1026, 1223, 1225, 1229, 1232, 1234, 1239, 1240, 1242, 1243, 1248–1250, 1254, 1272
Cunningham Field, XXX: 2902

CURLEW (Br), XXVI: 370, 371
Curley, Chief Carpenter's Mate, James J., XVIII: 689, 717–721, 1263
Currie, Lauchlin, II: 774, III: 1192, XIV: 1160, XV: 1642, XIX: 3488, 3489, XX: 4339, 4473, 4540, 4541, XXI: 4742, 4743, XXXX: 376
Curtis, Lt. Cdr. Lemuel, V: 2343, 2344, XXIV: 1754, XXXVII: 1274
CURTISS, I: 41, 47, IV: 1676, 1678, 2023, V: 2210, 2339, 2342, VI: 2674, X: 4850, XI: 5506, XII: 349, 354, 356, XIII: 491, 495, XV: 1715, XVI: 2023, 2249, 2345, 2348, 2350, XVII: 2529, 2531, 2545, 2549, 2554, 2558, 2563, XXI: 4562, 4565, XXII: 372, XXIII: 945, 1166, XXIV: 1365, 1387, 1404, 1537, 1572, 1579, 1580, 1582–1588, 1590, 1597, 1598, 1602, 1603, 1605, 1610, 1617, 1618, 1645, 1666, 1722, 1750, 1753, XXVI: 557, XXXII: 47, 230, 311, 456, 457, 462, 597, XXXIII: 699, 1171, 1246, 1259, 1315, 1343, XXXV: 388, 501, XXXVI: 53, 170, 536, 549, 559, 560, 570, XXXVII: 928, 937, 954, 975, 977, 979, 981, XXXIX: 499, 503, 507, XXXX: 61, 64, 70n
Curts, Cdr. Maurice E., VI: 2587, 2742, 2758, X: 4831, XVII: 2735, XXII: 420, 421, XXIII: 1208, XXVI: 1, 3, 63, 111–120, 155, 229, XXVIII: 933, XXXII: 201–203, XXXII: 722, XXXVI: 374, 463, 542, 549, 551, 572
CUSHING, V: 2210, XII: 346, XVII: 2527, 2530, XXI: 4559, 4564, XXIV: 1704, XXVI: 557
CUTTLEFISH, XII: 346, XVII: 2528, 2531, XXI: 4560, 4564, XXIV: 1644, XXVI: 557, XXXIII: 1314
CUYAMA, XII: 346, XXXIII: 1270
CYNTHIA OLSON, XXIV: 1590, 1655, XXXIII: 1245
Czechoslovakia, XXXIV: 202, XXXX: 10

D

DAIDO MARU (Ja), XVII: 2685, XXXVII: 734, 1134
DAIMOSAN MARU (Ja), XIII: 462–464, XXXVII: 799
Daines, 2d Lt. John, XIX: 3638
Dakar, III: 1437, XIV: 1332, 1340, XV: 1776, XVII: 2473, 2701, XX: 4322, 4324, 4349, 4353, 4354, 4403, XXVI: 524, XXXII: 555, XXXIII: 1320, XXXV: 618, 619, 631, 632, XXXVI: 651, XXXVII: 1127
DALE, IV: 1676, V: 2210, VI: 2538, XII: 349, XIII: 495, XVI: 2131, 2138, 2347, XVII: 2497–2501, 2511, 2514, XXI: 4557, 4563, XXIV: 1398, 1399, 1412, 1592, 1597, 1657, 1725, XXVI: 553, XXXV: 498, 499, XXXVI: 465, XXXVII: 926, 937, 944, 1248, 1254, XXXIX: 502
DALMACIA (Yu), IV: 1825, XV: 1901, 1904
Damage Control Officers, XI: 5349, XXIV: 1386
DANAE (Br), XV: 1581
Daniels, Josephus, XX: 4375–4377
Dankwerts, Rear Adm., XV: 1487, 1496, XVI: 2153, 2230, XIX: 3441, 3457, XXXII: 410, XXXX: 266C
D'AOSTA (It), IV: 1826, XV: 1904
DAPHNE, XVIII: 2940, XXXIII: 985
Dargue, Maj. Gen., VII: 3260
Daubin, Capt. Freeland A., XXIII: 689, 722, 723, 1263
DAUNTLESS (Br), XV: 1581
Davao Gulf, VI: 2818, 2819, X: 4804, 4814,
XIII: 437, 444, 457, 459, 468, 543, 554, 555, XIV: 1066, XV: 1564, 1770, 1771, XXXVI: 49, XXXVII: 784, 1197, XXXX: 441, 507, 508
Davao-Waigeo Line (West of 100 deg. E., South of 10 Deg. N.), II: 492, 654, 681, 976, III: 1040, 1057, 1227, 1246, 1247, 1524, IV: 1618, 1777, 2048, 2049, V: 2123, 2420, 2421, IX: 4371, XI: 5215–5218, 5220–5223, 5263, 5423, 5440, 5450, XIV: 1062, 1066, 1083, XV: 1564, 1770–1773, XVI: 2248, XVII: 2648, XXVI: 303, XXVII: 15, 65, 240, XXIX: 2406, 2415, XXXIII: 1239, XXXIV: 155, XXXX: 170, 173, 175, 341, 340, 391, 405, 439, 507, 508
Davidson, Maj. Gen. Howard C., I: 129, VI: 2587, VII: 2993, 2994, 3035–3037, 3110, 3111, 3114, 3119, 3124, 3177, VIII: 3511, 3516, X: 4986, 4994, 5003, 5066, XVII: 2723, XVIII: 3213, 3223, 3235, 3238, 3241, 3244, 3245, 3247, 3249, 3250, XIX: 3640, XXII: 16, 17, 19–22, 40, 41, 51–54, 82, 88, 97, 100, 106–121, 166, 194, 201, 203, 212, 287, 289, 366, 570, 572, 579, XXIII: 711, 959, 969, 980, 981, 998–1001, 1161, 1252, 1269, XXIV: 1563, 1935, 2011, 2015, XXVII: 1, 198, 260–262, 275, 278, 280, 561, 565, 599, 619, 622, 627, 629, 630, 635, 776, XXVIII: 830, 846, 851, 890, 994, 1011, 1357, 1373, 1490, XXIX: 1994–1996, 2107–2120, 2250, 2262, XXXII: 184, 257, 389, 394, 395, 423, 441, 454, 467, 471, 499, 517, 679, XXXVI: 280, 285, 544,

564, XXXIX: 133n, XXXX: 69n
DAVIS, XI: 5505, XXIV: 1619
Davis, Capt. A. C., VI: 2897, VIII: 3379, 3478, 3486, 3487, 3493, 3494, 3498, 3500, 3501, 3504, 3524–3527, X: 4889, XVI: 2338, 2341, XXIII: 940, XXIV: 1373, XXVI: 1, 3, 43, 103–110, 128, 148, 253, 526, XXVII: 428, XXXII: 571, 649, XXXIII: 706, XXXV: 212, XXXVI: 144, 154, 217, 374, 461, 552, 564, 572, XXXVII: 954, XXXIX: 489, 493, XXXX: 115n
Davis, Lt. Cdr. S. G., XXIV: 1386
Davis, Cdr. Hartwell, XXVI: 300, 306
Dawson, Harry L., III: 1494, 1495, IX: 4348, 4359, 4361, 4380, 4402, XXXV: 2, 32, 42, 44, 86, 118, 147, 148, 503, 590, XXXIX: 279, 280
Dawson, Lee, XXIV: 1362
DAY STAR, XII: 348
Deane, Maj. Gen. John R., III: 1109, 1487, 1499, 1538, IX: 4387, 4478, 4504, 4505, 4573, 4574, X: 4626, XIV: 1411, XXXV: 2, 96, 115, 116, 139, XXXIX: 294
Deceptive Radio Tactics by the Japanese, (See Japanese Deception)
de Gaulle, XIV: 1340, 1342, XV: 1776, XXXII: 1321, XXXVI: 652
Degaussing, I: 1293, IV: 1903, VIII: 3523, XIV: 971, XV: 1455, XXII: 336, XXIII: 1223, XXIV: 1382, 1480, 1591, 1657, XXVI: 48, 90, 477, XXXIII: 698, 953, 1160
Defense Category, XXVII: 40, 45, 46, 51, 52
DeLaney, Capt. W. S., III: 1456, 1457, VI: 2609, 2648, 2825, 2896, VII: 3358, VIII: 3551, X: 4960, XVI: 2271, XVIII: 3223, 3243, XXI: 4571, 4634, XXII: 384, 427, 428, 440, 447, 452, 508–526, XXIII: 931–934, 936, 940, 982, 1178, 1215, 1227, 1259, 1268, XXVI: 1. 3, 42, 43, 81–92, 193, 205, 214, 227, 248, 251, 253, 293, 474, 526, XXVII: 1, 217, 267, 288, 376–386, 388, 571, 573, XXXIII: 705, 719, 721, 726, XXXV: 1, 99–109, 144, 161, 196, 366, 373, 379, 380, 397, 400, 401, 405, 436, 446, 450, 452, 466, 469–471, 482, 537, 539, 541, 542, 549, 571–573, XXXIX: 31, 239, 242, 403,
DELAWARE (old), XXII: 460
DENEBULA, XIV: 938
DENT, V: 2210, XII: 346, XVII: 2519, 2521, XXIV: 1681, 1685, 1687, 1692, 1698, XXVI: 555, XXXVII: 1248
DERUYTER (Ne), IV: 1934, XIX: 3552, XX: 4130
Destruction of Warning Messages, XXXIV: 74–79, 90–92, 97–99, 101, 102
DETROIT, I: 33, 45, IV: 1676, V: 2210, 2342, VIII: 3894, X: 4849, 4850, XII: 348, XVII: 2498, 2499, 2515, 2519, 2521, XVIII: 3255, XX: 4123, XXI: 4558, 4563, XXII: 498, 517, 545, XXIII: 694, 938, XXIV: 1372, 1415, 1419, 1423, 1431, 1506, 1511, 1575, 1593, 1596, 1597, 1598, 1604, 1615, 1682, 1753, XXVI: 175, 555, XXXV: 389, 390, 498, 501, 502, XXXVI: 563, XXXVII: 925, 928, 929, 937, 943, 1208, 1216, 1227, 1250, 1252–1256, 1260, 1261, XXXIX: 59, 60
DEUTSLAND (Ger), XXX: 2743, 2787, 2792, 2822, 2883
Devereaux, Maj. James P. S., XXIII: 1070–1072
DEVONSHIRE (Br), XV: 1788, 1789, XX: 4456, XXXVI: 656
DEWEY, IV: 1676, V: 2210, XII: 349, XVI: 2021, 2027, 2131, 2139, XVII: 2511, 2514, XXI: 4557, 4563, XXIV: 1573, 1575, 1579, 1581, 1586, 1591, 1600, 1609, 1653, 1664, 1747, XXVI: 553, XXXV: 498, 499, XXXVII: 926, 936, 1225, 1227, 1232, 1235, 1241, 1247
Dewey, Thomas E., I: 128, III: 1124–1129, 1130, 1132, 1133, 1135–1137, 1139, 1156, 1165, 1178, 1181, 1198, 1204–1206, 1546, IV: 1722, 1818, VIII: 3578, 3682, XXXX: 179n
Dewitt, Gen. John L., II: 961, III: 1026, 1154, IV: 1959, VII: 3065, 3066, X: 4975, XIV: 1331, 1409, XX: 4444, XXI: 4605n, XXIII: 1008, 1009, XXIX: 2075, XXXIX: 81n
Diamond Head, I: 148, 326, X: 4839, 5092, XIII: 495, XVI: 2330, 2337, 2359, 2407, XVII: 2497, XIX: 3591, 3638, XXI: 4694, XXII: 59, 306, XXIII: 1267, XXIV: 1546, 1575, 1596, 1597, 1646, 1651–1655, 1656, 1658, 1660, 1668, 1670, 1672, 1673, 1676, 1678–1681, 1685, 1691, 1693, 1695, 1697, 1700, 1711, 1725, 1727–1729, 1731, 1732, 1734, 1735, 1740, 1744, 1747–1749, XXVI: 51, XXVII: 409, XXVIII: 1231, 1234, 1363, 1372, 1387, XXIX: 1798, 1945, 2010–2012, XXX: 2706–2708, 2852, 2878, 2898, 2900,

3083, XXXI: 3137, 3138, XXXII: 457,
XXXVI: 128, 152, 171–173, 442, 513, 585,
XXXVII: 1227, 1254, XXXIX: 360, 375, 477,
488, 519, XXXX: 135, 257
Dickey, Irma, XXX: 2794, 2839–2844, 2949,
3056, 3057
Dickens, Sgt. June D., XXII: 301–304,
XXIII: 1257
Dickinson, Cdr. Clarence Earl Jr., I: 113,
114, V: 2300, 2307, 2308, 2471–2475, XI:
5476, 5477, XVI: 2121
Dill, Sir John, III: 1051, 1052, 1236
Dillingham, W. F., XIX: 3357, 3374, 3407,
XXI: 4592, 4629, XXII: 72, XXIII: 784, 911,
XXVIII: 1117, 1118, 1259, 1370, 1386, 1427,
1428–1449, XXIX: 1739, 1754, 1755, 1782,
1814, 1862, 1908, 1916, 1981, 1998, 1999,
2007, 2008, XXX: 2853, 2879, XXXV: 396,
XXXIX: 63, 112, 186, 192, 205
Dillon, James P., XXVII: 1, XXIX: 2099,
2138–2142, XXXIX: 159, 160
Dillon, Maj. John H., VIII: 3786, 3820,
3826–3831, 3834–3838, XXXX: 939
Dingeman, Lt. Col. Ray E., X: 4988, 5006,
XXII: 150, 171, 269, XXIV: 1400, XXVI:
532, XXVII: 1, 195, XXVIII: 1006, 1008,
1011, 1017, XXIX: 1658–1664
Diplomatic Background to the Pearl Harbor
Attack, II: 406–445, XXXX: 1–49
Director of Naval Communications (DNC),
XXXII: 53, XXXIX: 460
Director of Naval Intelligence (DNI), XXXII:
24, 53, XXXIII: 771, 773, 848, XXXV: 577,
582, 591, XXXVI: 4, 13, 229, 335, 413, 414,
478, XXXVII: 1088, XXXIX: 9, 276, 363,
364, 402, 431, XXXX: 254
Director of War Plans (DWP), XXXX: 254
Dispersal of Aircraft, VI: 2577, 2578, VII:
3085, XV: 1607–1609, XXI: 4588, 4589,
XXVII: 19–21, XXX: 2461, 2463, 2492,
2494, XXXI: 3169, XXXIX: 58, 74, 97, 133,
XXXX: 79–81, 141
DISCOVER, XVIII: 2908, XXXIII: 955
Disposition of the U.S. Fleet on 7 Dec. 1941,
I: 30, 31, V: 2249, XXI: 4563–4565, Item 15,
25
District Intelligence Office—Honolulu (DIO),
IX: 4465, XVI: 2346, 2356, XXIII: 673, 674,
XXVI: 333, 334, 337, 338, 339–361, 364, 410,
XXVII: 748, XXXV: 119, 322, 326, 333,
354, 483, 484–486, 520, 543, 564, 566–571,
575, 582, 590, XXXVI: 4, 32, 38, 39, 62, 85,
161, 220, 221, 225, 273, 329, 330, 331, 334,
335, 466, 470, 475, 476, 582, XXXVII: 927,
934, 1088, 1279, XXXIX: 451–453, 455, 484,
XXXX: 137
DIXIE, XII: 346, XVII: 2519, 2521, XXVI:
555
Dixon, Sir Owen, VIII: 3614, X: 4602, 4605,
XX: 4105, XXIX: 2218–2222, 2240–2243,
2248, 2252, 2303, 2304, XXXIV: 61
DOBBIN, XII: 349, XVII: 2511, 2514, 2516,
XXIII: 736, 737, 905, XXIV: 1310, 1514,
1573, 1585, 1587, 1588, 1590, 1591, 1598,
1605, 1610, 1617, 1619, 1672, 1676, 1741,
XXVI: 553, XXXVII: 936, 955, 1225, 1230,
1242, 1273, 1278
DOLPHIN, V: 2162, XII: 349, XVII: 2520,
2521, XIX: 3580, XXI: 4560, 4564, XXIV:
1573, 1578, 1587, 1609, 1644, 1703, XXVI:
555, XXXIII: 1264, XXXVII: 936
DONA ESTABAN (Ph), XXXIII: 910, 1394
Donegan, Col. William, III: 1456, 1468,
XXII: 5, 7–12, 15–17, 19–24, 416, XXIII:
1204, 1250, XXIV: 1820, XXVII: 725, 731,
734, 757, XXVIII: 894, 895, 1005–1025,
1388, 1397, 1403, 1584, 1596–1598, XXIX:
1658, 1659, XXX: 2501, 2509, XXXV: 157,
168, XXXVI: 221, 449, 486, XXXIX: 238,
239, 255
DONA NOTI, X: 5127, XV: 1692, 1695, 1697,
1700, 1702, 1704, 1705, 1707, 1708
Donovan, W. J., III: 1129, 1131, 1133, 1135,
IV: 2016, 2020, XX: 4471, 4517, 4518, 4528,
4537
Doolittle, Gen. James, III: 1215
Dooman, Eugene F., II: 671, 672, 676, 705,
706, 726–728, 734, 735, 764, III: 1384–1386,
V: 2481, XII: 109, 111, XX: 4005, 4007,
4139, 4143, 4164, 4167, 4168, 4170, 4175,
4192, 4197, 4199, 4204, 4206, 4208, XXXII:
634, 635, XXXIII: 701, XXXIV: 141, 142,
XXXX: 266S, 324, 330, 428
DORSEY, XII: 345, XIV: 941, XVI: 2252,
XVII: 2527, 2530, XXI: 4559, 4560, 4564,
XXVI: 557
Doud, Maj. Harold, III: 1448, 1489, VIII:
3611, 3615, 3637, 3703, 3900, IX: 4387, 4389,
4390, 4521, X: 4618, XVIII: 3347, 3349,
XXVI: 395, XXIX: 2384, 2385, 2387, 2411,

2418, XXXIV: 82, XXXV: 2. 34, 97, 103, 105, 106, 114, 117, 121, 142, XXXVI: 315, 509, XXXIX: 227, 271

Doue, Kimie, XXXV: 320, 326–328, 354, 371, 375, 488, 489, 507, 508, 519, 520, 537, XXXVII: 912, 917–919

Douglas, Justice William O., III: 1115

Dowell, Capt. J. S., XXXVII: 1269

DOWNES, I: 47, IV: 2023, V: 2210, 2324, 2342, VI: 2674, XII: 348, 354, 356, 373, 389, XVI: 2349, 2350, XVII: 2511, 2514: XXI: 4557, 4563, XXII: 596, XXIV: 1365, 1387, 1575, 1584, 1585, 1587–1589, 1591, 1594, 1602, 1603, 1609, 1753, XXVI: 553, XXXI: 3191, XXXIII: 1342, XXXV: 392, 441, 498, 499, 504, XXXVI: 570, XXXVII: 926, 931, 936, 1026, 1214, 1227, 1238, 1240, 1242, 1244, 1245, 1247, 1250, 1260, 1261, 1267, 1268, 1270, 1272, 1273, 1275, XXXIX: 507, XXXX: 61, 64

Draemel, Rear Adm. M. J., I: 29, V: 2162, 2343, 2354, 2356, VI: 2600, 2641, 2702, VII: 3237, 3253, 3254, 3258, 3259, 3304, 3307, 3329, 3341, 3364, XVII: 2498, 2499, XVIII: 3254, 3294, 3301, XXI: 4557, 4558, XXII: 517, XXIII: 610, 611, 938, 1065, XXIV: 1415, 1419, 1431, 1476, 1481, 1482, 1488, 1489, 1515–1517, 1754, XXVI: 51, 71, 323, XXIX: 2011, XXXII: 589, XXXIII: 1201, XXXVII: 755

DRAYTON, I: 136, V: 2210, XII: 345, XVI: 2027, 2029, 2108, 2116, 2122, 2124, 2125, 2127, 2129, XVII: 2499, 2527, 2530, XXI: 4559, 4562, 4564, XXIV: 1432, 1491, 1684, 1686, 1703 XXIV: XXVI: 557

Drills/Exercises, I: 282, 328, 329, VI: 2705, 2746, 2751, VII: 3086, VIII: 3453, 3459, XIX: 1625, XXII: 22, 38, 492, 535, XXIV: 1413, 1416-1425, 1433-1438, 1443–1447, 2010, 2011, XXVIII: 843, 952, 1377, XXXII: 32, 33, 666, XXXIII: 1068, 1069, XXXVI: 456, 457, 554, XXXX: 124n

Drought, Father, XX: 3985, 4286

DRUM, XXI: XXI: 4561, 4564

Drum, Lt. Gen. H. A., II: 821, 822, 856, 867–872, V: 4642, 4652, 4653, 4655–4657, XXVII: 62, 138, 481, 731, XXVIII: 1031, XXIX: 2401, XXXIV: 153

Drunkeness, VII: 3295, VIII: 3832, XXII: 162, 168, 169, 173, 184, 219, 286, 287, 441, 451, 506, 507, 589, XXIII: 702, 715, 734, 735, 744–776, 778, 780, 781, 786–788, 793–797, 812, 813, 815–817, 822, 829, 830, 835, 838–852, 887, 888, 905, 907, 961, 1228, 1236, XXIV: 1612–1619, XXVI: 238, 239, XXXII: 207, 315, 375, XXXIX: 14

DUANE, XVIII: 2930, XXXIII: 975

Duff-Cooper, IV: 1698, XI: 5257–5259, XV: 1725, XX: 4099

DUILIO (It), IV: 1825, XV: 1813, 1901

DUNEDIN (Br), XX: 4511

Duncan, Capt., IX: 4076, 4078, 4150

DUNLAP, I: 132, V: 2210, XVI: 2065, 2073, 2101, XVII: 2519, 2521, XXI: 4558, 4562, 4563, XXIV: 1571, 1671, 1672, 1681, XXVI: 555, XXXV: 498, XXXVII: 926, 1222

Dunlop, Col. Robert H., VII: 3118, 3119, IX: 4403, XXII: 218–220, 287, 288, XXIII: 979, 1254, 1256, XXIV: 1799, 1800, 2014–2016, 2027, 2107, XXX: 2487, XXXV: 2, 20, 27, 33, 34, 127, 211, 214, 226

Dunning, Mary Jo, IX: 4391, 4392, 4394, XXXV: 2, 107, 108, 114, 115

DUPONT, XVI: 2218

DURBAN (Br), XV: 1581

Durbin, Maj. Gen. Henry T., I: 35

Dusenbury, Col. Carlisle Clyde, I: 128, III: 1482, 1486, 1487, 1490, 1551, 1561, VIII: 3655, 3680, IX: 4326, 4327, 4383, 4387, 4440, 4456, 4457, 4459, 4477, 4480, 4487, 4489, 4490, 4493–4496, 4505, 4515–4517, 4520, 4522–4524, 4527, 4547, 4548, 4561, 4573, 4597, X: 4611, 4612, 4616–4618, 4620–4627, 4727, XVIII: 3320, XXIX: 2358, XXXIII: 768, 1389, XXXIV: 125, 173, 174–176, XXXV: 2, 17, 19, 24–26, 35, 36, 39, 40, 90, 95–98, 101, 116, 129, 130, 134, 139, 143, XXXVI: 19, 76, XXXVII: 661, XXXIX: 273, 287, 293, 294, XXXX: 212n, 434n, 480

Dutch Harbor, I: 28, 394, III: 1003, V: 2138, IV: 1683, VII: 3333, X: 4673, 4906, XIII: 580, 581, 646, XIV: 1010, 1029, XV: 1514, 1593, XVI: 2178, 2246, 2247, 2294, XVII: 2594, XVIII: 2892, 2917, 2920, XXI: 4572, XXII: 331, 454, 486, XXIII: 675, 676, 1009, 1136, 1240, XXVI: 310, 387, 517, XXVIII: 863, 868, XXIX: 2019, 2281, XXXIII: 965, 967, 1012, 1261, 1350, XXXIV: 145, XXXVI: 32, 60, 484, XXXVII: 777, 778, 863, XXXIX: 32, 432

Dutch Navy, XIV: 1010, XV: 1569, 1582, XVI: 2213, XVIII: 3343, 3344, XX: 4068, 4071, XXI: 4652, XXVI: 231, XXIX: 2301, XXXIII: 1169, 1232, XXXX: 391, 439, 507, 508, 522

Dutch New Guinea, VI: 2863, XIV: 1366, 1404, 1502, 1515, XVII: 2575, XVIII: 2912, XXVI: 498, XXXIII: 960, 993

Dutch Timor, XV: 1583, XXVIII: 1592, XXIX: 2301

Dyer, Capt. Thomas H., V: 2355, VIII: 3703, XVIII: 3295 XXXVI: 246, 247, 251, 262, 573, XXXIX: 403

E

EAGLE (Br), XV: 1580
EAGLE 57, XII: 310
Earhart, Amelia, XXVII: 552
Earle, Capt. John B., VI: 2581, VII: 3361, XI: 5293, XVI: 2272, XXII: 417, 457, 464, 504, XXIII: 1037–1039, 1041, 1047, 1051–1054, 1204, 1243, 1270, XXIV: 1546–1551, 1726, XXVI: 1, 3, 16, 118, 205, 403–412, XXVIII: 1390, 1583, XXIX: 1659, XXXII: 288, 425, XXXIII: 706, XXXVI: 1, 115, 148, 267–274, 277, 381, 391, 392, 430, 438, 449, 463 465 470, 548, 556, 559, 573, XXXVII: 1267, 1285, XXXIX: 403, XXXX: 13
Earle, W. O. Frederick, XXIX: 1866, 1867
Early, Stephen, XI: 5439, XX: 4301, 4308, 4340, 4466, 4467, XXIX: 2058, XXXI: 3159
Eastman, Ens., XXIII: 1039
EBERLE, XI: 5502
Ebey, Capt. Frank W., XXII: 262–265, 269, XXIII: 1256
Economic Sanctions Against Japan, II: 710, 712–714, 720, 743, 803, 804, 825, III: 1470, IV: 1944, 2012, 2013, V: 2299, 2379, 2469, 2470, VI: 2513, 2796, VII: 2932, 3008, XXVI: 445, XXXIX: 27, 31, 33, 38, 39, 60, 257, XXXX: 93
    Asset Freeze, I: 249, II: 402, 422, 433, 436, 618, 706, 742, 774, III: 1091, 1237, 1388, 1570, IV: 1707, 1772, 1923, V: 2115, 2206, 2330, VI: 2800, VII: 2975, 3373, XI: 5346, 5370, 5412, 5414, XII: 5, 7, 14, 20, 26, 149, 155, 176, XIV: 1100, 1113, 1120, 1127, 1130, 1136, 1159, 1160, 1190, XV: 1750, XVI: 2301, 2387, XIX: 3464, 3501, 3660, 3663, XX: 3998, 4024, 4032, 4035–4038, 4042, 4045, 4415, 4444, 4445, 4473, XXI: 4574, 4578, 4579, 4672, XXII: 32, XXIV: 1355, 2164, XXVI: 160, 182, 267, 296, 421, 447, XXVII: 138, 139, 230, 244, XXIX: 2152, XXXI: 3240, XXXII: 43, 154, 163, 190, 191, 229, 604, XXXIII: 745, 748, 1369, 1381, 1384, XXXIV: 105, 110, 121, 131, 142, 209, XXXV: 187, 277, 282, 283, 328, 406, 407, 412, 417–422, 424, 432, 439, 440, 446, 447, 537, 629, 651, 664, 667, XXXVI: 404, 408, 409, 423, 429, XXXVII: 683, 695, 698, 920, 933, 1018, 1019, 1091, 1099, 1104, 1108, 1115–1117, 1119, 1120, XXXIX: 39, 41, 313, 342, 436, 440, XXXX: 18, 19, 27, 31, 33, 35–37, 40, 93, 216, 293, 297, 300, 308, 311, 312, 316, 348, 349, 356–358, 361, 362, 369–371, 376–378, 383, 459–461, 464

Blockade, I: 307, 308, 316

Embargo, I: 307, 316, II: 584, 585, 707, III: 1237, 1355, 1520, IV: 1772, 1923, 1945, 2005, 2052, V: 2114, 2116, 2380–2384, 2410, VI: 2868, VII: 3111, X: 4757, XII: 145, 235, 241, XIV: 1006, 1088, 1128, 1129, 1162, 1327, 1345, 1347, 1382, XIV: 1400, XVI: 2173, 2176, XIX: 3464, 3684, XX: 4000, 4269, 4393,

4533, XXI: 4574, 4577, 4578, XXIV:
1355, XXVI: 448, XXVII: 139, XXIX:
2144, 2152, XXXI: 3210, 3218, XXXII:
163, 643, 1352, XXXIV: 142, XXXV:
283, XXXVI: 14, 409, 478, 481, 532,
XXXIX: 31, 41, 93, XXXX: 377
  Moral Embargo, XXI: 4574, XXVI: 445,
446, XXXIX: 27, 35, XXXX: 7
Ecuador, IV: 1699, 1725, 1781, 1801
Eddy, Cdr., XXXVI: 165, 166
Eden, Anthony, II: 487, 537, 675, III: 1237,
IV: 1698, IX: 4273, XI: 5215, 5216, 5472,
XII: 50, XIV: 1300, XV: 1725, 1772, 1773,
XIX: 3450, 3483, 3651, 3698, 3699, 3702,
3716, XX: 4079, 4401, XXXX: 375, 393, 401,
422, 425
Edgers, Mrs. Dorthy, IV: 1879, 1880, VIII:
3446, 3799, IX: 4167, 4168, 4170, 4171, 4363,
XVI: 2272, 2313, XXXVI: 1, 303, 304, 317,
318, 345, 574, XXXIX: 404, 455
Edmunds, Cdr., XXIV: 1398, 1399
EDWARD, XXIV: 1732
Edwards, Adm. R. S., VIII: 3882-3884
Egypt, IV: 1861, 2070, XX: 4276, XXI: 4735,
4753
Eichelberger, Gen. Leslie Ernst, IV: 1893,
XXIII: 771, 787-793, 1265
Eighteenth Bomber Wing, XXII: 121, XXVII:
633, XXX: 2598
Eighty-Sixth Observation Squadron, XXIV:
1937-1960, XXX: 2489, 2545
Eighty-Eighth Reconnaissance Squadron, I: 38
ELENE S. ENBILICOS (Grk), XXXV: 425,
XXXVII: 1122
ELEU (tug), XXIV: 1457
Eliot, Maj. George Fielding, XVI: 2001
Elizalde, J. M., XX: 4311, 4312, 4315, 4344-
4347, 4450-4452
Ellice Islands, XVIII: 2942, XXXVII: 791, 795
ELLET, I: 52, 132, V: 2210, XII: 345, XVI:
2033, 2043, 2083, 2097, XVII: 2519, 2521,
XXI: 4558, 4562, 4563, XXIV: 1651, 1681,
1737, XXVI: 555, XXXVII: 1222, 1241,
1246, 1248, 1251, 1258, 1263, 1274
ELLIOT, XII: 345, XIV: 941, XVI: 2027,
2252, XVII: 2527, 2530, XXI: 4558, 4560,
4564, XXIV: 1432, 1434, 1571, 1652, 1654,
1657, 1659, 1671, 1672, 1679, 1699, 1700,
1708, 1748, XXVI: 557

Elliott, Pvt. George E., I: 39, 74, 94-97,
107, 108, 153, 168, 169, 171, VII: 3125, X:
4999, 5027-5079, XXI: 4617, 4618, 4623,
4635, 4670, XXVII: 1, 517-527, 531, 533,
XXXII: 2, 478, 481, 484, XXXVI: 561, 571,
XXXIX: 50, 96, 97, 120, 311, XXXX: 140,
140n, 141, 262
ELLYSON, XX: 4474
ELVIDA, XXIV: 1664
Emanuel, Ch. Ships Clerk, T., XXXV: 2,
84, 118, 119
Embick, Maj. Gen. S. D., II: 803, XV:
1487, 1496, 1544, 1586, XXI: 4777
EMDEN (Ger), XV: 1787, 1809, 1830,
XXXIII: 1325, XXXVI: 656
EMERALD (Br), XV: 1580, XX: 4130
EMMONS, XX: 4474
Emmons, Maj. Gen. D. C., III: 1044,
1047, 1067, 1068, 1122, 1496, 1528, 1529,
VII: 3040, 3219, 3222, 3260, 3309, 3310,
3314, X: 5066, XV: 1483, 1628, XVIII:
3277-3282, 3297, 3298, XIX: 3616, XXI:
4581, 4770, XXII: 88, 90, 246, 541-544, 547,
XXIII: 1007, 1270, XXIV: 2022, XXVII: 245,
284, 483, 646, 675, 676, 679-683, XXVIII:
987, 995, 1031, 1065, 1068, 1291, 1292,
1531, 1534, 1545, XXIX: 1637, 1679, 1682-
1684, 1742, 1774, 1799, 1800, 1987, 2007,
2008, 2015, 2277, XXX: 2509, 2660, 2736,
2896, 2922, 3069, XXXI: 3191, XXXII: 364,
XXXIII: 1334, XXXV: 28, 149, 392, 443,
XXXVII: 931, 1022, XXXIX: 45, 153, 207,
208, 281, XXXX: 244
ENERGY, XX: 4441
Eniwetok, IV: 1962, XVII: 2579, 2584, 2590,
2595, 2596, 2685, XXI: 4763, XXII: 531,
XXIII: 665, 1063, XXVI: 506, 507, 510, 513,
518, XXXIII: 1001, 1002, 1005, 1008, 1013,
XXXV: 52, 76, XXXVI: 118, XXXVII: 719,
768, 802, 852, 853, 864
English, Capt. R. H., XXIV: 1609
ENTERPRISE, I: 30, 37, 60, 62, 65, 77, 78,
80, 131, 132, 133, 181, 263, 287, III: 1145,
1180, 1511, IV: 1642, 1643, 1888, 1892,
1902-1904, 1906, V: 2095, 2096, 2153, 2154,
2157, 2161, 2162, 2164, 2197, 2210, 2247,
2249, 2386, VI: 2529, 2531, 2532, 2542, 2702,
2897, 2906, VII: 3242, 3315, 3359, VIII:
3500, 3702, 3833, XI: 5476, 5477, 5502, 5503,
XII: 257, 258, 262, 345, XIII: 545, 646, XIV:

941, 952–955, 957–958, XVI: 2023–2064, 2074–2106, 2122, 2134, 2232, 2253, 2256, 2307, XVII: 2477, 2487, 2504, 2517, 2519, 2521, 2551, 2552, 2556, 2557, 2561, 2562, 2566, 2567, XX: 4123, XXI: 4558, 4561, 4563, 4619, 4634, 4636, 4661, XXII: 372, 425, 509, 548, 549, 593, XXIII: 607, 611, 612, 614, 616, 619, 621, 623, 628, 694, 713, 768, 913, 933, 1065, 1166, 1213, XXIV: 1368, 1369, 1372, 1373, 1412, 1415, 1416, 1423, 1431, 1432, 1435, 1437, 1487, 1596, 1600, 1601, 1604, 1619, 1651, 1652, 1671, 1672, 1681, XXVI: 34, 52, 60, 61, 72, 105, 109, 189, 322, 344, 376, 548, 550, 554, XXVII: 238, 286, 287, XXVIII: 846, 849, 927, 937, 972, 1383, XXXI: 3239, XXXII: 232, 239, 266, 267, 269, 290, 409, 662, 668, XXXIII: 704, 752, 1249, 1254, 1284, 1385, XXXIV: 119, XXXV: 498, 650, XXXVI: 208, 435, 450, 457, 500, 519, 536, 537, 545, 551, 619, XXXVII: 668, 699, 925, 926, 955, 956, 978, 980, 1207, 1216, 1252, 1261, 1292, XXXIX: 99, 119, 121, 298, 447, 504, XXXX: 64n, 71, 75n, 105, 517

    Air Operations Dec. 7, 1941, I: 56, 58, 63, 134, 135, 146, 147, IV: 1996, V: 2339, 2449, XII: 357, 358, XVI: 2069–2073, 2118–2121, 2348, XXII: 390, 510, XXIII: 712, 717, 732, 900, 932, 934, 938, 1184, XXIV: 1393, 1394, 1571, 1582, 1597, 1607, 1608, 1650, 1751, XXVI: 330, 381, XXXVI: 547, XXXVII: 1219, 1220, 1222, 1235, 1254, 1258, 1259, 1262, 1264, 1265, XXXX: 64, 68

ENTERPRISE Log, XVI: 2054–2057
ENTERPRISE (Br), XV: 1580, XX: 4230
ERICKSSON, XI: 5503
ERIMO (Ja), XIII: 545
ERITREA (It), XXXVII: 799
ERLANGEN (Ger), XX: 4545
Erskine, Pvt., XXIV: 1658
Escort, (See Convoy)
Espionage, I: 191, II: 518, 849–851, 854, 891, 892, III: 1578, IV: 1670, 1749, 1840, 1852, V: 2438, VI: 2775, VII: 3337, VIII: 3382, 3834, X: 5094, XI: 5523, XIII: 424, 425, XIV: 1390–1392, XV: 1841, 1861, XVI: 2307, 2388, 2403, XVII: 2874, XXI: 4591, 4614, 4692, XXII: 39, 179, 397, XXIII: 777, 867, 871, 922, 950, 972, 973, 1188, XXIV: 1647,

1648, 1756, 1824, XXV: 55, XXVII: 738, XXVIII: 996, 997, 1032, 1045, 1311, 1413, 1543, 1562, XIX: 1643, 1672, 1728, 2013, 2127, 2129, 2131, 2353, XXX: 2512, 2861, XXXI: 3176, 3177, 3193, 3222, XXXIV: 191, XXXVI: 134, 329, 660, XXXIX: 359, 374, 396, XXXX: 261

    Counter-Espionage, I: 376, III: 1578, 1855, VII: 3299, VIII: 3834, IX: 4367, 4370, X: 4978, 5090, XVI: 2279, XVIII: 4383, XXII: 79, 397, XXIII: 920, 1015, XXIV: 1756, XXVI: 349, 350, 352, 354, 357, 485, XXVII: 66, XXX: 2498, 2512, XXXIV: 156, XXXVI: 329, 338, 371, 470, XXXIX: 2, 21, 412

    Hawaiian Island Espionage, I: 175–177, 182, 190, 211, 215–217, 235, II: 518, 596, 796, 849, 850, 852, 853, 886, 888, 891, 892, 894, III: 1578, IV: 1749, 1757, 1840, 1852, 1909, V: 2144, VI: 2597, 2610, 2629, VII: 2923, 2936, 2957, 2986, 3213, 3214, 3218, 3239, 3282, 3286, 3290, 3293, 3294, 3337, X: 4968, 5024, 5026, 5091, 5096, XI: 5355, XIII: 628–644, 646, 647, XVI: 2264, 2290–2294, 2307, 2311, 2354, 2388, XVIII: 3281, XXI: 4604, 4621, 4647, 4648, XXII: 79, 191, 196, 327, 396, 545, XXIII: 640, 789, 804, 814, 856, 1133, XXIV: 1309, 1647, XXVI: 350, 352–359, 362, XXVII: 156, 162, XXVIII: 1032, 1035, 1554, XXIX: 1689, 1716, 2133, 2136, 2176, XXXI: 3178, 3179, 3181, XXXII: 188, 529, XXXV: 113, 122, 123, 155, 157, 251, 260, 261, 264–266, 320–392, 402–440, 482–496, 499–576, 693, XXXVI: 8, 38, 51, 52, 164, 463, 464, 466, 467, 580, XXXVII: 911, 912, XXXIX: 12, 13, 92, 102, 139, 140, 237, 385, 402, 426–431, 447, 452, 511, XXXX: 55, 103, 145–150, 162, 162n, 163n, 181, 183, 188, 188n, 266-E

    Japanese Consulate Ship Reports, II: 796, 886, 888, 894, XII: 254-316

ESSEX, XXXVI: 611, 615, 626–628
Estimates by,
    Richardson/Kimmel, 25 Jan. 41, XXXVI: 369, 370
    Marshall, 7 Feb. 41, XV: 1601
    Martin/Bellinger, 31 Mar. 41, I: 379-381

EXTRA-TERRITORIALITY 55

Martin, Aug. 41, XXIX: 2147, 2148
Kimmel, Oct., Nov. 41, XXXVI: 421, 422, 437, 438
Kitts, Oct. 41, XXXVI: 448
Stark, Oct., Nov. 41, IV: 2006, V: 2110
Marshall/Stark, 5 Nov. 41, XVI: 1061, 1062
Layton, Nov. 41, XXXVI: 148
Grew, 17 Nov. 41, II: 630-632, XXXVI: 425
Pye, 29 Nov. 41, XXXVI: 438-441
McMorris, 22 Nov. 41, XXXVI: 180, 443-445
Block, 27 Nov. 41, XXXVI: 438
Calhoun, 27 Nov. 41, XXXVI: 447
Delany, 27 Nov. 41, XXXVI: 446
Phillips, 27 Nov. 41, XXXVI: 448
Smith, 27 Nov. 41, XXXVI: 441, 442
Short, 27 Nov. 41, XXXVI: 448, 449
Bellinger, 28 Nov. 41, 447, 448
Withers, 28 Nov. 41, XXXVI: 448
Wilkinson, 1 Dec. 41, XXXVI: 231
Naval Intelligence, 1 Dec. 41, VII: 3291
Army, 6 Dec. 41, XXXVI: 527
Navy, 6 Dec. 41, XXXVI: 525-527
State Dept., 6 Dec. 41, XXXVI: 527
Wash. D.C., 41, IV: 2032, 2055, V: 2110, XXXX: 234- 236, 431, 432
ETOLIN, IV: 1680
Etorofu Island, (See Tankan Bay)
EUGENIO DI SAVOIA (It), XV: 1813
Evans, Col. J. K., IX: 4358, 4361, 4380, 4437, XXXIV: 3, 23, 185, XXXV: 2, 41, 44, 86
EVERTEEN (Du), XX: 4131
Ewa Field, I: 32, 37, 44, 57–60, 134, V: 2241, VI: 2578, VII: 2958, 3004, 3006, 3096, 3295, 3358, IX: 4393, XII: 269, XVI: 2118, 2293, 2313, 2335, 2348, 2357, XVII: 2492, 2723, XVIII: 3054, 3236, 3369, 3371, XIX: 3594, XX: 4520, XXII: 107, 195, 250, 254, 386, 430, 510, 555, 556, 571, 583, XXIII: 612, 620, 709, 713, 714, 932, 1005, 1026, 1180, 1218, XXIV: 1309, 1368, 1389, 1445, 1537, 1564, 1604, 1605, 1650, 1651, 1654, 1658, 1666, 1668, 1669, 1671–1673, 1677, 1678, 1680, 1682, 1683, 1686, 1696, 1698, 1710, 1711, 1735, 1772, 1773, 1868, 1984, XXVI: 34, XXVII: 161, 196, 285, 429, XXVIII: 846–848, 977, 997, 1546, XXX: 2557, 2807, 2808, 2850, XXXI: 3192, XXXII: 271, 306, 440, XXXIII: 1180, 1262, 1336, XXXV: 210, 390, 453, 481, XXXVI: 39, 536, 583, XXXVII: 669, 930, 998, 999, 1207, 1216, 1217, 1262, 1263, 1269, XXXIX: 15, 430, 455, 485, 503, 516, XXXX: 59, 64, 68, 166, 229, 490
EXETER (Br), IV: 1934, XIX: 3553, XX: 4130
Exhibits,
  Army Pearl Harbor Board Proceedings, XXX: 2458-3086, XXXI: 3087-3357
  Clarke Investigation Proceedings, XXXIV: 103-225
  Clausen Investigation Proceedings, XXXV: 1-695
  Hart Inquiry Proceedings, XXVI: 473-565
  Hewitt Inquiry Proceedings, XXXVI: 359-660, XXXVII: 661-1332, XXXVIII: 1333-1341
  Joint Committee Hearings, XII: 1-390, XIII: 391-922, XIV: 923-1422, XV: 1423-1936, XVI: 1937-2456, XVII: 2457-2874, XVIII: 2875-3440, XIX: 3441-3984, XX: 3985-4550, XXI: 4551-4780
  Navy Court of Inquiry, XXXIII: 923-1397
  Roberts Commission, XXIV: 471-565
EXOCHORDA, XIV: 976, 981
EXPLORER, XVI: 2126, XXXVII: 1276
Extra-territoriality, XIV: 1135, 1158, XVI: 2300, XIX: 3574, XXXIV: 110, 123, 131, XXXVII: 683, 699, XXXIX: 324, 440, XXXX: 216, 383

F

Fabian, Cdr. Rudoph J., VIII: 3874, XVI: 2272, 2294, 2320, 2321, XXXVI: 1, 31, 45–50, 466, 467, 479, 506, 574, XXXIX: 404, 432, 465, XXXX: 483
FAIRFAX, XXIII: 964
FALMOUTH (Br), XV: 1581
FANNING, I: 132, V: 2210, XII: 345, XVI: 2033, 2039, 2043, 2053, 2061, 2065, 2079, 2081, 2085, 2089, 2095, 2097, 2103, 2105, XVII: 2519, 2521, XXI: 4558, 4562, 4563, XXIV: 1571, 1671, 1672, 1681, XXVI: 555, XXXV: 498, XXXVII: 926, 1222
Far East Air Force, XVIII: 3095
Far Eastern Documents (Exhibit to Army Pearl Harbor Board), XXXI: 3224–3235
FARRAGUT, IV: 1676, V: 2210, XII: 349, XVI: 2131, XVII: 2511, 2514, XXI: 4557, 4563, XXIV: 1387, 1653, 1737, XXVI: 553, XXXV: 498, 499, XXXVII: 926, 937, 1274
Farthing, Brig. Gen. W.E., XVIII: 3430, XXII: 290, XXIV: 1769, XXVII: 1, 432–440, XXVIII: 833, 979, 980, 1023, 1104–1106, 1237, XXIX: 1899, 2878, 2881, 2891, 2892, 2898, 2899, XXX: 2881, XXXII: 445, XXXV: 152, XXXIX: 133n, 232
Faulkner, Lt., XVIII: 2965, 3011, XXIV: 1781, 1826, XXX: 2469, 2515
Federal Bureau of Investigation, I: 158, 190, 204, 216, II: 835, 836, 851, 885, 934, 948, III: 1010, 1147, 1157, 1208–1210, 1433, 1510, 1566, 1571, 1574, IV: 1726, 1740, VI: 2694, VII: 3283, IX: 4305, 4308, 4335, 4428, 4496, X: 4880, 4881, XI: 5439, 5541, 5542, XIV: 1391, XV: 1864, XVI: 2872, XVIII: 3008, 3256, 3257, 3281, 3324, XV: 4097, XXI: 4637, 4655, XXII: 40, 48, 191, XXIII: 872, 914, 919–923, 973, 974, 1080, 1178, XXIV: 1361, 1647, 1648, 1756, 1757, 1824, XXVI: 350, XXVII: 66, 294, 309, 334, 350, 373, 606, 610, 743, 745, 747, XXVIII: 809, 813, 822, 1205, 1207, 1218, 1224, 1239, 1242, 1268, 1270, 1311, 1564, XXIX: 1664, 1680, 1686, 1869, 1871, 1940, 1946, 2028, 2030, 2031, 2037, 2053, 2057, 2091, 2133, 2135, 2214, 2216, 2217, 2234, XXX: 2512, 2788, 2860, 2885, 2962, 3064, 3072, XXXI: 3176–3181, 3185, 3186, 3193–3195, XXXII: 127, XXXIII: 836, XXXXIV: 44, 51, 69, 70, 156, XXXV: 14, 100, 217, 218, 228, 285, 552, 575, XXXVI: 29, 32, 336, 464, XXXVII: 873, XXXIX: 25, 94–96, 152, 182, 371, 451, XXXX: 261

Federal Bureau of Investigation—Hawaii, I: 57, 183, 215, 216, II: 846, 896, III: 1453, 1455, 1492, 1494, IV: 1757, 1774, 1808, 1809, 1813, 1847, 1895, 1909, VI: 2599, 2680, 2692, 2793, VII: 2937, 2953, 3063, 3117, 3214, 3221, 3282, 3293, 3294, 3310, VIII: 3834, IX: 4346–4348, 4367–4369, 4400, 4401, 4403, 4410, 4430, 4431, 4465, 4466, 4541, 4559, X: 4683, 4685, 4865, 4870, 5090, 5091, 5099–5101, 5110, 5111, 5114, 5116, XIII: 631, 632, 639, XVI: 2270, 2271, 2310, 2334, 2356, 2871, 2874, XVIII: 2963, 3254, 3356, 3363,

3404, XXI: 63, 79, 87, 89, 99, 175-177, 180, 189, 192, 216, 396, 545, XXIII: 640, 642, 643, 647, 777, 811, 884, 889, 890, 892, 930, XXIII: 947-951, 977, 1019, 1188, XXIV: 1654, 1778, 2129, 2143, XXVI: 21, 24, 218, 279, 304-306, 334, 337, 338, 350-353, 357, 358, 360, 365, XXVII: 114, 139, 173, 209, 215, 253, 385, 736, 739-742, 748, 749, XXVIII: 1032, 1101, 1102, 1106, 1118, 1414, 1415, 1533, 1535, 1538, 1539, 1543, 1544, 1547, 1553, 1554, 1561, XXIX: 1644, 1665-1668, 1670, 1674, 1681, 1688, 1689, 1717, 1727, 1940, 2255, 2448, XXX: 2467, 2473, 2513, 3064, 3072, 3083, XXXI: 3159, 3183, 3185, 3188-3191, XXXII: 178, 179, 197, 301, 304, 358, 359, XXXIII: 836, XXXIV: 8, 9, 182, 184, XXXV: 30-32, 48, 100, 111-113, 118, 122, 128, 154, 191, 208, 241, 242, 257, 268, 273, 295, 322, 326, 327, 333, 336, 348, 354, 369, 370, 381, 427, 428, 484, 492, 500, 520, 535, 566-570, 574, 578-592, 618, 619, 643, XXXVI: 28, 39, 40, 54, 163, 222-224, 231, 333, 336, 466, 468, 470, 471, 476, 477, 582, XXXVII: 913, 920, 923, 924, 926, 927, 934, 1088, 1089, 1124, XXXIX: 12, 13, 32, 33, 44, 45, 92, 93, 100-102, 124, 234, 237, 238, 287, 289, 385, 386, 402, 451, 484, 515, XXXX: 122

Federal Bureau of Investigation–Racial Studies of Hawaii, XXV: Item 22

Federal Bureau of Investigation–Studies of Japanese Activity in Hawaii, XXV: Items 23-31

Federal Bureau of Investigation–Studies of Communist Activities in Hawaii, XXV: Item 32

Federal Communications Commission, I: 128, II: 814, 815, 851, 981, III: 984, 985, 1102, 1445, 1446, 1450, 1463, 1492, 1506, IV: 1760, 1968, 1969, V: 2182, VII: 3323, 3324, VIII: 3387, 3416, 3583, 3585, 3612, 3613, 3616, 3619, 3642, 3643-3645, 3654, 3680, 3706, 3707, 3765, 3766, 3780, 3847, 3849, 3864, 3920, IX: 3948, 3969, 4147, 4220, 4346, 4520, 4522, 4523, 4537, 4538, X: 4628, 4629, 4634, 4725, 4728, 4741, 4749, 4789, 4915, 4918, 4919, 4923, 5090, 5339-5344, XIII: 632, 634, XVI: 2316, 2317, 2319, 2321, 2374, XVIII: 3347, XXI: 4615, XXII: 119, XXIII: 675-677, 869, 1002, XXIV: 1362, 1660, 1689, 1698, XXVI: 219, 229, 338, XXVIII: 863, XXIX: 1673, 2324, 2336-2338, 2355-2358, 2379, 2391, 2428, 2429, 2439, 2443, XXXI: 3161, 3190, XXXII: 359, XXXIII: 767, 772, 839, 840, 841-843, 846, 894, 1388, XXXIV: 1, 4, 5, 17, 35, 56, 67, 68, 124-126, XXXV: 30, 145, 163, 164, 552, 553, 566-568, 574, 575, XXXVI: 24, 29, 32, 33, 68, 69, 74, 75, 81, 87-89, 243, 305, 307, 318, 340, 466, 470, 471, 477, 478, 502-505, 507, XXXIX: 32n, 94, 223, 224, 229, 247-249, 275, 341, 351, 405, 458, 460, 462, 464, 465, XXXX: 150, 471, 480

Ferguson, Senator Homer, XXVII: 2, XXIX: 2219, 2221, 2239-2250, 2252, XXXVI: 73, XXXX: 493, 496, 500, 501

Fernald, Cdr., VIII: 3834, 3835, 3837, XI: 5252, 5254

Ferry Command, XIX: 3649, XXXIX: 108, 109

Fielder, Col. Kendall J., I: 129, II: 846, 882-884, III: 1343, 1344, 1449, 1453, 1455, 1457, 1460, 1465, 1468, 1480-1483, 1485, 1491-1485, 1491-1495, 1568, VII: 2997, 3053, 3061-3063, 3101-3103, 3117, 3124, 3173, 3200, 3275-3277, 3290, VIII: 3732, 3733, 3787, 3794, IX: 4306, 4397, 4328, 4346-4348, 4351, 4354-4357, 4360, 4372, 4382, 4399, 4407, 4409, 4430, 4431, 3331, 4444, 4464, 4467, 4540, 4541, 4558, 4559, 4594, 4596, X: 4675, 4678, 4683, 4698, 4699, 4701-4704, 4864-4866, 4936, 4951, 4968, 4997, 5001, 5089, 5091, 5097, 5099-5102, 5105, 5112, 5114, 5117, XVI: 2016, XVIII: 3020, 3171, 3223, 3242, 3245, 3247, 3349, XIX: 3625-3628, XXI: 4572, 4615, 4616, XXII: 25, 88, 89, 94, 99, 174-182, 188-190, 242, XXIII: 891, 969, 1005-1012, 1020, 1022, 1253, 1254, 1269, XXIV: 1834, 1835, XXVII: 2, 73, 147, 216, 217, 248-251, 278, 279, 734-739, 744, 747, 757, XXVIII: 864, 1021, 1533, 1612, XXIX: 1665, 1675, 2341-2343, 2432, 2444, 2445, 2448, 2456, XXX: 2523, XXXI: 3179, XXXIV: 3, 17, 21, 31, 39, 50, 51, 72-74, 134, 137, 139, 161, 162, 170, XXXV: 2, 7, 20-27, 29, 31, 43, 46, 51, 87-89, 109, 116, 118-120, 127, 128, 130, 133, 134, 136, 138, 144-147, 154, 156, 158, 160, 161, 165, 169, 188-191, 260, 297-316, 345, XXXVI: 32, 43, 466, XXXVII: 1147, XXXIX: 33, 93, 94, 133n, 237, 238, 240, 244, 250, 255, 274-276,

278-280, 285, 287, 292, XXXX: 132, 132n, 137, 554
Fifteenth Naval District, VI: 2776, VII: 3065, XII: 272, XVIII: 2891, XXIV: 1355-1357, XXXX: 115n
Fifth Airforce (Far Eastern Airforce)—History, XI: 5317-5339
Figi, I: 31, 186, IV: 1942, V: 2166, 2170, XI: 5354, 5357, XIII: 436, 564, 716, XV: 1519, 1574, 1575, XVI: 2148, 2151, 2256, XVII: 2483, XIX: 3605, 3606, XX: 4060, 4064, 4351, XXVII: 91, 137, 179, 180, 680, XXVIII: 931, XXIX: 1751, 1779, XXX: 2749, 2750, 2753, 2784, XXXIII: 707, 1197, 1204, 1286, 1290, XXXIV: 189, XXXV: 215, 315, XXXVI: 519, 594, XXXX: 63
Filipino, VI: 2782, 2783, 2873, IX: 4355, XXXIII: 1355
FINBACK, XXI: 4561
Finley, Capt. (U.S.C.G.), XXIII: 1039, XXVI: 26, XXXVII: 1285
Finnegan, Capt. Joseph, XVI: 2272, 2312, 2313, XXXVI: 1, 251-253, 323, 574, XXXIX: 403, 453-455
First Overt Act, II: 828, 830, 970, III: 1032, 1172, 1269, 1288, 1289, 1304, 1310, 1467, 1503, IV: 1664, 1977-1980, 2046, 2049, 2050, V: 2130, 2151, 2152, 2429, VI: 2526, 2724, 2725, VII: 2935, 2945, 2979, 3014, 3167, 3168, 3290, XI: 5226, 5227, 5229, 5392, 5424, 5444, XIV: 1328, XVIII: 2955, 2983, 3173, 3174, 3232, XXI: 4598, 4604, XXII: 34, 170, 314, XXIII: 990, 1112, XXIV: 1356, 1771, 2018, 2165, XXVII: 25, 155, 412, 577, 596, 597, 702, 726, 785, XXVIII: 959, 1012, 1033, 1042, 1055, 1365, 1396, 1407, 1605, 1609, XXIX: 1662, 1715, 2089, 2136, 2167, 2171, 2172, 2181, XXX: 2459, 2486, XXXI: 3168, XXXII: 186, 187, 564, XXXIV: 182, XXXV: 33, 157, 168, 207, XXXIX: 7, 79, 89, 135, 138, 236, XXXX: 99, 102, 119, 120, 123, 125n, 210n, 266-J, 266-K, 535, 536
Fitch, Adm. A.W., XIV: 949, XVI: 2165, XXVI: 1, 3, 309-311, 315, XXXVI: 462, 573
FitzGerald, Lt. Col. Eugene J., XXIV: 1448, 1732, XXXV: 109, 183
Flannery, Harry W., XXVII: 2, 605, XXVIII: 1244, 1245, 1309-1312, XXXIX: 152
F. L. DRAYFUS (Fr), XXXV: 315, 588, 629

Fleege, Ens. R. V., XXIV: 1578
Fleet Dispositions, V: 2247-2249
Fleet Exercises, I: 282, 283, 303, 304, 319, 327, 328, 329, 336, 337, III: 1349, IV: 1882, VII: 3333
FRUPAC (Fleet Radio Unit Pacific), (See Radio Intelligence)
Fleet Name Confusion—U.S. Fleet or Pacific Fleet, I: 302
Fleming, Maj. Robert J. Jr., VII: 2950, 3042-3044, 3097, 3101, 3108, X: 4960, 4979, 4984, 4988, 5006, XVIII: 2963, XXII: 42, 458, XXIII: 1244, XXIV: 1779, XXVII: 165, 178, 179, 187, 210, 212, 266, 267, XXVII: 2, 653-697, 754, XXVIII: 895, 1069, 1074, XXIX: 1629, 1659, 1660, 1684, 1799, 1800, 1984, XXX: 2467, 2566, 2621, 3004, 3012, XXXI: 3133, XXXIX: 183, 188, 189, 200
Fletcher, Adm. Jack, XIV: 938, XXII: 450, XXIII: 625, 767, 1069, 1236, XXIV: 1431, 1436
Flood, Brig. Gen. W.J., XVIII: 3234, XXIV: 1765, 1769, XXVII: 2, 654, XXVIII: 1485-1494
FLORENCE D, XVI: 2452
FLUSSER, I: 132, V: 2210, XII: 345, XXI: 4559, 4562, 4564, XXIV: 1432, 1491, 1669, 1678, 1681, 1682, 1686, XXVI: 557
Fly, Mr. (FCC), XVIII: 3321, XXI: 4572n, XXIX: 2355-2357, 2431, XXXIX: 32, XXXX: 150
FLYING FISH, XXI: 4561
Foote, Walter, III: 1481, VIII: 3589, 3597, 3598, 3620, 3621, 3623, 3876, IX: 3952, 3967, XI: 5257, XVIII: 3304, 3343, 3344, 3350, XIX: 3716, XX: 4091, 4092, XXXIV: 175, XXXV: 134, XXXVI: 318, XXXVII: 706, XXXIX: 224, 286, 456, 457, 470, 476, 477, 484
Ford, Lt. J. C., XXIV: 1575, 1577
Ford, Capt., VII: 2991, X: 4960, 5053
Ford Island, I: 33, 34, 43, 45-48, 56, 58, 60, 100, 151, 223, (F.P)239, 240, 241 386, II: 890, III: 1037, 1179, 1180, 1510, V: 2106, 2107, 2339, 2409, VI: 2541, 2599, 2652, 2666, 2893, 2894, VII: 3075, 3227, 3295, 3370, IX: 4393, X: 4848-4850, XII: 261, 262, 269, XIII: 405, 406, 408, 421, 422, 490, 645, XV: 1455, 1597, 1599, 1607, XVI: 2118-2121, 2293, 2313, 2335, 2345-2348, 2357, XVII: 2708,

2723, 2726, XVIII: 3236, 3248, XIX: 3589,
3591, 3592, 3631, XXI: 4573, XXII: 320,
343, 392, 430, 475, 545, 553–557, 588, 590,
592, 595, 596, XXIII: 607, 610, 612, 634,
637–639, 667, 668, 695, 712–714, 719, 730–
736, 747, 749, 900, 938, 1118, 1126, 1218,
XXIV: 1295, 1309, 1371, 1372, 1382, 1390,
1453, 1504, 1564, 1572–1580, 1582–1587,
1591, 1593–1595, 1597, 1598, 1627, 1649,
1651, 1653, 1656, 1663, 1669, 1677, 1682,
1695, 1697, 1705, 1707, 1709, 1710, 1722,
1724, 1736, 1748, 1750, 1972, XXVI: 37, 44,
71, 97, 98, 119, 121, 123, 329, 330, 433, 477,
543, XXVII: 19, 424, 428, 639, 773, XXVIII:
977, 1363, 1546, 1581, 1586, XXXI: 3192,
3235, XXXII: 213, 238, 271, 291, 300, 440,
443, 444, 453, 457, 458, 597, 674, XXXIII:
752n, 866, 1259, 1261, 1385, XXXIV: 119n,
XXXV: 355, 356, 383, 390, 453, 481, 514,
521, 646, 650, XXXVI: 21, 39, 40, 167, 538,
554, 560, 564, 583, 597, XXXVII: 663, 668,
930, 962, 964, 966, 967, 971, 998, 999, 1145,
1210, 1223–1237, 1239–1243, 1246, 1249,
1250, 1252, 1255, 1259, 1268, 1270, 1272,
1275, XXXIX: 15, 34n, 430, 455, 501, 503,
516, XXXX: 58–61, 64, 182, 229, 491, 516,
517n.
FORMIDABLE (Br), XX: 4474
Formosa (Taiwan), II: 824, III: 1095, 1249,
1281, 1480, IV: 1703, 1844, 1846, 1886, 1950,
2015, 2047, 2050, 2055, V: 2079–2081, 2110,
2122, 2429, VI: 2815, 2878–2880, VII: 3291,
IX: 4233, 4234, 4251, 4254, 4261, 4337, 4439,
X: 5214, 5362, 5422, 5434, XII: 226, XIV:
973, 1061, 1083, 1105, 1365, 1366, 1381,
1384, XV: 1479, 1576, 1735, 1768, 1772,
1805, 1838, 1840, 1841, 1854, 1886, 1890,
1908, XVI: 1989, 2014, 2152, 2276, 2298,
2324–2326, 2449, XVII: 2485, 2577, 2603,
2606, 2613, 2614, 2627, 2635, 2639, 2646,
2654, 2656, 2669, XVIII: 2942, XIX: 3444,
3454, 3490, 3492, XX: 4116, 4118, 4476,
4515, XXI: 4607, XXII: 358, XXIII: 661,
1152, XXVI: 220, 230, 231, 500, XXVII:
1558, XXVIII: 926, XXIX: 2070, 2351, 2364,
2365, XXXI: 3211, 3214, 3217, 3221–3223
XXXII: 48, 382, 664, XXXIII: 818, 995,
1204, XXXIV: 150, 165, 166, 184, 186, 206–
209, XXXV: 63, 65, 72, 75, 111, 122, 125,
126, 133, 203, 204, 259, 279, 280, 283, 296,
305, 306, 313, 317, 578, 580, 588, 600, 609,
313, 317, 578, 580, 588, 600, 609, 611, 622,
627, 632, 633, 635, 642, 644, XXXVI: 15,
17, 18, 49, 101, 118, 120, 121, 125, 136, 140,
145, 147, 186, 231, 382, 406, 424, 480, 482,
485, 489, 514, 612, 616, 629, 648, 659, 660,
XXXVII: 706–708, 711, 715, 717, 718, 747,
757, 758, 786, 793, 793, 846, 1060, 1061,
1094, 1125, 1321, XXXIX: 9, 82, 408, 436,
469, 472, XXXX: 89, 175, 337, 341, 375, 379,
380, 391, 401
Forrestal, James, I: 6, 16, 87, 118, 125, II:
443, IV: 1682, 1687, V: 2093, 2094, VI:
2796, VIII: 3587, 3608, 3874, 3875, 3920,
IX: 3596–3961, 4049, 4070, 4071, 4078, 4079,
4304, 4428, X: 5012, 5017, 5023, 5026, XV:
1726, XVI: 2239, 2261, 2318, 2320, 2365,
2393–2430, XVIII: 3345, XIX: 3943, 3944,
XX: 4351, XXI: 4555, 4565, 4689–4701,
XXVI: 6, 130, XXIX: 2375, XXXII: 6–8,
103, 104, 120, 121, 129, 247, XXXIII: 1214,
XXXV: 3, 4, 7, 8, 13, 24, 26, 130, 137, 393,
411, 446, 505, XXXVI: 71, 83, 84, 358–361,
363, 364, 398, 411, 417, 503, 505, XXXVII:
663, 729, 932, 1018, 1108, 1314, XXXIX:
297, 323, 332, 334, 345, 354–356, 370, 371,
383, 386, 387, 390, 397, 401–403, 462, 463,
XXXX: 136n, 266–R, 266–S
Fort Armstrong, XIX: 3603, 3628, XXII:
219, 280, XXIII: 929, XXIV: 1617, 1983,
2014, 2132, 2063, 2082, 2169, XXVII: 720,
XXVIII: 998, XXXI: 3172, XXXV: 246
Fort Barrette, VII: 3004, 3005, XVIII: 2987,
2988, 2995, 3017, 3019, 3022, 3033, 3056,
3057, XXII: 299, XXIV: 1659, 1771–1773,
1803, 1832, 1842, 1848, 1869, 1870, 2029,
2032, 2054, 2056, 2059, 2062, 2074, 2075,
2078, 2082, 2099, 2110, 2118, 2169, XXVII:
500, 501, XXVIII: 1001, XXX: 2460, 2461,
2491, 2492, 2499, 2521, 2523, 2532, 2537,
2559, XXXI: 3172, XXXV: 245
FORT de FRANCE (Fr), XX: 4352
Fort DeRussy, I: 148, VII: 2985, XV: 1451,
XVII: 2551, 2556, 2562, 2566, XVIII:
3033, 3237, XIX: 3632, 3633, XXII: 57, 58,
166, 169, XXIII: 825, XXIV: 1546, 1636,
1656, 1659, 1660, 1663, 1664, 1671, 1675,
1680–1682, 1685, 1686, 1691, 1693, 1695,
1697, 1700, 1704, 1708, 1716, 1717, 1721,
1727, 1731, 1734, 1735, 1738, 1739, 1743,

1842, 1848, 2169, XXVI: 197, XXVII: 227,
XXVIII: 999, 1372, 1541, XXIX: 1723,
1726, XXX: 2531, 2537, 2539, XXXI:
3172, XXXII: 390, 391, 396, XXXIII: 1305,
XXXV: 244, 245
Fort Hunt, Va., V: 2083, IX: 4188, XVI:
2313, 2335, 2357, XXXIV: 197, XXXV: 35,
XXXVI: 312, 583, XXXVII: 1082, XXXIX:
455, 485, 516, XXXX: 230
Fort Kamehamoha, I: 58, 383, V: 2242, VII:
2952, 3003–3005, XII: 324, XV: 1441, XVIII:
2957, 2968, 2988, 2995, 3016, 3017, 3019,
3033, 3056, 3237, XIX: 3604, 3625, 3632,
3633, 3635, XXI: 4636, XXII: 58, 77, 78, 98,
183, 195, 262, 264–266, 270, 271, 305, 306,
308, 309, 311, XXIII: 930, 1256, 1636, 1651,
1654, 1656, 1659, 1660, 1675, 1689, 1701,
1702, 1704, 1710, 1715, 1743, 1744, 1748,
1773, 1784, 1804, 1831, 1842, 1848, 1869,
1870, 2032, 2063, 2082, 2094, 2099, 2111,
2118, 2169, XXVI: 173, 410, 420, 440, 500–
502, XXVIII: 1000, 1002–1004, 1295, 1359,
1541, 1549, XXIX: 1723, XXX: 2461, 2472,
2492, 2499, 2520, 2521, 2531, 2537, 2559,
2561, 2717–2720, 2889, 2981, XXXI: 3172,
XXXII: 196, 390, 396, XXXIII: 1181, 1305,
XXXV: 245, XXXVI: 538, XXXIX: 122
Fort McKinley, IX: 4377, 4378
Fort Meyer, IX: 4494, X: 4618, 4619, 4623, XI:
5175, XIV: 1411, XXIX: 2309, XXXV: 97,
XXXIX: 229
Fortnightly Summary 1 Dec. 1941, XXXIII:
1319-1328, XXXIV: 16, 53
Fort Ruger, I: 148, V: 2242, XV: 1664, XVII:
2551, 2556, 2562, 2566, XVIII: 2995, 2997,
3033, 3245, XXII: 58, 168, XXIII: 1267,
XXIV: 1659, 1812, 1848, 2032, 2055, 2056,
2063, 2074, 2076, 2082, 2083, 2099, 2100,
2118, 2120, 2169, XXVIII: 1057, XXIX:
1723, 1746, 1799, 2010, XXX: 2499, 2531,
2537, XXXI: 3172, XXXIII: 1181, XXXV:
245
Fort Shafter, I: 35, 36, 38, 39, 52, 58, 96, 141,
149, 150, 168, 377, 379, 383, 385, 397, III:
1005, 1033, 1079, 1212, 1288, 1308, V: 2076,
2240, 2452, 2491, VI: 2568, VII: 2925, 2928,
2932, 2936, 2938–2940, 2953, 3002, 3005,
3007, 3093, 3156, 3162, 3213, 3262, 3286, IX:
4355, 4374, 4405, 4406, X: 4683, 4983, 4996,
5031, 5038, 5047, 5070, 5091, XII: 324, 634,

640, XV: 1442–1444, 1451, 1664, XVI: 2016,
2313, 2335, XVII: 2712, 2738, 2741, XVIII:
2957–2959, 2988, 2989, 2991, 2997, 3013,
3017, 3062, 3097, 3100, XIX: 3597, 3603,
3625, 3626, 3629, XXI: 4629, 4635, XXII:
47, 134, 183, 185, 220, 230, 422, XXIII: 669,
801, 838, 926, 930, 1104, 1209, 1250, 1252,
1254, 1255, 1257, XXIV: 1547, 1592, 1636,
1658, 1665, 1773–1775, 1781, 1782, 1792,
1804–1806, 1810, 1812, 1832, 1840, 1876,
1879, 1909, 1911, 2014, 2029, 2032, 2055,
2056, 2062, 2074, 2076, 2078, 2082, 2083,
2094, 2095, 2098, 2100, 2111, 2112, 2114,
2118, 2120, 2135, 2145, 2147, XXVI: 119,
376, 481, 547, XXVII: 114, 173, 183, 310,
363, 385, 409, 410, 436, 617, 628, 636, 675,
677, 687, 756, XXVIII: 890, 998, 1010, 1029,
1040, 1113, 1250, 1253, 1286, 1297, 1298,
1300, 1302, 1304, 1307, 1355, 1358, 1363,
1381, 1403, 1597, 1618, XXIX: 1656, 1676,
1718, 1723, 1726, 1903, 2111, 2113, 2121,
2273, 2278, 2291, XXX: 2460, 2463, 2469,
2473, 2492–2494, 2498, 2500, 2520, 2568,
2598, 2601, 2623, 2711–2716, 3009, 3010,
XXXI: 3133, 3137, 3153, 3156, 3157, XXXII:
169, 187, 209, 210, 283, 341, 342, 373, 389,
390, 394, 407, 433, 461, 487, XXXIII: 1182,
1305, XXXIV: 24, 33, 36, 133, 139, 162,
163, 164, 169, 182, 190, 195, 197, XXXV:
9, 82, 88, 109, 110, 183, 209, 212–214, 222,
226, 228, 234, 241, 244–246, 250, 383, 395,
XXXVI: 66, 67, 196, 221, 227, 313, 380,
477, 583, XXXVII: 1082, 1147, 1300, 1301,
XXXIX: 1, 113, 121, 197, 200, 455, 456, 485,
516, XXXX: 68n, 130, 225, 226, 492
Fort Weaver, I: 148, VII: 2998, 2999, 3003,
3005, XII: 324, XVIII: 3016, 3017, 3056,
3057, XXII: 262, 267, 270, XXIII: 693,
XXIV: 1396, 1651, 1659, 1722, 1723, 1736,
1831, 1832, 1869, 1870, 2022, 2032, 2054,
2056, 2059, 2062, 2074–2076, 2082, 2169,
XXVII: 500, 501, XXVIII: 1001, 1004, 1359,
XXX: 2519–2521, 2559, XXXV: 245, 383
FOUR HUNTS (Br), XV: 1580
Four Principles of U.S. Foreign Policy,
XVI: 2387, XX: 4005, XXXIII: 740, 1369,
XXXVII: 683, XXXX: 13, 14, 23
Fourteenth Pursuit Wing, XXII: 106, 108, 111,
114, XXX: 2598
Fourteenth Naval District, I: 29–31, 59, 67, 68,

FOURTEENTH NAVAL DISTRICT   61

215, 223, 277, 287, 369, 385, 386, III: 1004, 1005, 1007, 1013, 1058, 1074, 1081, 1464, IV: 1967, V: 2107, 2123, 2131, 2132, 2248, 2249, VI: 2703, VII: 2984, 2994, 3043, 3228, VIII: 3590, 3618 IX: 4288, 4328, 4329, XIII: 494, 560, XIV: 944, 989–992, 1405, 1407, XV: 1450–1457, 1906, XVI: 2226, 2240, 2252, 2266, 2270, 2286–2290, 2328, 2331, 2351, 2360, 2361, 2366, XVII: 2469–2477, 2537, 2601, 2710, 2713, 2735, 2737–2739, 2742, XVIII: 2963, 2971, 2981, 2982, 3068, XXI: 4560, 4583–4586, 4597, 4601, 4676, 4680, 4686, XXII: 16, 43, 55, 84, 138, 164, 338, 342, 345, 366, 394, 397, 400, 421, 423, 429, 434, 461, 471, 500, 522, 528, 535, 554, 560, 568, XXIII: 730, 955, 963, 1051, 1052, 1088, 1113, 1115, 1142, 1155, 1189, 1209, 1211, 1212, 1215, 1216, 1251, 1262, 1270, XXIV: 1357, 1385, 1395, 1514, 1532, 1563, 1564, 1568, 1570, 1635, 1637, 1641, 1643, 1752, 1787, 1881, XXVI: 32, 40, 44, 46, 121, 125, 209, 210, 239, 283, 333, 403–405, 410, 475, 476, XXVII: 49, 116, 117, 134, 211, 541, 768, 769, 783, XXVIII: 1006, 1007, 1390, 1582, 1583, 1589, 1596, XXIX: 1658, 1659, XXX: 2475, XXXII: 11, 13, 14, 22, 41, 60, 131, 138, 235, 300, 303, 304, 309, 317, 548, 588, 626, XXXIII: 707, 713, 794, 795, 802, 832, 923, 939, 1017, 1196, 1198, 1262, 1304, 1350, XXXV: 165, XXXVI: 104, 105, 115, 267, 271–276, 278, 368–372, 374, 380, 389–391, 393–395, 398, 402, 405, 412, 426, 452, 456, 463, 479, 485–487, 490, 516, 547, 548, 553, 556–558, 648, XXXVII: 702, 703, 705, 706, 791, 1060, 1061, 1215, 1245–1247, 1251, 1284, 1300, XXXIX: 4, 6, 128, 249, 300, 303, 319, 342, 346, 352, 397, 412, 438, 498, 499, 507, XXXX: 100n, 138, 152, 160n, 254, 256
  Annual Report, XXXIII: 1244–1278
  Casualties 7 Dec., XXXVII: 1272
  Communication Facilities, XXVI: 28, 112, 114, 134, 211, XXVII: 898, XXXII: 173, 174, XXXIII: 1180, 1181, 1306, Item 13, XXXVII: 1276
  Description of Structure and Organization, I: 29, 30, 33, 91, III: 1045, XV: 1426, 1434–1436, 1482, XVII: 2536, XVIII: 2890, 2926, XXI: 4585, XXII: 454, XXIII: 957, 992, 1187, 1240, XXVI: 82, 510, 528, 529, XXVII: 766, 772, 798, XXVIII: 888, 900, 915, XXIX: 1722, XXXIII: 721, 1155, 1156, 1158, 1159, 1161–1163, 1292, 1293, XXXIX: 51, 54, 411, 412, XXXX: 490
  Distant Reconnaisance, I: 144, 377, III: 1458, XVI: 2279, 2338, 2339, 2342, XVIII: 2981, 3006, XXII: 37, 74, 462, 469, XXIII: 1195, XXIV: 1776, 1777, 1797, 1822, XXVI: 139, XXVII: 773, 774, 798, 1389, XXX: 2464, XXXII: 181, XXXVI: 455, 586, XXXIX: 64, 489, 490, 509
  Facilities to Intercept/Translate/Decode, II: 814, IV: 1740–1743, 1746, VI: 2628, VIII: 3404, IX: 4526, X: 4672, 4673, 4727, 4774, XIV: 1367, XXVIII: 864, 866–868, 1591, XXXIV: 69–73, XXXVI: 31, 32, 466, 468, 475–478, 580, XXXIX: 360, XXXX: 133–136
  Harbor Control Post, VIII: 3834, XV: 1460, 1471, XXIV: 1623, 1626, XXXIII: 1295, XXXVII: 1276
  Intelligence, I: 203, II: 846, 885, III: 1493, IV: 1743, 1846, 1981, 1982, V: 2133, 2255, VII: 3064, 3065, 3347, 3377, VIII: 3414, 3580, 3617, 3668, IX: 4240, 4346, 4347, 4356, 4360, 4370–4372, 4376, 4399, 4401, 4402, 4414, 4559, X: 4672–4691, 4713, 4830, 4834, 4848, 4866, 4891, XIV: 1366, 1367, XVI: 2311, 2323–2326, 2330, 2334, 2336, 2356, 2358, XVII: 2601, XVIII: 3254, 3277, 3298, 3335, XXI: 4618, XXIII: 640, 658, 659, 661, 663, 673–675, 1006, XXVI: 24, 42, 54, 56, 91, 217, 233, 248, 334, 335, 349, 353, 356, 364, 365, 389, 392, 415, 418, XXVII: 160, XXVIII: 862, 926, 1008, 1579, 1591, XXIX: 2362, 2440, 2444, XXXI: 3177, 3179, 3222, XXXII: 268, 358, XXXIII: 771, 898, 902, 905, XXXV: 22, 26, 30, 32, 43, 49, 51, 89, 112, 113, 123–126, 154, 292, 321, 353, 482, 483, 495, 499, 500, 507, 518, 572, 573, 577, XXXVI: 15, 17, 29, 31, 31, 34, 35, 38, 41, 42, 46–48, 62, 63, 117, 121, 125, 126, 130, 131, 135–137, 140, 141, 149, 157, 160, 161, 164, 170, 185, 213, 221, 223, 261, 273, 319, 329, 354, 468, 470, 471, 473, 475, 478, 518, 520, 521, 582, 584, XXXVII: 911–934, XXXIX:

97, 452, 453, 469–473, 475, 478, 479, 484, 486, 517
Naval Air Force, III: 1060, 1453, 1485, IV: 1941, XV: 1463, XVI: 2299, XVII: 2727, XXVII: 200, 800, XXVIII: 845, XXXII: 144, 500, XXXIII: 694, 1194, XXXVI: 280, 458
Naval Base Defense Plans, I: 373–382, IV: 1937, V: 2240, 2243, 2245, 2446, VI: 2581, 2748, VII: 3074, 3287, 3288, 3297, VIII: 3482, 3544, X: 4946, 5026, 5130, XI: 5487, XIV: 997, 998, 1000, XV: 1429–1431, 1610, XVI: 1938, 2149, 2238, 2278–2284, 2352, 2353, 2377, XVII: 2713, XVIII: 2960, 2961, 2964, 3241, XXI: 4595, 4654, 4665, XXII: 9, 14, 15, 330, 343, 403, 556, 593, XXIII: 1118–1120, 1159, 1161, XXIV: 1377, 1380–1383, 1538–1545, 1821, 2161, 2162, XXVI: 12–15, 51, 64, 93, 94, 150, 172, 204, 328, 384, 475, 476, 482, 484, 540–542, 546, XXVII: 49, 734, 767, XXVIII: 828, XXIX: 1723, 1726, XXX: 2465, 2511, XXXI: 3164, 3165, XXXII: 18, 32, 151, 180, 182, 194, 213–215, 270, 277, 296, 498, 590, 655, XXXIII: 973, 1007, 1151–1153, 1165, 1179, 1199, XXXV: 152, XXXVI: 385, 579, XXXVII: 868, 1309–1314, XXXIX: 67, 176, 234, 241, 412–422, 424–426, 510, XXXX: 237n
Problem of Torpedo Baffles/Nets, XIV: 991, XVII: 2702, 2703, XXII: 333, 334, XXIII: 1092, XXXII: 226, 277, 544, XXXIII: 1193, XXXVII: 1128, 1129
Rochefort Message, III: 1342, 1465, 1491, IX: 4328, 4329, XXIX: 2444, XXXIV: 5, 17, 21, XXXV: 38, 144, XXXIX: 274, XXXX: 103, 474
Small Craft Shortage, I: 370, IV: 2045, VI: 2506, VII: 3377, XIV: 986, XVI: 2166, 2190, 2228, 2237, 2240, 2243, XVII: 2472, XXI: 4663, 4664, XXII: 325, 331, 364, XXIII: 942–944, 1130, 1136, 1141, XXIV: 1328, XXXII: 139, 586, XXXIII: 714, 1198, 1206, 1212, 1215, 1216, 1222, 1241, 1242, 1279, 1281, 1351, XXXIX: 53, 301
War Diary, (7 Dec. to 1 Jan. 1942), XXXVII: 1266-1298
Winds Code, VIII: 3590, 3618, XVI: 2315,

XXIX: 2324, XXXV: 25, 30, XXXVI: 506, XXXX: 470
FOX, XII: 309
Fox, Ens. Wilmer, VIII: 3613, XVI: 2317, XVIII: 3347, XXVI: 394, XXXVI: 509, XXXIX: 460
FRANCE (Fr), XXIX: 2039, 2101, XXX: 2743, 2787, 2793, 3883
France (French), I: 341, III: 1437, V: 2228, 2441, VI: 2913, VII: 2966, 3080, VIII: 3783, IX: 4275, 4276, XI: 5249, 5479, 5532, XIV: 943, 1383, XV: 1776, 1798, 1818, XVI: 1993, 1996, 1999, 2005, 2161, 2177, 2446, XVIII: 3316, XIX: 3668, XX: 4013, 4136, 4137, 4139, 4161, 4163, 4168, 4299, 4322, 4352, 4357, 4382, 4404, 4412, 4499, XXI: 4573, 4731, 4755, XXIV: 2130, XXVI: 420, XXVII: 714, XXIX: 1648, 1755, XXXI: 3206, 3256, XXXII: 192, XXXIII: 747, 1320, 1356, 1383, XXXIV: 123, 130, 202–204, 206, XXXV: 218, 229, 258, 279, 602, 666, XXXVII: 1096, 1097, XXXX: 10, 215
Fall of France, I: 269, II: 416, XIV: 1382, XV: 1909, XX: 4496, XXI: 4707, XXVII: 341, XXXI: 3211, XXXIX: 3241
French Bases, I: 268, III: 1436, 1437, XIV: 962, XVII: 2473, XXVI: 524, XXXV: 619, 632, XXXVII: 1127
French Concessions, XXXV: 314, 577, 578, 584, 628, 629, 634
French Indo-China, I: 349, 350, XIV: 1105, 1398, XX: 4511, XXXI: 3252, XXXIV: 127, 209, XXXV: 307, 308, 579, 588, 595, 601, 635, 663, XXXVII: 691, 695, XXXX: 213, 422, 460, 464
French Madagascar, XXXV: 314
French Fleet, III: 1436, IV: 1825–1827, 1886, XIV: 946, XV: 1929, 1930, XX: 4322
FREDERICK LYKES, XXXV: 278, 318
Free Passage for the TATUTA MARU, XVIII: 3342
Frank, Maj. Gen. Walter H., I: 10, 97, 169, II: 575, 898, III: 1158, VI: 2813, VII: 2963, 3112, 3127, 3129, IX: 3061, 4182, 4183, 4301, 4418, 4421, 4507, 4540, 4542, X: 4991, 4992, 4994, 5055, XVIII: 3373, XIX: 3885, 3887, 3898, XXI: 4566, 4595, 4595, 4597, 4602, 4604, 4605, 4630, 4632–4635, 4639, 4641, 4642, XXIII: 778, XXVII: 125, XXXIV: 149, 151–153, 156–161, XXXV: 104,

XXXIX: 24, 67, 70, 77, 80, 112, 114, 116–120, 126, 129, 157, 160–164, 170, 171, 178, 184, 187, 189, 193–198, 216, 217, 219
Frederick, Maj. R.T., XXVI: 546, 547
Freed, Cdr. A.E., XXIV: 1612–1615, 1618, 1619
Free French, XI: 5440, XIV: 1338, XV: 1440, XVI: 1963, 2275, XXVI: 264, 497, XXXIII: 957, 992, 1321, XXXVI: 101, 291, 382, 493, XXXVII: 843, XXXX: 439
Freeman, Lt. Frederick, VIII: 3613, 3874, XVI: 2272, 2317, 2320, XXVI: 394, XXXVI: 1, 90, 505, 509, XXXIX: 404, 460, 464, XXXX: 483
French, Col. Edward F., I: 128, III: 1472, !582, VII: 3269, IX: 4366, 4405, 4519, 4554–4556, XIV: 1410, XXI: 4616, 4617, XXII: 2, XXIII: 1073, 1102–1105, 1249, 1273, XXVII: 2, 105–115, XXIX: 2343, 2347, 2433, XXXIII: 1282, XXXIV: 6, 20, 21, 31–34, XXXV: 2, 40, 41, 127, 172, XXXIX: 95, 96, 260, 261, XXXX: 224, 224n, 225, 226, 265
French Frigate Shoals, XXIII: 683, XXXIII: 1258, XXXVII: 1216, 1262
Friedman, W. F., VII: 3226, VIII: 3646, 3648, 3728, 3729, 3767, 3881, 3885, 3886, X: 4649, 4656, 4657, XVI: 2318, 2321, XXXIV: 2, 5, 34–36, 74–86, 88, 90, 99, 100, XXXV: 34, 99, 100, 102, 117, XXXVI: 1, 70, 305–312, 475, 503, 506, XXXIX: 461, 466, XXXX: 483
Fronck, Dr. C. E., XXVIII: XXX: 2617, 2619
FUBUKI (Ja), XIII: 605, XVII: 2681, XX: 4125, XXXV: 54, XXXVII: 731, 1132, 1328
Fuchida, Cdr. Mitsuo, I: 237, 239, F.P. 239, 242, 243, XIII: 401, 405, 407, 409, 410, 415, 423
Fuel Logistics, II: 651, VI: 2504, 2569, 2570, 2718, 2732, 2812, VIII: 3530, XIV: 1064, XVI: 2231, XXII: 549, XXVI: 158, 160, 260, 282, XXX: 3018, 3019, XXXII: 331, 586,
587, 593, XXXIII: 695, 698, 1011, 1269-1271, XXXX: 266–B, 266–J, 548
Fullerwider, Lt. Cdr. R., XXXVI: 247, 265
FUJIKAWA MARU (Ja), XVII: 2657, XXXV: 59, XXXVI: 156, XXXVII: 736, 786
FUJISAN MARU (Ja), XIII: 462–464
FUKU MARU #5 (Ja), XVII: 2685, XXXV: 57, XXXVII: 734
FUKUSEI MARU (Ja), XXXV: 581, 632
FULLER, XI: 5505, XIV: 981, XVII: 2465, XXXIII: 1246
FULTON, VI: 5506, XII: 346, XX: 4441, XXI: 4561, 4564, XXIV: 1523
FUMITSUKI (Ja), XVII: 2683, XXXV: 55, XXXVII: 733, 1133, 1135, 1329
Fuqua, Cdr. Samuel G., VI: 2676, XI: 5349, XXIII: 603, 632–637, 1261, XXIV: 1386
Furbush, Edward A., XXVII: 2, XXIX: 2028, 2036, 2038, 2052, 2214–2218
FURIOUS (Br), XXVI: 369–371
Furlong, Rear Adm. W.P., I: 29, XIV: 962, XVI: 2243, XXII: 442, 497, 594–602, XXIII: 619, 1229, 1261, 1263, XXIV: 1415–1417, 1420, 1662, XXVIII: 1034, XXXII: 589, XXXVI: 52, XXXVII: 1274
Furstner, V. Adm., XI: 5215
FURUKAWA (Ja), XXXV: 324, 325, 339, 354, 364, 378, 486–488, 509, 530
FURUTAKA (Ja), XI: 5359, XII: 524, 574, 575, 605, XV: 1885, XVII: 2657, 2681, XX: 4127, XXXV: 54, XXXVI: 156, XXXVII: 731, 732, 786, 1131, 1324, 1328
FUSHIMI (Ja), XXXV: 59, XXXVII: 737, 1135
FUSHIMA (Ja), XVII: 2690
FUSO (Ja), XI: 5359, XV: 1870, 1874, 1878, 1882, 1895, XVII: 2681, XX: 4125, XXXV: 54, XXXVII: 731, 1131, 1315, 1317, 1319, 1322, 1324, 1328
FUTAMI (Ja), XVII: 2690, XXXV: 59, XXXVII: 737, 1135

G

Gabrielson, William A., XXIII: 771, 793–801, 905, 1265, 1268, XXIV: 1311
Gailey, Col. C. K., III: 1029, 1448, 1449, 1486, IV: 1632, 1636, IX: 4327, 4459, 4487, 4503, 4515, X: 4609, 4611, 4616, 4621, XXI: 4648, XXVII: 83, XXIX: 2324, XXXIV: 69, XXXV: 2, 20, 21, 39, 40, 96, 97, 129, 138, 139, XXXIX: 139, 226, 229, 293
GAMBLE, IV: 1676, VI: 2538, XII: 949, XIII: 495, XVI: 2027, 2071, 2077, 2347, XVII: 2519, 2521, XXI: 4558, 4563, XXII: 595, XXIV: 1572, 1573, 1575–1577, 1580, 1581, 1586, 1590–1593, 1596, 1597, 1599, 1600, 1611, 1677, 1685, 1746, XXVI: 555, XXXV: 499, XXXVI: 466, XXXVII: 926, 937, 943, 1224, 1227, 1229, 1233, 1240, 1245, 1246, 1248–1250, 1253–1255, 1257, 1258, XXXIX: 502, XXXX: 139
GANGES MARU (Ja), XXXIV: 164
GAR, XI: 5506, XVII: 2513, 2514, XXI: 4561, 4564, XXVI: 554
Gardner, Maj. Gen. Fulton Q. C., III: 1073, 1074, VII: 3086, XV: 1608–1610, XXVI: 532, XXVII: 20, 21, 500, XXVIII: 1002, 1501, XXX: 2539, XXXII: 558, 559, 575, XXXV: 244–246, 251, XXXX: 80
Gatch, Adm. T. L., IV: 2032, 3044–3046, X: 4801, 4825, XVI: 2261, 2386, 2396, 2426, 2428, XIX: 3922, 3928, 3929, 3932, 3934, 3935, 3939, 3940, 3947, 3948, 3956, 3969, XXI: 4565, 4629, 4687, 4689, 4701, XXXI: 5, XXXIX: 332, 389

GATO, XXI: 4561, 4564
Gauss, Clarence, III: 1041, XV: 1476, XIX: 3778, XX: 4088, 4386, 4444, 4445, XXXV: 443, XXXVII: 1023, 1090, XXXX: 338, 339, 396, 425, 428
Geisel, Cdr., XXIV: 1726
GELDERLAND (Du), IV: 1825, 1826, XV: 1901, 1904
Gelly, Cdr., XXIV: 1674
Genda, Capt. Minoru, XIII: 426, 709
General Headquarters Air Force, XXXII: 40, 192, 227, 559, 560, XXXIII: 1102, 1103, 1105, 1211, XXXVI: 458
General Mobilization Law 1938, XXXIV: 200, 201
GENYO MARU (Ja), XIII: 462–464
George F. Elliot, XIV: 981
GEORGE WASHINGTON (old), XXIII: 964
GEORGES-LEYGUES (Fr), XXXV: 632
GEORGES AVEROV (Gre), IV: 1825, 1827
Germ Warfare, (See Japanese Germ Warfare)
German (Germany, Nazi Germany), I: 261, 369, II: 407, 410, 414, 418, 425, 438, 456, 457, 525–527, 556, 580, 582, 632, 675, 752, 906, III: 1129, 1166, 1314, 1317, 1370, 1503, 1507, IV: 1593, 1711, 1788, 1791, 1822, 1929, V: 2113, 2229, 2242, 2330, 2360, 2424, 2437, VI: 2548, VII: 2966, 3270, VIII: 3421, 3443, 3585, 3783, 3796, IX: 4274, XI: 5185, 5454, 5479, XII: 165, 181, XIV: 1121, 1196, 1272, 1276, 1278, 1286, 1296, 1322, 1337–1339,

GERMAN-SOVIET WAR

1363, 1372–1378, 1381, XV: 1493, 1586, 1762, 1776, 1796, 1797, 1815, 1816, 1915, 1917, 1919, XVI: 1972, 1989, 1991–2001, 2152, 2161, 2168, 2169, 2217, 2275, 2296, XVII: 2703, 2750, XVIII: 3033, 3259, 3316, 3317, XIX: 3452, 3515, 3525, 3530, 3531, 3679, 3757, XX: 4137, 4139, 4140, 4142, 4226, 4227, 4262, 4276, 4277, 4289, 4292, 4294, 4295, 4299, 4300, 4322, 4323, 4326, 4349–4353, 4357, 4361, 4419, 4443, 4444, 4454, 4499, 4532, 4533, XXI: 4573, 4706–4711, 4718, 4726, 4277, 4728, 4731, 4735, 4736, 4740, 4749, 4751–4754, 4756, XXII: 564, XXIII: 885, 1014, 1112, XXIV: 1287, 1304, 1475, 2129, 2130, 2166, XXVI: 177, 264–266, 269, 464, 497, 534, XXVII: 341, 389, 605, 606, 610, XXVIII: 1048, 1146, 1152, 1158, 1261, 1262, 1266, 1310, 1312, 1464, 1594, XXIX: 1887, 1971, 2028, 2039, 2052, 2059, 2098, 2138, 2141, 2224, 2326, 2408, XXX: 2537, 2730, 2743, 2786–2788, 2790, 2792, 2793, 2799, 2804, 2805, 2859–2861, 2882, 2957, 2958, 2977, XXXI: 3205, 3208, 3210, 3214, 3215, 3237, 3242, 3246, XXXII: 37, 149, 242, 438, XXXIII: 690, 776, 817, 820, 837, 860, 956, 957, 992, 994, 1170, 1233, 1349, XXXIV: 18, 27, 28, 58, 95, 106, 116, 122, 181, 193, 194, 205–209, XXXV: 193, 195, 259, 291, 296–301, 307, 309, 409, 418, 431, 444, 448, 506, 542, 552, 560, 569, 576, 577, 579, 619, 672, 675–677, XXXVI: 220, 291, 369, 400, 406, 485, 493, 605, 659, XXXVII: 662, 664, 678, 692, 697, 843, 874, 989, 1020, 1021, 1032, 1053, 1074, 1090, 1091, 1106, 1152, 1188, 1192, 1201, XXXIX: 34, 59, 150, 152, 407, XXXX: 10–13, 75, 87, 90, 173, 213, 215, 235n, 266–M, 310, 352, 411, 416, 442

German Advisers in Japan, XXXV: 298, 599, 603, 615, 616

German Agents in Hawaii, I: 57, VIII: 2953, 3347, XIII: 639, 640, XXIX: 3626, XXII: 63, XXIII: 865–867, 915, 2129, XXVI: 355, XXIX: 1727, 2223, XXX: 3064, 3067–3069, 3072–3081, XXXV: 218, 228, 229, 266, 317–333, 335, 483–496, XXXVII: 911–924

German Airforce, XIV: 1336, XV: 1789–1791, 1809–1811, 1832, 1833, XX: 4546, 4547, 4548, XXI: 4706, 4708, 4710, 4718, 4726, 4727, 4730, 4735, 4751, XXVI: 370, 373, XXXIII: 1327, XXXIV: 176, 177, XXXVI: 657

German Army, VI: 2565, XI: 5177, 5182, 5427, XIV: 1336, XV: 1784, 1786, 1806–1808, 1827–1830, XX: 4441, 4445, 4475, 4511, XXI: 4706, 4718, 4726, 4735, 4751, XXIV: 2327, XXXIII: 1324, 1325, XXXIV: 176, XXXX: 400

German Assault on Great Britain, II: 674, III: 1385, IV: 2042, VI: 2918, XIX: 3455, 3493, 3494, XXI: 4709, 4736, XXIX: 2076, XXXII: 73, XXXIII: 1205

German Codes/Traffic Analysis, III: 1128, 1131, 1132, 1134, IV: 1735, 1861, V: 2070, XI: 5178, XXIII: 677, 678, XXIX: 2356

German Crews on Japanese Submarines, XXXII: 334

German Interest in the Azores, IV: 1785, V: 2309, 2310, XXXX: 168, 168n, 301

German and Japanese Pressure on Vichy France over Indo-China, I: 368, II: 409, XXXX: 3, 17

German Merchants in China, XXXV: 576

German Merchant Ships in the Pacific, XVII: 2652, XX: 4352, XXI: 171, XXXV: 278, 318, 586, 592, 604, 634, 639, XXXVII: 789

German Navy, I: 172, IV: 1825, 1826, IX: 4299, XII: 129, XIV: 914, 1336, XV: 1786–1789, 1796, 1808, 1809, 1830–1832, XX: 4277, 4355, XXI: 4706, XXVI: 460, XXXII: 541, XXXIII: 1189, 1325, 1326, XXXV: 328, 332, XXXVI: 658

German Raiders, I: 91, 321, 369, III: 1148, 1384, 1389, V: 2284, 2298, 2310, VI: 2668, 2823, 2915, XIV: 994, XV: 1561, 1562, 1788, 1862, 1863, XVI: 2169, 2212, 2217, 2248, 2275, XVII: 2463, 2576, 2652, XX: 4475, XXI: 4709, XXII: 330, XXIII: 1135, XXVI: 101, 499, 516, XXXII: 107, XXXIII: 1230, 1231, 1350, 1358, XXXIV: 169, 171, XXXV: 126, 278, 297, 299, 318, 592, 597, 634, 639, XXXVI: 101, 382, XXXVII: 785, 845, XXXX: 164

German-Soviet War, II: 667, 711, III: 1212, IV: 2007, V: 2117, 2118, 2225, 2437, X: 5106, XII: 2, 8, 9, 16–18, 52, 69, 88, 170, 201, 315, XIV: 1197, 1326, 1336–1339, 1341, 1342, 1344, 1349, 1350, 1351, 1368, 1370, 1371, 1373, 1379, XV: 1850, XVI: 1961, 2140, 2170, 2175–2177, 2210, 2223, XVIII: 2948,

GERMAN SUBMARINE ATTACKS

2950, 2951, XIX: 3496, 3498, 3814, XX: 3992, 3999, 4000, 4004, 4019, 4382, 4400–4405, 4455, 4511, 4512, 4545, 4546, XXI: 4589, XXVI: 24, 48, 610, XXVIII: 1548, XXXI: 3217, 3136, XXXII: 100, XXXIII: 1215, 1324, 1325, 1327, 1352–1354, 1356, XXXIV: 176–179, 188, 190, 191, XXXV: 185, 192, 197, 258, 269, 275, 298, 310, 598, 640, 647, XXXVI: 410, 654, 655, 657, XXXVII: 909, 1009, 1010, 1108, XXXX: 15, 94, 266-O, 295, 296, 316, 400

German Submarine Attacks, III: 1148, 1384, V: 2117, 2296, 2297, 2313, XI: 5261, 5418, XIV: 972, XVI: 2210, XIX: 3645, XXVI: 285, 297, XXIX: 2403, XXXX: 177n

German Technical Help to Japan, XXXV: 298, 312, 602, 603, 605, 622, 640

German/U.S. Relations, II: 505, IV: 1731, V: 2360, IX: 4247, 4249, 4250, 4408, X: 4759, XI: 5260, 5438, XII: 133, XIV: 993, 1220, XV: 1487, 1509, 1766, XVI: 2218, XVII: 2463, XIX: 3646, XXII: 330, XXXIV: 54, XXXVI: 440, 442, XXXX: 300

German Warning to Japan—U.S. Has Broken Your Codes, IV: 1815, 1816, 1817, 1821, 1822, 1862, XI: 5475

Germany and Dakar, I: 268, XIV: 962, XXXII: 555

Germany and the French Fleet, III: 1436, 1437, IV: 1886, VI: 2882, XV: 1929

Germany and Italy Give Japan a Free Hand In the Dutch East Indies, V: 2106, XIV: 943, XXXII: 28, XXXIII: 1188

Germany and Japanese Relations, II: 635, 636, 642, 716, 747, IV: 1709, 1713, 1715, 1790, V: 2086, XI: 5417, XII: 49, 57, 117, 151, XIII: 710, XIV: 1345, 1346, 1353, XV: 1754–1756, 1758–1760, 1915, XVII: 2476, XVIII: 2946, XIX: 3447, 3644, XX: 3986, 4103, XXI: 4740, XXVIII: 1559, XXIX: 2452, XXXI: 3205, XXXII: 244, XXXIII: 1364, XXXIV: 167, 202, XXXV: 301, 305, 312, 314, 585, 587, 593, 597–599, 603, 610, 613–616, 621–624, 629, 632, 634, 637, 640, 642, XXXIX: 434, XXXX: 413

Germany and North Africa, V: 2226, XIV: 1356, 1371, XV: 1775, 1792, XVI: 1962–1965, XXXVI: 651

Germany the Principal Enemy, II: 517, 518, 649, 654, 904, III: 994, 996, 998, 1224, 1225, IV: 1784, 2053, V: 2103, 2112, 2123, 2235, 2269, VI: 2502, 2842, IX: 4256, 4288, 4289, X: 5095, XI: 5449, 5450, XIV: 1062, 1066, 1067, XV: 1565, 1576, XVI: 2223, XVII: 2149, 2151, XVIII: 2910, XIX: 3668, XX: 4471, XXVI: 159, 168, 180, 460, 461, XXIX: 2352, 70, 609, 610, XXXIII: 958, 964, 1203, 1239, XXIV: 8, XXXVI: 396, 397, XXXX: 339, 341

Germany and South America, XXXII: 1322, XXXIV: 165

Gerow, Maj. Gen. Leonard T., I: 127, 128, 371, II: 442, 650, 652, 655, 737, 788, 825, 826, 828, 829, 835, 837, 863, 879, 908–911, 921, 923, 925–927, 929, 934, 938, 945, 946, 950, 971, 974–977, 979, 981, III: 983, 987, 989–1048, 1067, 1091, 1096, 1112, 1114, 1121, 1129, 1131, 1143, 1145, 1146, 1152, 1172, 1185, 1187–1190, 1194, 1202, 1220, 1221, 1241, 1258, 1262, 1264, 1269, 1270–1275, 1284–1286, 1292–1300, 1302, 1310, 1311, 1343, 1344, 1374, 1398–1401, 1405, 1407, 1411, 1414, 1415, 1417, 1418, 1420, 1422–1424, 1444–1446, 1448, 1449, 1451, 1454, 1455, 1457, 1458, 1463, 1465, 1467, 1473–1477, 1482, 1485–1487, 1489–1491, 1496, 1505, 1507, 1508, 1522, 1524, 1532, 1534, 1538, 1556–1558, IV: 1585, 1592–1673, 1913, 1921, 1938, 1946, 1949, 1959, 1979, 1980, 2038, 2056, V: 2089, 2151, 2152, 2306, 2320, 2321, 2323, 2480, 2490, VI: 2555, 2738, VII: 2923, 2948, 2949, 2961, 2964, 3049, 3091, 3166, 3200–3202, 3263, 3272, VIII: 3611, 3659, 3728, 3733, 3764, IX: 3962, 4010, 4304, 4306, 4327, 4385, 4386, 4417, 4424, 4437, 4447, 4449–4455, 4459, 4477, 4485, 4487, 4512, 4513, 4515–4519, 4524–4526, 4529, 4531–4533, 4536, 4551–4554, 4571, 4572, 4577, 4582, 4595, 4597, X: 4608, 4609, 4611, 4619, 4622, 4624, 4626, 4627, 4630, 4635, 4636, 4639, 4644–4652, 4931, 4938, 5001, XI: 5183, 5191, 5192, 5199, 5315, 5423, 5427, 5432, 5435, 5442, 5448, 5449, 5451, 5461, XIV: 1062, 1064, 1103, 1107, 1390, 1409, 1410, XV: 1471, 1481, 1487, 1496, 1585, 1628, 1641, XVI: 2339, XVIII: 3347, XXI: 4603, 4606–4610, 4623, 4648–4651, 4653, 4715, XXII: 1, 2, XXIII: 1073, 1105–1112, 1246, 1247, 1273, 1274, XXIV: 2167, XXVI: 391, XXVII: 2, 24–27, 47, 48, 52,

68, 76, 186, 187, 190, 219, 468–470, XXIX: 2071–2073, 2137, 2155–2167, 2171–2214, 2261, 2324, 2346, 2347, 2354, 2355, 2402, 2421–2424, 2430, 2431, 2444, 2445, 2451, 2452, 2454, XXXI: 3163–3170, 3208, XXXII: 188, 564, 638, 639, XXXIII: 819, 824, 1282, XXXIV: 1, 2, 4–7, 9, 13, 18–20, 26, 30, 36–41, 50, 51, 57, 59, 69, 71, 72, 87, 89, 94, 95, 132, 139, 141, 158, 159, 182, 183, 188, XXXV: 2, 17, 18, 39, 91–94, 96–99, 101, 102, 115–117, 121, 134, 135, 137–139, 142–144, 149, 151, 152, 155, 158, 159, 164–167, 173, 174–178, XXXVI: 23, 65, 416, 428, XXXIX: 48, 81, 83, 84, 84n, 85, 86n, 87, 104, 134, 137, 139, 142–144, 176, 222–224, 226, 227, 229, 231, 232, 142–144, 176, 222–224, 226, 227, 229, 231, 232, 235–237, 241, 248, 250, 251, 253, 262, 263–267, 272–274, 282, 287, 288, 291–293, 491, XXXX: 47, 123n, 128, 129n, 171n, 172n, 176n, 199n, 200–203, 203n, 204, 212, 223, 237n, 242n 243, 243n, 244, 259, 266–E, 266–F, 266–K, 266–L, 266–M, 266–P, 338, 366–368, 384, 389, 390, 483, 519, 521, 527, 536, 557, 559, 560, 573

Gesler, Col. E. E., XXVII: 2, 293, 296, 300, 302, 338, 341, 346, 350, 370, 445, 455, XXVIII: 806–808, 811, 815, 819–821, 879, 881, 885, 1062, 1199, XXIX: 1695, 1698, 1749, 1782, 1973, XXX: 2727, 2966, 2968, XXXI: 3097, 3100

Ghormly, Adm. R. L., I: 268, III: 993, 1218, 1219, IV: 1990, V: 2311, 2391, 2392, XIV: 2153, 2161, 2243, 2448, XX: 4073, XXIV: 1355

Gibralter, IV: 1785, 1786, V: 2310, XII: 201, XIV: 1276, XV: 1526–1528, 1788, XVIII: 2886, XX: 4403, 4512, XXI: 4710, 4736, 4751–4753, XXXII: 410

Gibson Col., III: 1464, 1465, 1467, 1473, XXIX: 2348, 2349, 2438–2441, XXXV: 164, 165, 167, 174, XXXIX: 249, 250, 253, 262

Gibson, Hugh, XXXI: 3236, XXXV: 647

Gilbert Islands, IV: 1844, 1846, 1911, V: 2170, 2238, VI: 2666, 2879, XI: 5361, 5362, XIV: 1404, XV: 1840, XVI: 2133, 2134, 2148, 2151, XVII: 2483, XVIII: 2941, 2942, XXIII: 762, 767, 1030, 1063, 1068, XXVI: 259, 265, XXVIII: 944, XXXIII: 1197, 1204, XXXVI: 396, 660, XXXVII: 738, 777, 791, 794, 795, 1143, 1175

Gillan, Cdr. M. J., VI: 2919
Gillette, Senator, XXXIV: 23, 171, XXXVII: 873, 874
Gillette, Capt. C. S., XXXVII: 1274
GILLIS, XI: 5506, XII: 346, XVI: 2252, XVII: 2529, 2531, XXVI: 557
GILMER, XII: 309
GLASCOW (Br), IV: 1934, XV: 1580, XIX: 3553, XX: 4130
Glassford, Vice Adm. W. A., XI: 5513, 5514, 5516–5518, XVI: 2453
Globe Wireless Ltd., XXVI: 356, XXXV: 454, 456
GLOIRE (Fr), XXXV: 632
GLORIOUS (Br), XXVI: 369–371
Glover, Cdr. C. D., VI: 2919, XI: 5255, 5267, 5268, 5482, 5483, 5514, 5519, XXXX: 266–T
Glover, Capt. Robert O., IV: 2028, 2029, 2056, XXI: 4555, XXVI: 1, 3, 179–186, 213, XXXVI: 366, 374, 396, 399, 431, 437, 526, 572
GNEISENAU (Ger), XV: 1786, 1808, 1830, XVI: 2162, 2163, XX: 4355, 4545, XXXIII: 1325, XXXVI: 656
Godwin, Capt. D. C., XXIV: 1609
GOKOKU MARU (Ja), XII: 551
GOLD STAR, XII: 389, XVI: 2452
Good, Capt. Howard H., XXIV: 1609
Goode, Capt., XXVIII: 1007
GOODWILL (Private Yacht), XXVIII: 1148
GORIZIA (It), IV: 1826, XV: 1904
GORTU MARU (Ja), XIII: 462–464
GOYO MARU (Ja), XIII: 571
Grafe, Paul, XXVII: 2, 351, 352, 367, 368, 370, 377, 401, 448, 451, 454, 460, 484, 490, 491, 493, 495, 499, 603, 607, 612, 669, 672, 674, 687, XXVIII: 1062, 1063, 1071, 1072, 1117, 1118, 1127, 1130, 1132, 1133, 1138–1141, 1143, 1144, 1163, 1166, 1167, 1170, 1171, 1177, 1180, 1182–1184, 1187, 1188, 1191–1208, 1210, 1213–1216, 1219, 1221, 1226, 1227, 1300–1303, 1324, 1332, 1345, 1346, 1350, 1351, 1438–1440, 1481, 1494, XXIX: 1699, 1738, 1750–1752, 1760, 1777, 1779, 1781, 1782, 1784–1791, 1794, 1795, 1798, 1806, 1807, 1809, 1810, 1812, 1813, 1818–1823, 1825, 1832, 1840, 1859, 1911, 1915, 1921, 1923, 1927, 1971–1974, 1979,

2092, 2100, XXX: 2724, 2726–2728, 2737–
2740, 2743, 2744, 2752, 2783, 2810, 2821,
2854, 2879–2882, 2887, 2903, 2926, 2951,
2955, 2960, 2965, 2990, 3034, 3038, 3039,
3043, 3056, XXXI: 3097, 3098, 3100, 3101,
3103, XXXIX: 149, 150, 157, 163–166, 182,
185, 188, 201, 202, 214
GRAF ZEPPELIN (Ger), XV: 1787, 1808,
1830, XXXVI: 656
Graham, Cdr. Roy W. M., XXIV: 1646,
XXVI: 16
GRAMPUS, XVII: 2513, 2514, XXI: 4561,
4565, XXVI: 554
Graves, Sidney C., XXVII: 2, XXIX: 2218–
2222, 2240, 2241, 2251, 2252
Gray, John, XVIII: 3412, 3414, 3419, 3420
Gray, Lt. (jg) J. R., XXIV: 1590
GRAYBACK, XVII: 2513, 2514, XXI: 4561,
4565, XXVI: 554
GRAYBILL (Br), XX: 4352, XXVIII: 1585
GRAYBURN (Br), XX: 4352
GRAYLING, XVI: 2201, XVII: 2520, 2521,
XXI: 4561, 4565, XXIV: 1704, XXVI: 555,
XXXIII: 1226, XXXVII: 1278
GRAYSON, XI: 5503
Great Britain, I: 219, 245, 247, 252, 268, 305,
309, II: 411, 415, 419, 422, 549, 584, 616,
617, 637, 638, III: 1056, 1069, 1225, 1238,
1242, 1244–1246, 1253, 1260, 1261, 1266,
1277, 1314–1316, 1370, 1437, 1570, 1576,
IV: 1699, 1923, 2011, V: 2402, 2408, 2434,
2441, VI: 2525, 2572, 2670, 2697, 2861,
2866–2868, 2882, 2884, 2912, 2918, VII:
3125, VIII: 3438, 3663, IX: 3952, 3953, 3959,
3980, 3984, 4042, 4043, 4049, 4110, 4175,
4216, 4217, 4230, 4254, 4260, 4267, 4278,
4300, 4321, 4332, 4345, 4346, 4370, 4585,
4590, X: 4634, 4757, 4761, 4802, 4809, 4812,
4884, 5083, 5087, 5088, 5095, 5096, XI: 5239,
5257–5259, 5382, 5417, 5428, 5454, 5463,
5514–5516, 5533, XII: 5, 7, 69, 88, 98, 131,
151, 172, 200–202–204, 240, 244, 251, XIII:
415–417, 554, 555, 572, XIV: 962, 964, 965,
972, 973, 1079, 1080, 1114, 1118, 1121, 1122,
1134, 1135, 1157, 1219, 1247, 1262, 1326,
1327, 1339, 1340, 1343, 1369–1372, 1374–
1376, 1398, XV: 1477, 1478, 1577, 1605,
1629, 1636, 1734, 1741, 1743, 1748, 1771,
1775, 1839, 1908, XVI: 1965, 1970, 1972,
1983, 2161, 2169, 2170, 2175, 2177, 2216,
2217, 2235, 2418, 2441, 2443, 2448, 2452,
XVII: 2466, 2727, XVIII: 2890, 2916–2918,
2920, 2941, 2944–2948, 3197, 3198, 3259,
3317, XIX: 3448–3450, 4377, 3479–3482,
3493, 3494, 3498, 3510, 3530, 3533, 3674–
3676, 3694, 3720, 3721, XX: 3986, 3988,
3990, 3993, 3998, 4004, 4011–4013, 4015,
4026, 4039, 4055, 4059, 4063, 4072, 4079,
4139, 4149, 4153, 4161, 4166, 4168, 4224,
4226, 4228, 4238, 4261, 4262, 4267, 4276,
4283, 4289, 4412, 4428, 4428, 4429 4433,
4443–4445, 4447, 4476, 4511, 4529, XXI:
4652, 4707–4711, 4718, 4720, 4721, 4726,
4727, 4728, 4730, 4731, 4734, 4735, 4736, XXII:
34, 121, 593, XXIII: 939, 943, 945, XXIV:
1287, 1288, 1303, 1372, 1376, 1484, 1771,
1798, XXVI: 32, 152, 170, XXVII: 15, 56,
783, XXVIII: 1495, 1592, XXIX: 1714, 1890,
2078, 2084, 2144, 2159, 2178, 2223, 2224,
2323–2325, 2327, 2352, 2407, 2452, XXX:
2459, 2486, 2864, 2978, XXXI: 3203, 3206–
3208, 3214, 3218–3222, 3236, 3238, 3241,
3242, 3246, 3248, 3253, 3255–3258, XXXII:
43, 95, 100, 105, 106, 108, 110, 148, 632,
XXXIII: 687, 690, 698, 704, 739, 740, 817,
956–964, 1231, 1340, 1375, 1380, 1381, 1383,
1384, 1388, XXXIV: 118, 120, 122, 123, 127,
131, 166, 174, 175, 224, XXXV: 49, 109, 120,
147, 154, 155, 193, 216, 285, 295, 306, 365,
541, 542, 583, 588, 589, 683, 685, 688, 691–
693, XXXVI: 105, 121, 141, 145, 176, 180,
202, 382, 383, 499, 501, 531, 535, 591, 592,
XXXVII: 697–699, 787, 803, 997, 1010, 1044,
1045, 1061, 1074, 1090, 1091, 1093, 1106,
1107, 1112–1114, 1192, 1193, 1208, 1256,
1305, XXXIX: 6, 174, 222, 279, 284, 321,
314, 365, 410, 437, XXXX: 10–14, 20, 40, 41,
46, 54, 104, 142, 144, 164, 165, 173, 177n,
178, 179, 187, 193n, 194, 213, 215, 216, 221,
222, 263, 266–G, 266–I, 266–O, 266–T, 297,
316–319, 334, 335, 341–344, 346, 347, 350–
354, 358, 360–365, 375, 383, 387, 389, 391,
393, 395, 396, 399, 401, 401n, 409, 414n,
420, 429, 430, 433n, 437–442, 460, 463–465,
506–509, 516, 522, 523, 535n, 538, 538n, 565,
569

Aid to China, II: 656, 657, 943, III: 1229,
1250, 1461, IV: 1945, 1946, V: 2236,
XIV: 1061, 1347, XV: 1477, XX: 4541,
XXXI: 3252, XXXX: 29, 97n

GREAT BRITAIN 69

Aid to Russia, II: 527, V: 2225, XIV: 1347, XVI: 2182, XXVII: 295
Air Defense Help to the U.S., (See Air Defense)
Air Reconnaissance, IV: 2050, V: 2131, 2429, X: 5084, XI: 5514, XV: 1681, XIX: 3544, XXVI: 488, XXXVI: 208
African Front, V: 2226-2229, XV: 1792, XXXVI: 658
Aggression by Japan, I: 317, IV: 1709, V: 2078, 2232
Atlantic Conference, (See Atlantic Conference)
Attack on Italian Fleet at Taranto, V: 2125, 2136, 2266, XXI: 4695, XXIII: 1137, XXIV: 1360, XXVI: 195, XXXIX: 362, XXXX: 79, 545
Azores, IV: 1785, 1786, XXVI: 266-268
Burma Road, I: 316, 318, II: 648, 649, V: 2122, XIV: 1006, 1012, 1061, XV: 1479-1481, XVI: 2222, 2298, 2299, 2435, XXXIII: 838, 1238, 1239, XXXX: 174, 266-N, 317, 338
Canary Islands, IV: 1786
Cape Verde Islands, IV: 1786
Code Breaking, II: 512, 951, 981, 946, III: 1010, 1560, V: 2424, VIII: 3629, X: 4773, XI: 5178, XXXVI: 47
Destroyers for Bases, V: 2104
Dutch—U.S. Photo Mission, III: 1291, 1292
Economic Action Against Japan, (See Economic Sanctions)
Extraterritorial Rights in China, XIV: 1099, 1101, 1119
Hong Kong, XIV: 1099, 1105, XXXX: 367
Japanese Modus Vivendi, XIV: 1122, 1123
Japanese Operation Order #1, I: 219, 220, 245, 247, XIII: 432-435, 437, 440, 711, 712, XXXV: 10, 114
Joint Action Agreement, IX: 4285, 4321, XXXV: 6
Joint U.S. Warning to Japan, II: 476, 486, 515-517, IV: 1616, V: 2363, 2364, VI: 2885, IX: 4284, 4285, XI: 5164-5173, 5198, 5388, XIV: 1270, 1273, XXI: 4578, XXXV: 6, XXXIX: 40, XXXX: 22, 302n, 304, 305n
Mutual Defense with the U.S., II: 636, 642-644, 650, 688, 954, 976, III: 1057, 1060, 1257, IV: 1784-1791, 1929, 2047, V: 2312, 2313, VI: 2621, 2866, 2872, IX: 4282, X: 4761, 4802, 4804, 4808, 4818, 4819, XI: 5207, XII: 227, XIV: 1010, 1412, XVIII: 2911-2913
Naval Forces in the Pacific, IV: 1799, 1857, 1934, 1956, VI: 2909-2911, XXVI: 292, XXXII: 411, XXXIII: 1232, 1357, 1392, XXXIV: 106, XXXIX: 438
Ocean Escort in the Western Atlantic, XVI: 2162, 2163, 2209, 2210, 2214, XVIII: 2886, 2887, 2899, 2904, 2910, 2918, XX: 4473
Plan for a Post War World, II: 526, V: 2224
Relations With Germany, (See Germany)
Relations With Japan, III: 1465, IV: 1702, 1707, 1750, 1759, 1766, 1851, V: 2119, 2134, 2374, 2380, 2427, VI: 2512, 2521, 2540, 2545, VIII: 3678, 3674, IX: 4048, 4051, 4261, 4556, 4557, X: 4629, XI: 5398, XIV: 1339, 1350-1353, 1356, 1382, XV: 1854, XVI: 1990, 1993, 1994, 1996, 2005, 2141, 2152, 2239, 2251, XX: 4063-4066, 4069, 4070, 4157, 4163, 4164, 4292, XXVI: 255, 273, 277, 283, XXXIV: 213, 214, XXXV: 166, XXXVI: 308
Relations With Other ABCD Powers, II: 423, 454, 492, 681, 725, 742, 977, 979, III: 998-1000, 1014, 1053, 1197, 1218, 1224, IV: 2044, IX: 4317, XXIX: 1887, 1888, XXXIX: 235, XXXX: 422
Sharing Bases, I: 309, 319, XIV: 962, XVII: 2463, XXI: 4720, 4721, XXXIII: 1221
Sharing Technology, XVI: 2199, 2200, 2205, XXIII: 751, XXXIII: 1225, 1226, 1338
SPENAVO (Special Navy Observer), III: 1266, 1304, 1455, IV: 1752, 1805, VI: 2518, XIV: 1401, 1405, 1406, XV: 1677-1679, 1770-1773, XXI: 4604, XXVI: 487, XXXII: 82, XXXIX: 441, XXXX: 396n
Thailand, II: 628, 630, 974, III: 1247, 1403, VI: 2521, 2540, XI: 5345, XII: 175, 197, XV: 1725, XVI: 2306, XVII: 2484, 2664, XIX: 3447, 3503, 3698, 3703, 3723, 3726, 3727, 3730, 3741,

3744, 3761–3764, 3769–3788, XX:
4019, 4027, 4223, XXI: 4706, XXVI:
228, XXVIII: 1591, XXXIII: 859,
1320, XXXVI: 43, XXXVII: 691, 788,
XXXIX: 446, XXXX: 99, 175, 404–409,
413, 418, 430
Tripartite Agreement, (See Tripartite
Pact)
U.S. Aid, II: 413, 417, 428, 490, 491, 505,
632, 641, 651, 652, 671, 674, III: 1068,
1148, 1161, 1166, 1231, 1383, V: 2101,
VI: 2499, XIV: 1063, 1065, 1073, XX:
4279, 4280, 4324–4326, XXVI: 295,
XXXII: 604, 608, XXXIII: 701, 706,
747, 1351, XXXIV: 129
U.S. Conferences (ABC-1, ABC-2, ABC-
22), I: 308, II: 524, 978, III: 991–1000,
1051, 1052, 1146, 1147, 1197, 1218,
1220–1222, 1225, 1255, 1348, 1386,
1398, 1435, 1453, 1460, 1524–1526,
1542–1544, 1548, IV: 1593, 1773, 1928,
1931–1934, 1936, 2014, 2048, 2049, V:
2102, 2104, 2233, 2235, 2333, 2369,
2372, 2373, 2387–2390, 2392, 2418,
2419, 2468, 2469, VI: 2501, 2870, VII:
2954, 3173–3175, 3199, IX: 4273–4278,
4318, 4565, 4569, X: 4762, 4763, 4805,
5019, XI: 5407, 5414, XV: 1487–1593,
1677–1679, XVI: 1970, 2142, 2143,
2153, 2275, 2453, XVII: 2462, XVIII:
2882, 2883, 2914, XIX: 3451, 3547–
3550, 3748, XXIV: 1357, XXVI: 460,
462, 499, XXVII: 240, XXIX: 2203,
2303, 2405, XXXII: 410, 608, XXXVII:
845, XXXIX: 440, XXXX: 87, 168, 169,
169n, 170, 171, 175n
U.S. Modus Vivendi, (See Modus Vivendi)
U.S. 20 Nov. Note to Japan, II: 554, 555,
XV: 1745–1753
U.S. and Dutch Information Sharing, II:
626, 980, III: 1198, 1202, 1203, IV:
1917, V: 2425, XI: 5178, XXXIII: 85,
XXXV: 30, 49
U.S. War Plans, 264, 265, 292, 497–500,
XXXII: 27, 71, XXXIX: 407, 408
Use of Radar, XXIII: 751, 755, XXVI:
177, XXIX: 1989, 2076
Winds Code Message, (See Winds Code)
Greater East Asia Co-Prosperity Sphere, II:
408, XI: 5380, XIV: 1346, 1353, 1382, XV:
1775, XVI: 2438, XVII: 2792, XVIII: 2951,
XX: 3999, 4018, 4034, 4056, 4224, 4270,
XXXII: 382, XXXIII: 1320, XXXV: 279,
280, 284, XXXVI: 651, XXXX: 9, 16, 40, 41,
47, 296, 401, 412
GREAT NORTHERN (old), XXII: 446,
XXIII: 1232, 1233
GREBE, XII: 349, XVI: 2252, XXIV: 1690,
1721, XXXVII: 936, 1272
Greece, II: 582, IV: 1593, V: 2118, XV: 1531,
XVI: 2210, XX: 4227, 4402, XXI: 4707,
4710, 4738
Green, Gen. T. H., VII: 3155, IX: 4448,
XIX: 3825, 3827, 3853–3855, 3857, 3868,
3871, 3877, 3890, XXIV: 1824, XXVII: 187,
683, XXIX: 2251, 2255–2257, 2437, XXXII:
169, XXXV: 208, 212
Greene, Ens., XXIV: 1578
Greenland, V: 2294, 2298, XV: 1636, XVI:
2169, 2179, XVIII: 2934, XV: 4325, 4350,
4358, 4429, 4430, 4433, XXXIII: 1325,
XXXV: 284, XXXVI: 656, XXXX: 12
GREENLING, XXI: 4561, 4565
Greenslade, Rear Adm. John W., I: 82,
II: 444, VI: 2561, 2616, XVI: 2453, XVII:
2727, 2728, 2731–2733, XIX: 3946, 3976,
3977, XXI: 4556, XXII: 454, XXIII: 1240,
XXXIII: 691, 1215, 1352
Greenslade Board, XXIII: 943
Greer, Col. Allen J., XIX: 3847, 3849, 3850,
3853
GREER, V: 2297, XVI: 2210, XXVI: 294, 295
GRENADIER, XVII: 2520, 2521, XXI: 4561,
4565, XXIV: 1700, XXVI: 555
Grew, Joseph, I: 119, 398, II: 401, 419, 427,
430, 446, 448, 487, 488, 506, 542, 545, 549,
560–603, 606, 615–646, 657–699, 704–735,
738, 739, 741–749, 754–758, 760, 763–775,
781, III: 1240, 1384–1386, 1462, 1469, 1470,
IV: 1695–1698, 1705, 1711, 1712, 1715, 1771,
1772, 1782, 1814, 1865, 1886, 1887, V: 2066–
2068, 2087, 2366, 2414, 2415, 2480, 2481,
VI: 2513, 2753, 2879, 2880, 2916–2919, VII:
3307, VIII: 3764, XI: 5206, 5344–5347, 5375,
5389, 5390, 5395, 5414, 5472, 5473, 5538,
5539, 5540, XII: 31–33, 50, 63, 109, 135,
172, 225, 226, XIV: 1042, 1045–1060, 1302,
1315, 1357, XV: 1724, 1909, 1911–1926,
XVI: 1950–1959, 2147, 2433, XVIII: 2942–
2944, 3327, XX: 3993, 4000, 4001, 4003,

4005–4007, 4053, 4133, 4136, 4145, 4148, 4150, 4168, 4170, 4171, 4178, 4184, 4193, 4203, 4211, 4214–4232, 4235, 4237, 4238, 4265–4273, 4288, 4291, 4293, 4296, 4302, 4334, 4335, 4357, 4382, 4387, 4388, 4413–4415, XXI: 4569, 4572, 4575–4580, 4599, 4607, 4608, 4613, 4622, 4638, 4668, 4720, 4750, XXVI: 448, 450, 451, XXVII: 2, 56–58, 61, 62, 230, 241, XXVIII: 930, 1448, 1449, 1615, XXIX: 2142–2155, 2282, 2283, 2285, XXXI: 3249, XXXII: 2, 530, 540, 615, 630–638, 642–644, XXXIII: 701, 742, 1372, 1379, 1390, XXXIV: 114, 118, 141–143, 149, 150, 152, 153, 205, XXXV: 162, 170, 171, 541, 660, XXXVI: 366, 370, 416, 430, 481, 527, 572, XXXVII: 686, 693, XXXIX: 29, 33, 36, 38, 40–43, 43n, 73, 83, 84, 91, 125, 137, 257, 258, XXXX: 14, 15, 21, 29, 40, 41, 77, 161, 161n, 178, 266–S, 291, 293, 305, 306, 308, 311–315, 318, 318n, 323–325, 327, 330, 333, 335–337, 337n, 345, 347, 348, 371, 379, 384, 397, 401, 414, 420, 423, 426, 428, 441, 501, 506, 509, 521
GRIDLEY, I: 132, V: 2210, XII: 345, XVI: 2033, 2081, 2091, 2095, 2097, XVII: 2519, 2521, XXI: 4558, 4561, 4563, XXIV: 1571, 1670–1672, 1681, XXVI: 555, XXV: 498, XXXVII: 926, 1222
Griffith, Edwin J., XXII: 308–310, XXIII: 1257
Grosse, Maj. Carl, I: 281, 397, XIV: 1040, 1041, XVIII: 3089, XXX: 3004, 3009, XXXV: 226, 244–247, 250
GROUPER, XXI: 4561
GROWLER, XXI: 4561
Grunert, Lt. Gen. George, I: 10, 96, II: 575, 898, 969, III: 1089, 1158, 1300, 1345, 1457, VI: 2808, VII: 2992, 3008, 3017, 3070, 3092, 3100–3103, 3109, 3113–3115, 3127, VIII: 3730, 3732, IX: 4311, 4418, 4421, 4451, 4455, 4497–4499, 4507, 4557, X: 4989, 4990, 4993, XVIII: 3374, XIX: 3862, 3863, 3874, 3876, 3878, 3881, 3882, 3885, 3887, 3898, XX: 4313, 4338, 4339, 4492, 4502, XXI: 4566, 4584, 4591, 4595, 4596, 4602, 4610, 4614n, 4629, 4641, 4650, XXIX: 2452, XXXIV: 147, 150, 154, 159–161, 164–168, 171, 184, XXXV: 104, 257, XXXIX: 24, 67, 68n, 87, 93, 93n, 94, 112, 114, 115, 126, 130, 142, 178, 184, 199, 206, 219, 240

GRUNION, XXI: 4561
Guadalcanal, IV: 1831, 1911, VIII: 3858, IX: 3951, XIII: 532, 547–551, 574–577, 616, XXVI: 109, XXXVI: 616
Guadalupe, XVI: 2158, 2190, XXXIII: 1222
Guam, I: 18, 19, 31, 294, 320, II: 652, 827, 838, 913, 921, 927, III: 1081, 1088, 1092, 1171, 1177, 1261, 1265, 1267, 1277, 1304, 1454, 1455, 1464, IV: 1604, 1608, 1675, 1751, 1752, 1754, 1776, 1781, 1803, 1805, 1828, 1896, 1912, 1920, 1942, 1943, 1946, 1952, 1953, 1955–1957, 1967, 2002, 2010, 2032, 2058, V: 2110, 2123–2125, 2131, 2135, 2138, 2141, 2150, 2198, 2207, 2208, 2216, 2217, 2244, 2287, 2288, 2301, 2353, 2413, 2454, 2457, 2478, VI: 2503, 2514, 2517, 2518, 2522, 2593, 2643, 2644, 2645, 2650, 2656, 2666, 2818, 2819, 2842, 2869, 2880, 2881, 2901, 2911, 2912, VII: 2931, 2934, 2945, 2950, 2977, 3011, 3012, 3023, 3025, 3027, 3028, 3063, 3071, 3105, 3205, 3289, 3331, VIII: 3395, 3413, 3533–3535, 3542, 3559, 3581, 3587, 3662, 3665, 3690, 3833, 3834, 3844, 3845, IX: 4068, 4237, 4240, 4255, 4260, 4261, 4280, 4339, 4369, 4441, 4464, X: 4736, 4825, 4859, 4867, 4904, 4935–4937, 4942, 4955, 4965, 5006, 5007, 5145, XI: 5182, 5186, 5354, 5361, 5362, XIII: 542, 543, 554–558, 715, XIV: 973, 1064, 1083, 1328, 1365, 1403–1406, XV: 1425, XVI: 2221, 2237, 2239, 2275, 2276, 2298, 2309, 2310, 2325, 2330, 2355, 2369, 2385, 2412, 2421, 2444, 2447, 2449, XVII: 2486, 2573, 2526, 2577, 2580, 2627, 2653, 2709, XVIII: 2889–2891, 2916, 2917, 2943, 3232, 3336, XIX: 3504, 3606, 3982, 3984, XX: 4281, 4282, 4350, 4400, 4522, XXI: 4571, 4573, 4576, 4585, 4662, 4672, 4673, 4675, 4678, 4683, 4696, XXII: 326, 364, 365, 376, XXIII: 659, 663, 672, 675, 946, 966, 972–974, 992, 1081, 1132, 1160, 1170, XXIV: 1356, 1357, 1368, 1369, 1378, 1385, 1391, 1447, 1448, 1596, 1598, 1647, 1650, 1651, 2129, 2165, XXVI: 59, 75, 88, 100, 117, 226, 231, 295, 296, 321, 387, 423, XXVII: 15, 132, 221, 442, 467, 470, 487, 488, 496, 499, 500, 501, 503, 511, 544, 579, 784, 785, 790, 791, XXVIII: 838, 863, 902, 919, 928, 929, 963, 1022, 1069, 1529, 1591, 1592, XXIX: 1727, 2068, 2175, 2177, 2196, 2222, 2304, 2397, 2398, XXX: 2790, 2803, 2808,

XXXI: 3168, 3176, 3177, 3193, 3194, XXXII: 26, 27, 48, 49–52, 61, 62, 64, 65, 71, 74, 87, 100, 110, 158, 159, 197, 204, 231, 252, 304, 308, 326, 360, 369, 404, 405, 413, 421, 446, 506, 531, 550, 570, 582, XXXIII: 700, 817, 818, 873, 888, 893, 894, 920, 938, 939, 963, 977, 991, 994–996, 998, 1006, 1169, 1174, 1176, 1213–1215, 1218, 1232, 1237, 1262, XXXIV: 40, 41, XXXV: 1, 155, 218, 228, 541, XXXVI: 101, 102, 119, 143, 144, 145, 180, 192, 206, 209, 382–384, 395, 425, 426, 431, 432, 436, 439, 441–443, 469, 482, 483, 485, 486, 521, 525, 526, 563, 581, 594, 632, 637, 660, XXXVII: 717, 782, 785, 793, 842, 846, 857, 963, 965, 1207, 1252, 1253, 1256, 1327, XXXIX: 6, 7, 30, 31, 34, 38, 54, 78, 79, 236, 237, 298, 314, 315, 317, 331, 339, 349, 350, 362, 377, 407, 408, 409, 437, 441, 450, 470, 482, 513, XXXX: 64, 98, 100, 101, 104, 107, 131, 174, 262, 266–V, 266–W, 293, 391, 401, 441, 443, 534, 535, 554

Guantanamo, V: 2138, 2478, XIV: 946, 1009

GUARDFISH, XXI: 4561

Guest, Maj. Wesely T., XVIII: 3305, 3319, XXIX: 2357, 2358, 2379, 2429, XXXIII: 767, 768, 772, 1388, 1389, XXXIV: 67, 124, 125, XXXVI: 74, XXXVII: 661

GUDGEON, XI: 5506, XII: 349, XVII: 2520, 2521, XXI: 4561, 4565, XXIV: 1590, 1596, 1650, XXVI: 555, XXXVII: 036, 1245, 1252, 1258, 1262, 1263

GUIDE, XVIII: 2908, XXXIII: 955

GUILLEMOT (Br), XX: 4454

Guitar, Lt. Cdr., XXIV: 1548, 1641, XXIX: 2038, 2216, 2217, XXX: 2973, XXXI: 3173

Gulf of Siam, III: 1248–1251, 1257, 1284, 1343, 1470, 1525, IV: 1876, 1932, V: 2095, 2191, 2334, VI: 2872, 2873, VII: 2936, IX: 4250, X: 4807, 4859, XI: 5106, 5216, 5254, 5345, 5426, 5427, 5436, 5438, XI: 5461, 5515, XIV: 1368, 1383, 1407, XV: 1773, XVI: 2015, XVII: 2945, XIX: 3504, 3760, XXI: 232, 236, 237, XXVII: 14, 15, XXVIII: 1592, 1593, XXIX: 2084, 2308, XXXI: 3223, XXXII: 561, 581, XXXIII: 818, XXXV: 171, 309, 619, 620, XXXVI: 50, 145, 447, 486, 488, XXXVII: 799, XXXIX: 73, 258, XXXX: 178, 266–P, 395, 405, 414, 438, 439, 528n, 565

Gulf of Tonkin, IV: 1803, XXXVII: 1319

Gunther and Shirley Co., XXVII: 441, 444, 490, 491, 611, 613, 657, XXVIII: 1127, 1135, 1167, 1192, 1194–1198, 1208, 1213, 1215, 1225, 1226, 1228, 1251, 1253, 1308, 1331, 1440, 1446, XXIX: 1696, 1739, 1749–1751, 1776, 1788, 1789, 1812, 1858, 1859, 1904, 1905, 1907, 1913, 1914, 1923, 1924, 1927, 1974, 1975, 2092, XXX: 2623, 2738, 2748, 2752, 2757, 2785, 2796, 2843, 2878, 2882, 2955, 2960, 2972, 2982, 2990, 3022, 3039, 3056–3058, XXXI: 3101, 3102, XXXIV: 161, 163, 166, 167, 181, 185, 203, 204

GWIN, XI: 5503, XXIV: 1596, XXXVII: 1253

H

HAGIKAZE (Ja), XXXVII: 1329
HAGURO (Ja), XVII: 2657, 2682, XX: 4125, XXXV: 55, XXXVI: 156, XXXVII: 732, 744, 746, 786, 787, 1132, 1329
Hain, Lt. Col. Robert W., XXVII: 2, XXIX: 1713-1731, 1871-1877
Hainan Island, II: 955, 957, III: 1248, IV: 1618, 1844, 1846, 1949, 2015, V: 2080, 2110, VI: 2917, IX: 4254, 4337, X: 4694, 4805, 4810, 4834, 4835, 4882, XII: 2, 95, XIII: 555, XIV: 973, 1105, 1365-1367, 1381, 1384, 1399, 1407, XV: 1479, 1768, 1783, 1805, 1838, 1840, 1854, 1908, XVI: 2152, 2276, 2326, 2329, 2449, XVII: 2577, 2601, 2613, 2615, 2620, 2632, 2654, 2656, 2665, 2669, 2690, XVIII: 2952, XIX: 3444, 3454, 3490, 3492, XX: 4116, 4118, 4120, 4184, 4295, 4515, XXI: 4761, XXIII: 679, XXVI: 230, 231, 500, XXVIII: 866, 871, XXXI: 3205-3207, 3211, 3214, 3222, 3223, XXXIII: 818, 995, 1204, XXXIV: 166, 202, 203, 206-208, XXXV: 66, 70, 74, 77, 79, 203, 204, 279, 280, 283, 310, 312, 313, 317, 318, 578, 579, 584, 586, 609, 611, 618, 625, 627, 633-635, 637, 639, XXXVI: 18, 37, 38, 49, 101, 117, 118, 121, 123, 126, 132, 145, 147, 155, 214, 382, 406, 480, 485, 487, 489, 648, 659, XXXVII: 706, 709, 719, 720, 725, 747-749, 754, 758, 762, 767, 768, 772, 787, 789, 846, 1061, XXXIX: 408, 472, XXXX: 89, 93, 266-P, 337, 349, 414, 432
Haiphong, V: 2079, 2080, XIII: 755, 756, XV: 1479, 1840, XVI: 2326, XXVI: 230, XXXVI: 480, 485, 608, 654, 659, XXXVII: 790, 796, 798, XXXIX: 472, 473, XXXX: 337, 432
HAKAZE (Ja), XVII: 2683, XXXV: 55, XXXVII: 733, 1132, 1328
HAKKAI (Ja), XIII: 553
HAKUREI (Ja), XIII: 462-464
HAKUSA MARU (Ja), XXX: 3077
HALEAKALA, XXIV: 1326, XXVII: 180, XXXVII: 937, 1276, 1277
Haleakala, I: 38, III: 1070, VII: 3157, XV: 1606, XXI: 4588, XXII: 163, 271, 305, 310, 312, 353, 407, 408, 423, 432, 616, 623, 655, 656, 658-661, 663, 684, XXIX: 1628, 1635, 1759, 1762-1766, 1831, 1883, 1885, 1900, 1984, 1985, 1988, 1993, 1994, XXX: 2644-2648, 3003-3006, 3012, 3013, 3015, XXXI: 3132-3135, 3137, 3139, 3141-3153, 3156, 3169, XXXIX: 193, 196
HALESKALA, XIX: 3606
Haleiwa Field, I: 36, 38, 52, 54, 55, XII: 324, XV: 1615, 1622, XVIII: 2971, 2972, 3019, 3048-3050, 3246, 3250, XXI: 4624, 4643, XXII: 59, 249, 250, 252, 253, 255, XXIII: 997, XXIV: 1682, 1713, 1762, 1787, 1862, 1863, 1982, 1984, 2010, 2021, 2022, XXV: Item 86, XXVI: 30, 354, 381, XXVII: 175, 416, 616, 617, XXVIII: 1049, 1487, 1490, 2290, 2291, XXX: 2475, 2500, 2523, 2551, 2552, XXXII: 177, 196, XXXVI: 547, 551, XXXIX: 107, 132, XXXX: 62, 492
Halifax, Lord, II: 479, 490, 491, 494-496,

74 HALIFAX, N. S.

498, 500, 509, III: 1400, IV: 1700, 2046,
2047, 2049, V: 2329, XI: 5179, 5183, 5402,
5403, 5407, 5472, 5534, XII: 50, 80, 88, XIV:
1143, 1162, 1179, 1180, 1182, 1183, 1194,
1248-1250, 1300, XIX: 3441, 3462, 3477,
3484, 3486, XX: 3992, 4077, 4297, 4545–
4548, XXI: 4726, 4730, XXX: 2975, XXXIX:
43, XXXX: 299, 301n, 330, 350, 370, 373,
373, 375, 392, 400, 401, 403, 404, 407, 408,
413, 414, 414n, 422, 425, 425n, 426, 521
Halifax, N. S., XV: 1506, 1518, 1589, XVI:
2162
Hall, Col. Elmer, XXIII: 1096
Hall, Sgt. Mobley L., XXII: 257-261,
XXIII: 1255
Halmahara, IV: 1935, V: 2110, VI: 2883, XIV:
973, XVI: 2276, 2449, XVII: 2577, XXXII:
568
Halsey, Vice Adm. W. F., I: 29, 30, 77,
101, 114, 126, 135, 136, 224, 339, III: 1129,
1131, 1133, 1135, 1158, IV: 1737, 1779,
1801, 1892, 1893, 1903, 1905, 1906, V: 2164,
2219, 2300, 2308, 2472-2475, 2477, VI: 2510,
2529-2531, 2536, 1601, 2603, 2612, 2651,
2562, 2654, 2656-2658, 2660, 2663, 2701,
2706, 2735, 2736, 2756, 2757, 2805, 2833,
2897-2899, VII: 2982, 3121, 3240, 3242,
3305, 3306, 3357, 3361, VIII: 3476, 3490,
3526, 3636, 3547, 3553, 3554, 3700-3703,
3719, 3720, 3724, 3735, 3737, 3748, 3752,
3833, 3835, 3937, 3858, 3894, IX: 4079-4095,
4112, 4114, 4121, 4149, 4150, 4159, 4161,
4163-4166, 4180, 4185, 4219, 4299, X: 4859,
4883, XI: 5251, 5474, 5477, XVI: 2122, 2228,
2229, 2253, 2256, 2257, 2348, XVII: 2516,
XVIII: 3255, 3333, 3334, XXI: 4556-4558,
4561, 4562, 4661, XXII: 56, 87, 402, 452,
459, 509, 510, 578, XXIII: 603, 605-632, 711,
712, 729, 900, 934, 935, 937, 942, 1069, 1194,
1261, XXIV: 1393, 1395, 1413, 1415, 1416,
1423, 1431, 1432, 1435, 1590, XXVI: 1, 3,
13, 18, 23, 30, 43, 52, 53, 60, 61, 67, 68, 97,
144, 148, 162, 204, 239, 249, 258, 317-332,
343, 344, 348, 376, 439, XXVII: 555, 795,
XXVIII: 927, 938, 940, 1007, XXXII: 211,
237, 239, 266, 268, 269, 292, 293, 409, 423,
432, 441, 470, 517, 572, 573, 591, 663, 668,
XXXIII: 704, 1200, 1201, 1284, XXXVI: 208,
366, 371, 394, 404, 419, 435, 436, 440, 441,
444, 450, 452, 457, 460, 519, 536, 537, 541,

545, 549, 567, 573, XXXVII: 1213, 1245,
XXXIX: 298, 503, 504, XXXX: 64n, 105,
105n, 106, 109
Hamada, Itsuo, XXXI: 3182
HAMAKAZE (Ja), I: FP 239, XIII: 403,
661, 701, XVII: 2687, XX: 4127, XXXV: 58,
XXXVI: 656, XXXVII: 736
HAMAKUA (Ja), XXXVII: 1279
KAMAKURA MARU (Ja), XXXVII: 1125
HAMILTON, XVIII: 2930
Hamilton, Capt., XXIV: 1467, 1553
Hamilton Field, I: 38, 79, 147, VII: 2949, 2950,
2758, 3222, X: 5142, 5144, 5145, XXI: 4768,
4769, 4772, XXII: 45, 310, XXI: 4768, 4769,
4772, XXIV: 1827, XXVII: 96, 167, 168,
430, XXIX: 2315, XXX: 2616, 2901, 2951,
XXXII: 186, 208, 288, 426, 578, XXXVI:
159, XXXIX: 310
Hamilton, Maxwell, I: 127, 298, 398, II: 462,
465, 534, 616, 736-738, III: 1016, 1399, IV:
1701, V: 2094, 2095, 2323, VI: 2768, 2875,
2913, IX: 4035, 4120, XI: 5204, XII: 61,
XIV: 1103, XV: 1732, XVI: 2015, XVIII:
2942, XIX: 3708, 3711, 3712, 3714, 3717,
3718, 3731, 3738, 3754, 3760, 3763, XX:
4008, 4081, XXVI: 445, XXXII: 2, 152, 153,
636-641, XXXIII: 786, XXXVI: 377, 415,
428, 430, 527, 572, XXXX: 44, 266-S, 406,
562
Hamilton, T/Sgt. W. J., XXIII: 1072
HAMMANN, XI: 5505
HAMMONDSPORT, II: 653, XX: 4475
HANCOCK, XIII: 734, XXXVI: 599
Handy, Gen. T. D., III: 1159, 1331, 1332,
1344-1346, 1517, IX: 4493, 4494, X: 4639,
XIX: 3893, XXVII: 84, XXXIV: 88, XXXV:
25, 26, 115, 129, XXX: 212n, 434n
Hanighen, Frank, XXIX: 2219, 2221, 2240,
2241, 2252, 2253
Hannon, S I/c. James Patrick, XXIV:
1590
Hannum, Col., XXVII: 2, 272, 314, 316, 326,
332, 333, 379, 394, 398, 399, 444, 493, 682,
XXVIII: 1060-1090, 1168 1180, 1184, 1188,
1193, XXIX: 1748, 1749, 1755, 1760, 1771,
1781-1783, 1787, 1788, 1796, 1799, 1800,
1811, 1817, 1823, 1830, 1832, 1833, XXX:
2577, 2631, 2635, 2638, 2643, 2649, 2651,
2652, 2654, 2656, 2658, 2661, 2687, 2689,
2696, 2700, 2703, 2705, 2708, 2712, 2716,

3012, 3038, XXXIX: 149n, 155, 192, 202, 205, 216, 217
Hanoi, II: 745, V: 2080, VI: 2797, XV: 1740, XVI: 2326, XVII: 2485, XVIII: 2947, XIX: 3492, XX: 4120, XXXV: 671, 672, 677, XXXVII: 790, 791, 1084, 1087, XXXIX: 472, 473, XXXX: 33, 344, 432
HAQURO (Ja), XI: 5359
Harbor Control Post, V: 2241, XV: 1470, 1471, XXII: 165, 166, 269, 435, XXIV: 1635, 1636, 1649–1749, 1773, 2092, 2095, 2112, XXVI: 28, 197–199, 244, 407, 408, 485, XXVIII: 914, 1364, 1390, 1391, XXIX: 1658, XXX: 2461, 2463, 2492, XXXII: 178, 180, 194, 281, 308, 389, 390, 395, 678, XXXIII: 724, 1181, 1182, 1294, 1295, 1305, 1306, 1308, XXXVI: 392, 393, 544, 551, 559, XXXVII: 939, 942, 1276, 1299, 1311, 1312, XXXIX: 412, 415
Harbor Patrol, XXIV: 1627
Harold, Lt. Col., XXVIII: 1095, 1108, XXIX: 1680, 1681
Harper, Lt. Cdr. J. S., XXIV: 1386
Harril, 2d. Lt. V. A., XIX: 3639
Harriman, Averell, II: 514, V: 2118, XII: 85, XVI: 2210
Harrington, Cyril J., XXVII: 2, XXIX: 2020–2027, XXX: 2728, 2729
HARRIS, XI: 5506, XII: 346, XIV: 981, XVI: 2184, 2240, XXI: 4559, 4564, XXIV: 1704, 1730, XXXVII: 1278, 1279
Harrison, Lt. Cdr., VIII: 3651, 3675, 3676, 3771, 3776, 3926, IX: 3931, 3949, 4210
Harrison, Maj. E. L., IX: 4493, XI: 5247, 5249, 5264, 5482, 5519, XIX: 3536, XXXV: 25
HARRY LEE, XIV: 981
HARRY LUCKENBACK, XII: 347
Hart, Adm. Thomas C., I: 264, II: 956, 966, III: 992, 1058, 1068, 1222, 1288, 1508, IV: 1746, 1828, 1847, 1873, 1929–1933, 1964, 2046, V: 2102–2104, 2109, 2110, 2113–2117, 2192, 2206, 2216, 2254, 2255–2257, 2333, 2334, 2359, 2360, 2372, 2387, 2388, 2391, 2477, VI: 2836, 2877, 2882, 2886n, VII: 3291, 3302, 3355, 3360, 3363, VIII: 3537, 3550, 3580, 3590, 3597, 3703, IX: 3967, 4029, 4176, 4195, 4261, X: 4684, 4686, 4699, 4700, 4733, 4763, 4764, 4792, 4794–4828, 4855, 4867, 4891, 4893, 5080–5083, 5086–5088, XI: 5155, 5202–5204, 5205, 5207, 5220, 5229, 5230, 5258, 5382, 5454, 5477, 5484, 5514, 5517, 5518, 5538, XIV: 923, 932, 972, 1010, 1328, XV: 1627, 1628, XVI: 2144, 2145, 2147, 2149, 2150, 2152, 2153, 2160, 2161, 2165, 2171–2174, 2183, 2208, 2212–2215, 2223, 2243, 2444–2456, XVII: 2522, XVIII: 2965, 3011, XIX: 3551, 3553, 3947, XX: 4320, 4334, 4336–4339, 4456, 4458, 4460, 4473, 4487, XXI: 4556, XXII: 44, 458, XXIII: 1078, XXIV: 1355, 1356, 1780, 1826, XXIX: 2317, 2320, 2364, XXX: 2469, 2515, XXXII: 13, 48, 64, 81, 108, 360, 460, 580, 611, 655, XXXIII: 701, 706, 757, 770, 782, 794, 795, 816, 1010, 1166, 1168–1170, 1174, 1202, 1231, 1233–1235, 1351, 1355, 1362, XXXVI: 62, 130, 150, 370, 402, 406, 408, 409, 423, 508, XXXVII: 676, 1205, XXXIX: 324, XXXX: 90, 93, 108n, 171, 209

Hart's Question to OPNAV on 6 Dec. 1941, II: 953, 954, III: 1000, 1231–1233, IV: 1643, 1980, V: 2370, 2371, VI: 2866, 2883, IX: 4271, X: 4762, XIV: 1412, XXXIII: 881, 882, XXXX: 170, 170n, 424

Hart Inquiry and Report, I: 138, 139, III: 1359, 1360, 1434, 1464, 1479, 1480, 1481, IV: 1890, 1907, 2028, 2029, VI: 2656, 2657, 2833, 2834, 2842, 2843, VII: 3414, 3419, 3493, 3495, 3500, 3501, 3506, 3522, 3523, 3549, 3577, 3608, 3630, 3645, 3647, 3648, 3669, 3727, 3757, 3776, 3789, 3855, 3858, 3890–3893, IX: 3929, 4223, 4225, 4226, 4237, 4300, 4304, 4383, 4386, 4389, 4390, 4418, 4427, 4446, 4457, 4470, 4471, 4480, X: 4480, 4850, 4856, 4858, 5012, 5019, 5020, 5022, 5124, 5125, XI: 5236, 5237, XVI: 2261, 2265, 2310, 2316, 2320, 2334, 2341, 2395, XVIII: 3338, XIX: 3853, 3858, 3860, 3929, 3947, XXI: 4689, XXVI: 1–565, XXIX: 2366, 2367, 2375, 2378, 2381, 2389, 2391, 2392, XXXII: 54, 198, 323, XXXIII: 727, 728, 772, 916, 917, XXXV: 132, 133, 165, XXXVI: 33, 34, 72, 74, 264, 340, 359, 360, 364, 505, 507, 540, XXXIX: 250, 284–286, 355, 371, 390, 396, 397, 420, 450, 459, 483, 493, XXXX: 46, 47n, 71n, 105n, 106n, 109n, 114n, 115n, 146n,

HARTUNG, LT. CDR.

208, 208n, 226n, 242n, 266-O, 269, 481, 484, 485, 526, 533
Exhibits, XXVI: 2
Photo Reconnaissance Suggestion, III: 1290, 1291, XV: 1642
Reconnaissance Toward Indo-China, II: 491, III: 1250, IV: 1641, 1811, 2047, V: 2429, VIII: 4042, IX: 4233, 4244, XV: 1681, XVI: 2370, XXI: 4683, XXXIV: 145, XXXVI: 208, 266-P
Warning Messages from CNO, I: 306, 316, 318, II: 950, 965, 973, III: 1020, 1263, 1265, 1266, 1270, 1274-1276, 1364, IV: 1921, 1935, 1936, 1971, 1990, 1991, 1995, 1996, 2002, 2028, 2048, V: 2110, 2119-2121, 2123, 2130-2135, 220, 2208, 2221, 2262, VI: 2517, 2518, 2520, 2631, 2645, 2663, 2835, 2846, 2888, 2890, VII: 3166, 3205, 3290, VIII: 3383, 3384, 3665, 3668, 3670, 3673, 3684, 3801, IX: 4240, 4243, 4251, X: 4716, 5085, XI: 1471, XXI: 4672, 4673, XXIV: 1357, XXVII: 539, 791, XXIX: 2161, 2193, 2322, 2363, 2396, 2398, 2399, XXXI: 3221, XXXII: 60, 406, 429, 528, 532, 543, 592, 608, XXXIII: 689, 807, 808, 813, 887, 894, 900, 919, XXXVI: 102, 103, 206, 434, 489, XXXIX: 8, 314, 315, 339, XXXX: 98n, 108n, 238, 380, 389, 396n, 401, 414, 528n
Hartung, Lt. Cdr., XXIV: 1651
HARUKAZE (Ja), XVII: 2683, XXXV: 55, XXXVII: 733, 1133, 1135, 1329
HARUNA (Ja), VII: 3244, XI: 5359, XIII: 550, 658, 659, 689, 695, 719, XV: 1805, 1870, 1873, 1874, 1878, 1882, 1885, 1895, XVI: 2322, 2323, 2329, 2339, XVII: 2656, 2669, 2673, 2681, XVIII: 3300, XX: 4125, XXXV: 54, XXXVI: 125, 156, 510-512, 515, 596, XXXVII: 731, 751, 774, 780, 787, 1131, 1315, 1317, 1319, 1322, 1324, 1328, XXXIX: 467, 468, 477
HARUNA MARU (Ja), XIII: 462-464, XXXV: 614
HARUSAME (Ja), XIII: 575, XVII: 2682, XX: 4129, XXXV: 55, XXXVII: 732, 1132, 1329
Harville, Lt., XXVII: 556, XXXIII: 1344
Hasby, Bert, XXVIII: 1564
HASHIDATE (Ja), XVII: 2690, XXXV: 59, XXXVII: 737, 794, 1135
HASU (Ja), XVII: 2690, XX: 4129, XXXV: 59, XXXVII: 737, 1135
HATAKAZE (Ja), XVII: 2683, XXXV: 55, XXXVII: 733, 1133, 1135, 1329
HATASUSA (Ja), XXXV: 60
HATEUYUKI (Ja), XX: 4125
HATO (Ja), XXXV: 60, XXXVII: 737, 1135
HATSUHARU (Ja), XVII: 2681, XX: 4126, XXXV: 54
HATSUKARI (Ja), XVII: 2691, XXXV: 60, XXXVII: 737, 1135
HATSUGUMO (Ja), XXXVII: 732, 1132, 1329
HATSUKAZE (Ja), XVII: 2682, XX: 4126, XXXV: 55, XXXVII: 732, 1132, 1329
HATSUNARU (Ja), XXXVII: 1131
HATSUSHIMO (Ja), XII: 553, 578, 583, XVII: 2681, XX: 4126, XXXV: 54, XXXVII: 731, 1131, 1328
HATSUTAKA (Ja), XVII: 2683, XXXV: 55, XXXVII: 733, 1133, 1134, 1329
HATSUYUKI (Ja), XIII: 548, 576, XVII: 2681, XXXV: 54, XXXVII: 732, 1132, 1328
Havada, Yoshio, XXIV: 1449-1452
Havana, IV: 1716, V: 2076, 2077
Hawaii, I: 275, III: 1061-1099, VII: 3325, 3326, IX: 4361, XV: 1908, 1909, XVIII: 3076, XXII: 371, XXIII: 665, 766, 863, 929, XXIV: 1295, 1306, XXXIX: 151-153, 180, XXXX: 160
    Air Situation, III: 1105, 1545
    Air Attack Concern, III: 1118, 1119
    Air Defense Situation, I: 379-382, 387-397, III: 1105, 1152, 1545
    The Attack, (See Pearl Harbor Attack)
    Aide Memoire, (See Marshall)
    Anchorages, I: 326
    Census 1940, XVIII: 3132-3170
    Civil Defense, VII: 2928, 3192, 3193, 3214, XVIII: 3107-3123, 3351-3435, XX: 4421-4423, 4486, XXIV: 1313-1354, 1793-1798, 1918-1933, XXVI: 484, XXVII: 183-186, 287, XXVIII: 1403-1405, 1410, 1454, 1461, 1480, 1614, XXIX: 1641, XXX: 2481, 2482, 2484, 2607-2622, XXXV: 273
    Code Destruction by the Japanese Consul, III: 1481, 1493, 1494, IV: 1802, 1960, XXVI: 304, XXVIII: 868, XXXII: 197,

XXXV: 23, XXXVI: 28, 137, XXXX: 131, 555
Communications With Washington D.C., II: 934, 937, III: 1423, 1433, XXVII: 114, 149, 150, 314, XXXVI: 566, XXXIX: 94, XXXX: 224–226, 266-P
Defense of Hawaii, I: 34, 130, 131, 277–281, 368–370, 372–397, II: 868–870, 872, III: 1005, 1012–1014, 1020, 1074, 1092–1094, 1105, 1161, 1163, 1217, 1458–1460, IV: 1594, 1681, 1938–1941, 1989, 2025, V: 2126, 2130, 2138–2143, 2163, 2239, 2245, 2246, 2342, VI: 2505, 2506, 2515, 2571, 2652, 2653, 2757, 2894, 2902, VII: 2931–2977, 2981, 3085, 3086, 3287–3289, 3293, VIII: 3474, X: 4877, 4946, 4949, 4977, XI: 5421, XIV: 986–989, 1003, 1004, 1019–1034, 1040, 1041, XV: 1424–1371, 1601–1626, 1637, 1643, 1653–1665, 1930, XVI: 1936–1940, 2238, 2254, 2276, 2281, 2288–2290, 2352–2253, 2377, XVII: 2466, 2468, 2471, 2481, 2579, 2581, 2582, 2711, 2712, XVIII: 2959, 2961, 2962, 2970, 2973, 2977–2982, 2992, 2993, 3025, 3028–3030, 3034, 3053, 3061, 3081, 3099, 3105, 3107–3115, 3217, 3228, 3230, 3241, 3430–3432, XX: 4428–4430, 4433, XXI: 4584, 4587, 4595–4601, 4628–4636, 4676, 4677, 4691, 4693, XXII: 9, 13, 14, 25, 27, 40, 68, 74, 78, 79, 96, 97, 164, 170, 330, 331, 340–346, 348, 349, 403, 563, 573, XXIII: 1094, 1115–1120, 1136, 1142, 1159–1161, 1250, 1255, XXIV: 1309, 1361, 1379–1384, 1389, 1390, 1455, 1471–1476, 1484–1487, 1492, 1494, 1527–1535, 1563–1568, 1622–1634, 1777, 1785–1793, 1799, 1822, 1935–1937, 2161, 2163–2169, XXVI: 14, 17, 30, 32, 44, 45, 49, 57, 67, 85, 93, 100, 102, 144, 145, 169, 250–252, 257–259, 269, 270, 279, 400, 401, 407, 475–487, 493–523, 527–542, 546, XXVII: 43–45, 50, 186, 194, 197, 771, 775, XXVIII: 831, 834, 836, 838, 839, 841, 852, 888, 889, 900, 911, 913, 920, 951, 978, 979, 981, 984, 993, 1000, 1005, 1006, 1009, 1010, 1089, 1476, XXIX: 1724, 1725, 1727, XXX: 2405, 2473, 2485, 2511, 2533, XXXI: 3164–3169, XXXII: 32,
36, 39, 138, 151, 170, 194, 218, 219, 224, 225, 228, 383, 400, 437, 501, 502, 556, 563, 575, 576, 617, 619, XXXIII: 689, 692, 693, 696, 708, 715–718, 726, 1150–1163, 1179–1186, 1194–1196, 1201, 1202, 1241–1243, 1279, 1285, 1300–1302, 1351, 1358, XXXVI: 195, 204, 205, 290, 292, 385–395, 409, 410, 550, XXXVII: 947–952, 999, 1129, 1130, 1307–1314, XXXIX: 4, 12, 19, 37–39, 47, 49, 50, 52–54, 59, 65, 69, 71, 72, 74, 234, 301, 305, 352, 412, 413, 415, 420, 424, 425, XXXX: 69, 77, 81–87, 114, 125, 228, 544, 545, 553
Description, XXXIX: 3, XXXX: 289, 290, 290n, 291, 292, 489, 497
Distant Reconnaissance Responsibility, IV: 2025, 2030, VI: 2507, VII: 3029, XVIII: 2960, XXVII: 92–96, XXXVI: 578, XXXIX: 86, XXXX: 241
Espionage-Sabotage, (See Espionage)
Exercises/Drills, VI: 2778, VII: 3086, 3333, XVII: 2714, 3333, XXIV: 1934, 1935, XXV: 126, XXVII: 19, XXVIII: 953, 1066, 1390, XXXX: 523
FBI Reports, XXV: Items 22–34
German Activity, XXV: Item 33
Health and Recreation Facilities, XXXVII: 1276–1279
Intelligence From the British and Dutch, III: 1494–1496, 1565, XXXIV: 61, 62
Italian Activity, XXV: Item 34
Japanese Communications With Tokyo, III: 1101, X: 5139–5141, XXXII: 361, XXXVII: 1005
Japanese Consulate Code Destruction, (See Code Destruction)
Japanese Reconnaissance, I: 199, 200, XIII: 397, 411, 422, 499
Local Communications, VI: 2652, XXII: 242, XXIV: 1490
Local Radio Stations, I: 203, III: 1568, VII: 3250, 3308, XIII: 395, 427, 630–640, XVIII: 3254, XXIII: 1153, XXIV: 1362
Martial Law, XIX: 3605, XXXI: 3194
Military Units in Hawaii 7 Dec., XXXI: 3170, 3171
National Guard, XXII: 70, XXIII: 145

78 HAWAII

Naval Aircraft Readiness, (See Condition of Readiness)

Pacific Fleet Basing 1940, I: 255, 258, 259, 260, 261, 263, 265, 268, 297–300, 352–354, 356, II: 463, 464, 467–470, 472, 507, 547, 556, 567, 583, 585, 596, 602, 603, 609, 720, 721, III: 1140, 1241, 1242, V: 2189, 2195–2197, 2413, VI: 2619, 2904, 2906, XIV: 941, 943, 955, 963, 971, 1010, 1074, XVII: 2464, XVIII: 3298, XXII: 490, XXVI: 191, 212, 234, 275, 457, 458, XXXII: 28, 75–77, 148, 150, 606, 624, 628, XXXIII: 1188, XXXIV: 143, XXXVI: 365, XXXX: 159n, 160–162, 266–B, 343, 544

Proposed Meeting Between Prince Konoye and FDR, XVII: 2778, 2794, XX: 4001

Prosecution of Japanese Consular Agents, XVII: 2871–2874, XXIII: 860, 862, XXXI: 3183

Readiness of Army Units, VII: 3087, 3296, IX: 4293, XXVI: 258, 274, 400, 469, XXVII: 513, XXXIX: 16, 383, XXXX: 66, 67, 129

Reconnaissance—Air and Surface, I: 286–288, V: 2141–2143, 2172, VI: 2533–2535, 2609, 2625, 2629, 2661, 2723, 2727, 2811, 2849, VII: 2959, 2992, 3016, 3029, 3051, 3055–3057, 3059, 3060, 3074, VIII: 3497–3499, 3504, 3507, 3509, 3533, IX: 4292–4295, 4581, X: 4944, 4953, 5007, XI: 5484, XVI: 2360, 2379, 2423, XVII: 2489, 2867, XXI: 4592, 4594, 4669, 4677, 4682, 4688, 4691, 4693, 4700, XXII: 486–488, 542, XXIII: 1162, XXIV: 1481, 1482, 1488, 1489, 1776–1778, 1780, 1781, 2148–2157, XXV: Items 125, 126, XXVI: 105, 124, 310, 311, 320, 347, 431, XXVII: 70, 160, 177, 184, 197, 202, 204, 287, 425, 550, 551, 795, 796, 800, XXVIII: 840, 842, 847, 853, 892–894, 901, 914, 917, 922–925, 938, 953, XXXII: 177, 190, 192, 254, 379, 441, 445, 454, 456, 507, 508, 514, 515, 557, 648, 673, XXXIII: 709, 1335, XXXV: 157, 159, XXXVI: 203, 217, 367, 454, 455, 459, 461, 551–553, 576, 586, XXXIX: 50, 54, 64, 65, 131, 144, 242, 259, 308, 320, 338, 348, 354, 361, 520, 521, XXXX: 114–117, 126, 164–167, 545, 547, 548

Replacing Marines With Army Troops at Outlying Bases, (Also see Midway Island), V: 2154–2156, 2167, 2169, VI: 2519, 2573, XV: 1642, 1643, XVII: 2481, 2482, XVIII: 3124, XXII: 42, 43, XXVI: 281, 321, 423, XXVII: 228, XXVIII: 1497, XXXII: 124, 266, XXXIII: 1288, XXXVI: 426

R.O.T.C., XXVIII: 1029, 1035, 1036, 1038

Unity of Command, III: 1044–1047, VI: 2608, VII: 3121, 3314, X: 4898, XV: 1482, 1483, XXIII: 1140, XXVI: 126, XXVII: 160, 165, XXVIII: 837, 921, XXXII: 33, 55, 147, 178, 559, XXXIX: 358, 421, 422, 426, 511, 527, XXXX: 240–245

Warning Messages, II: 821, 824–828, 830–833, 836–839, 878, 929, 933, III: 1063–1065, 1149, 1172, 1174, 1177, 1417, 1444, 1445, 1452, 1456, 1457, 1466, 1472, 1475, 1494, 1495, 1510, 1514, 1540, IV: 1597–1601, 1603–1611, 1626, 1652, 1664, 1775, 1804, 1805, 1869, 1963, 1980, 1995, 2001, 2030, 2034, 2035, 2055, V: 2130, 2130, 2178, 2280–2282, 2378, 2379, VI: 2516–2520, 2525, 2526, 2543, 2627–2632, 2640, 2643, 2627–2632, 2640, 2641, 2651, 2659, 2724, 2724, 2756, 2760, 2761, 2811, 2856, VII: 2933–2940, 2949, 2996, 3010, 3011, 3026, 3028, 3072, 3091, 3164, 3269–3271, VIII: 3516, 3550, 3551, 3818, IX: 4189, 4255, 4518, 4519, 4541, X: 4651, 4949, 4965, 4974, XI: 5451, XVI: 2354, 2363, 2401, XVIII: 3171–3186, 3232, XXI: 4601, 4617, 4648, 4649, 4951, 4672–4675, 4684, 4698, XXIII: 1083, XXVI: 32, 467, 468, XXVII: 48, 63, 72, 97, 99–106, 154, 155, 162, 169, 187, 539, 580, 581, 587, 726, 727, 730, 790, 791, XXVIII: 838, 928, 929, 961, 963, 1033, 1583, XXIX: 2075, 2080, 2081, 2162, 2174, 2184, 2190, 2197, 2210, 2310, 2311, 2313, 2402, XXX: 2466, 2486, XXXII: 48, 57, 65, 87, 124, 125, 128, 194, 259, 304, 325, 413, 415, 416, 446, 528, 568, 588, 597, 649, 658, XXXIII: 689, 710, 790, 818, 828, 829, 834, 879, XXXIV: 6, 20, 21,

31–33, 39, 51, 59, 132, 154, 160, 161, 182, XXXV: 93, 99, 172, 177, XXXVI: 191, 418, 419, 422, 432, 433, 447, 451, 565, 575, XXXIX: 7–10, 20, 48, 49, 76–82, 92–95, 103, 134, 140, 221, 227, 228, 236, 260, 261, 314, 315, 316, 339, 340, 348, 355, 367, 371, 373, 395, XXXX: 104–112, 123, 124, 224–266, 266–I, 266–M, 534–538, 556

The Zacharias Warning, V: 2354, VI: 2603, 2604, 2639, 2641, VII: 3239, 3942, 3247, 3303, 3304, 3306, 3308, 3348, 3349, XVIII: 3294

Hawaiian Air Depot, XVII: 393, XXII: 61, 66, XXIV: 1969–1976, XXVI: 1969–1972, XXX: 2530, XXXV: 222–224, 234, 237, 238, 240–243, 247, 248, 252

Hawaiian Air Force, I: 34, 35, 52–55, 381–385, 387, 388, 395–397, II: 833, 836, III: 1074, 1481, 1495, V: 2166, 2239, 2241, 2245, VI: 2520, VII: 2937, 2942, 3047, 3213, 3288–3290, VIII: 3451, 3453, 3456, 3478, IX: 4358, 4370, 4372, X: 4886, 4972, 5146, XIV: 1019, 1020, 1030, 1032, 1036–1041, 1330, 1333, XV: 1429, 1439–1444, 1450, 1463, 1467, 1611, 1625, 1653, 1656–1658, 1660, XVI: 2281, 2323, 2336, 2339, 2342, 2357, XVII: 2490, 2551, 2552, 2556, 2557, 2561, 2562, 2566, 2567, 2725, 2738, 2867, 2868, XVIII: 2956, 2957, 2959, 2961, 2963, 2964, 2968, 2985, 2988–2990, 2992, 2993, 3010, 3019, 3022, 3026, 3043–3048, 3050–3054, 3078, 3089, 3091, 3092, 3095, 3097–3099, 3213, 3231, 3235, 3243, 3243, 3249, 3430–3434, XIX: 3603, 3628, 3635, 3637, XXI: 4601, 4602, 4614n, 4626, 4631, 4633, 4638, 4639, 4665, XXII: 21, 26, 28, 50, 59, 75, 76, 79, 108–110, 126, 147, 193, 198, 349, 353–355, 367, 557, 560, 571–573, 577, XXIII: 713, 898, 995, 1002, 1004, 1005, 1026, 1027, 1144, 1149, 1162, 1254, XXIV: 1412, 1464, 1472, 1487, 1566, 1594, 1629, 1632, 1634, 1646, 1705, 1763, 1766, 1767–1769, 1772, 1773, 1775, 1777, 1779, 1780, 1784, 1801, 1803, 1804, 1806, 1808, 1841, 1857, 1859–1862, 1864, 1866–1868, 1890, 1901, 1903–1905, 1909, 1911, 1913–1914, 1916, 1934, 1936, 1958, 1960, 1969, 2009–2112, 2129–2131, 2134–2136, 2138, 2140, 2142, 2143, 2145, 2147, 2148, 2155, 2156, 2159, 2160, XXVI: 34, 91, 126, 132, 140, XXVII: 20, 22, 102, 411, 426, 436, 559, 595, 635, 768, XXVIII: 828, 830, 923, 951–953, 967, 969, 975, 977, 979, 981–985, 996, 1010, 1485, 1491, 1492, 1577, 1578, XXIX: 1723, 1724, 1727, 1729, 1731, 1763, 1769, 2009, XXX: 2460, 2461, 2463, 2465, 2467, 2468, 2472, 2489, 2491, 2492, 2494, 2496, 2497, 2514, 2523, 2526, 2548–2551, 2553, 2554, 2556, 2557, 2579, 2590, 2591, 2593, 2594, 2598–2600, 2899, 3010, XXXI: 3116, 3153, 3171, XXXII: 71, 239, 498, 510, 515, 661, XXXIII: 1180, 1182, 1185, 1186, 1302, 1304, XXXV: 51, 89, 119, 209, 217, 219, 220, 222, 225–228, 233, 240, 241, 242, 244, XXXVI: 159, 170, 279, 280, 285, 398, 407, 458, 583, 586, XXXVII: 802, 940, 941, 952, 1250, 1300, XXXIX: 4, 14, 75, 77, 109, 118, 125–127, 275, 304, 468, 486, 491, XXXX: 70, 81, 85, 103, 126, 491

Status of Aircraft on 7 Dec., XII: 323, 324

Hawaiian Air Force—G2, III: 1454, IX: 4356, 4357, 4364, X: 4851, 4853, XXVI: 229, XXVII: 418, XXXIII: 835, XXXV: 30, 38, 39, 45, 49, 52, 133, 144, 148, 154, 160, XXXVI: 160, 161, XXXVII: 801, XXXIX: 236, 280, 286, 517

Hawaiian Coastal Frontier, I: 34, VI: 2507, 2788, 2894, 2903, VII: 2942, 2959, 3287, 3292, 3298, X: 4934, 4940, 4943–4946, 4948, XV: 1661, XVI: 2299, XVII: 2573, 2575, 2578–2580, 2582, 2583, 2585, 2587–2591, 2600, XVIII: 2892, 2893, 2917, 2925, 2940, 3227, XXII: 37, 520, 523, XXIII: 992, 1140, 1194, XXIV: 1359, 1483, 1485, 1486, 1776, XXVI: 250, 413, 482–484, 495, 498, 501–506, 508, 510–513, 516, 522, 523, XXVII: 38–40, 42–45, 136, 576, 767, XXVIII: 831, 910, 913, 1390, XXIX: 1722, XXX: 2464, XXXI: 3163, 3164, XXXII: 35, 42, 141, 274, 277, 296, 608, XXXIII: 717, 718, 829, 888, 940, 941, 965, 972, 973, 985, 990, 992, 993, 996, 998, 1000, 1001, 1003, 1005–1008, 1011, 1012, 1017, 1018, 1151, 1153–1155, 1201, 1243, 1281, XXXVI: 182, 195, 372, 384–386, 405, 426, 454, XXXVII: 841, 843, 844, 847–849, 851, 852, 854, 856–859, 862, 868, 869, 1308–1311, XXXIX: 4, 5, 10, 17, 19, 48, 65, 67, 395, 410, 415, 438, XXXX: 81, 82, 86, 113, 114n, 126, 150, 154, 232, 237, 237n, 239–241, 242n, 243n, 264, 556

Hawaiian Contracting Co., XXVIII: 1115–1117, 1122, 1123, 1259, 1331, 1431, 1434, 1436, XXIX: 1748, 1782, 1798, 1814, 1815, 1844, 1845, 1852, 1854, 1903–1905, 1908, 1910, 1915–1917, 1920, 1921, 1923, 1940, 1941, 1943, 1950, 1956, 1961, 1998, 1999, 2040–2043, 2045, XXX: 2738, 2747, 2748, 2751, 2796, 2879, 3086, XXXIX: 132, 167, 171–173, 186, 192, 193, 205, 212–215, 217

Hawaiian Constructors, XXI: 4567, 4643, 46444, 4660, XXVII: 147, 272, 293, 295, 298, 306, 336, 343, 365, 368, 370, 391, 392, 395, 398, 402, 403, 444, 458, 460, 484, 490, 491, 493, 495, 600, 612–614, 651, 658, 669, 671–675, 677, 678, 680, 681, 685, 695, 747, XXVIII: 880, 1061, 1069, 1071, 1094, 1099, 1101, 1103, 1104, 1106, 1114–1116, 1118, 1121–1123, 1135, 1138, 1166, 1168, 1182, 1186, 1189, 1190, 1194, 1204, 1206, 1214, 1221, 1223, 1224, 1236, 1237, 1246, 1251–1253, 1257, 1259, 1260, 1280, 1283, 1288, 1289, 1291, 1294, 1297, 1298, 1299, 1302, 1304, 1306–1308, 1317, 1321, 1322, 1324, 1325, 1332–1335, 1385, 1431, 1434, 1436, 1438–1440, 1509, 1513, 1515, XXIX: 1636, 1676, 1679, 1681, 1682–1686, 1691, 1694–1696, 1700–1702, 1704, 1706, 1748, 1752, 1756–1761, 1763, 1765, 1766, 1771, 1773, 1779, 1783, 1791–1793, 1801, 1802, 1807, 1814, 1815, 1817, 1819, 1820, 1822, 1823, 1840, 1842, 1845–1847, 1854, 1858–1860, 1865, 1878–1880, 1884, 1891, 1892, 1896, 1900, 1902–1911, 1913, 1914, 1916–1920, 1923, 1926, 1930, 1935–1938, 1941, 1942, 1944, 1949–1951, 1955, 1960, 1966, 1967, 1969, 1972–1977, 1979, 1980, 2042, 2097, 2099, 2141, XXX: 2623, 2625, 2628, 2631, 2634, 2638, 2639, 2643, 2645, 2646, 2649, 2651, 2652, 2654, 2655, 2658–2660, 2664, 2666, 2689, 2691, 2692, 2695, 2696, 2699, 2701, 2702, 2705, 2738–2740, 2747, 2752, 2753, 2785, 2790, 2795, 2796, 2803, 2807–2814, 2817, 2820, 2830, 2831, 2835, 2840, 2841, 2843, 2848–2855, 2877–2882, 2887, 2889, 2890, 2893, 2903, 2917–2919, 2921, 2922, 2924–2927, 2929, 2930, 2932, 2934–2941, 2943–2951, 2953, 2955, 2956, 2959, 2965, 2983, 2984, 2988–2992, 2994, 2996, 3013, 3014, 3022, 3034, 3038, 3039, 3043, 3055, 3056–3058, XXXI: 3098–3102, 3106, 3115, 3125, 3128–3130, 3161, 3162, XXXV: 5, 19, XXXIX: 25, 133, 146, 148, 151, 153–155, 157, 158, 161, 163–171, 173, 174, 177, 179, 183, 185–192, 200, 202–206, 212

Hawaiian Defense Project, I: 374, IV: 1593, 1594, XIV: 1003, XV: 1423, 1428, 1429, XVIII: 3061, XXII: 1094, XXIV: 2013, 2161, 2162, XXV: Item 91, XXVII: 44, 677, XXVII: 38, 41, XXIX: 1872, XXX: 2539, 2541, 2563, XXXI: 3164, 3165, XXXIII: 1186, XXXIV: 89

Hawaiian Department, I: 155, XI: 5490, XIV: 1000, 1004, 1020, 1331, 1409, XV: 1426, 1607, 1613–1615, 1625, 1643, XVII: 2469, 2737, 2742, 2870, 2871, XVIII: 2926, 3075, 3096–3098, XX: 4486, XXIII: 807, XXIV: 1324, 1385, 1547, 1641, 1790, 1809, 1853, 1863, 1868, 1876, 1911, 1976, 2015, 2142, 2157, XXVI: 28, 323, XXVII: 18, 38, 39, 51–53, 100, 116, 131, 133, 134, 187, 189, 219, 291, 314, 315, 318, 386, 575, 601, 625, 676, 683, 708, 723, 730, 745, 766, XXVIII: 1020, 1021, 1488, XXIX: 2199, 2302, 2303, 2330, 2401, 2403, 2413, XXX: 2475, 2579, 2592, 2595, 3064, XXXII: 169, 470, XXXV: 14, 48, 112, XXXVI: 196, 227, 278, 486, XXXIX: 1, 21, 47, 51, 221, XXXX: 79, 150, 237, 256, 555

    Alert Status, I: 36, 108, III: 1031, 1145, 1173, 1175, 1424, 1467, 1467, 1477, 1528, IV: 1585, V: 2491, VI: 2606, 2608, 2613, VII: 2922, 2941–2946, 2960, 2984, 2987, 3196, 3272, 3292, 3296, IX: 4388, X: 4981, 4990, 4991, 4995, XVIII: 2955, 2960, 2996, 3212, 3357, 3374, XXI: 4591, 4592, 4667, XXII: 78, 85, 154, 268, 503 XXIII: 1078, 1079, XXIV: 1771, 1776, XXVI: 32, XXVII: 29, 156, 158, 213, 246, 414, 508, 587, 594, 720, XXVIII: 961, 964, 991, 1017, 1054, 1419, 1489, XXIX: 1630, 2116, 2119, XXX: 2459, 2460, 2464, 2466, 2467, XXXI: 3166, XXXII: 73, 176, 186, 323, XXXV: 11, 28, 91, 153, 169, 221, 268, 384, XXXX: 120–122, 234

    Ammunition Allocation and Storage, I: 149, XV: 1676, XXIV: 2037–2041, 2124–2127, XXVIII: 1053, 1057, 1058, 1060, XXXIX: 113, XXXX: 68n

    Army Defense Mission, II: 868–870, III:

HAWAIIAN DEPARTMENT

1013, X: 4936, XVI: 1938, XVII: 2725, XVIII: 3231, XXI: 4584, XXVII: 41, 45, 190, XXXIX: 52
B17 Allocation, VI: 2507, VII: 2970, XVII: 2490, XXVII: 90, XXXII: 223, XXXX: 165, 165n
Casualties on 7 Dec. 1941, I: 58, XIX: 3611
Coast Artillery, I: 34, 35, 49, 53, 148, 149, X: 4979, XV: 1429, 1441, 1443, 1603, 1608, 1653, 1655–1659, 1662, XVIII: 2956, 2957, 2985, 2987, 2990, 2993, 2997, 3034, 3078–3086, 3097, 3099, 3105, 3106, 3373, XIX: 3635, XXII: 26, 27, 76, 164, 166, 269, XXIV: 1635, 1646, 1668, 1772, 1774, 1801, 1803–1805, 1808, 1843, 1844, 1848, 1854, 1869–1874, 1891, 1892, 1894, 1895–1898, 1909, 1911, 1917, 1918, 2011, 2022, 2028, 2091–2107, 2109, 2110, 2113, 2116, 2120, XXVII: 20, 43, 125, 181, 195, 198, 499, 501, 510, XXVIII: 892, 1003, 1006, 1022, 1356, 1367, 1611, XXIX: 1628, 1724, XXX: 2460–2462, 2478, 2489, 2491–2493, 2497, 2501, 2519, 2525, 2533, 2538, 2558–2561, 2580, 2581, 2584, 2585–2589, 2598, 2600, 2606, XXXII: 172, 173, 389, 559, XXXIII: 1305, 1306, XXXV: 244, XXXIX: 14, 111, 131, XXXX: 68n, 70, 70n, 491
Defense of Kaneohe Bay, XVIII: 3057–3062, 3234, XXX: 2561–2563
Dispersal of Aircraft and Revetments, XV: 1630, XVIII: 3023–3025, XXIV: 1838–1841, 1846, 1847, XXVII: 19, 20, 160, XXX: 2529, XXXV: 213
Intelligence Reports, XXXV: 254, 255
Joint Army-Navy Defense Plan, (See Hawaii Defense)
Major Units, I: 34–36, XVIII: 2974–2976, XXI: 4553, XXIV: 2167–2169, XXXI: 3170–3172
Marshall-Herron Alert of 1940, III: 1053, IV: 1606, VI: 2726, VII: 2930, 2872, XIV: 947, 950, XV: 1598, 1908, XXVII: 137, XXVIII: 1719–1721, XXXVI: 367, XXXX: 266-M
Narrative of Pre-Attack Events, XXI: 4586–4636, XXXIX: 47–124

Narrative of the Attack, I: 42–57, VII: 3295, 3296, XXI: 4636–4642, XXII: 281–285, 289–314, XXIV: 1784–1789, XXX: 2472–2473, XXXIX: 124–219
Notice of Gen. Short's Relief, III: 1529, V: 2076, VII: 3135
Organization of Forces, VII: F.P. 3006, XXIV: 1906–1917
Standing Operating Procedure, VII: 3289, IX: 4454, 4455, X: 4972, XV: 1440–1451, 1647, 1649, 1653–1665, XVIII: 2977, 3004, 3005, 3435, XXII: 16, 17, 21, 22, 26, 35, 75, 76, 107, 109, 143, 144, 150, 162, 172, 173, 200, 211, 225, 252, 268, 385, 404, 472, 473, 502, XXIII: 979, 980, 982, 989, 1179, 1195, 1210, 1250, 1251, 1253, XXIV: 1771–1773, 1792, 1799–1813, 1819–1821, 2107–2120, XXVII: 22, 23, 29, 30, 33, 44, 50, 66, 213, 229, 260, 261, 269, 276, 280–282, 413, 414, 432, 474, 577, 594, 595, 630, 631, 632, 644, 646, 707, 720, 725, 731, 732, 783, XXVIII: 982, 983, 987, 999, 1002, 1015, 1018, 1356, 1397, 1486, 1489, XXIX: 1718, 1719, 1867, 1994, 1995, 2113, 2114, 2116, 2200, XXX: 2459–2464, 2480, 2481, 2487–2501, 2507–2509, 3064, XXXIV: 156, XXXV: 27, 28, 33, 34, 129, 149, 153, 257, XXXIX: 4, 5, 10, 47, 62, 77, 232, 234, 281
State of Readiness, III: 1182, 1450, 1451, VII: 3070, 3083, 3288, 3294, 3296, X: 4995, XVII: 2713, 3022, XXVI: 546, XXIX: 2290, XXXII: 375, XXXIX: 143
Troop Strength, XXIV: 1789–1793, 1890–1892, 1894, 1896–1907, 1913–1916, XXVIII: 982, 983, XXX: 2602–2605, XXXII: 198, XXXV: 6, XXXX: 491
Warning Messages, II: 827–833, 836, III: 1072, 1112, 1149, 1154, 1212, 1339, 1340, 1405, 1456, 1458, 1474, 1479, IV: 1598, 1630, 1886, V: 2132, 2133, VI: 2725, VII: 2936–2940, 3093, 3163, 3297, 3299, VIII: 3434, IX: 4403, 4555, XI: 5424, 5443, XIV: 1390, 1391, XV: 1409, 1410, XVI: 2265, 2373, XVIII: 2983, 3232, 3233, 3242, XXI: 4648, XXII: 208, XXIII: 990, 1076, 1088, XXIV: 1356, 1771, 1778, 1779, 1958, XXVI: 3286,

XXVII: 24, 32, 33, 48, 67, 72, 186, 423, 468, 469, XXVIII: 956, 1056, XXIX: 1714, 2185, 2198, 2320, 2414, XXX: 2486, XXXII: 192, XXXIII: 819, 827, XXXIV: 22, XXXV: 93, 157, 170, 173–175, XXXIX: 10, 138, 140, 256, 350, 355, 450, XXXX: 121, 122, 128, 202, 266–M

Washington D.C.'s Responsibility, XXXIX: 145, 146, 175, 176, 261-263

Hawaiian Department—G2, II: 836, 846–848, 859, 865, 872, 882–885, 907, III: 1024, 1151, 1210, 1342, 1344, 1445, 1449, 1455, 1460, 1483, 1485, 1491, VII: 3063, 3277, 3290, VIII: 3733, 3792, IX: 4307, 4315, 4317, 4330, 4346–4348, 4351, 4352, 4355, 4356, 4358, 4360, 4361, 4364, 4365, 4367, 4372, 4374, 4376, 4381, 4399-44–1, 4406, 4408, 4410, 4411, 4426, 4464, 4540, 4543, 4559, 4594, X: 4675, 4678, 4679, 4703, 4851, 4853, 4865, 4913, 4934, 4936, 5089, 5098, 5118, XIV: 1390, XV: 1663, XVIII: 2993, 2994, 3176, 3234, 3242, XIX: 3621–3627, XXI: 4572, 4581, 4590, 4592, 4609n, 4613, 4615, 4621, XXII: 25, 34, 40, 43, 63, 85, 87, 89, 132, 136, 137, 142, 174, 175, 189, XXIII: 640, 811, 812, 856, 882, 889, 891, 914, 963, 987, 994, 1008, 1106, XXIV: 2143–2145, XXVI: 229, XXVII: 26, 123, 139, 142, 173, 174, 210, 215, 253, 254, 384, 385, 387–389, 045, 735–749, 781, XXVIII: 970, 1015, 1016, 1031, 1032, 1042, 1295, 1533–1535, 1552, 1564, 1578, XXIX: 1627, 1644, 1668, 1671, 1675, 1726, 1886, 1888–1890, 2003, 2037, 2085, 2089, 2135, 2136, 2176, 2177, 2339, 2341, 2342, 2432, 2443, 2444, 2446, 2448, 2456, XXX: 2473, 2497, 2498, 2852, 2856, 2973, 3064, XXXI: 3173, 3183, 3185, 3188, 3190, 3194, 3223, XXXII: 178–180, 358, 359, 490, XXXIII: 835, XXXIV: 3, 17, 39, 73, 126, 134, 153, 161, 163, 164, 184, XXXV: 15, 21–25, 29, 30, 32, 39, 41, 44–47, 51, 88, 91, 92, 100, 109, 118, 119, 121, 127, 128, 130, 133, 135, 136, 144, 145, 156, 191–193, 197, 198, 254–257, 268, 271, 273, 276, 285–288, 286, 297, 299, 301, 305–320, 336, 354, 382, 428, 484, 520, 566–570, 574, 592, 618, 619, XXXVI: 32, 43, 161, 270, 329, 331, 434, 468, 469, 471, 547, 582, XXXVII: 1088, 1202, 1279, XXXIX: 12, 13, 33, 44, 45, 63, 86n, 91, 93, 101, 133, 192, 223, 228, 232, 244, 275, 279, 285, 288, 289, 292, XXXX: 102, 103, 131, 202n, 474

Hawaiian Detachment, I: 254, 255, 258, 259, 265, 303, 329, 352, IV: 1724, 1725, V: 2105, VI: 2666, IX: 4360, X: 4672, XIV: 930, 932, 938, 942, 944, 945, XVII: 2709, XXVI: 194, 238, 264, 299, 544, XXVIII: 1418, XXXII: 401, 624, 673, XXXV: 43, 102, XXXVI: 196, 367

Hawaiian Geography, VII: 3287

Hawaiian-Japanese Battalion, XXVII: 124, 125

Hawaiian National Guard, XVIII: 3045–3047, 3050, 3051, 3085, 3086, 3097, XXII: 26, XXIII: 812, 1044–1046, 1055, XXVII: 20, 1029, 1035, 1036, XXIX: 2460, 2462, 2464, 2491, 2493–2495, 2509, XXX: 2547–2550, 2553, 2556, 2586, 2598

HAWAIIAN PLANTER, XII: 347

Hawaiian Sugar Planters Association, XVIII: 3353, 3355, 3357, 3360, 3361, 3363, 3365–3367, 3369, 3372, 3374, 3393, 3395, 3401, 3402, 3427, XXI: 4629, XXIII: 801, XXIV: 1332, XXVIII: 1370, 1382, 1417, 1426, XXX: 2611, 2615, XXXIX: 63, 113

HAWKINS (Br), XX: 4130

HAYABUSA (Ja), XVII: 2690, XXXVII: 737, 1135

HAYAKAZE (Ja), XIII: 560

HAYASHIO (Ja), XVII: 2682, XX: 4126, XXXV: 55, XXXVII: 732, 1132, 1329

HAYATAKA (Ja), XIII: 616

HAYATE (Ja), XIII: 543–555, XX: 4128, XXXV: 56, XXXVII: 733, 1134, 1330

HAYATO (Ja), XVII: 2691

HAYATOMO (Ja), XVII: 2630, 2689, XXXV: 59, 75, XXXVII: 736, 740, 768, 1331

Hayes, Col. Philip, I: 386, III: 1456, 1468, 1469, VII: 3097, 3098, 3219, 3373, X: 4959, 5000, XV: 1451, 1665, XVIII: 3362, 3364, 3390, 3391, 3403, 3406, 3407, XXIV: 1641, 1646, 1767, XXVII: 133–150, 188, 210, 212, 417, 648, 653, 654, 666, 723, 724, 731, 733, XXVIII: 894, 1014, 1021, 1030, 1031, 1034, 1605, XXIX: 1726, XXXI: 3138, XXXII: 417, XXXIII: 1311, 1316, XXXV: 114, 152, 156, 168, 169, 185, XXXIX: 232, 238, 255, 256

Hayes, Cdr. Harry R., XXXVII: 1268

Heard, Capt. W. A., IV: 1727, 2021, XXVI: 300, XXXII: 2, 352–358, XXXVI: 526, 528,

534, 571
HECTOR (Br), XV: 1580
Heeia, VIII: 3559, 3580, 3583, 3756, 3758, XXIII: 683, XXVIII: 863, XXXVI: 170, XXXVII: 1145, XXXV: 490
HEEMSKORK (Du), IV: 1825, 1827
HEIAN MARU (Ja), XV: 1856, XXXV: 418, XXXVII: 1116
Hein, Ens. D., XXIII: 636
HEITO MARU (Ja), XIII: 462–464
HELENA, I: 32, 45, 48, 339, IV: 1676, 1678, 2023, V: 2210, 2324, 2342, VI: 2538, 2674, VIII: 3383, XI: 5292, 5314, 5506, XII: 348, 354, 355, 356, XIV: 938, 939, XV: 1715, XVI: 2347, 2350, XVII: 2501, 2510, 2514, XIX: 3557–3592, XX: 4123, 4522, XXI: 4557, 4563, XXII: 537, 592, 594, 596, 598, 599, 600, XXIII: 964, XXIV: 1365, 1387, 1412, 1575, 1577, 1579–1581, 1585, 1598, 1602, 1603, 1609, 1615, 1663, 1747, 1753, XXVI: 38, 553, XXXV: 389, 390, 498, 501, 502, XXXVI: 465, 569, XXXVII: 925, 928, 929, 936, 944, 1214, 1225, 1227–1235, 1239, 1256, 1259, 1261, 1272–1274, XXXIX: 502, 507, XXXX: 59, 61, 64, 139
Helfrich, Adm. C. E. L., X: 4812, 4827
HELM, I: 46, IV: 1676, V: 2210, XII: 348, XIII: 491, 494, XVII: 2519, 2521, XXI: 4558, 4563, XXIII: 692, 695, XXIV: 1571, 1573, 1577, 1578, 1580–1584, 1589, 1590, 1594, 1596, 1609, 1618, 1668, 1670, 1721, XXVI: 555, XXXV: 498, XXXVII: 926, 936, 1235–1238, 1244, 1246, 1251, 1253, XXXX: 60
Hemisphere Defense Plan, V: 2293–2296, VI: 2668–2670
HENDERSON, XVII: 2524, XXVI: 556
Henderson, Lt. H. H., XVIII: 903, 947–949, 1268
HENLEY, I: 47, IV: 1676, V: 2210, XII: 348, XVII: 2519, 2521, XXI: 4558, 4563, XXIV: 1573, 1584, 1586, 1592, 1593, 1595, 1597, 1609, 1668, 1670, XXVI: 555, XXXV: 498, XXXVII: 926, 935–937, 1225, 1238, 1240, 1248, 1249, 1251, 1254, XXXX: 61
HENRY D. WHITON, IV: 1680
Hepburn, Adm. Arthur J., VIII: 3382, 3405, 3406, XVI: 2147, XX: 4355, 4555, XXII: 438, 454, XXIII: 1225, 1240
Hepburn Board, XXII: 454, 455, XXIII: 1240

HERCULES, XVI: 2173, XXIV: 1700, 1705, 1713, 1730, 1738, XXXVII: 1278, 1279
Herman, Col., XXVII: 433
HERMES (Br), XV: 1580, XX: 4130, XXVI: 269, XXVIII: 1585
HERON, VI: 2784, 2785, XII: 289, 291, 296, 299, 302, 383
Herron, Maj. Gen. Charles D., I: 34, 129, 270, 271, 276, 278, 288, II: 868, III: 1053–1055, 1175, 1182, 1189, 1267, 1309, 1353, 1356, 1357, 1378–1382, 1456, 1501, IV: 1594, 1604, 1606, 1607, 1609, 1848, 1882–1885, 1895–1897, V: 2410, VI: 2580, 2723, 2726–2730, 2763, VII: 2930, 2931, 2944, 2963, 3060, 3067, 3185, IX: 4358, 4361, 4365, 4387, 4388, 4491, 4492, X: 5117, 5119, XIV: 947, 949, 951, XV: 1593–1600, XVIII: 3085, 3356, 3358, 3360, 3361, 3376, 3385, XXI: 4578, 4581, 4584–4586, 4591, 4592, 4599, 4631, 4662, XXII: 2, 32, 461, 528, XXIII: 778, 801, 1249, XXIV: 1641, 1897, 2163, 2164, XXVI: 12, 20, 22, XXVII: 2, 116–133, 135–138, 141–143, 176, 189–191, 205, 259, 438, 481, 661, 685, 707, 708, 734, 797, XXVIII: 925, 985, 1030, 1031, 1034, 1037, 1368, 1476, 1482, 1501, 1612, XXIX: 1719–1722, 1726, 2012, 2014, 2197, 2265, XXX: 2586, 3064, XXXI: 3146, 3148, 3151, 3166, 3167, XXXII: 625, 626, 672, 673, 681, XXXIII: 1193, XXXIV: 169, XXXV: 2, 33, 34, 47, 100, 101, 114, 115, 117, 152, 157, 257, XXXIX: 40, 44, 47, 48, 52, 53, 56, 62, 73, 115, 232, 238, 300, XXXX: 79, 155n, 266–M, 536
HERTHA (Ger), XXX: 3075
Hewitt, Vice Adm. Henry K., I: 16, 137, 313, II: 949, III: 1334, 1484, 1490, 1879, 1880, 2062, V: 2346, 2347, 2441, VI: 2511, 2534, 2554, VII: 3201, VIII: 3428, 3429, 3433, 3434, 3493, 3577, 3597, 3608, 3610, 3612, 3616, 3619, 3620, 3646–3649, 3757, 3787, 3788, 3866, 3867, 3874–3876, 3885, 3922, IX: 3968, 3969, 4023, 4056, 4057, 4059, 4060, 4085, 4094, 4106, 4135–4138, 4143, 4149, 4175, 4223, 4313, 4325, 4339, 4369, 4421, X: 4657, 4697, 5009, 5011, 5012, 5016, 5018–5027, 5149, XI: 5237, XVI: 2258, 2259, 2261, 2262, 2271, 2365, 2396, 2397, 2400–2403, 2406, 2407, 2409, 2414, 2416, 2417, 2422, 2425, 2428, XVIII: 3343–3346, XXI: 4689–4693, 4696, 4698, 4700, 4701, XXXIV:

74, 75, 77, 100, XXXV: 102, 115, 117, 137, XXXVI: 1, 359, 360, 364, 365, 466, 503, 561, XXXVII: 662, 729, XXXIX: 272, 291, 355–358, 360–362, 364, 366–373, 375, 378, 379, 382, 390, 391
Hewitt Inquiry, I: 16, 137, 138, 195, 220, 213, II: 949, 950, 966, III: 1374, 1359, 1434, IV: 1833, 1835, 1898, V: 2095, 2159, 2286, 2346, 2347, VI: 2511, 2523n, 2533n, 2554, 2622, 2628, 2830, 2831, 2833, VII: 3201, 3372, 3413, 3416, 3418, 3493, 3554, VIII: 3602, 3607, 3608, 3630, 3646–3649, 3756, 3855, 3856, 3885, 3886, 3891, 3922, IX: 3929, 3967, 3968, 4054, 4058, 4059, 4071, 4088, 4089, 4095, 4133, 4134, 4152, 4169, 4186, 4217, 4313, 4339, 4421, 4466, X: 4711, 4776, 5009, 5016, 5017, 5022, 5024–5027, 5124, 5125, 5148, XI: 5236, 5361, 5502, 5524, XVI: 2259, 2397, 2398, 2399, 2406, 2407, 2424, 2426, 2427, XXI: 4689, XXXIV: 74, 100, XXXVI: 561, 575–588, XXXIX: 355–357, 360, 387–527, XXXX: 69n, 106, 107n, 111, 111n, 115n, 133, 135n, 139n, 146n, 153n, 183n, 189n, 193n, 230n, 271, 480, 482n, 483, 483n, 485, 485n, 533
    Exhibits, XVI: 2273, 2274, XXXVI: 2–5, 359–660, XXXVII: 661–1332, XXXIX: 405–406
    List of Witnesses, XVI: 2271, 2272
Hewitt, Maj. Hubert, XXVIII: 1005–1007, 1014, 1021
Heydrich, Reinhold, XXXV: 328, XXXVII: 919
HEYWOOD, XI; 5505, XIV: 981, XVII: 2465
HIBIKI (Ja), XVII: 2681, XX: 4125, XXXV: 54, XXXVII: 731, 1131, 1328
Hickam Field, I: 36, 38, 49, 50, 51, 54, 58, 61, 79, 170, 171, F.P. 239, 240, 241, 387, III: 1073, 1573, IV: 1901, 1902, V: 2243, 2341, 2409, 2491, VI: 2568, 2571, 2772, 2893, VII: 2924, 2927, 2949–2953, 2958, 2998, 3004, 3005, 3068, 3096, VIII: 3456, IX: 4364, 4393, X: 4849, 4854, 5092, 5142–5145, XII: 269, 323, 324, 367, XIII: 405, 406, 408, 421, 422, 495, 645, XIV: 1030, 1031, 1036, 1039, XV: 1441, 1442, 1444, 1599, 1603, 1607, 1630, XVI: 2293, 2313, 2335, 2339, 2348, 2357, XVII: 2551, 2552, 2556, 2557, 2561, 2562, 2566, 2567, 2723, 2725, 2726, 2867, 2868, XVIII: 2956–2959, 2965, 2968–2970, 2976, 2987–2989, 2991, 2995, 2996, 3011, 3012, 3015–3019, 3022, 3026, 3043, 3044, 3055, 3090, 3092, 3095, 3236, 3245, 3246, 3249, 3251, 3369, 3405, 3423, 3433, XIX: 3591, 3594, 3597, 3601, 3603, 3604, 3614, 3618, 3621, 3622, 3625, 3632, 3633, 3635, 3636, 3638, 3641, 3642, XX: 4520, 4521, XXI: 4619, 4621, 4630, 4632, 4637, 4642, Item 6, XXII: 37, 46, 55, 57, 59, 60, 62–64, 66, 77–79, 93, 94, 101, 107, 112, 113, 118, 121, 123, 124, 127, 144, 173, 195, 200, 229, 233, 249, 255, 265, 278, 283, 285, 289, 291, 304–311, 477, 580, 583, 598, XXIII: 628, 638, 731, 756, 800, 834, 906, 930, 992, 993, 1004, 1039, 1096, 1098, 1100, 1256, 1259, XXIV: 1285, 1295, 1309, 1310, 1362, 1368, 1538–1540, 1564, 1566, 1573, 1581, 1583–1587, 1589, 1595, 1597, 1636, 1651–1657, 1660, 1667, 1668, 1670, 1673, 1675, 1677–1679, 1681–1683, 1687, 1688, 1691, 1697–1699, 1701, 1704, 1705, 1707, 1708, 1710, 1712, 1714–1716, 1720, 1723, 1725, 1726, 1736, 1741–1745, 1747, 1749, 1752, 1763, 1766, 1768, 1769, 1772, 1774, 1775, 1781, 1783, 1785, 1792, 1803, 1805, 1806, 1811, 1812, 1827, 1832, 1833, 1838, 1840, 1841, 1857, 1858, 1861, 1868, 1881, 1899, 1902, 1904, 1907, 1961, 1969, 1970–1972, 1977, 1980, 2009, 2011, 2013, 2014, 2022, 2111, 2112, 2114, 2118, 2119, 2127, 2129–2134, 2136–2139, 2142, 2146, 2155, 2159, 2160, 2166, XXVI: 35, 37, 101, 547, XXVII: 19, 20, 100, 167, 168, 170, 173–175, 177, 254, 280, 285, 297, 400, 409, 410, 413, 415, 419, 420, 432, 433, 434, 436, 437, 439, 440, 556, 633, 690, 694, 729, XXVIII: 957, 967, 968, 974, 982–984, 1004, 1077, 1104, 1110, 1250, 1251, 1295, 1438, 1440, 1470, 1545, 1546, 1549, 1550, 1573, 1574, 1602, XXIX: 1634, 1669, 1694, 1695, 1700, 1701, 1724, 1727, 1730, 1746, 1769, 1771, 1774, 1801, 1802, 1814, 1861, 1922, 1936, 1979, 2009, 2010, 2012, XXX: 2460–2462, 2464, 2468, 2469, 2472–2474, 2480, 2491, 2493, 2494, 2499, 2500, 2516, 2519–2523, 2525, 2527, 2529, 2530, 2546–2548, 2550, 2557, 2588, 2591, 2595, 2596, 2598, 2685–2703, 2716, 2790, 2808, 2811, 2812, 2817, 2849, 2850, 2852, 2855, 2878, 2889, 2892–2894, 2901, 2917, 2982, 2987, 2990, 3001, 3002, 3042, 3043, 3060, XXXI:

3106, 3112-3115, 3120, 3122-3125, 3130,
3141, 3191, 3192, XXXII: 173, 186, 195, 291,
346, 372, 390, 396, 440, 455, 494, XXXIII:
1305, XXXIV: 164, XXXV: 45, 51, 119, 210,
212, 217-229, 231-239, 241, 244, 248, 252,
358, 390, 392, 443, 453, 481, 504, XXXVI:
39, 159, 167, 171, 172, 407, 583, XXXVII:
669, 930, 931, 998, 999, 1207, 1224, 1225,
1235-1244, 1254, 1267, 1268, 1272, 1273,
1276, 1285, 1295, XXXIX: 15, 99, 102, 115,
124, 131, 132, 166, 200, 430, 455, 485, 491,
503, 516, XXXX: 62, 66, 70, 140, 229, 492
HIDE MARU (Ja), XIII: 462-464, XXX: 3026,
3079
HIEI (Ja), I: 184, 234, 239, F.P. 239, IV:
1796, 1797, VII: 3245, XI: 5356, 5359, XII:
358, XIII: 392, 394, 401, 403, 405, 561, 621-
623, 644, 645, 719, XV: 1870, 1874, 1878,
1882, 1885, 1893, 1895, XVI: 2322, 2323,
2325, 2327, 2328, 2350, XVII: 2633, 2635,
2656, 2662, 2673, 2674, 2681, XX: 4127,
XXIII: 665, 681, XXVIII: 1585, XXX: 3066,
XXXV: 54, 77, 78, XXXVI: 10, 35, 36, 114,
123, 125, 147, 156, 472, 510, 511, 515, 562,
596, XXXVII: 721, 731, 742, 751, 770, 774,
775, 787, 788, 1063, 1131, 1315, 1317, 1319,
1322, 1324, XXXIX: 467, 468, 470, 473, 475,
506, XXXX: 57n
HIEJO MARU (Ja), XIII: 684
HIE MARU (Ja), XIII: 684
HIETO MARU (Ja), XIII: 462-464
HIKASAHI MARU (Ja), XXXV: 398
HIKAWA MARU (Ja), XXXV: 424, XXXVII:
900, 1121
Hill, Capt. H. W., III: 996, IV: 1893, 1912,
2056, XIV: 935, 971, XV: 1586, XXI: 4555
Hill, William Hardy, XXVII: 2, XXVIII:
1528-1532
Hilo, I: 275, 326, 388, V: 2405, VI: 2698, VIII:
3465, X: 5129, 5130, XI: 5487, XII: 258,
264, XIII: 492, 496, 633, 637, XIV: 987,
1020, XV: 1454, 1615, 1682, XVI: 2291,
XVII: 2468, 2492, 2723, 2724, XVIII: 2971,
3045, 3092, 3431, XXII: 336, 337, 342, 431,
XXIII: 928, 1116, 1117, 1218, XXIV: 1381,
1474, 1536, 1564, 1656, 1678, 1679, 1712,
1717, 1732, 1738, 1746, 1787, 1791, 1859,
1904, 2014, 2022, 2148, XXVI: 476, 540,
XXVII: 177, XXVIII: 981, 1280, 1283, 1289,
1433, 1442, XXIX: 1653, 1683, 1726, 1729,
1781, 1782, 2261, XXX: 2475, 2479, 2548,
2593, 2752, 2988, XXXI: 3180, XXXII: 456,
XXXIII: 1159, 1195, 1258, XXXIV: 169,
XXXV: 265, 283, 362, 379, 380, 510, 511,
XXXVI: 499, XXXVII: 675, 1277, 1278,
XXXIX: 187, 428, XXXX: 490
Hilo Tribune Herald, X: 5113
Himmler, Heinrich, XXXV: 328, XXXVII:
919
HINO MARU # 5 (Ja), XIII: 462-464
HIRA (Ja), XVII: 2690, XXXV: 59, XXXVII:
737, 1135
Hiraide, Capt. Hideo, XXXX: 28
Hiramuna, Baron, II: 734, V: 2068, 2481,
XI: 5470, XIV: 1343, XX: 4151-4153, 4157-
4159, 4168, 4170-4174, 4191-4194, 4196,
4200, 4201, 4203, 4207, 4208, XXXX: 3
Hirayama, Unji, XXXI: 3185, XXXV: 112,
349-353, 573
HIRISHIMA (Ja), VII: 3244
Hirohito, Emperor, I: 184, 237, 248, II: 402,
441, 502, 530-533, 542, 545-547, 553, 568,
569-571, 574, 682, 692-694, 756, 757, 802,
III: 1445, IV: 1700-1702, 1711, 1946, VII:
3080, VIII: 3858, IX: 4018, X: 4663, 4670,
4671, XI: 5167, 5171, 5172, 5192, 5193, 5224,
5234, 5243, 5244, 5372, 5385, 5395, 5427,
5436, 5437, 5453, 5457, 5460, 5463, 5473,
XIII: 396, 554, 611, XIV: 1202, 1203, 1224,
1225, 1227-1235, 1346, 1354, 1355, 1356,
1381, XV: 1727-1730, 1733, 1755, 1756,
XVIII: 2943, 2944, 2947, XX: 3989, 3990,
3993, 3996, 3997, 4000, 4004, 4005, 4008,
4010, 4011, 4014-4016, 4206, 4239, 4291,
4535, XXI: 4579, 4582, XXIII: 859, 884,
1023, XXVII: 714, XXIX: 1648, XXX: 2975,
2978, XXXII: 679, XXXIII: 783, XXXIV:
74, XXXV: 199, 281, 593, 594, 609, XXXVI:
427, XXXIX: 41, 46, XXXX: 43, 56, 144,
171, 178, 179, 295, 296, 299, 314, 317, 327-
331, 336, 340, 386, 395, 397, 398, 413, 416,
425-431, 441, 442, 513
Hiroshima, XXXII: 643
Hirota, Koki, II: 408, IX: 4400, XX: 4219,
XXIX: 2447, XXXIV: 3, 23, 133, 134, 186
HIRYU (Ja), I: 184, 185, 186, 233, 238,
F.P.# 1 & 2 245, IV: 1796, XI: 5356, 5359,
XII: 358, XIII: 392, 394, 401, 403, 405, 561,
621-623, 641, 645, 719, 720, XV: 1871, 1875,
1879, 1883, 1995, 1896, XVI: 2322, 2323,

2325, 2350, XVII: 2644, 2674, 2687, XVIII:
3337, XX: 4127, 4475, XXIII: 665, 666,
680, 681, XXVI: 233, XXVIII: 1585, XXX:
3065, 3066, XXXV: 58, XXXVI: 10, 113,
114, 116, 149, 152, 190, 481, 487, 510, 562,
596, XXXVII: 735, 741, 748, 775, 783, 1132,
1133, 1144, 1316, 1318, 1320, 1323–1325,
1329, XXXIX: 467, 468, 470, 506, XXXX:
57n
HISHI MARU (Ja), XIII: 462–464
HISHI MARU #2 (Ja), XIII: 462–464
HITACHI MARU (Ja), XIII: 462–464
HITONOSE (Ja), XVII: 2690, XXXV: 59,
XXXVII: 737
Hitler, Adolph, II: 413, 414, 416, 419, 432,
438, 456, 505, 506, 517, 525, 526, 546, 558,
559, 573, 609, 612, 614, 724, 803, 838, III:
1128, 1131, 1132, 1134, 1149, 1389, 1462, IV:
1695, 1708–1711, 1786, 1815, 2054, V: 2118,
2147, 2225, 2235, 2236, 2262, 2269, 2270,
2360, 2379, 2323, VI: 2548, 2552, VII: 3173,
VIII: 3421, IX: 3944, 4072, 4200, 4249, 4316,
4317, 4321, X: 4769, 4863, XI: 5395, 5397,
5403–5406, 5408, 5417, 5433, 5440, XII: 5,
72, 121, 147, 200–202, 204, 253, XIV: 1215,
1219, 1358, 1372, XV: 1719, 1754, 1755,
1776, 1796, 1798, 1815, XVI: 1973, 1990,
1991, 1999, 2000, 2002, 2167, 2175, 2218,
2304, 2390, XVIII: 3198, 3201, 3202, XIX:
3509, 3510, 3644, 3649, 3757, 3758, 3814,
XX: 3991, 3999, 4021, 4153, 4172, 4228,
4297, 4350, 4401, 4403, 4464, 4512, XXI:
4731, XXIX: 1888–1890, 2327, XXX: 2975,
3076, XXXI: 3245, XXXIII: 776, 777, 837,
1354, XXXIV: 141, 194, XXXV: 162, 193,
198, 199, 271, 272, 609, 656, 672, 673, 676,
677, XXXVI: 493, 651, XXXVII: 664, 1192,
XXXIX: 246, 327, 444, XXXX: 8, 10, 31, 34,
47, 204, 266–D, 266–O, 304, 374, 392, 398,
409, 410, 438, 515, 532, 569–571
HIYO (Ja), XIII: 550
HIYODORI (Ja), XVII: 2690, XXXV: 60,
XXXVII: 737, 1135
HIYORI MARU (Ja), XXXVI: 632
H. L. SCOTT, IX: 4358, XXIV: 1681, XXXV:
41, XXXVII: 1277
Hoare, Sir Samuel, XXI: 4730, 4731
HOBART (Br), IV: 1934, XIX: 3552
Hobbs, Cdr. A., VI: 2919
Hobby, Lt. Cdr. W. M., XXIV: 1386

Hodges, Ens. M. M., XXIV: 1694, 1706,
1711, 1718, 1730, 1735, 1741, 1746
HOECH, XXIV: 1369, 1663, 1664, 1670
Hoefer, Ens. John H., XXXVII: 1285
Hoffman, Robert, XXVII: 456, 458, 607–
609, XXVIII: 1104–1106, 1234, 1236, 1237,
XXIX: 1686, 1979, 2102, 2103, 2247, XXX:
2732, 2733, 2876–2947, XXXI: 3106, 3125–
3130
HOKAZE (Ja), XIII: 570, 571, XVII: 2687,
XX: 4126, XXXV: 58, XXXVII: 736, 1132,
1329
HOKKAS MARU (Ja), XIII: 462–464
HOKO MARU (Ja), XIII: 462–464
Holbrook, Col. W. A. Jr., VIII: 3780, IX:
4053, 4576, XXXIV: 171, 173
HOLBROOK, VI: 2912, XIV: 1404, 1405
Holcomb, Maj. Gen. T., V: 2118, XIV:
962, XVI: 2211, 2447, XXI: 4556, XXXIII:
1166
HOLLAND, VI: 2786, XII: 301, 302, XV:
1708, 1710, XVII: 2528, 2531, XXVI: 557,
XXXVI: 499
Holland (Dutch) Government in Exile, XX:
3998, 4022, 4026, 4080–4084, XXI: 4645
Holokahiki Point, I: 32, XXXV: 490
Holmes, Capt. W. J., III: 1481, IX: 4313,
4333, 4334, XXXV: 46, 47, 118, 133,
XXXIV: 285, XXXV: 2, 46, 47, 118, 133,
XXXIX: 285
Holtwick, Cdr. J. S. Jr., III: 1481, 1489,
VIII: 3703, IX: 4333, 4334, 4350, 4376, 4440,
XXXV: 2, 20, 46, 47, 83, 118, 120, 133, 142,
XXXIX: 286
Homberg, Dr., XXXV: 328, 329, 331, 332,
491, 494, 495, XXXVII: 919, 920, 922
Homestead Field, XV: 1615, 1622, XVII: 2723,
XVIII: 2971, 3046, 3047, XXIV: 1564, 1651,
1653, 1669, 1674, 1679, 1674, 1679, 1686,
1688, 1787, 1860, XXVII: 177, XXVIII: 981,
1491, XXX: 2475, XXXX: 490
Hong Kong, II: 743, 744, 745, 768, 817, 818,
839, 840, 865, III: 1307, 1317, 1461, 1481,
1493, 1543, IV: 1703–1705, 1753, 1802, 1851,
1921, 1960, 2002, V: 2078, 2131, 2135, 2231,
2287, VI: 2521, 2596, 2792, 2818, 2819, 2848,
2857, VII: 2997, 3105, VIII: 3415, 3584,
3625, 3703, 3783, IX: 4226, 4240, 4270, 4333,
4338, 4347, 4562, 4585, 4590, X: 4635, 4718,
4843, 4883, 4966, 5113, XI: 5532, XII: 141,

HONOLULU ADVERTISER 87

209, XIII: 543, 554, 556, 715, XIV: 1099,
1105, 1337, 1338, 1351, 1363, 1371, 1372,
1377, 1378, 1407, 1408, XV; 1518, 1519,
1559–1561, 1678, 1735, 1736, 1738–1740,
1873, 1876, 1880, 1884, XVI: 1968, 2275,
2325, 2330, 2446, XVII: 2576, XVIII: 2945,
2947, 3212, 3233, 3242, 3312, 3439, XX:
4060, 4064, 4282, 4290, 4292, 4378, 4447,
4473, 4512, XXI: 4614, 4662, 4728, 4759,
XXII: 376, XXIII: 1170, XXIV: 1357, XXVI:
295, 489, 499, XXVII: 789, XXVIII: 1593,
XXIX: 2396, 2445, XXX: 2864, XXXI: 3202,
3206–3208, 3211, 3216, 3219–3221, 3223,
3238, XXXII: 252, 631, 643, XXXIII: 776,
782, 834, 835, 887, 994, 1178, 1390, XXXIV:
166, 179, 180, 195, 203, 205, 206, 208, 210,
222, XXXV: 30, 47, 105, 125, 128, 134,
146, 161, 186, 187, 204, 216, 306, 309, 313,
317, 393, 440, 442, 445, 505, 541, 582, 583,
589, 611, 626, 629, 630, 638, 639, 649, 677,
XXXVI: 43, 101, 119, 136, 137, 212, 382,
514, 520, 593, 660, XXXVII: 783, 792, 798,
799, 845, 932, 995, 1020, 1023, 1038, 1043,
1100, 1191, 1193, 1316, 1317, 1319, 1321,
1323, 1324, 1326, XXXIX: 93, 245, 277, 286,
298, 407, 471, 478, XXXX: 64, 100, 130,
130n, 132, 228, 293, 367, 404, 408, 419, 423,
554

HONOLULU, I: 33, IV: 1676, 1678, 2023, V:
2210, 2324, 2342, VI: 2560, 2674, XII: 348,
354, 355, XV: 1715, XVI: 2225, 2350, XVII:
2510, 2514, XIX: 3557, 3559, 3560, 3563,
XX: 4123, XXI: 4557, 4563, XXII: 537, 590,
XXIII: 945, XXIV: 1365, 1387, 1398, 1399,
1406, 1505, 1507, 1508, 1573, 1576, 1581,
1586, 1587, 1589, 1591, 1602, 1603, 1609,
1613, 1616, 1710, 1753, XXVI: 553, XXVIII:
1546, XXXI: 3192, XXXV: 388–391, 453,
480, 493, 498, 501–504, XXXVI: 333, 476,
569, XXXVII: 925, 928–930, 936, 1214, 1225,
1228, 1234, 1241, 1242, 1244, 1247, 1260,
1261, 1272, 1273, XXXIX: 507, XXXX: 64

Honolulu (City of), I: 31, 36, 52, 57, III: 1063,
1113, 1288, 1290, 1483–1486, 1510, 1513,
1540, IV: 1670, V: 2438, VI: 2538, 2835,
2846, VII: 2940, 2942, 2949, 2996, 3055,
3067, 3097, 3211, 3216, 3294, 3313, 3356,
3358, VIII: 3395, 3396, 3732, 3814, IX: 4236,
4341, 4378, 4379, 4404, 4440, X: 4793, 4880,
5341, XI: 5418, XIII: 413, 424, 425, XIV:
1006, 1331, 1402, 1403, XVI: 2290, 2291,
2388, XVII: 2488, 2719, XVIII: 2980, 2995,
3251, 3351, 3361, 3387, 3402, 3403, XX:
3999, XXII: 37, 163, 169, 213, 286, 507,
546, XXIII: 630, 640, 643, 702, 715, 734,
735, 773, 780, 787, 788, 828, 838, 844, 852,
859, 877, 878, 888, 905, 907, 993, 1039, 1055,
1097, 1103, 1104, 1184, 1188, 1228, 1237,
XXIV: 1395, 1550, 1649, 1750, 1755, 1778,
1793, 1868, 1893, 1918–1921, 1929, 2023,
2024, 2054, 2074, 2119, XXVI: 26, 31, 65,
117, 119, 130, 156, 158, 167, 173, XXVII:
102, 106, 108, 113, 114, 159, 162, 164, 168,
185, 199, 348, 357, 426, 473, 474, XXVIII:
1002, 1057, 1063, 1093, 1372, 1414, XXIV:
1648, 1724, 1741, 2010, 2053, 2111, 2254,
XXX: 2466, 2481, 2485, 2979, XXXI: 3247,
XXXII: 80, 185, 186, 195, 335, 361, 396, 530,
551, XXXIII: 720, 800, 871, 905, XXXIV: 8,
33, 163, 182, 195, XXXV: 7, 23, 30–32, 82,
83, 128, 130, 187, 214, 338, 341, 342–344,
351, 447, XXXVI: 28, 59, 163, 227, 230, 269,
310, 321, XXXVII: 803, 879, 909, XXXIX:
45, 92–94, 287, 291, 452, 484, 515, XXXX:
97, 122, 137, 142, 159, 229

Alerts, VII: 3082, 3283
Civilian Casualties on 7 Dec., XVIII:
3423–3425
Commercial Radio Signals Used by
Japanese Strike Force, I: 182, 216, XIII:
628, 640, 646, XXII: 358
District Engineer, XVIII: 3026, 3027,
3042, 3049, 3051, 3052, 3062, XXIV:
1838, 1840, 1841, 2022, XXVII: 304–
306, 313–315, 337, 359, 371, XXVIII:
1061, 1073–1075, 1085, 1089, XXIX:
1742, 1744, 1747, 1978, XXX: 2982
Harbor, I: 30, 42, 384, IV: 1757, V: 2243,
VI: 2399, XV: 1462, 1662, XVI: 2280,
XVIII: 2992, 2993, 3234, XXII: 9, 10,
17, 465, XXIII: 1026, 1135, XXIV: 1541,
1595, 1606, 16–1656, 1691, 1807, 2094,
XXVI: 15, 36, 197, 210, 244, 484, 485,
XXVII: 196, XXXII: 180, XXXIII: 726,
1156, XXXVI: 167, XXXVII: 386, 451,
1285, 1286, XXXX: 145
Major Disaster Council, XVIII: 3403–3412
Net and Boom, XXIII: 1039, 1041
Honolulu Advertiser, VI: 2806, 2820, VII:
3080, 3358, X: 5116, 5124, XXI: 4582,

XXIII: 1070, XXIV: 1312, 1989, XXIII: 249, 715, 718, XXIX: 1646, 1647, 1652, 1653, 1682, XXX: 2974, 2975, XXXIX: 46, XXXX: 143
Honolulu Star-Bulletin, VII: 3080, X: 5115, 5116, 5124, XXI: 4582, XXIV: 1989, XXVII: 715, 718, XXVIII: 1614, XXX: 2975, XXXV: 109, 119, 191, 355, 366, 386, 695, XXXIX: 46, XXXX: 145
Honolulu Medical Society, XVIII: 3403
Honshu, IV: 1893
Hoover, J. Edgar, III: 1157, 1208, 1209, 1210, 1433, 1493, 1574, IV: 1740, 1909, VII: 3220, 3319, IX: 4360, 4361, 4408, 4428, 4496, XI: 5541, XX: 4097, XXIII: 856, 892, 973, 1019, 1249, XXIV: 1647, 1648, 1756, XXVI: 304, 305, XXVIII: 1161, XXIX: 1945, 2299, 2300, XXXI: 3195, 3236, XXXIV: 69, XXXV: 117, 120, 146, 285, 574, 647, XXXIX: 277, XXXX: 132, 142
HOPKINS, I: 1678, XII: 345, XV: 1715, XXI: 2027, 2108, XVII: 2528, 2531, XXI: 4559, 4560, 4564, XXIV: 1387, 1598, 1655, 1664, 1673, 1674, 1681, 1703, 1708, XXVI: 557, XXXVII: 1256, 1274
Hopkins, Harry, II: 443, 514, IV: 1785, 1789, V: 2118, VII: 3327, 3328, IX: 4033-4035, X: 4661-4663, 4669, 4670, 4671, XI: 5157, 5159, 5196, 5233, 5275, 5285, XII: 213, XIV: 1275, 1287, XVI: 2210, XIX: 3506, XX: 4302, 4320, 4373, 4429, 4517, 4518, 4540, XXI: 4721, XXXI: 3247, XXXIII: 1377, XXXIV: 116, XXXV: 658, XXXVII: 690, XXXX: 212, 216, 217, 413, 415, 434, 497, 511, 528, 543, XXXX: 566
Hoppough, Col. Clay I., XXIII: 1001-1005, 1269, XXIV: 1713, XXVI: 547, XXVII: 622, 628
Hornbeck, Stanley, I: 264, 270, 297, 298, 311, 312, II: 461, 462, 465, 468, 549, 645, 651, 653, 733, 736, III: 1016, 1257, 1393-1397, 1399, IV: 1643, V: 2067, 2084, 2085-2088, 2090, 2091, 2095, 2250, 2323, 2336, 2337, 2363-2366, VI: 2527, 2528, 2697, VII: 3176, IX: 4035, 4120, XIV: 961, 1064, 1066, 1103, 1171, 1186, XVI: 1987, 2007-2010, 2015, 2432, XVIII: 2942, XIX: 3441, 3482, 3488, 3489, 3520, 3521, 3689, 3721, 3722, 3738, XX: 4081, 4134, 4422, XXVI: 445, 450, XXXII: 2, 152, 153, 523-526, 639, XXXIII:

783-787, XXXV: 115, XXXVI: 377, 427, 428, 430, 571, XXXX: 44, 266-S, 305n, 338, 339, 377, 393, 394, 396, 397, 426, 428
Horne, Adm. F. J., VIII: 3556, 3701, 3703, 3738
Horne, W. W., XXVII: 2, XXVIII: 1145-1152, 1190, XXX: 2729-2731
Horner, Maj., XXIII: 1204, XXIV: 1674, XXVIII: 1013, 1397
HORNET, I: 123n, 199, IV: 1827, V: 2247, 2249, XV: 1905, XVI: 2178, 2246, 2247, XX: 4441, XXIII: 944, XXVIII: 972, XXXVI: 615
HOSAN MARU (Ja), XXXV: 580, 633
HOSHO (Ja), X: 4893, XIII: 618, XV: 1871, 1875, 1879, 1883, 1885, 1896, XVI: 2322, 2323, XVII: 2644, 2657, 2674, 2687, XVIII: 3337, XX: 4125, XXIII: 658, XXXV: 58, XXXVII: 736, 741, 747, 751, 752, 775, 776, 783, 786, 1132, 1316, 1318, 1320, 1323-1325, XXXIX: 467, 468
Hospital Point, XXII: 493, 496, XXIV: 1591, 1596
HOUSTON, I: 306, 319, IV: 1934, VI: 2784, 2785, XII: 285, 286, 288, 289, 290, 291, 292, 296, 299, 302, 303, XIV: 930, 984, 1007, 1008, XV: 1582, XVI: 2153, 2174, 2447, 2448, 2451, 2456, XIX: 3552, XX: 4124
HOVEY, IV: 1678, XII: 345, XV: 1715, XVI: 2023, XVII: 2460, 2527, 2530, XXI: 4559, 4564, XXIV: 1519, 1652, 1654, 1658, 1670, 1685, XXVI: 557, XXXVII: 1273
Howard, Lt. Col. Jack W., XVIII: 3223, 3236, 3237, XXII: 280-283, XXIII: 1256, XXVII: 2, XXVIII: 997-999, XXXIX: 133n
Howe, Walter Bruce, XXII: 3, 7
Howland Island, XIII: 436, 564, XXXV: 315
HOWORTH, XX: 4476
HOYO MARU (Ja), XIII: 462-464, 545, 546, 560, 571
HOZU, XVII: 2690, XXXV: 59, XXXVII: 737, 1135
Hubbel, Lt. Cdr. Monroe H., XXXVI: 253, 574, XXXIX: 404
Huckins, Capt. Thomas A., III: 1481, VIII: 3703, IX: 4313, 4332-4334, 4338, 4364, XXXV: 46, 47, 118, 133, XXXVI: 32, XXXIX: 285
Hudson, Cdr. Robert E., V: 2355, 3308, IX: 4184, 4370, X: 4830, 4854, XVIII: 3295, XXVI: 54, XXXV: 49

Hue, II: 955, 957, III: 1248, IV: 1618, XIV: 1407, XXXX: 414, 528n
HUGHES, XI: 5505, XXXVII: 937
Hughes, Col. W. J., IX: 4306, 4314, 4319–4321, 4417, XIX: 3883, 3884, 3889, 3890, 3902, 3941, XXXX: 129
Hughes, Lt. Cdr. M., XXIV: 1398, 1399
HULALALAT, XXIV: 1326
HULBERT, IV: 1678, XI: 5506, XII: 349, XV: 1715, XVI: 2073, 2252, 2348, XVI: 2073, 2252, 2348, XVII: 2529, 2531, 2545, 2549, 2554–2558, 2563, XIX: 3580, XXI: 4562, 4565, XXIV: 1387, 1464, 1537, 1574, 1576, 1583, 1598, 1605, 1609, 1611, 1645, 1694, 1713, 1714, 1726, 1732, XXVI: 557, XXXV: 536, XXXVII: 936, 971, 975, 977, 979–981, 1217, 1226, 1229, 1237, 1255, 1262, XXXIX: 503
Hull, Amos Tyler, XXXV: 618, 630, 644
Hull, Cordell, I: 281, 284, 297, 398, II: 401, 402, 459, 461–468, 472, 473, 475, 493, 495, 500–502, 509–512, 521, 535, 540, 544, 546–549, 552, 553, 560, 567, 573–576, 582, 600, 619, 620, 634, 640, 645, 646, 664. 666, 669, 676, 678, 679, 698, 699, 705, 709–712, 715, 737, 757, 760, 763, 766, 790, 805, 925, 941, 942, 959, 967, 972, III: 1016–1018, 1021, 1022, 1040, 1156, 1159, 1169, 1170, 1176, 1192, 1194, 1195, 1210, 1215, 1240, 1241, 1243, 1258, 1259, 1263, 1272, 1273, 1298, 1299, 1301, 1302, 1314, 1315, 1361, 1392, 1395, 1398, 1399, 1417, 1444, 1448, 1462, 1464, 1465, 1469, 1497, 1520, 1531, 1532, 1551, 1558, 1559, 1569, 1579, IV: 1643, 1652, 1692, 1696–1698, 1772, 1882, 1933, 1947, 1948, 2013, 2037, 2041, 2046, 2047, 2049, 2051, V: 2066, 2093, 2094, 2118–2120, 2135, 2177, 2179, 2183, 2188, 2192, 2206, 2250, 2262, 2268, 2270, 2300, 2301, 2313, 2315, 2323, 2324, 2329, 2330, 2337, 2360, 2366–2368, 2380, 2412, 2419, 2420, 2422, 2433, VI: 2513, 2645, 2713, 2806, 2875, VII: 3130, 3206, 3278–3280, 3289, 3298, 3344, 3363, VIII: 3426, 3558, 3695, 3698, 3703, 3750, 3824, 3837, 3861, 3907, 3910, 3911, IX: 3990, 3993, 4022, 4035–4038, 4046, 4047, 4097, 4098, 4105, 4107, 4109, 4116, 4119, 4180, 4181, 4198, 4245, 4247, 4250, 4326, 4327, 4502, 4503, 4520, 4527–4529, 4571, 4579, X: 4624, 4738, 4789, 4790, 5147, XI: 5156, 5174, 5179, 5187, 5189, 5190, 5215, 5216, 5226, 5230, 5241, 5263, 5276, 5308, 5309, 5420–5422, 5426–5428, 5432, 5433–5436, 5446, 5448, 5458, 5462, 5470, 5472, 5473, 5474, 5476, 5528, 5537, 5538, 5546, XII: 36, 49, 63, 89, 94, 107, 129, XIV: 961, 1103, 1162, 1238, 1239, 1246–1250, 1316, 1318, XV: 1471, 1716, 1725–1727, 1729, 1732, XVI: 1949, 1950, 1953, 1956, 1958, 2005, 2015, 2147, 2150, 2164, 2210, 2213, 2214, 2224, 2264, 2296, 2297, 2299–2302, 2305–2308, 2391, XVIII: 2943, 3264, XIX: 3441, 3454, 3483, 3484, 3511, 3517, 3527, 3648–3651, 3667, 3683, 3686, 3687, 3689, 3690, 3748, 3757, 3758, XX: 4051, 4075, 4079, 4085, 4088, 4105, 4108, 4115, 4133, 4139, 4168, 4169, 4175, 4176, 4180, 4213–4215, 4265, 4296, 4302, 4320, 4393, 4399, 4406, 4413–4416, 4423, 4462, 4464, 4470, 4471, 4517, XXI: 4573n, 4638, 4684, XXIII: 1081, 1106, 1245, XXVI: 271, 277, 278, 391, 392, 444, 445, 451, 461, XXVII: 34, 58, 714, XXVIII: 1448, 1615, XXIX: 1690, 2016, 2067–2070, 2073–2074, 2084, 2088, 2149, 2161, 2202, 2244, 2309, 2320, 2322, 2374, 2424, 2450, 2451, 2453, XXX: 2974, XXXII: 25, 49, 112, 115, 122, 123, 135, 152, 153, 156–158, 237, 540, 561, 611, 634, 635, 637–639, 670, XXXIII: 751, 759, 812, 819, 837, 860, 868, 878, 892, 1169, 1170 1175, 1196, 1203, 1233, 1234, XXXIV: 2, 4, 12, 51, 52, 142, 150, XXXV: 149, 163, 170, 403, XXXVI: 376, 397, 410, XXXIX: 6, 19, 125, 143, 282, 287, 313, 328, 395, 434, 436, 438, XXXX: 2–6, 6n, 8–11, 15, 17, 25, 27, 30–33, 95, 96, 98, 144, 161, 161n, 173, 219n, 251, 291–295, 297, 301n, 312, 319–323, 326, 334, 336–338, 342, 348, 350–358, 363–367, 371, 372, 374n, 394n, 397, 401–403, 403n, 404, 411–413, 413n, 414, 416, 418–421, 421n, 422, 424–426, 428, 431, 432, 432n, 433, 433n, 434, 434n, 436, 445, 450, 470, 497, 504, 506, 512, 513, 524, 527, 528, 533, 535, 540, 542, 558, 559, 567, 571, 573
  Aid to China, II: 557, 651, XII: 108, XIV: 1063, 1066
  Army Board Criticism, XXI: 4646, 4660, XXXV: 19, 177
  August 17, 1941 Note, II: 482, 484, 486, 487, 503, 538, 539, 545, 775, 776, III: 1254, 1255, VI: 2867, XI: 5378, 5387,

5388, XIV: 1254, 1279, XV: 1682–1688, XVI: 2749–2752, 2763, 2764, XXXII: 229, XXXX: 302, 302n, 303–305

Cabinet Meeting of 7 Nov. 1941, XI: 5222, 5223, XXIV: 1286, XXXIX: 42, XXXX: 45, 347

Conversations with the Japanese (See Japanese Negotiations)

Four Principles, II: 592, XII: 44, 60–62, 181, XVI: 2387, XIX: 3509, XXXIX: 323, XXXX: 13, 318, 318n, 415

Fourteen Part/1 PM Messages 7 Dec. 1941, III: 1109, 1115, 1183, 1323, 1368, 1371, 1373, IV: 1636, 1763, 1764, 1769, 1875, V: 2095, 2132, 2186, 2281, VI: 2550, VII: 3273, VIII: 3427–3429, 3568, 3661, 3679, 3908, IX: 3998, 4006, 4052, 4053, 4081, 4099, 4100, X: 4929, XI: 5437, 5451, XII: 239–248, XIV: 1410, XVI: 2372, XVIII: 3327, 3334, XXI: 4699, XXIV: 1750, XXVI: 390, XXIX: 2310, 2314, 2349, 2384, 2385, 2387, 2388, 2411, 2422, XXXI: 3252, XXXII: 63, 134, 160, 161, 429, 528, XXXIII: 759, 780, 781, 785, 810, 815, 816, 847, 852, 859, 881, XXXIV: 25, 30, 58, 124, 132, XXXV: 26, 54, XXXVI: 25, 531, 535, XXXIX: 226–228, 247, 249, 293, 329, 340, 350, 353, 381, 449, XXXX: 212, 212n, 218, 222–224, 224n, 266–H, 266–S, 438, 440, 520, 529, 569

Freeze Order, II: 742, V: 2382, XXXX: 18, 19

Japanese Ambassadors Report to Tokyo, XII: 3, 27, 30, 40, 50, 73–79, 83, 86–88, 91, 100, 104, 105, 111, 112, 119–122, 125, 131, 134, 136, 139, 140, 141, 143, 146, 147, 149, 150, 156, 157, 161, 167, 169, 170, 171, 179, 181–185, 192, 193, 207, 210–212, 225, 235, 236, 247, XVII: 2771–2773, 2775, 2794, XXXI: 3236, 3237, 3243, 3244, 3250, 3252, XXXIII: 739, 740, 1369–1371, 1375, 1378, 1379, 1385, XXXIV: 109, 112, 115, XXXV: 647, 648, 654, 655, 660–662, XXXVI: 494, 496, 530, XXXVII: 679, 683–685, 687, 689, 692, 693, 700, 1101, XXXIX: 440, 448, XXXX: 196

Japanese Modus Vivendi, II: 746, XII: 80, XIV: 1122, 1123, 1139, 1140, XV: 1753, XXXIX: 42, XXXX: 31, 35–38, 385, 391, 509, 561–563

Japanese Note 20 Nov. 1941, II: 496, 554, 555, 558, 559, 587, 588, 593, 594, 722, 742, III: 1397, VII: 2945, 2955, XI: 5369, 5381, XII: 247, XVI: 2435, XVIII: 2952, 2953, XXI: 4608, 4647, XXIX: 2283, XXXVI: 427, XXXIX: 84, XXXX: 32–34, 41, 48, 175, 360–363, 361n, 381, 382

Japanese Pressure on Thailand, XIX: 3698–3706, 3709, 3717–3719, 3742–3744, 3766, 3767, 3779, XXXX: 405–408

Japanese Proposals A and B, XII: 170, 171, 185, 247, XXXIV: 193, XXXVI: 428, XXXX: 346, 357, 378

"Mad Dog" Comment, XXXII: 670, XXXIII: 705

Mandated Islands, XXI: 4570, 4570n, 4571, 4572, XXIX: 2279–2281, XXXIX: 30n, 31

Memoirs of Prince Konoye, XX: 3985, 3988–3990, 3992, 3998–4003, 4005–4008, 4016, 4021, 4026, 4028, XXXX: 298, 299

Proposed Meeting FDR and Konoye, II: 716–718, XII: 240, XX: 4424–4427, XXXX: 19–21, 23, 25, 306–308, 310, 311, 313, 314, 319, 509

Meetings With Lord Halifax, II: 479, 490, 491, XIX: 3462, 3463, XX: 4077, 4078, XXX: 2975

Message to the Emperor 6 Dec. 1941, II: 530–534, 545, 546, 693, XI: 5167, 5372, 5373, XXXX: 179, 426, 427

Negotiations Terminated, II: 498, 499, 579, III: 1286, V: 2193, VI: 3203, VIII: 3677, IX: 4263, XI: 5168, 5459, XXI: 4580, 4607, 4611, 4613, XXIX: 2414, XXXIV: 145, XXXX: 47, 199, 379

Pacific Fleet Moved to Hawaii, I: 270, 282, II: 551, 552, 556, 610, 720, III: 1090, V: 2195

Ten Point Note 26 Nov. 1941, I: 128, II: 462, 496, 508, 509, 519, 541, 542, 555, 577, 579, 589, 593, 595, 607, 686, 723, 876, 922, III: 1168, 1319, 1402, 1404, 1407, 1411–1413, 1415, 1428, IV: 1706–1708, 1947, 2038, 2039, V: 2124, 2132, 2261, 2316, 2318, 2319, 2322, 2326, 2328, 2331, VI: 2855, VII: 2957,

3014, VIII: 3435, 3898, IX: 3944, 4019, 4169, 4233, 4262, 4422, X: 4926, XI: 5155, 5369–5371, 5445, 5534, XII: 181, 182, 247, XIV: 1184, 1185, XV: 1744–1750, XVI: 2391, 2435, XVIII: 3327, XXI: 4580, 4619, 4653, XXVII: 241, XXIX: 2082, 2083, 2147, 2152, 2205, 2209, 2210, 2282, 2284, 2379, 2381, 2393, 2402, 2409, 2415, 2419, 2432, XXX: 2976, XXXII: 90, 91, 113, 524, 525, 537, 538, 551, 582, 640, 659, 660, XXXIII: 700, 786, 789, 790, 798, 799, 801, 807, 808, 821, 857, 869, 877, 895, 1369, XXXVI: 427–430, XXXIX: 33n, 42, 43, 83, 84, 99, 103, 135, 138, 175, 229, 288, XXXX: 38–41, 143, 175, 224n, 363, 382–387, 502, 509, 560

Testimoney Before the Joint Committee, II: 403–457, 551–560, 605–615, XI: 5367–5415

U.S. Modus Vivendi, II: 496, 553, 554, 700, 743, 774, III: 1019, 1092, 1095, 1285, 1311, 1312, 1404, IV: 1694, V: 2148, 2304, 2319, 2327, 2328, 2331, XI: 5180, 5182, 5384, 5422, 5442, 5534, XII: 193, 194, XIV: 1123, 1125–1131, 1138, 1141, 1143–1146, 1148–1154, 1162, 1163, 1167–1183, 1189–1200, XIX: 3692–3695, XXI: 4579, XXVI: 452, XXXX: 34–38, 45, 199, 368–370, 373, 375–377, 380, 381, 392, 393, 396, 400, 501, 502, 510, 562

War Council Meetings, III: 1095, 1152, 1278, 1401, 1406, V: 2303, 2305, XXI: 4576n, 4644–4646, XXIV: 1287, XXVII: 12, 14, 57, 88, XXIX: 2065, 2066, 2285, XXXIV: 149, XXXIX: 37, 48, 82, 134–136, XXXX: 44, 46, 178, 266–C, 374, 389, 394, 395, 511

War Warning Message 27 Nov. 1941, XXIII: 1106, XXVI: 279, XXIX: 2166, 2167, 2180, 2193, 2195, 2201, XXXIV: 38, XXXVI: 432, XXXIX: 88, 137, XXXX: 200, 200n

HULL, IV: 1676, V: 2210, XII: 349, XVI: 2071, 2077, 2131, XVII: 2498, 2499, 2500, 2501, 2511, 2514, XXI: 4557, 4563, XXIV: 1387, 1575, 1576, 1580, 1581, 1584, 1585, 1591, 1609, 1653, XXVI: 553, XXXV: 498, 499, XXXVII: 926, 936, 1227, 1229, 1237, 1255, 1262

Humphrey, RM3c Richard W., XXXVI: 1, 245, 246, XXXIX: 404

HUMUULA, XXIV: 1326, 1671, XXXVII: 1277, 1278

Hungary, IV: 1593, IX: 4216, 4217, XV: 1784, XVI: 2275, XX: 4227, XXVI: 497, XXXIII: 957, 992, 1320, 1325, XXXIV: 216, XXXVI: 101, 291, 382, 651, XXXVII: 843, XXXX: 407

Hunt, Col. John A., XXVII: 2, 322, 330, 331, 390–405, 747, XXVIII: 1061, 1068, 1082, 1086, 1098, 1102, 1103, 1118, 1201, XXIX: 1656, 1657, 1680, 1691–1693, 1695, 1701–1705, 1710, 1807, 1814, 1859, 1861, 1905, 1907, 1919, 1961, 2040, XXX: 2952, XXXIX: 147n, 148n, 149n, 150n, 153n, 155, 157, 169–171, 177, 181, 184, 201, 210, 211, 214, 217

Hunter, Lt. Cdr. Delaney, IV: 1771

HURAI MARU (Ja), XXXV: 632

Hurd, Capt., VIII: 3388, 3448, XXXX: 207

Hurley, Patrick, II: 767, XII: 140

HUSI (Ja), XX: 4089, 4092, XXXIII: 909

Hu Shih, II: 774, XI: 5287, XIV: 1069, 1122, 1143, 1167, 1168, 1170, 1171, 1231, XV: 1476, XIX: 3501, XX: 4085, XXXX: 343, 370, 372, 376, 377, 380, 417, 522, 538n

Hydro-acoustic Posts, XXXIX: 412

HYUGA (Ja), XI: 5359, XV: 1870, 1874, 1878, 1882, 1883, 1890, 1895, XVII: 2655, 2681, XX: 4125, XXXV: 54, XXXVI: 156, XXXVII: 731, 751, 787, 1131, 1173, 1315, 1317, 1319, 1322, 1324, 1328

I

I-1 (Ja), I: 184, XI: 5356, XII: 358, XIII: 488, 489, 492, 494, 496, 615–617, XVII: 2686, XXXV: 57, XXXVII: 735, 1134, 1331, XXX:57n

I-2 (Ja), I: 184, XI: 5356, XII: 358, XIII: 488, 489, 492, 494, XVII: 2686, XXXV: 57, XXXVII: 735, 1134, 1331, XXXX: 57n

I-3 (Ja), I: 184, XI: 5356, XII: 358, XIII: 488, 489, 492, 496, 617, XVII: 2686, XXXV: 57, XXXVII: 735, 1134, 1331

I-4 (Ja), I: 184, XI: 5356, XII: 358, XIII: 488, 489, 492, 494, 615, 617, XVII: 2686, XXXV: 57, XXXVII: 735, 1134, 1331, XXXX: 57n

I-5 (Ja), I: 184, 5356, XII: 358, XIII: 488, 489, 492, 494, 616, XVII: 2686, XXXV: 57, XXXVII: 735, 1134, 1331

I-6 (Ja), I: 184, XI: 5356, XII: 358, XIII: 414, 488, 489, 492, 494, 496, 544, 616, XVII: 2686, XXXV: 57, XXXVII: 725, 1134, 1331, XXXX: 57n

I-7 (Ja), I: 184, 187, XI: 5356, 5357, XII: 358, XIII: 414, 488, 489, 492, 494, 499, 528, 580, 616, 650, 651, 684, XVII: 2686, XXXV: 57, XXXVII: 735, 1134, 1331, XXXX: 57n

I-8 (Ja), XIII: 488, 616, 650, 651, XVII: 2686, XX: 4126, XXXV: 58, XXXVII: 735, 1134, 1331

I-9 (Ja), XIII: 488, 616, 650, 651, XVI: 2686, XXXV: 57, XXXVII: 735, 1134, 1331

I-10 (Ja), XIII: 488, 650, 651, XXXVII: 1134

I-15 (Ja), XIII: 488, 616, 617, XVII: 2686, XXXV: 57, XXXVII: 735, 1134, 1331

I-16 (Ja), I: 184, XI: 5356, XII: 358, XIII: 488, 491, 498–502, 527–531, 617, XVI: 2347, XVII: 2686, XXVIII: 1581, XXXV: 57, XXXVI: 169, 560, XXXVII: 735, 1134, 1331, XXXIX: 501, XXXX: 57n

I-17 (Ja), I: 184, 187, XI: 5356, 5357, XII: 358, XIII: 488–492, 494, 496, 616, 652, XVII: 2686, XXXV: 57, XXXVII: 735, 1134, 1331, XXXX: 57n

I-18 (Ja), I: 184, XI: 5356, XII: 358, XIII: 488, 491, 496, 617, XVI: 2346, XVII: 2686, XXVIII: 1581, XXXV: 57, XXXVI: 169, 560, XXXVII: 735, 1134, 1331, XXXIX: 501, XXXX: 57n

I-19 (Ja), I: FP 239, XIII: 403, 419, 427, 616, 650, 651, XVII: 2686, XXVIII: 1580, XXXV: 57, XXXVI: 656, XXXVII: 735, 1134, 1331

I-20 (Ja), I: 184, XI: 5356, XII: 358, XIII: 488, 491, 617, XVI: 2347, XVII: 2686, XXVII: 1581, XXXV: 57, XXXVI: 169, 560, XXXVII: 735, 1134, 1331, XXXIX: 501, XXXX: 57n

I-21 (Ja), I: FP 239, XIII: 403, 419, 427, 616, 650, 651, XX: 4129, 4355, 4545, XXVIII: 1580, XXXIII: 1325, XXXVI: 656

I-22 (Ja), I: 184, XI: 5356, XII: 358, XIII: 488, 491, 617, XVI: 2347, XX: 4219, XXVIII: 1581, XXXVI: 169, 560, XXXIX: 501, XXXX: 57n

I-23 (Ja), I: 184, FP 239, XI: 5356, XII: 358, XIII: 403, 419, 427, 616, XXVIII: 1580, XXXVII: 1134, XXXX: 57n

I-24 (Ja), I: 184, XI: 5356, XII: 358, XIII: 488, 491, 617, XVI: 2347, XXVIII: 1581, XXXVI: 169, 560, XXXVII: 1134, 1159, XXXIX: 501, XXXX: 57n
I-25 (Ja), I: 650, 651
I-28 (Ja), XIII: 617
I-29 (Ja), XIII: 650, 561
I-30 (Ja), XIII: 650, 651
I-31 (Ja), XIII: 578, 579, 650, 651
I-34 (Ja), XIII: 578, 579
I-35 (Ja), XIII: 578, 579
I-53 (Ja), XVII: 2686, XX: 4128, XXXV: 58, XXXVII: 735, 1134, 1331
I-54 (Ja), XVII: 2686, XX: 4128, XXXV: 58, XXXVII: 735, 1134, 1331
I-55 (Ja), XVII: 2686, XX: 4128, XXXV: 58, XXXVII: 735, 1134, 1331
I-56 (Ja), XVII: 2686, XX: 4126, XXXV: 58, XXXVII: 735, 1134, 1331
I-57 (Ja), XVII: 2686, XX: 4126, XXXV: 608, XXXVII: 735, 1134, 1331
I-58 (Ja), XIII: 545, XVII: 2686, XX: 4126, XXXV: 58, XXXVII: 735, 1134, 1331
I-59 (Ja), XVII: 2686, XX: 4126, XXXV: 58, XXXVII: 735, 1134, 1331
I-60 (Ja), XII: 545, XVII: 2686, XX: 4126, XXXV: 58, XXXVII: 735, 1134, 1331
I-61 (Ja), XVII: 2686, XXXV: 58, XXXVII: 735, 1134, 1331
I-62 (Ja), XIII: 544, XVII: 2686, XX: 4126, XXXV: 58, XXXVII: 735, 1134, 1331
I-63 (Ja), XIII: 617
I-64 (Ja), XVII: 2686, XX: 4126, XXXV: 608, XXXVII: 735, 1134, 1331
I-65 (Ja), XVII: 2686, XX: 4127, XXXV: 58, XXXVII: 735, 1134, 1331
I-66 (Ja), XVII: 2686, XX: 4127, XXXV: 58, XXXVII: 735, 1134, 1331
I-68 (Ja), I: 184, XI: 5356, XII: 358, XIII: 488, 498-502, XVII: 2686, XX: 4126, XXXV: 58, XXXVII: 735, 1134, 1331, XXXX: 57n
I-69 (Ja), I: 184, XI: 5356, 5357, XII: 358, XIII: 414, 488-490, 492, 495, 504-508, 510, XVII: 2686, XX: 4126, XXXV: 58, XXXVII: 735, 1134, 1331, XXXX: 57n
I-70 (I-170) (Ja), XIII: 491, 492, XVII: 2686, XX: 4126, XXXV: 58, XXXVII: 735, 1134, 1331
I-71 (Ja), XVII: 2686, XX: 4127, XXXV: 58, XXXVII: 735, 1134, 1331

I-72 (Ja), XVII: 2686, XX: 4127, XXXV: 58, XXXVII: 735, 1134, 1331
I-73 (Ja), XVII: 2686, XX: 4127, XXXV: 58, XXXVII: 735, 1134, 1331
I-74 (Ja), I: 184, XI: 5356, XII: 358, XIII: 414, 488, 492, 494, 496, XVII: 2686, XX: 4126, XXXV: 58, XXXVII: 1134, XXXX: 57n
I-75 (Ja), XIII: 414, 488, XVII: 2686, XX: 4126, XXXV: 58, XXXVII: 1134
I-121 (Ja), XVII: 2686, XX: 4127, XXXV: 58, XXXVII: 735, 1134, 1331
I-122 (Ja), XVII: 2686, XX: 4127, XXXV: 58, XXXVII: 735, 1134, 1331
I-123 (Ja), XIII: 617, XVII: 2686, XX: 4127, XXXV: 58, XXXVII: 735, 1134, 1331
I-124 (Ja), XIII: 545, 617, XVII: 2686, XX: 4127, XXXV: 58, XXXVII: 735, 1134, 1331
I-131 (Ja), XIII: 544
IBM Machine (See Radio Intelligence),
Iceland, III: 1053, 1435, 1436, IV: 1668, V: 2074, 2075, 2104, 2117, 2294-2297, 2373, XI: 5260, XVI: 2175, 2176, 2178, 2179, 2182, 2209, 2210, 2214, 2224, XVIII: 2897, 2904, 2917, 2920, XX: 4325, 4350, 4353, 4401, 4402, 4429, 4430, 4433, 4444, 4545, XXVI: 266, 286, XXXIII: 945, 952, 964, 965, 1170, 1174, 1218, 1233, 1134, 1354, 1355, XXXV: 218, 229, 284, XXXVI: 400, XXXX: 12, 168, 266-O
Ickes, Harold, XX: 4312, 4316-4318, 4328, 4329, 4341, 4344, 4346, 4347, 4370, 4450-4452, 4480, 4485, XXVII: 660, XXIX: 1642, 1645, XXXIX: 57
IDAHO, I: 76, II: 852, IV:1824, VII: 3363, XI: 5505, XII: 255, 256, 260, XVI: 2163, XVII: 2465, XX: 4122, XXXII: 432
IFF (Identification Friend or Foe), XIII: 2243, XVI: 2199, 2241, 2243, XXII: 407, XXIII: 754, 943, 1198, XXVII: 558, 559, XXXIII: 1216, 1345, XXXIX: 109, 111
IKAZUCHI (Ja), XIII: 575, XVII: 2681, XX: 4125, XXXV: 54, XXXVII: 731, 1131, 1328
IKUSHIMA MARU (Ja), XIII: 553
IKUTA MARU (Ja), XVII: 2685, XXXV: 57, XXXVII: 734, 1134
I. L. Hunts, XXIV: 1664
Imperial Beach, VIII: 3559, 3581
Imperial Conference 2 July 1941, XX: 4393, XXXX: 295, 296

Imperial Conference 6 Sept. 1941, XX: 4004, 4005, 4012, XXXX: 316–319, 335, 343, 362
Imperial Conference 5 Nov. 1941, XXXX: 331, 334, 339, 344, 347, 360, 424
INAZUMA (Ja), XIII: 575, 576, XVII: 2681, XXX: 4125, XXXV: 54, XXXVII: 731, 1131, 1328
INDEPEDENCE, XXXVI: 617, XXXVIII: Item 39
India, II: 413, IV: 1945, V: 2227, 2230, 2233, 2235, 2236, 2383, IX: 4299, X: 5095, XIII: 710, XIV: 1344, 1356, 1372, 1378, XV: 1531, 1553, 1555, 1561, 1841, XVI: 1972, 1973, XVII: 2463, XVIII: 2913, XIX: 3493, 3494, 3509, 3510, 3532, XV: 4060, 4064, 4098, 4290, 4401, XXI: 4718, 4735, 4736, 4752, XXVI: 87, 498, XXVII: 78, XXX: 2864, XXXI: 3242, XXXIII: 739, 957, 960, 993, 1358, XXXIV: 141, XXXV: 590, 660, XXXVII: 844, 1188, 1189, XXXIX: 441, XXXX: 8, 97
Indian Ocean, III: 993, 1386, 1543, IV: 1785, 1934, 1936, V: 2731, 2233, 2787, VI: 2918, XI: 5185, 5292, 5407, XII: 129, 314, XIII: 520, 522, 544, 615, 657, 695, XIV: 1273, XV: 1531, 1561, 1570, 1572, 1573, 1578, XVI: 1968, 1991, 1992, 2275, XVII: 2577, XVIII: 2913, XIX: 3459, 3490, 3493, 3516, 3526, 3548, 3553, XXVI: 269, 460, 499, XXXII: 411, XXXIII: 1391, XXXVI: 400, XXXVII: 845, XXXIX: 407, XXXX: 187, 299, 352, 507
INDIANAPOLIS, IV: 1678, V: 2210, XII: 345, XIV: 949, 983, XV: 1715, XVI: 2027, 2108, 2116, 2117, 2122, 2124–2126, 2129, 2131, 2256, 2447, XVII: 2525, 2530, XX: 4123, XXI: 4558, 4560, 4564, XXII: 394, 425, 498, 509, XXIII: 606, 612, 758, 759, 767, 1187, 1213, XXIV: 1391, 1431, 1582, 1599, 1604, 1616, 1661, 1716, XXVI: 142, 144, 217, 341, 345, 346, 556, XXVIII: 1007, XXXIII: 1267, XXXV: 389, 501, XXXVII: 928, 1216, 1217, 1236, 1256, 1262, 1273
Indochina, I: 185, II: 436, 588, 589, 605, 606, 617, 636, 671, 676, 714, 743, 744, 768, 776, 842, 855, 875, 902, 921, 950, III: 1003, 1140, 1177, 1285, 1470, IV: 1704, 1705, 1707, 1872, 1949, 2013, 2014, V: 2078, 2417, VI: 2670, 2871, VII: 3291, VIII: 3910, IX: 4240, 4255, 4371, 4564, X: 4663, 4834, 4882, XI: 5186, 5216, 5267, 5479, 5534, XII: 180, 211, 239, 304, XIII: 435, 444, 712, 714, 757, 758, XIV: 1099, 1158, 1337, 1338, XV: 1735, 1738, 1739, XV: 1890, 1898, XVI: 2152, XVII: 2608, 2609, 2621, 2622, 2625, 2640, 2654, 2669, 2673, 2751, 2753, XVIII: 3328, 3436, 3437, XIX: 3444, 3647, 3658, 3674, 3675, 3717, 3728, XX: 4019, 4290, 4299, 4300, 4373, 4393, XXI: 4638, 4704, 4706, 4738, 4759, XXIII: 658, 661, 679, 1081, XXVI: 447, XXVII: 13, 714, XXVIII: 963, 1579, 1593, XXIX: 2364, XXXI: 3205, 3206, 3242, 3253, 3256, XXXIII: 747, 787, 1175, 1378, 1381, 1383, XXXIV: 71, 120–123, 127, 130, 202, 203, 205, 221, XXXV: 65, 70, 73, 75, 80, 263, 264, 279, 280, 297, 298, 315, 415, 587, 589, 666, 672, 674, XXXVI: 132, 147, 150, 186, 187, 474, 593, 594, XXXVII: 695, 698, 708, 709, 711, 715, 717, 720, 722, 722, 725, 752, 758, 759, 763, 766, 771, 1136, XXXIX: 46, 124, 452, 477, XXXX: 16, 40, 89, 94, 213, 215, 295, 296, 311, 317, 324, 522
Base For Other Invasions, III: 1148, 1386, IV: 1698, 1776, 1781, V: 2110, 2124, VI: 2517, 2646, 2936, X: 4670, XI: 5183, 5263, 5347, 5372, 5376, 5393, 5394, 5405, 5412, 5417, 5423, XII: 2, 193, 244, XIII: 718, XIV: 972, 1080, 1215, 1266, 1358, 1368, 1396, XV:1559, 1753, 1854, XVI: 2177, XIX: 3503, 3525, 3531, XX: 4023, 4403, XXI: 4599, 4759, XXVII: 14, XXIX: 2327, XXX: 2975, XXXI: 3220, 3221, XXXII: 114, 162, 635, XXXIII: 758, XXXV: 42, 196, 271, 310, 311, 592, XXXVI: 493, XXXIX: 59, 438, XXXX: 18, 98, 142, 344, 388, 405, 408, 429, 432, 535
Equal Access for Trade, XI: 5532, XII: 86, 181, XIV: 1119, 1156, 1262, XV: 1683, 2300, XVI: 2387, XVII: 2791, XIX: 3659, 3662, XX: 4222, XXXIII: 740, 1369, XXXVI: 429, XXXIX: 440, XXXX: 383, 459
Japanese Expeditionary Force at Sea, II: 455, V: 2080, 2081, XI: 5372, 5422, 5426, 5427, 5434, 5437, XIV: 1367, XV: 1783, 1805, 1840, 1872, 1876, 1884, 1897, XVI: 2014, 2324, 2329, XVII: 2636, 2641, XIX: 3665, XX: 4515, XXI: 4732, XXII: 358, XXIII: 1152, XXVI: 220, 232, 256, 280, 303, XXVIII: 867,

926, 1555, XXIX: 2070, 2083, 2084, 2283, 2320, XXXII: 382, 664, 877, XXXIV: 154, 208, XXXV: 50, 68, 171, 307, 597, 639, XXXVI: 16, 49, 103, 141, 189, 231, 232, 425, 431, 470, 475, 480, 485, 489, 513, 518, XXXVII: 727, 1316, 1319, 1321, 1323, 1326, XXXIX: 9, 258, 469, 472, 480, 481, XXXX: 177, 178, 197, 206n, 419, 424, 433, 437

Japanese Occupation, II: 431, 439, 540, 713, 721, III: 1212, 1393, IV: 1692, 1693–1695, 1698, 1708, 1777, 1844, 1846, 2042, 2052, 2053, V: 2079, 2085, 2433, VI: 2917, 3128, 3206, VIII: 3410, IX: 4041, 4067, 4335, X: 4671, 4855, 4884, XI: 5165, 5377, 5378, 5399, 5453, XII: 4, 13, 32, 33, 56, 95, 171, 173, 183, 221, 223, 227, 238, XIII: 716, 1098, 1105, 1118, 1157, 1163, XIV: 1326, 1380, 1383, 1384, 1397, 1399, XV: 1725, 1840, 1842, 1848, 1849, XVI: 1983, 2140, 2175, 2304, 2449, XVII: 2612, 2794, XVIII: 2949, XIX: 3447, 3498, 3515, 3703, XX: 4003, 4004, 4116–4120, 4223, 4226, 4295, 4388, 4396, 4454, 4476, XXVI: 230, XXVII: 24, 48, XXVIII: 1548, XXIX: 2308, 2326, XXXI: 3211, 3243, 3249, XXXII: 612, XXXIII: 1204, 1354, 1374, XXXIV: 114, 186, 210, 223, XXXV: 125, 147, 195, 204, 296, 317, 579, 585, 595, 598, 601, 605, 606, 609, 625–628, 637, XXXVI: 121, 140, 406, 511, 608, 654, 659, XXXVII: 688–690, 692, 909, 1009, XXXIX: 446, XXXX: 220n, 298, 300, 303, 304, 332, 380, 391, 398, 416, 417, 427, 434, 464

Map/Photo, XIII: 755–758, XXXVIII: Item 29, Item 32

Observing Japanese Movements, II: 955, III: 1248, 1249, V: 2416, IX: 4233, 4241, X: 4760, 4805, 4810, XI: 5438, XIV: 1407, XV: 1769, XVI: 2485, XVI: 2332, XVIII: 3341, XXIV: 78, XXVIII: 929, XXXIII: 860, 874, XXXV: 50, XXXVI: 49, XXXVI: 135, 479, 486, XXXX: 266-P, 528n

Plans For Removal of Japanese Troops, II: 422, 440, 545, 546, 590, 592, 742, IV: 1789, 2039, V: 3311, 3312, XI: 5370, 5371, 5414, XII: 59, 96, 143, 146, 152, 155, 156, 158, 167, 205, 222, 241, XIV: 1101, 1113, 1121, 1127, 1143, 1150, 1164, 1174, 1190, 1234, 1264, 1280, XVI: 2305, 2389, XVIII: 2943, 2953, 3258, 3260, 3755, XX: 4024, 4413, XXVI: 449, XXXI: 3240, 3246, 3250, XXXII: 248, 526, XXXIII: 700, 743, 745, 746, 752, 1372, 1375, 1382, XXXIV: 110, 113, 122, 128, XXXV: 651, 657, 660, 664, 681, XXXVI: 494, XXXVII: 686, 696, XXXIX: 324, 327, 445, XXXX: 20, 33, 35, 214, 217, 301, 307, 318, 320, 348, 349, 356, 358, 360, 361, 361n, 365, 366, 369, 371, 322, 383, 411, 459, 461, 561

Pressure on Vichy France, I: 349–351, 368, II: 420, 430, IV: 1697, VI: 2547, 2797, IX: 3959, X: 4833, 4839, XII: 5, XIV: 1139, 1342, 1344, 1346, 1398, XV: 1562, 1777, 1847, XVIII: 3197, 3198, XX: 4088, 4363, XXIII: 662, XXIX: 1887, 1888, XXXI: 3217, XXXII: 242, XXXV: 192, 193, XXXX: 16, 17, 92

Threat to the Burma Road, II: 648, 656, V: 2090, 2114, 2122, 2179, 2317, 2327, XI: 5214, 5436, XIV: 1168, 1173, XV: 1478, XVI: 2173, XIX: 3760, 3765, 3776, XXXII: 561, XXXIII: 1175, 1205, 1352, XXXIV: 211, XXXVI: 145, 426, XXXX: 93, 337, 343, 370, 377, 395, 407, 422, 535

Threat of Attack by China, XVI: 2306, XIX: 3490, 3491, XXXIV: 116, 186, 187, XXXVI: 495, XXXVII: 691, XXXX: 421

Threat to So. China, XII: 224, XIV: 1061, 1074, 1079, 1172, 1361–1365, XV: 1476, 1477, 1480, XVI: 2222, XIX: 3722, XX: 4455, XXIV: 302, XXXI: 3214, XXXIII: 1356, XXXX: 373, 538n

U.S. Freeze Order, II: 422, 430, XXXIV: 121, XXXV: 48, 418

U.S. Neutrality Proposal, II: 421, XI: 5389, XVI: 2301, XX: 3998, 4373, XXXIII: 739, 1368, XXXIV: 109, XXXV: 653, XXXVI: 428, XXXVII: 682, XXXIX: 441, XXXX: 25, 297

INDOMITABLE (Br), XX: 4474

Inevitability of War With Japan, I: 348, XXVI: 462

INFORMATION NOT GIVEN TO GEN. SHORT

Information Not Given to Gen. Short, XXI: 4622, 4658, 4659, XXXV: 160–163
INGHAM, XVIII: 2930, XXXIII: 975
Ingersoll, Adm. Royal E., I: 128, 305, 308, 309, 321, II: 444, 645, 646, 650–652, 876, III: 1257, 1258, 1414, 1448, IV: 1729, 1730, 1734, 1735, 1744, 1748, 1753, 1758, 1759, 1766, 1769, 1823, 1833–1835, 1839, 1864, 1870, 1899, 1900, 1916, 1920–1922, 1924, 1926, 1940, 1942, 1946, 1947, 1960, 1963, 1970–1972, 1978, 2019, 2023, 2030–2032, 2051, 2056, V: 2132, 2137, 2138, 2149, 2151, 2173, 2174, 2211, 2284, 2358, 2395, 2460, 2478, VI: 2790, 2890, VII: 2933, 3166, VIII: 3384, 3394, 3419, 3420, 3424, 3428, 3431, 3443, 3569, 3588, 3611, 3637, 3654, 3657, 3659, 3682, 3703, 3739, 3788, 3789, 3791, 3793, 3803, 3812, 3845, 3854, IX: 3988, 4026–4030, 4045, 4105, 4221–4247, 4249–4283, 4286–4300, 4437, X: 4714, 4719, 4733, 4736, 4747, 4749, 4753, 4766, 4772, 4773, 4784, 4791, 4792, 4802, 4816, 4818, 4968, XI: 5153, 5156, 5233, 5239, 5244, 5247, 5248, 5252, 5254, 5261, 5264, 5265, 5268, 5287, 5362–5364, 5482, 5519, 5545, 5549, XIV: 962, 971, 1062–1064, XVI: 2153, 2157, 2179, 2181, 2411, XVII: 2474, 2702–2711, XVIII: 2879, 4437, XIX: 3537, XXI: 4555, XXII: 418, XXIII: 1206, XXVI: 1–3, 292, 297, 302, 306, 308, 391, 420, 424, 426, 456–471, 526, 546, 564, XXIX: 2372, 2376, 2384, 2388, 2397, 2399, 2441, XXXII: 2, 13, 22, 30, 46, 50, 62, 63, 97, 105, 124, 127, 132, 165, 243, 353, 539–551, 605, 611, XXXIII: 716, 725, 727, 730, 773, 781, 788, 795, 796, 805–819, 878, 886, 887, 894, 1172, 1173, 1205, 1217, 1316–1318, 1362, XXXVI: 26, 30, 230, 235, 236, 367, 374–376, 396, 397, 399, 400, 402, 409, 415–419, 430, 432, 434, 436, 480, 491, 492, 501, 507, 510, 521, 525, 528, 535, 566, 571, 573, XXXVII: 676, 781, 1128, 1129, XXXIX: 227, 362, 377, XXXX: 108n, 115n, 116n, 117n, 149n, 155n, 171n, 175n, 188, 207, 212, 218, 228n, 235, 266–G, 339, 340, 472, 478, 482, 526, 528, 540, 549
Inglis, Adm. Thomas B., I:25–34, 36–38, 41–49, 55–60, 62–73, 75–79, 81, 83–92, 99–106, 113–117, 119, 122–125, 129–138, 143, 144, 146, 147, 151, 154, 155, 157–165, 173–228, 230, 233, 267, II: 579, 606, 721, III: 1084, 1145, IV: 1675, 1804, 1812, 1820, 1821, 1824, VI: 2508, 2660, 2820, VII: 3093, 3121, XI: 5294, 5497, 5498, XXXX: 58, 64n, 65n, 69n, 70n, 106n, 197
Inshore Patrol, XVI: 2279, 2283, XVIII: 3213, 3234, 3235, 3241, 3243, 3244, 3253, XXI: 4593, 4626, 4640, 4666, XXII: 9, 10, 72, 81, 154, 330, 341, 345, 462, 568, XXIII: 761, 992, 1116, 1135, XXIV: 1358, 1380, 1417, 1429, 1546, 1549, 1626, 1636, 1650, 1666, 1671, 1675, 1681, 1693, 1695, 1696, 1714, 1717, 1718, 1720, 1721, 1725, 1727, 1745, 1773, 1807, 2092, 2095, 2097, 2115, XXVI: 15, 17, 20, 25, 34, 51, 405, 475, 485, 532, XXVII: 92, 94, 118, 120, 122, 135, 136, 197, 200, 213, 234, 275, 277, 284, 422, 428, 546, 704, 707, 772, 773, 798, XXVIII: 914, 953, 964, 1388, XXIX: 1719, 1720, 2265, XXX: 2461, 2463, 2492, 2493, 2495, 2514, XXXII: 39, 176, 180, 281, 296, 303, 322, 368, 557, 680, XXXIII: 721, 724, 1156, 1158, 1294–1298, 1306, 1307, XXXVI: 43, 52, 245, 246, 253, 276, 277, 386, 389, 403, 412, 415, 451, 550–553, 556, 559, XXXVII: 1275, 1284, 1311, 1312, XXXIX: 10, 12, 13, 20, 65, 67, 305, 395, 412, 416, 418, 496, 497, XXXX: 82, 138
Institute of Pacific Relations, XXIII: 877
Intelligence Bulletin 27 Nov. 41, XXXVI: 112, 186, 188, 511, XXXVII: 730–739, 779–783, XXXIX: 467, 468, 486, 517
Intelligence Bulletin 11 June 45, XXXVI: 353
Intelligence Report, 28 Nov. 41, XXXIII: 757, 1387, XXXVI: 158, 787, 788
Intelligence Reports (Hewitt Exhibits 26), XXXVII: 783–789
Interceptor Command, (See Aircraft Warning Service)
Intercepts, (See Magic)
Interrogation of Japanese Prisoners, I: 176, 198, 207, 209, 232–252, IX: 4014, XIII: 613–626, 719, 720, XXXVI: 588–591, XXXVII: 1148–1150
INTO MARU, XIII: 462–464
IOWA (old), XXII: 459, XXVI: 291
Iguchi, Sabao, IV: 1802, IX: 4203, XXXX: 323, 330, 423
IRAKO (Ja), XIII: 665, 693
IRO (Ja), XIII: 571, 573, 605, XVII: 2641, 2689, XXXV: 59, 81, XXXVII: 736, 1331

IRVING HUNT, XII: 347, XXIV: 1664, XXXVII: 1277
ISABEL, II: 955, 958, III: 1248, V: 2190, 2416, 2417, VI: 2670, 2671, 2784, 2785, X: 4807, 4808, XII: 286, 289, 291, 292, 296, 299, 300, 302, XIV: 1407, XVI: 2225, XXXIII: 910, 912, 913, 1176, 1392–1394, XXXX: 414
ISE (Ja), XIII: 660, 699, XV: 1870, 1874, 1878, 1882, 1895, XVII: 2681, XX: 4125, XXXV: 54, XXXVII: 731, 1131, 1173, 1315, 1317, 1322, 1324, 1328
ISHIGAKI (Ja), XIII: 684, XXXVII: 1324
ISOKAZE (Ja), I: FP 239, XIII: 403, XVII: 2687, XX: 4127, 4355, 4545, XXXV: 58, XXXVI: 656, XXXVII: 736, 1132
Isoda, Gen. **Saburo**, XIV: 1348, 1349, XXIX: 2449, 2450
ISONAMI (Ja), XVII: 2681, XX: 4129, XXXV: 54, XXXVII: 732, 1132, 1328
ISSEI (Ja), XXI: 4580n, XXXIX: 43n
ISUZU (Ja), I: 184, XII: 358, XV: 1881, 1885, 1892, XVII: 2630, 2661, 2667, 2669, 2690, XX: 4129, XXXV: 60, 75, XXXVII: 719, 737, 743, 748, 767, 780, 783, 788, 1062, 1134, 1321, 1331, XXXX: 57n
Italian Air Force, XV: 1793, 1794, 1813, 1836, XXXIII: 1327, 1328, XXXVI: 658, 659
Italian Army, XV: 1792, 1793, 1812, 1834, XX: 4403, 4475, XXXIII: 1327
Italian Navy (Fleet), V: 2125, XV: 1793, 1812, 1813, 1825, 1826, 1835, XX: 4277, XXIV: 1368, XXXII: 541, 569, XXXIII: 1189, 1327, XXXVI: 443, XXXX: 545
Italy, I: 57, 172, 261, 292, 369, II: 409, 414, III: 992, 1003, 1225, 1383, 1462, IV: 1593, 1731, 1861, 1929, V: 2070, 2102, 2106, 2227, 2235, 2292, 2296, 2298, 2312, 2314, 2424, VI: 2525, 2775, 2776, 2851–2853, 2859, 2861, 2870, 2882, 2913, 2915, VII: 2953, 3347, VIII: 3421, 3783, 3796, IX: 3988, 4241, 4256, 4288, 4299, 4588, X: 4259, XI: 5243, 5249, 5373, 5379, 5407, 5417, 5419, 5479, XII: 34, 44, 57, 89, 129, 204, 205, 212, 239, 253, XIII: 543, 555, XIV: 938, 943, 944, 972, 993, 994, 1121, 1214, 1220, 1286, 1336, 1338, 1339, 1352, 1357, 1373, 1374, 1381, XV: 1490, 1557, 1565, 1576, 1775, 1776, 1784, 1792, 1793, 1797, 1798, 1817, 1929, XVI: 1972, 1990–1992, 1995, 1997–1999, 2001, 2128, 2161, 2217, 2275, 2296, 2303, 2304, 2389, 2390, XVII: 2463, 2576, XVIII: 2909, 2910, 2947, 2949, 3316, 3328, XIX: 3496, 3498, 3515, 3525, 3626, 3646, XX: 3988–3991, 4003, 4136, 4139, 4140, 4142, 4145–4148, 4154, 4158–4161, 4163, 4168, 4205, 4229, 4276, 4289, 4292, 4294, 4295, 4353, 4401, 4403, 4512, XXI: 4578, 4707, 4710, 4718, 4728, 4735, 4736, 4751, 4752, 4755, 4756, XXII: 62, 330, 332, XXIII: 677, 867, 915, 1112, 1135, XXIV: 1287–1289, 1304, 2166, XXVI: 264, 461, 497, 499, XXVIII: 1594, XXIX: 2144, 2352, XXXI: 3205, 3208, 3236, 3246, 3247, 3252, XXXII: 28, 192, 438, 569, XXXIII: 743, 747, 776, 788, 837, 956, 957, 992, 994, 1188, 1190, 1320, 1324, 1327, 1328, 1349, 1350, 1358, 1363, 1372, XXXIV: 27, 28, 54, 103, 113, 120, 122, 126, 129, 166, 181, 202, 205, XXXV: 162, 195, 218, 229, 296, 301, 305, 317, 560, 569, 637, 647, 657, 658, 663, 666, 672, 675, 677, 681-683, 685-688, 690-692, XXXVI: 101, 291, 369, 382, 397, 406, 421, 492, 493, 651, 655, 658, XXXVII: 664, 677, 686, 687, 694, 697, 789, 843, 845, 989, 1045, 1107, 1192, XXXIX: 40, 246, 324, 327, 407, 434, 443, 444, XXXX: 2, 3, 21, 26, 47, 75, 90, 172, 205, 213, 215, 266-M, 292, 295, 309, 310, 325, 348, 352, 398, 410, 411, 436, 446, 458, 525
ITSUKUSIMA MARU (Ja), XII: 79, XVII: 2683, XXXV: 55, XXXVII: 733, 1134, 1329, 1331
ITSUMA MARU (Ja), XXXV: 596
IWASHIRO MARU (Ja), XIII: 462–464
IWATE (Ja), X: 5141, XVII: 2691, XXXV: 60, 384, XXXVII: 737, 1135
IZUMO (Ja), XV: 1805, 1885, XVII: 2667, 2690, XXXV: 59, XXXVII: 737
IZ-16, XXXIX: 501

J

Jacobs, Adm. Randell, VI: 2561, 2563, 2616, XVII: 2727, 2728, 2731, 2732, XIX: 3955, 3956, XXXIII: 691

Jaeger, Lt., XXIV: 1737

JAGERSFSONTEIR, XXXVII: 1276, 1277

Jaluit, IV: 1844, 1847, VI: 2661, VII: 2943, 2996, X: 4702, 4900, 5025, XIII: 456, 459, 468, 469, XIV: 1328, 1365, 1366, XV: 1642, 1772, 1873, 1875, 1879, 1896, XVI: 2123, 2133, 2269, 2328, 2331, 2336, 2339, 2342, 2357, 2360, 2362, 2416, XVII: 2582, 2596, 2607, 2608, 2612, 2613, 2616, 2620, 2624, 2625, 2627, 2628, 2635, 2639, 2640, 2642, 2649, 2673, 2679, 2685, 2692, 2693, 2698, 2699, XVIII: 2941, 2942, 2964, 2965, 3011, 3336, XXI: 4570n, 4594, 4603, 4618, 4622, 4641, 4651, 4697, 4763, XXII: 44, 464, 526, XXIII: 616, 661, 679, 759, 761, 762, 767, 939, 1068, XXIV: 23, 505, 518, XXVII: 60, 69, 72, 89, 91, 96, 104, 105, 166, 167, 218, 419, 438, 548, 780, 782, XXVIII: 855, 856, 890, 925, 928, 939, 1590, XXIX: 2175, 2279, XXX: 2468, 2515, XXXI: 3168, XXXII: 185, 287, 673, XXXII: 1000, 1013, XXXIV: 152, 158, 161, XXXV: 52, 60, 61, 65, 67, 73–78, 80, 81, 155, 216, XXXVI: 8, 9, 37, 118, 125, 136, 293, 338, 407, 408, 473, 515, 575, 584, 586, XXXVII: 709–712, 715, 717–719, 722–728, 737–741, 744–746, 749, 751, 752, 757, 759–761, 766, 769, 770, 772–774, 776, 778, 785, 790, 791, 802, 851, 864, 1136, 1137, 1143, 1144, 1205, 1219, 1220, 1257, 1315, 1317, 1318, 1320, 1322, 1326, XXXVIII: Item 112, XXXIX: 31, 49, 79, 97, 103, 129, 134, 236, 364, 379, 401, 475, 480, 481, 490, 491, 495, 520, 521, 523, XXXX: 102, 531, 532

James, Capt. Hugh, II: 788, IV: 1807, 1823, 1914, 1925, 1926, V: 2357, 2358, XI: 5363

JANE CHRISTENSEN, XII: 347

Japan, (See Japanese)

Japanese Abilities Questioned
    Carrier Operations, XXXII: 236, 531, 532, 588
    Flying, XXVI: 149, 308, XXXII: 504, 661, XXXV: 15, XXXVI: 440
    Fueling at Sea, XIII: 605–608
    Mount Two Simultaneous Operations, XV: 1562, XXVI: 234, XXXII: 531, 532
    Submarine Operations, XXXII: 334, XXXVI: 445

Japanese Activities in Hawaii, XXIV: 349–362, 1362, 1363, XXVII: 124, 125, 213–215, 222, 250, 282, 425, XXVIII: 1036, XXIX: 1665–1675, XXX: 2460, 2364, 2490, 2491, 3064, XXXI: 3195–3198, XXXV: 479, 544

Japanese Act of War—"Trip-lines", II: 654, V: 2420, 2421, XI: 5183
    Davao-Waigeo Equator Line, II: 654, XI: 5215–5218, 5220–5223, 5263, XIV: 1066, XV: 1564, 1770–1773, XVII: 2648, XXXX: 507, 508
    100 Degree East—South 10 Degree North, II: 492, 654, 681, 976, III: 1040, 1057,

1227, 1246, 1247, 1524, IV: 1618, 1777, 2048, 2049, V: 2123, XI: 5423, 5440, 5450, XIV: 1062, 1066, 1083, XV: 1564, XVI: 2248, XXVI: 303, XXVII: 15, 240, XXIX: 2406, 2415, XXXIII: 1239, XXXX: 170, 173, 175, 341, 391, 405, 439, 507

Japanese Aircraft Carriers, I: 105, 238–245, II: 842, 869–871, III: 1005, IV: 1671, 1778, 1796, 1798, 1878, 1961, V: 2145, 2201, 2254, 2302, 2341, VI: 2504, 2505, 2521, 2523, 2597, 2598, 2603, 2623, 2901, 2879, X: 4887, 4892, 4893–4895, 4900, 4903, 5116, XI: 5356, 5359, 5361, 5484, XVI: 2269, 2281, 2322, 2323, 2325, 2329, 2331, 2336, 2338, 2350, 2351, 2358, 2359, 2362, 2364, 2378, 2406, 2414, 2424, XVII: 2604, 2605, 2608, 2609, 2611, 2612, 2615, 2616, 2618, 2623, 2627–2629, 2638, 2639, 2641, 2669, 2674, 2687, XVIII: 2963, 2964, 2982, 3229, 3336–3338, XIX: 3504, 3505, 3615, 3624, 3632, XX: 4106, XXI: 4593, 4599, 4601, 4607, 4618, 4619, 4632, 4637, 4638, 4640, 4668, 4677, 4682, 4686, 4688, 4693, 4694, 4697, 4700, XXII: 25, 42, 43, 72, 75, 125, 175, 194, 195, 328, 350, 358, 388, 468, 557, XXIII: 609, 658–661, 670, 678–680, 760, 936, 938, 939, 1002, 1064, 1067, 1133, 1134, 1144, 1181, XXIV: 1294, 1362, 1368, 1369, 1371–1373, 1553, 1569, 1570, 1582, 1592–1594, 1596, 1600, 1631, 1751, 1779, 1798, 2150–2154, XXVI: 30, 56, 96, 128, 136, 220, 221, 231, 260, 308, 310, 312, 345–347, 416, 535, 536, XXVII: 13, 64, 69, 96, 166, 186, 187, 192, 242, 243, 550, 553, 780, XXVIII: 840, 866, 867, 892, 902, 925, 928, 942, 977, 992, 1023, 1374, 1381, 1496, 1497, 1499, 1500, 1502, 1503, 1507, 1579, 1585–1588, 1594, XXIX: 2079, 2244–2246, 2362, 2364, 2365, 2439, XXX: 2467, 2468, 2486, XXXII: 125, 233, 236, 254, 261, 262, 290, 292, 360, 382, 386, 397, 426, 427, 431, 452, 514, 565, 576, 577, 581, XXXIII: 695, 705, 883, 1300, 1332, XXXIV: 151, 152, 154, 158, 160, 161, 185, 211, 223, XXXV: 63, 65, 66, 68, 74, 80, 257, XXXVI: 8, 15, 33, 34, 48–50, 62, 63, 103, 108, 112–114, 116, 118, 124, 125, 127, 129, 131–136, 146, 148–153, 156, 178, 179, 182, 185–190, 193, 213, 214, 219, 231, 232, 283, 295, 325, 368, 369, 392, 408, 437, 454, 472, 475, 479–490, 510–515, 517, 518, 543, 562, 564, 567, 577, 584, 585, 588, 590, 592, 596, 654, XXXVII: 706, 707, 709, 719, 721, 723, 727, 735, 741, 742, 744, 745, 748, 750, 751, 753, 755, 756, 758, 759, 764, 768, 772, 774–776, 784–786, 948, 1060, 1207, 1208, 1212, 1215, 1248–1250, 1253, 1255, 1257, 1264, 1265, XXXIX: 9, 15, 16, 66, 72, 75, 83, 98, 98n, 99, 117 125, 298, 307, 308, 320, 338, 342, 344, 359–361, 363, 367, 375, 376, 378, 381, 398, 400, 402, 414, 467–469, 471, 477, 479, 481, 486–488, 506, 508, 517–519, 522, 526, XXXX: 55, 69, 69n, 71n, 84, 125, 133–136, 136n, 151, 155, 209, 235n, 257

Japanese Air Strength on 8 Dec. 1941, XI: 5324

Japanese—American Relations in Hawaii, VII: 3309, 3315, X: 5092–5096, XVII: 2870–2874, XXXII: 180, XXXIX: 27 (Also see the Munson Report VI: 2682–2696)

Japanese—American Relations in the U. S., XXX: 2863, 2865, 2867–2870, 2872–2874, 3064

Japanese Anti-Sub. Doctrine, XVI: 741–747, XXXVI: 601–605

Japanese Army, XV: 1838, 1840, 1846, 1848, 1908, XX: 4034, 4056, 4116, 4118, 4120, 4162, 4475, 4511, 4515, XXI: 4570, 4649, 4652, 4711, 4711, 4718, 4724, XXVI: 204, XXVII: 204, XXVII: 57, XXXI: 3202, 3204–3209, 3212, 3215, 3218–3220, XXXIII: 1234, 1378, 1390, XXXIV: 149, 150, 199–207, 210–216, 218–224, XXXV: 257, 305, 310, 318, 378, 577, 579–582, 592, XXXV: 593, 609, 633, 635, XXXVI: 119, 121, 122, 140, 141, 192, 240, 241, 467, 480, 496, 518, 581, 591, 595, 605, 654, XXXVII: 692, 794, 797, 1061, XXXIX: 29, XXXX: 344

Japanese Army Air Corp, XXXIV: 201, 202, 204, 206, 209, 212–214, 217, 218, XXXVI: 606, XXXVII: 712, 1153

Japanese Air Fleet (Naval), XXXVII: 707, 721, 722, 754, 779–781, XXXIX: 199, 275, 298, 452

Japanese Cabinet Decision for War, XXXX: 415

Japanese Code Breaking, (See Japanese Radio Intelligence)

Japanese Consulate—Honolulu, I: 216, 248, III: 1566, IV: 1814, 1909, VI: 2542, VII:

JAPANESE CONSULATE—MANILA

3293, 3294, 3357, VIII: 3391, IX: 4347, 4348, 4360–4362, 4365, 4367, 4371, 4376, 4395, 4407, 4414, 4430, 4431, 4466, X: 4676, 4683, 4684, 4951, 5024, 5090, 5099, 5105, 5109–5111, XIII: 428, XVI: 2290, 2293, 2294, 2310–2313, 2330, 2334, 2335, 2346, 2354, 2356, 2357, 2363, 2417, XVIII: 3242, 3243, XXI: 4572, 4620–4622, 4644, 4658, 4698, XXII: 25, 89, 99, 177, 178, 190–192, 327, 358, XXIII: 645, 651, 653, 655, 673, 805, 858–865, 867, 872, 873, 878, 880, 881, 915, 976, 977, 1005, 1019, 1024, 1133, 1153, XXIV: 1308, 1309, XXVI: 24, 218–220, 228, 305, 335–337, 349–354, 356–358, 360, 365, 464, 558, 559, XXVII: 214, 230, 389, 644, 736, 740, XXVIII: 1032, 1425, 1539, 1545, 1546, 1554, 1621, XXIX: 1665, 1666, 1672, 1687, 1689, 1944, 1945, 2225, 2255, XXX: 2861, 3064, 3068, XXXI: 3180–3186, 3189–3191, 3195–3198, XXXII: 179, 197, 302, 328, 361, XXXIII: 730, 733, 836, 920, XXXV: 17, 23, 27, 30, 31, 38, 43–45, 47, 48, 84, 89, 112, 113, 119, 120, 122–124, 134–137, 146, 147, 156, 161, 167, 223, 243, 244, 257, 260, 264–266, 273, 282, 310, 319–333, 335, 336, 344, 352–496, 499–542, 547, 548, 553, 555, 557–560, 569, 570, 572–575, 646, XXXVI: 3, 4, 28, 38, 40, 51, 85, 137, 162, 163, 221, 224, 225, 243, 244, 247, 262–264, 273, 319, 320, 323, 324, 331–335, 350, 463, 468, 475–478, 489, 496–501, 518, 523, 566, 576, 580, 582, 583, XXXVII: 662–676, 873, 879, 902, 911, 912, 919, 920, 922, 924, 926, 930, 931, 934, 982–984, 987–990, 992–995, 1002, 1003, 1008–1011, 1088, 1089, XXXIX: 12, 13, 32, 49, 100–102, 133, 237, 244, 253, 276–278, 287, 289, 290, 364, 365, 379, 406, 426–428, 430, 431, 451–456, 478, 484, 485, 500, 501, 511, 515, 516, 524, 525, XXXX: 55, 132, 146, 148, 162, 182, 182n, 183, 185, 187, 188, 229, 230, 230n, 231, 266C, 266D, 266E, 479n, 514, 518, 554, 555
    Japanese Consular Agents—Prosecution, XXIII: 862, 863, XXVII: 213, 214
    Japanese Consular Communications, VIII: 3585
    Japanese Consulate Desk Pad Notes, XXXV: 394–401
Japanese Consulate—Manila, IX: 4377, 4380, XXIX: 2326

Japanese Deception, XXXIX: 46, 135
    Diplomatic, XI: 5355, XXXX: 195–197
    Fake Trip of NYK Liner, IV: 1716, 1717, VI: 2908, VIII: 3609, 3618, 3619, XII: 227, XIII: 715, XVIII: 3335, 3342, 3345, XX: 4513, XXII: 395, 396, XXIII: 1188, XXVIII: 1588, XXXV: 207, 661, XXXVI: 594, XXXVII: 983, 989
    Radio, I: 185, VIII: 3590, XI: 5356, XIII: 402, 451, 715, XXVIII: 1588, XXXVI: 37, 128, 129, XXXX: 57n
        Call Sign Change, VI: 2527, 2523, X: 4836, 4837, 4841, 4842, XVII: 2485, 2636, XXIII: 972, XXXV: 62, XXXVI: 128, 131, 132, 187, 188, 429, 516, 517, XXXVII: 706, 722, 723, 754, 755, 771, XXXIX: 378, XXXX: 134, 207
        Code Change, VIII: 3590, XXXVII: 1065
Japanese Economy, XIV: 1353, XV: 1845, XVI: 2002, XX: 4042–4048, 4054–4057, 4269, 4290, 4292, 4293, XXI: 4579, 4758, XXXI: 3210, 3211, 3215, 3216, XXXIII: 1239, 1374, XXXIV: 208, 214, 216, 217–220, XXXV: 302, 609, 610, 612, XXXVI: 200, 382, 532, XXXVII: 845, XXXIX: 35, 40, 41
Japanese Embassy—London, IX: 3981, XXXX: 477, 478, 479n, 480
Japanese Embassy—Washington, III: 1569, 1570, VIII: 3780, 3781, X: 4632, 4633, 4633, 4646, 4655, XV: 4096, 4097, XXIII: 651, 652, 1050, XXVI: 296, XXXIII: 736, XXXIV: 3. 9. 173, XXXV: 17, 97, 132, XXXVII: 985, 997, 1002, XXXIX: 223, 230, 284, 288, XXXX: 42, 54, 147, 193, 195, 210, 222, 227, 255, 291, 323, 329, 419, 423, 435, 439, 526, 569
Japanese Espionage, (See Espionage)
Japanese Estimates and Assumptions, I: 183, XI: 5324, 5325, 5507, XIV: 1355, 1365, 1367, 1380, XV: 1846, XXXVII: 1074
Japanese Expansionist Ideas, XI: 5379
Japanese Germ Warfare, XIV: 1368, XV: 1427
Japanese Given a Free Hand in the Dutch East Indies, I: 261
Japanese High Command Chart, XXXVIII: Item 52, 53
Japanese Influence Mines, XXXVI: 618, 619

JAPANESE NAVY 101

Japanese Knowledge of U.S. Radar, XXXX: 146
Japanese Language Press—Hawaii, XVIII: 3277–3286, XXI: 4582, XXXI: 3198
Japanese Losses at Pearl Harbor, I: 58, 187, 243, 245, XIII: 410, 543, XX: 4520, 4522, 4523, XXII: 61, XXVIII: 991, XXXX: 65, 71
Japanese Losses at Wake Island, XIII: 558, 560, 562, XXIII: 668, 669
Japanese Merchant Fleet Withdrawal, XIV: 1403, XV: 1857
Japanese Messages Intercepted, (See "Magic")
Japanese Midget Submarine, I: 173, 187, 193, 241, 244, 248, V: 2095, 2175, 2344, VI: 2599, 2528, VII: 2951, 3039, 3068, 3121, 3122, 3295, IX: 4408, 4409, X: 4848, 4849, XI: 5356, 5357, XIII: 397, 411, 488–492, 517, 532, 617, 714, 720, XVI: 2016–2019, 2270, 2271, 2344, 2345, 2346, 2350, 2351, XVIII: 2966, XIX: 3605, XXI: 4617, 4619, 4621, 4636, 4637, 4661, 4666, XXII: 399–402, 496, 545, XXIII: 722, 1191–1194, 1263, XXIV: 1369, 1569, 1570, 1571, 1582, 1585, 1650, 1750, 1782, XXVI: 353, 409, XXVII: 170, XXVIII: 875, XXVIII: 1551, 1581, XXX: 2470, XXXI: 3217, XXXII: 197, 286, 309, 310, 330, 597, XXXIV: 209, XXXV: 119, 120, 165, 547, XXXVI: 4, 10, 11, 21, 41, 53, 54, 58, 165, 166, 168–170, 172, 173, 197, 353, 470, 556, 557, 559, 560, 562, 587, 593, 596, 597, 616, 617, XXXVII: 805, 1147, 1148, 1149, 1159, 1222, 1279, 1287, XXXVIII: Items 1, 2, 101, 102, XXXIX: 15, 96, 98, 99, 101, 123, 298, 305, 385, 386, 402, 405, 406, 496–501, 507, XXXX: 57n, 61, 63, 65
Japanese Militarism History, I: 86, II: 407–409, 567–569, 574, 575
Japanese Modus Vivendi, II: 746, XXXX: 560–563
Japanese Morse Code (Kana), VIII: 3843, 3844, IX: 3948
Japanese Move South, II: 605, 611, 714, III: 1198, 1341, IV: 1781, 1878, V: 2670, VI: 2871, IX: 4240, XI: 5377, XVII: 2648–2651, XX: 4120, XXI: 4607, XXIII: 658, XXIV: 232, XXVI: 256, XXVII: 81, 193, XXVIII: 1555, 1578, XXIX: 2351, XXX: 2975, XXXI: 3222, XXXII: 580, XXXIV: 53, XXXV: 133, 310–315, XXXVI: 479, 515, 518, 584, XXXX: 195, 522

Japanese Naval Communications, X: 4687, 4903
Japanese Naval Situation, VII: 3291, XXII: 358
Japanese Navy (Fleet), I: 300, III: 1544, IV: 1744, 1756, 1831, 1844, 1846, 1988, 1991, 2046, V: 2216, VI: 2572, 2871, VII: 3355, 3357, VIII: 3410, 3532, 3537, 3542, IX: 4235, 4237, X: 4891, 4895, 4906, 5003, 5133, 5140, XI: 5353, 5377, XIV: 1351, 1352, 1355, 1366, 1367, 1380, 1381, XV: 1438, 1783, 1805, 1838, 1840, 1848, 1908, XVI: 1996, 2002, 2213, 2253, 2270, 2297, 2311, 2324–2338, 2418, XVII: 2486, 2601–2642, XIX: 3625, 3645, XX: 4054, 4107, 4277, 4300, XXI: 4636, 4638, 4657, 4664, 4680, 4699, 4727, XXII: 193, 428, 546, XXIII: 675, 971, 972, 987, 1159, XXIV: 1385, 1386, 1751, 1753, XXVI: 55, 56, 68, 87, 147, 156, 167, 195, 208, 222, 226–228, 234, 246, 270, 300, 352, 353, 355, 356, 401, 505, XXVII: 217, 218, XXVIII: 866, 870, 890, 902, 990, 1376, 1395, 1409, 1502, 1552, 1590, XXX: 2873, 2975, XXXII: 205, 254, 259, 262, 327, 359, 410, XXXIII: 833, 883, 1231, 1232, 1332, 1378, 1390, XXXIV: 16, 91, 102, 143, 149, 150, 155, 199, 204, 205, XXXV: 15, 16, 38, 51, 120, 133, 156, 188, 266, 281, 298, 312, 333, 335, 344, 364, 372, 542, 578, 692, XXXVI: 9, 13, 15, 22, 178, 192, 401, 414, 416, 589, 617, 618, XXXVII: 1173, XXXVIII: Items 300, 302, XXXIX: 486, XXXX: 53, 77, 185, 316, 344, 430, 437
  Japanese Aircraft Carriers in the Marshalls, IV: 1778, 1804, XXVIII: 840, 925, 939, 944, 1579, XXXV: 133, XXXVI: 48, 184, 185, 483, XXXIX: 385, 402, 468, 487
  Japanese Aircraft Carriers Unlocated, IV: 1778, 1779, 1796, 1797, 1810, 1870, 1966, V: 2302, VI: 2523, 2598, X: 4654, 4681, 4841, 5119, XVI: 2359, XXI: 4693, XXVII: 242, 438, XXVIII: 874, XXXII: 268, 426, XXXIV: 154, XXXVI: 16–18, 33, 48, 49, 62, 112, 118, 122–124, 127–129, 132, 149–152, 185, 187, 189, 190, 213, 219, 232, 296, 325, 481, 487, 489, 577, 585, XXXIX: 9, 363, 375, 468, 471, 488, 519, XXXX: 133–136, 136n, 155, 206, 234

102 JAPANESE FUELING AT SEA

Japanese Fleet Movements, III: 1467,
1563, 1564, IV: 1795, 1798, 1895, 1961,
1962, 1966, 1981, 2015, V: 2202, 2253–
2255, VI: 2512, 2522, 2629, 2868, VII:
3064, 3065, 3271, 3326, 3333, VIII:
3383, 3384, IX: 4241, 4372, 4534, 4858,
XI: 5382, XV: 1870–1900, XVI: 2323–
2332, 2357, 2362, XVII: 2644, 2646,
2647, 2661–2663, 2665, 2667–2671,
XIX: 3455, XX: 4108, 4116, 4120,
4515, XXI: 4697, 4718, 4732–4734,
XXIII: 987, 1006, XXVI: 42, 54, 85,
163, 204, 219, 230, 232, 256, 280, 324,
389, 440, XXVII: 57, 64, 81, 104, 125,
164, 193, 241, 414, 418, 548, 549, 780,
782, XXVIII: 856, 873, 891, 925, 1581–
1583, XXIX: 2320, 2351, XXXI: 3222,
XXXII: 61, 185, 262, 428, 582, 632, 642,
XXXIII: 689, XXXIV: 53, 56, XXXV:
41, 50, 60–83, 89, 118, 133, 144, 152,
167, 168, 273, XXXVI: 2, 4, 8, 18, 45–
50, 108, 120, 121, 125, 126, 130, 131,
133–136, 138–141, 145–147, 160, 186,
188, 208, 220, 231, 240, 329, 330, 353,
358, 410, 432, 438, 442, 446, 467–469,
471–475, 478–490, 512–518, 584, 589–
597, 654, XXXVII: 706–729, 740–778,
783–789, 798, 799, 1062–1065, 1207,
1314–1326, XXXIX: 97, 232, 233, 253,
254, 285, 286, 320, 358, 401, 405, 468–
481, 487, 517–519, 523, XXXX: 95, 125,
424, 437, 508, 531, 532

Japanese Fleet Organization, XI: 5359,
XVI: 2322, 2323, XVII: 2654–2657,
2679–2695, XXVI: 233, 465, XXXV:
53–62, XXXVI: 112, 156, 157, 213, 510,
511, 589, 590, XXXVII: 730–744, 779–
781, 1059, 1060, 1131–1144, 1327–1332,
XXXVIII: Items 300, 302, XXXIX: 466–
468

Japanese Fleet and U. S. Pacific Fleet
Compared, I: 124, 302, II: 648, III:
1244, IV: 1602, 1824, 1831, 1878, 1943,
V: 2122, VI: 2504, 2505, 2567, 2621,
2721, 2824, IX: 4258, 4291, 5132, 5133,
XIV: 1061, XV: 1436, 1437, 1679, XVI:
2222, 2248, 2249, 2266, 2281, 2350,
2351, 2403, XX: 4268, 4692, XXI: 4664,
XXII: 350, 566, 586, XXIII: 946, XXIV:
1630, XXVI: 460, XXIII: 972, 1506,
1507, XXXI: 3206, XXXII: 83, 84, 145,
149, XXXIII: 695, 969, 1203, 1238,
1300, XXXIX: 100, 301, 302, 336, 346,
359, 374, 397, 436, XXXX: 149, 341

Japanese Fueling at Sea, XIII: 605–608

Japanese Pearl Harbor Striking Force, I: 115,
184–187, 190, 233, 234, 236–249, II: 562,
571, 594, IV: 1796, 2039, 2040, VI: 2847,
2876, VII: 3177, VIII: 3537, IX: 4234, 4374,
X: 4839, XI: 5354, 5356–5361, XII: 358,
XIII: 392–423, 426, 427, 488–492, XVI: 2374,
2325, 2350, XVII: 2488, 2674, XVIII: 3300,
3336, XXI: 4594, 4618, 4618n, 4619, 4637,
4649, XXIII: 665–667, 670, 671, 679–681,
XXVII: 69, 74, 127, XXVIII: 939, 1579,
1585–1587, XXX: 3065–3067, XXXIV: 113,
114, 161, 162, XXXV: 114, XXXVI: 8, 10,
35, 36, 50, 113, 114, 116, 125, 562–565,
588, 592, 593, 595–597, XXXVII: 774, 775,
XXXVIII: Item 3, XXXIX: 13, 49, 66, 98,
98n, 99, 100, 122, 123, 125, 141, 222, 307,
360, 468, 470, 506, 522, XXXX: 49n, 54,
55n, 56, 56n, 57, 57n, 62–64, 137, 147, 148,
149n, 166, 168n, 194, 234, 337, 344, 354,
363, 424, 437, 438

Japanese Submarines at Pearl Harbor, I: 42,
46, 47, 56, 58, 66, 67, 99, 100, 151, 158,
173–175, 182, 186, 187, 192, 193, 207–211,
234, 241, 243, 244, 245, 248, III: 1357, IV:
2062, V: 2095, 2166, 2175, 2339, 2343, 2398,
2472, VI: 2537, 2538, 2599, 2600–2662, 2826,
2828, VII: 2951, 3039, 3068, 3069, 3122,
VIII: 3467, 3540, IX: 4255, 4360, 4362, 4490,
X: 4848, 4890, 5026, 5119, XI: 5356, 5357,
XIII: 411, 412, 414, 425, 427, 487–511, 525–
531, 615, 714, XV: 1861, XVI: 2248, 2256,
2269, 2281, 2343–2347, 2350, 2351, 2353,
XVII: 3228, 3229, XIX: 350, 3589, XX: 4520,
XXI: 4594, 4599, 4620, 4641, XXII: 267,
270, XXIII: 616, 691–694, 876, 878, 935,
939, 964, 1058, 1191–1194, XXIV: 1365,
1369, 1370, 1457, 1459–1462, 1468, 1504,
1514, 1515, 1556, 1571, 1582–1587, 1590,
1591, 1593–1596, 1599, 1606, 1650, 1655,
1665, 1695, 1696, 1718, 1720, 1733, 1734,
1743, 1744, 1753, 1754, XXVI: 135, 409,
XXVII: 170, 195, 285, 742, XXVIII: 868,
875, 928, 940, 954, 964, 1554, 1581, 1583,
XXIX: 1668–1671, 1945, XXXII: 196, 197,
257, 309, XXXIII: 698, XXXV: 43, 550, 551,

JAPANESE PLANNING FOR THE ATTACK ON PEARL HARBOR 103

558, XXXVI: 2–4, 8, 11, 20, 50, 52, 165, 197, 201, 268, 554–561, 566, XXXVII: 760, 804, 805, 1215, 1216, 1219, 1221, 1223, 1238, 1240, 1245–1247, 1250, 1252, 1253, 1280, 1281, 1283–1285, 1289–1296, 1298, 1299, XXXVIII: Items 74–104, XXXIX: 10, 15, 50, 66, 72, 101, 102, 122, 123, 129, 384, 401, 405, 500–502, 506, 507, 522, XXXX: 54, 57, 57n, 62, 63, 138, 139, 140, 140n, 148, 151, 155, 234, 555

Japanese Submarines-Aircraft Operations, I: 187, 210, XIII: 617, 649–652

Japanese Negotiations With the U.S. 1941, I: 127, 226, II: 405–447, 460, 465, 485, 488, 496, 497, 499, 508, 512, 521, 530, 553, 554, 599–601, 606, 611, 666, 724, 827, 828, 830, III: 1022, 1032, 1172, 1302, 1315, 1482, 1581, IV: 1706, 1707, 1848, 1852, 1923, 2051–2053, V: 2087, 2114, 2119, 2132, 2304, 2323, 2380, VI: 2545–2549, VII: 2955, 3360, IX: 4407, 4494, X: 4860, XI: 5227, 5368–5370, 5373, 5377, 5388, 5396–5399, 5401, 5402, 5404, 5405, 5421, 5474, XII: 5, 18, 27, 28, 30, 33, 36, 41, 42, 45, 60, 66, 69, 70, 72–79, 82, 83, 85, 91, 92, 100, 101, 104, 105, 112–116, 119–128, 130–143, 146–152, 161, 167–171, 180–184, 199, 210, 213, 221, XV: 1685, 1727, 1730, XVI: 2173, 2435, XVII: 2749–2755, 2757–2761, XVIII: 3327, XX: 3985, 3986, 3992, 3999, 4001, 4003, 4005, 4006, 4016–4019, 4085, 4288, 4295, 4296, 4373, 4388, 4393, 4406, 4463, XXI: 4579, 4607, 4645, 4672, XXVI: 235, 236, 444, 451, 463, XXIX: 1890, 2149, 2154, 2309, 2449, XXX: 2974, XXXI: 3242, 3249, XXXII: 90, 91, 113–115, 134, 237, 524, 615, 635, 655, XXXIII: 703, 733, 736, 738–740, 744–752, 754, 775, 776, 780, 784, 801, 808–811, 816, 852, 882, 892, 1233, 1352, 1362–1365, 1368, 1369, 1378, 1385, 1386, XXXIV: 28, 97, 103, 106, 112, 112n, 114, 117, 117n, 120–124, 126–132, XXXV: 17, 108, 135, 161, 162, 312, 541, 583, 631, 648, 652, 653, 660, XXXVI: 342, 408–410, 420, 421, 423, 427–429, 493, 494, 530, 534, 535, XXXVII: 676, 678, 682, 683, 687–689, 691, 692, XXXIX: 42, 223, 245, 288, 434–436, 440–442, 444, 448, XXXX: 13–49, 93, 194–196, 198, 199, 291–465, 509–511, 524, 525, 532, 560–564, 569, 571

Negotiation Deadlines Set by the Japanese, I: 220, 226, 250, 252, II: 757, III: 1313, V: 2304, 2317, 2397, VI: 2543, 2544, 2546, 2909, VII: 2955, VIII: 3435, 3580, 3590, 3770, IX: 4233–4235, 4255, X: 4632, 4747, 4947, XI: 5243, 5395, 5398–5400, 5405, 5411, XII: 100, 116, 130, 136, 137, 156, 159, 165, 173, 208, XVI: 2297, 2298, 2388, XXVIII: 737, 788, 791, 820, 946, XXIX: 2258, 2308, 2321, 2330, 2366, XXXI: 3237, 3241, XXXIII: 727, 728, 731–733, 736, 737, 775, 784, 788, 791, 820, XXXIV: 105–107, XXXV: 17, 132, 161, 162, 167, 171, 648, 652, XXXVI: 240, 341, 342, 422, 424, 678–680, XXXVII: 678–680, XXXIX: 223, 245, 252, 258, 284, 288, 326, 435, 437, XXXX: 32–34, 36, 193–196, 232, 266–C, 335, 362, 363, 515, 520, 532, 556, 564

Notes Submitted by Japan,
12 May 1941, XXXX: 14, 15, 445–440
21 June 1941, XXXX: 450–455
6 Sept. 1941, XXXX: 26–28
27 Sept. 1941, XXXX: 26–28, 457–459
20 Nov. 1941, XXXX: 32, 33
7 Dec. 1941, XXXX: 210–228, 460–465
(Also see 14 Part Message)

Proposals "A" and "B", I: 249, 250, XII: 94, 95–99, 108, 109, 117, 125, 126, 129, 131, 134, 147, 151–155, 1644, 166, 167, 170–172, 176, XIV: 1188, XVI: 2301, XXXIII: 738, 1368, XXXIV: 109, 193, XXXV: 651, 653, XXXVI: 428, XXXVI: 682, XXXIX: 440, 441, XXXX: 334, 344, 346, 348, 352, 357, 358, 360, 361, 378, 386, 419

Japanese Planning For the Attack on Pearl Harbor, I: 83, 110, 118, 119, 125, 127, 176–187, 189, 235–239, 244–249, III: 1336, VIII: 3590, XI: 5352–5364, XIII: 399–413, 415–492, 653–727, XXXV: 109, 181, 182, XXXVI: 5, 9, 10, 588–591, XXXIX: 13, 122, XXXX: 53, 53n, 54, 55, 55n, 56, 57

Landing on Oahu? I: 183, VIII: 3532, XI: 5353, XIII: 716, XXXVI: 590, 594

Operation Order #1, I: 174, 178, 180, 183, 186, 216, 219, 220, 225, 230, 245, 246, XI: 5352–5357, XIII: 431–484, 705–726, XVI: 2350, XXXV: 182, XXXVI: 9, 10, 114, 562, 589, 591–597, XXXIX: 452, 506, XXXX: 53, 55, 56, 335, 344

104 JAPANESE POLITICAL ENVIRONMENT

Operation Order #2, I: 174, 178, 180, 219, 225, XI: 5355, VII: 485, 710, 719, XIII: 485, 486, XXXVI: 10, 562, 591, 596, XXXX: 53, 63, 344

Operation Order #3, XIII: 420-423, 710, 719, XXXVI: 10, 562, 591, 596

Source Documents on Japanese Planning, I: 182, 183, XIII: 430-922

Japanese Political Environment, XIV: 1352, 1353, XV: 1845, XXXV: 609, 610

Japanese Preparations for War, XXXX: 296

Japanese Psychology, XXI: 4638, XXXIX: 125

Japanese Radar, XXIV: 228, XXVI: XXVI: 228, XXXVI: 470

Japanese Reconnaissance of the Gilbert Islands, XI: 5362

Japanese Reconnaissance of Guam, XI: 5361, 5362

Japanese Reconnaissance of the Hawaiian Islands, XXXX: 57, 58, 148

Japanese Reconnaissance of the Philippine Islands, III: 1290, 1364, 1557, IV: 1659, 1747, VI: 2786, 2881, IX: 4434, 4436, 4437, 4439, 4440, X: 4804, 4811, XI: 5326, 5362

Japanese Radio Intelligence, X: 4687, 4724, 4903, XIII: 451, XXXVI: 118, 120, 138, 523, 585, XXXIX: 473, 487, 518, XXXX: 57n, 155, 473, 487

Direction Finding Station, XXXV: 77

Japanese Soviet Nonaggression Pact, XXXIV: 208, 220

Japanese Suicide Squadrons, XIII: 754, XXXVI: 607, 608

Japanese Suppression of Knowledge of Military Buildup, II: 578, XXII: 546

Japanese Suspicion that the U. S. Had Broken Their Codes, III: 1369, IV: 1860-1863, IX: 3984

Japanese/Thailand Treaty of Amity 11 Jan. 1941, XXXIV: 207, 220

Japanese Threat to the Panama Canal, IV: 1886, XV: 1909

Japanese Training, XXVI: 308, 309

Japanese Ultimatum 20 Nov. 1941, II: 430, 431, IV: 1705, 1923, V: 2433, XI: 5369-5371, 5381, 5386, 5390, 5397-5399. 5412, 5413, XXXX: 360, 361

Japanese War Potential and Intentions, XXXI: 3201-3223, XXXIX: 27

JAPARA (Du), XXIV: 1737, 1738, 1740

JARVIS, IV: 1676, V: 2210, XII: 348, XVI: 2073, XVII: 2519, 2521, XX: 4123, XXI: 4558, 4563, XXII: 321, XXIII: 1127, XXIV: 1575-1582, 1585, 1593, 1609, 1615, 1619, 1668, 1670, 1748, XXXVII: 936, 1227, 1229, 1231-1233, 1236, 1239, 1249, 1250, 1272

JAVA, I: 31, 179, III: 1542, 1543, IV: 1987, VI: 2857, 2858, 2864-2866, VIII: 3584, 3585, 3589, 3614, 3615, 3620, 3710, IX: 3952, 3953, 4179, X: 5085, 5086, 5088, XIII: 519, 520, 545, 645, XV: 1519, 1560, 1574, 1677, XVI: 2251, 2316, 2317, XVIII: 2909, 3343, 3344, 3348, 3349, XX: 4090, XXI: 4711, XXIII: 1008, XXVI: 393, 394, XXIX: 2327, XXXIII: 778, 956, XXXIV: 171, XXXV: 257, 316, 319, 608, 609, 613, XXXVI: 72, 73, 508, XXXIX: 459, 460, XXXX: 470, 484

JAVA (Du), IV: 1934, XX: 4131

JENKINS, XX: 4476

Jensen, Col. Clarence G., III: 1496, XXXV: 2, 19, 27, 28, 127, 149, XXXIX: 281

JINGEI (Ja), XVII: 2610, 2684, XXXV: 56, 66

JINTSU (Ja), XI: 5359, XVII: 2682, XX: 4125, XXXV: 55

JOAO BELO (Po), XX: 4357

John Hay Open Door Policy, IV: 2037, VI: 2854, 2855, XI: 5413, XXXI: 3209, XXXX: 13

JOHN LYKES, X: 5127, XV: 1692, 1695, 1697, 1700, 1702, 1704, 1705, 1707, 1708

Johnson, Lt. Harry, XXVI: 238

Johnson, Gen. Hugh, XX: 4270, 4282

Johnston Island, I: 29, 30, 60, 77, 144, 181, 238, 373, 394, IV: 1684, 1810, 1951, 1957, 2002, 2035, V: 2106, 2111, 2138, 2164, 2165, 2169, 2171, 2238, 2463, 2478, VI: 2507, 2516, 2529, 2531-2533, 2602, 2604, 2605, 2609, 2629, 2731, 2889, 2894, VII: 2942, 2982, 3018, 3021, 3060, 3120, 3158, 3211, 3287, 3296, VIII: 3451, 3460-3462, 3496, 3508, 3833, IX: 4291, 4292, X: 4681, 4859, 5146, 5147, XIII: 402, XIV: 944, 996, 1011, 1028, XV: 1425, 1431, 1452, 1614, 1625, XVI: 2125, 2134, 2147, 2151, 2158, 2206, 2220, 2227, 2241, 2249, 2250, 2253, 2254, 2256, 2277, 2348, 2349, XVII: 2470, 2478, 2482-2484, 2489, 2512, 2537, 2575, 2578-2582, 2593, 2597, 2709, XVIII: 2916, 2917, 2925, XIX: 3982, 3983, XXI: 4564, 4585, 4672,

XXII: 50, 56, 84, 328, 330, 372, 389, 454, 509, 554, 559, 579, XXIII: 612, 759, 933, 939, 941, 945, 957, 992, 1010, 1011, 1064, 1081, 1133, 1136, 1166, 1167, 1182, 1240, 1241, XXIV: 1369, 1370, 1373, 1391, 1454–1457, 1459–1462, 1469–1471, 1538–1540, 1556, 1598, 1599, 1605, 1608, 1650–1652, 1664, 1669, 1686, XXVI: 23, 24, 52, 67, 98, 100, 121, 130, 142–144, 168, 223, 255, 270, 310, 323, 341, 345, 346, 464, 466–468, 483, 498, 501–505, 511, 520, 529, 544, XXVII: 157, 166, 193, 200, 205, 233, 238, XXVIII: 828, 830, 836, 855, 900, 913, 931, 938, 939, 1439, XXX: 2808, 2809, 2853, XXXI: 3193, 3194, XXXII: 28, 35, 47, 71, 230, 231, 236, 267, 409, 436, 498, 500, 503, 606, XXXIII: 694, 699, 704, 963, 965, 972, 993, 996–1000, 1006, 1152–1154, 1173, 1189, 1197, 1199, 1204, 1206, 1216, 1229, 1240, 1258, 1262, 1268, 1284, 1285, 1289, 1290, 1293, 1350, 1360, XXXVI: 182, 202, 203, 278, 290, 372, 383, 385, 401, 408, 419, 421, 435, 436, 519, 526, 536, XXXVII: 844, 847, 849–851, 857, 866, 963, 965, 1220, 1256, 1265, 1278, 1280, 1281, 1309, 1310, XXXIX: 3, 17, 54, 313, 409, 504, XXXX: 64n, 104, 106, 107, 112, 116n, 125, 490

Johnston, Stanley, VIII: 3738
Johore, XI: 5216. 1773
Joint Action Agreement (U.S./Britain/Dutch), IX: 4285, 4314, 4315, 4318, 4320–4324, 4426, 4490, XXXV: 6, 7
Joint Action of the Army and Navy 1935, V: 2455–2457, VI: 2505, XV: 1424, XVI: 2286, XVII: 2745–2748, XVIII: 3006, 3227, XXI: 4583, 4586, 4593, 4595–4597, 4599, 4610, XXII: 12, 14, 502, 544, XXIII: 1141, XXIV: 1358, 1625, 1822, XXVII: 768, XXVIII: 896, 910, 911, 917, XXX: 2510, XXXII: 31, 33–35, 39, 170, 191, 200, 210, 227, 284, 373, 374, 417, 559, XXXIII: 689, 693, 694, 968, 1018–1150, 1296, XXXVI: 386, 387, 389, 458, XXXVII: 1311, 1312, XXXIX: 48, 56, 65, 67, 69, 73, 412, 420, XXXX: 82, 82n
Joint Air Agreement (Naval Base Defense Air Force Operations Plan #A-1-41), XVI: 2353, XVII: 3244, XXI: 4595, 4596, 4598, 4599, 4601, 4602, XXIII: 1143–1148, XXIV: 1629–1639, 2011, XXVI: 95, 96, XXVII: 198, 199, 207, 208, 768, 770, 771, XXVIII: 889,

951, 952, 954, 955, 965, 969, 993, 1390, 1391, XXXII: 71, 181, 190, 214, 261, 281, 293, 298, 300, 437, XXXII: 438, 439, 498, 502–505, XXXIII: 694, 708, 1182, 1298–1304, XXXV: 153, 156, 160, 172, 177, XXXVI: 9, 147, 177, 204, 270, 389, 393–395, 398, 553, 578, 579, 586, XXXVII: 947–952, XXXIX: 12, 48, 58, 65, 67–69, 71, 72, 75, 77, 86, 304, 415, 418, 424, 425, 489, 494, 509, 510, 519, 520, XXXX: 80, 83, 127, 139
Joint Army and Navy Air Action Estimate 31 March 1941, (See Martin/Bellinger Report)
Joint Army and Navy Basic War Plan (1938), I: 372–377, XV: 1423–1425, XXIV: 2162, XXXVI: 578
Joint Army and Navy Basic War Plan (HCF-41/JCD42), I: 373–379, V: 2454, VI: 2506, VII: 2931, 2973, 3288, 3289, 3297, X: 5026, 5149, XIV: 1040, XV: 1423–1426, 1429–1434, 1452, 1610, XVI: 1938, 1939, 2278, 2280, 2289, 2338, 2342, 2359, XVII: 2471, XVIII: 2960, 2961, 2964, 3227, 3241, XXI: 4586, 4589, 4601, XXII: 1, 4, 26, 74, 403, 421, 500, 502, 504, XXIII: 1111, 1250, XXIV: 1776, 1777, 1797, 1821, 1822, 2161, 2162, XXVI: 2, 14, 16, 20, 27, 32, 33, 93, 94, 102, 131, 139, 172, 206, 251, 285, 403–405, 407, 409, 480–487, 530–538, XXVII: 21, 135, 143, 186, 192, 194, 196, 197, 204, 209, 576, 767, 770–772, 775, 776, 779, 798, XXVIII: 831, 833, 841, 897, 910, 911, 918, 951, 1005, 1008, 1010, 1388, 1391, XXIX: 2187, 2190, 2264, 2266, 2267, XXX: 2464, 2465, 2468, 2485, 2510, 2511, XXXI: 3164, XXXII: 18, 143–145, 170, 171, 176, 178, 180–182, 190, 200, 211, 224, 234, 272, 273, 281, 296, 297, 383, 549, 556, 590, XXXIII: 694, 715–717, 1150–1157, 1281, 1294, 1296, XXXV: 14, XXXVI: 270, 358, 385, 387, 389–392, 397, 400, 431, 539, 550, 578, 579, 586, XXXVII: 1306–1314, XXXIX: 4, 5, 52, 58, 64, 67–72, 74, 76, 87, 143, 232, 234, 241, 243, 266–268, 406, 412, 417, 418, 424, 426, 489, 494, 509, 519, XXXX: 80, 82, 83, 86, 114, 127, 150
Joint Board, II: 650–653, 786, 910, 966, III: 997, 1149, 1263, 1271, 1272, 1283, 1284, 1290, 1294, 1295, 1413–1415, IV: 1663, 1946, 1947, 2016, 2017, 2020, 2038, 2042, V: 2085, 2193, 2455, 2467, 2469, IX: 4241, 4437, XIV: 1062–1065, XV: 1641, 1643,

XVIII: 3240, XXI: 4766, XXIII: 1082, XXVI: 264, 277–279, 483, XXVII: 25, 42, 94, 542, 543, XXXII: 604, XXXIII: 829, 878, 1069–1071, 1073, 1075, 1095, 1100, 1118, 1120, 1123, 1139, 1140, 1146, 1154, 1155, XXXIV: 39, 58, 412, 418, 425, 458, XXXVIII: 1219, XXXX: 175, 175n, 339, 340, 364, 389
Joint Coastal Frontier Defense Plan—HCF 39, I: 397, V: 2126, XVI: 1939, 2284, 2352, XVII: 2711, 2713, XXIX: 1723, XXXIII: 1179–1182, XXXV: 153, 158, 177, XXXVI: 177, 204, 270, 272, 285, XXXVII: 939–942
Joint Committee Exhibits,
　1 through 7, XII: 1–390
　8 through 8D, XIII: 391–922
　9 through 43, XIV: 923–1422
　44 through 87, XV: 1423–1936
　88 through 110, XVI: 1937–2456
　111 through 128, XVII: 2457–2874
　129 thruogh 156, XVIII: 2875–3440
　157 through 172, XIX: 3441–3984
　173 through 179, XX: 3985–4550
　180 through 183, XXI: 4551–4777
　Illustrations, XXI: 4779, 4780, Items 1–38
Joint Committee Hearings,
　Parts I through XI (pages 1–5560) Testimony
　Parts XII through XXI (pages 1–4780) Exhibits

Part XXXX (pages 1–492) Majority Report of the Committee
Part XXXX (pages 493–580) Minority Report of the Committee
Joint Intelligence Committee, II: 786, 909–912, 945, IV: 2015–2017, 2019–2022, IX: 4593, XXXX: 539
Joint Operations Centers, XVII: 2737–2748, XXXVII: 1299–1305, XXXIX: 420, 421
Jones, E. Stanley, VI: 2912, 2913, XX: 4376, 4378, 4379, 4382
Joos, GM3c, H. W., XXIV: 1590
JOUETT, XI: 5505
Judd, Henry P., XXIII: 771, 812–815, 1265
Judge Advocate General—Army, IX: 4300, 4306, 4310, 4314, 4448, 4474, XI: 5428, XXI: 4655, 4661, XXXIX: 59, 231–295
Judge Advocate General—Navy, XVI: 5494, 5495, XVI: 2258, 2261, 2385, 2386, 2397, XXXII: 54, XXXVI: 361, XXXIX: 331, 332, 336, 343, 352–354, 356, 357, 368–370, 372, 382, 387–389
Juneau, Alaska, III: 1240, XVII: 2753, 2795, XXXX: 307, 320
JUNEAU, IV: 1827, V: 2248, XV: 1905
Jupiter, Florida, VIII: 3559, 3633, 3708, XXXV: 35, XXXVI: 74
JUPITER, XXIV: 1657
JZK (Tokyo Radio), XXXI: 3190

K

K-VII through **K-XVIII** (Du), XX: 4131
Kaawa, XXXI: 3136, 3157
Kaena Point, I: 36, 166–168, 241, XIII: 409, 422, XVI: 2118, XIX: 3591, 3632, XXIII: 1002, XXIV: 1655, 1656, 1663, 1669, 1686, 1693, 1696, 1700, 1711–1713, 1718–1722, 1727, 1730, 1731, 1735, 1738, 1739, 1742, 1743, 1747, 1748, XXVIII: 1004, 1113
KAGA (Ja), I: 184, 238, FP 239, 245, IV: 1796, VI: 2879, X: 4906, XI: 5356, 5359, XII: 358, XIII: 392, 394, 403, 405, 621, 622–626, 644–647, 719, 723, XV: 1871, 1875, 1879, 1883, 1896, XVI: 2322, 2323, 2325, 2350, XVII: 2644, 2674, 2687, XVIII: 3337, XX: 4127, 4475, XXIII: 665, 666, 680, 681, XXVI: 233, 417, XXVII: 63, 74, 77, XXVIII: 1585, XXX: 3065, 3066, XXXIV: 154, 162, 186, XXXV: 58, 618, XXXVI: 10, 112, 114, 116, 149, 152, 190, 481, 487, 510, 562, 596, XXXVII: 735, 741–743, 748, 751, 775, 783, 1132, 1316, 1318, 1320, 1323, 1325, 1329, XXXIX: 467, 468, 470, 506, XXXX: 57n
KAGARA (Ja), XIII: 403
KAGERO (Ja), I: FP 239, XIII: 403, XVII: 2682, XX: 4349, XXXIII: 1325, XXXV: 55, XXXVI: 656, XXXVII: 732, 1132, 1329
Kahuku Point, I: 32, 39, 96, 107, 171, III: 1079, IV: 1624, 1625, VII: 2925, XV: 1461, XVII: 2724, 2725, 2727, XVIII: 2971, 2975, 3056, 3360, 3386, XXI: 4643, XXII: 49, 59, 64, 229, 241, 252, 568, 588, XXIV: 1563, 1564, 1566, 1567, 1568, 1625, 1646, 1652, 1653, 1655, 1682, 1684, 1710, 1712, 1718, 1727, 1731, 1787, 1791, 1808, 1868, 1869, 1880, 1904, 2021, 2115, XXVI: 30, XXVII: 175, 177, 519, 530, 616, 617, XXVIII: 1232, 1234, 1319, 1470, 1580, XXIX: 1798, XXX: 2475, 2496, 2557, 2569, 2811, 2850, XXXI: 3172, XXXII: 486, XXXIII: 1153, 1154, 1297, XXXVI: 551, XXXVII: 1269, 1309, 1310, XXXIX: 132, XXXX: 81, 490
Kahului, XIV: 987, XV: 1454, XVII: 2468, XXIII: 1116, 1117, XXIV: 1370, 1381, XXVI: 476, 540, XXXVII: 1276–1279
KAIJO MARU (Ja), XIII: 462–464
KAIKEI MARU (Ja), XVII: 2685, XXXV: 57, XXXVII: 734
KAILUA, XXXVII: 1278
KAISOKU MARU (Ja), XII: 281
KAKKAISAN MARU (Ja), XIII: 684
KAKO (Ja), XI: 5359, XIII: 542, 546, 574, 585–587, 589, 605, 608, 610, 611, XVII: 2657, 2681, XX: 4125, XXXV: 54, XXXVII: 731, 786, 1131, 1328
KALAE, XXIV: 1705, 1717
Kalama House (Otto Kuehn's)V: 2407, VIII: 3833, XXIII: 655, 1153, XXXV: 112, 122, 321, 322, 328, 329, 331, 339, 485, 488, 491–494, XXXVI: 498, XXXVII: 674, 913, 919–922, 985
Kalbfus, Adm. Edward C., I: 10, XVI: 2265, 2392, 2395, XXI: 4678, 4690, XXXII: 5, 9, XXXVI: 359, 360, 363, XXXIX: 321, 330, 355, 371, 397

Kaleohano, Howard, XXIV: 1449–1452
KALMIA, XI: 5505, XXXIII: 1246
KALUA, XI: 5506
KAMAKUA, XXIV: 1713
KAMAKURA MARU (Ja), XXX: 3074, XXXV: 328, 427, 428, 491, XXXVI: 139, 156, XXXVII: 789, 790, 791, 919, 1094, 1125
KAMIKAWA MARU (Ja), XIII: 571, XVI: 2322, XVII: 2657, 2687, XXXV: 59, XXXVI: 156, 510, XXXVII: 736, 786, 1135, 1329, XXXIX: 467
Kamikaze Attack Unit, I: 241, XIII: 754, XXXVI: 607, 608
Kaminsky, Lt. Cdr. Harold, I: 42, 67, 105, 106, XI: 5293, XXIII: 962, 964, 969, 1034–1044, 1053, 1270, XXIV: 1649, XXXVI: 268, XXXVII: 1267, 1284, 1285
KAMOI (Ja), XIII: 684, XV: 1885, XVII: 2680, 2691, 2693, XXXV: 59, XXXVII: 738, 776, 777, 1134, 1135, 1330
Kanahele, Benjamin, XXIV: 1312, 1313, 1448–1452
KANAWHA, XII: 346, XVI: 2158, XXXIII: 1206, 1270
KANE, XII: 309, XXIII: 755
Kaneohe Naval Air Station, I: 28, 32, 37, 43, 44, 56, 58, 60, 66, 131, 154, 156, 207, FP 239, 240, 241, 277, 376, III: 1070–1094, IV: 1683, 2034, V: 2106, 2238, 2241, 2341, 2405, VI: 2578, 2893, VII: 2924, 2927, 3004, 3005, 3227, 3228, 3295, VIII: 3456, 3466, 3467, 3475, 3509, 3834, X: 4849, XII: 264, XIII: 405, 407, 408, 421, 422, XIV: 986, 987, XV: 1431, 1462, 1603, 1606, 1607, 1662, 1664, XVI: 2195, 2241, 2279, 2348, XVII: 2468, 2492, 2551, 2552, 2556, 2557, 2561, 2562, 2566, 2567, 2709, 2721, 2723, XVIII: 2972, 2976, 2991, 2993, 2995, 2997, 3017, 3021, 3057–3061, 3099–3101, 3234, 3236, 3254, XIX: 3605, 3625, 3631, XXI: 4637, 4642, XXII: 9, 67, 78, 386, 430, 431, 439, 555, 557, 558, 574, 579, 580, 583, XXIII: 611, 738, 739, 742, 743, 757, 920, 964, 1026, 1218, 1226, 1264, 1267, XXIV: 1367, 1368, 1389, 1391, 1445, 1474, 1526–1529, 1532, 1541, 1564, 1571, 1572, 1578, 1594, 1598, 1599, 1607, 1615, 1620, 1621, 1625, 1650, 1653, 1654, 1658, 1661, 1663, 1665, 1666, 1668, 1672, 1675, 1678, 1679, 1683, 1690–1694, 1705, 1710, 1712, 1720, 1733, 1734, 1738, 1752, 1772, 1773, 1787, 1788, 1792, 1807, 1808, 1810, 1812, 1870–1875, 1911, 1912, 2029, 2031, 2032, 2054–2056, 2059, 2062, 2063, 2074–2076, 2078, 2082, 2083, 2096–2098, 2100, 2110, 2111, 2115, 2116, 2118, 2120, 2169, XXVI: 18, 28, 94, 98, 114, 119, 121–123, 129, 132, 134, 310, 483, 484, 539, 540, 543, 544, XXVII: 19, 42, 177, 178, 256, 257, 424, 429, 616, 773, XXVIII: 838, 839, 854, 1232, 1234, 1237, 1580, 1601, XXIX: 1685, 1747, 1802, 1862, 2253, XXX: 2475, 2476, 2480, 2495, 2497, 2498–2500, 2520, 2559–2564, 2600, 2601, 2938, XXXI: 3172, XXXII: 172, 173, 300, 319, 320, 440–443, 453, 503, 508, 518, XXXIII: 1152, 1154, 1155, 1180, 1195, 1216, 1223, 1224, 1261, 1262, 1267, 1270, 1271, 1297, 1336, 1346, XXXV: 331, 356–358, 375, 380, 382, 430, 494, 506, 511, 522, 523, 551, 557, XXXVI: 294, 386, 460, 499, 551, 553, 554, XXXVII: 675, 922, 953, 954, 962–965, 967, 969, 971, 972, 977, 978, 981, 1090, 1145, 1207, 1219, 1223, 1251, 1256, 1264, 1269, 1270, 1310, XXXIX: 15, 123, 124, 131, 503, 505, XXXX: 58, 59, 64, 69, 489, 490
KANIMBLA (Br), XV: 1580
KANJU MARU (Ja), VI: 2797, XIV: 1398
KANKO MARU, XIII: 544
Kaohelaulii, Kekuhina, XXIV: 1448, 1451
KARASAKI (Ja), XVII: 2686, XXXV: 58, XXXVII: 735, 1135
KARI (Ja), XVII: 2691, XXXV: 60, XXXVII: 737, 1135
Karig, Cdr. Walter, I: 75, XVI: 2272, XXXVI: 1, 51–54, 574, XXXVII: 661, XXXIX: 405
KARUKAYA (Ja), XVII: 2691, XX: 4128, XXXV: 60, XXXVII: 737
KASASAGI (Ja), XVII: 2690, XXXV: 60, XXXVII: 737, 1135
KASHI (Ja), XVII: 2685, XX: 4128, XXXV: 56, XXXVII: 734, 741, 1134
KASHII (Ja), XV: 1892, 1893, XVI: 2326, XVII: 2691, XX: 4129, XXXVI: 121, 123, 514, XXXVII: 706, 709, 737, 743, 748, 755, 758, 788, 1062, XXXIX: 472
KASHIMA (Ja), XI: 5359, XII: 403, XV: 1890, XVII: 2655, 2684, XX: 4128, XXXV: 56, XXXVI: 156, XXXVII: 733, 785, 787, 1134, 1330

KASKASKIA (Ja), XII: 346, XXXIII: 1246, 1270
KASUGA MARU (Ja), X: 4887, 4888, XIII: 462-464, XV: 1871, 1875, 1879, 1883, 1890, XVI: 2323, 2329, 2337, 2359, XVII: 2687, XX: 4127, XXVI: 233, XXXV: 58, 596, 597, XXXVI: 113, 127, 150, 487, 512, 515, 517, 585, 585, XXXVII: 736, 752, 780, 1316, 1325, XXXIX: 468, 477, 488, 519, XXXX: 135
KASUMI (Ja), I: FP 239, XIII: 403, XVII: 2682, XXXIII: 1325, XXXV: 55, XXXVI: 656, XXXVII: 732, 1132, 1329
KASURA MARU (Ja), XVII: 2501
KATADA (Ja), XVII: 2690, XXXV: 59, XXXVII: 737, 1135
KATORI (Ja), I: 184, XI: 5356, 5359, XII: 358, XIII: 414, 615, 616, 684, XVII: 2686, XX: 4127, XXXV: 57, 75, XXXVII: 719, 735, 743, 768, 1134, XXXX: 57n
KATSURIKI (Ja), XVII: 2671, 2684, XXXV: 56, XXXVII: 734, 740, 741, 745, 781, 1133
Katz, Cdr. Benjamin, XXVI: 1, 2, 38-40, 63, 64, 192, 526, XXXVI: 572
Kauai, I: 35, 38, 187, VI: 2695, VII: 3287, X: 5130, XI: 5341, 5487, XII: 258, 265, XIII: 648, XIV: 987, XV: 1443, 1451, 1454, 1656, 1662, XVIII: 2959, 2969, 2990, 2993, 2997, 3019, 3065, 3099, 3105, 3405, 3420, XIX: 3607, XX: 4523, XXII: 68, 78, 91, 93, 220, 242, 337, 421, 555, XXIII: 743, 775, 863, 907, 915, 917, 1117, 1161, 1209, XXIV: 1312, 1313, 1381, 1394, 1448, 1449, 1451, 1651, 1657, 1664, 1667, 1672, 1675, 1682, 1697, 1703, 1704, 1706, 1714-1717, 1732, 1736, 1737, 1744, 1745, 1775, 1806, 1808, 1809, 1812, 1830, 1858, 1864, 1878, 1880, 1904, 1911, 1916, 2014, 2113, 2116, 2120, XXVI: 476, XXVII: 20, 148, 163, 177, 181, 310, 615, 662, 694, XXVIII: 981, 1302, 1304, 1308, 1415, XXIX: 1628, 1629, 1685, 1724-1726, 1759, 1763, 1765, 1892, 1909, 1917, 1984, XXX: 2463, 2471, 2494, 2496, 2497, 2500, 2519, 2523, 2547, 2553, 2567-2569, 2600, 2634, 2638-2644, 2660-2663, 2881, 2967, 2969, 2970, 2988, 3008, 3009, 3013, 3023, XXXI: 3132-3134, 3139-3142, 3146, 3147, 3154, XXXIII: 183, 1195, 1336, XXXV: 183, 294, 353, 358, 359, 366, 373, 519, 524- 526, 539, 555, 561, 570, 574, XXXVII: 1252, XXXIX: 3, 180, 200, XXXX: 489n
KAULA, XII: 345, XVII: 2524, XXIV: 1670, 1674, XXXVII: 1273, 1277
Kawailoa, XXXI: 3136, 3157, 3158, XXXII: 476, 478-480, 487
KAWAKAZE (Ja), XVII: 2682, XXXV: 55, XXXVII: 732, 1132, 1329
Kay, Harold T., XXVII: 2, XXIX: 2008-2019
KAZEGUMO (Ja), XIII: 552, 583
Kazuo, Sakamaki, XVI: 2016-2022
Keahi Point, I: 32, XV: 1461, XXIV: 1625, XXXIII: 1297, XXXX: 490
KEARNY, V: 2297, X: 5503, XVI: 2214, 2215, XX: 4441, 4450, 4452, 4453, 4456, 4460, XXXIII: 1234, 1235
Keehi Lagoon, XVI: 2206, 2207, 2241, XVII: 2709, 2723, XXIV: 1391, 1564, 2022, XXVI: 310, 544, XXXII: 503, 508, XXXIII: 1217, 1229, 1262, XXXVII: 963, 965
Keinney, Lt., XXIII: 1072
Kele, Joseph, XXIV: 1450, 1452
Keleher, Capt., XXIV: 1416
Kelly, Ens. Archie, XXIV: 1661, 1690, 1696, 1702, 1708, 1713, 1720, 1725, 1736, 1747
Kelley, Lt. Welbourn, I: 75, XVI: 2272, XXXVI: 1, 51-54, 574, XXXVII: 661, XXXIX: 404, 405
Kelliher, Col., XXVIII: 1603, 1604
Kellogg Pact 1928, II: 411, IV: 2037, 2039, VI: 2854, 2855, IX: 4449, XI: 5413, 5417, XVI: 1996, XXXX: 2, 5, 6
Kelton, Col., XXVIII: 1169, 1172, 1204, 1226, 1227, XXIX: 1749, 1776, 1782, 1787, XXX: 2784
Kennedy, Joe, II: 752
KENNETH WHITING, XXXVII: 1151
KENNISON, XI: 5505
Kent, Tyler, VI: 2698, XI: 5522, 5524-5530
Kengla, Capt. C. A., XXIV: 1762
Kent, Capt. Edward F., XXIV: 1936, 1962
KENWO MARU (Ja), XXXV: 291
Kenworthy, Cdr. J. L., XXIII: 725
KENYO MARU (Ja), I: FP 239, XIII: 419, 462-464, 467, 547, 659, 662, 663, 691, 695, 702, XV: 1877, XVII: 2644, 2646, 2657, 2687, XXXIII: 1325, XXXV: 59, XXXVI: 156, 656, XXXVII: 736, 783, 784, 786, 1318-1320, 1323

KEOSANQUA, XV: 1459, 1461, XXIV:
1571, 1622, 1625, 1644, 1657, XXXIII: 1294,
1296, 1313, XXXVII: 1223
Kestly, Lt. Col. J. J., XXIX: 1877–1883
Keswick, W. G., XXVIII: 1547, 1548,
XXXV: 278
KGMB, I: 214–216, XIII: 723, XXIII: 1153,
XXIV: 1362, 1744, 1821, 1989, XXIX:
2010, XXX: 3070, 3071, 3080, XXXIV: 197,
XXXV: 321, 330, 332, 339, 432, 493, 495,
553, XXXVII: 921, 923, 985, 1091
KGU, VII: 3250, 3308, 3358, XIII: 723, XVIII:
3254, 3255, 3295, XXIV: 1362, 1821, 1989,
XXIX: 2010, XXXV: 355, 521, 553
Kibei, XXI: 4580n, XXXIX: 43n
Kidd, Vice Adm. Isaac C., XXI: 4557,
XXII: 442, XXIII: 1229, XXIV: 1368, 1430,
1431, 1436, 1611, XXVI: 323, XXXVII: 1207
Kido, Marquis, XIX: 3990, 3993, 4009, 4011,
4015, 4016, XXXX: 328
KII (Ja), XX: 4125
KIJI (Ja), XVII: 2691, XXXV: 60, XXXVII:
737, 1135
KIKUTSUKI (KIKUZUKI) (Ja), XIII:
565, XVII: 2687, XX: 4126, 4127, XXXV:
58, XXXVII: 735, 1132, 1133, 1329
Kilauea Point, XXVII: 615, 616, XXXI: 3155–3157
KILAUEA, XXIV: 1326
KILLEN, XX. 4476
KILTY, XI: 5505
Kimball, Lt. George P., XXIII: 903, 913–923, 1268, XXIV: 1447, 1448, XXVI: 351,
360, XXXV: 319, 326, 331, 336, 354, 381,
384, 385, 482, 486, 488, 494, 515, 520,
XXXVII: 911, 915, 923, 934
Kimball, Richard K., XXIII: 903, 906–913,
1268, XXXII: 325
KIMIKAWA (Ja), XXXVII: 736
KIMIKAWA MARU, XIII: 571, 578, 579
Kimmel, Adm. H. E., I: 16, 29, 67, 68,
106, 129, 143, 223, 254, 257, 258, 263, 275,
284, 321, 326, 370, II: 486, 839, 954, 965,
966, III: 1022, 1047, 1059, 1063–1066, 1070,
1145, 1162, 1177, 1181, 1199, 1265, 1266,
1273, 1288, 1330, 1510–1516, IV: 1604, 1744,
1833, 1865, 1890, 1923, 1965, 1975, 1976,
1982, 1989, 1993, 1994, 2001, 2019, 2027,
2032, 2040, 2045, 2046, 2056, 2057, 2059,
2060, V: 2100–2103, 2139, 2153, 2155, 2157,
2158, 2161–2163, 2167, 2175, 2177, 2189,
2190, 2217, 2222, 2246, 2254–2257, 2272–2274, 2277–2280, 2283, 2287, 2289, 2303,
2309, 2336, 2338, 2342, 2350, 2368, 2375,
2377, 2385–2387, 2449–2451, 2462, 2464,
2467, VII: 2947, 2981, 2983, 2984, 2991,
2995, 3023, 3040, 3050, 3064, 3065, 3070,
3072, 3075, 3077, 3079, 3081, 3082, 3086,
3097, 3103, 3108, 3112, 3121, 3124–3126,
3129, 3172, 3175, 3204–3206, 3209, 3211,
3236, 3268, 3271, 3284, 3288, 3292–3294,
3302, 3351, 3359–3362, 3364, VIII: 3379,
3380, 3488, 3490, 3529, 3530, 3534, 3544,
3565, 3666, 3714, 3719, 3720, 3723–3725,
3740, 3750, 3751, 3753– 3755, 3760–3762,
3764, 3795, 3813, 3815, 3823, 3834, 3836,
3855, 3856–3860, IX: 3929, 4079–4083, 4086,
4088, 4090, 4093–4095, 4112, 4148, 4149,
4163, 4164, 4195, 4229, 4231, 4237, 4239,
4240, 4251, 4260, 4266, 4267, 4269, 4281,
4289, 4295, 4297, 4299, 4300, 4338–4340,
4372, X: 4680, 4682, 4685, 4693, 4703, 4704,
4714, 4716, 4718, 4767, 4768, 4772, 4774,
4815, 4816, 4824, 4825, 4830–4834, 4837–4842, 4850, 4852, 4856–4859, 4864, 4885,
4872, 4882, 4884, 4886, 4888–4890, 4905,
4935, 4938–4945, 4947, 4952, 4957, 4959,
4960, 4985, 4988, 5085, XI: 5206, 5209–5212,
5227, 5228, 5230, 5293, 5304, 5489, 5490,
XIV: 999, 1040, XV: 1457, 1601, 1602, 1610,
1624, 1625, XVI: 2267–2271, 2314– 2316,
2318, 2324–2326, 2328–2334, 2337, 2340,
2377, 2378, 2387, 2396, 2398, 2404–2409,
2412, 2413, 2424–2431, XVII: 2461, 2462,
2465, 2467, 2484, 2497, 2703, 2706, 2739,
XVIII: 3011, 3236, 3237, 3240–3244, 3248,
3249, 3254, 3255, 3263, 3294, 3296, 3333,
3334, 3346, XX: 4259, 4487, 4523, XXI:
4556, 4584–4587, 4594, 4596, 4601, 4602,
4609n, 4624, 4637, 4639–4642, 4654, 4658,
4663, 4665, 4666, 4669, 4672, 4701, XXII:
3, 33, 54, 85, 105, 138, 461, 462, 464, 591–593, XXIII: 853, 933, 984, 987, XXVI: 4, 9,
11–16, 18, 19, 21, 27, 28, 31, 41–48, 50–63,
67–70, 73, 77–79, 102, 177, 178, 185, 193,
204–206, 209, 230, 234–235, 239, 254, 265,
266, 279–281, 284, 293, 294, 318–320, 322–326, 341, 397, 401, 402, 461, 463, 464, 469,
526, 531, XXVII: 16–18, 32, 157, 194, 221,
233, 241, 247, 257, 258, 262, XXVIII: 836,

840, 844, 1582, XXIX: 1643, 1646, 1647,
2258, 2259, 2264, 2267, 2375, XXXI: 3152,
3167, XXXII: 2, 12, 13, 33, 69, 74, 185–187,
323, 332, 362, 366, 417, 427, 583, 589, 608,
613–618, 623, 653–670, XXXIII: 688, 713,
716, 722–728, 774, 791, 792, 800, 905, 915–
918, 986, 987, 1208–1217, 1230, 1241–1244,
1287–1294, 1329–1331, 1348, XXXIV: 141,
143–146, XXXV: 6, 7, 51, 152, 212, 213, 392,
431, 436, 444, 505, 695, XXXVI: 2, 3, 27, 34,
115–117, 128, 129, 143, 144, 148, 149, 152,
182, 183, 215, 251, 369, 370, 412n, 413, 502,
503, 512–514, 541, 542, 571, 575–577, 585,
XXXVII: 837, 871, 969, 973, 1021, 1089–
1091, 1096, 1098, 1129, 1304–1305, XXXIX:
4–11, 14, 18, 52, 56, 61, 65, 68, 71, 72, 77,
79n, 86n, 88, 88n, 124, 127–130, 188, 237,
240, 310, 318, 321, 324, 336–354, 356–389,
435–438, 441, 452, 457, 471, 473, 475, 493–
495, 507, 508, 510–514, 517– 526, XXXX:
69, 69n, 75n, 76n, 82, 125, 129n, 130, 130n,
131, 131n, 136n, 137, 138, 145, 145n, 155n,
156, 156n, 161, 164n, 167, 167n, 180n, 182,
197, 198, 200, 201, 205, 226n, 227, 228, 236,
237, 237n, 238, 240–242, 242n, 246n, 247,
255–265, 266–B, 266–P, 266–Q, 266–S, 439,
496, 519, 529–535, 535n, 538, 540–543, 553–
555, 561, 565, 573

   Estimate of Japanese Capabilities, VI:
2596, 2608, 2637, 2705, 2707, XXXII:
236, 661

   Estimate of the Possibilities of a Surprise
Air Attack, XVI: 2284, 2285, XXII: 485,
494, 527, XXVI: 184, 193, 194, XXVII:
157, 412, XXXIX: 143, 418–420, 426,
XXXX: 75, 76, 84n, 88, 154, 154n

   Failure to Provide Information to Subordinate Commanders, VI: 2510, 2656–
2658, 2756, VII: 3101, XVI: 2310,
XXXII: 586, XXXIX: 450, XXXX: 152

   Fleet Security, I: 143, 223, 275, VI: 2507,
2508, 2573, 2581–2583, 2618, 2748,
2762, 2830, 2894, VII: 3359, VIII: 3544,
X: 5127–5132, XI: 5485–5490, XV: 1463,
1469, XVI: 2282–2284, 2289, 2339, 2342,
2349, 2351, 2353, 2360, 2361, XVII:
2721, XVIII: 3228, 3248, XXII: 335–
345, XXIII: 1115–1120, XXIV: 1379–
1385, XXVI: 458, 459, XXXII: 281, 285,
302, 400, 401, XXXIII: 694, 722, 724,
1158–1163, XXXV: 145, XXXVI: 411,
XXXIX: 304, 305, 416, 417, XXXX:
85n, 139

Information Denied the Navy Court,
XXXII: 119, 130, XXXX: 266–R

Information Not Sent From Wash. D.
C. 1941, IV: 1601, 1603, 1739, 1829,
1830, 1839, 1844, 1852, 1853, 1869,
1966, 2024, 2026, V: 221, 2337, 2409,
2466, VI: 2539– 2552, VII: 2961, VIII:
3409, 3684, XVI: 2371, 2377, 2381,
2382, 2414–2420, XXXII: 129, 384,
XXXIII: 710, 880, 897, 915, XXXVI:
418, XXXIX: 325, 326, XXXX: 190,
206, 207–209, 232–234, 266–F, 266–H,
266–I, 266–J

Information Sent to Wash. D. C., IV:
1802, 1803, 2003, V: 2478, VII: 3095,
XXXII: 47, XXXVI: 519, XXXX: 77

Meetings With Gen. Short, IV: 1646,
VI: 2950, 2980, 2995, 3007–3009, 3076,
3107, XVIII: 3020, XXII: 41–44, 49, 64,
84, 90, 95, 165, 483, 484, 527, XXIV:
1780, XXVI: 434, XXVII: 753, 754,
789, XXVIII: 890, 891, 993, 1494, 1497,
XXXII: 193, 366, 414, 415, 425, XXXV:
430, XXXIX: 280, XXXX: 124n, 150,
151, 153, 153n

Plan to Replace Marines With Army on
Outlying Islands, (See Proposal to Send
Army Planes and Troops to Midway
and Wake Islands)

Messages and Letters From Adm. Stark,
IV: 1804, 1963, 1988, 1990–1992, 1995–
1997, 2002, 2006, 2018, 2023, V: 2096–
2098, 2107, 2108, 2111–2126, 2128–
2135, 2143, 2148, 2174, 2178, 2192,
2193, 2197–2200, 2202–2204, 2207,
2208, 2213–2216, 2244, 2259–2264,
2271, 2282, 2286, 2301, 2302, 2310,
2360, 2376, 2393, 2417, 2420, 2431,
2446, VI: 2511–2521, 2631, 2632, 2856,
VII: 2932– 2934, 3377, VIII: 3445, 3455,
3665, 3781, 3800, IX: 4243, 4265, X:
4866, XI: 5412, XVI: 2144–2150, 2153–
2161, 2163–2172, 2174–2257, 2295–2299,
2302, 2309, 2373, 2374, 2420–2423, XXI:
4614, 4615, XXIII: 941– 947, XXVI:
220–222, 226, 232, 277, 279–281, 321,
322, XXVII: 132, 413, 579, 783–786,

KINCAID, ADM. T. C.

791, XXVIII: 837, 889, 1559, 1597,
XXXII: 44, 45, 57, 60, 61, 81, 87–89,
101, 108–112, 115, 116, 122–126, 148,
367, 370, 406, 408, 418, 419, 429, 588,
616, 617, XXXIII: 689, 700, 703, 788,
789, 807, 808, 827, 880, 885, 892, 1166–
1171, 1174–1179, 1202–1208, 1231–1237,
1281, 1282, 1351, 1352, XXXIV: 15, 16,
40, 53, XXXV: 16, XXXVI: 119, 148,
192, 210, 296, 418–420, 510, XXXIX:
313–318, 433, 450, XXXX: 78, 89, 90,
90n, 91–104, 104n, 107, 107n, 108, 108n,
109, 109n, 110, 110n, 113, 113n, 117,
117n, 127n, 151, 151n, 168, 168n, 190n,
195, 195n, 205, 206, 206n, 235, 254,
266–C, 266–O, 374, 396n, 504, 505, 510,
520–522, 536, 556, 560
Questions About a Court Martial, I: 17,
18n, VII: 3140, 3141, 3148, 3153, VIII:
3602, IX: 4428, 4470, XI: 5495– 5497
(Specifications), XI: 5495–5497, XVI:
2258–2261, 2318, 2380, 2384, 2397,
2426, 2428, 2430, XIX: 3807, 3814,
3819, 3822, 3928, 3842, 3858, 3909,
3911–3916, 3932, 3940, 3943, 3944,
3947, 3948, 3950–3955, 3958, XXXII:
692, XXXIV: 141, 146, XXXVI: 69,
XXXIX: 356, 357, 387, 389, XXXX:
266–Q, 266–R, 483, 484
Reconnaissance, I: 71, IV: 1598, 2047, V:
2216, 2447, 2534, VI: 2849, VII: 2942,
2959, 2982, 3017, 3018, 3030, 3039,
3042, 3043, 3047, 3051, 3056, 3057,
3059, 3060, 3123, 3517, VIII: 3545,
IX: 4280, 4373, XVI: 2338, 2341, 2379,
2383, XVIII: 3247, XXI: 4598, 4634,
4635, 4665, XXII: 73, 356–358, 403,
469, XXIII: 1077, XXIV: 1780, XXVI:
23, 131, XXVII: 29, 206, 643, 777, 797,
798, XXVIII: 839, 842, 843, 904, 911,
1394, XXIX: 2319, XXXII: 126, 181,
218, 219, 254, 286, 287, 307, 408, 447,
448, XXXIII: 709, 717, 718, XXXVI:
159, 160, 182, 183, 298–301, 453–459,
552–554, XXXIX: 120, 127, 242, 243,
308, 489, 490, 492, XXXX: 86n, 105,
105n, 111, 111n, 114, 114n, 115, 115n,
116, 116n, 117, 117n, 118, 118n, 127,
166n, 548
Relations With Gen. Short, VII: 3101,
3292, XVI: 2266, XXI: 4589, 4653, 4662,
XXII: 55, XXVI: 331, 434, XXVII: 164,
755, 792, XXVIII: 906, 1447, XXXII:
397, 407, 578, XXXV: 148, 379–381,
XXXIX: 175, XXXX: 80, 152, 152n
Relieved and Retired, V: 2430, VI: 2561,
2562, XI: 5469, XVI: 2133, 2258–2261,
XVII: 2778–2734, XIX: 3945, 3946,
3961–3963, 3966, 3970, 3976, 3977,
XXXIII: 691– 711, XXXV: 69, XXXIX:
333
Report on Japanese Attack, XXII: 319,
323–329, XXXVII: 1221–1266
Request for Information, IV: 1792, 1793,
1838, 1841–1843, 2033, V: 2177, XXXV:
98, XXXIX: 353
Submarine Attack Order, I: 105, IV: 2031,
2035, 2036, V: 2166, VI: 2537, VII:
3199, XXVIII: 1583, XXXII: 107, 581,
XXXIII: 698, XXXIX: 304, XXXX: 106,
106n
Testimony Before the Army Board,
XXVIII: 909–948
Testimony Before the Joint Congressional
Committee, VI: 2495–2526, 2529–2554,
2560–2663, 2701–2780, 2786–2915
Testimony Before the Navy Court,
XXXII: 210–240, 251–277, 279–295,
653–711, 920–922
Testimony Before the Roberts Commission, XXII: 317–459, XXIII: 893–901,
1049–1051, 1123–1244
Warning From Capt. Zacharias, V: 2354,
2355, VI: 2603, 2604, VII: 3235, 3237–
3240, 3245–3248, 3251–3253, 3255–
3258, 3304, 3806–3310, 3316, 3325,
3327–3329, 3348, 3367, 3368, 3521,
XVIII: 3294–3299
Kincaid, Adm. T. C., II: 818, 935, IV: 1893,
1912, VIII: 3406
King, Brig. Gen. Edgar, XXVII: 2, 182,
XXVIII: 1403–1409, XXXIX: 133n, 186, 190,
193, 232
King, Adm. Ernest J., I: 87, 302, 322, II:
482, 514, III: 1128, 1130, 1132, 1139, 1330–
1332, IV: 1727, 1808, 1810, 1831, 1990, V:
2103–2105, 2112, 2113, 2117, 2119, 2123,
2172, 2273, 2310, 2311, 2391, 2443, 2467,
VI: 2504, 2509, 2790, 2796, 2823, 2833, VII:
3273, 3329, VIII: 3608, 3702, 3703, 3721,

3738, 3884, IX: 4251, XI: 5230, XIV: 972, XVI: 2144, 2147, 2160, 2161, 2164, 2165, 2168, 2172, 2174, 2209, 2210, 2218, 2219, 2223, 2224, 2231, 2248, 2258–2260, 2266–2284, 2396–2399, 2403–2405, 2408, 2413, 2415, 2425, 2428, XVII: 2728, 2734, 2743, XVIII: 3345, XIX: 3947, 3948, 3955, XXI: 4556, 4565, 4680–4694, 4696, 4697, 4699, 4701, XXII: 458, XXIII: 946, XXIV: 1355, 1356, XXVI: 266, 531, XXVII: 791, XXXII: 33, 104, 107, 127, 279, 608, XXXIII: 1174, 1175, 1230, 1332, 1335, 1353, 1359, 1362, XXXV: 152, XXXVI: 363, 364, 406, 407, 409, XXXVII: 676, XXXIX: 334, 335, 345, 354, 356, 359–361, 363, 366, 368, 370–372, 374–376, 378, 379, 381–383, 386–390, 399, 401, XXXX: 90, 117n, 164n, 392
King, H. J., XXVII: 2, XXVIII: 1247, 1288, 1289, XXX: 2731, 2734, 2736
King, Lt., XXIV: 1831, XXX: 2520
King, Capt. W. A. Early, XXVII: 2, XXIX: 1865, 2273–2278, XXXIX: 210
King, Sam, VII: 3193, XVIII: 3110–3116, 3119, XXIV: 1793, 1922, 1925, 1930, XXVII: 182, XXVIII: 1095, XXIX: 2254, XXX: 2481, 2611, 2612, 2614–2617, XXXV: 433, 440, 450, 452, XXXVII: 1013, 1020, 1092, XXXIX: 209
KINGFISHER, XII: 345, XVI: 2252, XXXIII: 1258
Kingman, Capt. H. F., IV; 1727, XXI: 4556, XXVI: 1, 2, 300, 363–365, 427, 560, 561
Kingman, Gen. John J., XV: 1627, XXVII: 2, 291–303, 348, 349, 369, 445–447, 485, 488, XXVIII: 817, 1073, 1079, 1160, 1207, 1211, 1212, 1216, 1219, 1222, 1239, XXIX: 1748, 1785, 1796, 1818, 1976, 2230, 2232, XXX: 2623, 2740, 2744, 2785, 2788, XXXI: 3102, XXXIX: 150, 162, 204, 216
Kingman Reef, I: 373, IV: 1684, XV: 1431, 1452, XVII: 2575, XVIII: 2925, XXVI: 483, 498, XXXII: 35, XXXIII: 972, 993, 1152, XXXVII: 844, 1310
KINRYU MARU (Ja), XIII: 561, 570
KINU (Ja), X: 5141, XI: 5359, XVII: 2686, XXXV: 58, XXXVII: 735, 1134, 1331
KINUGASA (Ja), XI: 5359, XIII: 548, 575, 605, 665, 692, XVII: 2657, 2681, XX: 4125, XXXV: 54, XXXVI: 156, XXXVII: 731, 1131
Kioke, Yoshio, XXXI: 3181–3183
Kipapa Gulch, XIV: 1039, XV: 1615, 1624, 1625, XVII: 2726, XVIII: 2971, 3054–3056, 3386, XXI: 4643, XXII: 64, 568, XXIV: 1567, 1787, 1868, 1869, 2021, 2160, XXVII: 175, 177, XXVIII: 1286, 1287, XXIX: 1798, XXX: 2475, 2557, XXXIX: 132
Kirck, Capt. Harold D., XI: 5543, 5544, 5546–5560
KIRISHIMA (Ja), I: 184, 239, IV: 1796, XI: 5356, 5359, XII: 358, XIII: 403, 404, 427, 550, 575–577, 621, 622, 719, XV: 1870, 1874, 1878, 1882, 1895, XVI: 2322, 2323, 2325, 2350, XVII: 2656, 2673, 2674, 2681, XVIII: 3300, XX: 4125, XXIII: 665, 681, XXVIII: 1585, XXX: 3066, XXXV: 54, XXXVI: 10, 114, 147, 156, 510, 511, 562, 596, XXXVII: 731, 751, 774, 775, 787, 1131, 1315, 1317, 1319, 1322, 1324, 1328, XXXIX: 467, 468, 470, 506, XXXX: 57n
Kirk, Addison, I: 57, XVIII: 3406–3408, 3428, 3604
Kirk, Adm. Alan G., II: 794, 796, 993, IV: 1736–1739, 1772, 1807, 1808, 1822, 1823, 1835–1837, 1839, 1848, 1854, 1855, 1896–1898, 1900, 1914, 1925, 1926, 2021, 2040, V: 2112, 2357, 2358, 2441, 2460, 2461, 2466, VI: 2539, VII: 2343, IX: 4063, 4154, 4158, 4164, XI: 5363, 5364, XV: 1487, 1496, 1851, XVI: 2160, 2170, XVIII: 3265, XXVI: 365, XXXI: 3177, XXXII: 94, XXXIII: 1208, XXXIV: 51, 59, XXXV: 577
KISARATU (Ja), XIII: 481
KISARAGI (Ja), XIII: 543, 555, 560, XVII: 2690, XX: 4127, XXXV: 56, XXXVII: 733, 1134, 1330
Kiska, III: 1129, 1131, 1132, 1134, 1445, IV: 1683, XIII: 553, 578, 580–584, 651, XXIX: 2399, 2452, XXXVI: 616, XXXIX: 223
KISO (Ja), XI: 5359, XIII: 578, XX: 4125, XXXVII: 1331
KISOGAWA MARU (Ja), XIII: 462–464, 545
KITAGAMI (Ja), XI: 5359, XIII: 462, 463, XVII: 2686, XX: 4127, XXXV: 57, XXXVII: 735, 1331
Kita, Nagao, III: 1138, 1461, V: 2405, 2406, 2408, VI: 2541, VII: 3225, X: 4863, 4905, XIII: 427–429, 638, XVI: 2292, 2313, XXII: 192, XXIII: 645, 647, 673, 686, 688, 868,

KITANO MARU

875, 876, XXIV: 1308, 1309, XXVIII: 1545, 1546, XXIX: 1667, 1672, 1674, XXX: 3067, 3068, 3070, 3071, 3075, 3079, XXXI: 3191, 3192, 3239, XXXIII: 752, 794, 825, XXXIV: 119, XXXV: 111, 122, 162, 321, 329, 332, 333, 354, 361, 365, 371, 372, 378, 384, 385, 387–389, 391, 403, 427, 430, 441–456, 466, 468, 469, 471, 472, 475–478, 480, 483, 484, 496, 500, 502, 503, 516, 518, 527, 537, 538, 650, XXXVI: 251, 324, 497–499, XXXVII: 663, 668, 672, 674, 675, 699, 802, 803, 885, 912, 920, 923, 924, 927–930, 984–987, 990, 994, 995– 999, 1001–1008, 1011–1027, 1090, 1098, 1125, XXXIX: 428, 455, XXXX: 516, 517

KITANO MARU (Ja), XXX: 3074, XXXV: 297, 599

Kitts, Adm. Willard A., VI: 2609, 2610, 2648, 2897, 2900, VII: 3364, XVI: 2214, 2216, XXIII: 1161, XXVI: 1, 3, 71, 192– 202, 213, XXXII: 2, 387–400, XXXIII: 716, 723, 1234, XXXVI: 374, 380, 397, 413, 422, 448, 538, 539, 541, 542, 564, 571, 572, XXXX: 69n

KITTY HAWK, II: 653, XX: 4475

KIYOKAWA MARU (Ja), XIII: 560, 570

KIYOSUMI MARU (Ja), XIII: 551

Klatt, Sgt. Lowell, XXII: 274, 277–280, XXIII: 1256, XXVII: 2, 758–764, XXXIX: 133n

KLIP FONTEIN (Br), XXXIV: 164

KMG, XXII: 50

Kniskern, Capt. Leslie A., I: 222, XI: 5349

Knowles, Lt. Cdr. H. B., V: 2243, XV: 1470, 1471, XXIV: 1636, XXVI: 532, XXVIII: 1390, XXXIII: 1306

Knox, Frank, I: 18, 75, 332, 370, II: 441–444, 504, 774, 974, III: 994, 997, 1142, 1155, 1156, 1167, 1294, V: 2270, 2272, 2326, 2327, 2332, 2337, 2338, 2351, 2352, 2358, 2402, 2403, 2435, 2440, VI: 2689, 2719, 2751–2752, 2767, 2860, VII: 2973, 3014, 3344, VIII: 3703, 3753, 3754, 3817– 3819, 3820, 3821, 3828, 3835–3837, 3874, 3908, 3911, IX: 4004, 4010, 4026, 4034, 4040, 4079, 4081, X: 5009, 5010, XI: 5222, 5248, 5250, 5252, 5253, 5263–5265, 5267, XI: 5427, 5428, 5549, XIV: 962, XV: 1483, XVI: 2153, 2159, 2160, 2165, 2182, 2264, 2318, 2448, 2454, XVII: 2833, XVIII: 3264, XIX: 3441, 3537, 3759, 3858, 3893, 3895, XX: 4068, 4115, 4281, 4284, 4517, 4518, XXI: 4555, 4556, XXI: 4613, 4684, 4696, XXII: 94, XXIII: 1064, 1246, XXIV: 1299, XXVI: 65, 264, XXVII: 12, 170, XXIX: 2076, XXXI: 3143, 3151, 3191, XXXII: 96, 133, 432, 525, XXXIII: 711, 780, 802, 805, 853, 858–860, 862, 924–926, 1218, 1278, 1361, XXXIV: 146, 192, XXXV: 167, XXXVI: 52, 416, 424, XXXVII: 1215, XXXIX: 19, 77, 82n, 87, 96, 129, 139, 299, 340, 371, 395, 462, XXXX: 38, 244, 251, 440, 489, 497, 505, 523, 524, 533, 540, 542, 573

    Agreements With Allies, II: 994, 997, III: 1218–1220, 1231, IV: 1933, 1936, V: 2102, XXXII: 70, 71, XXXX: 169, 169n

    Basing the Pacific Fleet in Hawaii, II: 548, III: 1090, 1140

    Hart Inquiry, X: 4815, 4825, XXVI: 3–5, XXXV: 165

    Hull's 26th Nov. Note, III: 1252, 1416, VIII: 3677, XI: 5180, 5182, 5422, 5434, XXVII: 241, XXIX: 2083, XXXIX: 91, XXXX: 367, 373, 560, 563

    Intercepted Messages—Magic, III: 1176, 1204, IV: 1734, 1742, 1742, 1762, 1764, 1794, 1901, 1924, 1970, 1971, V: 2183, 2186, 2188, 2426, 2467, VI: 2550, VIII: 3568, 3658, 3823, 3825, 3899, 3901–3905, IX: 3960, 3982, 3984, 3986, 3987, 3990, 3991, 3994, 4004, 4025–4028, 4032, 4033, 4036, 4037, 4044, 4046, 4047, 4050, 4062, 4099, 4100, 4102, 4109, 4110, 4116, 4174, 4180–4183, 4196, 4198, 4202, 4221, 4263, 4544, XI: 5232, 5393, 5394, 5547, XVI: 2391, XVIII: 3334, XX: 4233, XXVI: 390, 391, XXIX: 2385, 2388, 2389, XXXIII: 857, 858, 864, 865, XXXVI: 64, 234, 416–418, 528, 529, 532–536, XXXIX: 328, 448, XXXX: 212, 219n, 221, 266–C, 266–G, 266–H, 432n, 433, 433n, 520, 521, 528, 567, 568

    Letter to Stimson 24 Jan. 41 and His Answer, I: 127, 279, 281, 370, II: 449, III: 1001, 1058–1060, 1452, IV: 1939, 1940, 2009, V: 2127, 2289, VI: 2753, 2754, VII: 2923n, 3208, XIV: 1003–1005, XV: 1628, XVI: 2412, XVIII: 3229, 3230, 3243, XXI: 4599, 4600,

4602, 4663, XXIII: 1092–1094, 1113, XXIV: 1360, 1363, 1364, 2013, XXVI: 13, 273, 447, 458, 561–563, XXVII: 32, 197, 264, 593, XXVIII: 903, 924, 941, 942, XXIX: 1628, 2076, 2076, 2317, XXX: 2583, XXXII: 30, 64, 72, 81, 155, 219, 221, 554, 556, 605, XXXIII: 1163–1165, XXXIV: 52, XXXVI: 4, 402, 403, XXXIX: 5, 52, 73, 74, 76, 180, 233, 300, XXXX: 76, 76n, 77–79
Meetings, II: 434, 450, 462, 465, 500, 532, 608, III: 1095, 1152, 1195, 1215, 1274, 1278, 1780, 1315, 1401, 1406, 1412, 1569, IV: 1769, 1772, 1875, V: 2191, 2301, 2303, 2419, 2422, VII: 3289, IX: 3993, 4041, 4046, 4111, X: 4765, XI: 5179, 5183, 5187, 5381, 5282, 5396, 5420, 5421, 5426, XI: 5433, 5435, 5437, 5439, 5446, 5448, XVI: 2147, XXI: 4607, 4646, XXIII: 1106, XXIV: 1286, XXVI: 4451, XXVII: 57, 468, XXIX: 2068, 2074, 2084, 2161, 2163, 2201, 2202, 2206, XXXII: 135, 153, 637, 639, XXXIII: 785, 1196, XXXIV: 149, XXXIX: 6, 37, 42, 82, 87, 135–137, 329, XXXX: 43–47, 176n, 266–H, 340, 342, 374, 394, 416, 419, 431, 436–440, 510–513, 529, 558
Preparedness Speeches, II: 429, III: 1194, XI: 5395, XII: 83, 85, XXI: 4579, XXXX: 45n, 332, 347
Proposed Blockade of Japan Oct. 1940, I: 305, 306, 311, 317, 318, 330, 334, II: 542, XIV: 1006–1008, XXXX: 266–N
Proposed Message to Congress Nov. 1941, XI: 5241–5244, 5374, 5436, 5462, 5463, XIX: 3508–3510, 3523–3533, XXXX: 396, 397
Richardson's Protest Memo 12 Sept. 1940, I: 285, 339, II: 468, V: 2136, XXXX: 160
Richardson's Removal, I: 323–335
Relief/Retirement/Court Martial of Adm. Kimmel, V: 2430– 2432, VI: 2563, 2616, VII: 3140, 3172, XVI: 2260, XVII: 2731, 2732, XIX: 3822, 3940, 3946–3955, 3958, 3963, 3970, 3976, 3977, XXXIII: 691, 692, XXXIV: 141, XXXIX: 24n, XXXX: 266–Q
Roberts Commission, VI: 2494, 2555, VII: 3260, 3263–3265, 3273, 3279, 3280, 3282, 3283, 3298, 3829, 3830, XX: 4110–4114, XXIII: 1274–1276
Visit to Hawaii Sept. 1940, I: 263, XIV: 952, 954–960, XV: 1599, 1600, XXVI: 401
Visit to Hawaii Dec. 1941 (Knox Report), I: 15, 71n, 76, III: 1528, 1530, 1531, IV: 1994, V: 2325, 2337–2345, 2352, 2352, VI: 2674, 2675, 2835–2837, 2846, 2885–2889, VII: 3125, 3165, VIII: 3814, 3822, 3824, 3827, 3920, IX: 4070, 4078, X: 5019, XI: 5235, 5236, XVI: 2256, 2257, XXII: 49, 95, 443, XXIV: 1749–1756, 1761, XXVI: 383, XXXII: 428, 535, 536, XXXVI: 39
Warning Message to Hawaii 27 Nov. 41, III: 1020, 1022, 1263, 1274, IV: 1946, 1949, 1977, 1978, V: 2125, 2151, 2271, 2321, XV: 1471, XXI: 4608, XXIX: 2071, XXXII: 50, XXXX: 389, 504
Warning Message to Hawaii 6 Dec. 41, (Sec. Navy Knox thought this was sent but it actually never existed), V: 2351, 2352, VI: 2835, 2836, 2885–2889, VII: 3165, 3360, VIII: 3815–3817, 3822, 3827, XXII: 377, 378, XXIII: 1132, XXIV: 1750, 1755, XXXII: 429, XXXVI: 535,
Withdrawal of Marines From China, XXVI: 449

Knudsen, Gen. W. S., IV: 1700, V: 2093, 2094, XV: 1726
KOA MARU (Ja), XIII: 462–464
KOAN MARU (Ja), XIII: 462–464
KOBE MARU (Ja), XXXV: 596
KODEN MARU (Ja), XII: 281
Kodiak Island, IV: 1681, 1682, V: 2138, XIV: 1010, XV: 1514, 1930, XVI: 2178, 2246, 2247, XVIII: 2925, XX: 4350, XXII: 454, XXIII: 1009, 1240, XXIX: 2317, XXXI: 3194, XXXII: 555, XXXIII: 1258, 1260, 1261
KOEI MARU (Ja), XIII: 571
KOELN (Ger.) XV: 1787, 1788, 1809, 1830, XXXIII: 1325, XXXVI: 656
Koepang, IX: 4566, X: 4603, 4604, XV: 1570, XXIX: 2301, XXXIV: 172, XXXV: 316
Kogan, Mrs. Mary B., XXVII: 2, XXVIII: 876-879
KOHALA, XXXVII: 1277

Kohtron, VI: 2521, 2871
KOKAI MARU (Ja), XIII: 570
KOKKAI MARU (Ja), XXXIV: 164
Koko Head, I: 38, 168, VII: 3156, XXII: 212, 229, 252, 275, 313, 422, XXIII: 1209, XXIV: 1654, 1657, 1658, 1663, 1670, 1672, 1679, 1681, 1711, 1725, 1728, 1731, 1734, 2169, XXVII: 363, 364, 617, XXVIII: 1113, XXX: 2623, XXXI: 3136– 3138, 3157, 3158, 3172
KOKURA MARU (Ja), XXXV: 411
KOKUYO MARU (Ja), I: FP 239, XIII: 403, 419, 462–464, 467
KOMAHASHI (Ja), XVII: 2684, XXXV: 56, XXXVII: 734, 740, 741, 745
KONGO (Ja), VII: 3244, XI: 5359, XIII: 392, 394, 645, 658, 659, 695, 712, XV: 1870, 1874, 1878, 1882, 1893, 1895, XVI: 2322, 2323, 2327, 2328, XVII: 2635, 2644, 2656, 2662, 2673, 2681, XVIII: 3300, XX: 4128, XXXV: 54, 78, XXXVI: 123, 125, 156, 472, 510, 511, 515, 596, XXXVII: 721, 731, 742, 751, 770, 774, 783, 787, 788, 1063, 1131, 1315, 1317, 1319, 1322, 1324, 1328, XXXIX: 467, 468, 473, 475
KONGO MARU (Ja), XIII: 560, 561, 570
Konkel, Ist Lt. A. A., XIX: 3639
KONKO (Ja), I: 234
Konoye, Prince, II: 409, 419, 424–427, 446, 568–571, 600, 631, 639, 640, 663–669, 681, 706, 710, 712–720, 775, 727, 887, IV: 1700, 1701, 1711, 1750, 1860, 1945, 2023, 2034, V: 2119, 2120, 2367, VI: 2516, VII: 2933, IX: 4199, 4317, XI: 5390, 5395, 5419, 5469, XII: 12, 25, 34, 40, 43, 49, 51, 58, 113, 130, 147, 213, XIV: 1049, 1227, 1327, 1343, 1349, 1352, 1354, 1357–1359, 1381, 1402, XV: 1685, 1727, 1728, 1733, 1755, 1815, 1816, XVI: 2215, 2216, 2295, XVII: 2751, 2753, 2759, 2761, 2775, 2794, 2796, 2800, XVIII: 2949– 2951, 2955, 2982, 3196, 3200, 3232, 3328, XX: 3985–4016, 4025–4029, 4146, 4214, 4215, 4269, 4291, 4406, 4413, 4450, 4452, 4453, 4534, XXI: 4603, XXII: 34, XXIV: 1356, 1771, XXVI: 487, XXVII: 783, XXIX: 1714, 1887–1890, 2149, 2159, 2449, XXX: 2459, 2486, XXXI: 3205, 3220, 3247, 3253, XXXIII: 745, 1171, 1235, 1376, 1381, XXXIV: 116, 120, 127, 203, 207, 211, 221, 223, XXXV: 192–194, 197, 199, 258, 270, 272, 286, 404, 408, 410, 412, 413, 431, 658,
663, XXXVII: 690, 695, 1090, 1101, 1108, 1110, XXXIX: 78, 433, XXXX: 2, 3, 14, 19–21, 23–28, 49, 96, 97n, 213, 291, 295– 299, 303, 305–311, 314–318, 318n, 319, 321, 322, 326–330, 335, 344, 362, 415, 446, 447, 458
Koogan, Mrs. Mary B., XXVII: 2, XXVIII: 876–879
KOOYO MARU (Ja), XIII: 462, 463
Korb, Ens. E. S., XXIV: 1693, 1698, 1704, 1710, 1716, 1727, 1732, 1739, 1745
Korea, II: 409, III: 1137, 1157, 1160, IV: 1703, XI: 5533, XV: 1734, 1825, 1844, XVI: 1988, 1989, XXVII: 549, XXXIV: 149, 186, 188, XXXV: 194, 257–259, 302, 305, 309, 310, 368, 369, 431, 476, 533–535, 578, 600, 611, 620, 626, 631, 633, XXXVI: 527, XXXVII: 1170, 1172, XXXX: 1
KORTENAER (Du), XX: 4131
KORYO MARU (Ja), XIII: 462–464
KORYU (Ja), X: 4887, XV: 1871, 1875, 1879, 1883, 1896, XVI: 2323, 2325, 2329, 2337, XVII: 2631, 2671, 2674, 2687, XVIII: 3337, XXXV: 58, 76, XXXVI: 113, 118, 127, 150, 213, 472, 513, 515, 517, 585, XXXVII: 720, 736, 743, 747, 748, 751, 754, 768, 775, 781, 1318, 1320, 1325, XXXIX: 467, 471, 477, 488, 519, XXXX: 135
KOSBI MARU (Ja), XIII: 462–464
KOSEI MARU (Ja), XIII: 462–464
Koshi, IV: 1861, V: 2069, VI: 2777
KOSHU (Ja), XVII: 2684, XXXV: 56, XXXVII: 734, 741
Kota Baru, VI: 2521, 2818, 2819, VIII: 3609, 3674, 3910, 3912, IX: 3944, 4110, 4176, X: 5084, XI: 5482, 5483, 5515, 5516, 5519, XIII: 554, XVI: 2327, XVII: 2484, 2664, XVIII: 3341, 3343, 3345, XIX: 3487, XXVI: 388, XXXI: 3215, XXXIII: 859, 860, 874, 875, XXXV: 216, XXXVI: 84, 130, 531, 533, XXXVII: 788, XXXIX: 474, XXXX: 99, 441
Kotoshirodo, Richard Masaquki, XXXV: 320, 326, 327, 331, 336, 353–367, 372–385, 388, 391, 488–490, 494, 500, 504, 506– 517, 519–532, 538–540, 572, 574, XXXVII: 875, 912, 917, 918, 922, 923, 927, 931
Kramer, Cdr. A. D., I; 128, II: 444, 736, 925, 941, III: 1370, 1427, 1428, 1446–1448, 1450, 1464, 1466, 1561, IV: 1733– 1736, 1761–1765, 1854, 1875, 1879, 1880, 1901, 2062, V: 2095, 2185–2187, 2223, 2255, 2304,

2395, 2426, VI: 2527, 2528, 2549n, VII: 3275, 3284, VIII: 3387, 3392–3394, 3397, 3407, 3408, 3411, 3419, 3425–3429, 3432, 3557, 3563–3570, 3572, 3573, 3575, 3577, 3580, 3586, 3587, 3598, 3600, 3602– 3604, 3606, 3610–3512, 3619, 3622–3624, 3629, 3630, 3634– 3639, 3647, 3649–3651, 3658, 3661, 3667, 3670, 3675, 3676, 3681, 3682, 3689–3705, 3710, 3713–3720, 3722–3727, 3731, 3733, 3734, 3736, 3739, 3745–3750, 3752, 3756, 3759, 3761– 3763, 3766, 3774, 3776, 3778, 3798, 3799, 3800, 3803–3807, 3809, 3810, 3813, 3816, 3823, 3844–3850, 3852, 3853, 3857– 3862, 3865, 3866, 3874, 3879, 3880, 3888–3890, 3893–3927, IX: 3930–4007, 4009, 4012–4221, 4229, 4230, 4298, 4435, 4472, 4509, 4513, 4517, 4520, 4521, 4536–4538, 4544, 4545, 4547, 4548, 4575, X: 4610, 4619, 4660, 4661, 4665, 4669, 4712, 4716, 4723–4727, 4731–4733, 4736, 4738, 4742, 4744, 4746, 4747, 4750, 4751, 4754–4756, 4766, 4776–4780, 4784, 4786, 4824, 4916, 4921, 4923, 5020–5022, XI: 5156, 5161, 5162, 5232, 5238, 5245, 5246, 5256, 5206, 5268, 5271–5274, 5276, 5277, 5287, 5289, 5306, 5309, 5475, 5476, 5492, 5548, 5549, XVI: 2015, 2272, 2294, 2307, 2309, 2313–2319, 2334, 2335, 2356, 2357, 2380, 2391, XVIII: 3333, 3334, 3346, 3347, XXI: 4556, 4687, XXVI: 390, 391, 394, 395, 457, 472, XXIX: 2323, 2337, 2371, 2373, 2374, 2377, 2378, 2380, 2381, 2384, 2385, 2387, 2389, 2390, 2396, XXXII: 2, 132, 244, 541, XXXIII: 737, 750, 757, 759, 764–766, 773, 774, 778, 780, 781, 783, 787, 797, 803–805, 842, 843–845, 847–876, 891, 903, 905, 916, XXXIV: 21, 22, 26, 192, 193, XXXV: 117, 164, 165, 167, XXXVI: 1, 26, 27, 65, 66, 68, 69, 71–73, 75, 79–87, 89, 93, 95, 257, 258, 304, 315–317, 339–350, 356, 417, 491, 493, 501–505, 507–510, 521, 527– 529, 531–533, 572, 574, 582, XXXIX: 224, 225, 227, 229, 249, 252, 253, 328, 329, 343, 353, 404, 431, 448, 449, 455, 457–463, 483–485, 514, 516, XXXX: 179n, 182n, 183, 184, 193, 211, 212, 218, 221, 223, 223n, 230, 266–E, 432n, 433, 436, 437, 471–473, 476–478, 480–482, 484, 486, 518, 519, 528, 567, 568

Kramer, Gen. Hans, XXVII: 683, XXVIII: 1284, 1325, XXIX: 1657, 1926, 2040, 2041, 2045, 2046

Kra Peninsula, I: 266, 356, II: 440, 441, 455, 491, 492, 494, 605, 611, 626, 627, 654, 714, 747, 855, 922, III: 1140, 1148, 1177, 1246, 1249, 1251, 1338, 1342, 1454, 1455, 1495, 1525, 1527, 1552, IV: 1603, 1604, 1608, 1617, 1641, 1724, 1752, 1754, 1773, 1776, 1781, 1805, 1876–1878, 1949, 1963, 1966, 1987, 1990, 1995, 2045, 2047, 2049, 2050, 2055, 2059, 2060, V: 2175, 2131, 2150, 2191, 2200, 2201, 2207, 2208, 2215, 2220, 2258, 2259, 2333, 2418–2420, 2425, V: 2448, VI: 2518, 2519, 2521, 2649, 2705, 2761, 2857, 2864, 2866, 2871, 2872, 2874, VII: 2931, 2934, 2945, 2983, 3062, 3175, 3180, 3271, 3284, 3290, 3291, 3339, 3361, VIII: 3388, 3438, 3439, 3533, 3820, 3821, 3825, 3878, 3909, 3910, IX: 4042, 4043, 4048, 4070, 4175, 4233, 4240, 4251–4256, 4260, 4261, 4334, 4337, 4365, 4569, X: 4689, 4760, 4764, 4805, 4806, 4882, 4937, 4942, 4955, 4957, 5004, 5007, 5083, 5084, XI: 5255, 5258, 5376, 5403, 5427, 5436, 5438, 5514, 5515, 5516, XIV: 1066, 1246, 1247, 1249, 1368, 1406, XV: 1560, 1564, 1768, XVI: 2141, 2143, 2302, 2325–2327, 2333, 2355, 2369, 2420, XVII: 2659, XVIII: 3232, XIX: 3765, XXI: 4604, 4612, 4673, 4683, XXII: 326, 379, 383, 465, XXIII: 1132, 1173, 1177, XXIV: 1356, XXVI: 59, 232, 283, 284, 295, 296, 488, XXVII: 221, 250, 579, 703, 781, 785, XXVIII: 838, 902, 929, 963, 1578, XXIX: 2177, 2196, 2210, 2327, XXXII: 48, 86, 87, 131, 233, 405, 406, 413, 425, 531, 561, 568, 580, XXXIII: 689, 701, 704– 706, 818, 834, 883, 1176, 1361, XXXIV: 40, XXXV: 148, 155, 203, 205, 283, 592, XXXVI: 18, 84, 103, 119, 121, 122, 126, 145, 192, 206, 431, 432, 437, 443, 450, 486, 512, 514, 522, 527, 531, 581, XXXVII: 782, 787, 791, 1061, XXXIX: 7, 8, 79, 89, 236, 237, 279, 315, 339, 349 366, 441, 470, 472, 473, 483, 513, XXXX: 98, 99, 105, 107, 170, 173, 178, 195, 207, 234, 262, 395, 403, 404, 413, 414n, 424, 425, 437, 438, 506, 507, 522, 535, 538, 561, 565, 570

KRAUTOFF, XXIV: 1642

Krick, Capt. Harold D., XI: 5543, 5544, 5546, 5560, XXXX: 217n, 435, 568

KRINO (Ja), XIII: 462–464

Kroner, Col. Hayes, II: 784, III: 1240, IV:

2021, V: 2092, VII: 2988, 2989, 3029, 3342, XIV: 1359, XXXIV: 2, 10, 16, 18, 42-49, 69-72, 87, XXXX: 261, 321
Kuboaki, Takeo, I: 175, 209, XIII: 615-618
Kuehn, Bernard Julius Otto, I: 214, IX: 4360-4362, XIII: 638, XVI: 4620, XXI: 4620, 4621, XXIII: 876, XXVI: 355, 358, XXVII: 740, 743, XXVIII: 1032, 1039, 1543, XXIX: 1667, 1672, 1944, 1945, XXX: 3064, 3067-3069, 3072-3081, XXXV: 43, 44, 112, 120, 257, 265, 266, 319-323, 327-333, 335, 388, 483-488, 490-496, 500, 555, 556, 558, 560, 570, XXXVI: 332, 333, 464, 475, XXXVII: 911-914, 918-924, 927, XXXIX: 100, 102
Kuehn, Eberhard, XXXV: 332, 494, XXXVII: 921
Kuehn, Friedel, XXXV: 328, 330-333, 493, 495, 496, XXXVII: 919, 920, 923, 924
Kuehn, Leopold, XXXV: 328-330, 491, 493, XXXVII: 919, 920
Kuehn, Ruth (Mrs. J. Carson Moore) XXXV: 332, 495, XXXVII: 923
KUKUI, XXIV: 1650, 1672, 1674, 1677, 1679, XXXIII: 1315
Kula Sanitorium, XXXV: 322, 323, 335, 339, 485, 486, 509, XXXVII: 915, 985
KUMA (Ja), XI: 5359, XX: 4129
KUMANO (Ja), XI: 5359, XIII: 645, XVII: 2657, 2682, XX: 4125, XXXV: 55, XXXVI: 156, XXXVII: 732, 786, 1132, 1133, 1329
Kumming, V: 2122, XI: 5450, XIV: 1061, 1062, 1066, 1072, 1164, 1362, 1364, XV: 1477-1481, XVI: 2143, 222, 2223, 2298, XX: 4457, XXXIII: 1238, 1239, XXXV: 186, XXXVI: 424, XXXIX: 436, XXXX: 29, 97n, 173, 174, 300, 337, 338, 340-343
KUNIJIRI (Ja), XIII: 553, 583, XXXV: 56, XXXVII: 733, 1269
KUNASHIRI (Ja), XXXVII: 1133
KUNIKAWA MARU (Ja), XIII: 551
KUNKI, XXIV: 1651
Kuramoti, Iki, I: 175, 210, XIII: 513-524
Kure, X: 4903, XIII: 489, 494, 518, 519, 542, 546, 555, 623, 710, 719, XVIII: 3337, 3338, 3340, XX: 4125, 4355, XXI: 4694, XXIII: 677
KURETAKE MARU (Ja), XIII: 544
KURI (Ja), XVII: 2690, XX: 4126, XXXV: 59, XXXVII: 737, 1135

Kurile Islands, I: 175, II: 571, IV: 1803, 1944, VI: 2847, VIII: 3382, IX: 4234, 4322, 4374, XI: 5355, 5356, XIII: 534, 537, 553, 579, XVI: 2325, 2350, 2361, XXVIII: 1498, 1588, 1589, XXXVI: 10, 17, 124, 563, 630, XXXVII: 748, 1136, 1152, XXXIX: 522
Kuroshima, Capt. Kamoto, I: 236, 237
KUROSHIO (Ja), XVII: 2682, XX: 4126, XXXV: 55, XXXVII: 732, 1132, 1329
KUROSHIO MARU (Ja), XIII: 467
Kurusu, Saburo, I: 184, 226, 237, 246, 248, II: 429-432, 441, 447, 471, 508, 521, 536, 540, 593, 599-601, 606, 607, 686, 691, 723, 724, 746, 838, 930, III: 1107, 1108, 1315, 1336, 1366, 1407, 1461, 1462, 1466, 1469, 1482, 1490, 1579, IV: 1594, 1595, 1706, 1708, 1771, 1772, 1828, 1848, 1852, 1856, 1923, 1970, V: 2087-2089, 2121, 2182, 2183, 2304, 2319, 2323, 2434, VI: 2544-2549, 2806, VII, 2955, 3080, 3246, 3360, VIII: 3502, 3506, 3703, 3858, IX: 4202, 4259, 4260, 4316, 4377, 4379, 4387, 4494, X: 4769, 4860, 4924, 5105, 5106, XI: 5192, 5355, 5369, 5370, 5373, 5374, 5381, 5395-5399, 5401, 5402, 5405, 5420, 5421, 5474, 97, 101, 103, 111, 114, 116, 130, 139, 140-143, 146, 148, 149, 161, 167, 168, 179-181, 183, 188-194, 206, 207, 210, 221, 222, 235, XIII: 394, 396, 401, XIV: 1184, 1368, 1381, XV: 1744, 1745, 175-1753, 1796, 1868, XVI: 2143, 2221, 2297, 2300-2304, 2310, 2311, 2433, 2435, 2437, 2438, 2456, XVIII: 2947, 2952, 2953, 3327, XIX: 3683, 3689, 3690, 3751, XX: 4016, 4091, 4098-4101, 4104, 4463, 4528-4537, XXI: 4579, 4582, 4607, 4622, 4645, 4658, 4672, XXII: 45, XXIV: 2024, XXVI: 61, 68, 235, 236, 278, 279, 292, 295, 296, 302, 422, 444, 451, XXVII: 249, 714, XXVIII: 1042, 1547, 1548, 1593, XXIX: 1647, 1648, 2016, 2148-2150, 2154, 2382, 2415, XXX: 2974, XXXI: 3187, 3221, 3242-3245, 3249, XXXII: 115, 123, 160, 161, 237, 242, 429, 524, 536, 615, XXXIII: 703, 734, 736, 738-740, 749, 776, 780, 784, 786, 801, 816, 838, 876, 892, 1237, 1365, 1368, 1369, 1371, 1373, 1374, 1378, XXXIV: 46, 105, 106, 109, 111, 112, 114, 168, 193, XXXV: 17, 26, 84, 94, 135, 162, 164, 170, 176, 266, 271, 275, 278, 384, 396, 400, 401, 414, 421, 422, 425, 428, 433, 434, 438, 440, 454, 457, 515, 541, 652-655, 660,

XXXVII: 679, 682, 685, 688, 692, 892, 895, 905, 906, 909, 995, 1027, 1074, 1092, 1094, 1099, 1111, 1119, 1123, 1126, XXXIX: 42, 46, 245, 246, 252, 257, 288, 313, 324, 351, 436, 440–444, 451, 28, 30, 31, 33, 34, 41, 42, 49n, 56, 97, 143, 194–197, 209, 212n, 219, 220, 227, 251, 266– C, 266–F, 292, 345, 355–361, 363, 368, 370–372, 378–380, 382, 384–387, 391, 392, 394, 394n, 402, 403, 411–413, 415– 418, 420, 421, 421n, 425n, 434n, 436, 440, 441, 443, 520, 560, 563, 564
KUSKUSI, XXIV: 1674
KUURTARES (Fi), XIX: 3538
Kwantung Army, XIV: 1342, 1346, 1358–1361, XXXIV: 197, 213, XXXV: 194, 578, 593, 594, 600

Kwajalein Island, I: 186, 192, 243, IV: 1962, XIII: 411, 456, 459, 468, 469, 496, 543, 544, 560, XVII: 2596, 2670, 2685, 2693, XXVI: 318, 518, XXXIII: 1013, XXXV: 52, 61, XXXVII: 738, 802, 864, 1138, 1144, XXXX: 63
KYDEI MARU #2 (Ja), XIII: 462–464, 467
Kyogoku, Baron, XXXV: 328, 329, 331, 491, XXXVII: 920
KYOKUSEI MARU (Ja), XIII: 551
KYOKUTO (Ja), XXXVI: 656
KYOKUTO MARU (Ja), I: FP 239, XIII: 403, 419, 462–464, 467, XXXIII: 1325, XXXVII: 751
Kyushu, IV: 1912, 1964, 2015, XII: 402, XVIII: 3337, 3338

L

La Guardia, F. H., XIX: 3749, 4495, 4509, 4510, XXII: 70, XXVII: 182
LAHAINA, XXIII: 1060, XXIV: 1369, 1656, XXXVII: 1278
Lahaina Roads, I: 30, 37, 186, 199, 239, 255, 263, 270, 271, 272, 286, 326, II: 468, IV: 1806, 1832, V: 2404, VI: 2506, VII: 3356, VIII: 3524, IX: 4299, XI: 5130, 5487, XII: 258, 264, XIII: 404, 422, 425, 646, XIV: 937, 957, 987, XV: 1454, XVI: 2291, XVII: 2468, XXI: 4565, XXII: 64, 337, 431, 509, 522, 559, XXIII: 621, 631, 632, 765, 1117, 1218, 1219, XXIV: 1308, 1370, 1395–1397, 1417, 1418, 1424, 1435, 1438, 1606, XXVI: 49, 274, 350, 476, 540, XXXII: 401, 426, 431, 588, 624, 626, 627, 648, XXXIII: 693, 1195, XXXV: 361, 378, 526, 528, 555, XXXVI: 21, 224, 499, XXXVII: 675, 1218, XXXIX: 428, XXXX: 68
LAHUA, XXIV: 1746
LAKE FRANCIS, XXIV: 1682, XXXVII: 1277
LAMBERTON, XII: 345, XIV: 941, XV: 1715, XVI: 2027, 2252, XVII: 2527, 2530, XXI: 4559, 4564, XXIV: 1654, 1672, 1683, 1697, 1698, 1708, 1716, XXVI: 557, XXXIII: 1252
LAMSON, I: 136, V: 2210, XII: 345, XVI: 2031, 2108, 2122, 2125, 2127, 2129, XVII: 2498, 2501, 2527, 2530, XXI: 4559, 4562, 4564, XXIV: 1432, 1491, 1594, 1596, 1597, 1678, 1681, 1682, 1692, 1712, 1746, XXVI: 557 XXXII: 1251, 1253, 1255

Lanai Island, I: 241, 388, XIII: 408, 420, 427, XIV: 981, 1020, XV: 1615, 1622, XVII: 2723, XVIII: 2971, 2975, 3051, 3053, 3405, 3420, 3431, XXII: 242, XXIII: 631, XXIV: 1664, 1665, 1671, 1674, 1680, 1690, 1726, 1787, 1864, 1866, 1904, 2148, XXVII: 177, XXVIII: 854, 981, XXIX: 1729, 1892, XXX: 2475, 2479, 2553, 2555, 2881, XXXI: 3126, XXXII: 445, XXXV: 111, 350, XXXX: 4897
Land, Adm. Emory S., XIV: 1065, XVI: 2176, 2451, XX: 4320, XXXIII: 1355
Landon, General T. H., XXVII: 429, 430
Landreth, Ens. John L., XXIII: 689, 703, 709, 1263
Lane, Ch. Warrant Officer L.R., XXXV: 2, 33, 48, 118, 120
LANG, XI: 5505, XVII: 2465
LANGLEY, XII: 284, 289, 291, XIII: 414, 543, 544, 555, XXI: 4768, 4769, XXXI: 109, 242, XXXIII: 910, 1394
Lanikai House (Otto Kuehn's), V: 2407, VIII: 3833, XXIII: 655, 1153, XXXV: 112, 122, 321, 322, 328, 331, 335, 338, 339, 485, 486, 488, 491, 494, XXXVII: 498, 674, 913, 919, 922, 984
LANSING, XXXVII: 1276, 1277
LARAMIE, XX: 4356
LARK, XXIV: 1644, XXXIII: 1313
Larkin, Lt. Col. Claude A., XVIII: 3223, 3236, XXIII: 689, 709, 717, 1263,
LASSEN, XIV: 983, XVI: 2158, 2232, XVII: 2524, XXVI: 556, XXXIII: 1206

LEND LEASE 121

Laswell, Col. Alva, IX: 4184, XVI: 2272, 2312, XXXVI: 1, 247, 263, 319–323, 574, XXXIX: 404, 453

Lattimore, Owen, XIV: 1160, XX: 4446, 4473, XXXV: 432, 445, XXXVII: 1091, XXXX: 376

LAVALLETTE, XX: 4476

Lavender, Capt. Robert A., XI: 5208, 5211, XXXVI: 9, 474, XXIX: 2375, XXXII: 13, 54, 107, XXXIII: 842

Lawton, Maj. William S., XXII: 5, 7, 9–20, 22–24, 95, 416, XXIII: 1204, 1250, XXVII: 2, XXVIII: 1005, 1007, 1011, 1014, 1388–1403, 1598, XXIX: 1659

Layton, Capt. R. T., I: 129, 211, 218, 220, III: 1454, 1457, 1473, 1481, 1489, 1491, 1492, 1495, IV: 1743, 1982, V: 2355, VI: 2523n, 2597, 2598, 2621, 2623, 2741, VII: 2977, 3072, 3100, 3240, 3251, 3254–3256, 3306, 3356–3358, 3361, VIII: 3495, 3496, 3668, 3833, 3874, IX: 3933, 4164, 4313, 4334, 4338, 4339, 4346, 4356, 4357, 4358, 4369–4373, 4438, 4441, 4464, X: 4675, 4679, 4680, 4682–4685, 4690, 4691, 4693, 4695, 4703, 4950, 4960, 4997, 5112, XVI: 2016, 2271, 2321, 2324, 2328–2330, 2334–2337, 2339, 2340, 2358, 2359, 2406, 2407, XVII: 2671, XVIII: 3223, 3243, 3295, 3338, XXI: 4571, 4573n, 4618, 4619, 4636, 4693, 4694, XXII: 416, 417, 428, XXIII: 971, 972, 1169, 1204, 1205, 1262, XXIV: 1386, 1453, XXVI: 1, 2, 42, 56, 118, 205, 218, 248, 289, 335, 398, 418, XXVII: 2, 414, 418, XXVIII: 873, 891, 930, 1599, XXXII: 2, 199, 252, 268, 288, 327, 336, 360, 425, 428, XXXIII: 706, 726, 831, 832–838, 921, XXXV: 2, 22, 25, 30, 38, 39, 47, 89, 118, 119, 133, 142, 144, 148, 154, 155, 158, 174, 394, 397, 659, XXXVI: 1–3, 32, 36, 37, 43, 183–185, 190, 211, 221, 247, 248, 263, 295, 296, 325, 330, 338, 373, 407, 408, 430, 438, 441, 447, 449, 450, 463, 468–471, 473, 477, 478, 481–483, 485–488, 490, 502, 506, 512–519, 522, 560, 565, 572, 573, 582, 585, 588, XXXVII: 781, 801, 802, 804, 805, 934, 1147, 1279, XXXIX: 31, 34, 34n, 98, 98n, 99, 100, 122, 236, 240, 262, 271, XXXIX: 275, 280, 285, 360, 375, 403, 405, 465, 470, 471, 476–478, 483, 487, 488, 490, 491, 508, 514, 515, 517–519, 522, XXXX: 133n, 134, 135, 135n, 181n, 266-8, 483

Testimony Before the Joint Congressional Committee, X: 4829–4872, 4877–4909

Affidavit and Memorandum for the Clausen Investigation, XXXV: 49–52

Testimony Before the Roberts Commission, XXIII: 657–672

Testimony Before the Hart Inquiry, XXVI: 225–237

Testimony Before the Army Board, XXXVIII: 1577–1595

Testimony Before the Navy Court, XXXII: 580–583, 832–838

Testimony Before the Hewitt Inquiry, XXXVI: 111–173

League of Nations, II: 410, 414, 675, IV: 1789, 1790, 1791, XIV: 1290, 1297, XVI: 1990, XVII: 2768, XXI: 4570, XXIX: 2279, XXXI: 3205, XXXIV: 202, XXXV: 404, XXXVII: 1102, XXXIX: 30, 30n, XXXX: 2, 6, 10

Leahy, Rear Adm. W. D., I: 265, 294, 308, 309, 310, 311, 324, 334, 340, 341–359, 362, 368, IV: 1681, 1699, 1830, VII: 3273, IX: 4272, 4273, 4276, XI: 5239, XV: 1726, XX: 4349, 4354, 4355, 4404, 4411, XXI: 4768–4771, 4773, XXVI: 444, XXXII: 152, XXXVI: 376, XXXIII: 865, XXXX: 44, 522

Leak About Code Breaking, IV: 1821, 1822, 1851, 1859–1863

LEANDER (Br.), IV: 1934, XIX: 3553

Leard, Col. E. W., XXVIII: 1094, 1107, XXIX: 1676–1678, XXXIX: 206, 207

Leary, Adm. H. F., I: 29, VI: 2825, XXII: 441, 533, XXIII: 1228, XXIV: 1398, 1399, 1506, 1511, XXVI: 1–3, 397, 427, 561, XXXII: 325, 339, 589, XXXVI: 371, 419, 441, 573

Lechner, John R., XXX: 2861–2875

Lee, Brig. Gen. Raymond, XXXI: 3195, XXXIV: 42, 90, 92, 93, 95

LeHand, Marguerite, XX: 4281, 4360

LeHardy, Lt. Cdr. L.M., XXIV: 1590

LEIPZIG (Ger), XV: 1787, 1808, 1830, XXXIII: 1325, XXXVI: 656

Lend Lease, II: 414, 517, 518, 547, 706, III: 1251, 1383, 1384, 1437, IV: 1699, 1788, 1791, 1856, 1857, V: 2101, 2270, 2312, 2387, 2389, 2469, VI: 2499, VII: 3300, 3328, VIII: 3546, IX: 4256, 4267, 4268, 4289, X: 4875–4877, XI: 5305, 5306, 5379, 5408, 5418, 5419, 5469, XIV: 1062, 1065, 1066, 1073, 1284, 1285,

1299, XV: 1726, 1781, XVI: 2146, 2149, 2153, 2164, 2176, 2222, XVII: 2492, 2867, XIX: 3698, 3748, 3749, 3978, XX: 4276–4280, 4324, 4457, XXI: 4762, XXIII: 944, 946, XXX: 2958, 2977, XXXIII: 1198, 1237, 1322, 1336, 1355, XXXIX: 29n, XXXX: 9, 11, 164, 164n, 165, 301n, 343, 544

Lern, Dick, XVIII: 3343

Lester, Col., XXXI: 3189–3190

Letter,
  Stark to Richardson 27 May 1940, XXXII: 28, 77–79, XXXIII: 692
  Herron to Marshall 24 June 1940, XV: 1596, XXXI: 3166
  Marshall to Herron 27 June 1940, XXXI: 3166
  Herron to Marshall 15 Oct. 1940, XXVII: 119, 123
  Arnold to Martin 16 Oct. 1940, XXVIII: 978
  Richardson to Stark 22 Oct. 1940, XXXII: 79, XXXIII: 1190–1192
  Stark to Richardson 22 Nov. 1940, I: 275, 339, III: 1118, IV: 1938, 1939, V: 2125, 2126, 2136, 2178, XIV: 973, 974, XXXX: 544, 545
  Stark to Richardson 22 Nov. 1940, IV: 1938, 1939, V: 2178, XIV: 973, 974
  Richardson to Stark 28 Nov. 1940, XIV: 975–979
  Grew to FDR 14 Dec. 1940, II: 632–633, XX: 4267–4273
  Martin to Arnold 17 Dec. 1940, XXVIII: 978
  Stark to Hart 23 Dec. 1940, I: 331
  Stark to Richardson 23 Dec. 1940, V: 2147, XIV: 980–983
  Security Order 8CL 1–40, 30 Dec. 1940, I: 274, 275
  Block to Stark 30 Dec. 1940, I: 276, 277, 278, 279, III: 1000, 1001, 1058, 1059, 1118, VI: 2507, 2580, 2661, 2791, XIV: 985–989, XVII: 2467–2469, XXI: 4662, XXVI: 94, 539–541, XXVIII: 924, XXXII: 219, 221, XXXIII: 713, 1194–1196, XXXVI: 368, XXXIX: 300
  Richardson to Stark 7 Jan. 1941, XXVI: 541, XXXII: 81, 137, 219, 221, 223, 447, 509, XXXIII: 713, 1193, 1194, XXXVI: 368, XXXIX: 52, 73
  Stark to Kimmel 13 Jan. 1941, V: 2111, XVI: 2144, XXIII: 941
  Bellinger to Stark 16 Jan. 1941, XXVI: 134, 542, 544, XXXII: 503, 512
  Knox to Stimson 24 Jan. 1941, I: 127, 276, 279, 280, 281, 339, 370, II: 449, III: 1001, 1058, 1118, 1452, IV: 1939, 1940, 1985, V: 2127, 2128, 2139, 2178, 2244, 2245, 2289, VI: 2505, 2508, 2580, VII: 2923n, 2934, 2972, 2973, 3288, 3307, XIV: 1000–1002, XVI: 2284, XVIII: 3229, 3243, XXI: 4584, 4599, 4600, 4602, 4663, XXIII: 1092–1094, 1113, 1114, XXIV: 1360, 1363, 1364, XXVI: 2, 13, 17, 34, 35, 273, 446, 447, 458, 459, 561–563, XXVII: 197, XXVIII: 903, 942, 1010, 1500, XXIX: 1628, 2076, XXX: 2583, XXXII: 30, 64, 72, 125, 137, 155, 183, 219, 221, 223, 262, 263, 543, 554, 605, XXXIII: 690, 713, 1163–1165, XXXIV: 15, 52, XXXV: 153, XXXVI: 9, 192, 193, 281, 368, 402, 403, 443, 526, XXXIX: 5, 73, 74, 233, 300, 362, 377, 418, 419, XXXX: 76–79
  Richardson to Stark 25 Jan. 1941, I: 368–370, IV: 1940, V: 2477, XVI: 2285, XXI: 4584
  Richardson to Stark 25 Jan. 1941, XXII: 329–331, XXIII: 1135–1137, XXVIII: 941, 942, XXXII: 654, XXXIII: 693, 1196, 1197, 1349, 1351, XXXVI: 369, XXXIX: 52, 73, 419, XXXX: 75
  Kimmel to Stark 27 Jan. 1941, XXI: 2225, 2227, XXIII: 941, XXXX: 77
  Green to Hull 27 Jan. 1941, XXXV: 370
  Stark to Kimmel 29 Jan. 1941, XXXII: 683, XXXIII: 1199–1201
  Arnold to Martin 3 Feb. 1941, XXVIII: 978
  Kimmel to Pacific Fleet 4 Feb. 1941, XXXX: 82n
  Stimson to Knox 7 Feb. 1941, I: 127, 280, 281, II: 449, III: 1059, 1060, IV: 1940, V: 2128, 2129, 2244, 2246, 2289, VI: 2505, 2580, VII: 2972, 2973, 3288, 3307, XIV: 1003, 1004, XVIII: 3230, 3243, 3247, XXI: 4584, 4599, 4600, 4663, XXIII: 1092, 1094, 1095, 1113, 1114, XXIV: 1360, 2013, XXVI: 2, 13, 447, 563, XXVII: 197, XXVIII: 903, 942, 1010, 1500, XXIX: 1628, XXX: 2583, XXXI: 3143, XXXII: 72, 137, 183, 219, 263, 544, XXXIII: 690,

713, 1186, 1187, XXXVI: 4, 9, 353, 402, XXXVII: 1129, XXXIX: 5, 74, 180, 336, 346, XXXX: 79
Marshall to Short 7 Feb. 1941, III: 1063–1065, 1452, VII: 2923n, 2968, 3082, 3083, XV: 1601, 1602, XXI: 4586, 4591, 4602, 4640, XXVII: 16–18, 42, XXX: 2524, XXXII: 564, 565, XXXV: 105, 153, XXXVI: 379, XXXIX: 56, 61, 76, 233, XXXX: 79, 127, 150n
Stimson to Short 7 Feb. 1941, I: 280, 281, III: 1452, VII: 2973, 3199, XXXV: 6, 153, XXXIX: 233
Kimmel to Stark 7 Feb. 1941, VI: 2499, XVII: 2459
Zacharies to Stark 9 Feb. 1941, VII: 3253, 3310
Stark to Kimmel 10 Feb. 1941, V: 2111, XVI: 2147, XXIII: 941, XXXII: 81, 149, XXXVI: 405
Stark to Bureau of Ordnance 11 Feb. 1941, XXXII: 319, XXXIII: 1319, XXXVI: 404
Security Order 2CL-41, 15 Feb. 1941, Also see 14 Oct. 1941
Stark to Kimmel 15 Feb. 1941, XXXIX: 311, 362, 377, 419, XXXX: 78
Hart to Kimmel 17 Feb. 1944, XXVI: 2, 9
Ingersoll to Kimmel 17 Feb. 1941, XVII: 2702, XXIII: 1205, XXIV: 1366, XXXII: 318, 406, 547, XXXIII: 1316, 1317, XXXVI: 403, 419
Kimmel to Stark 18 Feb. 1941, V: 2112, VI: 2539, XXIII: 941, XXXII: 82, 260, 261, XXXIII: 1205, XXXVI: 405, 406, 438, XXXX: 78, 89
Short to Marshall 19 Feb. 1941, III: 1066, VII: 2969, 3082, 3083, XV: 1603, 1605, XVIII: 2970–2973, 3020, XXI: 4587, XXII: 65, XXIII: 1835–1838, XXIV: 1835, XXX: 2524, XXXII: 557, XXXIX: 56, XXXX: 79
Stark to Kimmel 25 Feb. 1941, V: 2111, XVI: 2149, XXXII: 82, XXXIII: 1201, 1202, 1205, XXXVI: 406, XXXX: 89
Marshall to Short 5 Mar. 1941, III: 1452, VII: 3083, XV: 1605, XXI:4587, 4600, XXVII: 18, 19, XXXII: 558, XXXV: 105, 153, XXXIX: 57, 234, XXXX: 80
Short to Marshall 6 Mar. 1941, VII: 3083, XV: 1606, XXI: 4588, XXVII: 21, XXXIX: 57

Kimmel to Stark 12 Mar. 1941, XXIII: 1138, XXVI: 2, 70, 71, 525, XXXII: 276, XXXVII: 1127, XXXX: 78n
Marshall to Short 13 Mar. 1941, III: 1070, VII: 3084, XV: 1606, XXI: 4588, XXXIX: 58
Short to Marshall 15 Mar. 1941, III: 1452, VII: 3084, 3085, XV: 1607–1609, XXI: 4588, 4600, XXVII: 19–21, XXX: 3005, 3006, XXXII: 558, XXXIX: 58, XXXX: 80n
Bryden to Short 15 Mar. 1941, III: 1071, VII: 3084, XV: 1607, XXI: 4588, XXXIX: 58
Block to Stark 20 Mar. 1941, XVI: 2285, XXIII: 1139, XXXII: 226, XXXVI: 403, XXXVII: 1128, XXXX: 78
Stark to Kimmel 22 Mar. 1941, V: 2112, VI: 2539, XVI: 2157–2160, XXIII: 942, XXXII: 93, XXXIII: 1205–1208, XXXVI: 405
Marshall to Short 28 Mar. 1941, VII: 3085, 3086, XV: 1609, XXI: 4589, XXVII: 21, XXXII: 558, XXXIX: 58
Stark to Kimmel, Hart & King 3 April 1941, XXXII: 656, XXXIII: 697, 1357, 1358, XXXX: 90, 110, 161n
Stark to Kimmel 4 April 1941, V: 2391, XVI: 2160, 2161, XXXII: 683
Short to Marshall 14 April 1941, VII: 3086, XV: 1609, XXI: 4589, 4601, XXVII: 21, 22, XXXII: 557, XXXIX: 58, 59, 74, 234, XXXX: 80
Stark to Kimmel 19 April 1941, XXXII: 683, XXXX: 266–O
Stark to Kimmel 26 April 1941, V: 2112, XXXII: 683
Black to Stark 1 May 1941, XXVI: 459, 531, 532, XXXII: 71, 126, 181
Short to Marshall 2 May 1941, XV: 1611, XXI: 4589, XXXIX: 59
Marshall to Short 5 May 1941, XII: 3086, XV: 1612, XXI: 4589, 4601, XXVII: 21, 22, XXXIX: 59, 75, 234
Block to Stark 7 May 1941, V: 2244, VI: 2507, XVII: 2470, XXXII: 138, XXXIII: 713, 1240, XXXVI: 405
Stark to Kimmel 14 May 1941, V: 2113, XVI: 2167

Stark to Kimmel 15 May 1941, XX: 943, XXXII: 683

Kimmel to Stark 20 May 1941, XXXII: 138, XXXIII: 713, 1241, XXXVI: 405

Stark to Kimmel 24 May 1941, V: 2113, XXXII: 683, XXXX: 266-O

Kimmel to Stark 26 May 1941, XXIV: 1374-1379, XXXX: 237n, 266-I

Short to Marshall 29 May 1941, VII: 3086, XV: 1622, 1623, XXI: 4589, XXVII: 22, XXXII: 557, XXXIX: 59, XXXX: 80, 81

Short to Black 29 May 1941, XXIX: 1728, XXXV: 109

Angus Taylor to Attorney General 4 June 1941, XXVI: 351

Stark to Knox 10 June 1941, IX: 4299

Stark to Kimmel 11 June 1941, V: 2477, 2478, XVI: 2285

Ingersoll to Block 13 June 1941, VI: 2509, 2591, 2592, XXII: 417, 418, XXIII: 1205, 1206, XXVI: 2, 70, 196, 287, 525, 526, XXXII: 226, 318, 319, 341, 380, 381, 393, 405, 406, 547, XXXIII: 721, 1318, XXXVI: 9, 403, 448, XXXVII: 1128, 1129, XXXIX: 362, 377, 419, 420, XXXX: 78, 549

Stark to Kimmel 23 June 1941, XXXII: 139, XXXIII: 1243

Stark to Kimmel 26 June 1941, XXXII: 683

Stark to Kimmel 3 July 1941, XXXII: 683

Marshall to Short 3 July 1941, XV: 1624

Short to Marshall 11 July 1941, XV: 1624

Short to Marshall 14 July 1941, XXXIX: 234

Turner to Stark 19 July 1941, V: 2382-2384

Stark to Wells 22 July 1941, V: 2381-2384

Stark to Hart-Copy to Kimmel 24 July 1941, V: 2114, XVI: 2173, XXXIII: 697, 1351-1353, XXXX: 93

Kimmel to Stark 25 July 1941, V: 2479, XXXVI: 177, XXXIX: 405

Stark to Kimmel 25 July 1941, XXXII: 683

Martin to Arnold 25 July 1941, XXVIII: 979, 980

Kimmel to Start 26 July 1941, XXXII: 100, 262, XXXIII: 1214-1217, XXXVI: 411

J.Edgar Hoover to Adolf Berle 28 July 1941, IX: 4408

Short to Adams 28 July 1941, XXIX: 1871, 1872

Stark to Capt. Cooke 31 July 1941, XVI: 2175-2177, XXXX: 94

Stark to Kimmel 2 Aug. 1941, XXXII: 655, XXXIII: 1353, 1354

Short to Kimmel & Black 5, Aug. 1941, VI: 2586, 2742, XVII: 2735, XXII: 420, XXIII: 1208, 1209, XXXI: 3158, XXXII: 201, 202

Kimmel to Fleet Commanders 7 Aug. 1941, XXXVI: 353, XXXIX: 406

Adams to Short 12 Aug. 1941, XXXIX: 1872

Ingersol to Kimmel 13 Aug. 1941, XXXIII: 1279

Adams to Short 13 Aug. 1941, XXIX: 1872

Kimmel to Knox 15 Aug. 1941, XXXII: 139, XXXIII: 1243, 1278

Kimmel to Short 16 Aug. 1941, VI: 2587, XVII: 2735, XXII: 420, 421, XXIII: 1208, XXXII: 201

Marshall to Short 19 Aug. 1941, XXI: 4590, XXXIX: 60, XXXX: 81

Martin to Arnold 20 Aug. 1941, XXXX: 85

Stark to Kimmel 21 Aug. 1941, XXIII: 944, XXXII: 683

Stark to Kimmel 22 Aug. 1941, XXXII: 101, 103, 146, XXXIII: 1217, 1229, XXXVI: 411

Stark to Kimmel 28 Aug. 1941, XVI: 2208, 2209, XXIII: 944, XXXX: 95

Hart to Stark 28 Aug. 1941, XXVI: 449, 1166, 1167

Stark to Kimmel 9 Sept. 1941, V: 2479, XXXVI: 3, 176, 177, 200, XXXIX: 405

Kimmel to Stark 12 Sept. 1941, VI: 2538, XV: 2248, XXIII: 944, XXXII: 106, 107, XXXIII: 1230, 1231, XXXVI: 410, XXXX: 95, 167

Stark to Hart, Kimmel 22 Sept. 1941, V: 2117, 2118, XXXIII: 1168, 1231, 1234

Stark to Kimmel 23 Sept. 1941, V: 2118, 2119, 2419, XXXII: 107, 108, 125, 595, XXXIII: 697, 698, 1168, 1169, XXXVI: 410, XXXX: 168

Kimmel to Block 23 Sept. 1941, VI: 2577, 2578

Martin to Arnold 25 Sept. 1941, XXVIII: 981

Arnold to Martin 25 Sept. 1941, XXVIII: 982

Stark to Kimmel 22 Sept. 1941, V: 2116, XVI: 2208, 2209
Arnold to Martin 7 Oct. 1941, XXVIII: 981, 982
Marshall to Short 10 Oct. 1941, VII: 3088, XV: 1625, 1626, XXI: 4602, XXVII: 22, XXXIX: 77, XXXX: 81
Short to Marshall 14 Oct. 1941, VII: 3089, XV: 1626, XXI: 4603, XXVII: 23, XXXIX: 77, XXXX: 81
Kimmel to Stark 14 Oct. 1941, V: 2246
Security Order 2CL-41,
  14 Oct. 1941, I: 143, 223, 275, VI: 2507, 2508, 2573, 2581, 2583, 2618, 2748, 2762, 2830, 2894, VII: 3359, VIII: 3544, X: 5127–5132, XI: 5485–5490, XV: 1463, 1469, XVI: 2282, 2284, 2289, 2339, 2342, 2349, 2351, 2353, 2360, 2361, XVII: 2721, XVIII: 3228, 3248, XXI: 4666, 4686, XXII: 325, 335–339, 340–345, 348, 403, 462, 463, 471, 512, 513, 521, 528, 556, 558, 561, XXIII: 935, 939, 1085, 1090, 1115–1120, 1130, 1139, 1140, 1141, 1143, 1194, XXIV: 1361, 1367, 1369, 1373, 1379–1384, 1415, 1417, 1432, 1433, 1444, 1571–1608, 1629, 1635, 1784, 1785, XXVI: 2, 14–16, 18–20, 25, 37, 46, 58, 60, 64, 77, 80, 82–86, 91, 149, 150, 173, 174, 194, 196, 200, 206, 207, 242, 251, 328, 329, 406, 408, 412, 431, 432, 453, 475–480, XXVII: 771, 772, 792–794, XXVIII: 915, 919, XXXII: 18, 211–215, 218, 221, 224, 251, 256, 273, 274, 277, 280, 281, 285, 296, 298, 299, 300, 302, 322, 379, 388, 392, 397, 400, 401, 432, 658, 675, XXXIII: 694, 709, 721, 722, 724, 1158, 1299, 1304, 1305, XXXVI: 99, 106, 145, 179, 193, 205, 210, 269, 291, 371, 388, 397, 398, 411, 412, 448, 455, 457, 540, 541, 543, 559, 563, 579, 586, 587, XXXVII: 947, 1218, 1263, XXXIX: 304, 398, 416, 418, 419, 425, 426, 490, 495, 504, 508, 510, 522, XXXX: 85, 85n, 118n, 139
Stark to Kimmel 17 Oct. 1941, V: 2119–2121, 2134, 2147, XVI: 2714, 2412, 2413, XXI: 4683, 4696, XXXII: 3, 108, 109, 276, 547, 548, XXXIII: 699, 700, 1234, 1235, 1280, 1281, XXXVI: 420, XXXIX: 313, 339, 349, 362, 377, 433, XXXX: 96, 264
Kimmel to Stark 17 Oct. 1941, XXXII: 140, XXXIX: 437
Block to Stark 17 Oct. 1941, VI: 2507, XVII: 2466, XXI: 4663, XXXIII: 714, 1280, XXXVI: 421
Kimmel to Stark 22 Oct. 1941, V: 2121, 2297, XXIII: 945, XXXII: 47, 230, 657, 668, XXXIII: 699, 1171–1173, XXXVI: 422, XXXIX: 435, XXXX: 104
Bellinger to Kimmel 22 Oct. 1941, XXVI: 131
Marshall to Short 28 Oct. 1941, XXI: 4603, XXVII: 22, XXXIX: 78, XXXX: 81
Kimmel to Pacific Fleet 31 Oct. 1941, XXVI: 2, 82, 527–529, XXXII: 270, XXXIII: 1291, XXXVI: 99
Bratton to Hawaii 3 Nov. 1941, IX: 4558
Short to Marshall 5 Nov. 1941, XXXIX: 234
Miles to Fielder 5 Nov. 1941, XXXIX: 235
Stark to Kimmel 7 Nov. 1941, V: 2121, 2134, XVI: 2219, 2220, 2297, XXIII: 946, XXXII: 656, 657, 668, XXXIII: 699, 796, 1359, XXXVI: 422, XXXIX: 435, XXXX: 97
Block to Stark 10 Nov. 1941, XXVI: 24, XXXVI: 464
Kimmel to Adm. Bellinger 10 Nov. 1941, X: 5014, XXVI: 2
Stark to Kimmel 14 Nov. 1941, V: 2121, 2134, VI: 2620, XVI: 2220, 2221, XXIII: 946, XXXII: 4, 110, 111, XXXIII: 700, 1236, 1237, XXXVI: 424, XXXIX: 436, XXXX: 97
Kimmel to Stark 15 Nov. 1941, VI: 2500, XXIII: 946
Zacharias to Stark 16 Nov. 1941, VII: 3316
Martin to Arnold 17 Nov. 1941, XXVIII: 984
Stark to Kimmel 25 Nov. 1941, V: 2124, 2135, 2179, 2180, 2412, VI: 2507n, 2517, 2627, 2645, 2646, 2869, 2872, VII: 3206, XI: 5412, 5546, XVI: 2223, 2299, XXVI: 47, XXXII: 3, 50, 66, 89, 90, 110, 327, XXXIII: 700, 701, 714, 1174, 1175, 1281, XXXVI: 426, XXXIX: 301, 437, 438, XXXX: 98, 535, 560
Stark to Block 25 Nov. 1941, XXI: 4663, XXXII: 140, XXXIX: 437
Kimmel to Stark 2 Dec. 1941, V: 2163, 2166, 2178, 2246, 2247, VI: 2537, 2583,

2820, XVI: 2253, 2288, XVII: 2480–2482, XXII: 42, XXIII: 946, 947, XXX: 2467, XXXII: 4, 238, 239, 260, 265, 266, 418, XXXIII: 702, 1284, 1291, XXXVI: 436, 519, 520, XXIX: 423
Martin to Arnold 3 Dec. 1941, XXVIII: 983, 984
Stimson to Hull 6 Dec. 1941, XI: 5470, XX: 4117–4120
Stark to Block 6 Dec. 1941, XXXVI: 464
Kimmel to Stark 12 Dec. 1941, VII: 3096, XXXII: 257
Short to Marshall 12 Dec. 1941, XIX: 3602–3609
Confidential 17CL-41, 16 Dec. 1941, XXIV: 1492
Confidential 18CL-41, 16 Dec. 1941, XXIV: 1493
Bellinger to Kimmel 19 Dec. 1941, XXIV: 1367, 1368
Business Community to Roosevelt 22 Dec. 1941, XXIV: 1354
Confidential 19CL-41, 23 Dec. 1941, XXIV: 1479–1481
Gov. Poindexter to Short 23 Dec. 1941, VII: 2928, 2929
Hull to Justice Roberts 30 Dec. 1941, XX: 4110–4114
Confidential 23CL-42, 6 May 1942, XXXII: 382, 383, 389, 400
FDR to Marshall 14 July 1943, IX: 4543, 4585–4589
Safford to Kramer 22 Dec. 1943, VIII: 3691–3699, 3714, IX: 3969, 4083, 4085, 4087, 4091, 4107, 4159, 4161, 4163, 4165, 4180
Kramer to Stafford 28 Dec. 1943, VIII: 3692–3700, IX: 4083–4085, 4087, 4107, 4159, 4161, 4162, 4180
Stafford to Kramer 22 Jan. 1944, VIII: 3700–3702, 3714, IX: 3964, 4079, 4081–4087, 4093, 4095, 4096, 4159, 4161, 4162, 4164, 4165
Kimmel to Hart 19 Feb. 1944, XXVI: 2, 9
Hard to Kimmel 10 Mar 1944, XXVI: 81
Kimmel to Halsey 18 Mar. 1944, IX: 4079–4083, 4086, 4088, 4091, 4093, 4162, 4163
J.E. Hoover to Lt. Gen. Grunnert 25 Aug. 1944, XXXI: 3176–3195
Adm. Kimmel to President Truman 13 Nov. 1945, XI: 5494
President Truman to Kimmel 29 Nov. 1945, XI: 5494
Shivers to Worrall 16 Jan. 1946, X: 4911–4913
Leverton, Lt. J.W., XXIV: 1590
Lewis, Fulton Jr., XXVII: 2, 602–614, XXVIII: 1266, 1267, 1292, XXX: 2741, 2742, 2974, XXXIX: 152
Leyte, IV: 1801, 1831, 1893, VI: 2750, XXXV: 121
Lewis, Capt. J. W., XXIV: 1641
LEXINGTON, I: 30, 37, 63, 77, 132, 136, 137, 138, 146, IV: 1888, 1890, 1902, 1903, 1906, V: 2095, 2096, 2153, 2154, 2157, 2162, 2197, 2210, 2247, 2249, 2386, 2387, 2408, 2449, VI: 2530, 2531, 2604, 2612, 2655, 2656, 2906, VII: 3181, VIII: 3468, 3500, X: 4711, XI: 5502, 5503, XII: 257, 260, 269, 345, 352, XIII: 414, 544, XIV: 937, 997, XVI: 2025, 2027, 2031, 2033, 2107, 2117, 2122, 2139, 2163, 2293, 2310, 2312, 2348, XVII: 2475, 2477, 2504, 2519, 2524, 2526, 2527, 2530, 2535, 2551, 2552, 2556, 2557, 2561, 2562, 2566, 2567, 2715, 2721, XX: 4123, 4523, XXI: 4557, 4559, 4562, 4564, 4619, 4634, 4636, 4661, XXII: 372, 373, 381, 386, 393, 394, 425, 509, 548, 549, 558, XXIII: 758, 767, 875, 939, 1065, 1166, 1167, 1175, 1180, 1186, 1187, 1212, 1213, XXIV: 1367, 1368, 1373, 1387, 1431, 1432, 1437, 1487, 1497, 1596, 1604, 1605, 1608, 1654, 1661, 1665, 1716, XXVI: 34, 61, 72, 105, 109, 205, 242, 332, 343, 344–346, 368, 376, 527, 548, 550, 557, XXVII: 238, 286, 287, XXVIII: 246, 849, 937, 1383, 1551, XXX: 2848, XXXII: 232, 239, 269, 290, 401, 662, 668, XXXIII: 704, 1254, 1291, 1292, 1349, XXXV: 367, 389, 390, 498, 501, 502, 533, 547, XXXVI: 333, 371, 436, 450, 457, 476, 497, 536, 537, 545, 551, 567, XXXVII: 672, 802, 925, 928, 929, 954, 957, 978, 980, 1207, 1216, 1217, 1221, 1252, 1262, 1263, 1266, XXXIX: 99, 119, 121, 298, 430, 450, 454, 504, XXXX: 64n, 75n, 105, 106
Liaison Committee, V: 2108
LIBERTY, XII: 348
Lietwiler, Cdr., III: 1580, VIII: 3580, X: 4810
LILOA, XXXVII: 1277

Lingayen Gulf, IV: 1801, 1893, VI: 2750, 2783, XII: 292, 294, XIII: 444, 543, 555, 556, XXXI: 3213, XXXIII: 909, 1395, XXXIV: 207

Linn, Cdr. G. W., VIII: 3562, 3565–3567, 3572, 3613, 3690, 3692, 3698, 3703, 3786, 3787, 3844, 3874, 3894, XVI: 2272, 2317, 2320, XXIII: 3346, 3347, XXVI: 394, XXXII: 2, XXXIII: 761–767, 782, XXXVI: 1, 71, 85–87, 89, 90, 257–261, 356, 357, 505, 507, 509, 528, 532, 571, 574, XXXVII: 1083, XXXIX: 404, 460, 464, XXXX: 483

Lippmann, Walter, XVI: 1995, 1996, 2000, 2001, 2003

List of Documents Not Used As Exhibits, I: 17–35

LITCHFIELD, V: 2210, XII: 345, XVI: 2118, XVII: 2528, 2531, XXI: 4560, 4565, XXIV: 1523, 1590, 1644, 1650, 1652, 1668, 1677, 1681, 1686, 1687, 1700, 1704, 1712, 1731, XXVI: 557, XXXIII: 1255, 1314, XXXVI: 255, XXXVII: 936, 1278

Littell, Rt. Rev. Samuel, H., XXIII: 771, 779–787, 1265

Little, Lt. Cdr. M. N., XXIV: 1386

LITTLE, XI: 5505, XVII: 2465, XXXIII: 1246

Litvinoff, Maxim, II: 936, X: 5106, XV: 1868, XVI: 2311, XXIV: 2024, XXX: 2980, XXXI: 3187, XXXV: 275, XXXVII: 910, XXXIX: 452

LIVERMORE, XI: 5502

LIVERPOOL (Br.), XII: 276

Locarno Pact, XXXX: 10

Locey, Frank H., XXVII: 2, XXVIII: 1453–1460, XXXIX: 133n

Lockard, Pvt., Joseph L., I: 39, 95–97, 107, 108, 119, 168, 169, 171, VII: 2951, 3156, 3159, X: 5028–5032, 5035–5039, 5041, 5043–5045, 5049–5051, 5053, 5055–5065, 5070, 5073, 5075, XVIII: 2967, 3014, 3212, 3238, 3240, 3242, 3244, 3245, XIX: 3613, XXI: 4617, 4618, 4623, 4635, 4644, 4670, XXIV: 1829, XXVII: 2, 212, 517, 520–522, 526–536, XXIX: 2110, 2126, XXX: 2471, 2518, XXXII: 2349, 475–485, 487–491, 494, 496, XXXVI: 561, 562, 571, XXXIX: 96, 97, 105, 120, 133n, 311, XXXX: 140, 140n, 141, 262

Logan, Ensign, XXIII: 1038, XXIV: 1649, XXXVII: 1282, 1284, 1285

London, England, I: 196, 308, 309, III: 1307, 1317, 1318, 1455, 1460, 1462, 1481, 1485, 1493, IV: 1753, 1802, 1921, 1960, 2002, V: 2131, 2135, VI: 2521, 2596, 2792, VII: 3105, VIII: 3415, 3419, 3420, 3584, 3625, 3783, 3789, 3870, 3874, IX: 4014, 4224, 4226, 4231, 4240, 4271, 4272, 4332, 4333, 4338, 4341, X: 4709, 4718, 4806, 4843, 4883, 4966, 5082, 5083, 5087, 5113, XI: 5215, 5376, 5377, 5530, 5531, 5538, XII: 209, XIV: 1407, 1408, XVI: 2152, 2330, XVIII: 3212, XXI: 4614, 4658, 4675, 4685, XXII: 376, XXIII: 1170, XXIV: 1357, XXVI: 295, 489, XXVII: 789, XXVIII: 868, XXIX: 2396, XXXI: 3248, XXXIII: 776, 782, 817, 834, 835, 862, 887, 1390, XXXIV: 195, XXXV: 30, 47, 105, 128, 134, 137, 146, 161, 162, 647, 659, 677–679, XXXVI: 43, 61, 64, 136, 137, 416, 520, XXXVII: 799, XXXIX: 93, 244, 277, 286, 317, 340, 341, 478, XXXX: 100, 130, 130n, 132, 228n, 404, 405, 419, 554

London Navy Treaty—1935/1936, IX: 4273, 4276

LONG, IV: 1678, XII: 345, XV: 1715, XVI: 2027, XVII: 2460, 2527, 2530, XXI: 4559, 4560, 4564, XXIV: 1654, 1656, 1663, 1668, 1670, 1673, 1691, 1699, 1725, XXVI: 557

Long Beach, I: 254, 255, 306, 318, 332, IV: 1747, 1806, VI: 2603, 2849, VII: 3331, XIV: 929, 980, XVII: 2525, XXIV: 1395, XXVI: 455, XXXX: 184

Long, Breckinridge, XXIX: 2431

LONG ISLAND, I: 123, IV: 1827, V: 2247, 2249, XV: 1905, XVI: 2176, 2221, XX: 4122, XXIII: 944, 946, XXXIII: 1236, 1355

Lorence, Col. W.E., XXVII: 2, XXVIII: 806–808, 811, 812, 819–823, 879–887, 1210, 1211

Lothian, Lord, XI: 5406, 5407, 5415, XX: 4072, 4075

Louden, D. A., IV: 1692, 1693, VII: 3176, XIV: 1122, 1143, 1171, XXXX: 370, 372, 373, 375, 392, 395, 396, 403

LOUISVILLE, I: 30, 31, IV: 1678, V: 2210, XI: 5505, XII: 345, XIV: 930, XV: 1715, XVI: 2244, XVII: 2525, 2530, XX: 4124, XXI: 4558, 4559, 4562, 4564, XXIV: 1431, 1436, 1604, 1671, 1672, 1674, 1697, 1698, XXVI: 189, 242, 556, XXXIII: 1264, XXV: 395, XXXVII: 1216, 1245, 1252, 1261, 1292

Lovett, Robert, III: 1077, V: 2093, XI: 5438, XV: 631, XXIX: 2076
Lowrey, A. J., XXIV: 1447, 1448
Loyalty Islands, II: 492, 649, 654, IV: 2048, 2049, V: 2123, XI: 5450, XIV: 1062, 1067, 1083, XV: 1564, XVI: 2223, XXVII: 15, XXIX: 203, 2415, XXXIII: 1239, XXXX: 170, 173, 175, 391, 507
Lozier, Maj. Lue, XXVII: 303, XXVIII: 1509, 1512, 1514, XXIX: 1633, 1700, 1702, 1711, 1876, 1877, 1881, 1943, 1944, 1979, XXX: 2992, XXXI: 3106, XXXIX: 201
Lualualei, I: 32, 277, 376, XIV: 986, XVI: 2186, 2240, 2279, XVII: 2468, XVIII: 3379, 3380, XIX: 3592, XXII: 9, 240, 252, XVIII: 683, 920, XXIV: 1653, 1655, 1656, 1675, 1679, 1715, 1740, 1744, 1745, 1754, XXVI: 94, 101, 417, 484, 539, XXVII: 196, XXVIII: 914, XXXII: 300, XXXIII: 1195, XXXVI: 42, 170, 172, 264, 386, 565, XXXVII: 966, 970, 971, 1268, 1269, 1276, XXXX: 69n, 490
Luce, Henry, XXXV: 431, 440, 442, XXXVII: 1023
LUDINGTON, XII: 348, XIX: 3606, XXVIII: 1433, XXIX: 1756, 1795, 1809, 1851, 1951, 1954, XXX: 2745, XXXIX: 158
Ludlow, Lt. Cdr. W. G., XXIV: 1400, 1402-1405, 1407
Ludwig, Kurt Frederick, XXIX: 1945, 1946
LUETZOW (Ger.), XV: 1787, 1808, 1830, XXXIII: 1325, XXXVI: 656
Luke Field, XXIII: 628, XXIV: 1677, 1695
Lumsden, Maj. George Robert, XXXIX: 1675-1687
Lundberg, Lt. Cdr. Ralph W., I: 82
Lunga Pt., XIII: 575, 577
Lunsden, Maj. George R., XXVII: 2, XXIX: 1675-1687
LURLINE, V: 2344, VI: 2775, XVI: 2027, 2035, XXIV: 1754, XXVIII: 1180, 1188,
XXXV: 391, 396, 442, 451, 453, 503, XXXVII: 930, 1024, 1273, 1278
LUZON, XI: 5204, 5517
Luzon, Island, III: 1543, 1556, IV: 1801, 2010, V: 2110, 2288, 2417, 2418, VI: 2670, 2671, 2783, IX: 4234, 4440, X: 4814, XI: 5362, 5517, XII: 288, 298, XIII: 554, 555, 750, 754, 763, XIV: 973, 1066, 1067, 1083, XV: 1558, 1565, 1574-1576, 1583, 1678, XVI: 2237, 2276, 2449, XVII: 2577, 2673, XVIII: 2926, XX: 4397, XXII: 365, XXIII: 1160, XXIV: 1378, XXVI: 500, XXVII: 15, XXXIII: 994, 1213, 1396, XXXVI: 49, 101, 382, 607, XXXVII: 776, 845, 1174, XXXVIII: Items 34-36, XXXIX: 408, XXXX: 338, 390
Lyman, Col. H. K. B., XVIII: 3119, 3403, 3406, 3407, XXIII: 1055, 1058, XXVII: 147, 182, 321, 322, 326, 374, 654, 664, 668, 675, 676, 682-687, 729, XXVIII: 987, 1064-1068, 1073, 1078, 1085-1088, 1098, 1100, 1188, 1189, 1191, 1284-1287, 1290, 1320, 1323-1325, 1328, 1330, 1331, 1333, 1431, 1460, 1461, 1491, XXIX: 1655, 1656, 1687, 1754, 1757, 1799, 1800, 1876, 1911, 1912, 1926, 1979, 2040, 2045, 2274, 2276, XXX: 2619, 2809, 2878, 2895, 2897, 2898, 2918, 2919, XXXI: 3106, 3125-3131, XXXV: 324, 487, XXXVII: 916, XXXIX: 151, 188, 207, 208, 217
Lyman, Lt. Willis Theodore, XXII: 299-301, XXIII: 1257
Lynch, Paul J., XXVII: 2, XXVIII: 1231-1237, XXX: 2889, 2894, 2898, 2917, 2918, 2921, 2930, 2931, 2934, 2938, 2939, 2942, XXXI: 3127, 3128, 3130
LYONS MARU (Ja), XIII: 684
Lyster, Adm. A. L. St. George, XVI: 2220, 2455, 2456, XX: 4454, XXXIII: 1360
Lyttel, Hugh, XIII: 632
Lytton Commission, VII: 3260, XXXX: 2

Mac & Mc

MacArthur, Gen. Douglas, I: 111, 176, 177, 199, 200, 201, 204–207, 211, 212, 215, 217, 219, 221, 222, 231, 232–234, II: 565, 654, 779, 792, 813, 816, 826, 880, 905, 916, 920, 949, 950, 953, 955, 956, 959, 960–962, 972, 973, III: 987, 992, 1010, 1011, 1020, 1021, 1026–1028, 1032, 1037, 1065, 1089, 1095, 1097, 1119, 1120, 1127, 1141, 1142, 1150, 1161, 1162, 1175, 1177, 1199, 1200, 1214, 1238, 1251, 1253, 1263, 1264, 1266, 1267, 1273, 1275, 1276, 1288, 1296–1298, 1300, 1301, 1353, 1362–1364, 1391, 1408, 1419, 1420, 1472, 1473, 1484, 1490, 1507, 1519, 1520, 1525, 1549–1551, 1580, IV: 1611, 1658, 1665, 1669, 1792, 1893, 1912, 2004, 2047, 2050, V: 2131, 2232, 2480, VI: 2750, 2887, 2916, VII: 2942, 3016, 3030, 3031, 3165, 3205, 3323, VIII: 3382, 3530, 3641, 3642, IX: 3936, 4124, 4190, 4211, 4253, 4304, 4336, 4353, 4377, 4382, 4426, 4433, 4434, 4436, 4437, 4530, 4553, 4554, X: 4601, 4602, 4605, 4606, 4805, 4810, 4821, 4897, 4937, 4965, 5136, 5138, XI: 5186, 5198, 5199, 5214, 5421, 5423, 5425, 5426, 5432, 5435, 5442, 5452, 5460, 5471, XIV: 1066, 1327–1329, 1409, XV: 1471, XVI: 1968, XVIII: 2965, 3011, 3306, XIX: 3506, XX: 4308, 4309, 4364, 4374, 4416, 4419, 4456–4458, 4460, 4492, 4494, 4509, 4510, XXI: 4605, 4606, 4608, 4651, XXII: 44, 327, XXIII: 1078, XXIV: 1780, 1826, XXVI: 293, 488, XXVII: 27, 167, XXVIII: 878, 1584, XXIX: 2069, 2071, 2072, 2075, 2081, 2160–2164, 2193, 2197, 2199, 2312, 2313, 2316, 2404, XXX: 2469, 2515, XXXIII: 824, 1361, XXXIV: 41, 59, 60, 65, 66, 87, 89, 132, 174, XXXV: 2, 85, 118, 120, 121, 136, 143, 174, XXXVI: 126, XXXVII: 1205, XXXIX: 81, 81n, 82, 84, 144, 260, 262, 273, 290, XXXX: 124n, 149, 163, 225, 266-K, 291, 380, 389, 409n

McBriarty, Pvt. Raymond F., XXII: 293–296, XXIII: 1256

McBride, Col. A.C., XXIX: 2406

McCabe, Gen., III: 1101, 1188, 1189, 1195, 1196, XXXI 3178

McCain, Rear Adm. J.S., I: 29, XVII: 2867. 2869, XXXVII: 959

McCALL, I: 132, V: 2210, XII: 345, XVI: 2043, 2053, 2067, 2069, 2073, 2077, 2079, 2083, 2085, 2089, 2091, 2097, XVII: 2519, 2521, XXI: 4558, 4561, 4564, XXIV: 1431, 1671, 1672, 1681, XXVI: 555, XXXV: 498, XXXVII: 926

McCarthy, Col. William, J., XVIII: 3223, 3246, XXII: 263, 265–270, XXIII: 1256, XXVII: 1, XXVIII: 999–1005

McCloy, John J., III: 1077, V: 2093, XI: 5438, XV: 1631, XXIX: 2411

McCloy, Ens. R.C., XXXVII: 1299

McCollum, Capt. Arthur N., I: 127, 128, II: 444, 650, 837, III: 1041, 1375, 1491, IV: 1727, 1733, 1734, 1736–1738, 1743, 1748, 1749, 1758, 1759, 1762, 1765, 1766, 1795, 1812, 1813, 1855, 1926, 2029, V: 2223, 2395,

MCCORMICK, R. ADM. L.D.

2436, VIII: 3521, 3522, 3562, 3569, 3611, 3612, 3658, 3659, 3698, 3703, 3704, 3720, 3731, 3735, 3738, 3739, 3746, 3747, 3752, 3753, 3760, 3788, 3796, 3800, 3874, 3899, 3900, 3911, 3919, 3920, IX: 3940, 3960, 3967, 3987, 3991–3993, 3996, 3997, 4006, 4007, 4012, 4024, 4025, 4030–4032, 4035, 4047, 4048, 4051, 4052, 4058, 4060, 4061, 4063, 4070, 4071, 4078, 4079, 4102, 4107, 4110–4114, 4116, 4120, 4143, 4151, 4164, 4183, 4186, 4225, 4509, 4520, 4521, 4580, 4595, 4596, X: 4824, 4845–4847, 4861, 4878, 4879, XI: 5244, 5257, 5306, 5313, 5314, XIV: 1063, XV: 1479, 1855, 1894, XVI: 2272, 2294, 2322, 2325, 2334, 2356, 2365, 2415, 2416, XVIII: 3335, 3347, XXI: 4556, 4689, 4697, XXIII: 973, XXIV: 1648, 1756, XXVI: 391, 394, 472, XXIX: 2337, XXXII: 7, 128, 132, 135, 162, 684, XXXIII: 757, 779, 848, 850, 851, 855, 880, XXXIV: 14, 22, 69, XXXV: 117, XXXVI: 1, 60, 79, 229, 231, 236, 349, 417, 465, 478, 479, 529, 532, 534, 574, XXXIX: 354, 364, 379, 404, 405, 431, 466, 471, XXXX: 77n, 200n, 212n, 223n, 230n, 265, 473, 482
  Bomb Plot Message 24 Sept. 1941, VIII: 3390, 3405, 3412, XXXX: 185, 185n, 186
  Dec. 7 Events, VIII: 3392, 3393, 3396, 3427–3434, 3907, 3910, IX: 4036–4038, 4040, 4043, 4104, 4112, XXXII: 765, 354–356, XXXVI: 26, 27, 84, 531
  Fourteen Part and 1PM Message, IV: 1874, VIII: 3424–3435, XXXVI: 25–27
  Japanese Code Destruction, IV: 1753, XXXV: 165
  Japanese Fleet Locations, V: 2255, VIII: 3383, 3384, XXVI: 301
  Magic Distribution, XXXX: 181n, 266–T
  McCollum's Desire to Send Additional Warning on 4 Dec. 1941, III: 1375, 1445, 1450, 1464, 1465, 1553, 1554, IV: 1867, 1868, 1969, 1970, VIII: 3384, 3385, 3388, 3389, 3414, 3415, 3433, 3438, 3448, 3588, 3602, 3667–3670, 3762, 3810, 3811, 3878, IX: 4073, 4122, XVI: 2316, XXVI: 392, 393, 395, XXIX: 2322, 2396, 2441, 2444, XXXIII: 731, 774, 792, 810, 856, 885, 899, 918, XXXVI: 69, 72, 94, 235, 503, 505, 508, 510, 520, XXXIX: 222, 223, 229, 249, 250, 459, 461, 462, XXXX: 206–209, 236, 474, 478, 540
  Roberts Commission, IV: 1846, 1848, IX: 4118
  Significance of the "1 PM" Message, VIII: 3909, 3910, XXXVI: 84
  Testimony to Hewitt Inquiry, XXXVI: 13–30, 413, 414, 531, XXXIX: 464, 465
  Testimony Before the Joint Committee, VIII: 3379–3448, XVI: 2320, XXXX: 147n, 235n
  U.S. Code Destruction, IV: 1870, XIII: 3413, 3414, 3417, XXIX: 2397, 2445, XXXIII: 808
  Winds Code, III: 1343, 1344, 1374, 1446, 1491, IV: 1760, VIII: 3385–3387, 3408, 3411, 3413, 3416, 3419, 3421, 3441, 3442, 3642, 3671, 3713, 3732, 3763, IX: 4189, 4537, 4540, X: 5026, XVI: 2318, XXXIV: 26, 73, XXXV: 144, 165, XXXVI: 8, 23, 27, 28, 68, 69, 72, 503, 505, XXXIX: 224, 274, XXXX: 474, 478
McCormick, R. Adm. L.D., VI: 2897, XXII: 444, XXIII: 1231, XXVI: 1, 3, 74–80, 192, 205, 474, 526, XXXII: 217, XXXVI: 161, 572, XXXVI: 395, 396, 445, 453, 470, 471, 552
McCoy, Gen. Frank H., I: 10, III: 1047, 1204, 1205, VI: 2739–2741, 2745, 2799, 2805, 2809, 2811, VII: 3116, 3117, 3120, 3122, 3124, 3260, VIII: 3703, 3832, 3858, X: 4981, 4983–4985, 4988, 4989, XV: 1483, XXI: 4660n, XXII: 7–602, XXIII: 605–1244, XXIV: 1290, 1303, 1306, 1307, 1760, 2018, XXIX: 2009, XXXV: 19n, XXXIX: 21, XXXX: 245
McCrea, Cdr. John, I: 368, IV: 1929–1931, V: 2102, X: 4816, XIV: 984, 993, XVI: 2144, 2145, 2170, 2225, XXII: 329, 941, XXIII: 1135, XXVI: 1–3, 54, 55, 68, 107, 291–297, 367, 560, XXXII: 23, 24, 144, XXXIII: 811, 1349, XXXVI: 370, 375, 402, 572
McCullough, S.E., XXVIII: 1192, XXIX: 1750, 1779, 1791, 1792, 1817, 1819–1822, 1840, 1846, 1847, XXXI: 3129
McDole, Maj. O.M., XXX: 2539, 2591, 3006, 3010, XXXV: 28, 32, 33, 208, 226, 241, 249, 250

McDonald, Pvt. Joseph, I: 92, 93, 168, VII: 3111, 3179, VIII: 3516, X: 5031, 5040, 5041, 5043, 5045–5047, 5078, XVIII: 2967, 3014, 3191, 3237, 3240, XIX: 3612, 3613, XXIV: 1782, 1783, 1829, 1830, XXVII: 2, 521, XXIX: 2121–2126, XXX: 2471, 2518, XXXII: 489

McDOUGAL, XI: 5502, 5505, XXXVI: 164

McDowell, R.S., XXIV: 1388

McFARLAND, IV: 1678, XI: 5506, XII: 349, XV: 1715, XVI: 2252, XVII: 2529, 2531, 2545, 2554, 2558, 2563, XXI: 4562, 4565, XXIV: 1387, 1537, 1605, 1617, 1645, 1677, 1679, 1699, 1703, 1743, XXVI: 557, XXXIII: 1315, XXXVII: 975, 977, 979, 981, 1217, 1262

McGinnis, Cdr. Knefler, XXIII: 738, XXIV: 1526, 1528, 1535

McHugh, Maj., XV: 1478, 1479, 1843

McIntire, Adm. R.T., II: 514, V: 2273, VI: 2494, VII: 3206, 3267, IX: 3985, 4035, 4076, XVI: 2154, XX: 4351, XXI: 4555

McIntre, Capt., XXII: 299

McIntyre, Marvin, XX: 4480, 4482, 4485, 4518

McKEAN, XI: 5505, XVII: 2465, XXXIII: 1246

McKee, Brig. Gen. John L., XXVII: 37–53, XXXV: 28

McKee, Robert Eugene (Company), XXVII: 2, 322, 391, 392, 397–399, XXVIII: 1249–1262, XXIX: 1696, 1700, 1701, 1858, 1864, 1904, XXXIX: 133, 133n, 149, 153, 156, 166, 167, 187, 200

McKEE, XIV: 981

McKenney, Miss Margret, XXXV: 2, 20, 24, 78, 29, 127, 125

McMorris, Adm. Charles H.I: 129, VII: 1458, VI: 2609, 2622–2624, 2759, 2802, 2803, 2825, 2896, VII: 2942, 3102, 3241, 3254, 3255, 3292, 3357, VIII: 3497, 3524, 3551–3553, X: 4831, 4833, XVI: 2271, 2328, 2338, 2340, XVII: 2715, XXIII: 2964, 3010, 3223, 3254, XXI: 4572n, 4636, 4640, XXII: 43, 95, 383, 384, 427, 428, 444, 448, 452, 508, 526–532, XXIII: 1065, 1177, 1178, 1215, 1231, 1234, 1259, 1260, XXIV: 1780, 1826, XXVI: 1, 3, 42, 43, 49, 55, 67, 74, 76, 78, 204–206, 210, 222, 245–261, 363, XXVII: 2, 132, 157, 164, 412, XXVIII: 1007, 1014, 1494–1507, 1553, 1875, 1876, XXX: 2468, 2514, 3067, XXXI: 3192, XXXII: 2, 185, 217, 252, 253, 265, 267, 288, 289, 403, 567–579, 594, XXXIII: 705, 718, 726, 834, 1349, XXXV: 118, 159, 393, 444, 505, XXXVI: 1, 99, 104, 107, 126, 144, 175–197, 211, 219, 365, 366, 370, 373, 380, 395, 397, 398, 400, 401, 404, 411, 413, 422, 425, 430, 433, 437, 441, 443, 445, 448, 450–455, 461, 462, 469, 471, 473, 482, 483, 511, 512, 516, 519, 521, 537, 539, 557, 558, 562, 567, 571–573, 586, XXXVII: 932, 1006, XXXIX: 10, 29n, 32n, 98n, 122, 128, 242, 361, 403, 475, 490, 492, 495, 520, XXXX: 106, 111, 116n, 125, 153n, 257

McNair, Gen. Lesley, III: 1192, 1193, XXIX: 2317, XXXIV: 4, 26

McNarney, Gen. Joseph T., I: 10, III: 993, 1050, 1067, 1204, 1205, 1330–1332, 1437, 1438, 1517, 1518, 1539, V: 2385, VI: 2589, 2603, 2745, 2809, VII: 3260, 3272, 3273, VIII: 3703, 3858, IX: 4311, 4432, 4502, 4567, X: 4894, XV: 1487, 1496, 1550, 1628, XVIII: 3250, XIX: 3891, 3928, XXI: 4660n, XXII: 7–602, XXIII: 605–1244, XXIV: 1290, 1303, 1306, 1307, XXIX: 2250, 2411, 2435, 2437, 2438, XXXIV: 59, XXXV: 19n, XXXIX: 21

M

MAASDAM (Du), XX: 4352
MACDONOUGH, IV: 1676, V: 2710, XII: 349, XVI: 2131, XVII: 2511, 2514, XXI: 4557, 4563, XXIV: 1584, 1654, 1717, 1747, XXVI: 553, XXXV: 498, 499, XXXVII: 926, 936, 1278, 1273
Mackay Radio Co., IX: 4361, XXIII: 647, XXVI: 336, 356, XXVII: 109, XXVIII: 1545, XXX: 2800, 2801, 2805, XXXI: 3189, 3191, XXXV: 44, 441, 443, 445–455, 482, XXXVI: 477, XXXVII: 879, 894, 896, 1081, XXXIX: 452
MADBKUKARU, XXXIII: 910, 1394
Magazine, *China at War*, II: 574
Magazine Article,
"Gendai" by **Tetsu Nakamura**, *Governing the South Seas*, July 1941, XXXV: 278–280
"Japanese Saboteurs in Our Midst" by **Stanley High**, *Readers Digest*, Jan. 1942, XXIII: 877
"Remarks of the President–Cabinet Meeting" by **Frederick Sundern Jr.**, *Readers Digest*, Oct. 1944, XI: 5240
"Feudal Hawaii" by **Stanley High**, *Readers Digest*, June 1943, XXI: 4580n, XXXIX: 44n
"Are the Japs Hopeless?" by **George Horne**, *Saturday Evening Post*, Sept. 9, 1944, XXI: 4580n, XXXIX: 44n
"I Fly for Vengeance" by **Clarence Earl Dickinson Jr.**, *Saturday Evening Post*, Oct. 10, 1942, I: 113, 114, V: 2300, 2307, 2308, 2471, 2476, XI: 5476, 5477
"Battle Orders" by **Lt. J. Bryan**, *Saturday Evening Post*, Jan. 1, 1944, VII: 3315
Magic Intercepts (Ultra), I: 127, 190, II: 784, 785, 788, 793, 797, 800, 801, 811, 812, 814, 885, 908, 949, 951, 960, 961, III: 1039, 1054, 1091, 1099, 1175, 1177, 1194, 1195, 1199, 1200, 1206–1208, 1210–1212, 1240, 1261, 1271, 1272, 1278, 1289, 1324, 1329–1331, 1334, 1337, 1353, 1355, 1356, 1362, 1364, 1392, 1429, 1438, 1490, 1515, 1558, 1578, 1581, 1582, IV: 1601, 1626, 1642, 1666, 1667, 1736, 1753, 1771, 1845, 1860, 2040, V: 2081, 2223, VI: 2553, 2700, VII: 2961, 2989, 2992, 3029, 3116, 3120, 3199, 3205, 3279, 3284, 3285, 3301, 3364, VIII: 3416, 3586, 3587, 3651, 3681–3683, 3687, 3690, 3865, 3891, IX: 3941–3943, 4035, 4146, 4193, 4229, 4266, 4301, 4304, 4307, 4332, 4337, 4351, 4354, 4377, 4381, 4383, 4412, 4420, 4425, 4426, 4427, 4432, 4438, 4447, 4453, 4454, 4462, 4469, 4472, 4473, 4477, 4479, 4500, 4501, 4502, 4506, 4507, 4526, 4533, 4661, X: 4704, 4714, 4772, 4773, 4878, 5019, 5110, 5120, XI: 5156, 5257, 5270, 5272, 5280, 5284, 5437, 5441, 5442, 5546, 5547, XVI: 1975–1986, 2014, 4363, XVIII: 3313, XXIX: 2311, 2326, 2395, 2396, XXXIII: 919, XXXIV: 8, 67, 72, 95, XXXV: 6, 90, 91, 101, 104, 137, 138, 143, XXXVI: 32, 33, 72, XXXIX: 272, 273, 345, XXXX: 91n, 92n, 179, 179n, 180, 181,

206, 228, 246n, 261, 263, 265, 296n, 420, 438, 529
Magic Leak, IV: 1667
MAGOYA MARU (Ja), XXXVII: 1062
Magruder, Gen. Thomas P., II: 785, III: 1253, 1255, 1261, V: 2122, XIV: 1063, 1066, XV: 1478, 1481, XXXX: 394, 449, 506, XXXVII: 1004, XXXX: 337, 338, 340
Magruder Mission, II: 648, 785, V: 2122, XIV: 1061, 1065, XVI: 2222, XXXIII: 1238, XXXX: 173n
MAHAN, I: 136, V: 2710, XII: 345, XVI: 2027, 2029, 2116, 2122, 2125, 2129, XVII: 2498–2501, 2527, 2530, XXI: 4559, 4562, 4564, XXIII: 1037, XXIV: 1432, 1491, 1669, 1678, 1681, 1682, 1708, 1712, 1746, XXVI: 557, XXXVII: 1282, 1284, 1285
Makassar, XIII: 444, 457
Makapuu Point, XVIII: 3066, XXVII: 616, 623, XXVIII: 1231, 1234, XXX: 2568, XXXI: 3137–3139, 3154, 3155–3157
MAKAWELI, XXXVII: 1276–1278
MAKIGUMO (Ja), XIII: 661, 701
Makin, XIII: 453, 555, XIV: 978, 983, XVI: 2132, 2134
MAKUA, XXXVII: 1146
MAKULELE, XXIV: 1672
MAKUREI MARU (Ja), XIII: 462–464
Malacca Strait, XIII: 444, 524, XVII: 2476
MALAMA, XXIV: 1737, 1738, XXXVII: 1276, 1277
Malay Barrier, IV: 1934, 1955, 1956, 2011, V: 2110, VI: 2502, 2525, 2529, 2543, 2572, 2838, 2864–2871, 2874, X: 4806, 4807, 4826, 4860, 4892, XIV: 972, 973, XV: 1511, 1677, 1678, XVI: 2149, 2171, 2213, 2275, 2276, 2448, 2449, 2456, XVII: 2462, 2576, 2577, 2595, XVIII: 2885, 2889, 2909, 2910, 2916, XIX: 3548, XXIII: 658, XXXIII: 933, 994, 995, 1013, 1169, 1202, 1232, 1357, XXXIX: 407, 408, XXXX: 90, 91, 161, 266–C, 508
Malaysia, II: 419, 420, 545, 817, 913, 921, 922, 950, III: 1083, 1086, 1106, 1148, 1170, 1218, 1219, 1246, 1247, 1250, 1257, 1261, 1276, 1338, 1403, 1465, 1542, 1543, IV: 1699, 1829, 1844, 1847, 1872, 1876, 1877, 1943, 1987, 1997, 1998, 2015, 2042, 2043, V: 2071, 2072, 2112, 2228, 2229, 2232, 2234, 2235, 2287, 2369, 2381, 2384, 2417, VI: 2512, 2521, 2547, 2594, 2610, 2611, 2670, 2702, 2706, 2838, 2873, 2883–2885, 2917, VII: 2936, 3077, 3128, VIII: 3589, 3590, 3597, 3628, 3674, 3678, 3680, 3890, 3909, IX: 3952, 4042, 4067, 4172, 4237, 4238, 4246, 4281, 4285, 4286, 4299, 4360, 4371, 4406, 4564, X: 4733, 4738, 4757, 4806, 4853, 4854, 4867, 4882, 5083, 5084, 5086, XI: 5165, 5166, 5184, 5214, 5216, 5255, 5345, 5346, 5353, 5354, 5377, 5405, 5417, 5420, 5426, 5427, 5433, 5438, 5440, 5454, 5458, 5460, 5479, 5483, 5514, 5519, XII: 175, XIII: 433, 435, 437, 444, 543, 555, 710, 714, 716, XIV: 1064, 1066, 1083, 1222, 1337, 1345, 1356, 1371, 1372, 1377, 1378, 1381, 1383, XV: 1480, 1492, 1519, 1520, 1558–1560, 1562, 1564, 1570, 1571, 1574–1576, 1583, 1636, 1725, 1773, XVI: 1964, 1966, 1968, 1969, 1972, 1988, 2140, 2141, 2143, 2151, 2152, 2275, 2364, 2414, XVII: 2457, 2476, 2484, 2501, 2576, 2590, 2664, 2673, 2675, XVIII: 2909, 2910, 2945, 3303, 3329, 3350, 3436, 3437, XIX: 3455, 3487, 3493, 3503, 3504, 3509, 3513, 3518, 3519, 3528, 3529, 3531, 3698, 3713, 3761, XX: 4098, 4223, 4261, 4290, 4292, 4454, 4493, 4512, XXI: 4599, 4662, 4697, 4759, XXII: 324, 505, XXIV: 1303, XXVI: 62, 67, 75, 87, 181, 207, 246, 257, 269, 275, 303, 325, 388–390, 447, 460, 461, 499, 500, 512, 518, XXVII: 14, 15, 414, 421, XXVIII: 1555, 1588, 1591, XXIX: 2283, 2308, 2309, 2312, 2320, 2351, 2368, 2370, XXX: 2975, XXXI: 3214, 3217, 3221, 3222, XXXII: 26, 70, 128, 162, 185, 204, 205, 242, 377, 405, 425, 561, 580, XXXIII: 706, 757, 758, 774, 830, 859, 878, 956, 958, 994, 1203–1205, 1367, 1388, XXXIV: 71, 143, 166, 174–176, 179, 180, 207, 208, 211, 220, 221, 224, XXXV: 38, 43, 50, 166, 196, 216, 264, 279, 297, 298, 541, 597, 669, XXXVI: 50, 84, 101, 130, 137, 180, 191, 200, 233, 236, 382, 383, 395, 396, 406, 409, 412, 418, 425, 427, 443, 445, 446, 480, 484, 493, 521, 522, 527, 532, 577, 590, 593, 594, 612, XXXVII: 774, 787, 789, 845, 846, 858, 864, 1009, 1170, XXXIX: 73, 299, 363, 378, 407, 525, XXXX: 14, 87, 99, 144, 151n, 171, 171n, 174, 177n, 187, 191, 197, 262, 266–T, 293, 300, 338, 343, 374, 380, 390, 399, 403, 404, 416, 422, 423, 427, 429, 430, 437–439, 443, 470, 471, 477, 485, 507, 522
MALAYA II (Br), XX: 4352

Maleolap, X: 4900, XVII: 2582, 2596, XXVI: 505, 518, XXXIII: 1000, 1013, XXXV: 52
MALIKO, XXXVII: 1277, 1278
Malony, Brig. Gen. Harry J., III: 1076
MAMIYA (Ja), XIII: 665, 693, XVII: 2689, XXXV: 59, XXXVII: 736
MAMIYA MARU (Ja), XIII: 462–464
Manawahua, Oahu, XXVII: 310, XXXI: 3139, 3142, 3444, 3145, 3156, 3157
MANAZURU (Ja), XVII: 2691, XXXV: 60, XXXVII: 737, 1135
MANCHEN MAERSK (Da), XII: 303
Manchu Laws, IX: 4563
Manchuria (Manchukuo), I: 86, II: 407, 408, 410, 564, 767, 768, III: 1018, 1137, 1148, 1261, 1277, 1462, IV: 1703, 1705, 1712, 1714, 1777, 1881, 1886, 2007, 2015, 2039, V: 2197, VI: 2512, VII: 3260, 3312, XI: 5182, 5185, 5346, 5379, 5417, 5533, XII: 7, 198, 201, 210, 232–234, 250, XIV: 1096, 1106, 1121, 1135, 1215, 1342, 1351, 1355, 1358, 1361, 1370, 1380, 1397, XV: 1740–1742, 1757, 1762, 1825, XVI: 1989, 1990, 1999, 2276, 2305, XVII: 2577, XVIII: 2947, 2951, 2952, 3259, 3317, XIX: 3490, 3494, 3509, 3531, 3674, 3679, XX: 4019, 4022, 4023, 4025, 4033, 4101, 4103, 4157, 4179, 4219, 4220, 4302, 4378, 4382, 4400, 4405, 4545, XXII: 575, XXVII: 58, 68, XXIX: 2018, 2151, 2308, 2326, 2327, XXXI: 3202, 3205, 3207, 3213, 3217, 3219, 3220, 3248, XXXII: 248, 618, XXXIII: 755, 756, 777, 1375, XXXIV: 118, 150, 157, 165, 178, 186, 187, 193, 195, 202–204, 207, 216, 218, XXXV: 125, 163, 195, 196, 259, 278, 279, 302, 303, 304, 309, 310, 317, 318, 578, 581, 582, 584, 587, 609, 612, 620, 623, 626, 633, 637, 659, 676, XXXVI: 101, 382, 495, 632, XXXVII: 689, 797, 800, 989, 1020, 1033, 1043, 1053, 1073, 1177, 1191, 1201, XXXIX: 247, 408, 445, XXXX: 1, 2, 19, 23, 47, 307, 365, 367, 398, 401, 418, 446, 448, 453, 456, 562
Mandated Islands, I: 31, 181, 247, 294, III: 1287, 1288, 1290, 1291, 1454, 1495, IV: 1774, 1780, 1844, 1846, 1847, 1962, 1997, 1998, 2007, 2010, 2035, 2060, V: 2103, 2110, 2112, 2145, 2152, 2288, 2299, 2457, 2472, 2479, VI: 2809, 2813, 2848, 2878, 2879, 2911, VII: 3085, 3121, 3167, 3291, VIII: 3459, 3617, IX: 4260, 4371, 4373, 4400, 4407, 4437, X: 4823, 4828, 4836, 4853, 4895, 4937, XI: 5215, 5423, 5435, XIV: 973, 1064, 1066, 1365, 1399, XV: 1771, 1840, 1841, 1863, XVI: 1989, 2140, 2151, 2152, 2215, 2221, 2236, 2251, 2253, 2276, 2277, 2322–2325, 2329, 2337, 2339, 2358, 2359, 2449, XVII: 2577, 2578, 2582, 2604, 2606, 2608, 2622, 2624, 2627, 2632, 2638, 2650, 2656, 2667, 2669, 2670, 2675, 2692, 2693, XVIII: 2941, 3336, XIX: 3455, 3503, 3506, XX: 4475, XXI: 4570–4572, 4574, 4608, 4639, 4649, 4760, 4763, XXII: 25, 43, 73, 83, 93, 177, 193, 358, 363, 396, 478, 546, 586, XXIII: 622, 670, 681, 988, 1028, 1066, 1069, 1081, 1082, 1108, 1152, 1153, 1159, 1189, XXIV: 1377, XXVI: 221, 222, 227, 228, 233, 389, 500, 501, 505, 516, XXVII: 59–61, 63–65, 73, 79, 91, 92, 127, 158, 166, 193, 389, 549–552, 782, 796, XXVIII: 855, 856, 891, 926, 940, 994, 1583, 1589, 1590, XXIX: 2071, 2080, 2087, 2246, 2278–2281, 2362, 2365, 2439, 2447, XXXI: 3211, 3214, 3221, 3222, XXXII: 64, 185, 186, 382, 581, 664, XXXIII: 995, 1000, 1011, 1169, 1205, 1212, 1232, 1236, 1323, XXXIV: 53, 134, 151–155, 161, 186, 202, 211, XXXV: 38, 50, 51, 53, 60, 61, 65, 70, 71, 74, 76, 79, 81, 133, 148, 156, 203, 273, 279, 552, 553, XXXVI: 3, 15, 34, 35, 48, 62, 101, 102, 103, 112, 118, 121, 122, 126, 129, 131, 147, 149, 158, 160, 183, 185, 186, 202, 217, 231, 296, 382, 408, 410, 469, 472, 473, 479, 480, 486, 487, 490, 511, 513, 516, 584, 585, 590, 594, 654, 660, XXXVII: 707–710, 717, 718, 720, 722, 723, 725, 727, 737, 738, 740–742, 746, 748, 749, 751, 752, 756, 757, 762, 764, 766–768, 771, 774–776, 785, 786, 791, 801, 802, 846, 847, 851, 852, 862, 870, 871, 1130, 1131, 1136, 1144, 1315, 1318, 1324, XXXIX: 27, 30n, 30–32, 36, 83, 126, 141, 237, 286, 408, 409, 467–471, 473, 476, 477, 479, 480, 487, 491, 518, XXXX: 33, 56n, 93, 95, 97, 134, 380, 389
Manila, I: 28, 29, 31, 82, 90, 129, 234, 331, II: 440, 491, 651, 839, 840, 850, 852–854, 865, 884, 892, 893, 914, 915, 920, 930, 935, 955, 963, III: 1065, 1066, 1112, 1129, 1131, 1133, 1135, 1153, 1162, 1171, 1180, 1228, 1249, 1251, 1256, 1287, 1307, 1317, 1352, 1391, 1464, 1481, 1483, 1485, 1493, 1495, 1508, 1511, 1515, 1549, 1559, 1560, 1580,

IV: 1605, 1625, 1686, 1740, 1741, 1747, 1749, 1753, 1798, 1802, 1830, 1840, 1896, 1921, 1929, 1932, 1934, 1936, 1960, 2002, 2047, 2050, V: 2079, 2102, 2123, 2131, 2135, 2167, 2192, 2215, 2369, 2399, 2404, 2405, VI: 2504, 2521, 2522, 2530, 2560, 2567, 2593, 2706, 2781–2786, 2792, 2813, 2814, 2912, VII: 3064, 3065, 3080, 3105, 3107, 3166, VIII: 3394, 3415, 3420, 3581, 3584, 3585, 3615, 3617, 3783, 3790, IX: 3974, 4178, 4180, 4182, 4211, 4224, 4226, 4231, 4240, 4244, 4252–4254, 4262, 4270, 4271, 4283, 4333, 4335–4338, 4345–4348, 4358, 4361, 4371, 4377–4380, 4401, 4402, 4415, 4434, 4438, 4566, X: 4715, 4717, 4719, 4760, 4762, 4789, 4805, 4806, 4813, 4815, 4827, 4843, 4881, 4883, 4966, 5083, 5087, 5113, 5127, XI: 5186, 5202, 5205, 5206, 5218, 5248, 5322, 5423, 5435, 5514, 5517, 5518, 5540, XII: 141, 209, 258, 264, 280, 283–285, 290, 293, 299, 300, 302, XIII: 437, 438, 442, 444, 543, 556, 598, 728–732, 734, 735, 763, 764, XIV: 984, 1064, 1367, 1384, 1402–1404, 1407, 1408, XV: 1478, 1560, 1561, 1582, 1584, 1627, 1628, 1768, XVI: 2148, 2150, 2151, 2153, 2211, 2227, 2248, 2249, 2251, 2256, 2297, 2307, 2317, 2327, 2330, 2388, 2444, 2446, 2448, 2452, 2454, XVII: 2714, 2715, 2947, 3092, XVIII: 3334, 3349, XIX: 3492, 3504, 3552, 3596, XX: 4098, 4124, 4282, 4320, 4339, 4347, 4356, 4396, 4399, 4416, 4444–4447, 4453, 4454, 4471, 4507, XXI: 4582, 4675, XXII: 104, 215, 216, 238, 239, 327, 373, 437, XXIII: 652, 924, 942, 1010, 1132, 1167, 1224, XXIV: 1357, 1664, 1904, XXVI: 152, 168, 228, 230, 281, 283, 293, 295, 319, 320, 394, 466, 488, XXVII: 718, 747, XXVIII: 926, 929, 1615, 1617, XXIX: 1727, 2111, 2389, 2396, 2445, 2453, XXX: 2593, 2976, XXXI: 3191, 3202, 3212–3214, 3216, 3217, 3219, 3221, 3222, 3239, XXXII: 64, 134, 195, 252, 536, 551, 581, 592, 642, 651, 663, XXXIII: 776, 782, 793, 817, 835, 882, 883, 887, 909, 910, 912–914, 917, 919, 921, 1044, 1170, 1171, 1178, 1197, 1199, 1203, 1230, 1233, 1287, 1293, 1348, 1349, 1361, 1390–1393, 1395, 1396, XXXIV: 3, 36, 54, 118, 139, 144, 164–168, 174, 184–187, 193, 195, XXXV: 1, 30, 31, 35, 41, 42, 50, 84, 86, 105, 118, 120, 124, 128, 134, 135, 137, 146, 165, 203, 205, 218, 228, 229, 283, 308, 313, 393, 425, 436, 441, 442, 444, 449, 505, 506, 577, 582, 588, 590, 592, 600, 618, 630, 644, XXXVI: 14, 43, 46, 126, 136, 137, 217, 238, 423, 434, 447, 499, 500, 508, 512, 516, 520, 521, 532, 535, 552, 597, 598, 614, 615, XXXVII: 675, 932, 1004, 1008, 1024, 1073, 1087, 1099, 1276, XXXVIII: Item 12–18, XXXIX: 46, 249, 277, 286, 289, 291, 318, 325, 436, 447, 460, 473, 474, 478, 506, XXXX: 97, 100, 130, 130n, 131, 142, 145–147, 162, 184, 186, 187, 228n, 230n, 266–P, 323, 389, 401, 403, 404, 413n, 419, 424, 432, 489, 490n, 528n, 554

Maps, I: 249, VII: 3300, XI: 5360, XIII: 321, 322, 398, 406, 723, XV: 1667, 1669, 1673, XVIII: 2927, 3375, XXI: 4779, 4780, Items 1–4, 8–15, 18, 25, 27–37, XXV: 2171–2173, Items 3, 35–38, 90–124, XXXI: 3357, Items 1–5, 54–59, 63, XXXIII: 1397, Items 1–4, XXXV: Item 4–6, XXXVIII: 1333–1341, Items 29, 43, 71, 103, 105

Marianas Islands, I: 217, IV: 1911, 2010, V: 2288, VI: 2503, 2666, IX: 4371, XIII: 555, XIV: 997, XVI: 2236, 2276, XVII: 2577, 2582, XXII: 331, 363, XXIII: 1136, 1159, XXIV: 1377, XXVI: 500, 515, XXVII: 59, XXVIII: 1582, XXXIII: 995, 1000, 1010, 1211, 1350, XXXIV: 151, XXXV: 50, XXXVI: 9, 101, 149, 382, 562, 614, 630, 632, 633, 636, XXXVII: 709, 846, 1142, 1143, XXXIX: 408

MANHATTAN, X: 5088, 589, XVIII: 3079, XXIV: 1892, XXX: 2581

MANINI, XXIV: 1716, 1717, XXXVII: 1276–1278

MANLEY, XI: 5505, XIV: 981, XVII: 2465, XXXIII: 1246

MANRI MARU, (Ja), XVII: 2691, XXXVII: 737, 1135

MANYO MARU (Ja), XXXIV: 169

MAOI, XXIV: 1457

MAPELA, XXIV: 1684, XXXVII: 1277, 1278

MAPLEOFLA, XXIV: 1683

MARBLE HEAD, IV: 1931, VI: 2784, 2785, XII: 284, 285, 288, 289, 290, 291, 296, 299, 300, XV: 1582, XVIII: 3342, 3343, XIX: 3552, XX: 4124, XXIV: 1511, XXXIII: 910, 912, 913, 1392–1394

March Field, XXI: 4770–4772

Marco Polo Bridge, XXXX: 2

Marcus Island, IX: 4371, XIII: 459, 468, 469, 555, XVII: 2582, 2608, 2612, 2619, 2649, XXVI: 505, XXXIII: 1000, XXXVI: 611, XXXVII: 707, 710, 713, 742, 759, 762, 851, 1141, 1324, XXXV: 50, 63, 66

MARECHAL JOFFRE (Fr), XXXV: 618, 630

Mare Island Navy Yard, I: 332, V: 2431, XIV: 981, 983, XXI: 2189, 2191, 2219, 2232, 2241, 2349, XVII: 2519, 2520, 2526, 2528, XVIII: 3264, XXI: 4563–4565, XXII: 509, XXIII: 943, XXIV: 1555, 1604, 1755, XXXIII: 1216, 1261, 1359, XXXVI: 264, 536, 569, 570, XXXVII: 1214, 1217, 1259, 1262, XXXIX: 504

Marine Corp, I: 30, 37, 44, 57–59, 77, 114, 136, 137, 175, 176, 211, 273, 369, 384, III: 1064, 1092, IV: 1828, V: 2098, 2111, 2113, 2117–2119, 2157, 2160–2171, 2197, 2242, 2284, 2405, 2463, 2471, 2478, VI: 2505, 2518–2520, 2530, 2531, 2573, 2578, 2655, 2702, 2744, 2822, 2894, VII: 2932, 2950, 2982, 2999, 3000, 3003, 3096, 3240, 3305, 3370, 3378, VIII: 3455, 3456, 3482, 3490, 3500, 3502, 3555, 3820, 3876, 3877, 3833, 3951, IX: 4010, 4011, 4240, 4269, X: 4898, 4943, 4980, 5014, 5015, 5130, 5144, XI: 5182, 5202–5206, 5260, 5361, XIV: 944, 947, 951, 965, 971, 974–978, 981, 982, 988, 1009–1011, 1083, XV: 1436, 1442, 1450, 1455, 1464, 1513, 1623, 1631, XVI: 2147, 2151, 2154, 2158, 2160, 2166, 2168, 2169, 2184–2186, 2210, 2211, 2227, 2229, 2235, 2237, 2240, 2243, 2245, 2249, 2253–2255, 2257, 2277, 2280, 2282, 2283, 2287, 2290, 2297, 2348, 2349, 2354, 2370, 2447, 2456, XVII: 2465, 2475, 2478–2484, 2487, 2496, 2526, 2530, 2535, 2578, 2579, 2581, 2585, 2587, 2590, 2714, 2715, 2745, XVIII: 2930–2933, 2935–2941, 2957, 2959, 2963, 2989, 3016, 3017, 3228, 3238, 3369, XIX: 3506, 3594, 3982–3984, XX: 4281, 4282, 4351, 4353, 4383, 4412, XXI: 4615, 4672, 4673, 4683, XXII: 41, 42, 104, 107, 108, 143, 170, 302, 349, 356, 363, 364, 372, 373, 386, 393, 394, 397, 452, 454, 455, 457, 476, 484, 509, 510, 526, 530, 531, 542, 555–558, 567, 571, XXIII: 606–608, 612, 620, 634, 709, 717, 729, 738, 756, 758, 759, 941, 942, 944, 945, 954, 955, 959, 960, 991, 992, 1005, 1070, 1071, 1151, 1159, 1165, 1166, 1167, 1175, 1180, 1186, 1240, 1241, 1244, XXIV: 1367, 1372, 1376, 1378, 1455, 1459, 1464, 1467, 1 495, 1508, 1537, 1551, 1554, 1563, 1564, 1574, 1597, 1604, 1605, 1629, 1649, 1650, 1651, 1653, 1673, 1696, 1703, 1715, 1736, 1774, 1779, 1831, 2010, 2114, XXVI: 34, 44, 49, 50, 52, 72, 75, 88, 95, 98, 105, 113, 122, 123, 133, 135, 144, 145, 176, 177, 197, 198, 255, 258, 259, 266, 278, 281, 322, 368, 407, 423, 424, 448–450, 467, 477, 489, 490, 496, 501–504, 508, 510–512, 534, 540, 548, 551, XXVII: 15, 17, 161, 165, 166, 196, 228, 238, 285, 429, 439, 561, 622, XXVIII: 829, 839, 846, 848–851, 860, 938, 952, 953, 977, 997, XXIX: 2312, XXX: 2461, 2463, 2467, 2520, XXXI: 3177, 3218, XXXII: 175, 184, 193, 199, 217, 219, 232, 238, 239, 266, 269, 298, 306, 318–321, 389, 393, 403, 409, 411, 433, 436, 440, 507, 516, 571, 572, 575, 577, 678, XXXIII: 696, 699, 702, 722, 962, 975, 977, 978, 981, 983–985, 991, 996, 997, 999, 1003, 1005, 1006, 1008, 1020, 1160, 1177, 1181, 1188, 1191, 1197, 1199, 1201, 1204, 1206, 1208, 1211–1213, 1215, 1219, 1244, 1260, 1262, 1284–1292, 1295, 1346, 1351, 1355, 1360, 1361, XXXIV: 210, XXXV: 545, 548, XXXVI: 143, 177, 202, 207, 208, 296, 384, 390, 411, 412, 416, 422, 423, 424, 426, 435–437, 444, 449, 460, 497, 519, 536–538, 550, 552, 553, 580, XXXVII: 670, 847, 848, 850, 854, 856, 857, 947, 955, 956, 975–977, 979–982, 1209, 1216, 1267, 1268, XXXIX: 10, 108, 313, 315, 410, 416, 423, 435, 438, 504, XXXX: 59, 64n, 104, 105, 129n, 166, 168n, 174, 229, 242, 242n, 264, 390

MARIPOSA, XII: 348

Maritime Commission, XIV: 1065, XIX: 3749

Mariveles Bay, IV: 1930, VI: 2782, XII: 293, XVI: 2447, XXXIII: 909

MARLIN (Private Yacht), XXX: 2804

Marquart, Adm. C. J., XXII: 454, 459, XXIII: 1240, 1241

Marsden, Col. M. W., XXVI: 559, XXVII: 123

Marshall, Gen. George C., I: 16–18, 127, 128, 289, 290, II: 441–444, 725, 726, 788, 789, 791–793, 803–805, 812, 813, 824–826, 842, 846, 859, 863, 876, 878, 882, 894, 896, 906, 930, 943, 959, 967, 977–981, III: 1017, 1018, 1044, 1444, 1450–1452, 1569, 1576,

MARSHALL ISLANDS   137

1583, IV: 1593, 1611, 1617, 1621, 1625, 1633–1637, 1642, 1645, 1666, 1766, 1770, 1780, 1807, 1860, 1946, 1977, 1986, 2038, 2056, V: 2108, 2111, 2132, 2138, 2139, 2186, 2188, 2197, 2198, 2217, 2219, 2221, 2259, 2291, 2292, 2301, 2304, 2319, 2322, 2328, 2336, 2361, 2381, 2412, 2424, 2437, 2447, 2480, VI: 2496, 2527, 2528, 2643, 2725, 2726, 2729, 2761, 2763, 2803, 2804, 2811, 2825, 2859, 2864, 2876, 2887, 2911, VII: 2934, 2927, 2933–2936, 2940, 2942, 2943, 2949n, 2961, 2967, 2972, 2990, 3010, 3021, 3029–3022, 3094, 3133, 3135–3140, 3169, 3170, 3185, 3189, 3194, 3208, 3210, 3218, 3220, 3226, 3230, 3262, 3263, 3272, 3279, 3289, 3290, 3298, 3301, 3302, 3368, VIII: 3430, 3521, 3522, 3611, 3646, 3648, 3649, 3659, 3686, 3705, 3724, 3726, 3728, 3734, 3777, 3824, IX: 4324, 4388, 4426, 4433, 4455, 4476–4478, 4501, 4516, 4548, 4555, 4571, 4572, 4598, X: 4636, 4937, 4938, 4953, 4970–4973, 4999, 5008, XI: 5438, 5439, 5441, 5446, 5457–5459, 5461, XV: 1628, 1631, 1677–1679, 1908, 1929, XVI: 2147, 2148, 2215, 2296, 2298, 2318, 2321, 2367, 2413, 2447, 2456, XVII: 2727, 2744, XVIII: 3204, XIX: 3733, 3879, 3880, 3937, 3956, XV: 4111, 4275, 4364, 4517, 4518, 4521, XXI: 4590, 4591, 4603, 4609, 4610, 4622, 4647, 4649, 4662, 4696, 4702, 4704, 4718, 4720, 4722, 4723, 4726, 4728, 4735, 4740, 4748–4751, XXII: 65, 91, 148, 173, 461, 502, XXIII: 941, 983, 1–73, 1086, 1087, 1273, XXIV: 271, 273, 279, 467, XXVII: 2, 44, 47, 50, 51, 65, 68, 71, 119, 124, 186, 187, 206, 208, 240, 587, 661, XXVIII: 946, 1403, 1527, XXIX: 2084, 2086, 2193, 2199, 2201, 2204, 2250, 2254, 2263, 2265, 2352, 2355, XXXI: 3151, 3152, 3219–3221, XXXII: 2, 33, 36, 49, 70, 126, 135, 153, 160, 161, 197, 204, 205, 353, 355, 367, 373, 420, 531–533, 638, 664, XXXIII: 785, 798, 861, 1170, XXXIV: 26–28, 57, 58, 77, 88, 90, 92, 153, 157, XXXV: 2, 34, 90–92, 97, 98, 101, 102, 114–117, 151–153, 164–167, XXXVI: 237, 378, 407, 418, 420, 539, XXXIX: 19, 47, 55, 73, 85, 88n, 116, 124, 142, 145, 205, 222, 229, XXXX: 88, 98, 100, 102, 163–165, 165n, 166, 169, 170, 171n, 172, 176n, 177, 186n, 188, 236, 238–240, 242, 252, 265, 266–E, 266–I, 266–N, 266–P, 266–Q, 266–R, 266–S, 266–T, 291, 321, 338, 340, 343, 366, 367, 372, 374n, 380, 408, 430, 504, 505, 508, 509, 511, 519–521, 524, 533, 542, 543, 546, 557–559, 561–563, 565–567, 569, 573

Army Pearl Harbor Board Criticism, II: 800, 801, III: 1159, 1181, 1182, 1469–1475,

Marshall-Herron Alert, I: 270, 271, 288–290, III: 1377–1383, 1409, 1500, 1501, 1504, IV: 1883, 1884–1886, VII: 2930, 2932, 2944, 3060, 3067, 3185, IX: 4358, 4361, 4365, 4388, 4491, 4492, XIV: 947–949, 951, XV: 1593–1600, 1908, 1909, XXI: 4578, 4581, 4584, 4592, XXVII: 120–122, 231, 428, XXVIII: 1002, 1030, 1031, 1037, 1038, XXIX: 1661–1663, 1719, XXXII: 625, 626, 672, 681, XXXV: 39, 44, 100, 118, 120, 129, XXXVI: 367, 368, XXXIX: 40, 44, 53, 62, 66, 115, XXXX: 79, 124n, 155n, 266–M, 536

Marshall Islands, I: 181, 192, 238, 296, 319, 321, II: 824, III: 1480, 1481, IV: 1774, 1799, 1804, 1844, 1846, 1878, 1911, 1955, 1957, 2010, 2011, V: 2166, 2167, 2171, 2702, 2254, 2255–2257, 2288, 2377, VI: 2503, 2525, 2529, 2530, 2531, 2534, 2535, 2543, 2601, 2602, 2666, 2707, 2711, 2712, 2729–2731, 2813–2815, 2838, 2864, 2866, 2869–2871, 2906, 2907, VII: 2932, 3050, 3064, 3065, 3205, 3216, 3326, 3357, 3361, 3394, 3441, 3532, 3533, 3542, 3547, IX: 4241, 4261, 4278, 4281, 4291, 4292, 4294, 4299, 4358, 4371, 4372, 4374, X: 4604, 4681, 4694, 4702, 4841, 4856, 4887, 4890–4892, 4900, 4901, 4907, 4943, 4961, 5119, XIII: 401, 519, 544, 615, XIV: 964, 996, 997, 1007, 1327, 1365, 1366, XV: 1511, 1512, 1562, 1642, 1840, XVI: 2133, 2134, 2213, 2255, 2270, 2271, 2276–2278, 2288, 2324, 2325, 2328, 2329, 2331, 2336, 2340, 2351, 2357–2359, 2362, 2407, 2416, XVII: 2481, 2484, 2577–2579, 2581, 2582, 2584, 2585, 2589–2597, 2607, 2608, 2627, 2631, 2635, 2640–2642, 2654, 2670, 2673, 2693, XVIII: 2883, 2889, 2890, 2916, 2964, 3011, 3335–3337, XIX: 3516, 3526, XXI: 4594, 4618, 4622, 4641, 4697, 4763, XXII: 44, 328, 330, 331, 389, 404, 456, 486, 530, 566, 586, XXIII: 612, 660, 661, 664, 679, 680, 768, 1062–1064, 1069, 1133, 1136, 1182, 1195, 1242, XXIV: 1780, 1826, XXVI: 67,

138 MARSTON, COL. MORRILL W.

68, 75, 83, 157, 160, 168, 181, 220, 228, 230, 231, 233, 246, 247, 257, 259, 265, 270, 318, 344, 460, 461, 500, 501, 503–508, 510–516, 518, 520, XXVII: 59, 69, 72, 73, 79, 81, 127, 166, 193, 754, 775, 780, 781, 795, XXVIII: 840, 856, 866–868, 870, 871, 875, 890–892, 902, 925, 928, 939–941, 992, 1381, 1496, 1502, 1503, 1552, 1561, 1579, 1581–1583, 1588–1590, XXIX: 2246, 2351, 2364, XXX: 2468, 2515, 3064, XXXII: 27, 70, 71, 218, 236, 261, 262, 292, 331, 360, 386, 410, 569, 577, 581, 606, 614, XXXIII: 883, 933, 938, 963, 995, 996, 999–1003, 1007–1011, 1013–1015, 1191, 1232, 1286, 1287, 1291, 1350, XXXIV: 56, 62, 151, 158, 160, 161, XXXV: 41, 51, 52, 65, 68, 74, 80, 81, 120, 133, 257, 260, 291, XXXVI: 15, 31, 33, 35, 48, 101, 116, 118, 122, 125, 136, 147, 149, 150, 155, 159, 160, 177, 181, 182, 191, 194, 208, 218, 290, 382–384, 390, 396, 400, 401, 408, 410, 419, 420, 452, 470, 473, 474, 481–483, 485, 487, 489, 513, 515–518, 575, 578, 584, 585, 631, 632, 649, 660, XXXVII: 708, 709, 712, 718, 722, 724, 725, 744, 752, 757, 761, 767, 773–776, 778, 786, 791, 802, 846, 847, 849, 850, 852–854, 857–862, 864–867, 1060, XXXVIII: Item 108, 109, XXXIX: 66, 97, 103, 129, 285, 286, 333, 360, 375, 379, 385, 386, 402, 408, 410, 423, 469, 475, 477, 479, 481, 486–488, 491, 508, 517, 518, 523, XXXX: 54, 88, 95, 102, 111, 114n, 115n, 116n, 133, 135, 151, 152n, 266–C, 266–I, 266–J, 398, 531

Marston, Col. Morrill W., XXIII: 860, XXVII: 2, 147, 645, 734, 735, XXVIII: 1021, XXIX: 1627–1640, 1799, 1800, 1987, XXXI: 3179, 3183, 3185, XXXIV: 169, XXXV: 2, 24, 47, 118–120

Martin, Maj. Gen. Frederick L., I: 35, 53, 127, 129, 161, 382, 387, 388, III: 1073–1075, 1082, 1083, 1459, 1496, 1533, 1545, IV: 1941, V: 2076, 2141, VI: 2652, 2731, 2802, VII: 2923, 2937, 2941–2943, 2976, 3038, 3047, 3062, 3086, 3097, 3101, 3103, 3109, 3110, 3113, 3114, 3180, 3215, 3260, 3378, VIII: 3451, 3452, 3472, 3478, 3479, 3484, 3493, 3501, 3502, 3508, 3511, 3554, IX: 4358, 4370, X: 4853, 4979, 5013, XIV: 1019–1039, 1390, XV: 1440, 1468, 1608–1610, 1624, XVI: 2287, 2289, 2342, 2352, 2360, XVII: 2723, 2727, XVIII: 2961, 2963–2965, 3010, 3089, 3213, 3223, 3228, 3231, 3234–3236, 3238, 3239, 3243, 3245, 3246, 3248–3250, 3430, 3432–3435, XIX: 3628, 3795, XXI: 4586, 4594– 4596, 4599, 4601, 4602, 4614n, 4625, 4631, 4632, 4633, 4635, 4639, 4641, 4644, 4650, 4665, XXII: 22, 42, 43, 46, 71, 95, 96, 97, 109, 188, 193–211, 349–355, 357, 469, 500, 501, 556, 568, 569, 573, 586–588, 593, XXIII: 607, 621, 714, 778, 779, 898, 930, 931, 959, 969, 983, 985, 986, 992–998, 1148–1150, 1152, 1254, 1255, 1260, 1261, 1269, XXIV: 1301, 1304, 1563, 1568, 1634, 1766, 1779, 1780, 1826, 1827, 1901, 1902, 1905, 1907, 1908, 1991, 2011, 2012, 2019, 2128–2141, 2148, XXVI: 34, 50, 95, 96, 106, 133, 137, 140, 169, 252, 311, 321, 322, 376, 381, 459, 532, 535, 538, XXVII: 20, 21, 90, 92, 95, 96, 102, 103, 146, 156–158, 163, 167, 199, 203, 207, 209, 210, 212, 218, 225, 251, 276, 279, 280, 411–413, 417, 418, 421, 436, 438, 555, 592, 595, 600, 620, 630, 635–637, 642, 754, 755, 768, 769, 776, 785, 793, XXVIII: 828–830, 833, 836, 841, 851, 856–858, 889, 890, 934, 951–997, 1006, 1387, 1485, 1489, 1578, 1604, XXIX: 1728–1730, 1771, 1831, 2085, 2089, 2110, 2112, 2118, 2262, XXX: 2467–2469, 2514, 2516, 2590, 2591, 2593, 2594, 2597, 2926, XXXI: 3114, XXXII: 71, 182, 185, 186, 261, 437, 461, 470, 498, 499, 505, 506, 509, 510, 558, 559, 661, 666, XXXIII: 694, 702, 706, 708, 1186, 1286, 1299–1303, XXXV: 39, 50, 89, 148, 156, 157, 159, 160, 209, 210, 213, 214, 217, 226, 227, 228–232, 234–238, 240, 242, 244, 247, 251, XXXVI: 161, 183, 196, 207, 279, 280, 285, 380, 387, 394, 435, 449, 458, 545, 552, 553, 586, XXXVII: 952, XXXIX: 8, 38, 48, 55, 56, 66, 68–70, 75, 92n, 107, 108, 116–118, 121, 126, 128, 133n, 188, 198, 200, 238, 242, 243, 275, 280, 304, 413, 423, 425, 495, 510, 520, XXXX: 80, 83, 84, 126, 152, 165, 166n, 242n, 492, 523

Martin-Bellinger Report, I: 129, 379–382, 387, III: 1005, 1060–1062, 1082, 1094, 1105, 1116, 1118–1120, 1217, 1456, IV: 1809, 1937, 1941, 2009, 2025, V: 2140, 2178, 2245, 2289, 2447, VI: 2652, 2661, 2750, 2762, 2763, VII: 2976, 2987, 3076, 3307, VII: 2976, 2987, 3076, 3307, VIII: 3455, 3479, 3483, 3498, 3499,

MAUI 139

3500, 3504, 3505, 3507, IX: 4410, X: 4935, 4994, 5026, 5149, XV: 1423, 1436–1440, XVI: 2281, 2284, 2286, 2360, XVIII: 3248, XXI: 4599, 4605, 4650, XXII: 348–353, 556, XXIII: 1085, 1143–1148, XXIV: 1629, 1634, 1758, XXVI: 106, 131, 169, 311, 326, 412, 459, 535–538, XXVII: 146, 207, 252, 421, 600, 792, 793, XXVIII: 830, 834, 836, 841, 1024, XXXII: 71, 182, 498, 500, XXXVI: 279, 282, 387, 392, 394, 398, 447, 579, 586, XXXIX: 72, 75–77, 80, 143, 238, 413, 415, 418, 421, 425, XXXX: 83, 84, 84n, 113n, 139, 152, 523
Martin, Cdr. Harold M., XVIII: 3236, XXIII: 689, 737–741, 1264, XXVI: 97
Martin, Capt. Howard, XXXV: 2, 107, 115
Martin, John, XXVII: 352, 368, 377, 378, 446, 484, 486, 493, 494, XXVIII: 806–809, 811–813, 815, 816, 819–821, 879, 880, 884, 885, 1128–1130, 1134, 1135, 1141, 1143, 1144, 1160–1162, 1165–1167, 1170, 1177, 1199–1203, 1205, 1208–1225, XXIX: 1794, 1795, 1813, 2052, 2096, XXX: 2738–2743, XXXIX: 157, 161, 162, 164, 165, 185, 201
Martinique, II: 1077–1436, 1437, V: 2310, XI: 5259, XV: 1631
MARVIK (No), XXXIV: 169
MARYLAND, I: 33, 46, 48, 76, IV: 17, V: 2210, 2324, 2342, VI: 2674, 2677, X: 4849, 4850, 5134, XI: 5349, 5350, 5351, XII: 257, 309, 348, 354, 355, 366, 374, XV: 1715, XVI: 2350, XVII: 2509, 2514, XX: 4123, 4522, XXI: 4557, 4563, XXII: 537, 591, XXIII: 724, 725, XXIV: 1365, 1386, 1414, 1418, 1472, 1497–1504, 1575, 1592, 1594, 1596, 1597, 1601, 1603, 1609, 1615, 1651, 1686, 1752, XXVI: 433, 553, XXIX: 1669, XXXIII: 909, 1263, 1341, 1396, XXXV: 389, 497, 501, XXXVI: 538, 569, XXXVII: 925, 928, 937, 1213, 1247, 1248, 1250, 1253, 1254, 1259, 1260, 1272, 1273, 1275, XXXIX: 507, XXXX: 60, 61, 64
Mason, Col. C. N., XXI: 4716, 4748
Mason, Capt. Redfield (Rosie), VIII: 3703, 3756, 3758, 3874, 3897, IX: 4358, X: 4809, XVI: 2272, 2370, 2321, 2334, XXXV: 41, 117, XXXVI: 1, 45–50, 467, 479, 506, 574, 582, XXXIX: 404, 465, 483, XXXX: 483
MASSACHUSETTS (OLD), XXII: 460
Massacre Bay (Aleutian Islands), XIII: 578,
579
Matheson, Walter, XXXI: 3198, 3199
MATILDA FOSS, XXIV: 1681, 1708, 1709, 1713, 1718
MATSUEI MARU (Ja), XVII: 2684, XXXV: 57, XXXVII: 734
MATSONIA, XXXV: 394, XXXVII: 1278
MATSUKAZE (Ja), XXXV: 55, XXXVII: 733, 1133, 1135, 1329
Matsuoka, Yosuke, II: 409, 418, 419, 422, 573, 580–582, 631, 667, 668, 672, 705, 711, 727, IV: 1708–1711, 1861, 1862, 2036, 2051, V: 2069, XIV: 1352, 1397, 1398, XV: 1754–1756, 1849, XVI: 2160, 2164, XVII: 2463, XVIII: 2949, 2951, XIX: 3498, 3646, XX: 3985, 3987, 3989–3993, 3995–3997, 4003, 4013, 4019, 4028, 4217, 4269, 4270, 4291, 4292, 4296, 4300, 4327, 4414, XXX: 2859, XXXII: 635, XXXIII: 701, 1358, XXXIV: 142, XXXV: 369, 404, 407, 408, 431, XXXVII: 1101, 1105, 1106, XXXX: 13, 19, 91, 295, 296, 309, 325
Matuna Channel (Borneo Area), XIII: 442
Mauborgne, Gen. J.O., II: 951, III: 1066, 1210, 1279, 1546, 1558, IV: 1815, X: 4631, 4632, 4721, 4740, XI: 5432, XV: 1627, 1628, XXIX: 2429, XXXIV: 35, 82–85
Maui, I: 32, 35, 38, 56, 60, VI: 2407, 2408, VI: 2666, 2744, 2772, VII: 3287, VIII: 3531, 3833, IX: 4360, 4362, XII: 264, XV: 1443, 1451, 1656, 1663, XVI: 2291, 2292, XVII: 2492, 2724, 2868, XVIII: 2959, 2990, 2993, 2997, 3065, 3099, 3405, 3420, XIX: 3607, XXII: 64, 68, 78, 242, 246, 405, 431, 556, XXIII: 631, 646, 655, 692, 863, 876, 1026, 1054, 1055, 1056–1060, 1153, 1196, 1218, XXIV: 1396, 1397, 1413, 1537, 1605, 1653, 1660, 1669, 1671, 1672, 1676–1670, 1683, 1685, 1690, 1694, 1695, 1700, 1712, 1717, 1726, 1745, 1775, 1806, 1808, 1809, 1812, 1878, 1911, 1916, 2009, 2014, 2113, 2116, 2120, XXVI: 98, 99, 350, 410, 540, XXVII: 20, 148, 163, 181, 271, 310, 655, XXVIII: 1338, 1580, XXIX: 1628, 1635, 1722, 1725, 1760, 1763, 1859, 1860, 1861, 1883, 1886, 1892, 1900, 1906, 1984, 1985, XXX: 2463, 2494, 2496, 2497, 2500, 2567, 2600, 2644–2648, 2752, 2967, 2969, 2970, 2988, 3008, 3009, 3013, 3023, 3070, 3071, XXXI: 3132, 3134, 3139–3142, 3147–3150, 3152, 3154,

3185, XXXIII: 1153, 1154, 1195, 1262, 1336,
XXXV: 111, 320– 324, 330, 331, 339, 349,
351, 352, 360, 361, 366, 375, 378, 485–
487, 493, 509, 517, 519, 522, 526, 551, 555,
558, 561, 570, 574, XXXVI: 211, 224, 225,
345, 475, 476, 498, 499, XXXVII: 875, 911,
913, 921, 922, 977, 985, 1278, 1309, 1310,
XXXIX: 3, 180, 185, 191, 478, XXXX: 489n,
490

MAUNA LOA, XII: 347

Mauna Loa, XXVI: 310, 408, XXVII: 655,
XXIX: 1764, XXX: 2648–2650, XXXI: 3139,
3141, 3142, 3149, 3150, 3154, 3156, XXXIX:
193

MAUNALOI, XXXVII: 1276–1278

MAURITIUS (Br), IV: 1934, XIX: 3552,
XX: 4130

MAURY, I: 132, V: 2210, XII: 345, XVII:
2519, 2521, XXI: 4558, 4561, 4564, XXIV:
1571, 1672, 1681, XXVI: 555, XXXV: 498,
XXXVII: 926, 1222

MAYA (Ja), XI: 5359, XIII: 579, XVII: 2682,
XX: 4125, XXXV: 55, XXXVII: 732, 1132,
1329

Mayfield, Adm. Irving, I: 129, 203, 204, III:
1483, 1485, 1492, 1493, 1495, IV: 1743, 1744,
1808, 1847, VII: 3315, VIII: 3833, IX: 4160,
4163, 4336, 4345, 4346, 4356, 4359, 4360,
4367–4371, 4402, 4465–4467, X: 4683–4685,
4865, 4870, 4871, 5001, 5100, 5111, XVI:
2272, 2310, 2311, 2346, XVII: 2871, XVIII:
3276, 3338, XXIII: 603, 640–657, 692, 860,
861, 882, 891, 914, 923, 1022, 1262, 1263,
XXIV: 1413, 1447, 1448, XXVI: 1, 2, 305,
333–339, 348, 351, 360, 361, 559, XXIX:
1665, 1666, 1690, XXXI: 3179, 3185, 3188–
3190, XXXV: 30, 42, 43, 48–50, 89, 117, 135,
138, 145, 146, 148, 203, 205, 283, 293, 320,
336–338, 353, 375, 387, 483, 500, 507, 519,
543, 582, 591–600, 602–605, 610, 611, 630–
632, 634, 637, 644, XXXVI: 1, 163, 164, 223,
243, 244, 273, 329–338, 371, 464, 467, 468,
470, 475–477, 573, 582, 583, XXXVII: 911,
927, 934, 1088, XXXIX: 276, 277, 279, 280,
289, 292, 403, 451–453, 500, 515

MAYRANT, XI: 5505

Mediterranean Sea, XII: 201, 229, XIV: 1338,
1339, 1356, XV: 1793, 1809, 1811, 1833,
XVI: 1963, 1991, 1992, 2001, 2210, XVII:
2403, XVIII: 2885, 2913, XIX: 3452, 3493,
XX: 4276, 4292, 4325, 4455, 4512, 4546,
4548, XXI: 4710, 4718, 4727, 4753, XXXII:
410, XXXIII: 933, 958, 960, 964, 994, 1358,
XXXV: 682, 683, XXXVI: 657

MEDUSA, X: 4850, XII: 349, XIV: 941, XVI:
2027, XVII: 2509, 2517, 2518, 2525, XXIV:
1584, 1592, 1610, 1615, 1674, XXXII: 597,
XXXIII: 1258, XXXVI: 559, XXXVII: 937

Meehan, Col. A.W., VII: 2993, 3035,
XXIV: 1935, 2141, XXIX: 2110

MEIGS, XII: 347, XIV: 1404

MEIU MARU (Ja), XIII: 551

Melbourne, Australia, VIII: 3614, IX: 4565,
4566, 4570, 4602–4605, 4695, XV: 1581,
XVIII: 3348, XX: 4475, XXIX: 2300, 2301,
2302, XXXI: 3223, XXXIV: 3, 22, 62, 65,
139, 211, XXXV: 22, 87, 156, 204, 316, 318,
XXXIX: 238

Memoranda,
  Marshall to FDR (Undated), XV: 1636–1639
  Richardson to Knox, 12 Sept. 1940, XXXX:
    160
  Bratton to Mason, 28 Jan. 1941, XXI: 4716
  Stark to Roosevelt, 5 Feb. 1941, XXXIII:
    1204, 1205, XXXVI: 406, XXXX: 89, 97n
  Stark to Roosevelt, 11 Feb. 1941, XVI:
    2150, 2151, XXXIII: 1203, 1204, XXXVI:
    406, XXXX: 266N, 266–O
  Short to Emmons, 15 May 1941, XV: 1613–
    1621
  McCollum to ONI Director, 17 April 1941,
    IV: 2015, XV: 1854
  Kimmel to Stark, 26 May 1941, V: 2113,
    2114, VI: 2539, 2617, 2627, 2821, XVI:
    2233–2238, XXI: 4685, 4687, XXII: 360–
    365, XXXII: 94, 95, 99, 100, XXXIII: 693,
    697, XXXIX: 317, 341, 344, 351, 353, 379,
    399, 400, 512, XXXX: 90, 90n, 116n, 170
  Stark to Knox, 10 June 1941, Ix: 4299, 4300
  Schuirmann to Stark, 17 Oct. 1941, XXXII:
    108
  Marshall to Stark, 12 Sept. 1941
  McCollum to ONI Director, 1 Nov. 1941,
    XV: 1843
  Schuirmann to Stark, 4 Nov. 1941, XXVI:
    448, 450, XXXVI: 424
  Marshall/Stark to FDR, 5 Nov. 1941, II:
    401, IV: 2011, 2012, 2022, V: 2074, 2122,
    2123, 2134, 2428, VI: 2620, 2872, 2911,
    VII: 3125, VIII: 3549, 3839, IX: 4256, X:

MESSAGES ORIGINATED BY THE JAPANESE 141

4886, XI: 5219, 5222, 5383, 5410, 5449, 5456, XIV: 1061, 1062, XVI: 2367, XXI: 4664, 4680, XXIX: 2406, XXXII: 111, 117, 612, XXXIII: 695, 797, 1238, 1239, XXXVI: 424, XXXIX: 301, 336, 346, 436, XXXX: 29, 170, 173, 292, 364, 365, 389, 405, 512, 561

Gerow to Marshall, 27 Nov. 1941, XXXX: 389

Marshall/Stark to FDR, 27, Nov. 1941, II: 810, V: 2074, 2124, VII: 2954n, IX: 4256, XI: 5383, 5410, 5456, XIV: 1083, XXI: 4379, 4645, XXVII: 15, XXIX: 2192, 2200, 2201, 2406, 2414, 2415, XXXII: 233, XXXV: 176, XXXIX: 42, 136, 265, XXXX: 170, 174, 175n, 176, 292, 390, 430, 431, 507, 512

Layton to Kimmel, 28 Nov. 1941, XXXVI: 3, 159, 183, 217, 296, 408, XXXIX: 405

Miles to Marshall, 29 Nov. 1941, XXXIV: 176–181

McMorris to Kimmel, 30 Nov. 1941, XXXII: 5, 653, 654, 657, XXXIII: 704, XXXVI: 99, 107, 194, 512, XXXX: 152

McCollum to ONI Director, 1 Dec. 1941, XIII: 3435, XV: 1839, XXXVI: 18, 19, 231, 659

Layton to Kimmel, 2 Dec. 1941, XXXVI: 512, 513, XXXIX: 405, 476, 488, 518, XXXX: 135

Schuirmann to Hull, 4 Dec. 1941, XI: 5215–5223

McMorris to Kimmel, 5 Dec. 1941, XXXII: 5, 653, 654, XXXIII: 704, XXXVI: 99, 107, 194, 512, 557, XXXIX: 492, XXXX: 152

Stimson to FDR, 6 Dec. 1941, XX: 4120, XXXX: 432

Naval Dept. to Stimson, 6 Dec. 1941, XX: 4121–4131, XXXX: 437

Marshall/Short to FDR, 7 Dec. 1941, XX: 4520, 4521

Warnings sent to Hawaii, 31 Jan. 1942, XIV: 1390, 1391

Zacharias to Draemel, 17 Mar. 1942, V: 2354, 2356, VI: 2641, VII: 3237, 3253, 3254, 3258, 3259, 3304, 3307–3310, 3329

Kramer to Safford, May 1944, IX: 4083–4123, 4153–4165, 4184–4186

Cramer to Sec. of War, 25 Nov. 1944, III: 1443–1497, VII: 3145–3147

MEMPHIS, XI: 5505, XX: 4122

MEMPHIS CITY, XXIV: 1684, XXXVII: 1277

MEREDITH, XI: 5503

Merle Smith, Col. Van. S., I: 129, III: 1455, IX: 4406, 4566, 4568, X: 4602–4604, 4606, 4624, 4625, XXIX: 2300, 2301, 2303, XXXIV: 3, 60, 63–65, 172, XXXV: 110, 156, 216, XXXIX: 238

Merry Point, I: 44, 48, XXII: 321, XXIII: 734, 1127, XXIV: 1475, 1573, 1576, 1586, 1651, 1672, 1736, XXVI: 71, XXXIII: 1270, XXXVII: 1224, 1226, 1229, 1241, XXXX: 59

Messages Originated by the British,
  Wilkinson to Dawson, (Manila to Honolulu), British SIS "Winds Code", 27 Nov. 1941, XXXV: 32, 44, 84–87, XXXIX: 279
  Wilkinson to Kimmel/Hart, Japanese Code Burning, 3 Dec. 1941, IV: 2002, 2024, 2040, 2041, V: 2131, 2135, 2263, 2444, VI: 2521, 2540, 2596, 2763, 2764, VII: 2946, 2956, 2960, 2997, 3105, 3135, 3291, VIII: 3419, 3420, 3790, 3870, 3879, IX: 4224–4228, 4231, 4239, 4240, 4333, 4334, 4527, 4526, 4541, X: 4718, 4819, 4842, 4883, 4966, XIV: 1407, XVI: 2269, 2330, 2382, 2422, XVIII: 3212, 3233, 3242, 3249, XXI: 4604n, 4614, 4614, 4641, 4647, 4658, 4675, 4685, 4688, 4699, XXII: 376, XXIII: 1170, XXIV: 1357, XXVI: 2, 26, 27, 40, 62, 117, 127, 152, 165, 168, 211, 278, 232, 260, 283, 295, 304, 324, 342, 392, 429, 468, 469, 489, XXVII: 225, 788, 789, XXVIII: 867, XXIX: 2396, 2454, XXXII: 3, 60, 157, 197, 205, 252, 264, 304, 328, 332, 357, 574, 580, 591, XXXIII: 704, 782, 790, 791, 807, 813, 817, 818, 831–834, 855, 867, 868, 874, 887, 1178, XXXIV: 16, XXXV: 30, 47, 134, 146, 156, XXXVI: 137, 436, 520–522, XXXIX: 8, 93, 139, 140, 222, 237, 277, 317, 340, 344, 350, 351, 354, 367, 373, 381, 400, XXXX: 100, 106, 130, 131, 554
  Wellington to Honolulu, Code Destruction, 5 Dec. 1941, XXXIII: 834

Messages Originated by the Japanese:
  Intercepted by the U.S., I: 23, 24, 92, 213, 218, 225, 226, 249–252, 349, II: 447, 448, 464, 498, 787–794, 798, 810, 838–841, 853, 857–860, 865, 881, 885–896, 949, 966,

142 MESSAGES

III: 1037, 1115, 1119, 1128, 1146, 1156, 1157, 1183, 1186, 1427, 1563, IV: 1600, 1603, 1609, 1624, 1642, 1711, 1732, 1895, 1901, 1922, 1975–1977, 2008, V: 2082–2084, 2135, 2172, 2396, 2422, VI: 2511, 2540, 2610, 2674, 2834, 2844, 2850, 2882, VII: 2961, 3010, 3170, 3224, 3247, 3336, 3368, VIII: 3477, 3556, 3629, 3775, 3800, 3877, IX: 4035, 4216, 4250, 4332, 4334, 4473, 4474, 4577, 4583, X: 4673, 4676, 4722, 4915, 4947, 4969, XI: 5373, 5393, 5398, 5401, 5446, 5522, 5523, XII: 1–253, XIV: 1413–1416, XVI: 2268, 2296, 2332–2334, 2362, 2387–2391, 2416, XVII: 2749–2800, XVIII: 3335, 3336, XX: 4357, XXII: 176, 192, XXIII: 1063, 1066, XXIV: 1749, XXVI: 457, XXIX: 2309, 2345, 2356, XXXI: 3190, 3235–3258, XXXIII: 736–757, 783, 785, 787–796, 798–825, 909, 910, 912–914, 1362–1396, XXXIV: 103–132, XXXV: 6, 7, 23, 25, 26, 89, 96, 99, 113, 646–693, XXXVI: 3, 22, 48, 64, 233, 266, 310, 413–418, 490–492, 495–501, 575, 576, 580, 581, XXXVII: 986–1128, 1176–1205, XXXVIII: Items 150–252, XXXIX: 244, 254, 325, 364, 431, 442–446, 524, XXXX: 15, 20, 37, 38, 172, 232, 233, 233n, 234, 266–C, 266–P, 266–Q, 266–R, 266–S, 292, 296, 325, 329, 334, 346, 362, 378, 404, 405, 418, 419, 435, 497, 504, 514–516, 523, 530, 556, 560, 564

  Intercept Handling and Distribution, II: 605, 788, 790–793, 849–852, 851, 861, 864, 881, III: 1100, 1114, 1115, 1197, 1322–1327, 1427, 1428, 1447, 1486, 1551, 1559, IV: 1734, 1735, 1794, 1927, 2018, V: 2423, VI: 2834, VIII: 3408, 3425–3428, 3568, 3661, 3820, 3823, 3865, IX: 3940, 3941, 4000, 4028, 4032, 4033, 4100, 4188, 4208, 4229, 4502, 4524, 4724, X: 4611, 4613, 4660, 4661, 4720, 4723, 4742, 5121, XI: 5270, 5274, 5280, 5282, 5284, 5474–5476, XXIX: 2366, 2367, 2428, 2450–2452, 2455, XXXIII: 761, 778–780, 787, 798, 848–852, 857–865, 868, 869, 872, 903, 904, XXXIV: 1–102, XXXV: 25, 26, 35, 72, 95, 96, 98, 101, 116, 166, XXXVI: 23, 45, 46, 64, 84, 90, 230, 234, 303, 311–315, 416, 417, 528, 531–535, XXXIX: 227, XXXX: 180n, 181, 230–232, 266, 266–F, 266–G, 266–H, 266–Q, 432n, 434n, 440, 521, 538–540

  Decision Not to Send Intercepts to the Field, II: 563, 813, 815, 816, 840, 857, 907, III: 1176, 1199, IV: 1626, VI: 2627, VII: 2954, 3374, 3375, X: 4717–4719, XVI: 2332, XXIX: 2453, 2454, XXXIII: 800, XXXVI: 418, 490, XXXX: 266–I, 531, 556

  Forty Seven Critical Intercepts–Contents not Provided Hawaii, III: 1461, 1462, XXXV: 161–163

Messages,
  Tokyo to Wash. D.C., Espionage Information Needed, 15 Feb. 1941, XXXX: 261
  Tokyo to Vancouver, Location of Canadian Pacific Fleet Vessels, 26 Feb. 1941, XII: 313
  Honolulu to Tokyo, Ships in Port, 10 Mar. 1941, XXXVII: 663
  Kita to Tokyo, Pacific Fleet Ships Visit Australia, 21 Mar. 1941, XXXI: 3191
  Tokyo to Berlin, Codes Being Broken? 16 April, 1941, IV: 1860
  Kita to Tokyo, FDR's Son Arrived, 21 Apr. 1941, XXXI: 3191
  Berlin to Tokyo, Codes Being Broken? 3 May 1941, IV: 1861
  Tokyo to Berlin, Codes Being Broken? 5 May 1941, IV: 1861
  Tokyo to Wash. D.C., Caution Using Codes, 5 May 1941, IV: 1861
  Kita to Tokyo, B17 Flight S.F. to Hawaii, 14 May 1941, XXVIII: 1545, XXXI: 3191
  Kita to Tokyo, Kimmel's Visit to Wash. D.C., 7 June 1941, XXXI: 3191
  Kita to Tokyo, Troop Ship Stopped in Honolulu, 13 June 1941, XXXI: 3192
  Kita to Tokyo, Kimmel Returns, 26 June 1941, XXXI: 3192
  Kita to Tokyo, Burma Road Trucks, 27 June 1941, XXXI: 3192
  Tokyo to Berlin, Japan's Primary Objective China, 2 July 1941, XII: 1, XXXX: 16
  Berlin to Tokyo, Answer to Previous Message, 2 July 1941, XXXX: 91, 92
  Tokyo to Berlin, Joining Germany against Russia, 2 July 1941, XXXX: 91

MESSAGES 143

Kita to Tokyo, American Volunteers to Chinese Air Force, 8 July 1941, XXVIII: 1546
Canton to Tokyo, French-Indo China Occupation, 14 July 1941, XII: 2, 3, XXXX: 47
Tokyo to Berlin, No Significance to Cabinet Shake Up, 19 July 1941, XII: 3, XXXX: 19
Tokyo to Wash. D.C., How to Help Germany, 31 July 1941, XII: 8, XXXX: 15
Tokyo to Wash. D.C., Proposed Meeting, 28 Aug. 1941, XXXX: 23
Kita to Tokyo, American Volunteers to Chinese Air Force, 2 Sept. 1941, XXVIII: 1546
Nomura to Tokyo, Hull's Negotiation Position, 15 Sept. 1941, XII: 27, XXXX: 28
Tokyo to Honolulu, Bomb Plot, 24 Sept. 1941, II: 794–797, 887–891, III: 1151, 1152, 1179, IV: 1601–1603, 1749, 1829, 1841, 1842, 1922, 1928, V: 2173, 2174, 2211, 2222, 2280, 2281, 2396, 2397, VI: 2541–2543, 2610, 2774, 2776, 2777, 3010, VII: 2957, 2961, 3010, 3041, 3073, 3247, 3248, 3307, 3336, 3337, 3365, VIII: 3390, 3405, 3406, 3410, 3412, 3522, IX: 4176–4178, 4193, 4195, 4196, 4197, 4236–4238, 4423, 4425, 4458, 4526, 4533, X: 4697, 4852, 4863, 4864, 4868, 4869, 4947, 4962, 4963, 4967, 4969, XI: 5246, 5256, XII: 261, 262, XVI: 2290, XXI: 4688, 4699, XXXI: 3235, XXXIII: 856, XXXV: 136–137, 161, 166, 176, 646, XXXVI: 239, 264, XXXVII: 663, XXXIX: 245, 251, 265, 290, 344, 400, 427, 512, XXXX: 182–190, 232, 233, 233n, 266–D, 266–E, 266–F, 266–I, 516–520, 523, 525, 556
Honolulu (Kita) to Wash., Code for Ship Locations in P.H., 29 Sept. 1941, III: 1179, VI: 2541, XI: 5246, XXXVII: 663, XXXIX: 451, XXXX: 266–D, 516, 518
Berlin to Tokyo, Conversation with Ribbentrop, 1 Oct. 1941, XXXVII: 677, 678
Nomura to Tokyo, Interview with Turner, 14 Oct. 1941, XXXV: 92, 161, 646, 647
Nomura to Tokyo, Hull's Position, 22 Oct. 1941, XXXV: 648, XXXIX: 434
Tokyo to Nomura, Nomura's Efforts Appreciated, 23 Oct. 1941, XXXIX: 435
Tokyo to Wash. D.C., Proposal B, 4 Nov. 1941, I: 249
Tokyo to Wash. D.C., Proposals A & B, 4 Nov. 1941, I: 250
Tokyo to Wash. D.C., Executive Agreement, 5 Nov. 1941, I: 250
Tokyo to Wash. D.C., Negotiation Deadline, 5 Nov. 1941, I: 220, 226, 250, II: 757, III: 1313, V: 2317, VI: 2543, 2544, VII: 2955, XII: 100, XVI: 2297, 2388, XXVIII: 946, XXXI: 3237, XXXIII: 736, 775, 784, XXXIV: 105, XXXV: 161, 648, XXXVI: 341, 422, 678–680, XXXIX: 245, 435, XXXX: 32, 193, 362
Tokyo to Wash. D.C., Negotiation Deadline, 11 Nov. 1941, VI: 2544, XII: 116, XXXIII: 727, XXXX: 32, 193
Tokyo to Hong Kong, Plans for War, 14 Nov. 1941, IV: 1851
Tokyo to Wash. D.C., Negotiation Deadline, 15 Nov. 1941, V: 2397, VI: 2544, XII: 130, XXXX: 194
Tokyo to Honolulu, Ship Reports, 15 Nov. 1941, II: 796, III: 1180, XXXI: 3238, XXXIII: 754, 856, 885, 1373, XXXIV: 114, XXXV: 161, 166, 176, 649, XXXVI: 499, XXXVII: 687, XXXIX: 251, 265, 325, 447, XXXX: 182, 190, 226–D, 516, 518
Tokyo to Wash. D.C., Negotiation Deadline, 16 Nov. 1941, XII: 137, XVI: 2298, XXXIV: 106, XXXV: 161, XXXVI: 424, XXXIX: 245, 437
Tokyo to Nanking, Time Limit is Near, 16 Nov. 1941, XXXIII: 754, XXXIX: 439
Honolulu-Tokyo (Kita), Battleship Locations, 18 Nov. 1941, III: 1180, XII: 262, 263, XXXIII: 752, 794, 866, 884, 917, 1384, 1385, XXXIV: 119, XXXX: 162, 166, 650, XXXVI: 264, XXXVII: 668, 699, XXXIX: 245, 252, 325, XXXX: 266–E, 517
Tokyo to Honolulu, Ship Locations, 18 Nov. 1941, XXXIII: 753, 866, 884, 885, 1380, XXXIV: 118, XXXV: 650, XXXVI: 67, 239, 264, 500, XXXVII: 668, 694, XXXIX: 325, 447, XXXX: 517, 518
Nomura to Tokyo, Three Courses Open to Tokyo, 19 Nov. 1941, XXXX: 37
Tokyo to Wash. D.C., Hidden Word Code, 19 Nov. 1941, XI: 5478, 5479

144 MESSAGES

Tokyo to Wash. D.C., (#2353) Winds Code, 19 Nov. 1941, I: 128, III: 1106, V: 2181, VIII: 3385, 3386, 3408, 3409, 3593–3601, IX: 4059, X: 4727, XI: 5477, 5478, XII: 154, XVII: 2660, XXIII: 3302, 3351, XXXI: 3239, 3240, XXXIII: 738, 1368, XXXIV: 4, 108, 124, XXXV: 141, 472, 473, 650, 651, XXXVI: 501–510, XXXVII: 682, XXXIX: 248, 270–276, 384, 456–466, XXXX: 191, 469

Tokyo to Wash. D.C., (#2354) Winds Code, 19 Nov. 1941, XII: 155, XVIII: 3303, 3310, 3311, 3350, XXXI: 3240, XXXIII: 755, 757, 1367, XXXIV: 108, XXXVI: 427, XXXIX: 245, 251, 439, XXXX: 191, 469

Tokyo to Wash. D.C., Winds Code, 20 Nov. 1941, III: 1463, 1488, 1506

Tokyo to Nomura, Rejecting Nomura's Plan, 20 Nov. 1941, XXXX: 37, 38

Tokyo to Honolulu, Fleet Bases Near Military Reservations, 20 Nov. 1941, XXXX: 517, 518

Panama to Tokyo, Airplane Detectors, 22 Nov. 1941, XXXX: 146

Tokyo to Wash, D.C., Negotiation Deadline Extended, 22 Nov. 1941, I: 226, 252, V: 2304, VI: 2544, VII: 2956, VIII: 3435, 3580, 3590, 3770, IX: 4233–4235, 4255, X: 4632, 4947, XI: 5398, 5405, XII: 165, XIII: 2388, XXIX: 2366, XXXI: 3241, XXXIII: 737, 788, 791, 820, XXXV: 132, 162, 652, XXXVI: 240, 342, 422, XXXIX: 223, 245, 252, 258, 284, 288, 326, 437, XXXX: 32, 34, 194

Honolulu to Seattle, Ichisaku's Entry to U.S., 26 Nov. 1941, XXXVII: 1093, 1120, 1121

Nomura to Tokyo, U.S.to Point Note, 26 Nov. 1941, XXXIII: 1369, XXXIX: 4440

Com. 14 to Opnav, Japanese Ship Locations, 26 Nov. 1941, XXXVI: 481, 482, 489, 648, 649, XXXIX: 486

Tokyo to Wash. D.C., Telephone Code, 26 Nov. 1941, XXXI: 3241, 3242, XXXIII: 1367, XXXIV: 107, XXXVII: 680, 681, XXXIX: 439

Tokyo to Manila, Water Depth Near Subic Bay, 26 Nov. 1941, XXXIX: 439

Wash. D.C., to Tokyo, Suggested Counter Proposal, 26 Nov. 1941, XXXV: 653, 654, XXXIX: 440, 441, XXXX: 220n

Tokyo to Wash. D.C., Negotiation Deadline, 28 Nov. 1941, VI: 2546

Tokyo to Wash. D.C., Give Impression that Negotiations Continue, 28 Nov. 1941, XXXIII: 858, 877, 1370, XXXIV: 21, 110, 194, XXXV: 162, XXXVI: 240, 429, 430, 490, XXXVII: 684, XXXIX: 441, XXXX: 42, 195, 196, 200, 219, 220, 232, 233

Tokyo to Berlin, Insulted by Hull's Nov. 26 Note, 28 Nov. 1941, XXXV: 683

Hsinking to Tokyo, Treatment of Foreign Nationals, 28 Nov. 1941, XII: 198, XXXIII: 755, 756, 778

Berlin to Tokyo, Germany Asked About Negotiation Status, 29 Nov. 1941, IV: 2054, XII: 200–202, XXXV: 675–677, XXXX: 409

Tokyo to Wash. D.C., Negotiations Extended, 29 Nov. 1941, VI: 2546, 2909, IX: 4233–4235, X: 4747, XXXX: 195

Tokyo to Wash. D.C., One More Try at Negotiations, 29 Nov. 1941, XXXVII: 684, XXXIX: 256, 442, XXXX: 196, 402

Tokyo to Honolulu, Ship Movements Even if None, 29 Nov. 1941, III: 1475, XXXIII: 753, 865, 1379, XXXIV: 120, XXXV: 162, 166, 176, 655, XXXVI: 66, 69, 500, XXXVII: 693, XXXIX: 246, 325, XXXX: 182, 232, 518

Tokyo to Berlin, (#985) Negotiations Ruptured, 30 Nov. 1941, III: 1462, VI: 2548, VIII: 3796, IX: 4072, XXXI: 3245, 3246, XXXV: 162, 656, 657, 673, XXXVII: 664, XXXX: 204, 205, 515, 571

Tokyo to Berlin, (#986) Recap of Negotiations with U.S., 30 Nov. 1941, II: 838, VI: 2548, 2870, VIII: 3421, 3797, XVI: 2303, 2304, XXXI: 3246, 3247, XXXIII: 1372, 1373, XXXIV: 113, XXXV: 162, 657, 658, 681, 682, XXXVI: 492, 493, XXXVII: 686, 687, XXXIX: 326, 443, 444, XXXX: 172

Tokyo to Wash. D.C., Negotiation Deadline, 1 Dec. 1941, VI: 2546, XII: 208, XXXV: 162, XXXX: 196

Tokyo to Wash. D.C., Deceptive Negotiations, 1 Dec. 1941, XXXX: 42

Kita to Tokyo, Ship Movements, 1 Dec. 1941, II: 798

MESSAGES

Tokyo to Berlin, U.S. Negotiations, 1 Dec. 1941, XXXIX: 327

Tokyo to Various Consulates, Code Machine Destruction, 1 Dec. 1941, IX: 4271, XII: 209, XIV: 1408, XXIX: 2396, XXXIII: 776, 782, 809, XXXIV: 195, XXXV: 128, 167, XXXVI: 43, XXXIX: 252, XXXX: 404, 405

Tokyo to London, Code Destruction, 1 Dec. 1941, XXXI; 3248, XXXV: 162, 167, 659, XXXIX: 246, 252, XXXX: 404, 405

Tokyo to Wash. D.C., Code Machine Destruction–Chemicals, 1 Dec. 1941, XXXI: 3248, XXXV: 163, 167, XXXIX: 246, 252

Wash. D.C., to Tokyo, Meeting Proposed, 1 Dec. 1941, XXXIV: 116, 117, XXXVI: 495, XXXVII: 690, XXXIX: 446

Tokyo to Various Consulates, Code Machine Destruction, 2 Dec. 1941, II: 865, VIII: 3584, 3585, 3733, 3789, IX: 3957, 3958, 4223, 4231, 4232, 4239, 4269, 4270, 4332, 4333, 4338, 4347, 4376, X: 4630, 4637, 4635, 4648, 4653, 4654, 4729, 4730, 4788, 4883, 4966, XII: 215, XXVI: 304, XXIX: 2442, 2445, XXXI: 3250, XXXIV; 195, XXXV: 97, 105, 144, 146, 163, 165, 167, 661, 675, XXXVI: 136, XXXIX: 247, 250, 252, 274, XXXX: 419

Togo to Kita, Code Destruction, 2 Dec. 1941, XXXV: 472

Kurusu/Nomura to Tokyo, Converstation with Welles, 2 Dec. 1941, XXXIX: 328, 444, 445

Tokyo to Honolulu, Barrage Balloon/Antimine Net, 2 Dec. 1941, IX: 4349, X: 4863, XII: 266, XVI: 2291, 2313, 2335, 2357, XXXI: 3250, XXXIV: 198, XXXV: 82, 167, 661, XXXVI: 66, 237–239, 264, 583, XXXIX: 252, 428, 455, 516, XXXX: 148, 229, 231

Berlin to Tokyo, German Victories Reported, 3 Dec. 1941, IX: 4199

Honolulu to Tokyo, Kuhn Signals by Kita, 3 Dec. 1941, II: 798, V: 2407, 2408, VII: 3284, VIII: 3540, IX: 4360–4362, 4366, X: 4686, 4869, XII: 267, 268, XVI: 2291, 2292, 2313, 2357, XXII: 176, 192, XXIII: 655, 673, 686, 688, 692, 868, 976, 1050, XXX: 3070, 3071, XXXV: 43, 120, 321, 483–485, 495, 496, 499, XXXVI: 38, 39, 84, 85, 303, 332, 345, 346, 475, 498, XXXVII: 674, 675, 803, 804, 911–913, 923, 984, 985, XXXIX: 100, 429, 453–455, 485, 516, XXXX: 230, 539

Wash. D.C., to Tokyo, Action if Thailand is Occupied by Japan, 3 Dec. 1941, XXXIX: 328

Tokyo to Wash. D.C., Use of Japanese Troops in Indo China, 3 Dec. 1941, XXXIX: 328

Kita to Tokyo, Ship Movements at P.H., 3 Dec. 1941, XXXIII: 1546, XXXI: 3192

Berlin to Tokyo, Embassy Staff Evacuation From London, 4 Dec. 1941, XXXI: 3251, XXXVII: 691

Bangkok to Batavia (Foote) Winds Code, 4 Dec. 1941, XXIX: 2370

Tokyo to Consulates, Winds Activation, 4 Dec. 1941, III: 1446 (Safford's word for this one)

Kita to Tokyo, British Ship at Honolulu, 4 Dec. 1941, II: 798, XXXI: 3192

Kita to Tokyo, U.S.S. Honolulu Arrives at P.H., 4 Dec. 1941, XXVIII: 1546, XXXI: 3192

Kita to Tokyo, Ship Report, 5 dec. 1941, XXX: 3070, XXXV: 389, 499, XXXVI: 497, 583, XXXVII: 672, 802, 998, XXXIX: 430, 454, XXXX: 188

Tokyo to Berlin, Status of U.S. Negotiations, XI: 5481

Tokyo to Berlin, Japan Will Avoid Clash with Russia, 6 Dec. 1941, XII: 245

Tokyo to Wash. D.C., Code Machine Destruction, 6 Dec. 1941, IX: 4203, X: 4632, XXXX: 167, XXXIX: 224

Honolulu to Tokyo, Barrage Ballons/ Torpedo Nets/Surprise Possible, 6 Dec. 1941, II: 798, V: 2409, VI: 2778, VII: 3338, VIII: 3546, IX: 4389–4391, 4393–4398, 4581, 4582, X: 4863, XVI: 2290, 2293, 2313, 2314, 2335, 2357, XXII: 176, XXVIII: 1546, XXXI: 3192, XXXV: 136, 390, 391, 453, 481, 499, 646, XXXVI: 38, 39, 84, 237, 238, 264, 309, 310, 313, 496, 497, 583, XXXVII: 669, 927, 930, 998, 999, XXXIX: 290, 430, 454–456, 485, 486, 516, XXXX: 229, 231, 539

146 MESSAGES

Honolulu to Tokyo, Ships, No Recon., 6 Dec. 1941, V: 2409, VIII: 3545, IX: 4389–4391, 4393–4398, 4581, XII: 270, XVI: 2293, 2312, 2314, 2357, XXIV: 1308, XXX: 3071, XXXI: 3192, XXXV: 390, 453, 481, 499, 646, XXXVI: 38, 40, 66, 237, 238, 264, 309, 310, 313, 497, 583, XXXVII: 669, 929, 1000, XXXIX: 290, 430, 447, 454, 456, 485, 486, 516, XXXX: 188, 229, 231, 539

Tokyo to Wash. D.C., Pilot Message, 6 Dec. 1941, III: 988, 1186, 1208, 1320–1322, 1327, 1362, 1366–1368, 1428, 1429, 1555, 1556, IV: 1595, 1598, 1620, 1621, 1633–1635, 1760, 1761, 1776, 1854, 1874, 1970, 1971, 2056, 2061, V: 2182, 2183, 2207, 2398, VI: 2549, VII: 3278–3302, 3338, VIII: 3407, 3408, 3440, 3447, 3556–3558, 3574, 3576, 3661, 3679, 3680, 3689, 3783, 3784, 3898, IX: 3955, 3983, 3990, 3993, 3997, 4015, 4018–4021, 4028, 4038, 4047, 4063, 4099, 4100, 4188, 4198, 4199, 4205, 4207, 4208, 4262, 4422, 4474, 4482, 4483, 4485–4487, 4509, 4510, 4512, 4513, 4527, 4536, 4570, 4571, 4575, 4578, X: 4643, 4670, 4737, 4761, 4766, 4926–4928, XI: 5448, 5449, XII: 238, XIV: 1413, XVI: 2307, 2390, XXIX: 2382, XXXI: 3251, XXXIII: 743, 744, 864, 1380, XXXIV: 196, XXXV: 163, 662, XXXVI: 236, 315, 527, XXXVII: 694, XXXIX: 247, 328, 366, 447, 448, XXXX: 42, 209, 210n, 211, 211n, 219, 220, 266–F, 266–G, 266–H, 433, 434, 520, 526–528,

Tokyo to Wash.D.C., 14 Part, I: 128, II: 842, 922, 924–926, 929, 940–946, III: 983, 988, 1041–1043, 1103, 1107, 1113, 1115, 1145, 1176, 1183, 1186, 1208, 1320, 1321, 1327, 1362, 1366, 1367, 1369–1373, 1428–1431, 1447–1449, 1462, 1463, 1470, 1486, 1487, 1496, 1505, 1554, 1556, 1581, IV: 1594–1599, 1621, 1625, 1632–1636, 1761–1767, 1776, 1799, 1800, 1845, 1854, 1879, 1924, 1970–1972, 2024–2026, 2029, 2056, 2061, V: 2082, 2132, 2182, 2183, 2187, 2207, 2212, 2260, 2261, 2420, VI: 2550, 2552, VII: 2957, 3162, 3221, 3222, 3274, 3278, 3338, 3365, VIII: 3391–3393, 3424, 3426–3432, 3556–3558, 3560–3563, 3565–3570, 3572–3577, 3615, 3657–3662, 3678, 3679, 3680, 3688, 3689, 3693, 3695, 3698, 3711, 3712, 3734, 3745, 3747, 3748, 3768, 3778, 3783–3786, 3791, 3799, 3808, 3814, 3823–3825, 3893, 3898, 3899–3902, 3904–3908, 3912, 3913, IX; 3959, 3970, 3983, 3985, 3990–3992, 3997–4001, 4004, 4005–4007, 4016, 4017, 4019, 4020, 4022, 4024–4030, 4032, 4035–4037, 4039–4043, 4045–4047, 4062, 4063, 4081, 4096, 4099, 4104, 4105, 4107, 4108, 4111, 4112, 4114, 4144, 4148–4151, 4168, 4169, 4173, 4197, 4204, 4205, 4208, 4229, 4262–4264, 4298, 4326, 4327, 4341, 4383, 4386, 4429, 4455–4458, 4472, 4474, 4476, 4477, 4479, 4480, 4482–4487, 4489, 4490, 4493–4496, 4502, 4504, 4509, 4512–4518, 4523, 4524, 4527–4529, 4544, 4545, 4547, 4550, 4559, 4572, 4573, 4575, 4579, 4583, 4597, X: 4608, 4609, 4612–4614, 4616–4618, 4622, 4623, 4625–4627, 4633, 4636, 4662, 4690, 4691, 4711, 4736–4738, 4757, 4765, 4766, 4804, 4926, 4928, 4930, 4932, XI: 5156–5159, 5163, 5175, 5176, 5190, 5193, 5196, 5206, 5232, 5233, 5248, 5273, 5274, 5278, 5279, 5282, 5283, 5290, 5385, 5393, 5447–5451, 5463, 5544, 5545–5547, XII: 239–245, XIV: 1410, 1413–1415, XVI: 2307–2309, 2313, 2371, 2372, 2390, 2391, 2421, 2422, XVIII: 2982, 3333, 3334, 3349, XX: 4239, 4413, 4646, 4684, XXVI: 469, XXIX: 2309, 2310, 2314, 2320, 2321, 2344, 2345, 2349, 2350, 2382–2390, 2392, 2409, 2411, 2419, 2420, 2432, 2455, XXXI: 3252–3257, XXXIII: 744–749, 763–766, 779, 780, 783, 799, 801, 802, 803, 808–810, 815, 822, 823, 825, 827, 843, 844–847, 857, 858, 862–864, 869, 872, 881, 896, 903, 904, 1380–1384, XXXIV: 1, 5, 20, 21, 25, 30, 58, 120–124, 126–131, 196, XXXV: 17, 26, 91–93, 97, 98, 102, 106, 116, 130, 138–140, 149, 163, 171, 172, 663, XXXVI: 25, 27, 66, 73, 82, 85, 236, 240, 314–316, 346–349, 527–536, XXXVII: 694–699, XXXIX: 139, 226, 227, 229, 230, 247, 258, 259, 281, 292–294, 328, 329, 340, 349, 350, 366, 367, 447–449, 455, 482, XXXX: 42, 43, 178, 209–216, 216n, 217 217n, 218, 219, 219n, 220, 220n, 221, 221n, 222, 222n, 232, 257, 265, 266–F, 266–G, 266–H, 266–N, 432n, 433, 433n, 434, 434n, 435–437, 440, 511, 513, 520, 528, 539, 540, 560,

MESSAGES ORIGINATED BY THE UNITED STATES 147

564, 566–569

Tokyo to Wash. D.C., 1 PM, 7 Dec. 1941,
I: 128, II: 924, 929–932, III: 988, 1041–
1043, 1103, 1106–1109, 1111, 1113, 1115,
1145, 1177, 1186, 1211, 1213, 1312, 1313,
1320, 1327, 1362, 1369, 1447–1449, 1463,
1464, 1470, 1487, 1505, 1513, 1523, 1532,
1576, IV: 1594, 1596, 1621, 1635, 1754,
1763, 1765, 1767–1770, 1776, 1850, 1924,
1970–1972, 2024, 2029, 2030, 2056, 2061,
V: 2082, 2095, 2132, 2182, 2183, 2186,
2187, 2207, 2211, 2260, 2261, 2278, 2281,
2338, 2426, 2435, VI: 2550, 2613, VII:
2950, 2957, 3010, 3041, 3105, 3106, 3162,
3221, 3222, 3269, 3273, 3278, 3302, 3338,
3360, 3365, VIII: 3393, 3396, 3428, 3429,
3432, 3437, 3443, 3444, 3572, 3573, 3575,
3577, 3680, 3689, 3698, 3715–3718, 3748,
3777, 3778, 3785, 3808, 3825, 3908, IX:
3972, 3985, 3990, 3997, 3998, 4000, 4028,
4043, 4047, 4050, 4081, 4099, 4100, 4110,
4148, 4178, 4180, 4206, 4208, 4221, 4264,
4265, 4341, 4482, 4484, 4494, 4517, 4518,
4519, 4523, 4546, 4571, 4595, X: 4627,
4690, 4737, 4930, 4932, XI: 5175, 5190,
5191, 5206, 5235, 5274, 5283, 5447, 5452,
5474, 5547, XII: 248, XIV: 1410, 1416,
XVI: 2268, 2309, 2333, 2344, 2355, 2362,
2372, 2382, 2391, 2416, 2420, 2422, XVII;
2965, 3012, XVIII: 3334, XXI: 4658, 4684,
4688, 4698, 4699, XXII: 46, 168, XXIX:
1717, 2198, 2199, 2309, 2310, 2314, 2315,
12322, 2344, 2345, 2349, 2350, 2354, 2385,
2386, 2389, 2390, 2393, 2409, 2424, 2455,
XXXI: 3168, 3257, XXXII: 134, 161, 194,
264, 430, 536, XXXIII: 749, 750, 759, 765,
780, 781, 799, 801, 803, 804, 811, 815, 816,
822, 827, 843, 844, 846, 847, 859, 861, 868,
869, 874, 881, 883, 1385, XXXIV: 2, 5,
19–21, 25, 30, 38, 41, 58, 124, 132, 137,
XXXV: 17, 26, 98, 130, 139, 140, 163,
165, 167, 171, 209, 668, XXXVI: 25, 27,
82, 84, 236, 316, 344, 347–349, 529, 535,
565, 575, 581, XXXVII; 700, XXXIX: 140,
227, 230, 247, 249, 252, 258, 293, 294, 329,
331, 340, 344, 350, 352, 353, 364, 367, 380,
381, 396, 399, 400, 449, 450, 482, 513, 514,
XXXX: 43, 193, 210, 211, 218, 222, 223,
223n, 224, 226, 227n, 232, 233, 233n, 236,
252, 255, 266–F, 266–G, 266–H, 266–S,
437, 438, 520, 527, 529, 540, 569

Tokyo to Various, Relations with England, 7 Dec. 1941, VIII: 3870

Tokyo to Honolulu, 7 Dec. 1941, XXVIII: 1546

Tokyo to Wash. D.C., Code Machine Destruction, 7 Dec. 1941, III: 1319 IX: 4017, 4047, 4050, X: 4931, 4932, XII: 249, XIV: 1416, XVI: 2355, 2391, XVIII: 2982, XXXI: 3257, XXXIII: 859, XXXV: 163, 668, XXXIX: 247, 293, 449, 513, XXXX: 222, 223, 226, 527, 569

Budapest to Tokyo, War on the 7th, 7 Dec. 1941, III: 1462, VII: 3199, IX: 4216, XII: 252, XXXV: 6, 163, 668, XXXVI: 530, XXXVII: 700, XXXIX: 247, 448

Berlin to Tokyo, Japanese Ask Germany to Declare War on U.S., 8 Dec. 1941, XII: 253, XXXV: 687

Message List of Japanese Counsul at Honolulu via RCA

Received by ONI after the 7 Dec. 1941 Attack, Decoded messages, XXXVII: 982–1027, Original RCA Form , XXXVIII: Items 149–252

Philippine Islands, VI: 2781–2786, XXXVI: 423

Messages Showing Japanese Interest in the Panama Canal, VI: 2775–2780

Messages Originated by the United States,

Adams to Herron, Herron Alert, 917 June 1940, VII: 2930, 2944–2946, 3182, 3185, 3199, XV: 1594, XXIV: 2163, XXIX: 1719, 2197, XXXI: 3166, XXXV: 6, XXXX: 266–M

Herron to Marshall, Alert, 17 June 1940, XXIX: 1719, XXXI: 3166

Marshall to Herron, End Alert, 16 July 1940, XXIX: 1722, XXXI: 3166

Stark to Hart, War Plan, 12 Dec. 1940, IV: 1929–1931

Stark to Kimmel and Hart, Deteriating Conditions, 21 Jan. 1941, VI: 2512, XXXII: 671, XXXVI: 368

Grew to Hull, Pearl Harbor Attact Rumor, 27 Jan. 1941, II: 401, 448, 561, 562, IV: 1772, 1814, VI: 2513, 2753, 3307, VIII: 3764, XXI: 4575, 4578, XXVI: 450, XXVII: 241, XXVIII: 930, 1448, XXIX:

2145, XXXII: 630, 634, 638, 643, XXXIX: 36, 41, 73, 307, XXXX: 337, 337n
Stark to Kimmel, Rumor of Pearl Harbor Attack, 31 Jan. 1941, XXXIII: 1390
Stark to Kimmel, Rumor of Japanese Attack on Pearl Harbor, 1 Feb. 1941, XIV: 1044, XXVIII: 930, XXXVII: 634, 644, 645, XXXX: 77
Stark to Kimmel, Japanese Planning New Adventures, 3 Feb. 1941, VI: 2512
OPNAV TO CINCPAC/CINCAF, Strip Ship, 4 April 1941, XIV: 1396
CNO to All Commands, Japanese Policy for War, 3 July 1941, VI: 2512, XIV: 1396, XXXX: 101
Adams to Short, Japan May Attack Russia, 7 July 1941, XXXI: 3167, XXXIV: 23, 39, XXXIX: 59, 234
Stark to Kimmel, Japanese Moves in Southern Indo China, 15 July 1941, XIV: 1398, XXXX: 92
Stark to Kimmel, Japanese Eye Singapore and N.E.I., 19 July 1941, XIV: 1399, XXXX: 93
COM SIXTEEN TO OPNAV, New Cabinet Won't Change Plans, 19 July 1941, XIV: 1399, XXXX: 93
COM SIXTEEN TO OPNAV, Japan Plans Move into Southern Indo China, 20 July 1941, XIV: 1399, XXXX· 93
Stark and Marshall to Field Commanders, Freeze Order, 25 July 1941, V: 2115, VI: 2630, 2796, VII: 2932, 2975, XXI: 4590, XXII: 1, XXIV: 1355, 2164, XXXI: 3167, XXXIX: 60, XXXX: 93
Stark to Various Commands, Freeze Order Enforcement, 28 Aug. 1941, VI: 2667, XIV: 1400, XXXX: 94, 95
Grew to Hull, Proposed Meeting Between FDR and Konoye, 4 Sept. 1941, XX: 4413, XXXVII: 1110
Grew to State Dept., "Green Light", 12 Sept. 1941, XIV: 1303–1314, XXXX: 15, 41, 336
Ingersoll to Kimmel, Konoye Cabinet Falls, 16 Oct. 1941, II: 826, 827, IV: 1750, 2023, 2026, 2034, V: 2119, 2134, 2281, 2374, 2375, VI: 2516, 2517, 2656, 2796, VII: 2933, 2959, 2974, 2975, 2983, 2992, 3060, 3095, 3166, 3289, 3297, VIII: 3489, XIV: 1327, XVI: 2267, 2295, 2310, XVIII: 2955, 2982, 3232, 3249, XXI: 4603, 4612, 4646–4648, 4664, 4672, 4673, 4677, 4683, 4696, XXII: 1, 24, 32, 39, 72, 74, 85, 371, 378, 473, XXIII: 990, 1165, 1194, XXIV: 1356, 1771, 1778, 1798, XXVI: 2, 23, 39, 56, 58, 118, 127, 146, 160, 168, 255, 256, 277, 279, 295, 320, 321, 342, 398, 424, 429, 440, 448, 462, 487, XXVII: 154, 186, 218, 783, XXVIII: 837, 902, 1559, XXIX: 1714, 2158, 2159, 2160, 2178, 2208, XXX: 2459, 2466, 2485, 2486, XXXII: 46, ??? 49–52, 88, 108, 109, 128, 143, 146, 155, 156, 191, 229, 230, 234, 236, 267, 269, 325, 418, 547, 550, 568, 579, 604, 657, 668, XXXIII: 698, 699, 714, 792, 793, 919, 1170, XXXIV: 145, XXXV: 154, 157, 161, XXXVI: 296, 418, 419, 421, 422, 431, 432, 434, 435, XXXIX: 6, 18, 48, 78, 89, 134, 138–140, 235, 239, 302, 313, 315, 321, 339, 348, 362, 377, 399, 433, 450, 451, XXXX: 28, 96, 101, 103, 104, 106, 109, 116n, 263, 264
Stark to Kimmel, Assuring Safety of Airfields at Wake & Midway, 17 Oct. 1941, V: 2159, 2160, XXXX: 97
Adams to Short, No Changes in Japanese Programs, 20 Oct. 1941, VII: 2933, 2975, 2983, XIV: 1327, XXVII: 24, XXIX: 1714, 2072, 2159, 2160, 2174, 2176, 2177, 2401, 2414, XXXIX: 78, XXXX: 101
Brink to Miles, Japanese Shipping Movements, 27 Oct 1941, XXXIV: 3, 23
Grew to Hull, Guard Against Sudden Japanese Moves, 3 Nov. 1941, II: 560, IV: 1866, XXVIII: 1448, XXIX: 2146, XXXII: 633, XXXIV: 150, XXXX: 30, 336
Stark to Kimmel, Hart, others, Japanese Merchant Shipping Leave Western Hemisphere, 4 Nov. 1941, XXXX: 97
Grew to Hull, Guarding Against Japanese Surprise Moves, 17 Nov. 1941, XXXIV: 150, XXXVI: 425, XXXIX: 42, XXXX: 30, 337
Stark to Kimmel, Hart, King, Expect Japanese Attack Anywhere, 24 Nov. 1941, III: 1081, 1262, 1267, 1270, 1273, 1275, IV: 1920, 1923, 1946, 1970, 1977, 1978, 2023, 2029, 2034, 2054–2061, V: 2123, 2124, 2135, 2148, 2149, 2178, 2198–2202, 2207, 2208, 2211, 2214, 2216, 2220, 2221,

MESSAGES ORIGINATED BY THE UNITED STATES 149

2263, 2379, 2398, 2412, 2421, 2438, 2439, 2444, VI: 2519, 2640, 2642, 2643–2646, 2656, 2712, 2869, 2901, VII: 2934, 2976, 2980, 3011, 3012, 3023, 3025–3029, 3071, 3072, 3100, 3165, 3199, 3257, 3264, 3289, 3297, VIII: 3384, 3388, 3443, 3477, 3489, 3550, 3665, 3821, 3827, 3838, IV: 4250, X: 4651, 4819, 4825, 4866, 4896, 4934, 4935, 4942, 4951, 4954, 4965, 4971, 5006, 5120, XI: 5229, 5412, XVI: 2267, 2298, 2310, 2325, 2333, 2354, XVIII: 3232, 3244, 3249, XXI: 4603, 4647, 4648, 4672, 4677, 4683, 4696, XXII: 1, 33, XXIII: 605, 624, 660, 672, 764, 766, 1083, 1089, 1110, XXIV: 1356, 2164, XXVI: 2, 39, 58, 161, 257, 278, 279, 283, 321, 342, 424, 429, 440, 463, 487, XXVII: 48, 132, 220, 783, XXVIII: 838, 1559, 1592, XXIX: 2072, 2161, 2175, 2176, 2196, 2208, 2320, 2343, 2401, XXXI: 3167, 3168, 3221, XXXII: 47, 49–52, 57, 59, 64, 86, 87, 89, 90, 108, 109, 110, 143, 146, 156, 198, 199, 231, 267, 325, 326, 331, 333, 405, 413, 446, 506, 528, 615, XXXIII: 689, 699–701, 714, 728, 729, 788, 789, 878, 879, 920, 1173, 1174, XXXIV: 15, 16, 40, 53, 135, 145, XXXV: 6, 155, 173, 174, XXXVI: 2, 15, 102, 115, 143, 144, 180, 192, 206, 209, 237, 295, 425, 426, 432 436, 438, 442, 446, 463, 468, 486, 581, XXXVII: 781, 782, XXXIX: 6, 18, 48, 78, 134, 138–140, 236, 262, 314, 315, 321, 339, 349, 362, 377, 399, 405, 437, 450, 451, 468, 470, 482, 513, XXXX: 98, 101, 104, 106, 107, 107n, 195n, 206–208, 534, 540

Wilkinson to Hart, Kimmel & Others, Japanese Fleet Movements, 24 Nov. 1941, XXXVI: 479, 481, 650

OPNAV to COM 12, Route Shipping Via Torres Straits, 25 Nov. 1941, XII: 317, XIV: 1406

Hull to Grew, 10 Point Note Contents, 26 Nov. 1941, IV: 1706, 1707

Roosevelt to Sayre, Alert Civilian Authority, 26 Nov. 1941, XI: 5214, XXXX: 266-N

Winant to Hull, Churchill's Concern for China, 26 Nov. 1941, II: 700, 701

Adams to Short, Photo Recon. Mission to the Marshalls, 26 Nov. 1941, III: 1288–1292, 1454, XIV: 1328, XVI: 2339, 2357, 2362, XVIII: 2964, 3011, 3232, XXI: 4603, 4697, XXII: 44, XXIV: 1780, 1826, 2165, XXVII: 166, XXIX: 2080, 2090, 2175, 2176, XXX: 2468, 2515, XXXI: 3168, XXXV: 50, 155, XXXVII: 1205, XXXIX: 48, 79, 236, 364, 379, 486, 517, 523, XXXX: 102

COM 16 to OPNAV, Japanese Fleet Location, 26 Nov. 1941, XXXVI; 481, 649

Stark to Kimmel, Proposed Army Planes to Outlying Islands, 26 Nov. 1941, V: 2154, 2155, XVI: 2253, 2287, 2370, XVII: 2479, 2480, XXVI: 2, 72, 258, 281, 322, 467, 489, XXVII: 210, XXVIII: 1497, XXXII: 3, 56–58, 237– 239, 259, 260, 303, 357, 403, 404, 411, 412, 419, 537, 571, 574, 575, XXXIII: 701, 1177, 1284, 1287, XXXVI: 206, 207, 296, 426, 435, 441, 444, 449, 519, XXXIX: 10, 422, 423, 438, XXXX: 105, 108

Stark to Kimmel, Proposed Army Troops on Wake & Midway, 26 Nov. 1941, XVI: 2299, XVII: 2479, XXI: 4673, 4683, XXVI: 2, 72, 258, 281, 467, 489, XXVII: 165, 210, XXVIII: 931, XXXII: 4, 124, 259, 419, 575, XXXIII: 701, 1240, 1284, 1287, XXXVI: 426, 435, 444, 449, 519, XXXIX: 10, 339, 349, 422, 438, XXXX: 108

Stark to Kimmel, War Warning, 27 Nov. 1941, I: 128, 129, II: 549, 832, 914, III: 1019, 1301, 1302, IV: 1752, 1777, 1804, 1868, 1871, 1879, 1915, 1921, 1923, 1925, 1946, 1947–1955, 1958, 1959, 1963, 1970, 1972, 1973, 1977, 1980, 1988–1993, 1995, 1996, 2001, 2010, 2023, 2027–2031, 2034, 2057–2060, V: 2125, 2130, 2132, 2135, 2143, 2148–2152, 2154, 2178, 2193, 2199, 2200, 2202, 2207, 2208, 2214, 2215, 2220, 2222, 2244, 2258, 2261– 2264, 2280, 2287, 2322, 2338, 2344, 2351, 2374, 2376, 2378, 2379, 2398, 2438, 2439, 2444, 2445, 2452, VI: 2511, 2518–2520, 2523, 2537, 2582, 2624, 2625, 2627, 2629–2632, 2640, 2644, 2645, 2647, 2652, 2653, 2655– 2660, 2663, 2705–2708, 2711, 2723, 2729, 2730, 2734, 2738, 2739–2741, 2756, 2758–2761, 2797, 2800–2802, 2811, 2856, 2857, 2868, 2869, 2888, 2907, VII: 2934, 2944, 2945, 2950, 2959, 2983, 2992, 3012, 3025–3027, 3072, 3076, 3094, 3095, 3100, 3199, 3290, 3292, 3297, 3339, 3360, 3361, 3370, VIII: 3385,

3388, 3442, 3442, 3445, 3489, 3490–3492, 3500, 3504–3506, 3516, 3524, 3535, 3550, 3551, 3553, 3664, 3665, 3678, 3762, 3779, IX: 4226, 4231, 4233, 4234, 4239, 4243, 4250, 4251, 4279, 4281, 4292, 4295, X: 4651, 4767, 4805, 4819, 4823, 4825, 4834, 4835, 4855, 4860, 4862, 4866, 4872, 4942, 4951, 4952, 4956, 4964, 4980, 5103, 5120, 5148, XI: 5159, 5229, 5289, 5425, 5546, XIV: 1406, 2264, 2265, 2269, 2302, 2310, 2333, XVI: 2340, 2343, 2354, 2355, 2360, 2363, 2369, 2382, 2413, 2414, 2416, 2420, 2421, 2423, XVIII: 3211, 3232, 3242, 3243, 3248, 3249, XXI: 4604, 4612, 4614, 4648, 4673, 4675, 4677, 4683, 4688, 4694, 4696, 4698, 4699, 4700, XXII: 33, 90, 91, 132, 326, 372, 374, 379, 382, 416, 447, 452, 457, 464, 472, 504, 514, 534, 565, 572, 584, 593, XXIII: 614, 652, 660, 672, 688, 763, 764, 990, 991, 1083, 1086, 1089, 1131, 1166, 1168, 1173, 1204, 1234, 1243, XXIV: 1356, 1750, 1755, XXVI: 2, 23, 24, 26, 31, 39, 57–59, 61, 72, 78, 79, 102, 106, 117, 118, 127, 145, 147, 149, 162, 163, 170, 172, 205, 207, 221, 231, 232, 235, 257, 258, 279, 295, 321, 323, 342, 407, 423–425, 429– 431, 434, 440, 451, 465, 487, XXVII: 48.49. 213, 221, 250, 413, 539, 543, 553, 579, 580, 703, 726, 784–787, 791, 797, XXVIII: 838, 859, 889, 895, 902, 928, 930, 956, 962, 963, 1012, 1019, 1044, 1367, 1395, 1407, 1504, 1541, 1559, 1583, 1597, 1604, 1605, XXIX: 2078, 2080, 2196, 2208, XXXII: 50–52, 55, 56, 59, 73, 86, 87, 89, 112, 113, 116, 122, 123–126, 131, 143, 144, 148, 150, 156, 157, 231, 233–239, 251, 258–260, 262, 264, 265, 267, 288, 293, 302, 313, 326, 327, 333, 369, 379, 384, 402, 404–406, 408, 412, 413, 418, 419, 422, 425, 429, 446, 507, 572, 574, 579–581, 588–594, 615, 616, 618, 648, 649, 650, 653, 658, 659, 668, 670, XXXIII: 689, 698, 699, 701, 708, 710, 714, 734, 760, 789, 790–792, 807, 808, 813, 817, 819, 827, 828, 873, 876, 878, 879, 887, 892, 919, 920, 922, 1176, XXXIV: 40, 41, 59, 135, 161, XXXV: 131, 155, 158, 174, 177, XXXVI: 2, 19, 34, 43, 47, 100, 103, 114, 124, 148, 153, 180, 183, 190–192, 206, 208, 209, 217, 221, 237, 295, 338, 430–434, 436–439, 441–444, 446–452, 455, 461, 462, 468, 486, 490,

507, 511, 520, 575, 581, XXXVII: 782, XXXIX: 7, 18, 19, 20, 48, 79, 89, 237, 240, 262, 266, 314, 317, 321, 339, 344, 349, 354, 358, 361, 363–365, 367, 376, 378, 395, 399, 400, 405, 441, 450, 451, 457, 467, 470, 481, 492, 494, 495, 512, 520, 521, 523, XXXX: 84n, 98, 102, 104, 105, 107, 107n, 109n, 110, 110n, 111, 112, 113n, 114, 117, 117n, 118n, 131, 136n, 139, 141, 145n, 150, 190n, 195, 198, 200, 201, 205, 207–209, 228n, 235, 236, 238, 255, 258–261, 265, 266–I, 396n, 510, 533–536, 538, 540, 554, 560

Marshall to Pacific Outposts, War Warning, 27 Nov. 1941, I: 128, 129, II: 449, 450, 828, 830, 831, 839, 877– 880, 894, 905, 909, 914, 915, 917, 919–921, 964, 973, III: 1019, 1021–1024, 1026–1036, 1096, 1099, 1141, 1142, 1144, 1145, 1149, 1150, 1153, 1155, 1171, 1172, 1190, 1263, 1269, 1273, 1292, 1304, 1309, 1311, 1362, 1365, 1366, 1405, 1417, 1418, 1419, 1422, 1424, 1425, 1444, 1449, 1451, 1455–1458, 1467, 1469, 1470, 1473, 1475, 1476, 1479, 1496, 1531, IV: 1597–1599, 1603, 1609–1611, 1613, 1620, 1626, 1628, 1629, 1636, 1654, 1663, 1664, 1668, 1672, 1910, 1952, 1954, 1973, 1999, 2046, 2057, V: 2130, 2131, 2151, 2202, 2211, VI: 2582, 2583, 2725, 2807, 2888, VII: 2935, 2941, 2944, 2946, 2949, 2976, 2977, 2992, 2996, 3013, 3017, 3027, 3030, 3048, 3053, 3059–3061, 3065, 3066, 3071, 3076, 3081, 3101, 3103, 3161, 3162, 3165, 3168, 3185, 3192, 3194, 3204, 3211, 3212, 3215, 3289, 3292, 3297, 3361, 3372, VIII: 3505, 3517, 3525, 3678, 3818, IX: 4258, 4364, 4432, 4434, 4453, 4529–4532, 4543, 4578, 4579, X: 4651, 4856, 4857, 4862, 4934, 4936, 4940, 4947–4949, 4952, 4957, 4965, 4966, 4969, 4970, 4974, 4980, 4983, 4992, 4993, 5000, 5001, 5005, 5007, 5121, XI: 5297, 5391, 5392, 5424, 5425, 5429, 5430, 5435, 5442–5445, 5451, 5452, 5459, 5462, XIV: 1328, 1390, XV: 1471, XVI: 2264, 2265, 2268, 2314, 2325, XVIII: 2955, 2981, 2983, 3171, 3173–3175, 3212, 3232, 3241, 3242, 3247, 3249, 3357, XIX: 3602, XXI: 4598, 4604, 4606–4609, 4611, 4645, 4648, 4651, 4654, 4656, XXII: 24, 32, 34, 39, 45, 72, 74, 85, 91, 133, 136,

MESSAGES ORIGINATED BY THE UNITED STATES 151

137, 142, 145, 153, 165, 174, 180–183, 185, 197, 208, 213, 314, 383, 417, 457, 464, 503, 504, 584, XXIII: 990, 1011, 1079, 1105–1107, 1109, 1110, 1112, 1179, 1243, XXIV: 1356, 1771, 1778, 1799, 2018, 2165, XXVI: 119, 232, XXVII: 24–31, 49, 64–67, 71–73, 90, 95, 97, 132, 155, 158, 186, 201, 213, 221, 223, 411, 412, 414, 417, 468, 469, 543, 577, 580, 581, 583, 587, 592, 596, 597, 643, 702, 713, 724– 726, 729, 755, 785, 787, 797, XXVIII: 838, 858, 889, 930, 956, 959, 961, 962, 1012, 1033, 1042, 1055, 1364, 1365, 1395, 1396, 1402, 1407, 1504, 1541, 1548, 1559, 1597, 1605, 1608, 1609, XXIX: 1660, 1662, 1715, 2074, 2078–2082, 2085, 2089, 2135, 2136, 2160, 2162, 2165– 2167, 2171–2175, 2178, 2179–2182, 2185, 2186, 2198, 2208, 2213, 2263, 2265, 2266, 2313, 2320, 2343, 2401, 2402, 2405, 2414, XXX: 2459, 2466, 2486, XXXI: 3168, XXXII: 186–188, 193, 234, 353, 367, 420, 531, 534, 537, 563, 564, XXXIII: 707, 819, XXXIV: 3, 16, 22, 37, 39–41, 50, 135, 155–157, 160, 161, 182, XXXV: 15, 33, 93, 110, 129, 131, 149, 152, 155, 157, 158, 168–170, 173, 175, 178, 207, XXXVI: 430, 448, 455, 463, 575, XXXIX: 7, 20, 48, 79, 82, 84, 88–90, 92, 135, 138, 140, 142–144, 221, 228, 232, 236, 239, 240, 253, 254, 256, 261, 264, 281, 283, 395, 482, XXXX: 99, 102, 119, 121–124, 124n, 125, 125n, 126, 127, 127n, 128, 128n, 145n, 150, 199–201, 201n, 202n, 203–205, 209, 236n, 256, 259, 260, 266–J, 266–K, 510, 534–538, 559

Short to Marshall, Answer to Marshall's Message of the 27th of Nov. 1941, 28 Nov. 1941, II: 832, IV: 2000, 2056, 2057, VI: 2807, 2808, 2811, VII: 2936, 2959, 2992, 3017, 3028, 3056, 3212, 3215, 3272, 3290, 3299, IX: 4258, 4453, 4484, 4529–4531, 4579, X: 4651, 4658, 4766, 4882, 4936, 4940, 4958, 4966, 4973, 4983, 5001, 5005, 5008, 5121, XI: 5426, 5429, 5430, 5443, 5451, 5455, XIV: 1330, 1390, XV: 1473, XVI: 2264, 2265, 2270, XVIII: 2962, 3008, 3171, 3178, 3233, XXI: 4605, 4606, 4612, 4614, 4622, 4648, 4649, 4651–4653, 4657, 4674, XXII: 39, 133, 136, XXIII: 1078, 1083, 1106, 1109, 1111, XXIV: 1823, 2165, XXVII: 26, 28, 29, 49, 72, 101, 158, 162, 202, 210, 222, 469, 587, XXVIII: 1402, XXIX: 1715, 2075, 2085, 2186, 2189, 2404, 2414, XXX: 2466, XXXI: 3168, XXXII: 188, 403, 420, 535, 537, 578, 666, XXXII: 188, 403, 420, 535, 537, 578, 666, XXXIII: 707, 828, XXXIV: 3, 22, 51, 97, 160, XXXV: 15, 16, 18, 118, 129, 149, 155, 168, 169, 174, 175, 177, 178, 209, XXXVI: 463, XXXIX: 20, 48, 80, 90, 92, 103, 134, 138–140, 142–145, 176, 232, 237, 240, 241, 253, 256, 262–264, 266, 315, 385, 396, 402, XXXX: 120, 128, 128n, 201, 201n, 202, 202n, 203, 203n, 206, 239, 259, 260, 266–K, 536, 537, 559

Miles to Fielder, Winds Code, 27 Nov. 1941, VII: 2936, 3031, 3032, 3071, 3212, 3290, IX: 4533, XIV: 1329, XVIII: 3171, 3176, 3233, XXI: 4604, 4613, XXII: 180, 182, 188, 189, XXVII: 579, 587, XXVIII: 1542, XXIX: 2085, 2089, 2135, 2136, 2137, 2162, 2176, 2177, 2189, 2213, 2418, 2432, 2443, XXXIV: 3, 22, 126, XXXV: 22, 45, 155, 157, 276, XXXIX: 7, 48, 79, 91, 138, 139, 141, 142, 237, 240, XXXX: 102, 121, 202, 204, 266–J

Miles to Hawaiian Dept., Sabotage Alert, II: 834, X: 4966, 4974, 5005, 5008, XXIII: 1107, XXVII: 25, 28, 33, 63, 66, 71, 72, 593, XXIX: 1718, 2127–2132, 2136, 2137, 2162, 2708, 2401, 2410, XXXIII: 819, XXXIV: 101, 154, 156, 160, 183, XXXV: 6, 155

Stark to All Pacific Locations, Copy of Marshall Message, 28 Nov. 1941, IV: 1953, 1979, 1980, 1995, 2001, V: 2130, 2131, 2193, 2214, 2446, VI: 2524, 2525, 2724, 2725, VII: 3290, XIV: 1407, XVI: 2269, 2314, 2325, 2340, 2343, 2360, 2361, 2382, 2423, XXI: 4674, 4688, 4700, XXIII: 1110, 1243, XXVI: 2, 82, 127, 165, 259, 468, 488, XXXII: 3, 58, 59, 74, 123, 125, 144, 186, 187, 251, 254, 304, 328, 332, 367–369, 403, 412, 563, 570, 571, XXXIII: 699, 702, 706, 714, 793, 1177, XXXVI: 123, 180, 295, 297, 434, 435, 437, 438, 441, 444, 447, 463, 511, 515, 587, XXXIX: 8, 315, 344, 349, 354, 367, 381, 400, 442, 457, 458, 472, 492, 496, 521, XXXX: 99, 109n, 113, 266–K

Adams to Short, Watch for Sabotage, 28

152   MESSAGES ORIGINATED BY THE UNITED STATES

Nov. 1941, VII: 2936, 2949, 3194, 3212, 3290, IX: 4533, 4579, 4566, X: 5001, 5008, XVIII: 2962, 3008, 3171, 3179, XXI: 4613, 4614, 4647, 4648, 4664, 2674, XXII: 24, 39, 137, XXIII: 991, 1011, 1107, 1109, XXIV: 1823, XXVII: 27, 28, 97–100, 161, 224, 239, 471, XXIX: 1716, 2132, 2133, 2213, XXX: 2466, 2512, XXXI: 3222, XXXII; 188, 189, 198, XXXIII: 707, XXXIV: 3, 135, 145, 160, XXXV: 155, 157, 177, XXXVI: 463, XXXIX: 8, 20, 48, 91, 92, 138, 140, 237, 239, 266, 302, 316, 396, XXXX: 102, 121, 266– J

Arnold to Martin, Watch for Sabotage, 28, Nov. 1941, VII: 2937, 2949, 3213, 3214, 3290, IX: 4533, X: 4966, 4974, 5002, 5005, XIV: 1390, XVIII: 3172, XXI: 4614n, 4647, 4648, XXII: 24, 198, XXIV: 2165, XXVII: 66–69, 71, 163, 225, 231, XXIX: 2085, 2089, 2132, XXXIII: 820, XXXIV: 156, 157, 159, XXXVI: 463, XXXIX: 8, 92n, 138, 140, 396, XXXX: 103, 122, 266– J

Hart to CNO, Winds Code, 28 Nov. 1941, XXXIX: 324

MacArthur to Marshall, Answer to 27th Warning, 28 Nov. 1941, XI: 5426, XV: 1472, XXXVI: 463, XXXIX: 81

COM 14 to OPNAV, Japanese Threaten Kra Peninsula, 28 Nov. 1941, IX: 4334, 4337, 4365, XV: 1768, XXXV: 46, XXXVI: 121, 486

Sayre to Roosevelt, Answer to 28th Message, 28 Nov. 1941, XI: 5214

Kimmel to Stark, Wright at Wake and Midway, 28 Nov. 1941, XXVI: 490

CINAF to OPNAV, Winds Code, 28 Nov. 1941, XXXIII: 874, 1387, 1388

Adams to Short, Defense of Outlying Island, 29 Nov. 1941, VII: 2938, 3211, XVIII: 3124, XXI: 4615, XXVI: 423, XXVII: 210, XXXII: 238, 260

Short to Adams, Answer to 28th Message, 29 Nov. 1941, VII: 3214, 3215, 3290, 3299, X: 4966, XIV: 1331, 1391, XVIII: 2962, 2963, 3009, 3172, 3181, 3182, XXI: 4614, 4647, 4649, 2674, XXII: 39, XXIII: 1109, XXIV: 1778, 1824, 1825, XXVII: 101, 162, 224, XXIX: 1716, XXX: 2466, 2467, 2513, XXXII: 189, XXXIV: 3, 24, 40, 51, XXXV: 156, 177, 208, XXXVI: 463, XXXIX: 48, 92, 138, 237, 396, XXXX: 122

Stark to Hart/Kimmel, Japan About to Attack the Kra Peninsula, 30 Nov. 1941, V: 2131, 3290, XVI: 2327, 2370, XXI: 4673, 4683, XXII: 326, XXVI: 2, 39, 165, 283, 429, 488, XXXII: 5, 671, XXXIII: 704, XXXV: 156, XXXVI: 512, XXXIX: 8, 237, 315, 339, 349

Stark to Hart, Plan to Trick the British into Invading Thailand, 1 Dec. 1941, XVII: 2484, XXXX: 99

Stark to Hart, Three Small Ship Patrol, 2 Dec. 1941, II: 955–958, 965, III: 1248, 1364, IV: 1618, 1621, 1773, 1872, 1873, 2044, 2045, V: 2190, 2416, 2417, 2418, VI: 2670, 2671, 2872, 2873, IX: 4252–4254, 4260, X: 4807, 4808, XIV: 1407, XXXX: 266–P, 414, 528

Kimmel to Stark, Army Planes to Outer Islands, 2 Dec 1941, V: 2167–2171

Redman to Hart/Kimmel, 3 Dec. 1941, V: 2131, 2135, 2215, VI: 2792, VII: 2946, 3105, 3135, 3291, VIII: 3415, 3419, 3420, X: 4883, XXVI: 392, XXXIII: 855, 856, 887, 1390, XXXIV: 9, 41, 53, 69, XXXVI: 136, 520, XXXX: 100, 227, 554

Thorpe to Miles, Winds Code, 3 Dec. 1941, III: 1446, 1450, 1535

OPNAV to CINCPAC, By McCollum (Not Sent), 4 Dec. 1941, III: 1464, IV: 1867, 1868, 1970, VIII: 3384, 3668, 3731, IX: 4122, XXVI; 393, XXXIII: 856, XXXV: 165, XXXVI: 235, 508, 510, XXXIX: 250, 459–462, XXXX: 209, 256, 478

MacArthur to Adams, Protecting Air and Ground Installations, 4 Dec. 1941, XXXIV: 174

Ingersoll to Guam, Destroy Codes, 4 Dec. 1941, V: 2131, 2132, 2135, VII: 3105, 3291, VIII: 3587, 3662, 3690, 3810, 3879, IX: 4068, 4231, 4240, XIV: 1408, XVI: 2269, 2331, 2374, 2382, 2422, XXI: 4675, 4685, 4688, 4699, XXIV: 1357, XXVII: 789, XXVIII: 1560, XXIX: 2397, 2398, XXXII: 61, 62, 131, 158, 197, 252, 304, 329, 369, 404, 428, XXXIII: 791, 873, 888, 893, 1178, 1179, XXXIV: 41, XXXV: 156, XXXVI: 210, 521, 522, XXXIX: 8, 93,

MESSAGES ORIGINATED BY THE UNITED STATES 153

139, 140, 229, 237, 249, 317, 341, 350, 354, 367, 381, 400, 479, XXXX: 100, 131
ONI to Naval Attache, Destroy Codes, 4 Dec 1941, VIII: 3417, 3921, 3975, 3976, IX: 4068, 4231, 4240, 4269, XIV: 1408, XXI: 4615, 4641, 4647, XXVI: 394, XXIX: 2397, 2445, 2454, XXXV: 156, XXXVI: 19, XXXIX: 229, 237, 249
Foote to State Dept., Batavia Winds Code, 4 Dec. 1941, XVIII: 3303, 3304, 3343, 3344, XXVI: 393, XXIX: 2369, 2370, XXXIII: 770, 773, XXXIV: 174, 175, 194, XXXVI: 318, XXXVII: 706, XXXIX: 224, 456, 457, XXXX: 191, 470, 476, 477, 485
State Dept. to Grew, Destroy Codes, 5 Dec. 1941, V: 2066, XXXX: 423
Miles to Fielder, Contact Rochefort, 5 Dec. 1941, III: 1342–1345, 1374, 1444–1447, 1449, 1450, 1463–1466, 1506, 1507, 1547, VIII: 3441, 3730, 3733, 3763, 3792, IX: 4328, 4355, 4365, 4374 4387, 4418, 4432, 4539, 4541, 4594, 4595, X: 4675, 4744, 4745, XVIII: 3305, XXIX: 2325, 2339, 2341, 2443–2445, 2456, XXXI: 3223, XXXIV: 3, 17, 21, 31, 39, 50, 51, 72–74, 134, 136, 137, XXXV: 22, 24, 29, 30, 32, 36, 37, 40, 45, 48, 82, 88, 92, 120, 128, 130, 133, 135, 138, 144, 156, 165, XXXIX: 223, 224, 237, 250, 274–276, 285, 288, 292, XXXX: 103, 474
Thorpe to Miles, Batavia Winds, 5 Dec. 1941, III: 1481, 1535, 1547, IV: 1630, 1631, V: 2075, VIII: 3589, X: 4925, 4926, XI: 5307, XVI: 2315, XVII: 2501, XVIII: 3303, 3304, 3350, XXIX: 2369, 2370, XXXIII: 757, 770, 773, 794, 906, 907, 1388, XXXIV: 175, 176, 194, XXXV: 133, XXXVI: 95, 96, 502, XXXIX: 286, XXXX: 191, 476, 477
Miles to Panama, Japanese Threat, 5 Dec. 1941, VII: 2990–2992, 3161, 3162, VIII: 3732, 3733, 4432, 4578, X: 4637, 5001, XI: 5443, XXIV: 2444
Short to Arnold, Photo Recon., 5 Dec. 1941, XXIV: 1781, 1827, 2515, 2516
Martin to Arnold, Photo Recon., 5 Dec. 1941, XVIII: 2965, 3011
Grew to Hull, Japanese Reaction to Hull Note, 5 Dec. 1941, XXXX: 420
Merle Smith to Hawaiian Dept., Dutch Go on Alert, 5 Dec. 1941, I: 129, III: 1455, IX: 4406, 4565, 4566, 4568, 4570, 4602, 4603, 4694, X: 4601–4607, 4624, 4625, XXIX: 2301–2303, XXXIV: 3, 22, 60, 63–65, 172, XXXV: 110, 156, XXXIX: 238
14th Naval Dist. to CNO, Japanese Consul Burning Papers, 6 Dec. 1941, I: 128, IV: 2003, V: 2263, VII: 3104, 3106, 3107, 3376, 3377, IX: 4282, X: 4683, 4896, XIV: 1409, XXI: 4604n, XXII: 178, XXIII: 686, XXVIII: 869, XXXV: 23, 27, XXXX: 228
Shivers to Hoover, Japanese Burning Papers, 5 Dec. 1941, XXXV: 45, XXXIX: 277, XXXX: 132
Hart to Stark, Question of Armed Support to the British, 6 Dec. 1941, II: 954, XIV: 1412, XXXX: 170
CNO to CINPAC, Destroy Codes and Papers, 6 Dec. 1941, I: 128, IV: 2002, V: 2132, 2135, VI: 2765, 2793, 2828, 2829, VII: 2946, 3104, 3105, 3291, IX: 4231, 4232, 4267, 4269, 4270, 4288, X: 4688, XI: 5546, XIV: 1408, XVI: 2269, 2332, 2374, 2382, 2422, XXI: 4615, 4641, 4647, 4675, 4685, 4688, 4699, XXIV: 1357, XXVII: 789, 1560, XXIX: 2399, 2454, XXXII: 3, 62, 65, 132, 197, 252, 304, 329, 370, 404, XXXIII: 705, 791, 873, 887, 888, 900, 1179, XXXIV: 41, XXXV: 165, XXXVI: 521, XXXIX: 9, 93, 139, 140, 341, 350, 354, 367, 381, 400, XXXX: 131, 131n
Winant to Hull, Indication of Japanese Moves, 6 Dec. 1941, II: 402, 494, 502, 514, 700, 701, III: 1279, 1338, 1400, 1525, 1527, 1551, 1553, IV: 1617, 1621, 1634, 1635, 1641, 1699, 1700, 1857, 1876, 1877, 2044, V: 2078, 2333, 2334, VI: 2871, VII: 3339, VIII: 3439, IX: 4042, 4048, 4170, 4260, 4569, 4570, X: 4760, XI: 5382, 5453, 5468, XIV: 1246–1248, XXXX: 424, 437, 522, 565, 570
Roosevelt to Hirohito, Plea For Peace, 6 Dec. 1941, II: 402, 530–534, 538, 542, 545, 553, 546, 569, 570. 692–694, 802, 839, IV: 1700, 1701, 1702, V: 2433, VI: 2548, 2876, 2877, VII: 3080, IX: 4151, X: 4663, 4669, XI: 5167, 5171, 5172, 5193, 5224, 5234, 5243, 5244, 5372–5274, 5385, 5427, 5433, 5436, 5437, 5457, 5460, 5463, 5473, XIV: 1231–1235, XVIII: 2943, XXX: 2979,

XXXII: 525, 679, XXXIII: 783, XXXIV: 74, XXXVI: 427, XXXX: 43, 144, 171, 178, 217, 397, 425–431, 441, 442

Knox to Pacific Commanders, The Message That Never Existed, 6 Dec. 1941, V: 2351, 2352, VI: 2835, 2836, 2885–2889, VII: 3165, 3360, VIII: 3815–3817, 3822, 3827, XXII: 377, 378, XXIII: 1132, XXIV: 1750, 1755, XXXII: 429, XXXVI: 535

Marshall to Short/Kimmel, Warning About Japanese 1 PM Meeting Request, 7 Dec. 1941, I: 127, 128, II: 929, 930, 933–937, III: 1043, 1110, 1112, 1113, 1190, 1207, 1339, 1431, 1433, 1449, 1487, 1493, 1513, 1549, IV: 1598, 1631, 1849, 1971, V: 2184, 2186, 2278–2280, 2338, 2344, 2764, 2765, VI: 2939, 2950, 2951, 3091, 3093, 3094, 3116, 3162–3165, 3196, 3269, 3273, 3291, 3299, 3300, 3372, VIII: 3701, IX: 4341, 4403, 4404, X: 4987, 5002, XI: 5452, XIV: 1334, 1391, XV: 1640, XVI: 2264, 2265, 2309, 2333, 2355, 2373, 2391, XVIII: 2965, 2966, 2982, 3012, 3233, XXI: 4615, 4647, 4658, 4675, XXII: 46, 47, 216–218, 238, 375–378, XXIII: 686, 977, 1049, 1051, 1075, 1082, 1110, 1170, XXIV: 1781, 1782, 1827, XXVII: 107–115, 168, 225, 226, XXVIII: 1401, 1560, 1613, XXIX: 1717, 1718, 2199, 2256, 2310, 2313, 2344, 2453, XXX: 2469, 2470, 2516, 2517, XXXI: 3168, 3169, 3223, XXXII: 63, 99, 133, 135, 136, 203, 209, 210, 222, 243, 245, 253, 264, 355, 373, 416, XXXIII: 760, 819, 822, 823, 1282, XXXIV: 2, 3, 7, 10, 30–34, 38, 46, 132, 133, XXXV: 17, 128, 140, 145, 172, 211, 212, 214, XXXVI: 463, 534, 535, 565, 566, 568, 581, XXXIX: 9, 20, 21, 49, 93, 94, 105, 139, 145, 227, 259–261, 263, 264, 276, 294, 295, 318, 329, 330, 450, 513, XXXX: 224, 227, 266–H, 529, 534, 536, 540, 569

Hart to Stark, Support to British?, 7 Dec. 1941, XXXII: 5, XXXIII: 701, 882, 1361, 1362

Shanghai to Wash. D.C., Japanese Take the Wake, 7 Dec. 1941, XI: 5492

Short to Adj. General, Attack Report, 7 Dec. 1941, XIX: 3594–3596

CINCPAC to OPNAV, Damage Report, 8 Dec. 1941, IV: 2023

Short to Marshall, Attack Report, 9 Dec. 1941, XIX: 3597–3599

Short to Adj. General, Attack Report, 10 Dec. 1941, XIX: 3600, 3601

Message Summary War Dept. to Hawaii, XIV: 1326

Meurlott, Lt. Byron M., X: 4364, 4376, XXIII: 903, 949–951, 1268, XXVII: 2, 749, XXVIII: 1539, 1561, 1562, XXIX: 1999, XXXV: 2, 45, 84, 118, 254, 256, XXXIX: 151n

Mexico, III: 1387, IV: 1815, 1965, VI: 2603, 2777, VII: 2966, 3236, 3237, 3245, VIII: 3783, IX: 4408–4410, XI: 5479, XIV: 1000, 1403, XV: 1778, 1782, 1799, 1821, XVI: 1991, 2002, XVII: 2575, XVIII: 2947, 2948, XX: 4300, 4376, 4430, XXII: 32, XXVIII: 1159, 1188, XXXI: 3217, 3250, XXXIII: 1259, 1321, XXXIV: 108, XXXV: 112, 120, 289, 292, 347, 349, 651, 661, 671, 677, 689, XXXVI: 427, 652, XXXVII: 1084, 1087, 1117, XXXX: 11, 420, 469

Midkiff, Frank E., XVIII: 3120, XXIII: 9660, 965, 966, 975, XXVII: 2, XXVIII: 1418, 1460–1475, XXX: 2620

Midkiff, John H., XXVII: 2, XXVIII: 1460–1482, XXXIX: 133n

Midway Island, I: 66, 78, 181, 182, 186, 238, II: 921, 922, III: 1003, 1161, IV: 1684, 1776, 1781, 1878, 1904, 1942, 1950, 1957, 2002, 2010, 2035, V: 2106, 2288, 2307, 2308, 2395, 2454, 2478, VI: 2516, 2604, 2880, 2889, 2894, 2912, VII: 2981, 3357, VIII: 3451, 3502, 3506, 3508, 3536, 3539, 3542, IX: 4255, 4292, 4299, X: 4680, 4681, 5142, 5143, 5145, 5146, XI: 5354, 5355, 5361, XIII: 402, 420, 438, 558, 646, 716, XIV: 1403–1405, XV: 1425, 1431, XVI: 2211, 2230, 2237, 2250, 2276, 2277, 2289, 2291, 2353, 2354, 2447, XVII: 2470, 2496, 2512, 2577–2579, 2581, 2591–2593, 2673, XVIII: 2916, 2917, XIX: 3606, XX: 4283, 4523, XXI: 4559n, 4585, XXII: 38, 41, 453–455, 458, 475, 485, 579, XXIII: 760, 768, 891, 941, 942, 955, 992, 1010, 1028, 1063, 1064, 1082, 1240, 1242, 1244, XXIV: 1295, 1356, 1378, 1455, 1456, 1461, 1463, 1587, 1600, 1650, 1651, 2129, XXVI: 24, 36, 37, 67, 73, 76, 98, 121, 130, 143, 144, 184, 185, 230, 248, 256, 274, 278, 295, 310, 323, 440, 464, 467, 468, 483, 500–502,

MIDWAY ISLAND BATTLE, JUNE 1942   155

503, XXVII: 89, 91, 92, 96, 103, 104, 179, 193, 233, 245, 253, 429, 786, 795, XXVIII: 828, 830, 831, 838, 843, 847, 848, 856, 859, 900, 903, 013, 929, 931, 938, 939, 1022, 1439, 1495, 1499, 1585, 1586, XXIX: 1659, 1741, 1747, 1748, 1774, 1781, 1811, 1879, 1880, 1882, 1912, 2244-2246, XXX: 2790, 2802, 2803, 2808, 2854, XXXI: 3193, 3194, XXXII: 28, 35, 71, 287, 303, 305, 404, 421, 427, 436, 444, 451, 498, 503, 507, 508, 516, 570, 606, 614, 617, XXXIII: 707, 879, 963, 965, 995-998, 1006, 1009, 1010, 1152-1154, 1170, 1173, 1189, 1197, 1233, 1240, 1262, 1268, 1290, 1293, 1360, XXXV: 218, 228, 457, 515, XXXVI: 20, 101, 102, 107, 108, 278, 279, 290, 297, 372, 382-385, 401, 408, 442, 443, 445, 458-460, 526, 564, 578, 579, 594, XXXVII: 846, 849, 852, 857, 860, 861, 953, 960, 963, 1126, 1147, 1242, 1277, 1309, XXXIX: 3, 31, 51, 54, 120, 408, 409, 493, XXXX: 88, 97, 131, 232, 243

  Aircraft Reinforcement by **LEXINGTON**, I: 30, 77, 136, 146, III: 1151, IV: 1890, 1906, 2057, 2059, V: 2154, 2162, 2197, 2237, 2247, 2375, 2385, 2387, 2449, VI: 2510, 2531, 2536, 2537, 2551, 2604, 2605, 2612, 2629, 2654-2657, 2722, 2734-2737, 2802, VII: 2982, 3057, 3075, 3181, VIII: 3500, XVI: 2122, 2128, 2129, 2256, 2257, 2310, 2348, XVII: 2475, 2715, 2721, XX: 4524, XXI: 4564, 4634, 4661, XXII: 50, 87, 373, 386, 388-390, 394, 509, 548, 554, 557, 558, 567, XXIII: 612, 939, 1065, 1081, 1166, 1167, 1175, 1180, 1187, XXIV: 1367, 1368, 1372, 1597, 1604, 1605, XXV: 90, 105, 204, 205, 257, 332, 343-347, XXVII: 238, 553, XXXII: 239, 290, 409, XXXIII: 704, 1349, XXXVI: 181, 446, 450, 452, 536, 537, 567, XXXVII: 956, 957, 1207, 1209, 1216, 1254, 1263, XXXIX: 119, 298, 450, 504, XXXX: 106, 111

  Ground Troop Buildup, V: 2111, 2238, XIV: 996, XVI: 2147, 2151, 2158, 2220, 2227, XVII: 2709, XIX: 3982, 3983, XXII: 330, 364, 454, XXIII: 1070, 1136, 1241, XXIV: 1538-1540, XXVI: 100, 127, 270, 466, 501, 511, XXVII: 164, 210, XXXIII: 1199, 1206, 1350, XXXVI: 433-435, XXXVII: 847, XXXIX: 38

Midway Island, Japanese Attack on 7 Dec. 1944, I: 61, 239, IV: 2023, 2058, VI: 2818, 2819, VIII: 3834, XIII: 407, 419, 543, 554, XIX: 3634, XXIII: 952-954, 956, 957, 1011, XXIV: 1369, 1464, 1553-1563, 1656, 1680, XXXVII: 1280, XXXIX: 15, 16, XXXX: 64n, 293, 443

Midway Island, Mid Pacific Direction Finder Net, X: 4673, 4907, XVI: 2294, XXIII: 675, XXVI: 223, 387, 423, XXXVI: 32, 60, XXXIX: 432

Reconnaissance Base, I: 36, 37, 144, 394, IV: 1810, V: 2160, 2164, 2405, VI: 2507, 2529, 2530, 2532, 2533, 2602, 2702, 2731, VII: 2942, 3018, 3024, 3057, 3060, 3296, VIII: 3454, 3457-3462, 3482, IX: 4291, X: 5013-5015, XI: 5144, XII: 265, XIV: 1029, XV: 1614, 1625, 1627, XVI: 2249, 2278, 2297, 2338-2341, 2349, XVII: 2478-2479, 2487, 2537, 2597, 2709, 2714, 2722, XXII: 327, 328, 372, 466, 474, 486, 559, 573, XXIII: 630, 631, 712, 933, 936, 945, 1087, 1132-1134, 1160, 1182, XXIV: 1373, 1391, 1454, 1571, 1608, XXVI: 44, 52, 122, 123, 128, 131, 132, 258, 320, 504, 505, 514, 520, 544, XXVII: 157, 165, 200, 205, 206, 634, XXVIII: 836, 839, 843, 854, 855, 860, 922, XXXII: 219, 223, 231, 232, 267, 419, 441, 442, 500, 510, XXXIII: 694, 699, 999, 1015, 1284, 1287, 1288, 1348, 1361, XXXVI: 182, 191, 193, 203, 292, 295, 422, 438, 455, 457, 497, 519, 553, XXXVII: 669, 850, 955, 958, 961, 965, 1205, 1217, 1220, 1262, 1265, XXXIX: 17, 435, 489, 490, 492, 505, XXXX: 69, 70, 104, 112, 115, 125, 229

Submarine Patrol, V: 2463, VI: 2625, 2626, XVI: 2352, XVII: 2578, 2582, 2583, 2590, XXI: 4565, 4672, XXII: 356, 372, 515, 593, XXIII: 1151, XXVI: 23, 31, 66, 68, 87, 255, 506, 513, 516, 529, XXVIII: 894, XXXII: 47, 230, 424, 432, 647, 648, 651, 668, XXXIII: 1000, 1001, 1008, 1011, 1171, XXXVI: 202, 218, 419, 434, 552, XXXVII: 851, 859, 862, XXXIX: 313, 424, 508

Midway Island Battle, June 1942, III: 1129, 1131, 1132, 1134, VII: 2962, 3210, 3224, 3249, 3253, 3375, XXVIII: 1586, XXXII: 427

Mighty Fortresses, Singapore, Pearl Harbor, II: 914, 921, III: 1171, IV: 1607, V: 2303
Mikami, John, XXXV: 354, 356–359, 363, 367, 368, 371, 372, 376, 380–384, 388, 391, 490, 500, 504, 507, 511, 512–515, 517, 519, 520, 522–524, 526, 533, 537, 539, 540, 572, XXXVII: 873, 876, 887, 897, 898, 918, 930
MIKATSUKI (Ja), XVII: 2687, XX: 4127, XXXV: 58, XXXVII: 735, 1132, 1133, 1329
MIKHAHA, XXIV: 1714
MIKOTSUKI (Ja), XX: 4126
MIKUMA (Ja), X: 5141, XI: 5359, XIII: 645, XVII: 2657, 2682, XX: 4125, XXXV: 55, XXXVI: 156, XXXVII: 732, 786, 1132, 1133, 1329
Miles, Gen. Sherman, I: 127, 128, II: 443, 444, 737, III: 987, 993, 1024, 1025, 1031, 1033, 1039, 1040, 1043, 1062, 1063, 1100, 1101, 1114, 1143, 1146, 1147, 1151, 1156, 1172, 1176, 1185, 1186, 1188–1192, 1194–1197, 1200–1203, 1210, 1240, 1281, 1317, 1319, 1322, 1325, 1326, 1328–1330, 1331, 1337, 1342–1344, 1358, 1427, 1429, 1430, 1435, 1445, 1446, 1448, 1449, 1463, 1465, 1467, 1473, 1484, 1486, 1487, 1489–1491, 1505, 1532, 1535, IV: 1596, 1597, 1602, 1625, 1630, 1633, 1638, 1642, 1724, 1725, 1728, 1730, 1740, 1745, 1749, 1756, 1762–1764, 1775, 1780, 1836, 1846, 1874, 1875, 1895, 1909, 1910, 1921, 2015, 2016, 2021, 2056, V: 2092, 2446, 2469, 2470, 2480, 2486, 2488, 2489, VI: 249n, VII: 2936, 2954, 2956, 2960, 2988–2992, 2996, 3010, 3031, 3032, 3040, 3063, 3073, 3162, 3199, 3210, 3212, 3277, 3290, VIII: 3392, 3399, 3418, 3425, 3439, 3441, 3589, 3611, 3658, 3659, 3729, 3732, 3792, 3903, IX: 3961, 3992, 3995, 4004, 4021, 4025, 4027, 4062, 4067, 4107, 4144, 4285, 4303, 4318, 4321, 4322, 4325, 4328, 4347, 4385, 4388, 4389, 4424, 4432, 4433, 4436, 4447, 4454, 4455, 4472, 4474, 4479, 4481, 4506, 4509, 4510, 4512– 4518, 4521, 4524–4526, 4529–4536, 4538–4540, 4542, 4544, 4546, 4547, 4551–4556, 4559–4562, 4565, 4571–4573, 4577, 4578, 4580, 4582, 4584, 4587, 4594, 4595, 4597–4599, X: 4608–4610, 4619, 4624, 4626, 4627, 4629, 4630, 4633–4637, 4644, 4648–4650, 4652, 4780, 4926, 4931, 4966, 4974, 5001, 5005, XI: 5156, 5191, 5271, 5307, 5363, 5317, 5438, 5443, 5448, 5461, 5475, 5476, 5547, XIV: 1334, 1335, 1342–1350, 1354, 1356, 1357, 1359–1363, 1365–1368, 1373, 1379, 1384, 1390, 1391, 1409–1411, XV: 1487, 1496, XVI: 2140, XVIII: 3298, 3347, XXI: 4571, 4618, 4623, 4649, 4702, 4704, 4714, 4717, 4718, 4721–4725, 4727, 4728, 4732, 4737, 4741, 4742, 4743, 4749, 4750, 4753, 4757, 4765, XXII: 2, 182, 188, XXIII: 1017, 1248, XXVI; 304, 391, XXVII: 2, 81, 98, 107, 750, XXVIII: 1543, 1561, XXIX: 2128–2130, 2134, 2135, 2137, 2162, 2194, 2199, 2309, 2324, 2325, 2337, 2339, 2341, 2346–2349, 2354, 2355, 2369, 2370, 2409, 2412, 2413, 2421–2423, 2430, 2431, 2444, 2445, 2446, 2450, 2451, 2453, 2454, 2456, XXX: 2977, 2978, XXXI: 3177, XXXIII: 757, 906, 1388, XXXIV: 1–6, 9–22, 25–27, 29, 30, 36, 38, 39, 41, 44, 45–59, 68–74, 79, 80, 87, 90, 91, 93–96, 101, 102, 126, 133, 137, 139, 146–164, 170, 172, 176–181, 183, 184, 189, 225, XXXV: 2, 6, 17, 24, 25, 30, 35–38, 90–93, 96, 97, 99, 109, 116, 114, 115, 117, 134, 135, 137–139, 142–144, 155, 164–167, 173–175, 188, 202, 276, 344, 346, XXXVI; 20, 23, 65, 240, 415, 416, 502, XXXIX: 31, 104, 141, 176, 222–224, 226–229, 248, 250, 253, 262, 264, 271, 272, 274, 275, 287, 291–294, XXXX: 102, 103, 180, 180n, 181n, 189n, 191, 202, 205, 206, 212, 212n, 218, 220, 223, 230n, 236n, 262, 266– F, 266–G, 266–R, 342, 434n, 471, 472, 473, 474n, 476, 483, 521, 527, 528, 531, 539
Miles Affidavit for the Clausen Investigation, XXXV: 101– 103
Miles—Testimony Before the Army Pearl Board, XXVII: 54– 77
Miles–Testimony Before the Joint Congressional Committee, II: 776–982, III: 1360–1375, 1541–1583
Military Intelligence Division (General Headquarters G2), I: 183, II: 777, 779–788, 793, 802, 804, 805, 807–816, 819, 821, 828, 829, 832, 835–837, 846, 847, 850, 852, 858, 859, 864, 882–886, 889–891, 896, 898, 905–911, 925, 948, 963, 964, 980, 981, III: 990, 1019, 1024, 1025, 1031–1033, 1038, 1039, 1040, 1100–1102, 1114, 1115, 1143–1145, 1151, 1155, 1176, 1181, 1185, 1189, 1192, 1195, 1198, 1206–1210, 1212, 1241, 1259, 1261, 1281–1284, 1300, 1313, 1322, 1330, 1332,

1336–1337, 1339, 1342, 1343, 1355, 1362, 1424, 1425, 1428– 1430, 1435, 1444–1447, 1449, 1457, 1464, 1475, 1481, 1482, 1490, 1492, 1505, 1512, 1546, 1550, 1552, 1556, 1558, 1559, 1563, 1568, 1576, IV: 1595, 1601, 1609, 1615, 1621, 1624–1626, 1629, 1633, 1638, 1639, 1644, 1666, 1744, 1780, 1813, 1846, 1864, 1910, 1913, 1914, 1917, 1926, 2016, 2017, 2018, 2020, 2040, V: 2071, 2078, 2080, 2081, 2087, 2092, 2121, VII: 2922, 2935, 2936, 2953, 2956, 2961, 2980, 2982, 2988, 2989, 2991, 2997, 3012, 3030, 3042, 3053, 3061– 3064, 3069, 3293, 3294, 3310, 3342, VIII: 3387, 3399, 3418, 3441, 3442, 3559, 3589, 3613, 3637, 3730, 3732, 3892, 3834, IX: 3961, 3992, 4035, 4053, 4189, 4307, 4326, 4328, 4347, 4387, 4389, 4390, 4399, 4401, 4418, 4423, 4425, 4444, 4474, 4475, 4482, 4489, 4493, 4508, 4509, 4520, 4526, 4530, 4531, 4534, 4538, 4540, 4560, 4565, 4584, 4590, 4591, 4598, X: 4611, 4613, 4617, 4625, 4628, 4641, 4652, 4927, 4929, 4931, 5116, XI: 5422, 5426, 5427, 5433, 5435, 5445, 5455, 5461, 5475, 5476, 5534, 5536, XIV: 1066, XV: 1864, XVI: 2014, 2141, 2269, 2319, 2321, 2323, XVIII: 3008, 3009, XX: 4117, 4120, XXI: 4607, 4609n, 4613, 4618, 4620, 4623, 4647, 4649, 4655, 4657, 4690, 4697, 4702, 4712, 4714, 4715, 4717, 4718, 4721–4728, 4732, 4737, 4741–4743, 4745, 4748–4750, 4753, 4755–4757, 4765, XXII: 2, 180, 396, 545, XXIII: 856, 947, 949, 973, 974, 1014– 1017, 1019, 1020, 1081, 1106, 1107, 1110, 1188, XXIV: 1361, 1647, 1648, 1756, 1803, 1809, 1810, 1824, 2031, 2057, 2065, 2074, 2084, 2096, 2097, 2117, 2130, 2135, 2140, 2143, XXVI: 21, 229, 279, 305, 334, 337, 338, 351, 360, 365, 391, XXVII: 25, 28, 46, 54, 56, 60, 66, 69, 70, 77, 78, 80–82, 101, 228, 241, 309, 373, 781, XXVIII: 1594, XXIX: 1644, 1688, 2058, 2060, 2070, 2083, 2085, 2089, 2130, 2135, 2136, 2159, 2160, 2162, 2176, 2177, 2212, 2223, 2310, 2321, 2325, 2335, 2338, 2339, 2342, 2343, 2344, 2348, 2350–2355, 2366, 2371, 2373, 2379, 2380, 2411, 2412, 2416–2420, 2431, 2432, 2438–2440, 2442–2444, 2447, 2448, 2450, 2452–2454. XXX: 2512, 2896, XXXI: 3176, 3177, 3179, 3185, 3193, 3194, 3201, 3202, 3206–3223, XXXII: 301, 304, 356, 638,

XXXIII: 820, 1344, XXXIV: 1, 7, 10, 13, 14, 27, 28, 31, 36, 38, 39, 42, 47, 48, 50, 51, 67–69, 71, 72, 73, 76, 79, 90, 91, 93, 94, 96–98, 102, 134, 139, 147–149, 151–153, 155–157, 159, 161, 171, 173, XXXV: 14, 16, 17, 21, 23–25, 28, 29, 35–37, 39, 90, 92, 93, 95–98, 101, 103, 104, 109, 112, 122, 133, 134, 136, 138, 139, 142, 143, 176, 203, 326, 574, 575, 578–592, XXXVI: 19, 23, 64, 65, 240, 306, 414–416, 533, 575, 582, 583, XXXVII: 873, XXXIX: 86n, 91, 98, 104, 134, 139, 141, 222–224, 228, 240, 248, 249, 264, 265, 271, 272, 275, 285, 287, 289, 468, 484, 486, 515, 516, XXXX: 142, 177, 183, 236n, 239, 261, 266–E, 337n, 338, 375, 394, 431, 434n, 474, 519, 567
Miller, Lt. Cdr. G. C., XXIV: 1386
MILLER, XXIV: 1654
MINATO MARU (Ja), XIII: 462–464
Minatoya, Toshimasa, XXXV: 354, 359, 360, 373, 374
MINATSUKI (Ja), XIII: 552, XVII: 8683, XXXV: 55, XXXVII: 733, 1133, 1135, 1329
Minckler, Col. Rex W., III: 1489, VIII: 3611, 3615, 3703, IX: 4387, 4389–4392, V: 4914–4916, 4918, 4920–4922, 4924, 4925, 4926, XVIII: 3347, 3349, XXVI: 395, XXXIV: 34, 45, 82, XXXV: 2, 34, 94, 103, 104, 107, 108, 114, 115, 117, 142, XXXVI: 509, XXXIX: 271, XXXX: 482, 483
Mindanao, III: 1508, IV: 1935, 1936, V: 2418, VI: 2671, 2781, 2883, X: 4602, XIV: 962, XVI: 2148, 2276, XVII: 2577, XIX: 3506, XXVI: 500, XXXIII: 995, XXXV: 313, 627, 644, XXXVI; 49, 102, XXXIX: 408
Mindanao-Halmahera Line, V: 2418, VI: 2671
MINEGUMO (Ja), XIII: 542, 547, 548, XVII: 2682, XXXV: 55, XXXVII: 732, 1132, 1329
MINEKAZE (Ja), XXXVII: 1135, 1330
Mine Warfare (Laying/Sweeping), I: 279, 286, 374, II: 798, III: 1058, 1452, IV: 1903, 1940, V: 2127, 2192, VI: 2618, VII: 3288, XIII: 440–445, XIV: 984, 987, 991, 1001, XV: 1453, 1462, 1463, 1790, XVI: 2146, 2151, 2173, 2243, 2280, 2252– 2284, 2447, 2454–2455, XVII: 2469, 2470, 2706, XVIII: 3230, XX: 4355, 4356, 4405, 4545, 4549, XXI: 4600, 4663, 4666, XXII: 10, 27, 336, 341, 431, 436, 476, 492, 522, 596, 597, XXIII:

631, 632, 938, 1093, 1115, 1116, 1167, 1186, 1219, XXIV: 1358, 1361, 1363, 1371, 1380, 1484, 1518, 1519, 1541–1545, 1577, 1592, 1594–1596, 1598, 1599, 1622, 1623, 1626, 1627, 1636, 2162, XXVI: 15, 20, 240, 475, 476, 485, 497, 505, 506, 513, 540, 541, 561, XXVII: 197, 773, XXVIII: 942, XXXII: 30, 37–39, 64, 180, 181, 183, 221, 224, 303, 310, XXXIII: 721, 726, 750, 997, 999, 1000, 1001, 1004, 1006, 1008, 1012, 1024, 1025, 1033, 1041, 1059, 1156, 1158, 1159, 1164, 1193, 1195, 1203, 1204, 1247, 1251, 1252, 1264, 1294, 1295, 1297, 1298, 1307, 1351–1353, XXXV: 153, XXXVI: 55, 193, 196, 203, 253, 269, 276, 369, 386, 388, 393, 402, 411, 412, 438, 451, 550, 551, 554, 559, 600, 618, 619, XXXVII: 852, 1129, 1207, 1212, 1214, 1247, 1248, 1250, 1251, 1253–1257, 1267, 1275, 1283, 1296–1298, 1312, XXXVIII: Item 20, 41, XXXIX: 5, 73, 233, 300, 304, 412, 415, 416, 418, XXXX: 76, 106

Mine and Bomb Disposal, XXIV: 1541–1545

MINNEAPOLIS, IV: 1678, V: 2210, VII: 3357, XII: 345, XV: 1715, XVI: 2027, 2108, 2257, XVII: 2525, 2530, XX: 4123, XXI: 4558, 4564, XXIII: 606, 609, 612, 617, 641, 938, XXIV: 1372, 1431, 1436, 1594–1596, 1598, 1604, 1606, 1667, 1668, 1671, XXVI: 556, XXXII: 426, XXXV: 389, 501, XXXVII: 928, 1208, 1217, 1219, 1250, 1252, 1253, 1256, 1262, 1264

MISSISSIPPI, I: 76, II: 852, IV: 1724, 1824, VII: 3363, X: 4711, XI: 5505, XII: 255, 256, 260, 280, XVI: 2163, XVII: 2465, 2712, XX: 4122, XXII: 591, XXVI: 299, 547, XXXII: 432, XXXIII: 1250, XXXVI: 572

MISSOURI (OLD), X: 4711

Mito, Rear Adm. Hisashi, I: 241, 243

MITSUKI (Ja), XXXVII: 733

Miyo, Cdr. Tatsukichi, I: 236, 237, 241, 243

MIYOKO (Ja), X: 5141, XIII: 700

Mizuha, Lt. Jack, XXIV: 1448, 1449, 1453

MIZUHO (Ja), XVI: 2322, XVII: 2687, XXXV: 59, XXXVI: 519, XXXVII: 736, 751, 1132, 1328, XXXIX: 467

MOCHIZUKI (Ja), XIII: 549, 565, XVII: 2684, XX: 4127, XXXV: 56, XXXVII: 733, 1132, 1133, 1330

MODOC, XVIII: 2934, XXXIII: 979

Modus Vivendi (Japanese), II: 746, XIV: 1122, 1123, XXXX: 31, 35– 38, 385, 391, 509, 561–563

Modus Vivendi (U.S.), II: 430, 433–435, 452–454, 476, 496, 497, 510, 553, 554, 584, 725, 741–743, 746–748, 774, 775, III: 1017–1019, 1091, 1280, 1285, 1311, 1319, 1398–1402, 1404, 1407, 1408, IV: 1694, 1708, 1947, 2038, V: 2148, 2304, 2315, 2316, 2319, 2322, 2327–2331, X: 4757, XI: 5179–5181, 5384, 5386, 5391, 5410–5412, 5421, 5433, 5434, 5442, 5468, 5534, XII: 8, 194, XIV: 1113–1115, 1126–1138, 1140, 1141, 1143–1146, 1148–1154, 1160, 1163, 1167, 1168, 1170, 1171, 1176, 1177, 1179, 1180, 1182, 1189, 1191–1194, XV: 1746, 1753, XIX: 3653, 3661, 3688, 3693, XX: 4473, XXI: 4579, 4607, 4645, 4646, XXVI: 452, XXXIX: 42, XXXX: 33–38, 45, 175, 176, 349, 365, 367–373, 375–378, 380–382, 384, 389, 392, 393, 396, 400, 418, 428, 501, 511, 562, 563

MOFFETT, IV: 1680, XI: 5505

MOGAMI (Ja), XI: 5359, XVII: 2657, 2682, XX: 4125, XXXV: 55, XXXVI: 156, XXXVII: 732, 786, 1132, 1133, 1329

MOGANJGAWA MARU (Ja), XIII: 565

MOHAWK, XVIII: 2937, XXXIII: 982

MOJAVE, XVIII: 2937, XXXIII: 982

Moldafsky, Ens. Milton I., XXIII: 698

Mollison, Lt. Col. James A., VI: 2802, VII: 2942, 3103, XVIII: 2963, 2964, 3010, 3012, 3019, XXI: 4595, 4633, XXII: 42, 43, XXIV: 1779, 1780, 1825–1827, 1833, 1834, 2141, XXVII: 2, 157, 212, 411–432, 669, 785, XXVIII: 1189, 1562, XXIX: 1774, 1815, 2003, XXX: 2467, 2468, 2514, 2516, 2522, 2523, XXXV: 225, XXXIX: 67, 117, 197

Molokai, I: 32, 326, VI: 2772, VII: 2925, 3287, XV: 1603, XVI: 2249, XVII: 2725, 2868, XVIII: 2959, 2968, 2971, 2990, 3020, 3099, 3250, 3405, XIX: 3607, XXII: 68, 107, 220, 242, 251, 255, 401, XXIII: 631, XXIV: 1651–1653, 1658, 1664, 1666, 1667–1680, 1682, 1690, 1691, 1695, 1701, 1717, 1726, 1744, 1775, 1787, 1860, 1911, 2009, 2113, XXVI: 228, XXVII: 148, 177, 181, 623, 659, 694, XXVIII: 981, XXIX: 1859, 1860, 1892, XXX: 2463, 2471, 2475, 2519, 2549, 2600, 2752, 2988, XXXI: 3126, XXXIII: 1172, 1262, XXXV: 111, 112, 290, 291, 349, 350,

XXXVI: 165, 470, XXXIX: 3, 185, 191, XXXX: 489n, 490

Momsen, Cdr. C.B., XXII: 173, 365, 459, 462–464, 467, 468, 470, 473–476, 499, 501, 503, 518, 537–539, XXIII: 963, 964, 1038, 1040, 1161, 1259, XXIV: 1649, 1691, 1701, XXXI: 16, 31, 411, XXXII: 308, 389, 394, XXXVI: 268, 381, 559, XXXVII: 1267, 1282, 1285

Monagham, Maj. James, XXIII: 1096

MONAGHAN, I: 42, 47, IV: 1676, V: 2210, 2339, XII: 349, XIII: 491, 494, 495, XVI: 2131, 2345, XVII: 2511, 2514, XXI: 4558, 4560, 4563, XXII: 400, XXIII: 694, 1037, 1192, XXIV: 1398, 1399, 1412, 1569, 1570, 1584, 1585, 1590, 1596, 1609, 1654, 1717, 1747, 1750, XXVI: 553, XXXII: 311, XXXV: 498, 499, XXXVI: 53, 556, XXXVII: 926, 936, 937, 1216, 1221, 1238–1240, 1246, 1253, 1267, 1273, XXXIX: 498, XXXX: 61, 66

MON BALDA (It), XX: 4352

Mongolia, XXXVI: 217, 218, XXXX: 14

Mongolia-Manchukuo Border (Agreement Between Russia and Japan), XV: 1796

Monitor Station #5 (Fort Shafter), XXXV: 82

MONOORA (Br), XV: 1581

MONOWAI (Br), XV: 1582

Montague, Col., II: 785, 910, 911, III: 1552

MONTECUCCOLI (It), IV: 1826, XV: 1904

MONTEREY, XXXVII: 1278

MONTERLAND (Br), XX: 4352

MONTGOMERY, IV: 1676, XII: 349, XVI: 2027, XVII: 2519, 2521, XXI: 4558, 4564, XXII: 595, XXIV: 1573, 1580, 1586, 1592, 1597, 1611, 1667, 1670, 1678, 1716, 1728, 1729, 1737, XXVI: 555, XXXV: 499, XXXVII: 926, 937, 1274, 1233, 1240, 1248, 1254

MONTGOMERY CITY, XXXVII: 1279

Moody, George H., XXVII: 2, 459, XXIX: 1655–1658, XXX: 2951

Moore, Frederick, XXXIII: 1365, XXXIV: 105, XXXV: 647, XXXVII: 679

Moore, Maj., XXXV: 96, 101, 116, 134, XXXIX: 287

Moore, Gen. Richard C., III: 1059, 1065, 1066, 1077, 1437, IV: 1886, XIV: 1063, XV: 1627, 1628, 1631, 1908, 1929, XXI:4651, XXVII: 88, 467, 468, 469, XXXIX: 144, 145

Moore, Capt. C.J., XXVI: 182, 184, XXXVI: 437

Moore, 1st Lieut. M. A., XIX: 3638

MORAI MARU (Ja), XXXV: 581

Moran, Capt. Mike, I: 115

Moreell, Adm., Ben, V: 2395, XIV: 962, XVI: 2450, XX: 4350, 4355, 4456, XXI: 4555, XXXIII: 1197

Morgan, Lt. H.E., XXIV: 1586

Mori Conversation, (See Telephone Taps)

Morgenthau, Henry, II: 443, V: 2094, 2189, VIII: 3839, XIV: 1097, XVI: 2174, XVIX: 3667, XXXIII: 1353, XXXX: 338, 366, 367, 384, 562

MORMACMAIL, XXXII: 1236

MORRIS, XI: 5505, XVII: 2465

Morimura, Tadasi, XXXVII: 917, 918, 922, 927, 931, 1090, 1101, 1125

Morse Field, I: 388, VII: 2925, XIV: 1020, XV: 1615, XVII: 2723, XVIII: 2971, 2975, 2976, 3047, 3048, 3092, 3095, 3431, XXIV; 1564, 1787, 1791, 1792, 1861, 1862, 1904, 1907, 2148, XXVII: 177, 408, XXVIII: 967, 981, 1491, XXIX: 1725, 1729, XXX: 2475, 2479, 2480, 2550, 2593, 2596, 2663–2669

Moscow, III: 1148, 1149, 1157, V: 2225, VII: 3260, XI: 5177–5179, 5181, 5525, XV: 1790, XVI: 1961, 2300, 2387, 2452, XVIII: 2948, 3202, XIX: 3454, 3814, XX: 4353, 4356, 4373, 4402, XXIII: 799, XXVI: 390, XXIX: 2327, XXXIII: 740, 1324, 1369, XXXIV: 109, 179, 190, XXXV: 199, 413, 647, XXXVI: 429, 533, 655, 657, XXXVII: 683, 1009, 1010, 1110, XXXIX: 323, 440

Motor Torpedo Boats, XXIV: 1477

Mountbatten, Capt. Lord Louis, XVI: 2456, XVII: 2737, XXII: 593, XXXII: 407, 1299, XXXIII: 1360

Mt. Kaala Radar Site, I: 38, 168, VII: 3183, XVIII: 3065, XXVII: 163, 178, 179, 265, 305, 310, 312, 318, 319, 353, 406, 407, 423, 616, 655, 656, 658, 659, 663, 684, XXVIII: 1113, 1319, XXIX: 1628, 1629, 1635, 1758, 1760, 1761, 1763–1765, 1767, 1819, 1820, 1878, 1879, 1883, 1984, 1985, 1988, 2113, XXX: 2476, 2567, 2568, 2624–2634, 2746, 3006, 3008, 3009, 3015, XXXI: 3111, 3117, 3119, 3121–3133, 3139, 3141– 3143, 3145, 3146, 3156, 3169, XXXIX: 110, 156, 193, 196, 197

Mt. Kokee Radar Site, I: 38, XXVII: 163, 310, 312, 353, 407, 423, 615, 617, 655, 656, 661–663, 684, XXVIII: 1302, 1306, XXIX: 1628, 1629, 1759, 1763–1766, 1775, 1984, 1988, XXX: 2634–2644, 3012, 3013, 3015, XXXI: 3132–3135, 3139, 3141, 3142, 3144–3147, 3156, 3157, 3169, XXXIX: 132, 193, 196, 197, 200

MT. VERNON, XVI: 2205, XXXIII: 1228

MUGFORD, IV: 1676, V: 2210, XII: 348, XVII: 2519, 2521, XXI: 4558, 4564, XXIV: 1431, 1576, 1578–1597, 1609, 1667, 1670, 1729, XXVI: 555, XXXV: 498, XXXVII: 926, 936, 1229, 1231–1240, 1242–1254, 1272, 1278

Mundsay, Lt. Cdr., XXIV: 1718

Munson, Curtis, V: 2352–2354, 2356, 2388, 2438, VI: 2679–2696, VII: 3190, 3241, 3245, 3250, 3255, 3256, 3308, 3315, 3316, 3348, 3349, 3353, 3357, XVIII: 3254, 3255, 3294, 3301

Munson Report, V: 2356, 2682–2696, VI: 2681–2696, VII: 3190

MURAKUMO (Ja), XIII: 548, XVII: 2681, XX: 4125, XXXV: 54, XXXVII: 732, 1132, 1328

MURASAME (Ja), XIII: 543, 547–549, 556, 575, XVII: 2682, XX: 4125, XXXV: 55, XXXVII: 732, 1132, 1329

Murfin, Adm. Orin G., I: 10, VIII: 3912, 3921, 3922, IX: 3932, 3933, 3979, 4057, 4058, 4079, 4092, 4164, 4304, XVI: 2265, 2392, 2395, XXI: 4678, 4690, XXVII: 117, XXXII: 5, 8, 9, XXXVI: 63, 74, 339, 341, 359, 360, 363, XXXIX: 321, 322, 330, 355, 371, 397

MUROTO (Ja), XIII: 478, 479, 482, 684, XVII: 2689, XXXV: 59, XXXVII: 732, 740, 1331

Murphy, Cdr. Vincent R., I: 274, 305, 317, 318, VI: 2609, 2610, 2648, XIV: 962, 980, 982, 983, XVI: 2145, XXIV: 1415, 1432, XXVI: 1, 3, 65, 203–212, 293, 294, XXVIII: 1589, XXXII: 217, XXXVI: 161, 366, 373, 445, 450, 464, 471, 557, 572

Murphy, Lt. Col. W.H., I: 75, 98, 142, 153, 154, 167, 170, 171, X: 5054, 5077, 5080, XVIII: 2963, 3010, 3192–3194, 3244, XXII: 212, 213, XXIV: 1779, 1825, XXVII: 556, 560, 618, 619, XXIX: 1629, 1995, 2291, XXX: 2467, 2514, XXXI: 3158, XXXII: 467, XXXIII: 1344, 1346

Murphy, Sgt., X: 5050, 5062, 5065, 5070, XXXII: 482, 492, 493, XXXVI: 561

Murray, Lt. A. A., VIII: 3603, 3611, 3759, 3844, 3896, 3914, 3916, IX: 3948, 4122, 4123, 4135, X: 4785, XVI: 2272, 2317, XVIII: 3347, XXVI: 394, XXIX: 2371–2373, 2380, XXXIII: 771, 842, XXXVI: 1, 68, 71, 75, 86, 89, 90, 257–261, 266, 505, 507, 509, 574, XXXVII: 1083, XXXIX: 404, 460, 464, XXXX: 472, 483, 484

Murray, Maj. Gen. Maxwell, I: 53, 150, VII: 3053, 3101, 3102, 3114, XVIII: 3223, 3235, 3245, XXI: 4591, 4629–4631, 4635, 4644, XXII: 71, 158–163, 242, 313, 314, XXIII: 1253, 1257, XXIV: 2018, 2033, 2043, XXVII: 2, 251, 277, 278, 473, XXVIII: 1359, 1360, 1599–1614, XXIX: 2209, 2262, XXXV: 152, 226, 227, 250, 251, XXXIX: 61, 113, 114, 121, 133n, 232, XXXX: 124n

Mussolini, Benito, II: 414, IV: 1695, X: 4759, 4863, XII: 205, 228, 229, XIV: 1339, XV: 1719, 1776, 1794, XVI: 1990, 1001, 2000, XX: 4172, XXI: 4728, 4731, XXXI: 3246, XXXIII: 837, 1320, XXXV: 657, 672, 673, 682, XXXVI: 651, XXXVII: 664, XXXX: 10, 304, 410, 436

MUSTIN, XI: 5505

MUSASHI (Ja), XVI: 616, 617, XXXVI: 617, 618

MUTSU (Ja), XI: 5359, XIII: 684, XV: 1870, 1874, 1878, 1882, 1890, 1895, XVII: 2681, XX: 4125, XXXV: 54, XXXVII: 731, 743, 744, 746, 1131, 1315, 1317, 1319, 1322, 1324, 1328

MUTSUKI (Ja), XIII: 565, XVII: 2684, XX: 4127, XXXV: 56, XXXVII: 733, 1134, 1330

Mutual Telephone Company, XXII: 242–245

MYOKEN MARU (Ja), XIII: 544

MYOKO (Ja), XI: 5359, XIII: 543, 545, 600, 661, 700, XVII: 2657, 2682, XX: 4125, XXXV: 55, XXXVI: 156, XXXVII: 732, 786, 1132, 1329

MYOKO MARU (Ja), XIII: 545

N

NACHI (Ja), I: 217, 230, VII: 3244, XI: 5359, XIII: 571, 578, XVI: 2350, XX: 4125, XXVIII: 874, XXXV: 55, XXXVI: 5, 114, 156, 357, XXXVII: 732, 786, 1132, 1173, 1306, 1329, XXXIX: 406, 506
NACHEZ, XXIV: 1669, 1721, 1748, XXXIII: 1270
NADAKAZE (Ja), XXXVII: 1328
NAEME, XXIV: 1654
NAGANAMI (Ja), XIII: 553, 583
Nagano, Adm. Osami, I: 236, 237, XI: 5388, XIII: 400, 415-417, 708, XV: 4005
NAGARA (Ja), I: FP 239, XI: 5359, XIII: 550, 575, 576, 684, XV: 1893, XVII: 2683, XX: 4127, XXXV: 55, XXXVI: 123, XXXVII: 732, 742, 753, 788, 1063, 1133, 1135, 1329
NAGATA MARU (Ja), XVII: 2685, XXXV: 57, XXXVII: 734, 1134
NAGATO (Ja), XI: 5353, 5359, XIII: 417, 418, 419, 431, 439, 457, 458, 473, XV: 1870, 1874, 1878, 1882, 1890, 1895, XVII: 2655, 2681, XX: 4125, XXXV: 54, 182, 183, XXXVI: 156, 591, 596, 618, XXXVII: 731, 741, 746, 787, 1131, 1315, XXXVII: 1317, 1319, 1322, 1324, 1328
NAGATSUKI, (Ja), XVII: 2683, XXXV: 55, XXXVII: 733, 1133, 1135, 1329
NAGAURA MARU (Ja), XVII: 2684, XXXVII: 734
NAGOTA MARU (Ja), XV: 1892, 1898
NAGOYA MARU, XVII: 2661, 2682, XXXV: 58, XXXVII: 735, 788, 1326
Nagumo Vice Adm. Chuichi, I: 184, FP 239, X: 5140, XI: 5358, XIII: 403, 426, 621, 709, 717, 719, XXXVI: 10, 562, 590, 595, 596, XXXX: 56, 57n, 62
NAKA (Ja), XI: 5359, XV: 1881, 1898, 1899, XVII: 2663, 2682, XX: 4129, XXXV: 55, XXXVI: 130, XXXVII: 702, 732, 788, 1062, 1064, 1132, 1321, 1326, 1329
Nakajima, Cmdr. Minato, I: 234
Nakamura, K. Rear Adm., I: 244, 246, 247
Nakamura, Tetsu, XXXV: 278-280
NAMIKAZE (Ja), XX: 4126, XXXV: 58, XXXVII: 736, 1329
NANA MARU (Ja), XIII: 462, 463, 464, 544
Nanking, XI: 5417, XII: 233, XV: 1753, XVIII: 2947, 2951, XX: 4015, 4018, 4382, XXXIII: 1384, XXXIV: 108, 123, 130, XXXV: 195, 577, 578, 667, XXXX: 2, 216, 446, 464
NARUTO (Ja), XIII: 462, 463, 464, XVII: 2689, XXXV: 59, XXXVII: 736, 751, 1331
NARWHAL, VI: 2702, XII: 349, XVII: 2520, 2521, 2580, 2585, 2592, 2593, XIX: 3580, XXI: 4560, 4565, XXIV: 1387, 1388, 1610, 1644, 1672, 1677, 1708, XXVI: 503, 508, 515, 516, 555, XXXIII: 998, 1003, 1010, 1011, 1255, 1264, 1314, XXXVII: 849, 854, 861, 862, 936, 955, 1273, 1274
NASHVILLE, XI: 5505, XIV: 933, XVII: 2465, XX: 4122
National Guard, III: 1352, 1509
National Theater (Wash.D.C.), X: 4663, 4667,

4671, XI: 5266, 5556, XXXX: 435
NATORI (Ja), XI: 5359, XV: 1881, 1885, 1899, XVII: 2663, 2683, XX: 4129, XXXV: 55, XXXVI: 130, XXXVII: 702, 733, 788, 1064, 1133, 1135, 1321, 1324, 1329
NATSUGUMO (Ja), XIII: 547, 548, XVII: 2682, XXXV: 55, XXXVII: 732, 1132
NATSUSHIO (Ja), XIII: 545, XVII: 2682, XX: 4126, XXXVII: 732, 1132, 1329
NAUTILUS, XII: 346, XVII: 2520, 2521, 2580, 2585, 2592, 2593, XXI: 4560, 4565, XXIV: 1432, 1644, XXVI: 503, 508, 515, 516, 555, XXXIII: 998, 1003, 1010, 1011, 1255, 1314, XXXVII: 849, 854, 861, 862
NAVAJO, XII: 349, XVI: 2252, XXIV: 1478, 1660, 1676, 1677, 1683, 1686, 1687, 1712, 1716, XXXIII: 1246, 1270, XXXVII: 935, 936, 1279
Naval Base Defense Plan, XXII: 348–353, XXIII: 1143–1148
Naval Base Defense and Air Force Plan, XVI: 2289, 2338, 2342, 2352, 2353, XXVII: 828–832, 835, 836, 840, 841, 845, 846, 851, 853, 857, 858, 860, XXXVI: 553, 558
Naval Communications, VIII: 3652, 3658, 3667, 3693, 3963, XXXII: 126
Naval Intelligence, (See Office of Naval Intelligence—ONI)
Naval Strengths—World Wide, 1 May 1941, IV: 1825–1827, XV: 1901–1906
Naval Coastal Frontier Forces, XVII: 2837, 2833, XVIII: 2880, 2883, 2887, 2888, 2892–2894, 2898, 2899, 2901, 2904, 2906, 2915, 2916, 2921, 2934, 2935
Naval Limitation Treaty, 6 Feb. 1922, II: 408, V: 2275, XXI: 4572, XXIX: 2281, XXXX: 2, 13
Navy Budget, I: 334, 337, 338, 346, 348, 357–367, V: 2098–2101, 2272, 2274, 2457–2460
Navy Communications Intelligence (See Radio Intelligence)
Navy Court of Inquiry, I: 15–18, 113, 133, 207, II: 490, III: 1330, 1359, 1434, 1464, 1487, 1493, 1560, 1563, IV: 1587, 1837, 1923, 1969, 1975, 1993, 2006, 2024, 2026, 2031, 2032, 2035, 7055, V: 2158, 2159, 2187, 2260, 2264, 2265, 2272, 2278, 2346, 2350, 2351, 2379, 2388, 2392, 2393, 2432, VI: 2505, 2506n, 2509, 2507n, 2510, 2508n, 2511, 2514, 2519, 2526, 2533n, 2534, 2535, 2554, 2582, 2618,
2619, 2625, 2648, 2656, 2738, 2752, 2761, 2794, 2795–2796, 2831, 2834, 2840, 2891, 2906, VII: 3106, 3149, 3228, 3229, 3372, VIII: 3477, 3528, 3552, 3554, 3577, 3597, 3630, 3649, 3650, 3654, 3789, 3793, 3795, 3803, 3806, 3855, 3856, 3874, 3884, 3885, 3891, 3894, 3912, 3921, 3922, IX: 3929, 3932, 3933, 3936, 3979, 4024, 4026, 4030, 4054, 4056–4060, 4079, 4085, 4086, 4092, 4094, 4095, 4115, 4125, 4128–4131, 4133–4135, 4138, 4143, 4144, 4150, 4152, 4164, 4179, 4184–4186, 4223, 4225, 4226, 4243, 4255, 4268, 4295, 4300, 4304, 4314, 4324, 4353, 4372, 4484, 4506, 4507, X: 4711, 4744–4746, 4775, 4776, 4779, 4782, 4785, 4787, 4797, 4799, 4817, 4818, 4870, 4981, 4990, 4994–4998, 5016, 5019–5022, 5024, 5124, XI: 5236, 5237, 5244, 5293, XVI: 2261, 2262, 2265–2271, 2284–2286, 2298–2310, 2314–2318, 2326, 2327, 2338, 2340–2342, 2345, 2365–2431, XIX: 3931, 3934, XXI: 4661–4701, XXIX: 2367, 2375, 2380, 2391, 2409, 2413, XXXII: 1, 685, XXXIII: 687–1397, XXXV: 104, 117, 119, 130, 140, 164, XXXVI: 7, 8, 11, 24, 25, 32, 33, 63, 64, 74, 76, 79, 93, 105, 107, 143, 147, 148, 177, 180, 184, 194, 206, 211, 217, 221, 235–237, 239, 257, 258, 263, 269, 291, 295, 307, 318, 339–342, 359–588, XXXIX: 249, 276, 294, 297–386, 390, 397, 402, 418 421, 427, 457, 459–461, 490, 492, 494, 499, 507, 520, XXXX: 69n, 71n, 75n, 76n, 79n, 82n, 83n, 84n, 85n, 87n, 88n, 91n, 104n–108n, 109n, 110n, 111n, 113n, 114n, 115n, 116n, 117, 117n, 118n, 124n, 129n, 136n, 140n, 145n, 146n, 151n, 152n, 155n, 156n, 159n, 161, 186n, 208, 230n, 242, 266–R, 266–S, 266–U, 270, 472, 472n, 476n, 477, 482n, 484, 495, 515, 531, 533, 534, 543

Exhibits, XXXIII: 923–1397

Navy Dept. Origanization, XXI: 4555–4562, XXXIII: 924–926
Navy and Marine Corps Casualties, 7 Dec. 1941, I: 59, XXXVI: 568, XXXVII: 1271, 1272, XXXIX: 507
Nawiliwili, XIV: 987, XVII: 2468, XXVI: 540
NECHES, XII: 345
NENOHI (Ja), XVII: 2681, XX: 4126, XXXV: 54, XXXVII: 731, 1131, 1328
Nelson, Lt., XXIV: 1675

NEOSHO, I: 48, IV: 1676, X: 4849, 4859, XVI: 2075, 2081, 2128, 2129, 2131, 2132, 2133, 2134, 2136, 2137, XXIV: 1590, 1593, 1610, 1665, 1717, 1721, XXXIII: 1270, XXXVII: 935, 1246, 1249, 1279, XXXX: 61

Netherlands (Dutch), I: 220, 247, 250, 252, II: 555, 585, 656, 657, 681, 775, 817, 974, 977, 978, 980, III: 998–1000, 1014, 1057, 1212, 1244, 1257, 1526, 1544, 1547, 1576, IV: 1693, 1786, 1791, 1853, 1923, 1945, 2044, 2049, V: 2110, 2232, 2372, 2381, 2388, 2419, 2468, 2469, VI: 2512, 2525, 2621, 2671, 2862, 2870, 2872, 2918, VII: 2932, 3205, VIII: 3878, IX: 3969, 4060, 4136, 4176, 4277, 4278, 4286, 4317, 4318, 4321, 4564, 4585, X: 4603, 4809, 5096, XI: 5184, 5219, 5221, 5223, 5264, 5404, 5415, 5420, 5428, 5437, 5440, 5454, 5459, 5482, 5519, XII: 106, 136, 152, 167, 168, 172, 175, 181, 197, 233, 234, 244, 245, XIII: 395, 415–417, 432–434, 440, 711, XIV: 972, 973, 1061, 1073, 1098, 1118, 1121, 1134, 1157, 1176, 1219, 1273, 1353, 1358, 1378, 1396, 1403, XV: 1478, 1505, 1517–1520, 1553, 1554, 1563, 1565, 1569, 1570, 1576, 1583, 1683, 1725, 1734, 1748, 1772, 1773, XVI: 1972, 1983, 2143, 2151, 2152, 2222, 2275, 2300, 2304, 2316, 2317, 2453, XVII: 2650, 2909, 2946, 3311, 3348, XIX: 3498, 3509, 3518, 3519, 3528–3531, 3533, 3658, 3662, 3676, 3681, 3684, 3686, 3691, 3694, 3715, XX: 4012, 4060, 4061, 4066, 4081, 4223, 4276, 4300, 4355, 4373, 4401, XXI: 4589, 4711, 4738, 4755, XXIII: 943, XXIV: 2164, XXVI; 32, 170, 181, 267, 393, 394, 420, 467, 497, XXVII: 15, 24, 56, 65, 240, XXVIII: 1592, XXIX: 2203, 2368, 2392, 2405, XXX: 2870, XXXI: 3214, 3241, 3247, 3255, 3256, XXXII: 43, 112, 456, 568, 611, XXXIII: 737, 740, 921, 959, 992, 1203–1205, 1238, 1239, 1358, 1366, 1373, 1383, 1384, XXXIV: 18, 61, 85, 110, 113, 122, 129–131, 142, 188, 211, XXXV: 153, 166, 183, 185, 216, 608, 612, 652, 658, 671, XXXVI: 10, 81, 93, 101, 208, 209, 212, 395, 406, 421, 440, 485, 492, 504, 507, XXXVII: 662, 673, 687, 698, 699, 784, 1009, 1032, 1033, XXXIX: 59, 136, 244, 326, 331, 407, 437, XXXX: 20, 32, 36, 54, 90, 91, 165, 171, 172, 174, 175, 178, 179, 192, 205, 213, 216, 266–G, 266–I, 298, 301, 319, 334, 335, 341, 343, 344, 346, 351, 357, 358, 361, 363, 367, 369, 375, 381, 383, 391, 395, 406, 409, 411, 430, 437–439, 484, 485, 506–508, 528, 535n, 538, 538n, 562, 563, 565

Netherlands (Dutch) East Indies, I: 316, 319, 356, II: 410, 412, 416, 420, 431, 490, 492, 565, 632, 671, 674, 676, 748, 849, 850, 913, 921, 922, 950, 976, III: 1056, 1083, 1170, 1225, 1228, 1244, 1247, 1261, 1276, 1285, 1391, 1403, 1520, 1527, IV: 1699, 1774, 1784, 1787, 1934, 1942, 1964, 1998, 2011, 2032, 2042, 2048, 2053, V: 2090, 2106, 2111, 2122, 2123, 2150, 2185, 2195, 2231, 2234, 2235, 2236, 2319, 2383, 2384, VI: 2621, 2854, 2861, 2863, 2864, 2872, VII: 3174, 3176, VIII: 3586, 3590, 3598, 3603, 3628, 3678, 3680, 3796, 3820, IX: 3974, 4179, 4237, 4238, 4300, 4370, 4371, X: 4731–4733, 4885, 4892, 5083, 5084, 5095, XI: 5214, 5218, 5222, 5248, 5263, 5346, 5347, 5370, 5405, 5407, 5414, 5417, 5422, 5423, 5426, 5434, 5436, 5450, 5458, 5472, 5479, 5514, 5515, 5532, XII: 2, 24, 86, 131, 157, 186, 239, XIII: 435, 437, 444, 712, 718, 758, XIV: 943, 1012, 1062, 1065, 1067, 1140, 1169, 1222, 1298, 1337, 1345, 1351, 1363, 1371, 1372, 1377, 1399, 1402, XV: 1558, 1562, 1571, 1572, 1841, 1909, XVI: 1968, 1973, 1988, 1989, 1996, 1999, 2140–2142, 2148, 2175, 2211, 2239, 2265, 2301, 2385, 2441, 2446, XVII: 2457, 2476, 2501, 2648, XVIII: 2895, 2912, 2948, 3303, 3322, 3350, 3436, 3437, XIX: 3491, 3493, 3497, 3503, 3510, 3548, 3760, XX: 4024, 4026, 4082, 4089, 4090, 4092, 4261, 4290–4292, 4326, 4337, 4341, 4493, 4536, XXI: 4638, 4657, 4678, 4732, 4748, 4749, 4759, XXII: 505, XXIII: 658, 1010, XXVI: 160, 192, 207, 264, 268, 273, 389, 422, 423, 446, XXVII: 15, 250, XXVIII: 963, XXIX: 2070, 2083, 2244, 2283, 2304, 2368, 2370, XXX: 2975, 2978, XXXI: 3208, 3210, 3211, 3216, 3217, 3218, 3221 3242, 3252, XXXII: 28, 65, 77, 78, 95, 100, 105, 111, 162, 358, 609, 631, 641, XXXIII: 701, 706, 745, 758, 773, 774, 866, 956, 1170, 1188, 1202, 1233, 1354, 1369, XXXIV: 60, 71, 109, 120, 121, 123, 127, 141, 166, 171, 174–176, 179, 180, 192, 205, 206, 208, XXXV: 15, 49, 162, 196, 257, 261, 263, 264, 279, 280, 297, 314–316, 319, 588, 597, 599, 600, 613, 638, 653, 663, 665, 667, 679, XXXVI: 76, 291, 409, 428, 445, 460, 493,

164   NETHERLANDS (DUTCH) GOV'T.

501, 526, 532, 592, 595, 660, XXXVII: 682, 683, 695, 843, 845, 1170, XXXIX: 124, 314, XXXX: 3, 7, 8, 17, 33, 48, 93, 94, 161, 170, 171, 173, 174, 175n, 177n, 187, 191, 197, 214, 266–T, 299, 300, 317, 318, 342, 377, 378, 380, 388, 390, 413n, 422, 427, 459, 461, 464, 465, 470, 471, 474, 476, 477, 522
    ADB Discussions/Agreements, III: 991, 1052, 1218–1221, 1348, 1386, 1453, 1524–1526, 1542–1544, IV: 1593, 1773, 1928, 1929, 1931, 1932, 1936, V: 2369, 2387, 2389, 2390, VII: 3175, 3199, XI: 5258, XV: 1677–1679, XXI: 2387, 2576, XXIX: 2406, XXXIII: 747, 748, 994, XXXVI: 429, XXXVII: 697, XXXIX: 323, 440, 441, 444, XXXX: 40, 168, 169, 215, 297, 313, 353, 360, 362, 364, 399, 463, 523
    Dutch Alert, IV: 1724, IX: 4568, 4694, 4695, XV: 1770, XXXIV: 172
    Dutch (Batavia) Winds Code, II: 981, III: 984, 985, 988, VIII: 3589, 3620, 3621, 3630, IX: 3952, 3953, 4067, XI: 5163, XVI: 2315, XXXIII: 757, 1388, XXXVI: 72, 73, 318, 508, XXXIX: 224, 458–460, 462, 514
    Intercepted Messages, III: 1010, VIII: 3594, 3597, 3614, IX: 3984, 4064
    Photo Reconnaissance of All Mandates, III: 1290, 1291, XX: 4475
Netherlands (Dutch) Gov't., I: 416, II: 433, 454, 481, 512, 742, 743, 974, 977, 978, III: 1526, 1544, IV: 1692, 1707, 1784, 1786, 2049, V: 2102, 2178, 2233, 2329, 2380, VI: 2908, XI: 5165, 5183, 5215, 5217, 5384, 5410, 5412, XII: 192, 233, 237, 240, XIV: 114, 1141, 1271, 1278, XV: 1771, XVI: 1970, XIX: 3444, 3551, 3685, 3769, XX: 4076, XXIX: 2415, XXXIII: 745, 771, 817, 855, 968, 1381, XXXX: 460, 507, 508
Netherlands Far East Command, III: 1455, IV: 1929, IX: 4565, X: 4602, 4604, XI: 5216, 5220, XXXIV: 61, 224, XXXV: 156
Netherlands India, XII: 180, 181, XXXI: 3242, XXXIII: 739, XXXIV: 109, XXXV: 653, XXXVI: 428, XXXVII: 682, XXXIX: 441, XXXX: 222
Neutrality Act, II: 412, 413, 415, 416, XI: 5408, XII: 151, XXVI: 23, XXXI: 3236, XXXIII: 1363, XXXIV: 103, XXXV: 647, XXXVI: 421, XXXVII: 677, XXXX: 6, 9, 12, 13

NEVADA, I: 33, 45, 46, 47, 48, 76, IV: 1676, V: 2210, 2324, 2342, 2344, VI: 2674, 2677, 2897, X: 4849, 4850, 5134, XI: 5349, 5350, 5351, XII: 260, 348, 354, 355, 375, 382, XVI: 2023, 2035, 2350, XVII: 2517, 2521, XIX: 3591, XX: 4123, 4522, XXI: 4557, 4564, XXII: 392, 496, 533, 534, 537, 590, 592, 597, XXIII: 622, 689, 703, 704, 706, 707, 708, 717, 718, 719, 720, 721, 1185, 1263, XXIV: 1365, 1386, 1398, 1399, 1407, 1409, 1412, 1473, 1497, 1498, 1501–1503, 1575, XXIV: 1577, 1579, 1581–1589, 1591, 1594, 1596, 1600–1603, 1609, 1617, 1667, 1669, 1682, 1687, 1690, 1691, 1693, 1696, 1713, 1715, 1727, 1731, 1742, 1752, 1754, XXVI: 38, 174, 433, 554, XXXIII: 1253, 1263, 1264, 1341, XXXV: 383, 389, 497, 501, 514, XXXVI: 563, 569, 588, XXXVII: 925, 928, 937, 943, 1213, 1214, 1228, 1230, 1232, 1236–1240, 1242–1244, 1247, 1253, 1258, 1259, 1260, 1267, 1268, 1275, XXXIX: 507, XXXX: 59, 60, 61, 64

NEVILLE, XIV: 981

New Britain, XI: 5354, XIII: 438, XVI: 2211, XXIX: 2403, XXXIII: 1170, 1233

New Caledonia, II: 492, 649, 654, IV: 2048, 2049, V: 2123, 2166, 2170, XI: 5450, XII: 261, XIV: 1062, 1067, 1083, XV: 1564, XVI: 2223, 2256, XVII: 2483, XIX: 3605, XXVII: 15, 179, 180, 680, XXVIII: 931, XXIX: 1775, 1779, 2203, 2415, XXX: 2749, 2750, 2753, 2784, 2854, XXXIII: 1239, 1286, 1290, XXXV: 215, 257, 258, 315, XXXVI: 217, 519, XXXX: 170, 173, 175, 391, 507

New Foundland, III: 996, XV: 1509, 1510, 1587–1589, 1636, XVI: 2179, XVIII: 2915, 2917, 2918, 2920, 2922, XV: 4277, 4278, 4325, 4428–4430, 4444, 4456, XXXIII: 962, 965, 967, 969, 1170, 1233, XXXX: 293

New Georgia, XXIX: 1875

New Guinea, I: 31, 88, III: 1083, 1086, 1228, 1249, 1261, IV: 1799, 1943, 1964, 2010, V: 2288, VI: 2862–2864, 2912, 2913, IX: 4358, X: 5145, 5147, XI: 5354, XIII: 438, 518, 519, 564, 651, XV: 1574, 1575, XVI: 2276, XVII: 2577, XXVI: 278, 499, XXVIII: 1052, XXIX: 2301, 2403, XXX: 2864, XXXV: 41,

316, XXXVI: 101, 382, XXXVII: 844, 1276, XXXIX: 408
New Hebrides Islands, V: 2170, XV: 1574, 1575, XVII: 2483, XXX: 2750, 2784
Newman, Maj., XXVIII: 1134, 1144, 1197, 1199
NEW MEXICO, I: 76, 269, 276, 306, 316, 318, II: 852, IV: 1824, VII: 3234, 3363, VIII: 3556, 3719, XI: 5505, XII: 255, 256, 257, 260, XIV: 961-970, 972, 975-980, 990-992, 1006-1008, XVI: 2163, XVII: 4122, XXXIII: 1263
NEW ORLEANS, I: 33, IV: 1676, V: 2210, 2342, VI: 2896, XII: 348, XIV: 983, XVII: 2525, 2530, XX: 4123, XXI: 4558, 4564, XXII: 599, XXIII: 694, 938, XXIV: 1372, 1573-1575, 1579, 1581, 1585, 1593, 1598, 1601, 1604, 1609, 1613, 1616, 1655, 1696, 1747, 1753, XXVI: 556, XXXIII: 1264, XXXV: 389, 390, 501, 502, XXXVI: 224, 476, XXXVII: 928, 929, 936, 1208, 1217, 1225, 1227, 1233, 1234, 1239, 1250
Newton, Rear Adm. J.H., I: 29, 30, 77, 136-139, 327, IV: 1890, 1891, 1903, 1906, 1907, V: 2219, 2449, VI: 2510, 2531, 2536, 2604, 2612, 2651, 2653-2658, 2663, 2735, 2737, 2738, 2899, VII: 3179, 3181, VIII: 3547, IX: 4299, X: 4859, 4883, XVI: 2131, 2256, 2257, 2310, 2348, 2363, 2417, XXI: 4556, 4558, 4562, 4698, XXIII: 758, XXVI: 1, 3, 204, 258, 339-348, XXXII: 409, 574, XXXIII: 704, XXXVI: 371, 406, 435, 436, 441, 444, 536, 567, 573, 575, XXXIX: 364, 379, 450, 503, 504, 524, XXXX: 64n, 105, 105n, 106, 261, 265
NEW YORK, I: 76, VI: 2498, X: 4980, XIV: 934, XVI: 2196, XX: 4122, XXXIII: 1224
New York Navy Yard, XIV: 981
New Zealand, II: 490, III: 993, IV: 1934, 1956, V: 2227, 2230, 2233-2235, 2414, VI: 2879, 2905, 2911, IX: 4199, XI: 5165, 5347, XIII: 710, XIV: 1372, 1378, XV: 1495, 1500, 1515-1517, 1519, 1520, 1533, 1553, 1555, 1557, 1560, 1562, 1570, 1571, 1573-1575, 1578, 1582, 1584, XVI: 1963, 1967, 1970-1972, 1999, 2153, 2158, 2161, 2163, 2251, XVII: 2457, 2458, 2463, 2576, 2592, XVIII: 2901, 2912, 2913, 2941, XIX: 3448, 3452, 3461, 3493, 3494, 3509, 3510, 3532, 3548, 3549, 3551, XX: 4061, 4065, 4067, 4130, 4304,

4548, XXI: 4738, XXIII: 909, 945, XXVI: 71, 98, 498, XXVII: 180, 549, 680, XXIX: 1755, 1775, XXX: 2784, 2864, 2902, XXXI: 3216, 3218, XXXII: 428, 456, XXXIII: 949, 960, 961, 993, 1010, 1206, 1259, 1358, XXXIV: 180, XXXV: 318, 392, 431, 443, 504, XXXVI: 141, 460, 590, XXXVII: 795, 844, 861, 931, 1022, 1090, XXXX: 266-O, 429
NIAGARA, XII: 347, XVI: 2452, XXIV: 1734, XXXVII: 1279
NIAMI MARU (Ja), XIII: 465, 466
NICHIEI MARU (Ja), XIII: 550
NICHII MARU (Ja), XIII: 465, 466
NICHIKOKU MARU (Ja), XIII: 462, 463, 464
NICHIRAN MARU (Ja), XXXV: 614
NICHISHIN MARU (Ja), V: 2070
NICHIYO MARU (Ja), XIII: 658, 664, 691
Nichols Field, III: 1508, IV: 1665, V: 2074, VI: 2819, XI: 2819, XI: 5322-5327, 5333, 5335, 5339, 5499, 5500, XXIV: 1906, XXX: 2595
NIDE MARU (Ja), XIII: 465, 466
NIHONKAI MARU (Ja), XXXVII: 1135
Nihro, VI: 2782-2786, XXXIII: 909, 910, 912-914, 1391-1393, 1395
Niihau, I: 61, 62, VIII: 3832, 3833, XIII: 499, 528, XVIII: 3019, XX: 4523, XXIII: 609, 669, 809, 885, 908, 916, 974, 1268, XXIV: 1312, 1313, 1447-1450, 1607, 1672, 1680, 1681, 1703, 1704, 1706, 1808, XXX: 2523, 2988, XXXI: 3140, XXXV: 267, 293, 294, XXXVII: 1220, 1365, 1309, 1310, XXXX: 489n
Nimitz, Adm. Chester, I: 264, 321-323, III: 1047, 1123, IV: 1737, 1982, V: 2104, 2358, 2430, 2467, VI: 2499, 2500, 2533, 2602, 2609, 2641, 2896, VII: 3237, 3253, 3254, 3258, 3259, 3304, 3315, 3329, 3341, 3344, 3357, VIII: 3550, 3703, 3894, IX: 4067, 4164, 4296, X: 4898, XI: 5303, XIV: 933, 943, 952, 960, 962, XV: 1483, XVI: 2139, 2145, 2148, 2153, 2155, 2157, 2161, 2165, 2166, 2169, 2179, 2208, 2224, 2227, 2230, 2231, 2244, 2245, 2451, 2454, XVII: 2461, 2490, 2733, XVIII: 3254, XIX: 3750, XXI: 4555, XXII: 89, XXIII: 698, 1270, XXVI: 43, XXVII: 541, XXVIII: 995, 1014, 1069, 1447, 1577, XXIX: 1774, 1775, 2015, XXXII: 2, 279, 382, 383, 389, 400, 423, 598, 599, XXXIII: 1166,

1175, 1188, 1197, 1199, 1205, 1329, 1332–1335, 1341–1343, XXXV: 118, XXXVI: 363, 364, 402, 413, 462, 572, XXXVII: 1298
Nine Power Treaty, II: 407, 408, 412, 557, IV: 2037, 2039, VI: 2854, 2855, IX: 4449, XI: 5368, 5413, 5417, 5422, 5426, 5436, XII: 184, XIV: 1120, 1207, XVI: 1996, 1997, XIX: 3514, 3515, 3525, XX: 3999, 4139, 4157, 4228, 4291, XXXIV: 202, XXXIX: 32, XXXX: 1, 6, 13, 398
NIPPON MARU (Ja), I: FP 239, XIII: 403, 419, 462, 463, 464, 467, 553, 583
Nisei, XXI: 4580n, XXXIX: 43n
NISHMAHA, XX: 4511
Nisihara-Marutan Agreement, XII: 122, 123
NISQUALLY, XXIV: 1457
NISSAN MARU (Ja), XIII: 462, 463, 464, XXVIII: 1147
NISSEUM MARU (Ja), XIII: 462, 463, XXX: 3076
NISSHIN (Ja), XIII: 548, XXXV: 596
NISSHO MARU (Ja), XIII: 662, 703
NITA MARU (Ja), XXXIV: 169
NITRO, XIV: 983, XVII: 2524, XXVI: 556
NITTA (Ja), XXXIV: 165
NITTEI MARU (Ja), XIII: 553
Nixon, Capt., XXXI: 3177, 3178, 3189, 3191
NOJIMA (Ja), XIII: 543
Nomura, Ambassador Kichisaburo, I: 251, II: 441, 458, 470, 471, 513, 540, 580–582, 593, 600, 601, 606, 676, 686, 691, 715, III: 1237, 1407, 1579, IV: 1616, 1642, 1694–1698, 1701, 1705, 1771, 1772, 1786, 1856, 1861–1863, 2062, V: 2114, 2115, 2117, 2119, 2120, 2304, 2315, 2319, 2411, 2434, VII: 3235–3237, 3241, 3246, 3258, 3341, VIII: 3703, IX: 4016, X: 4769, 4860, XI: 5352, 5395, 5396, 5421, XII: 4, 13–15, 17, 18, 27–32, 36–38, 40–42, 45, 51, 59–61, 63, 66, 67, 68, 70, 72–88, 91, 92, 100, 101, 103, 119–125, 127–131, 170, 171, 174, 180, 197, 199, 207, 212–214, 227, XVI: 2210, 2296, 2297, 2307, 2433, 2435, 2450, XVII: 2758, 2761–2769, 2771, 2772, 2775, 2776, XVIII: 2946–2950, 3201, 3202, 3258, XIX: 3751, XX: 4082, 4091, 4102, 4219, 4288, 4291, 4326, 4327, 4388, 4393, 4406, 4463, XXI: 4672, XXVI: 68, 235, 236, 451, XXIX: 1890, 2149, 2366, XXXI: 3237, 3238, 3242, XXXII: 250, 635, XXXIII: 754, 776, 784, 808, 892, 913, 1362, 1364,
1365, 1386, XXXIV: 97, 103, 105, 106n, 112, 112n, 117, 191–193, XXXV: 161, 162, 199, 312, 394, 403, 407, 415, 427, 430, 435, 583, 631, 647, 648, 652, 653, XXXVI: 408, 410, 420, 421, 423, 427, 428, XXXVII: 678, 679, 682, 875, 987–992, 994, 995, 1042, 1074, 1089, 1093–1095, 1098, 1101, 1105, 1112, 1113, 1125, XXXIX: 324, 435, 436, 441, 442, XXXX: 14, 16, 18, 28, 220, 220n, 292–294, 297, 321–323, 329–331, 344–359, 370–372, 380, 387, 397, 402, 404, 413n, 450,
NORMANDIE (Fr), II: 653
NORTH CAROLINA, I: 123, 152, 163, 164, IV: 1827, V: 2247, 2249, XII: 280, XVI: 2209, 2213, 2219, 2248, 2250, XX: 4122, XXII: 372, XXIII: 944, 946, 1166, XXXII: 340, XXXIII: 1167, 1169, 1172, 1230, 1232, 1359
North China, XI: 5202–5204, 5533, XXXV: 576, 622, 628, XXXVI: 231, 485, 659, XXXVII: 742, 778, 797, 800, XXXIX: 9, XXXX: 2, 26, 349
NORTHAMPTON, I: 61, 63, 132, V: 2162, 2210, VI: 2702, 2897, XII: 345, XIII: 545, XV: 1715, XVI: 2057, XVII: 2487, 2518, 2521, XX: 4123, XXI: 4558, 4561, 4564, XXIII: 622, 669, XXIV: 1415, 1431, 1571, 1594, 1595, 1607, 1671, 1671, 1681, XXVI: 347, 555, XXXIII: 1264, XXXV: 497, XXXVII: 925, 955, 956, 1220, 1222, 1251, 1252, 1256, 1262, 1265, 1272, 1273
NORTHLAND, XVIII: 2930, XXXIII: 975
NORTH STAR, XVIII: 2930, XXXIII: 975
Norway, IV: 1791, XIV: 1298, XX: 4227, XXXX: 165
Notes,
U.S. to Japan, 17 Aug. 1941, II: 459, 460, 480–484, 487, 491, 503, 511, 539, 659, 662, 775–777, 919, 921, III: 1580, IV: 2043, V: 2419, 2420, 2428, VII: 3176, VIII: 3438, 3439, IX: 4069, 4070, 4259, X: 4757, XI: 5184, 5190, 5225, 5378, 5387–5389, 5391, 5392, 5406, 5410, 5413, 5414, 5422, 5423, 5426, 5427, 5434, 5445, 5453, 5454, 5459, 5462, XIV: 1063, XXI: 4578, XXXX: 22
Japan to U.S., 20 Nov. 1941, II: 497, 542, 554, 555, 558, 559, 588, 593, 594, 742
U.S. to Japan, 26 Nov. 1941, II: 434–437, 452, 462, 496, 498, 508, 542, 555, 559, 569, 571, 575–577, 579, 580, 589, 590, 593, 595,

607, 609, 614, 687, 691, 700, 722–724, 742, 743, III: 1319, IV: 1706, 1707, 1829, 1874, 2038–2040, V: 2104, 2132, 2188, 2189, 2261, 2262, 2316, 2318, 2322, 2328, 2419, 2420, VI: 2524, 2545, 2761, 2855, 2856, 2906, VII: 2957, 3014, VIII: 3435, 3440, 3556, 3557, 3898, IX: 3983, 4168, 4169, 4233, 4234, 4262, 4559, 4570, X: 4757, 4879, 4926, XI: 5155, 5262, 5367–5369, 5373, 5385, 5386, 5390, 5391, 5392, 5398, 5399, 5402, 5411, 5413, 5414, 5442, 5445, 5446, 5460, 5468, XII: 182–185, 206, XIV: 1155–1159, XVI; 2267, 2268, 2300, 2303–2305, 2307, 2362, 2375, 2382, 2416, 2420, 2421, 2435, XIX: 3656–3660, XXI: 4573n, 4576, 4579, 4580, 4607, 4608, 4611, 4619, 4622, 4645–4647, 4649, 4674, 4677, 4685, 4688, 4698, 4699, XXVII: 64, 65, 241, XXVIII: 946, XXIX: 2082, 2083, 2147, 2148, 2152, 2154, 2205, 2209, 2210, 2244, 2258, 2282, 2330, 2379, 2381, 2393, 2402, 2405, 2409, 2414, 2415, 2432, XXXII: 91, 114, 116, 121, 160, 166, 1203, 233, 248, 336, 357, 535, 537, 551, 582, 583, 613, 614, 618, 638, 640, 659, 668–670, 679, 680, XXXIII: 700, 701, 703, 710, 733, 739–743, 749, 751, 759, 760, 783, 785, 786, 789, 790, 798, 799, 807, 821, 823, 828, 857, 869, 873, 877, 881, 895, 904, 1373, 1386, XXXIV: 53, 109, 110, 155, XXXV: 135, 173, 542, 660, 662–664, XXXVI; 427, 429, 430–432, 527, 575, XXXVII: 684, 687, 689, 694, XXXIX: 33n, 38, 42, 43, 48, 83, 84, 91, 99, 103, 134, 135, 137, 138, 141, 175, 223, 228, 245, 288, 316, 320, 323, 324, 326–328, 341, 344, 351, 364, 366, 379, 380, 400, 439, 444, 447, 448, 524, XXXX: 36–41, 175, 176, 196, 200, 210, 216, 218, 219, 221, 222, 227, 257, 266–F, 266–G, 266–I, 372, 382–386, 388, 397, 399, 401, 411, 412, 416, 436, 437, 441, 460, 465, 510, 511, 513, 515, 520, 525, 532, 560, 563
NOTORO (Ja), XV: 1877, XVI: 2322, XVII: 2644, 2646, 2687, XXXV: 59, 618, XXXVI: 510, XXXVII: 736, 783, 784, 1133, 1135, 1319, 1329, XXXIX: 467
Noumea, IV: 1892, IX: 4075, 4093, 4149, XVI: 2251, XXVIII: 931, 1585, 1605, XXIX: 1774, 1775, 1780, 1816, 2377, XXXIII: 707, 1170, 1173, XXXV: 258, 315

NOWAKI (Ja), XIII: 542, 547
Noyes, Adm. Leigh, I: 128, III: 1445, 1447, 1463, 1464, 1467, 1473, 1484, 1489, 1490, IV: 1624, 1725, 1733, 1734, 1745, 1968, 1975, 1976, 2002, 2017, 2019, 2035, 2040, VI: 2891, VII: 3199, 3275, VIII: 3384, 3385, 3387, 3394, 3397, 3431, 3565, 3566, 3570–3572, 3575, 3576, 3580, 3586–3588, 3611, 3613, 3624, 3525, 3634–3636, 3650, 3662, 3663, 3668, 3670, 3671, 3673, 3683, 3689, 3690, 3701, 3703–3705, 3712, 3713, 3715, 3733, 3739, 3744, 3760, 3761, 3776, 3777, 3781, 3782, 3792, 3793, 3800, 3804, 3805, 3807, 3810–3812, 3845, 3850, 3853–3855, 3865, 3878, 3915, 3918, 3921, 3922, 3926, IX: 3937, 3941, 3943, 3948–3952, 3060–3962, 3968, 3972, 3973, 3975, 3976, 4015, 4059, 4060, 4064, 4068, 4105, 4111, 4122, 4123, 4126, 4127, 4133, 4135–4137, 4141, 4143, 4145–4148, 4150, 4175, 4189, 4196, 4213, IX: 4214, 4232, 4270, 4285, 4321, 4322, 4383, 4439, 4520, 4522, 4542, X: 4629–4631, 4633, 4634, 4636, 4638, 4644, 4645, 4649–4651, 4653, 4657, 4710–4792, XI: 5244, 5306, 5307, XVI: 2315, 2316, 2318, 2319–2321, 2375, XVIII: 3347, 3348, XXI: 4555, 4685, XXVI: 393, 395, XXIX: 2323–2325, 2341, 2372, 2373, 2376, 2377, 2385, 2394, 2397, 2399, 2430, 2441, XXXII: 2, 132, XXXIII: 773–775, 781, 792, 796, 805, 810, 839–841, 843–845, 848, 850, 853, 862, 863, 871, 873, 882–885, 889–908, 916, 918, XXXIV: 5, 35, 68, 76, 79, 80, 84, 86, 87, XXXV: 6, 91, 97–99, 102, 137, 142, 143, 164, 165, 167, XXXVI: 1, 26, 64, 68, 69, 70–72, 75, 80, 81, 89, 93–96, 235, 306, 340, 416–418, 432, 478, 502–510, 521, 535, 572, 582, XXXIX: 224, 225, 230, 248–250, 253, 262, 271, 272, 290, 291, 323, 341, 351, 458–462, 466, 483, 514, XXXX: 179n, 200n, 209, 256, 266–E, 472–474, 474n, 475n, 478–480, 482, 485, 518
NOZIMA MARU (Ja), XX: 4352
NUERBERG (Ger), XXXVI: 656
NUMAKEZE (Ja), XIII: 553, XVII: 2687, XX: 4126, XXXV: 58, XXXVII: 736, 1329
Nurse, Col. H.B., XXVII: 2, 404, XXIX: 1656–1658, 1681, 2039–2047, XXX: 2630, 2631, 2653, 2665, 2715, 2951, 2952, XXXIX: 170, 171

O

O-7 (Du), VIII: 3382
O-16 (Du), XX: 4131
O-19 (Du), XX: 4131
O-20 (Du), XX: 4131
Oahu Civil Defense, XXIV: 1313–1354, 1918–1930
Oahu Defense, I: 35, 52, 56, 240, 369, 372–395, II: 823, 870, III: 1012–1014, 1092, 1093, 1243, 1347–1349, 1459, IV: 1604, 1606, 1991, V: 2111, 2127, 2128, 2130, 2168, 2242, 2338–2340, 2344, 2345, VI: 2520, 2532–2535, 2583, 2590, 2595, 2629, 2666, 2722, 2723, 2772, 2894, VII: 2941, 2970, 3042, 3060, 3067, 3083, 3103, 3300 (Map), VIII: 3452–3455, 3474, XIV: 982, 983, 1000–1004, 1424–1442, 1452, 1464–1467, XV: 1424–1442, 1452, 1464–1467, 1470, 1514, 1603, 1609, 1612, 1623, 1655, XVI: 1937, 1938, 2147, 2227, 2752, 2279–2281, 2343, 2409, 2410, 2423, XVII: 2582, 2590, 2724–2727, 2739, XVIII: 2925, 2957–2960, 2964, 2989, 2990, 2992, 3015, 3082, 3096, 3097, 3099, 3100, 3118, 3228–3231, 3234, 3246, XIX: 3234, 3246, 3983, XXI: 4583, 4664, XXII: 9, 13, 14, 16, 21, 27, 28, 38, 78, 247, 337, 421, 465, 568, 573, XXIII: 933, 1093, 1094, 1118, 1133, 1134, 1142, 1144–1149, 1183, 1209, XXIV: 1363, 1364, 1455, 1546, 1564–1570, 1635, 1750, 1908–1910, 2026–2033, 2091–2101, 2107–2120, 2165–2169, XXV: Items 2, 3, 35, 90, 92, 98, 108, 109, 110, 111, 113–126, XXVI: 30, 45, 76, 475–487, 505, 533–538, 561–563, XXVII: 41, 205, 771, XXVIII: 830, 836, 838, 839, 857, 900, 904, 911–913, 927, XXIX; 2157, 2158, XXX: 2460, 2464, 2491, XXXI; Items 1–5, XXXII: 171, 225, 266, XXXIII: 690, 694, 972, 993, 1153–1157, 1165, 1183–1185, 1297–1301, XXXV: 14, 100, XXXVI: 385–388, 392, XXXVII: 851, 859, 948–950, 1309–1313, XXXVIII: Item 1, XXXIX: 12, 52, 58, 59, 64, 67, 73, 75, 76, 180, 243, 297, 303, 309, 376, 411, 412, 420, 424, 452, 485, 490, 492, 496, 504, 511, 520–522, 525, XXXX: 68, 68n, 83–86, 111, 113, 115, 120, 124, 125, 140, 146, 152, 154, 164, 167n, 241, 266–B, 490, 544, 547
OAHU, XI: 5204
OBORO, (Ja), XIII: 477. XVII; 2687, XX: 4127, XXXV: 58, XXXVII: 735, 1131, 1328
O'BRIEN, XI: 5505
O'Dell Lt. Robert H., III: 1455, IX: 4568, X: 4601–4607, 4624, 4625, XXIV: 2300–2304, XXXIV: 59–66, XXXV: 156, XXXIX: 238
ODENWALD (Ger), V: 2311, XX: 4474
Office of Naval Communications, VII: 3342, X: 4665, 4711–4713, 4723, 4725, 4728, 4744, 4756, 4824, XXVI: 387, 395, 457, XXVIII: 913, 1591, XXIX: 2450, XXXIII: 832, 848, 889, 900, XXXVI: 60, 79, 87, 467
OGLALA, I: 45, 48, 188, IV: 1678, V: 2210, 2342, VI: 2674, XII: 349, 354, 356, 363, XIV: 983, XVI: 2225, 2257, 2350, XVII: 2477, 2504, 2512, 2514, 2535, XIX: 3580, 3582, 3587, 3589, 3591, XXI: 4557, 4563, XXII;

393, 509, 545, 594–599, XXIII: 1186, XXIV; 1365, 1415–1418, 1420, 1424, 1575, 1577, 1579, 1581, 1585–1587, 1590, 1591, 1602–1604, 1610, 1612, 1614, 1619, 1644, 1753, XXVI: 38, 527, 548, 550, 553, XXXIII: 1176, 1291, 1313, 1343, XXXVI: 570, XXXVII: 936, 1214, 1216, 1228, 1230, 1232, 1235, 1239, 1241, 1242, 1245, 1247, 1260, 1261, 1272, 1273, 1275, XXXIX: 507, XXXX: 59, 61, 64

OHIYO MARU (Ja), XIII: 462–464

OI (Ja), XI: 5359

OI MARU (Ja), XIII: 462–464, 544

OITE (Ja), XIII: 565, XVII: 2684, XXXV: 56, XXXVII: 733, 1134, 1330

Oldfield, Ens. J. A., XXIV: 1642, 1697, 1703, 1709, 1732, 1737, 1743, 1749

Office of Naval Intelligence (ONI), I: 57, 183, 204, 213, II: 809, 811, 824, 836, 837, 846, 850, 858, 885, 890, 891, 893, 904, 911, 925, 959, III: 1192, 1193, 1444, 1445, 1449, 1453, 1464, 1480, 1483, 1566, 1580, IV: 1724–1729, 1731, 1732, 1734, 1743, 1751, 1754, 1756, 1760, 1766, 1771, 1775, 1792, 1808, 1811–1815, 1823, 1833–1836, 1838–1840, 1854, 1864, 1868, 1879, 1889. 1898–1900, 1913–1919, 1921–1927, 1981, 1982, 2008, 2015, 2016–2018, 2025, 2026, 2029, 2057, 2062, 2254, V: 2078, 2087, 2109, 2112, 2133, 2174, 2209, 2460, 2461, VI: 2513, 2539, 2549, 2553, 2554, VII: 3012, 3042, 3063, 3064, 3234, 3245, 3293, 3294, 3342, VIII: 3382, 3414, 3533, 3557, 3637, 3666, 3731, 3780–3782, 3798, 3820, 3834, 3894, 3902, IX: 3992, 3993, 4011, 4032, 4035, 4041, 4051, 4053, 4118, 4149, 4158, 4361–4363, 4368, 4370, 4390, 4399, 4401, 4520, 4526, 4534, 4537, 4540, 4541, 4559, 4576, 4580, 4584, 4596, X: 4631, 4665, 4679, 4712, 4724, 4790, 4862, 4880, 4912, 5025, 5026, 5116, 5133, XI: 5245, 5344, 5475, 5476, XVI: 2160, 2229, 2269, 2294, 2295, 2310, 2317, 2319, 2320, 2322–2326, 2338, 2346, 2354, 2356, 2358, 2452, XVIII: 2898, 3008, 3324, XX: 4096, 4116, 4233, 4475, 4511, 4515, XXI: 4556, 4592, 4620, 4655, 4697, 4704, XXII: 2, 40, 43, 79, 85, 175, 176, 180, 181, 192, 358, 396, 478, 545, XXIII: 640, 642, 649, 653, 663, 811, 856, 882, 889–892, 914, 919–921, 923, 949, 973, 974, 1012, 1014, 1016, 1152, 1188, 1189, XXIV: 1361, 1647, 1648, 1657, 1664, 1715, 1756, 1824, XXVI: 21, 54, 78, 226, 279, 299–301, 304–306, 308, 324, 325, 355, 358, 361, 363– 365, 391, 392, 438, 440, 457, XXVII: 60, 61, 64, 66, 70, 142, 210, 215, 253, 254, 385, 748, 781, XXVIII: 913, 1533, 1535, 1578, 1579, 1590, 1594 XXIX: 1644, 1665, 1666, 1668, 1670, 1671, 1688, 2059, 2337, 2339, 2351, 2354, 2355, 2361, 2379, 2416, 2440, 2448, 2450, 2453, XXX: 2512, 3064, XXXI: 3176–3179, 3185, 3188, 3189, 3190, 3193, 3194, 3222, XXXII: 24, 82, 94, 97, 126–128, 132, 144, 152, 162, 163, 178–180, 301, 304, 352–357, 359, 381, 382, 384, 386, 541, 638, 641, 660, 663, XXXIII: 732, 733, 737, 757, 758, 789, 817, 832, 848, 850, 855, 856, 868, 880, 885, 889, 903, 915, 918, 946, 1201, 1208, 1334, XXXIV: 14, 16, 22, 25, 27, 29, 51–53, 58, 59, 69, 70, 79, 152, 154, 156, 158, 171, 173, XXXV: 14, 30, 44, 48, 96, 104, 111, 112, 122, 133, 134, 136, 154, 191, 257, 268, 273, 336, 543, 567, 572, 574, 575, 578, 618, 619, XXXVI: 3, 5, 8, 11, 13, 17, 28–30, 38, 40, 62–65, 68, 79, 91, 112, 116, 163, 222, 224, 225, 229–233, 243, 244, 247, 248, 262, 303, 317, 329, 331, 377, 406, 413–418, 464, 466, 469–471, 478–484, 491, 504, 510, 519, 528, 534, 556, 575, 582, XXXVII: 702, 873, 926, 1060, 1062, 1063, 1159, 1279, XXXIX: 12, 13, 63, 182, 222, 234, 279, 285, 287, 289, 364, 379, 385, 405, 406, 431, 451, 464, 466, 468, 469, 471, 484, 486, 511, 512, 515–517, XXXX: 77, 89, 134, 177, 206, 208, 239, 261, 264, 266–I, 337, 431, 432, 474, 485, 514, 519, 529, 531

   OP-16-FE, XXXIV: 911, XXXVI: 60, 79, 96, 189

   OP-20-G(WYZ), VIII: 3652, 3895, IX: 4126, 4131, 4147, 4208, XVI: 2294, 2313, 2334, 2335, 2356, 2357, XXIX: 2362, 2367, 2375–2377, XXXIII: 761, 768, 802, 839–841, 848, 849, 853, 871, 900, XXXIV: 78, XXXVI: 13, 63, 65, 79, 85, 86, 90, 257, 266, 317, 328, 345, 355, 357, 417, 431, 432, 478, 502, 528, 532, 582, 583, XXXVII: 1081–1087, XXXIX: 225, 431, 432, 455, 483, 485, 514, 516, XXXX: 180, 485, 486

Off Shore Patrol, I: 36, 126, 158, XVI: 2279, 2283, XXII: 154, 341, 357, 462, 500, 542,

XXIII: 997, 1150, 1151, 1195, XXIV: 1358, 1380, 1417, 1546, 1627, 1657, 1658, 1666, 1673, 1711, 1718, 1720, 1721, 1724, 1727, 1745, 1746, 1807, 2115, XXVI: 15, 51, 52, 310, 485, XXVII: 94, 277, 284, 414, 704, 707, 772, 798, XXVIII: 913, 914, XXIX: 1719, 1721, XXX: 2495, XXXII: 39, 180, 296, 322, 681, XXXIII: 1156, 1158, XXXVI: 386, 389, 412, 458, 462, 550, 551, 554, XXXVII: 1312, XXXIX: 305, 412, XXXX: 82
O'Halloran, Lt. J. J., XXXVII: 1268
Ohashi, Chuichi, II: 671–676, 705, 706, 726, 727, 728, III: 1384–1386, XX: 3985–3987, XXXII: 634, 635, XXXIII: 701, XXXIV: 141, 142
Okada, Lt. Cdr. Sadatomo, IV: 1794, XXXV: 320, 353, 483, 556, 572, 574
OKIKAZE (Ja), XX: 4127, XXXVII: 1135, 1330
Okinawa, III: 1076, IV: 1831, 1893, 1912, VI: 2666, XXXVI: 616
OKINOSHIMA (Ja), XIII: 546, 565, XVII: 2685, XXXV: 56, XXXVII: 734, 1134, 1330
OKITSV MARU (Ja), XIII: 462–466
OKLAHOMA, I: 33, 45–47, 76, 234, 245, II: 852, IV: 1676, 1678, 2023, V: 2710, 2324, 2341–2344, 2398, VI: 2542, 2675– 2677, VII: 335, X: 4849, XI: 5348-5350, XII: 256, 260, 348, 354, 366, 369, 374, 376, 383, 384, XIII: 392, 394, XV: 1715, XVI: 2027, 2350, XVII: 2517, 2521, XX: 4123, 4522, XXI: 4557, 4564, XXII: 533, 590, XXIII: 622, 689, 723–726, 1035, 1097, 1101, 1263, XXIV: 1365, 1386, 1415, 1498, 1499, 1520, 1572, 1573, 1575–1577, 1579–1581, 1584, 1585, 1591, 1596, 1601–1603, 1609, 1615, 1617, 1752–1754, XXVI: 554, XXXIII: 1253, 1254, 1341, XXXIV: 198, XXXV: 383, 389, 497, 501, 514, XXXVI: 538, 569, XXXVII: 925, 928, 937, 1213, 1214, 1223, 1224, 1228, 1229, 1232, 1234, 1235, 1239, 1253, 1259–1261, 1268, 1275, XXXIX: 507, XXXX: 59, 60. 64
Okuda, Otojiro, XXX: 3067, 3068, 3072, XXXV: 326, 328, 329, 331, 333, 353, 355–358, 360, 362, 365, 366, 371–375, 377, 379, 384, 385, 387, 388, 395–397, 435, 456, 457, 469, 471, 472, 476–478, 489, 491, 494, 496, 506–508, 510, 515, 518, 519, 521–528, 532, 538–540, XXXVII: 917, 920, 922–924, 927
Olindorf, Capt. J. B., I: 306

OLIVIA (Fi), XIX: 3539
Olmstead, Gen. Dawson, III: 1558, VIII: 3611, X: 4658, 4740, XI: 5421, 5432, XVIII: 3347, XXIX: 2069, XXXIV: 83, 87, 88
Ominato, Japan, XIII: 552, 554, XVIII: 3338, 3340
100 Degree E.-S. 10 Degree N., II: 492, 654, 681, 976, III: 1040, 1057, 1227, 1246, 1247, 1524, IV: 1618, 1777, 2048, 2049, V: 2123, XI: 5423, 5440, 5450, XIV: 1062, 1066, 1083, XV: 1564, XVI: 2248, XXVI: 303, XXVII: 15, 240, XXIX: 2406, 2415, XXXIII: 1239, XXXX: 170, 173, 175, 341, 391, 405, 439, 507
Onishi, Rear Adm Takijiro, I: 178, 236, XIII: 399, XXXX: 53
ONTARIO, XII: 349, XXIV: 1388, 1611, 1691, XXXVII: 936, 1272
OMAHA, XI: 5505, XX: 4122, XXVIII: 1551, XXIX: 1669
ONDO, (Ja), XVII: 2689, XXXV: 59, XXXVII: 736, 1331
ONOE MARU (Ja), XIII: 462, XXX: 3075
O.P.M., XXX: 2954, 2960, 2994, 2995, 2999, 3000, 3002
OPNAV, I: 303, 319, IV: 2023, 2050, V: 2132, 2135, 2154, 2161, 2167, 2255, 2256, 2352, 2353, 2354, 2388, VI; 2670, 2671, 2702, 2703, 2797, 2813, 2814, 2815, 2822, 2871–2873, 2890, 2910, VII: 3104, 3107, 3108, 3308, 3315, 3325, 3377, VIII: 3414, 3415, 3580, 3581, 3582, 3588, 3700, 3721, 3722, 3723, 3725–3728, 3753, IX: 4261, X: 4688, 4721, 4761, 4802, 4809, 4830, 4834, 4848, 4966, XI: 5168, 5202–5204, 5247, XIV: 1406, XV: 1680, 1771, XVI: 2323, 2326, 2327, 2331, 2332, 2336, 2358, XVII: 2476, 2479, 2653, XVIII: 3233, XXIII: 1261, XXIV: 2363, XXXVI: 46–49, 102, 112, 121, 126, 130, 136, 140, 155, 161, 180, 209, 426, 435, 479, 481, 486, 487, 502, 511, 516, 518, 520, 584, 648–650, XXXVII: 702, 703, 705, 706, 789–801, 1059–1067, 1207, 1327, XXXIX: 468, 472, 474, 475, 479–481, 486, 487, 517, XXXX: 105, 108, 470, 478
O'Rear, Col., XXXIV: 164, 166, 167, 171, 184, 186, 187, XXXV: 86
OREGON (Old), XXIII: 1224, 1225
ORTOLAN, XII: 346, XIII: 532, XIV: 996, XVII: 2528, 2531, XXII: 331, XXIII: 1136,

XXIV: 1687, XXVI: 557, XXXIII: 1350, XXXVII: 1277
Oshima, Baron, III: 1128, 1131, 1132, 1134, IV: 1861, 1862, XI: 5292, XIX: 3644, 3646, 3647, XX: 3991, XXXIII: 776, 837, 860, XXXIV: 191, 192, XXXV: 677, 684, 685, 690, 691, XXXX: 409, 410, 413, 436, 515, 532, 569, 571
OSHIMA, (Ja), XIII: 571
OSHIO (Ja), XIII: 545, XVII: 2682, XX: 4126, XXXV: 55, XXXVII: 732, 1132, 1329
Osmun, Brig. Gen. Russell, III: 1330, 1332, IX: 4432, X: 4602, XXVII: 77-82, 133, XXXIV: 61, XXXV: 101
OSS, III: 1129, 1131, 1133, 1135, 1137, 1546, IV: 2016, XXI: 4690, XXXIX: 371
OTOMARU (Ja), XVII: 2689, XXXV: 59, XXXVII: 736, 1331
OTORI (Ja), XVII: 2690, XXXV: 60, XXXVII: 737, 1135
Ott, Ambassador Eugen, XII: 48, XVIII: 2948-2951, XXXIII: 1364, XXXIV: 104, XXXV: 584, 592, 593, 600, XXXVII: 677, XXXX: 305, 309
Ottawa, Canada, IV: 1788, 1917, V: 2076, 2077, XIV: 1286, 1287, XV: 1588
Ottley, Ct., XXII: 1039, XXXVII: 1285
Outerbridge, Lt. Cdr. W.W., XVI: 2272, 2344, XXI: 4560, XXXVI: 1, 52, 55-60, 555, 574, XXXVII:1289-1291, XXXIX: 404, 497
OYASHIO (Ja), XVII: 2682, XX: 4126, XXXV: 55, XXXVIII: 732, 1132, 1329
Ozaki, Ichitaro, XXXV: 354, 356, 357, 364, 367, 371, 372, 385, 509, 516, 520, 522, 523, 529, 533, 537, 538

P

Pacific Convoys, I: 320, IV: 1675, IX: 4282, X: 4781, XXXIII: 1293

Pacific Fleet, 28–30, 32, 34, 59, 61, 67, 75, 76, 82, 115, 122–125, 151, 162, 172, 183, 216, 237–240, 242, 247, 248, 279, 283, 331, 394, II: 854, III: 1006, 1013, 1045, 1140, 1151, 1241, 1267, 1451, IV: 1687, 1724, 1828, 1833, 1872, 1912, 1934, 1946, 1955, 1959, 1960, 1964, 1985–1987, 1994, 2004, 2011, V: 2104, 2111, 2127, 2166, 2210, 2211, 2219, 2247–2249, 2256, 2257, 2287, 2386, 2419, 2464, 2467, 2479, 2492, VI: 2498, 2511, 2518, 2525, 2530, 2536, 2543, 2552, 2558, 2560, 2565, 2567–2569, 2571, 2593, 2623, 2626–2628, 2634, 2642, 2662, 2714, 2716, 2717, 2727, 2731, 2732, 2745, 2752, 2786, 2870, 2877, 2898, 2900, 2901, VII: 2960, 2963, 2967, 3074, 3258, 3291, 3297, 3300, VIII: 3414, 3454, 3479, 3480, 3494, 3522, 3523, 3525, 3528, 3529, 3554, 3663, 3667, 3711, 3878, IX: 4244, 4257, 4260, 4262, 4279, 4288, 4291, 4299, 4370, 4371, X: 4829, 4880, 4883, 4904, XI: 5251, 5264, 5304, 5355, 5482, 5504, 5519, XIII: 401, 402, 407, 408, 410, 418, 425, 426, 428, XIV: 946, 1040, 1061, 1396, 1403, XV: 1449–1451, 1491, 1512, 1513, 1561, 1562, 1568, 1572, 1679, XVI: 1968, 2152, 2190, 2213, 2217, 2222, 2233, 2234, 2236, 2240, 2242, 2245–2249, 2252, 2275, 2276, 2284, 2285, 2288–2290, 2293, 2321, 2338, 2349–2350, 2356, 2358, 2360, 2368, XVII: 2462, 2463, 2476, 2503–2545, 2703, XIX: 3458–3460, 3537, 3549, 3678, 3945, XX: 4325, XXI: 4599, 4618, 4640, 4654, 4661, 4668, 4672, 4676, 4680, 4691, 4766, XXII: 141, 209, 325, 326, 330, 334, 337, 360, 373, 378, 380, 460, 563, 591, XXIII: 943–945, 971, 1092, 1129, 1131, 1135, 1139, 1154–1156, 1159, 1167, XXIV: 1295, 1361, 1363, 1365, 1370, 1371, 1374, 1375, 1377, 1395, 1414, 1415, 1417, 1418, 1423, 1425, 1428, 1431, 1435, 1436, 1442, 1476, 1484, 1489, 1492, 1493, 1498, 1501, 1502, 1547, 1568, 1601, 1622, XXVI: 3, 45–59, 54, 69, 75, 77, 82, 89, 104, 140–143, 149, 150, 151, 155–158, 163, 181, 193, 200, 201, 207, 260, 263, 264, 270, 278–280, 282, 286, 317–319, 332, 345, 358, 376, 392, 398–401, 420, 428, 438, 457–459, 461–464, 554–557, XXVII: 18, 48, 50, 51, 72, 116, 117, 126, 227, 237, 537, 541, XXVIII: 845, 911, 920, 994, 1495, 1499, 1501, 1587, XXIX: 2326, 2329, XXX: 2511, XXXII: 22, 26–30, 39, 42, 58, 70, 71, 73, 75–77, 80, 82–85, 96, 148, 150, 176, 202, 213, 220, 221, 225, 235, 273, 317, 326, 327, 330, 331, 339, 377, 378, 380, 381, 385, 402, 403, 406, 409, 411, 417, 424, 456, 462, 464, 529, 534, 542–543, 549, 566, 572, 573, 575, 586, 587, 589, 591–594, 597, 598, 606, 607, 609, 616, 619, 669, 676, XXXIII: 688, 690, 696, 706, 714, 790, 924, 930–932, 938–942, 946, 949, 951–954, 958, 974, 975, 979, 984, 986–1018, 1152, 1169, 1175, 1203, 1205, 1208, 1209, 1212, 1216, 1221, 1230, 1349, 1357–1359, 1361,

XXXIV: 142–144, 161, 198, 209, XXXV: 52, 148, 152, 692, XXXVI: 3, 4, 18, 191, 194, 199, 202, 203, 230, 285, 297, 330, 342, 365, 368–372, 381–383, 395, 399–402, 405, 410, 424, 439, 451, 499, 545, 578, 586, XXXVII: 806–836, 840, 844, 846, 849, 854, 855, 860, 946, 1292, 1294, XXXIX: 2–6, 8, 19–21, 36, 51, 73, 125, 127, 176, 232, 249, 250, 259, 300, 306, 309, 313, 315, 337, 339, 347, 355, 357, 396–399, 405, 406, 419, 420, 422, 426, 430, 431, 450, 452, 486, 489, 494, 496, 505, 520, XXXX: 13, 54, 55, 55n, 63, 75, 75n, 76, 79, 90, 95, 105, 105n, 107, 107n, 108, 109n, 110, 110n, 111, 112, 115, 116, 116n, 118, 118n, 131, 147, 149, 149n, 154, 161n, 162, 162n, 163, 163n, 164n, 183, 188–190, 233, 235n, 252, 262, 263, 266–B, 266–C, 266–E, 266–F, 266–I, 266–J, 266–T, 293, 344, 424, 438, 439, 485, 489, 490, 516, 518, 544, 546, 548, 556

Annual Report, XXXIII: 1243–1278

Basing the Fleet at Pearl Harbor, I: 352, 353, XXII: 359, XXVI: 97, 423, XXVII: 134, XXXII: 282, 336, XXXIX: 297, 298, XXXX: 159–163

Fleet Disposition, 7 Dec. 1941, V: 2210, 2211, VIII: 3540, XI: 345–352, XXI: 4563–4565, XXXVII: 925, 926, XXXIX: 503, 504

Fleet Organization, XVII: 2476, 2477, 2530–2537, 2832–2867, XVIII: 2889–2894, 2930, 2931, XXI: 4556–4562, XXIV: 1415, 1416, 1425, 1427, 1431, XXVIII: 912–914, XXXII: 377, XXXVII: 1216–1218

Fleet Security Letters, III: 1006, VI: 2581, 2582, 2894, VIII: 3453, 3832–3834, X: 5127, 5128, XI: 5485, 5490, XV: 1463, 1469, XVII: 2503, XXII: 340–345, 558, XXIII: 1115–1120, 1130, XXIV: 1361, 1379–1384, XXVI: 196, 475, 527–529, 550–552, XXVII: 794, XXVIII: 915, 919, XXXII: 211, 212, 257, 270, 281, 296, 400, 432, XXXIII: 1158–1163, 1291–1294, XXXVI: 269, 388, 389, 397, 412, 579, XXXIX: 304, 416

Japanese/U.S. Fleets Compared, I: 124, 302, II: 648, III: 1244, V: 2122, 2416, VI: 2504, 2621, 2721, XXVI: 208, XXXII: 145, XXXIII: 1232, XXXIX: 301, 319, 336, 436, XXXX: 341

Transfer of Ships to the Atlantic Fleet, I: 122, 124, 125, 301, 369, III: 1241, IV: 1824, V: 2105, 2107, 2135, 2194, VI: 2566, 2624, 2716, VIII: 4289, 4290, 4300, IX: 4289, 4299, XI: 5295, 5504, 5505, XIV: 994, XV: 1508, XVI: 2151, 2164, 2178, 2179, 2219, 2224, XX: 4278, XXIII: 942, XXVI: 292, 296, 446, XXVII: 548, XXVIII: 903, XXIX: 1643, 1650, XXXII: 599, XXXIII: 687, 693, 797, XXXX: 164n, 166n, 167, 167n, 168

War Plan, Rainbow 5 (WPL-46), V: 2108, 2208, 2377, VI: 2502, 2503, 2505, 2529, VIII: 4242, 4243, IX: 4278, XVI: 2340, 2342, XVII: 2568–2600, XVIII: 2877–2941, XXVI; 32, 168, 169, 188, 284, 491–523, XXXVI: 100, 101, 153, 154, 175, 176, 194, 200, 381–400, 433, XXXVII: 840–869, XXXIX: 407–409, 417, 418, 492, 508–511, 521, XXXX: 87, 88, 113

Pacific Fleet C.O.'s, 7 Dec. 1941, XXIV: 1609–1611

Pacific Fleet Readiness, XXIV: 1374–1379, 1395–1397

Pacific Northern Naval Coastal Frontier, XVII: 2573–2575, 2578, 2580, 2587, 2589, 2591, XVIII: 2880, 2892, 2925, 2930, 2940, XXVI: 495, 498, 501–503, 510–513, 517, XXXII: 42, 58, 126, 277, XXXIII: 930, 940, 972, 975, 984, 990, 992, 993, 996–998, 1001, 1005, 1007, 1008, 1011, 1012, XXXVI: 202, 203, 383, 515, XXXVII: 841, 843, 844, 847–849, 852, 856–859, 863, XXXIX: 409, 410,

Pacific Southern Naval Coastal Frontier, XVII: 2573–2575, 2578, 2580, 2587–2589, 2591, XVIII: 2880, 2890, 2892, 2893, 2901, 2903, 2917, 2925, 2930, 2939, 2940, XXVI: 495, 498, 501, 502, 508, 510–513, 517, XXXII: 42, 58, 126, 277, XXXIII: 930, 939, 940, 941, 949, 975, 984, 990, 992, 993, 996, 1001, 1002, 1004–1008, 1012, 1045, 1201, 1245, XXXVII: 841, 843, 844, 848, 852, 854, 856–859, 862, XXXIX: 409, 410

Padang Bessa, VIII: 3673, 3674, IX: 4176, XVII; 2484, 7664, XXVIII: 1591, XXXVI: 130, XXXX: 99n

Pahoa, XXVII: 310, 655, XXVIII: 1282, XXXI: 3139, 3155–3157

Paish, Sir George, IX: 4408, 4410, XXVIII: 1542, 1543, XXXV: 109, 111, 112, 119, 188–191, 295, 296, 344–346

Palau Islands, IV: 1455, 1774, 1801, 1878, 1893, 1955, 1962, 2015, VI: 2815, VII: 3064, IX: 4565, X: 4681, 4694, 4835, 4901, 4904, 5215, XIII: 447, 456, 459, 468, 469, 519, 555, XIV: 1365, 1404, XV: 1561, 1576, 1678, 1770, 1771, 1854, XVI: 2324, 2329, 2358, XVII: 2608, 2613, 2621, 2625, 2627, 2628, 2632, 2640–2642, 2648, 2649, 2650, 2654, 2656, 2669, 2670, 2673, 2675, 2679, 2684, 2692, 2693, 2696, XVIII: 2941, 3335, 3336, XX: 4128, XXI: 4570n, 4763, XXIII: 679, XXVI: 231, 324, XXVII: 60, XXVIII: 1590, 1593, XXIX: 2279, 2301, 2364, 2365, XXXI: 3223, XXXII: 663, XXXIV: 152, 172, 186, 211, XXXV: 53, 60, 61, 63, 64, 67, 70, 72, 74, 78–80, 156, 314, 624, XXXVI: 15, 49, 120, 125, 149, 155, 483, 485, 486, 584, 593, 620, 632, 633, 637–639, 643, 649, XXXVII: 707, 709, 712, 715–718, 737, 738, 741, 751, 756, 760, 766, 769, 770, 774, 784–786, 1136, 1140–1144, 1315, 1318, 1320, 1322, 1325, XXXVIII: Item 67, 110, XXXIX: 238, 469, 477, 487, 517, XXXX: 33, 93, 133, 344, 508

Pali, XXVII: 655, XXVIII: 1002

Palmyra Island, I: 29, 181, 238, 373, 394, IV: 1684, 1951, 2002, 2035, V: 2106, 2111, 2138, 2164, 2165, 2169, 2171, 2463, 2478, VI: 2507, 2516, 2533, 2731, 2889, 2894, VII: 2942, 3057, 3120, 3158, 3211, 3287, VIII: 3451, 3496, 3508, 3833, IX: 4291, XIII: 402, XIV: 944, 979, 981, 996, 1028, XV: 1425, 1431, 1452, 1614, 1625, 1643, XVI: 2147, 2151, 2158, 2169, 2220, 2227, 2231, 2749, 2250, 2254, 2277, 2297, 2344, XVII: 2470, 2478, 2482, 2484, 2489, 2512, 2537, 2575, 2578–2582, 2709, XVIII: 2916, 2917, 2925, XIX: 3982, 3983, XXI: 4571, 4585, 4672, XXII: 38, 84, 330, 372, 389, 454, 554, 559, 579, XXIII: 941, 945, 957, 992, 1010, 1064, 1136, 1166, 1182, 1240, 1241, XXIV: 1391, 1454–1458, 1461, 1468, 1469, 1538–1540, 1556, 1571, 1598, 1650, 1660, 1701, XXVI: 23, 24, 67, 98–100, 121, 130, 143, 171, 223, 255, 270, 310, 341, 346, 415, 483, 498, 501–505, 511, 529, 544, XXVII: 157, 193, 634, 680, XXVIII: 828, 830, 836, 855, 900, 913, 931, 1022, 1439, XXIX: 1741, 1747, 1802, XXXI: 3193, 3194, XXXII: 28, 35, 47, 71, 230, 236, 498, 500, 503, 606, XXXIII: 694, 699, 707, 963, 965, 972, 993, 996-1000, 1006, 1152–1154, 1171, 1173, 1189, 1197, 1199, 1204, 1206, 1240, 1258, 1262, 1268, 1285, 1289, 1290, 1293, 1350, 1360, XXXVI: 202, 278, 372, 383, 401, 408, 419, 421, 435, 436, 519, 555, XXXVII: 844, 847, 849–851, 857, 963, 965, 1222, 1256, 1276, 1281, 1309, 1310, XXXIX: 3, 31, 54, 313, 409, 435, XXXX: 104, 112, 116n, 125, 490

Panama Canal Zone, I: 28, 294, II: 520, 778, 779, 819, 837, 838, 849–851, 853, 854, 857, 886, 891, 892, 901, 903, 913–916, 919, 921, 922, 929, 932, 934, III: 1021, 1026, 1044–1047, 1050, 1060, 1064, 1066, 1068, 1084, 1109, 1120, 1122, 1123, 1141, 1142, 1161, 1171, 1211, 1212, 1214, 1217, 1298, 1340, 1347, 1378, 1387, 1388, 1391, 1408–1410, 1417, 1425, 1453, 1470, 1472, 1489, 1504, 1513–1516, 1536, 1549, IV: 1598, 1609, 1669, 1716, 1727, 1747, 1749, 1754, 1756, 1781, 1815, 1839, 1840, 1883, 1885–1887, 1942, 1950, 1953, 1954, 1979, V: 2069, 2076, 2077, 2123, 2130, 2131, 2133, 2138, 2198, 2202, 2208, 2298, 2397, 2404, 2405, 2409, 2415, 2437, 2438, 2453, 2478, VI: 2524, 2632, 2665, 2667, 2725, 2775–2777, 2779, 2780, VII: 2932, 2990–2992, 3011, 3030, 3127, 3162, 3239, VIII: 3382, 3391, 3418, 3534, 3894, IX: 3974, 4179, 4240, 4257, 4393, 4432, 4433, 4518, 4530, 4543, 4553, 4578, 4579, X: 4637, 4645, 4658, 4659, 4825, 4963, 4976, 4977–4979, XI: 5186, 5203, 5290, 5419, 5423, 5443, 5460, 5479, 5498, XII: 264, 270–280, 314, XIII: 425, XIV: 932, 946, 974, 981, 1000, 1009, 1326, 1332, 1396, 1401, 1407, XV: 1483, 1507, 1509, 1511, 1514, 1601, 1628, 1629, 1631, 1637, 1779, 1796, 1801, 1822, 1908, 1927, 1928, XVI: 1991, 2007, 2011, 2169, 2209, 2293, 2313, 2447, XVII: 2465, 2466, 2575, 2586, XVIII: 2890, 2891, 2897, 2902, 2904, 2918, 2924, 3069, XIX: 3505, XX: 4277, 4278, 4352, 4415, 4429, 4430, 4433, 4513, XXI: 4575, 4576, 4583, 4590, 4608, 4632, 4651, 4672, 4722, XXII: 245, 438, XXIII: 815, 816, 973, 974, 1076, 1188, 1225, XXIV: 1309, 1647, 1882, 2129, 2164, XXVI: 47, 228, 274, 509, XXVII: 17, 24, 28, 29, 32, 48, 70, 74, 99, 148, 205, 354, 364,

576, 676, 685, 694, XXVIII: 932, 1160, 1213, 1215, 1221, 1240, 1272, 1529, 1548, XXIX: 1727, 1761, 1786, 1826, 2068, 2080, 2182, 2190, 2211, 2310, 2311, 2313, 2317–2320, 2346, 2407, 2430, 2444, 2445, 2453, XXX: 2571, 2595, 2787, 2802, 2825, 2826, 2883, 2884, 2960, 2964, 2977, 2993, 2994, 3015, XXXI: 3167, 3176, 3177, 3191–3194, 3216, XXXII: 58, 84, 85, 87, 147, 402, 528, 530, 531, 555, 559, 561, 562, 565, 566, XXXIII: 819, 822, 823, 830, 939, 950, 967, 1012, 1069, 1070, 1124, 1141, 1143, 1270, XXXIV: 6, 18, 20, 51, 57, 68, 69, 71, 72, 83, 87, 96, 102, 159, XXXV: 35, 99, 142, 172, 185, 207, 218, 228, 392, 417, 453, 504, 646, 677, XXXVI: 39, 470, 496, 499, 527, XXXVII: 669, 785, 843, 855, 930, 931, 990, 1023, 1086, 1115, 1278, XXXIX: 36, 37, 49, 51, 59, 81, 84, 116, 144, 194, 234, 259, 272, 314, 318, 430, XXXX: 11, 27, 91, 94, 112, 115n, 122, 122n, 126, 146, 147, 162–164, 184, 186, 186n, 189, 199, 224, 226, 227, 229, 243, 244, 245n, 524
Panama Department, IV: 1886, VII: 2989, 2990, 2991, 3161, XV: 1481–1483, 1602, 1628, 1908, XXIV: 1906, XXVII: 685, XXXV: 172
Panama Naval Coastal Frontier, XVIII: 2880, 2887, 2888, 2889, 2891, 2901, 2917, 2928, 2938, 2939, XXVI: 488, 495, 498, XXXII: 608, XXXIII: 832, 936, 937, 949, 971, 974, 983, 993, 1178, XXXVI: 434, XXXIX: 472, XXXX: 94, 99, 115n
Pan American Airways, VIII: 3502, 3506, 3507, IX: 4402, XXIV: 1463, 1464, 1553, 1554, 1557, 1558, 1656, 1660, 1673, 1676, 1677, 1679, 1681, 1682, 1690–1694, 1710, 1711, 1715, 1717, 1723, 1739, 1742, 1743, 1747, 1781, 1782, 1828, XXVI: 3937, XXVII: 552, XXIX: 1755, 1816, XXXIII: 1000, XXXVII: 1110, XXXIX: 206, XXXX: 345
PANAY, I: 254, 272, II: 408, 426, 531, 557, 631, III: 1350, 1502, V: 2373, IX: 4253, X: 5095, XI: 5234, 5245, 5261, XX: 4216, 4270, 4294, 4295, XXXI: 3203, XXXII: 3203, XXXIV: 14, 15, 200, 213, 214, XXXX: 3, 25, 177n, 395
PARAMOUNT, XX: 4512
Paramushiro, XIII: 552–554, 578–582
PANDORA (Private Yacht), XXVIII: 1146, 1147, 1151, XXIX: 2038, XXX: 2730, 2798,
2824, 2825, 2842, 2875, XXXI: 2730, 3341
Paraguay, IV: 1699, XV: 1726, 1803, 1823
Parke, Cdr. L.W., VIII: 3565, 3572, 3611, XVI: 2317, XVIII: 3347, XXVI: 394, XXXVI: 509, XXXIX: 460
Parker, Maurice Gaylord, XXVII: 3, 395, XXIX: 1686, 1842–1844, 1921, 1933–1943, 1949–1951, 1954, 1960, 1961, XXXIX: 168, 169, 212
Parker Ranch, I: 388, XIV: 1020, XV: 1615, 1622, XVIII: 2971, 2975, 3053, 3054, 3431, XXIV: 1787, 1791, 1867, 2148, XXVII: 177, XXIX: 1729, XXX: 2475, 2479, 2556, 2593, XXXV: 379
PARTRIDGE, XI: 5505, XXXIII: 1246
PAT DOHENY, XVI: 2118, XXXVII: 1276, 1277
Patrol Squadron 11, XXVI: 555, 557, XXXVII: 973
Patrol Squadron 12, XXVI: 555, 557, XXXVII: 973
Patrol Squadron 14, XXVI: 555, 557, XXXVII: 973
Patrol Squadron 21, XXIV: 1371, 1431, 1571, 1572, 1576, XXVI: 557, XXXIII: 1336, XXXVI: 294, 555, 557, XXXVII: 953, 958, 1223
Patrol Squadron 22, XXIV: 1368, 1398, 1399, 1415, 1417, 1420, 1423, 1571, XXVI; 553, XXXIII: 13333, 1336, XXXVI: 294, 956, 958, 973
Patrol Squadron 23, XXIV: 1398, 1399, 1415, 1417, 1420, 1423, 1571, 1594, XXVI: 553, XXXVI: 294, 555, 557, XXXVII: 953, 973
Patrol Squadron 24, XXIV: 1415, 1571, XXVI: 553, 557, XXXVI: 294, XXXVII: 953, 973
Patrol Squadron 41, XXVI: 555, 557
Patrol Squadron 42, XXVI: 555, 557
Patrol Squadron 43, XXVI: 555, 557
Patrol Squadron 44, XXVI: 555, 557
Patrol Wing 1, I: 369, IV: 1688, VIII: 3451, 3453, 3454, 3467, 3471, 3478, 3509, XIV: 995, 1009, 1011, XVI: 2202, 2338, XVIII: 2931, XXI: 4562, 4585, 4586, 4634, XXII: 330, 554, 561, 573, XXIII: 738, 1135, XXIV: 1526, 1528–1532, 1534, 1535, 1537, 1564, 1593, 1673, 1705, XXVI: 121, 132, 551, 557, XXVII: 429, 775, XXVIII: 827, 828, 830, 838, 854, 857, 860, XXXII: 269, 270, 307, 436, 441, 449, 497, 498, 500, 510, XXXIII:

718, 1189, 1227, 1254, 1258, 1350, XXXVI: 278, 280, 294, 369, 371, 372, 458–460, 553, XXXVII: 954, XXXIX: 54, 55, 119, 406, XXXX: 166

Patrol Wing 2, I: 43, 288, 369, 379, 381, 384, 385, 397, IV: 1688, V: 2160, 2161, 2246, VI: 2559, 2578, 2581, 2582, 2652, 2747, 2756, 2773, 2894, 3289, VIII: 3449, 3451, 3453, 3454, 3467, 3477, 3478, 3514, 3544, 3832, 3833, X: 5014, 5015, 5128, 5130, 5132, XI: 5485, 5486, 5488, XIV: 995, 1040, XV: 1440, 1450, 1455, 1459, 1467, 1468, XVI: 2119, 2202, 2281–2283, 2289, 2338, 2339, 2345, 2353, XVII: 2488, 2489, 2546, 2707–2712, 2738, 2867, 2868, XVIII: 2931, 2957, 2989, XXI: 4562, 4585, 4586, 4634, 4665, 4669, XXII: 15, 18, 19, 22, 55, 108, 109, 318, 323, 330, 336, 338, 339, 343, 349, 352, 354, 453, 468–470, 495, 520, 553, 554, 556, 562, 563, 581, XXIII: 609, 622, 711, 713, 716, 717, 893, 898, 932, 934, 936, 939, 940, 997, 999, 1001, 1004, 1005, 1030, 1031, 1032, 1087, 1118, 1124, 1135, 1143, 1144, 1146, 1148, 1149, 1196, XXIV: 1370, 1371, 1373, 1389–1392, 1397, 1416, 1433, 1444, 1458, 1472, 1475, 1477, 1485, 1487, 1499, 1532, 1537, 1554, 1555, 1564, 1569–1571, 1582, 1593, 1602, 1608, 1622, 1623, 1632–1634, 1636, 1651–1664, 1667, 1731, 1740, 1757, 1773, 2009, 2011, XXVI: 43, 44, 52, 86, 87, 108, 121, 131–133, 136, 139, 140, 208, 252, 309–311, 478, 538, 542–546, 551, 557, XXVII: 160, 161, 203, 429, 556, 768, 769, 775, XXVIII: 827, 828, 830, 838, 854, 857, 860, 1024, 1394, XXIX: 2265, XXX: 2461, 2492, XXXII: 212–214, 269, 270, 277, 299, 305–307, 383, 435–437, 440, 441, 445, 449, 456, 457, 467, 497, 498, 500, 503, 510, XXXIII: 718, 723, 1152, 1161, 1182, 1184, 1186, 1227, 1258, 1259, 1295, 1298, 1302–1304, 1344, 1345, XXXVI: 154, 165, 216, 278, 280, 281, 288, 290, 294, 369, 371, 372, 388, 389, 393, 412, 453, 455, 458–462, 547, 553, 554, 558, 578, XXXVII: 947, 950–954, 959–973, 975, 977–982, 1215, 1216, 1218, 1220, 1221, 1236, 1263, 1265, 1300, 1301, XXXIX: 5, 54, 55, 119, 304, 309, 406, 415, 417, 425, 490, 499, XXXX: 58

Patrol Wing 4, IV: 1688, V: 2108, XIV: 1009, XVIII: 2931, XXVI: 557

Patrol Wing 5, XIV: 1009, 1011, XVIII: 2929

Patterson, Robert P., I: 6, 118, 125, 365, III: 1077, V: 2093, 2094, VII: 3153, XI: 5438, XV: 1631, XIX: 3888, XX: 4370, XXI: 4566, XXVII: 338, 351, XXVIII: 1510, XXIX: 1784, 1785, 1790, 1819, XXX: 2954, 2955, 2960, 2966, 3038, 3043, 3055, XXXIX: 23, 147, 219

PATTERSON, IV: 1676, V: 2210, XII: 348, XVII: 2519, 2521, XXI: 4558, 4564, XXIV: 1574, 1586, 1589, 1592, 1597, 1598, 1609, 1668, 1670, XXVI: 555, XXXV: 498, XXXVII: 926, 936, 1225, 1248, 1251, 1254, 1278

PAUL M. GREGG, IV: 1680

Paul, Col. Wilfred, XXIV: 1726, XXVIII: 1006, 1011

PC 1 (Ja), XVII: 2683, XXXV: 56, XXXVII: 733, 1330

PC 2 (Ja), XVII: 2683, XXXV: 56, XXXVII: 733, 1330

PC 3 (Ja), XVII: 2683, XXXV: 56, XXXVII: 733, 1330

PC 4 (Ja), XVII: 2683, XXXV: 56, XXXVII: 733, 1330

PC 5 (Ja), XVII: 2683, XXXV: 56, XXXVII: 733, 1330

PC 6 (Ja), XVII: 2683, XXXV: 56, XXXVII: 733, 1330

PC 7 (Ja), XVII: 2683, XXXV: 56, XXXVII: 733, 1330

PC 8 (Ja), XVII: 2683, XXXV: 56, XXXVII: 733, 1330

PC 9 (Ja), XVII: 2683, XXXV: 56, XXXVII: 733, 1330

PC 10 (Ja), XVII: 2683, XXXV: 56, XXXVII: 733, 1330

PC 11 (Ja), XVII: 2683, XXXV: 56, XXXVII: 733, 1330

PC 12 (Ja), XVII: 2683, XXXV: 56, XXXVII: 733, 1330

PC 51 (Ja), XVII: 2685, XXXV: 57, XXXVII: 734, 1330

PC 52 (Ja), XVII: 2685, XXXV: 57, XXXVII: 734, 1330

PC 53 (Ja), XVII: 2685, XXXV: 57, XXXVII: 734, 1330

Pearl City, XXXVI: 356, 375, 381–383, 506, 513, 514, 521, 575, XXXVII: 1229, 1239, 1241, 1255

Pearl Harbor—Attack Narratives and Eye-Witness Accounts
  Army Pearl Harbor Board, XXI: 4583-4644, XXVII: 168-176, 238-245, 432-440, 517-572, 615-632, XXX: 2472, 2473, XXXIX: 51-134, 175, 176
  Hart Inquiry, XXVI: 31-38
  Hewitt Inquiry, XVI: 2343-2351, XXXVI: 52-60, 554-571, XXXVII: 1221-1276, XXXIX: 496-507
  Joint Committee Hearing, I: 26-231, 233-249, XIII: 488-518, 619-626, 705-720, XVI: 2343-2365, XXI: 4633-4644, XXXX: 53-72, 75, 113n
  Knox Report to the President, V: 2338-2345, XXIV: 1749-1756
  Navy Court of Inquiry, XXXIII: 1341-1343
  Roberts Commission, XXII: 1-602, XXIII: 603-1244, XXIV: 1571-1601, XXIX: 15-17
Pearl Harbor Berthing Plan (Maps), XXI: Item 12, XXV: Items 37, 38, XXVI: Item 1, XXXIII: Items 5, 14, XXXVIII: Items 125, 253, 254
Pearl Harbor Casualties (Civilian Casualties—See Honolulu), I: 57-59, XII: 325, XIX: 3611, XXXVI: 568-571, XXXVII: 1271, 1272, XXXIX: 507, XXXX: 64, 65
Pearl Harbor Communications, XXVI: 65, 119, 211, XXXIII: Item 3
Pearl Harbor Conditions Prior to the Attack, XXXVI: 536-554
Pearl Harbor Damage, I: 60, IV: 2023, XII: 354-358, XVI: 2350, 2351, XXIV: 1601-1603, XXXVI: 568-571, XXXVII: 1270, XXXIX: 507, XXXX: 64, 65
Pearl Harbor Estimates Prior to the Attack (See Estimates)
Pearl Harbor History, VI: 2665, 2666, 2768-2770
Pearl Harbor Important Documents (Joint Committee Exhibit), XIII: 391-726
Pearl Harbor Investigations, XXXX: 269-271
Pearl Harbor–Log of the YNG-17 (Net Tender), XXXVII: Items 126-138
Pearl Harbor—Log of the Signal Tower, XXXVIII: Item 139
Pearl Harbor-Fourteenth Naval District Control Post Watch Officers Log, XXIV: 1649-1749

Pearl Harbor—Messages About the Attack, XXIV: 1365-1373
Pearl Harbor—Photographs, XII: 325-336, 360-390, XIII: 720, 724-726, 728, 730-735, 738, 740, 748, 750-752, 756-758, 760, 763-766, XXV: Items, 42, 43, 54-84, 86-88, XXXII: 54-84, XXXVIII: 1333-1341 (list)
Pearl Harbor—Relations Between Army and Navy, XXXVI: 379-381
Pearl Harbor—Reports on the Attack, XIX: 3593-3642
Pearl Harbor—Salvage Operations, XXXXII: 1272-1275
Pearl Harbor—Ships in Port, 7 Dec. 1941, V: 2210, 2211, XXI: 4563-4565
Pearl Harbor—Telephone Calls, 7 Dec. 1941, Block-Stark, XX: 4522-4524, XXIII: 1244, XXXII: 314
Phillips-Marshall, XXII: 148
Pearl Harbor—War Diary—CONDOR, XXXVII: 1283, 1284, 1296-1299
Pearl Harbor—War Diary—Fourteenth Naval District, XXXVII: 1266-1282, 1289, 1290
Pearl Harbor—War Diary—WARD, XXXVII: 1281-1284, 1289-1296
Pearson, Drew, V: 2086, 2087, 2365, XVI: 2433, 2434, XVIII: 3310
Peck, Mr., XIX: 3713, 3714, 3724-3730, 3762, 3771-3775, 3777, 3781, 3784, 3786-3788
PECOS, XII: 283, 300, 302, 303, XV: 1710
Pefley, Maj. Alfred R., XXIII: 903, 956-958, 960, 1269
Peiping (Peking), II: 745, 765, 912, IV: 1703-1705, 1712-1715, 1803, VIII: 3388, 3395, IX: 4231, 4240, 4269, X: 4735, XI: 5203, 5204, XII: 233, XIII: 554, XV: 1736, 1738-1740, XVIII: 2947, XX: 4088, 4100, 4101, 4103, XXIV: 1598, XXVII: 68, XXIX: 2397, 2445, XXXI: 3202, 3222, 3223, XXXIV: 157, 197, 198, XXXVII: 1034, 1036-1050, 1085, 1086, 1179, 1184, 1185, 1193, 1201, 1256, XXXX: 2, 207, 423
PELIAS, XI: 5506, XII: 349, XVI: 2164, 2348, XVII: 2528, 2531, XXI: 4561, 4565, XXIV: 1474, 1523, 1577, 1581, 1600, 1604, 1605, 1610, 1615, 1677, XXVI: 557, XXXVI: 536, XXXVII: 936, 1217, 1218, 1230, 1235, 1258, 1262, 1263, XXXIX: 503
PELICAN, XII: 346, XVI: 2027, 2252, XXVI: 557

Penang, XIII: 457, XV: 1581
PENNSYLVANIA, I: 33, 41, 45–48, 76, 223, 255, 386, II: 852, IV: 1676, 1678, 2023, V: 2163, 2210, 2324, 2342, 2479, VI: 2577, 2674, 2676, 2678, VII: 3355, 3358, 3364, XI: 5304, 5348, 5349, 5350, 5485, XII: 256, 257, 260, 348, 354, 355, 389, XIV: 923, 937, XV: 1715, XVI: 2016, 2278, 2350, XVII: 2509, 2514, 2551, 2556, 2561, 2562, 2566, XVIII: 3263, XIX: 3578, 3591, XX: 4123, 4522, XXI: 4556, 4563, XXII: 360, 443–445, 537, 595, 596, 599, XXIII: 638, 639, 1155, 1230–1232, XXIX: 1365, 1374, 1386, 1398, 1399, 1412, 1413, 1415, 1498–1503, 1573, 1575, 1577, 1579, 1580, 1582–1585, 1587–1591, 1593, 1596, 1600–1603, 1609, 1650, 1687, 1752, 1753, 1757, XXVI: 55, 69, 111, 177, 553, XXVII: 542, XXVIII: 1551, XXIX: 1669, XXXII: 215, 217, 292, 324, 325, 410, 655, XXXIII: 1208, 1253, 1263, 1341, 1342, XXXV: 389–392, 405, 431, 497, 501–504, XXXVI: 370, 537, 540, 549, 551, 559, 569, 570, XXXVII: 925, 928, 929, 931, 936, 978, 979, 1091, 1213, 1214, 1225, 1227, 1228, 1230, 1232, 1233, 1236–1239, 1242, 1243, 1245–1247, 1249, 1253, 1257–1261, 1266, 1268, 1270, 1272, 1273, 1304, XXXIX: 410, 507, XXXX: 59–61, 64, 70n
PENNANT, XXIV: 1735, 1737, 1738
PENQUIN (Br), XIII: 543, 554
PENSACOLA, I: 30, 31, 90, IV: 1678, V: 2210, X: 4606, XII: 345, XIV: 983, XV: 1715, XVII: 2518, 2521, 2736, XX: 4124, XXI: 4558, 4561, 4564, XXII: 420, XXIII: 622, 1208, XXIV: 1415, 1431, 1604, 1651, XXVI: 347, 555, XXXIII: 1264, XXXIV: 66, XXXVII: 1216, 1261
Pepper, Senator, II: 544, 545, V: 2420, 2421, XVI: 2, XXX: 2975
PEQASE (Fr), XXXV: 315, 588, 629
PERIDA, XII: 348
Pering Lt. Cdr. Alfred V., VIII: 3613, 3874, 3896, XVI: 2272, 2320, XVIII: 3347, XXVI: 395, XXIX: 2385, 2389, 2390, XXXII: 2, XXXIII: 765, 802–805, 842, XXXVI: 1, 71, 86, 89, 90, 257, 505, 507, 509, 532, 571, 574, 648, XXXIX: 404, 464, XXXX: 483
Perkins, Ens., XXIV: 1723
Perkins, Col. R.M., XXIV: 2101
PERKINS, V: 2210, XII: 346, XVII: 2527, 2530, XXI: 4559, 4564, XXIV: 1704, XXVI: 557
Perliter, Simon, XXVII: 3, XXIX: 1629, 1634, 1703, 1747, 1891–1902, 2007, 2008, XXXIX: 133n
PERMANENETE, XXXVII: 1277
Perry, Lt. James F., VIII: 3780, 3781, IX: 4053, 4576, XXXIV: 173
PERRY, IV: 1678, XII: 349, XV: 1715, XVII: 2527, 2530, XXI: 4559, 4564, XXIV: 1576, 1588, 1590, 1592, 1666, 1670, 1674, 1676, 1682, 1700, 1742, XXVI: 557, XXXVII: 936, 1228, 1243, 1246, 1248, 1250, 1292, 1294
PERTH (Br), XIX: 3553
PETEREL (Br), XI: 5492, XXXV: 54
Peruvian Minister's Rumor About Pearl Harbor Attack, II: 560, 561, 577–573, 819, VI: 2513, 2755, VII: 3307, VIII: 3764, XIV: 1042, 1043, XXIX: 2145, 2146, XXXII: 634, XXXIII: 1390, XXXVI; 370, XXXX: 77, 78, 337n
Pescadores, II: 824, V: 2110, IX: 4234, 4251, 4261, XIV: 973, XVI: 1989, 2449, XXVI: 500, XXXI: 3217, XXXIII: 995, XXXIV: 165, 209, XXXV: 306, 312, 612, 632, 633, 636, XXXVI: 101, 117, 126, 383, 629, XXXVII: 846, XXXIX: 408
Petain, Marshall, I: 350, 368, IV: 1886, XIV: 1339, XV: 1776, 1798, 1908, 4322, XXI: 4728, 4731, XXXIII: 1320, XXXVI: 651
Petrie, Lester, XXIII: 771, 828–834, 1265, XXVII: 3, XXVIII: 1409–1416, XXX: 2482
Pettigrew, Col. Moses W., III: 1492, VII: 2988, VIII: 3727, 3729, 3792, IX: 4327, 4352, 4365, 4366, 4416, 4440, 4459, 4487, 4561, 4562, X: 4616, 4619, 5122, 5148, XXVI: 395, XXXIV: 28, 43, 45, 94, 96, XXXV: 2, 19, 23–25, 29, 32, 34, 40, 47, 96, 129, 130, 145, XXXVI: 19, 509, XXXIX: 275
Pfeiffer, Lt. Col. O.T., III: 993, VII: 950, 2950, 3042, 3043, 3101, 3108, XV: 1487, 1496, XVIII: 2963, XXII; 42, 366, 458, XXIII: 1161, 1244, XXIV: 1779, XXVII: 165, 210, XXX: 2467, XXXII: 217, 394, XXXIII: 706, XXXVI: 161, 471
Phelan, Ensign, John, XI: 5209–5212
PHELPS, IV: 1676, XII: 349, XVI; 2128, 2131, 2138, XVII: 2511, 2514, XXI: 4557, 4563, XXIII: 694, XXIV: 1573, 1592, 1594, 1596, 1597, 1613, 1617, 1653, 1737, XXVI:

553, XXXV: 499, XXXVII: 926, 936, 1275, 1240, 1241, 1245, 1248, 1254, 1278
PHILADELPHIA (OLD), XXII: 460
PHILADELPHIA, VII: 3363, XI: 5505, XVII: 2466, XX: 4122, XXXIII: 1264
Philippine Air Force (Far East Air Force), XI: 5317–5339, XIV: 1065, 1067, XXXX: 338
Philippine Army, III: 1089, 1161, V: 2115, VI: 2513, 2782, 2785, VII: 2932, XII: 292, 294, 295, 297, 316, XIV: 1066, 1327, XV: 1519, XX: 4366, 4369–4371, 4374, 4416, 4501, XXII: 43, XXIV: 1355, XXVI: 269, XXIX: 2069, XXXI: 3213–3216, XXXIII: 909, 1395
Philippine Department, II: 785, IV: 1598, 1727, IX: 62, 4358, 4568, 4591, X: 4601, 4721, XI: 5515, XVIII: 2926, 3092, 3093, 3436, 3439, XX: 4317, 4319, 4320, 4364, 4370, 4502, XXI: 4741, XXIV: 1906, XXVII: 64, 677, 685, XXIX: 2301, 2303, 2320, 2452, XXX: 2593, 2595, XXXIII: 819, 973, XXXIV: 3, 23, 154, 225, XXXV: 85, 136, XXXVI: 46, 467, XXXIX: 290
Philippine Department G-2, XXXIV: 44, XXXV: 41, 84, 85, 467
Philippine Islands, I: 69, 130, 131, 179, 237, 253, 266, 294, 318, 330, 331, 344, II: 422, 469, 523, 525, 565, 778, 795, 804, 894, 920, 927, 964, 965, 967, 974, III: 1000, 1018, 1039, 1044, 1045, 1060, 1088, 1095, 1110, 1149, 1156, 1159, 1199, 1200, 1214, 1245, 1246, 1265, 1266, 1278, 1286, 1288–1291, 1348, 1352, 1392, 1399, 1400, 1417, 1513, 1516, IV: 1831, 1965, 2052, V: 2092, 2112, 2118, 2123–2125, 2188, 2258, 2787, 2382, 2383, 2404, 2438, VI: 2783, 2839, 2848, 2911, VII: 2966, 3012, 3025, 3064, 3077, 3080, 3204, 3331, 3332, VIII: 3428, 3530, 3534, 3542, 3829, 3836, IX: 4176, 4219, 4220, 4262, 4282, 4336, 4358, 4359, 4376, 4381, 4438–4441, 4562, 4593, X: 4603–4605, 4625, 4826, 4877, 4936, 5096, XI: 5184–5186, 5198, 5377, 5420, 5429, 5431, 5434, 5470, 5539, XII: 148, 256, 292, XIII: 755, XIV: 1016, 1104, 1169, 1400, 1404–1406, XV: 1642, 1841, XVI: 1999, 2002, 2015, 2145, 2161, 2268, 2299, 2328, 2447, 2449, XVII: 2576, 2675, XVIII: 2961, 2964, 2965, XIX: 3596, 3681, 3978, XX: 3998, 4020, 4021, 4023, 4024, 4045, 4094, 4223, 4260, 4290, 4292, 4293, 4299, 4300, 4308, 4311, 4316–4318, 4319, 4328, 4330, 4331, 4334, 4336, 4338–4340, 4344–4347, 4363–4371, 4396–4399, 4417, 4428–4430, 4450, 4452, 4453, 4460, 4462, 4473, 4479, 4481, 4493, 4494, 4496–4505, 4509–4511, XXI: 4571, 4638, 4651, XXII: 32, 44, 102, 328, 364, XXIII: 765, 924, 927, 974, 1008, XXIV: 1378, 1826, 1878, XXVI: 90, 160, 165, 232, 237, 302, 304, 390, 430, 454, 463, 489, 498, XXVII: 29, 31, 32, 63, 70, 72, 102, 148, 159, 549, 676, 677, 685, 718, XXVIII: 931, 1022, 1053, 1068, 1069, 1475, 1480, 1496, XXIX: 1797, 2068, 2081, 2164, 2222, 2291, 2304, 2320, 2403, XXX: 2595, 2975, 2976, XXXI: 3176, 3177, 3193, 3194, 3207, 3212, 3216, 3218, XXXII: 38, 128, 162, 386, 555, 560, 562, 564, 604, 653, XXXIII: 707, 822, 828, 829, 866, 910–912, 917, 920, 993, 994, 1177, 1197, 1202–1204, 1213, 1218, 1232, 1234, 1238, 1354, 1393, 1394, XXXIV: 8, 44, 49, 62, 65, 72, 154, 164, XXXV: 85, 108, 126, 263, 279, 628, 638, XXXVI; 43, 382, 406, 408, 419, 501, 521, 532, 582, 607, 611, 616, 626–629, 637, 660, XXXVII: 775, 778, 1073, XXXIX: 46, 51, 81, 95, 116, 259, 333, 353, 399, 517, XXXX: 16, 20, 56n, 109, 134, 136, 144, 149, 163, 164, 184, 187, 189, 239n, 266–N, 296, 298, 340, 341, 398, 427, 447, 450, 524, 546

Attack by Japanese, I: 18, 77, III: 1548–1550, IV: 1665, 1666, 1935, VI: 2884, IX: 4439, X: 4804, XI: 5326–5336, 5362, XIII: 543, 556, 601, XIX: 3504, 3506, XXIII: 663, XXVIII: 1588, XXXIX: 298, XXXX: 246, 441, 443

Cooperation with British and Dutch, III: 991–994, 1052, 1218, 1257, 1526, 1542–1544, IV: 1934, V: 2122, VI: 2621, 2872, X: 4803, 4808, XI: 5215, 5216, 5220, 5221, 5427, 5428, 5532, XIV: 1061, 1074, 1082, 1114, 1378, XV: 1502, 1516, 1518–1520, 1558–1584, 1677, 1679, XVI: 2213, 2222, XIX: 3530, 3531, 3548, 3694, XX: 4069, XXVIII: 1592, XXIX: 2415, XXXIII: 959, 1169, XXXIV: 60, XXXX: 356, 391, 430

Developing the Philippine Islands Into a Self Governing Republic, XIV: 1206, 1222, XX: 4248, 4251, 4252, 4254–4256, XXXX: 449, 459

Intercept Stations, II: 814, 949, 959–963,

180 PHILIPPINE ISLANDS

966, III: 1559, 1580, IV: 1740, 1865,
VIII: 3422, 3590, IX: 4266, X: 4713–
4715, 4717, 4720–4723, 4773, 4878,
4879, 4901, XVI: 2294, 2295, 2321,
2336, 2358, XXVI: 387, XXXVI: 29
Military Build-up, II: 652, 654, 657, III:
1063, 1068, 1089, 1091, 1099, 1119,
1258, IV: 1876, V: 2072–2074, 2192,
2328, IX: 4250, XI: 5182, 5316–5324,
5419, 5432, XIV: 1064, 1103, XV: 1601,
1627, 1628, 1636, 1638, XVI: 2148,
2150, 2151, 2176, 2211, 2215, 2237,
2239, XX: 4309, 4364, 4416, 4456–4458,
XXI: 4652, 4653, XXII: 365, XXVI:
183, 278, XXVII: 14, 17, XXVIII: 1054,
XXIX: 2317–2319, 2326, 2329, 2407,
XXXI: 3215, XXXII: 100, 561, 611,
XXXIII: 1170, 1214, XXXV: 171, 172,
XXXIX: 258, 436, XXXX: 96, 174, 321,
342, 346, 367, 538n, 547
Radio Intelligence Unit, XXXVI: 584,
XXXVII: 776, XXXIX: 432, 465, 475,
486, 487, 517, XXXX: 133, 151, 207,
485
Reconnaissance by the Japanese (See
Japanese Recon.)
Reinforcing B17 Squadrons, I: 38, 79,
80, 147, III: 1084, 1120, 1141, 1161,
1167, 1217, 1251, 1259, 1508, V: 2155,
2160, VI: 2571, VII: 2932, 2970, 3203,
3211, 3217, XIII: 3501, X: 4606, 4851,
5142–5145, XI: 5461, XIV: 1403, XV:
1643, XVIII: 2961, 2973, XX: 4428,
4430, 4433, 4443, XXI: 4632, 4633,
4639, XXII: 38, 45, 73, 92, 126, 206,
356, XXIII: 1082, 1134, 1151, XXIV:
1356, 1789, 1904, XXVI: 467, XXVII:
89, 96, 97, 101, 157, 167, 208, 232,
245, 257, 634, 636, 641, 694, XXVIII:
922, 973, 984, XXIX: 2315–2316, 2326,
2327, XXX: 2465, 2477, XXXII: 181,
185, 223, 556, XXXIII: 1233, XXXIX:
66, XXXVI: 207, 289, 411, 427, 551,
XXXIX: 117, 126, 439, XXXX: 108,
126, 165, 166n, 408
Threat of Attack by the Japanese, I: 257,
343, 350, 356, II: 420, 617, 648, 651,
768, 776, 818, 819, 827, 854, 875, 892,
902, 903, 913, 922, III: 999, 1140, 1170,
1177, 1244, 1249, 1267, 1393, 1403,
1416, 1556, IV: 1608, 1682, 1686, 1754,
1768, 1777, 1781, 1878, 1950, 1987,
1990, 1997, 2002, 2004, 2010, 2012,
2032, 2044, V: 2095, 2110, 2115, 2150,
2179, 2207, 2215, 2220, 2258, 2301,
2317, 2334, 2411, 2413, VI: 2514, 2519,
2547, 2594, 2643, 2644, 2646, 2705,
2857, 2869, 2883, VII: 2931, 2934, 2945,
2977, 2983, 3011, 3023, 3027, 3062,
3071, 3081, 3180, 3361, VIII: 3479,
3533, 3535, 3665, IX: 4234, 4237, 4238,
4240, 4251, 4253, 4260, 4261, X: 4602,
4637, 4689, 4738, 4760, 4805, 4812,
4825, 4860, 4867, 4883, 4935, 4937,
4955, 4957, 5006, 5007, XI: 5214, 5263,
5324–5326, 5353–5355, 5417, 5422,
5426, 5433, 5435, XIII: 435, 437, 712,
714, 716, XIV: 973, 1083, 1215, 1337,
1338, 1351, 1363, 1371, 1377, 1381,
XV: 1768, 1771, 1773, XVI: 1988, 2152,
2225, 2275, 2276, 2302, 2364, 2369,
2412, 2414, 2420, XVII: 2457, 2577,
2653, XVIII: 3232, XIX: 3503, 3509,
3510, 3513–3516, 3518, 3523–3526,
3528, XXI: 4576, 4604, 4657, 4673,
4678, 4722, 4740, 4759, XXII: 25, 43,
326, 452, XXIII: 658, 672, XXVI: 25,
59, 62, 67, 158, 207, 231, 236, 248, 257,
274, 295, 296, 303, 321, 423, 470, 499,
XXVII: 15, 90, 103, 132, 193, 221, 228,
250, 282, 597, 703, 784, 785, XXVIII:
838, 867, 902, 919, 928, 929, 963, 1498,
1529, 1537, 1552, 1555, 1556, 1593,
XXIX: 2084, 2175, 2177, 2196, 2197,
2210, 2211, 2244, 2283, 2406, XXXI:
3206, 3214, 3219, 3221, XXXII: 48,
52, 64, 65, 86–88, 110, 231, 233, 242,
259, 326, 358, 360, 405, 413, 421, 446,
506, 531, 570, 589, 592, 605, 609, 631,
650, XXXIII: 689, 700, 701, 706, 710,
758, 818, 883, 1175, XXXIV: 40, 57, 61,
XXXV: 15, 18, 155, 167, 313, 588, 600,
627, 644, XXXVI: 26, 101, 102, 119,
144, 145, 157, 180, 192, 201, 208, 209,
212, 233, 236, 412, 418, 425, 426, 431,
432, 439, 442, 443, 445, 447, 448, 482,
486, 493, 525–527, 577, 581, 590, 592,
XXXVII: 782, 785, 845, XXXIX: 6, 7,
38, 73, 78, 124, 144, 174, 236, 253, 314,
315, 339, 349, 362, 363, 377, 408, 437,

441, 513, XXXX: 18, 89, 98, 101, 104, 105, 107, 108n, 149n, 151n, 162n, 173, 186n, 195, 197, 234, 262, 266–C, 343, 374, 380, 388, 390, 395, 399, 416, 422, 439, 506, 507, 534, 535, 538, 561
Three Small Ship Patrol, V: 2190, VI: 2872, 2873, X: 4807
Warning Messages From Washington, II: 449, 813, 915–917, 921, 929, 950, 953, 972, 973, III: 1020–1022, 1109, 1113, 1142, 1184, 1268, 1269, 1273–1276, 1285, 1340, 1433, 1455, 1507, 1515, IV: 1603, 1605, 1608, 1751, 1752, 1920, 1946, 1949, 1953, 1959, 1963, 1995, V: 2131, 2133, 2200, 2208, VI: 2518, 2649, 2656, 2761, 2901, VII: 3030, 3031, 3127, 3128, 3165, 3166, 3204, IX: 4518, 4526, 4543, 4553, 4554, 4965, X: 4942, XI: 5209, 5423, 5424, 5439, 5443, XIV: 1328, 1329, XV: 1471, XVI: 2298, XXI: 4605, 4506, XXII: 1076, XXVI: 487, 488, XXVII: 28, 579, XXIX: 2161, 2162, 2195, 2310, 2311, 2347, 2402, 2430, XXXIII: 823, 1176, XXXIV: 6, 20, 51, 68, 96, XXXVI: 206, XXXIX: 290, 450, XXXX: 122, 122n, 199, 224, 227
Philippine Scouts, III: 1089, 1161, V: 2192, XVIII: 3209, XXXII: 560
Philippine Naval Coastal Frontier, XV: 1425, XVIII: 2880, 2894, 2909, 2916, 2917, 2920, 2926, 2941, XXXIII: 930, 942, 964, 965, 973
Phillips, Adm. Sir Tom, III: 1341, IV: 1932–1934, 1980, V: 2333, 2370, VI: 2866, 2882, 2906, IX: 4271, 4273, 4275, X: 4762, 4763, 4789, 4803, 4805, 4806, 4808, 5083, XI: 5258, XIX: 3551, 3555, XXXX: 170
Phillips, Col. Walter, C., I: 129, III: 1110. 1432, 1460, 1468, 1481, 1493, 1464, VI: 2887, VII: 2940, 2941, 2951, 2980, 2993, 2994, 3028, 3061, 3062, 3076, 3095, 3097–3101, 3103, 3117, 3126, 3218–3220, 3222, 3290, 3373, X: 4933–5008, 5049, 5088, 5090, 5096, 5097, 5101, 5109, 5110, 5120, XVIII: 2997, 3004, 3006, 3171, 3223, 3235, 3238, 3241, 3242, 3245, 3247, 3251, XX: 4520, XXI: 4590, 4615, 4627, 4644, XXII: 35, 47, 95, 96, 131–152, 165, 170, 172–174, 182, 185, 189, 225, XXIII: 1253, XXIV: 1813, 1820, 1821, 1989, 1991, 2120, XXVII: 3, 133, 144, 146, 156, 211, 251, 284, 285, 575–602, 642– 649, 723–725, 731, 733, 736, XXVIII: 1014, 1020, 1031, 1034, 1060, 1368, 1387, 1402, 1488, 1531, 1605, XXIX: 1718, 1799, 1800, XXX: 2459, 2470, 2472, 2501, 2508, XXXI: 3117, XXXII: 2, 193, 194, 196, 204, 363–376, XXXIII: 718, 722, XXXV: 33, 34, 134, 146, 147, 152, 161, 168, 169, 209, 212–216, XXXVI: 378, 398, 448, 450, 486, 539, 542, 543, 551, 564, 566, 571, XXXIX: 47, 60, 93, 110, 133n, 232, 244, 254–256, 277, 278, 287, XXXX: 120, 120n, 132
PHOENIX, I: 33, IV: 1676, 1678, V: 2210, VI: 2781, X: 4849, 4850, XII: 287, 348, XV: 1715, XVII: 2510, 2514, XIX: 3559, XX: 4123, XXI: 4557, 4563, XXIII: 694, 938, XXIV: 1372, 1387, 1398, 1399, 1406, 1574, 1578, 1580–1582, 1585–1588, 1592, 1593, 1597, 1598, 1609, 1615, 1704, XXVI: 553, XXXV: 389, 390, 498, 501, 502, XXXVII: 925, 928, 929, 936, 1208, 1226, 1231, 1233, 1234, 1235, 1236, 1239, 1241–1243, 1248, 1249, 1254–1256, 1274
Photo Reconnaissance Over Marshall Islands, III: 1287, 1288–1292, 1454, IV: 1804, V: 2202, 2299, IX: 4371–4373, X: 4900, XI: 5423, 5435, XIV: 1328, XV: 1642, XVI: 2339, 2340, 2342, 2357, 2362, 2416, XVIII: 2964, 2965, 2977, 2982, 3011, 3012, 3232, XXI: 4603, 4608, 4697, XXII: 44, 102, XXIII: 1108, XXIV: 1780, 1781, 1826, 1827, XXVII: 64, 89, 91, 104, 166, 167, 754, XXVIII: 945, XXIX: 2071, 2080, 2085, 2090, 2175, XXX: 2468, 2469, 2515, XXXI: 3168, XXXIV: 154, XXXV: 49–52, 148, 155, 159, 217, XXXVI: 3, 8, 158, 159, 160, 183, 217, 296, 407, 408, 409, 462, 575, 584, 586, XXXVII: 801, 802, 1204, 1205, XXXIX: 48, 79, 83, 236, 364, 379, 405, 486, 491, 495, 517, 521, 523, XXXX: 102, 389
Pickett, Col. Harry K., XVIII: 3236, XXIII: 903, 954–960, 1268, XXIV: 1456–1635, 1650, XXXIII: 1304, 1305
PIERREL D. MAS (Fr), V: 2311
Pierson, Col. Millard, XXVII: 3, XXIX: 1864–1866, 2274, 2277, 2278
PIETHEIN (Du), XX: 4137
Pine, Bruce, XXVII: 3, 603, 605, XXVIII: 1151, 1173, 1189, 1238–1249, 1265, 1266, 1267, 1272, XXIX: 2036–2039, 2216, XXX: 2724, 2844–2846, 2857, XXXIX: 152

PINOLA, XII: 346
PINTAIL, XII: 310
PIONEER, XVIII: 2908, XXXIII: 955
Plack, Werner, XXVII: 448, 450, 451, 605, 606, 609, 610, 744, XXVIII: 1035, 1071, 1173, 1244, 1245, 1266–1268, 1272, 1309–1312, 1346, 1347, 1835, XXX: 2814, 2834, 2857–2861, XXXIX: 146, 151, 152, 185
PLATTE, XII: 346, XXIV: 1712, XXXIII: 1246, 1270, XXXVII: 1278
PLATTSBURG (OLD), XXII: 460
PLUNGER, XII: 345, XVII: 2528, 2531, XXI: 4560, 4565, XXIV: 1644, 1652, 1660, XXVI: 557, XXXIII: 1314, XXXVII: 935, 1292
POLARIS, XIX: 3539, XXXIII: 1268
POLLACK, XII: 345, XVII: 2528, 2531, XXI: 4560, 4565, XXIV: 1644, 1652, XXVI: 557, XXXVII: 935, 1292
POMPANO, XII: 345, XVII: 2528, 2531, XXI: 4560, 4565, XXIV: 1644, 1652, 1677, XXVI: 557, XXXIII: 1314, XXXVII: 1292
Poindexter, Joseph B., VII: 2928, 2929, XVIII: 2969, 2970, 2977, 2981, 3072, 3109–3112, 3114–3115, 3121–3123, 3393, 3404, 3405, XIX: 3625, 3626, 3628, XX: 4480, 4482, 4486, XXI: 4592, XXII: 63–65, 70, 72, 79–81, XXIII: 771, 776, 819–828, 911–913, 1265, XXIV: 1305, 1785, 1793, 1795–1797, 1921-1923, 1925–1932, 1933, XXVII: 3, 174, 175, 184, 209, XXVIII: 1038, 1371, XXIX: 1640–1646, 1716, 1717, XXX: 2466, 2473, 2481, 2482, 2484, 2573, 2610–2612, 2614, 2615, 2622, 2975, XXXI: 3146, XXXII: 189, 190, XXXIX: 63, 92, XXXX: 122
Pointe de Camau, II: 955, 957, III: 1248, IV: 1618, XIV: 1407, XXXX: 266–P, 414, 528n
Poison Gas, XI: 5432
Ponape, XIII: 456, 459, 468, 469, XVII: 2692, 2693, XVIII: 2964, 3011, XXI: 4570n, 4763, XXII: 44, XXIV: 1780, 1826, XXVII: 166, XXIX: 2279, XXX: 2515, XXXV: 52, 60, 61, XXXVI: 159, 160, XXXVII: 737, 802, 1136, 1139, 1140, 1143, 1318, 1320, 1322, 1325
Popham, Brooke, Air Marshal, X: 4803, 4808, 5082–5084, 5086, 5087, XI: 5514, 5515, XV: 1554, 1556, XVI: 2453, XX: 4339, 4447, XXXX: 170n, 266–I, 414n
Port Allen, XIV: 987, XVII: 2468, XXII: 78, XXIV: 1450, 1453, XXVI: 540, XXXVII: 1276–1279
Port Arthur, VI: 2594, XXVI: 388, XXVII: 548, 549, XXVIII: 1560, XXXIII: 778, XXXIV: 80, 87, XXXV: 99, 142
Port Darwin, III: 1120, 1161, 1251, IV: 1934, V: 2361, X: 4606, 4806, XIII: 443, 519, 572, XV: 1571, 1583, XVI: 2340, XIX: 3548, XXVII: 89, 91, 179, 245, XXVIII: 1585, XXX: 2864, XXXIII: 707, XXXIV: 66, XXXV: 315, XXXVI: 160, 408, XXXIX: 491
PORTER, I: 136, V: 2210, VII: 3180, XII: 345, XVI: 2027, 2108, 2116, 2122, 2124, 2125, 2126, XVII: 2527, 2530, XXI: 4559, 4562, 4564, XXIV: 1491, 1669, 1678, 1731, 1743, XXVI: 343, 345, 557
Portland, Ore., V: 2070, 2076, VIII: 3583, 3765, 3767, IX: 4523, XVI: 2002, 2317, XVIII: 3318–3320, XXIX: 2356, 2379, XXXIII: 772, XXXIV: 174, 175, XXXVII: 1124, 1306, XXXIX: 460, XXXX: 480
PORTLAND, XXIV: 1655, XXXVII: 1276
PORTLAND, I: 136, IV: 1890, V: 2162, 2210, VI: 2655, 2656, 2784–2786, VII: 3180, XII: 298–301, 345, XVI: 2031, 2108, 2116, 2122, 2124, 2125, 2131, 2134, 2154, 2310, XVII: 2415, 2525, 2530, XX: 4123, XXI: 4558, 4562, 4564, XXIII: 767, XXIV: 1661, 1716, 1735, 1737, XXVI: 340, 343, 345, 556, XXXI: 3191, XXXII: 427, XXXIII: 913, 1247, 1260, 1264, 1392, XXXV: 389, 392, 441, 501, 504, XXXVI: 436, 564, 567, XXXVII: 928, 931, 957, 1026, XXXIX: 450
PORTMAR, XII: 348
Port Moresby, III: 1120, 1161, 1251, 1288, 1519, V: 2361, VI: 2862, X: 5143–5146, XIII: 571–573, XIV: 1328, XVIII: 2964, 3011, XXII: 44, 102, XXIV: 1780, 1826, XXVII: 166, 245, XXVIII: 929, XXX: 2468, 2514, 2865, XXXIII: 707, XXXV: 316, XXXVII: 802, 1205
Portugal, III: 1129, 1131, 1133, 1135, 1137, IV: 1785, 1786, V: 2310, XI: 5260, 5440, XIV: 1105, 1275, 1277, 1278, 1344, XV: 1775, 1787, XX: 4356, 4357, 4403, XXVI: 267, XXXIII: 964, 1320, XXXVI: 656, XXXX: 168, 168n, 301, 439
Portugal Incident—Code Theft, III: 1546
Portuguese Timor, II: 492, 649, 654, IV: 2048, 2049, V: 2123, XI: 5450, XII: 2, XIV: 1062, 1066, 1083, 1399, XV: 1564, 1770, 1772,

PROPOSAL TO REINFORCE MIDWAY AND WAKE 183

XVI: 2223, XVII: 2648, 2651, XXVII: 15, XXVIII: 1592, 2203, XXIX: 2301, 2415, XXXIII: 1239, XXXIV: 223, XXXV: 677, XXXVI: 485, XXXVII: 785, XXXX: 93, 170, 173, 175, 391, 507
Postal Telegraph Co. XXIII: 1103, XXVII: 109
POTOMAC, III: 1389
Pound, Dudley, III: 126, V: 2361, 2370, XI: 5239, XVI: 2450, XXXX: 169n
Powell, Maj. Bolling R., XXVII: 3, XXVIII: 1508, 1509, 1511, 1518, 1522–1528, XXIX: 1699, 1701–1704, 1711, 1881, 1901, 1943, 1980, XXXX: 201
Powell, Col. C.A., I: 94, 98, 129, 154, VII: 2940, 2993, 3114, 3115, IX: 4373–4376, X: 4640, 4658, 4977, 4986, 4994, 5003, 5034, XVI: 2272, 2313, XVIII: 3187, 3193, 3223, 3238, 3239, 3244, 3248, XXI: 4624, 4627, 4643, 4644, XXII: 16, 23, 95, 146, 211–218, 237–249, 257, XXIII: 1104, 1254, 1255, XXIV: 1935, XXVII: 3, 198, 260, 262, 270, 275, 360, 361, 363, 364, 423, 424, 555, 561, 563, 599, 619, 631, XXIX: 1629, 1634, 1983–1998, 2077, 2108–2110, 2113, 2118, 2261, 2291, XXX: 2624, 3012, XXXI: 3133, 3158, XXXII: 184, XXXIV: 81, 88, XXXV: 2, 24, 82, 83, 118, 120, 152, 210, XXXVI: 1, 227, 477, 574, XXXIX: 106, 109–111, 132, 133n, 195–197, 232, 404, 456, XXXX: 141n
Powers, Lt. Robert D., XXIX: 2357, XXXII: 1, 6, 9, 16, 209, 210, 222, 433, 434, 644, 645, XXXIII: 761, 767–769, 831, 832, 908, XXXVI: 568
PRAIRIE, XXIV: 1667
Prather, Miss Louise, IX: 4387, 4392, 4394, XXXV: 2, 34, 94, 108, 114, 115, 117
Pratt, Adm. W.V., V: 2275, VII: 3252, XII: 85, XX: 4296–4299, 4320, 4322–4327, XXXIII: 1362, XXXIV: 192, XXXVI: 409, XXXVII: 676
Pratt, Col. John S., XXVII: 3, XXVIII: 1029–1039, XXIX: 2015, XXXV: 169, XXXIX: 133n, 255
PREBLE, XII: 349, XVI: 2252, XVII: 25R, 2514, XXI: 4557, 4563, XXII: 594, XXIV: 1388, 1572, 1574, 1585, 1587, 1588, 1611, 1614, 1618, 1644, XXVI: 553, XXXIII: 1313, XXXVII: 936, 1223, 1226, 1239, 1242, 1272
PRESIDENT ADAMS, XXI: 4559, 4564
PRESIDENT CLEVELAND, XII: 284, 290, 291, XXXIII: 910, 1393, XXXIV: 162, 163
PRESIDENT COOLIDGE, XII: 280, 281, 347, XXIV: 1681, XXXIV: 162, 163, XXXV: 399, XXXVII: 1277
PRESIDENT GARFIELD, IV: 1680, XXIV: 1730, XXXV: 443, XXXVII: 1023, 1278, 1279
PRESIDENT GRANT, X: 5127, XII: 348, XV: 1692, 1695, 1697, 1700
PRESIDENT HARRISON, VI: 2785, XI: 5204, 5262, XII: 280, 300, XXXIII: 913, 1392, XXXV: 441, XXXVII: 1008
PRESIDENT HAYES, XXI: 4559
PRESIDENT JACKSON, XXI: 4559
PRESIDENT JOHNSON, IV: 1680
PRESIDENT MADISON, VIII: 3609, 3618, 3619, XI: 5202, 5203, 5206, XII: 291, XVIII: 3335, 3342, 3345, XXXIII: 910, 1393
PRESIDENT MONROE, XX: 4474
PRESIDENT PIERCE, XXXI: 3192, XXXV: 393, 400, 431, 436, 444, 446, 447, 505, XXXVII: 932, 1021, 1091, 1096
PRESIDENT TYLER, XXXV: 448
PRESTON, V: 2210, XII: 346, XVII: 2527, 2530, XXI: 4559, 4564, XXIV: 1644, 1712, XXVI: 557, XXXVII: 966, 970
Pribilof Islands, XXXI: 3177, 3194, XXXIX: 32
Price, Radioman, XXIV: 1584
PRINCE ROBERT (Ca), XI: 5504, XXXV: 391, 503, XXXVII: 930
PRINCE OF WALES (Br), II: 477, 524, 528, IV: 1784, 1790, 1799, 1824, 1934, V: 2231, VI: 2905, 2909, IX: 4273, X: 5083, XIII: 543, 555, XIV: 1269, 1292, XVI: 1968, XIX: 3552, XX: 4129, XXVI: 152, 269, XXIX: 2327
PRINS VAN ORANJE (Du), XIII: 544
PRINZ EUGEN (Ger), XV: 1787, 1808, 1830, XX: 4355, 4545, XXXIII: 1325, XXXVI: 656
Prisoner Interogation, I: 221, XXXVI: 590–591, 594, 595, 596, 632, 637, 638, XXXVII: 1147–1150
PROCYON, XI: 5506, XII: 346, XVI: 2023, 2190, XXIV: 1681, 1682, 1707, XXXIII: 1221, XXXVII: 1277–1279
PROGRESS, XX: 4512
Proposal to Reinforce Midway and Wake, V: 2130, 2154–2157, 2163, 2167–2171, VI: 2518–2530, 2573, 2759, 2822, 2938, 3211,

VII: 2950, 3076, 3103, 3121, 3228, 3292, 3376, VIII: 3489, IX: 4371, XIII: 988, XV: 1642, 1643, XVI: 2253, 2254, 2287, 2288, 2290, 2299, 2370, XVII: 2479–2484, XVIII: 2963, 2964, 3010, 3124, XXI: 4615, 4673, 4683, 4692, XXII: 42, 43, 452, 457, 484, 526, XXIII: 606, 607, 624, 988, 991, XXIV: 1779, 1780, 1826, XXVI: 2, 49, 72, 88, 258, 281, 292, 296, 467, 489, 490, XXVII: 165, 210, 412, XXVIII: 1497, XXX: 2467, 2468, 2514, XXXII: 2, 56–58, 124, 185, 193, 194, 237–239, 260, 303, 357, 403, 404, 411, 412, 419, 537, 569, 571, 574, 575, XXXIII: 701, 702, 1177, 1284–1291, 1497, XXXV: 51, 52, XXXVI: 206–208, 296, 426, 435, 436, 441, 444, 449, 519, XXXVII: 801, XXXIX: 10, 93, 315, 339, 349, 358, 422, 423, 426, 438, 511, XXXX: 105, 108, 108n, 242, 242n, 264
Proposed Blockade of Japan, I: 305, 306, 307, II: 504-506, XXXX: 266-N
Proposal to "Buy Off" the Japanese, 17 Nov. 1941, VI: 2913
Proposed Message to Chiang Kai-shek, 10 Nov. 1941, XIV: 1070–1076
Proposed Message to Congress, 20 Nov. 1941, XIV: 1203–1223
Proposed Messages to Emperor Hirohito, 17 & 29 Nov. 1941, XIV: 1224–1230
PRUITT, XII: 349, XVI: 2252, XVII: 2512, 2514, XXI: 4557, 4563, XXII: 594, 599, XXIV: 1388, 1519, 1572, 1579–1582, 1586, 1588, 1589, 1611, 1615, 1644, XXVI: 553, XXXIII: 1313, XXXVII: 936, 1224, 1232, 1234–1236, 1240, 1243, 1244, 1272
PRUSA, XXIV: 1719, XXXVII: 1276, 1277, 1279
Psychological Handicaps of Messages From Wash. D.C., XXXX: 109
PT Boat, XVI: 2158, 2175, 2183, 2190, 2228, 2243, 2249, 2452, XXXIII: 1199, 1206, 1218, 1222, 1242
PT-20, XXXVII: 936, 1255
PT-21, XXIII: 1262, XXXVII: 936, 1255
PT-22, XXXVII: 936, 1255
PT-23, XXXVII: 936, 1255
PT-24, XXXVII: 936, 1255
PT-26, XXXVII: 936, 1255
PT-27, XXXVII: 936, 1255
PT-28, XXXVII: 936, 1255
PT-29, XXXVII: 936, 1255
PT-30, XXXVII: 936, 1255
PT-42, XXXVII: 936, 1255
Puerto Rico, I: 265, 294, 310, 341, 342, 345, 352, III: 1068, 1077, V: 2138, 2311, 2478, VII: 2967, X: 4980, XV: 1509, 1511, 1629, 1631, 1636, 1726, XVIII: 2897, 2904, 2919, 2924, XIV: 3757, XX: 4430, 4431, 4474, XXII: 32, 245, XXX: 3015, 3083, XXXI: 3177, XXXIII: 945, 952, 971, XXXIV: 225, XXXV: 452, XXXVII: 1119
Puget Sound Navy Yard, I: 31, 34, 300, 332, II: 610, IV: 1942, 1943, V: 2123, 2174, 2193, 2202, 2389, 2395, 2397, VI: 2631, 2665, 2724, 2775, 2850, VII: 3011, 3067, IX: 4267, XIV: 981–983, XV: 1427, XVI: 2188, 2189, 2249, XVII: 2509, 2525, XXI: 4563, 4565, 4661, XXII: 372, XXIII: 945, 1166, XXVIII: 1499, XXXII: 230, XXXIII: 699, 921, 1171, 1270, XXXIX: 298
Pumanahu, XXVIII: 1113
Purnell, Capt. W.B., II: 726, 992, IV: 1931, 1932, X: 4804, 4812, XIV: 984, XV: 1554, 1556, XXVI: 293, XXIX: 2406
Purple Machine, (See Code Machines)
Putnan, Maj. (Army) Henry C., I: 304, XIII: 632, 634
Putnam, Maj. Paul (Marine Corp), XXIII: 1070–1072
Puu Palailai, XXXI: 3136, 3157, 3158
Pye, Vice Adm. W. S., I: 29, 222, 223, 225, III: 1160, V: 2430, VI: 2510, 2529, 2537, 2562, 2608, 2610, 2648, 2651, 2825, 2898, VII: 3360, 3361, 3378, VIII: 3553, 3554, X: 4859, XVI: 2133, 2146, 2153, 2234, 2244, 2249, 2256, 2297, 2348, XVII: 2508, XVIII: 3223, 3243, XIX: 3945, XXI: 4556, 4557, 4640, 4644, 4661, XXII: 89, 90, 361, 370, 372, 384, 402, 410, 452, 453, 456, 472, 532–549, 576, XXIII: 768, 945, 1047, 1062–1070, 1156, 1164, 1166, 1178, 1186, 1194, 1201, 1242, 1243, 1260, 1271, XXIV: 1375, 1398–1405, 1407, 1410, 1415, 1416, 1423, 1475–1478, 1483–1486, 1496, 1569, XXVI: 1, 3, 23, 38, 43, 50, 57, 60, 65, 67, 70, 155–178, 203, 236, 237, 239, 397, 398, 428, 430, 454, 455, 526, XXVII: 3, 284, 536–554, XXIX: 2253, XXXII: 2, 47, 211, 212, 215, 216, 220, 221, 230, 237, 280, 321–341, 387, 397, 399, 409, 429, 536, 589, XXXIII: 699, 705, 721, 723, 725, 1171, 1210, XXXVI: 365, 370, 371, 379,

390, 392, 397, 399, 401, 412, 422, 434, 437–441, 449, 450, 456, 466, 470, 484, 488, 520, 521, 535–537, 539–542, 549, 552, 557, 563, 571, 572, XXXVII: 1215, 1221 XXXIX: 31, 76, 127, 133, 133n, 298, 435, 503, XXXX: 118n, 242n

PYRO, XII: 349, XIV: 938, XVI: 2158, 2232, XXIV: 1369, 1572, 1583, 1584, 1588, 1610, 1615, 1663, XXXII: 587, XXXIII: 1206, XXXVII: 937, 1224, 1237, 1239, 1244, 1277

Q

QUAIL, XXIV: 1644, XXXIII: 1313
Quezon, President Manuel, XI: 5214, 5470, XIV: 1016, XX: 4248, 4251, 4252, 4254–4256, 4284, 4311, 4313, 4314, 4316, 4319, 4320, 4328, 4339, 4344, 4345, 4397, 4417–4420, 4450–4453, 4456–4458, 4460–4462, 4479, 4491–4493, 4496–4501, 4503, 4508, XXX: 2976, XXXX: 144, 380

R

Rabaul, III: 1120, 1161, 1251, V: 2361, X: 4606, 5143, 5145, XI: 5354, XIII: 518, 519, 544–546, 551, 552, 567–569, 572, 616–618, 657, 716, XXVII: 89, 91, 96, XXIX: 2301, 2302, XXXIV: 66, 172, XXXV: 316, XXXVI: 594

Radar,
  Aircraft, XVI: 2198, 2199, XVII: 2491–2495, XXII: 362, 562, XXIII: 1157, XXIV: 1375, XXVI: 125, XXIX: 2076, XXXII: 446, XXXIII: 1210, 1228, 1229, 1336, 1338, 1339, XXXVI: 639, 640
  Army, I: 38, 39, 73, 93, 109–111, 126, 129, 142, 154, 191, 277, 280, III: 1073–1075, 1196, 1216, 1279, 1423, 1425, 1451, 1458, 1471, IV: 1691, 1692, 1848, V: 2213, 2221, 2242, 2339, 2447, VI: 2501, 2510, 2585, 2586–2588, 2593, 2605, 2607, 2618, 2709, 2741–2746, 2778, 2799, 2817, 2836, VII: 2926, 2969, 2970, 2987, 2995, 3032, 3033, 3039, 3057, 3058, 3085, 3090, 3114, 3115, 3118, 3120, 3121, 3123, 3155–3158, 3168, 3182, 3183, 3216, 3217, 3222, 3345, 3365, VIII: 3469, 3470, 3474, 3501, 3502, 3510–3512, 3527, IX: 4258, 4293, 4297, X: 4639, 4640, 4658, 4907, 4938, 4985, 4986, XI: 5302–5304, 5421, 5429, 5433, 5458, 5472, XIV: 986, XV: 1469, XVI: 1939, 2352, 2410, 2451, 2452, XVII: 2501, 2713, 2736, XVIII: 2963, 3010, 3013–3015, 3187, 3189–3194, 3238, 3239, 3242, 3243, 3247, 3248, 3431, XIX: 3602, 3612, 3899, XXI: 4588, 4594, 4598, 4610, 4613, 4617, 4618, 4623–4627, 4635, 4643, 4656, 4669, 4670, 4677, 4682, XXII: 10, 15, 35, 51, 100, 102, 111, 115, 119, 143–145, 202, 203, 213, 230, 233, 234, 247, 248, 324, 364, 368, 405–409, 420–422, 426, 452, 467, 478, 487, 520, 528, 575, XXIII: 630, 751–753, 756, 956, 978, 985, 986, 990, 1001, 1093, 1159, 1183, 1197, 1198, 1200, 1207–1210, 1212, 1213, 1234, XXIV: 1363, 1364, 1378, 1651, 1654, 1655, 1658, 1662, 1673, 1679, 1680, 1684, 1689, 1691, 1711, 1742, 1750, 1751, 1755, 1825, 1829, XXV: Items 36, 50–53, 123, XXVI: 20, 51, 53, 87, 107, 110, 137–139, 150, 171, 172, 177, 274, 326–328, 370, 373, 379, 380, 383, 458, 469, 534, 539, XXVII: 32, 67, 70, 129, 141, 147–149, 233, 234, 259, 263–266, 270–274, 309, 310, 311, 329, 353–364, 380, 429, 430, 541, 555–558, 560, 562–564, 599, 615–617, 619, 621, 628, 631, 645, XXVIII: 898, 936, 945, 996, 1074–1076, 1114, 1304, 1308, 1377, 1383–1386, 1500, 1501, 1507, 1595, XXIX: 1631, 1763, 1810, 1984, 1986, 1989, 1997, 2069, 2077, 2079, 2125, 2126, 2182, 2207, 2246, 2261, 2266, 2292–2294, XXX: 2467, 2514, 3000–3002, 3005, 3014, 3016, 3017, 3023, XXXI: 3131, 3140, 3156, 3168, XXXII: 172–175, 204, 207, 236, 272, 342, 344–347, 349, 371, 394, 422, 423, 427, 455, 462–466, 470–473, 558, 664–666, 678, XXXIII: 690, 693, 704, 708, 1182, 1195, 1359, XXXIV:

47, 81, 88, 90, 91, 102, 157, 159, XXXV:
152, 159, 257, 551, XXXVI: 105, 172, 264,
273, 381n, 387, 390, 405, 542-544, 546-
550, 564, 643, XXXIX: 57, 65, 90, 105-
108, 110, 111, 120, 131, 142, 156, 180, 188,
193-199, 232, 241, 242, 310, 320, 338, 348,
361, 413, 502, 509, XXXX: 69, 83, 117,
120, 127, 127n, 129n, 140n, 141, 146, 152,
155, 186, 234, 262, 501, 545, 549, 555
  Hakeakala (Fixed Site), I: 38, III:
    1070-1072, VII: 3115, XXII: 91, 246,
    XXIV: 1878, XXVIII: 163, 310, 381,
    408, 423, 616, 623, 655, 659, 684,
    XXIX: 1635, 1762, 1763, 1900, 1984,
    1985, XXX: 3004, 3006, 3008, 3012,
    3013, 3015, XXXI: 3132-3135, 3137,
    3139, 3141-3145, 3147-3154, 3156,
    3157, 3169, XXXIX: 196, 197
  Mt. Kaala (Fixed Site), I: 38, XVIII:
    3064-3066, XXII: 91, 245, XXIII:
    981, XXIV: 1877, XXVII: 163, 310,
    318, 319, 381, 406, 407, 423, 616,
    617, 656, 658, 659, 663, 684, XXVIII:
    1113, XXIX: 1629, 1635, 1765, 1819,
    1984, 1988, 2113, XXX: 2567, 2624,
    2625, 3009, 3012, XXXI: 3132, 3139,
    3141-3146, 3156, 3169, XXXIX: 110,
    196, 197
  Kokee (Fixed Site), I: 38, XVIII: 3065,
    XXIV: 1878, XXVII: 163, 304, 310,
    381, 423, 615, 655, 662, 684, XXVIII:
    1306, XXIX: 1628, 1629, 1763, 1984,
    1985, 1988, XXX: 2567, 3013, 3015,
    XXXI: 3132-3135, 3139, 3141-3146,
    3156, 3169, XXXIX: 196, 197, 200
  Fort Shafter (Mobile Site), I: 38, 168,
    VII: 3156, XXII: 212, 422, XXIII:
    1209, XXVII: 617, XXVIII: 1113,
    XXIX: 1763, 2110, 2113, XXX: 2623,
    XXXI: 3137, 3153, 3157
  Kaaawa (Mobile Site), I: 38, VII: 3156,
    XXII: 212, 422, XXIII: 1209, XXIX:
    2111, XXX: 2623, XXXI: 3136
  Kahuku Ranch (Mobile Site), XXXI:
    3139, 3141, 3142, 3150, 3154, 3156,
    3157
  Kawailoa (Mobile Site), I: 38, VII: 2156,
    XXII: 212, XXIX: 2111, XXX: 2623,
    XXXI: 3136
  Koko Head (Mobile Site), I: 38, 168,
    VII: 3156, XXII: 212, 422, XXIII:
    1209, XXVII: 617, XXVIII: 1113,
    XXX: 2623, XXXI: 3136, 3138, 3157,
    3158
  Nuuanu Pali (Mobile Site), XVIII:
    3066, XXXI: 3139, 3141, 3142, XXXI:
    3139, 3141, 3142, 3145, 3154, 3154
  Makapuu (Mobile Site), XXXI: 3139,
    3155, 3156
  Manawahua (Fixed Site), XVIII: 3066,
    XXVII: 310, XXIX: 1762, XXX: 3008,
    XXXI: 3139, 3141, 3144, 3145, 3154,
    3156, 3157
  Opana (Mobile Site), I: 38, 39, 40,
    74, 92, 94, 95-99, 106-108, 139-
    141, 142, 145, 153, 165-171, 194, V:
    2075, 2204, 2344, VII: 2950, 2952,
    3034, 3156, 3177, 3292, 3293, VIII:
    3502, 3503, X: 4999, 5003, 5027-
    5080, XVI: 2347, 2351, 2369, XVIII:
    2966-2968, 3014, 3015, 3066, 3212,
    3239, 3242, XIX: 3602, 3612, 3613,
    3639, XXI: 4594, 4617, 4618, 4623,
    4635, 4670, Item 1, 38, XXII: 49-
    52, 59, 114, 118, 119, 212, 221, 241,
    366, 367, 422, 426, XXIII: 1161, 1162,
    1209, 1214, XXIV: 1782, 1783, 1808,
    1829, 1830, 1879, 1880, 2115, XXVII:
    310, 363, 364, 517-536, 561, 568-
    571, 598, 617, XXVIII: 1113, XXIX:
    1992, 2110, 2111, 2113, 2117, 2121-
    2123, XXX: 2470-2472, 2518, 2519,
    2568, 2569, 2623, XXXI: 3139, 3155-
    3158, XXXII: 257, 343, 348, 475-496,
    XXXIII: 1153, 1154, XXXVI: 561,
    562, XXXIX: 65, 96, 97, 105, 120,
    196, 311, 348, 502, XXXX: 69n, 140
Navy, I: 41, 379, III: 1013, IV: 1848, V:
  2138, VI: 2538, 2706, 2707, 2748, VIII:
  3512, 3523, 3534, 3546, 3549, XVI: 2061,
  2122, 2124, 2127, 2128, 2176, 2196, 2199,
  2199, 2205, 2206, 2219, 2221, 2235-2237,
  2241, 2243, 2250, 2257, 2289, XVII: 2501,
  2736, XX: 4403, 4404, XXI: 4669, XXII:
  363, 365, 390, 424, 436, 468, 540, 541,
  548, XXIII: 620, 943-945, 1063, 1158,
  1183, 1184, 1212, 1213, 1223, XXIV: 1377,
  1401, 1404-1406, 1408, 1409, 1421, 1426,
  1427, 1458, 1465, 1480, 1495, 1507, 1546,
  1555, 1560, 1562, 1635, XXVI: 33, 47, 50,

RADIO INTELLIGENCE 189

115–117, 205, 347, 375–377, 405, XXVII: 560, XXVIII: 859, 869, 933, XXXII: 256, 325, 423, 462, 517, XXXIII: 1172, 1211, 1216, 1224, 1225, 1236, 1247, 1253, 1254, 1263, 1266, 1346, 1359, XXXVI: 392, 465, 545, 549, XXXVII: 954, 960, XXXIX: 309, XXXX: 70, 70n, 139

Radar Doctrine, XXIV: 1426–1431, 1437–1442, 1446

Radar—Japanese, XXXVI: 470, 638, XXXVII: 1153, 1172

Radar Plot (Japanese Planes Leaving Pearl Harbor), XXIII: 1161, XXXII: 394, XXXX: 69n

Radio Corporation of America (RCA), VII: 3270, IX: 4403, 4404, 4519, XVI: 2311, XXII: 23, 46–48, 83, 215, 216, 217, 239, 243, XXIII: 647, 653, 673, 1076, 1077, 1080, 1103, XXVI: 336, 356, XXVII: 109–111, 168, 740, XXVIII: 869, 1402, 1545, 1546, XXIX: 1673, 2311, XXX: 2469, 2517, 3064, XXXI: 3189, XXXII: 194, 373, 416, XXXIII: 1224, 1282, XXXIV: 2, 33, 132, 133, XXXV: 48, 172, 211, 212, 214, 257, 441–445, XXXVI: 4, 163, 224, 243, 320–334, 476, 477, 566, XXXVII: 873, 880, 882, 884, 885, 891, 896, 897, 934, 982, 985, 1002, 1003, 1081, 1269, XXXIX: 94, 229, 260, 318, 330, 340, 350, 406, 452–454, XXXX: 225

    Japanese Cable Messages, XVI: 2356, XVIII: 673, 674, XXXVI: 28, 476, 477, XXXIX: 451, 453, 454, XXXX: 230n

Radio Intelligence (Combat Intelligence, Communication Intelligence), I: 185, III: 1128–1139, IV: 1737, 1740–1745, 1755, 1774, 1794, 1795, 1797, 1804, 1865, 1976, 1979, V: 2202, VII: 3385, IX: 3933, X: 4695, 4697, 4698, 4713, 4725, 4832–4842, XV: 1870–1900, XVI: 2321–2338, 2357, 2358, 2416, XVIII: 3335–3342, XXII: 428, XXIII: 658, 659, 673, 1066, 1067, XXIV: 1422, XXVI: 226, 228, 230, 231, 387–395, 457, XXVII: 782, XXVIII: 862–876, 890, 891, 926, 1578, 1579, 1583, XXXII: 217, 301, 772–775, 832, 889, XXXV: 30, 49, 82, 83, 101, 102, 144, XXXVI: 2, 14, 20, 27, 60–68, 108, 129, 150, 230, 231, 251, 330, 488, 489, 502, 515, XXXIX: 478, 519, XXXX: 57n, 155, 181–190, 234, 235n, 483

    Radio Intelligence Methods, II: 792, 799, 848–853, 857, 865, 886, 893, III: 1128–1135, 1280, 1481, 1580, V: 2145, VI: 1778, 2522, VIII: 3394–3396, 3399–3402, 3410, 3556, 3558, 3559, 3580–3583, 3585, 3745, 3746, 3843, IX: 4241, 4244, 4266, 4360, 4390, X: 4712–4726, 4750, 4774, XXII: 428, XXIII: 675–688, XXVI: 393–395, XXVIII: 862, 871, 926, XXIX: 2384, XXXIII: 889, XXXVI: 13, 14, 31, 64, 416, 417, XXXIX: 517, XXXX: 230n

I.B.M. Machines, IX: 4333, 4335, XXXV: 46, XXXVI: 45, 262

Traffic Analysis (Call Sign Tracking), III: 1481, IV: 1740, 1741, 1778, 1795, 1976, V: 2253, VI: 2522, 2523, 2598, 2628, VIII: 3383, 3385, 3394, IX: 4241, 4244, 4266, X: 4682, 4714, 4715, 4834–4842, XVI: 2363, XVII: 2485, 2601–2642, XVIII: 3337, XXII: 428, XXIII: 659, 972, XXVI: 220, 280, 416, 457, XXVIII: 866, XXXV: 62, XXXVI: 13, 14, 16, 48, 49, 112, 116–136, 138–140, 147, 149–153, 186–188, 212–215, 220, 432, 467, 471, 479, 512–518, 576, 584, XXXVII: 706–728, 730–778, 783–789, 1059–1067, XXXIX: 382, 432, 486, 487, 516, 517, 518, 524, XXXX: 133, 136, 136n

Army Intercept Stations, III: 1146, 1147, 1210

Army #2, San Francisco, XXXVI: 310

Army #5, Fort Shafter, XXXVI: 227, 310, XXXIX: 455, 485

Army #7, Fort Hunt, Virginia, V: 2083, IX: 4188, XVI: 2313, 2335, 2357, XXXIV: 197, XXXV: 35, XXXVI: 312, 583, XXXVII: 1082, XXXIX: 455, 485, 516, XXXX: 230

Navy Intercept Stations, VIII: 3394, IX: 4244, 4266, XXVIII: 862, XXXVI: 33, 45–60, 310, 312, 319–325, XXXIX: 432

Corregidor (Station Cast), II: 949, 966, III: 1558, 1559, IV: 1737, 1740, 1795, 1799, 1804, 1865, VIII: 3385, 3422, 3559, 3584, IX: 4174, X: 4713, 4715, XVI: 2294, XVIII: 3335, 3336, XXII: 428, XXIII: 675, XXVI: 387, XXVIII: 866, 867, 1591, XXIX: 2362–2364, XXXII: 540, XXXVI: 15, 16, 29, 31, 45–50, 63, 116, 123, 135, 266, 387–390,

466, 467, 479, 481, 484, 584, XXXIX:
432, 465, 469, 471, 473, 474, 475, 517,
518, XXXX: 133, 179
Hawaii (Station Hypo), II: 814, IV: 1737,
1740–1744, 1779, 1795, 1804, 1865, V:
2177, VI: 2628, 2834, VIII: 3385, 3395,
3396, IX: 4174, 4376, X: 4672, 4673,
4685–4690, 4713, 4774, 5025, XI: 2,
XVI: 2294, 2295, 2312, 2320, XVIII:
3335, 3336, XXII: 428, XXIII: 658–663,
673–688, XXXVI: 21, 22, 24, 54, 218–
224, 226, 387, 415–418, XXVIII: 862,
1591, XXIX: 2362, 2364, XXXII: 358,
361, 540, XXXIII: 774, XXXV: 22, 23,
26, 27, 30, 46, 47, 49, XXXVI: 7, 13,
15, 17, 29, 31–33, 48, 60, 116, 247–249,
262–265, 273, 319–325, 466, 467, 475,
483, 484, 583, 584, XXXIX: 287, 432,
433, 454, 469, 471, 486, 487, 515, 517,
XXXX: 133, 134, 136, 151
Washington D.C. (OP-20-G), VIII: 3572,
3652, 3845, 3889, 3895, 4122, 4126,
4131, 4147, 4208, XVI: 2294, 2295,
2313, 2334, 2335, 2356, 2357, XXII: 428,
XXIV: 22, XXVI: 387, 388, XXVIII:
926, XXIX: 2362–2364, 2367, 2391,
2375–2377, XXXII: 358, 359, XXXIII:
761, 768, 769, 802, 839–841, 848, 849,
853, 871, 900, XXXIV: 78, XXXVI:
13, 31, 60, 63–65, 79, 85, 86, 90, 257,
266, 327, 328, 345, 355, 357, 414, 416,
418, 431, 432, 471, 478, 479, 502, 508,
528, 532, 582, 583, XXXVII: 1081–1087,
XXXIX: 225, 431, 432, 455, 483, 485,
514, 516, XXXX: 179, 180, 485, 486
Listening Stations,
Amagansett, Long Island, VIII: 3559,
XXXVI: 74
Bainbridge Island, Washington, III:
1433, IV: 1967, V: 2082–2084, VIII:
3423, 3559, 3560, 3581, 3582, 3615,
3633, 3652, 3710, 3726, 3756, 3760,
3765, 3766, IX: 3998, 4000, 4022,
4100, 4101, 4510, 4536, X: 4743, 4931,
XVI: 2333, 2355, XVIII: 3349, XXVI:
393, XXIX: 2371, 2373, XXXIII: 763,
771, 772, XXXIV: 198, XXXV: 35,
XXXVI: 67, 72, 73, 247, 261, 266,
312, 316, 327, 508, 581, XXXVII:
1083, XXXIX: 459, 482, 513

Chatham, Mass., XXXVI: 74
Cheltenham, Maryland, VIII: 3559,
3579, 3581–3584, 3586, 3599, 3615,
3630–3633, 3643, 3645, 3652, 3708,
3756, 3757, 3765, 3843, 3847, X:
4741–4743, 4785, XI: 5492, 5493,
XVI: 5492, 5493, XVI: 2319, XVIII:
3349, XXXIII: 763, XXXVI: 73,
74, 344, 347, 504, XXXVII: 1083,
XXXIX: 462, XXXX: 476, 485
Dutch Harbor, Alaska, XXVI: 387,
XXIII: 676, XXVIII: 863, XXXVI:
32, 484
Guam, VIII: 3559, XXIII: 675, XXXVI:
74
Heeia, Hawaii, VIII: 3559, 3580, 3583,
3756, 3758, XXIII: 683, XXVI: 387,
XXVIII: 863, XXXVI: 33, 170, 483,
XXXVII: 1145, XXXX: 490
Imperial Beach, Calif., VIII: 3559,
XXXVI: 74
Jupiter, Florida, VIII: 3559, 3633, 3708,
XXXV: 35, XXXVI: 74
Midway Island, XXVI: 387, XXXVI: 32,
483, 484
Samoa, XXVI: 387, XXXVI: 32, 484
Winter Harbor, Maine, VIII: 3559,
3582, 3599, 3630–3633, 3708, 3710,
3756, 3757, X: 4743, 4790, 4791,
XI: 5492, 5493, XVI: 2319, XXXIII:
771, XXXV: 35, XXXVI: 74, 504,
XXXVII: 1083, XXXIX: 462
Signal Intelligence Service (SIS), II: 788,
791, 797, 808, 815, 848–850, 856, 857–
860, 864, 873, 890, 948, 949, 951, 960,
962, 963, 981, III: 1558, 1561, 1562, 1574,
IV: 1595, V: 2076, 2077, 2082–2084, VII:
3324, 3342, 3343, VIII: 3559, 3999, 4000,
4002, 4022, 4026, 4168, 4188, 4206, 4345,
4349, 4351, 4356, 4374, 4377, 4386, 4387,
4389–4391, 4396, 4510, 4513, 4521, 4528,
4534, 4536, 4537, 4574–4576, 4583, 4584,
X: 4618, 4628, 4631, 4927, 4931, XI: 5492,
XVI: 2317, XXVI: 390, 391, 394, XXVII:
782, XXIX: 2315, 2322, 2336, 2352, 2354,
2366–2368, 2370, 2371, 2389, 2400, 2433,
2450, 2456, 2457, XXXIII: 772, 773, 823,
XXXIV: 2, 3, 11, 26, 34, 67, 74, 77, 78,
79, 82, 83, 90, 94, 190, XXXV: 82, 84, 85,
94, 96, 103, 104, 105, 106, 142, 143, 164,

XXXVI: 71, 305, 315, 533, XXXVII: 1083, XXXIX: 249, 271, 273, 285, 460, XXXX: 180, 473, 483, 514
Signal Security Agency (Formerly SIS), XXXV: 34, 106–108, 143, XXXVI: 305, 475, XXXIX: 273
British—U.S. Intercept Exchange, II: 947, 948, 951, 980, 981, III: 1197, 1202, V: 2425, VIII: 3629, IX: 4358, 4359, 4380, XXXV: 116, 135, XXXVI: 48, 50, 64
ONI-SIS Cooperation, X: 4721
Yamamoto Shot Down, IV: 1737
Radio Jamming, I: 105
RABOUL (Br), XX: 4352
Rafter, Case B., XXVII: 3, 405–411
RAIL, XII: 349, XVI: 2252, XXIV: 1388, 1574, 1575, 1581, 1691, XXXVII: 1227, 1235, 1273
Raines, Lt. Cdr. E. V., XXXVII: 1287
RALEIGH, I: 33, 45, IV: 1676, 2023, V: 2210, 2324, 2342, VI: 2674, X: 4850, XII: 348, 354, 355, 360, 369, XIII: 495, XVI: 2345, 2350, XVII: 2511, 2514, XIX: 3605, XX: 4123, 4522, XXI: 4557, 4563, XXII: 321, 419, 498, 533, 545, 590, XXIII: 689, 736, 745–750, 896, 1127, 1264, XXIV: 1365, 1387, 1388, 1506, 1511, 1572, 1574, 1575, 1578, 1580, 1587, 1590, 1596–1598, 1602–1604, 1609, 1615, 1753, 1760, XXVI: 38, 553, XXXIII: 1342, XXXV: 389, 390, 498, 501, 502, XXXVI: 170, 171, 560, 569, XXXVII: 925, 928, 929, 937, 1227, 1231, 1233, 1242, 1246, 1253, 1255, 1260, 1261, 1274, 1275, XXXIX: 499, 507, XXXX: 59, 60, 64
Raley, Col. Edward W., III: 1454, 1491, 1495, 1496, IX: 4356–4358, 4364, 4370–4372, 4438, X: 4851–4854, 4864, 4871, 4885, 4889, 4902, XVI: 2339, 2340, XXVI: 229, 230, XXVII: 418, XXVIII: 1591, XXXIII: 835, XXXV: 2, 20, 38, 39, 45, 49–51, 89, 144, 148, 154, XXXVI: 137, 159, 160, 170, 407, 470, XXXVII: 801, XXXIX: 236, 275, 280, 286, 491, 517
Ralph, Lt. Cdr. J. A., XXIV: 1386
RALPH TALBOT, IV: 1676, V: 2210, XII: 348, XVII: 2519, 2521, XXI: 4558, 4564, XXIV: 1431, 1586, 1609, 1612–1615, 1668, 1670, 1753, XXVI: 553, XXXV: 498, XXXVII: 926, 936, 1240, 1241
RAMAPO, IV: 1676, XII: 349, XXII: 321,

XXIII: 1127, XXIV: 1574, 1597, 1610, 1615, 1667, 1668, 1674, 1682, XXXIII: 1246, 1269, XXXVII: 936, 1226, 1272, 1277
RAMILIES (Br), XVI: 2213, XXXIII: 1169, 1232
RAMONA, XXVIII: 1175, 1240, 1243, 1266, 1268, 1272, 1274, XXIX: 2101, XXX: 2743, 2787–2789, 2798–2800, 2825–2830, 2836–2838, 2845, 2875, 2883–2885, 2949, 2950, XXXIX: 210
Ramsay, Capt. Logan C., III: 993, 1415, VI: 2533n, 2534, VIII: 3488, 3497, 3510, IX: 4437, XV: 1487, 1496, 1550, 1641, XVI: 2179, 2345, XVII: 2547, 2549, 2550, 2554, 2555, 2558–2560, 2563, 2565, XXVI: 128, 209, 210, XXVIII: 854, 855, 936, XXXII: 2, 408, 435–460, XXXIII: 718, 719, 724, 725, XXXVI: 300, 301, 372, 380, 448, 456, 457, 460, 542, 544, 549, 553, 554, 556, 558, 562, 564, 571, XXXVII: 973, 975–977, 979, XXXIX: 199
RAMSAY, IV: 1676, XII: 349, XIII: 491, 496, XVII: 2519, 2521, XXI: 4558, 4564, XXII: 595, XXIV: 1573, 1574, 1580, 1586, 1592, 1597, 1598, 1611, 1615, 1657, 1681, 1704, 1746, XXVI: 555, XXXV: 499, XXXVII: 926, 921, 936, 937, 1224, 1276, 1233, 1240, 1248, 1254, 1255, 1293
RANCHI (Br), XV: 1580
RANGER, XI: 5503, XVI: 2163, XIX: 3457, XX: 4122, XXVI: 375
Rangoon, XI: 5422, 5426, 5436, XIII: 443, XVIII: 3308, 3309, XX: 4442, XXXX: 300, 395
RARIN, V: 2406, XXXVII: 985
RARITAN, XVIII: 2934, XXXIII: 979
Rasmussen, 2nd Lt. P., XIX: 3638
RATHBURNE, V: 2210, XII: 346, XXII: 2519, 2521, XXVI: 555
REDWING, XVIII: 2908, XXXIII: 955
Rawie, Lt. (jg) W. E., XXIV: 1654
Readiness—Observation by F. Knox, XXIV: 1753
Reading the Japanese Mind, XI: 5186, 5187
Reconnaissance—Submarine, V: 2417, 2418, VI: 2625, 2626, XXVII: 61, 70, XXVII: 894, XXXIV: 153, 159
Records Destruction, XXXV: 103
Red Cross, XVIII: 3411–3420, 3422, XXII: 63, 69, 80, 308, XXIII: 785, 792, XXIV: 1315,

1329, 1333, XXVII: 182, 184, XXVIII: 1615, XXX: 2481, XXXIII: 1199, 1205, 3411–3420, 3422, XXXV: 273

Redman, Capt. J. R., V: 2025, VIII: 3414, 3565, 3566, 3570, 3571, 3588, 3591, 3611, 3668, 3703, 3737–3739, 3853, 3854, IX: 3962, 3963, X: 4636, 4637, 4650, 4712, 4713, 4745, 4824, XI: 5212, XVIII: 3347, XIX: 3539, XXI: 4555, XXVI: 392, XXIX: 2431, XXXII: 2, XXXIII: 908–920, 1390, XXXVI: 417, 418, 478, 481, 507, 510, 572, XXXX: 482

Redman, Cdr. J.R., VIII: 3703, 3963

Red Hill, XXIII: 963, 966–968, 1039, XXVI: 354, XXIX: 1863, XXX: 2790, 2808, 2813, 2849, 2850, 2855

Reed, Lt. Col. Walter J., XXIV: 1839, XXX: 2528, 2565

REED BIRD, XV: 1461, XXI: 4560, XXIV: 1625, 1652, 1674, 1676, 1681, 1697, 1698, 1708, 1711, 1712, 1729, 1732, 1737, 1746, XXXIII: 1296, XXXVII: 935, 937

REEMSKERCH (Du), XV: 1902, 1905

Reeves, Adm. J. M., I: 10, IV: 1846, VI: 2739, 2740, 2799, VII: 3120, 3123, 3283, 3300, 3356 3358, 3382, VIII: 3703, 3724, 3826, IX: 4268, X: 4895, XXI: 4660n, XXII: 7–602, XXIII: 605–1177, XXIV: 1290, 1303, 1306, 1307, XXXV: 19n, XXXIX: 21

Refueling at Sea, I: 181, 233, 238, XIII: 402, 605–608, 654, 658–663, 665, 666, 688, 695, 699, 700, 720, XVI: 2053, 2069, 2128, 2129, 2133, 2134, 2137, 2138

REGULUS, VI: 2530, XI: 5506, XII: 345, XXII: 373, XXIII: 1167, XXIV: 1664, XXVI: 556, XXXIII: 1348, 1349, XXXVII: 1277

REID, IV: 1676, V: 2210, XII: 348, XVII: 2511, 2514, XXI: 4557, 4563, XXIV: 1573, 1574, 1576, 1577, 1581, 1583, 1584, 1592, 1609, 1666–1668, 1671, 1681, 1695, 1700, XXVI: 553, XXXI: 3191, XXXV: 392, 441, 498, 499, 504, XXXVII: 926, 931, 936, 1026, 1224, 1226, 1229, 1230, 1235, 1237, 1238, 1248

Reierstad, Lt. Cdr. Leo, XXXVI: 96, 97, 98, 574, XXXIX: 404

RELIANCE, XVII: 2472, XXIV: 1645, 1685, 1701, 1703, 1704, XXXII: 141, XXXIII: 1279, 1282, 1315, 1341

RELIEF, XI: 5505, XXXIII: 1246

Renchard, George W, IX: 4327, 4387, 4459, 4487, X: 4616, XXXV: 2, 95, 96, 115, 116

Rennick, Cdr., IX: 4184

RENOWN (Br), XV: 1580, XVI: 2213, XXIX: 2327

Reordan, Capt. C. E., XXIV: 1609

REPUBLIC, XII: 347, XIV: 1404

REPULSE (Br), IV: 1799, 1934, V: 2231, XIII: 543, 555, XVI: 1968, 2213, XIX: 3552, XX: 4130, XXVI: 152, 269, XXIX: 2327, XXXIII: 1169, 1232

RESOLUTION (Br), XVI: 2213, XXXIII: 1169, 1232

Restrictions on Movement in Japan, II: 578, 579, XXVII: 58, XXXII: 643, XXXIV: 150, XXXVI: 416

REUBEN JAMES, V: 2101, 2297, XI: 5292, XVI: 2218, 2224, 2456, XXXIII: 1175

REUZEU MARU (Ja), XXXV: 81

REVENGE (Br), IV: 1934, XIX: 3552, XX: 4130

Revetments (Bunkers), XXIV: 1840, XXVII: 42, 125, 159, 175, 254, 280, 426, 435, 483, XXVIII: 967, 1022, 1051, XXX: 2524, 2527–2530, 2532, 2535, XXXI: 3169, XXXIX: 74

Reybold, Maj. Eugene, XXVII: 299, 303–334, XXVIII: 1512, 1514, XXIX: 1687, 1830, XXX: 2994, XXXIX: 133n, 182, 184, 207, 208, 216

RHIND, XI: 5505

Ribbentrop, Von, II: 838, III: 1462, IV: 1710, 1711, 1822, 2054, VI: 2548, 2852, 2853, VIII: 3421, IX: 3944, 4016, 4072, 4199, 4200, XI: 5292, 5403, 5404, XII: 48, 200–202, 204, 229, 246, 253, XIV: 1346, 1397, 1398, XV: 1754, 1755, XVI: 2304, 2390, XIX: 3644–3647, XX: 3988, 3991, XXXI: 3245, XXXIII: 776, 1363, 1364, XXXIV: 104, 190, 194, XXXV: 162, 656, 673, 675–677, 682, 684, 686, 687, 688, XXXVI: 493, XXXVII: 664, 677, XXXIX: 246, 327, 444, XXXX: 91, 204, 266d, 409, 410, 515, 569, 571

Richards, Col. Robert B., XXVII: 3, 383–390, XXIX: 2222–2224

Richardson, Lt. Clarence Earl Jr., I: 78, 113, 114, V: 2300, 2307, 2308, 2471, XI: 5476

Richardson, Adm. James Otto, I: 127, 252–313, 315–340, 342–346, 348, 351–356, 368, 370, 398, II: 455, 463, 468, 469, 472,

504, 506, 542, 547–549, 552, 556, 581, 596, 609, 721, III: 1001, 1054–1056, 1058, 1118, 1163, 1309, 1354, 1379, 1395, 1408–1410, 1500, 1504, 1536, IV: 1687, 1884, 1908, 1909, 1938–1940, 2031, 2034, V: 2091, 2098, 2100, 2105, 2106, 2109–2111, 2125, 2126, 2135– 2137, 2189, 2194, 2195, 2204, 2238, 2245, 2332, 2378, 2390, 2393, 2453, 2464, 2477, VI: 2498, 2499n, 2506, 2514, 2563, 2570, 2580, 2581, 2603, 2604, 2619, 2715–2718, 2723, 2726–2730, 2763, 2770, 2789, 2791, 2832, 2833, 2849, 2850, 2906, 2907, VII: 3018, 3085, 3090, 3236, 3237, 3240, 3252, 3253, 3313, 3315, 3330, 3350, 3351, 3358, VIII: 3485, 3529, IX: 4272, XI: 5184, XIV: 923–1001, 1006, XV: 1599, XVI: 1987, 2144, 2145, 2147, 2226, 2227, 2284, 2341, 2368, 2369, 2409, 2448, XVII: 2710, XVIII: 3254, 3261–3263, XX: 4259, 4411, XXI: 4584, 4599, 4600, 4662, 4663, 4682, XXII: 329–331, 359, 441, 461, 490, 591, XXIII: 1134–1137, 1154, 1220, 1227, 1231, XXIV: 1308, 1393, XXVI: 12, 13, 22, 23, 43, 55, 56, 73, 102, 107, 212, 239, 240, 293, 294, 320, 457, 542, 545, XXVII: 117, 134, 542, XXVIII: 904, 924, 941, 942, 1034, 1035, 1038, 1418, 1582, XXXII: 2, 28, 49, 75–77, 79–81, 83, 85, 89, 223, 282, 283, 408, 432, 503, 523, 586, 616, 623–630, 654, 655, 658, 673, 681, XXXIII: 692, 693, 696, 713, 1187–1194, 1196, 1199, 1349–1351, XXXIV: 143, XXXV: 118, 430, 435, XXXVI: 17, 164, 192, 209, 365–370, 394, 402, 442, 465, 572, XXXVII: 1089, 1094, XXXIX: 48, 52, 53, 73, 300, 338, 348, 361, 493, XXXX: 75, 75n, 159, 159n, 160, 160n, 161, 173, 173n, 220n, 266–B, 266–N, 506, 522, 543, 544, 549

Meeting With FDR, I: 265–270, 342–346
Meeting With Hull, I: 270, 281
Richardson, Lt. Gen. Robert C., X: 4898, XXVIII: 1375, 1512, 1513, 1521, XXX: 2752
RICHELIEU (Fr), XXVI: 524, XXXV: 632, XXXVII: 1127
RICHMOND, V: 2210, X: 4711, XII: 346, XVII: 2510, 2514, XX: 4124, XXIV: 1572, 1619, XXVI: 553, XXXVII: 1224
RIGEL, XII: 349, XXIII: 906, XXIV: 1310, 1388, 1576, 1578, 1580–1582, 1584, 1586– 1588, 1610, 1612, 1615
Ritchie, Maj. I. N., XXVI: 532, 547

RO-21 (Ja), XVII: 2684
RO-22 (Ja), XVII: 2684
RO-33 (Ja), XVII: 2686, XX: 4128, XXXV: 58
RO-34 (Ja), XIII: 545, XX: 4128, XXXV: 58
RO-56 (Ja), XVII: 2684, XX: 4128, XXXV: 57
RO-57 (Ja), XVII: 2684, XX: 4128, XXXV: 57
RO-58 (Ja), XVII: 2684, XX: 4128, XXXV: 57
RO-59 (Ja), XVII: 2684, XX: 4128, XXXV: 57
RO-60 (Ja), XIII: 561, XVII: 2684, XX: 4127, 4128, XXXV: 56
RO-61 (Ja), XIII: 561, XVII: 2684, XX: 4127, 4128, XXXV: 56
RO-62 (Ja), XIII: 543, 555, 561, XVII: 2684, XX: 4127, 4128, XXXV: 56
RO-63 (Ja), XIII: 545, XVII: 2684, XX: 4128, XXXV: 56
RO-64 (Ja), XVII: 2684, XX: 4128, XXXV: 56
RO-65 (Ja), XVII: 2684, XX: 4126, 4128, XXXV: 56
RO-66 (Ja), XIII: 543, 555, XX: 4126, 4128, XXXV: 56
RO-67 (Ja), XVII: 2684, XX: 4126, 4128, XXXV: 56
RO-68 (Ja), XVII: 2684, XX: 4128, XXXV: 56
Roberts, Justice Owen J., I: 10, 15, IV: 1847, V: 2335, 2375, VI: 2493–2495, 2555– 2557, 2730, 2746, 2763, 2795, VII: 3092, 3123, 3170, 3199, 3259–3303, VIII: 3703, 3712, 3713, 3794, 3832, 3838, IX: 4404, 4406, 4433, 4441, 4476, X: 4894, XI: 5236, XVI: 2263, 2393, XIX: 3879, 3906, XX: 4110, 4660n, 4689, XXIV: 1302, 1303, 1305–1307, 1311, 2014, XXIX: 2255, 2256, 2434, XXX: 2896, XXXV: 6, 19n, 117, XXXIX: 21, 355, 371, 385, XXXX: 266–P, 266–R, 481, 497
Roberts Commission Report, I: 10, 11, 15, 17, 73, 74, 76, 92–95, 108, 133, 168, 169, 276, II: 490, 608, 843, 980, III: 1031, 1110, 1112, 1129, 1131, 1133, 1135, 1203–1209, 1235, 1301, 1320, 1329, 1339, 1437, 1438, 1446, 1447, 1450, 1452, 1455, 1456, 1458– 1460, 1467, 1476, 1478, 1494, 1539, IV: 1638, 1639, 1829, 1843–1848, 1866, 1867,

1894, 1895, 1909, 1994, V: 2076, 2260, 2261,
2309, 2375, 2385–2387, 2435, 2447, VI: 2493,
2494, 2523n, 2527, 2537, 2552, 2553, 2555–
2557, 2561, 2589, 2601, 2618, 2648, 2654,
2663, 2717, 2719, 2730, 2739, 2744, 2746,
2763, 2795, 2796, 2798–2836, 2887, 2888,
VII: 2921, 2924, 2926n, 2927, 2976, 2993,
2994, 2997, 2998, 3009, 3044, 3045, 3072,
3078, 3085, 3092, 3094, 3101, 3103, 3116,
3123, 3127, 3131, 3133, 3139, 3142, 3143,
3149, 3151, 3155, 3164, 3170, 3171, 3176,
3185, 3190, 3191, 3196, 3199, 3200, 3206,
3207, 3236, 3259–3303, 3372, VIII: 3414,
3577, 3587, 3602, 3615, 3689, 3700–3703,
3712, 3713, 3715, 3719, 3724, 3731, 3738,
3747, 3749, 3750, 3767, 3777, 3787, 3788,
3794, 3811, 3826, 3829–3832, 3856, 3858,
3886, 3912, 3918–3920, IX: 3929, 3960, 3999,
4024, 4025, 4070, 4073, 4118–4120, 4122,
4268, 4309, 4311, 4348, 4372, 4420, 4429,
4430–4432, 4476, 4510, 4512, X: 4739, 4746,
4825, 4879, 4887, 4893–4895, 4905–4907,
4945, 4981, 4982, 4984–4988, 4990, 4993,
4994, 5011, 5012, 5019, 5025, 5032, 5049,
5070, 5124, XI: 5235–5237, 5293, 5297, 5381,
5391, 5455, 5494, 5495, XVI: 2263, 2286,
2316–2318, 2339, 2393, XVII: 2486, 2867,
XVIII: 3205, 3211–3214, 3216, 3222, 3251,
3253, 3338, 3349, XIX: 3807, 3814, 3815,
3835–3841, 3845, 3846, 3865, 3869, 3879,
3928, 3929, 3933, 3953, 3958, XXI: 4567,
4609, 4615, 4617, 4624, 4639, 4660, XXII:
1–602, XXIII: 605–1284, XXIV: 1285–2169,
XXVI: 66, 97, 142, 145, 234, 266, 392, 393,
395, 434, 435, XXVII: 33, 48, 49, 52, 73, 82,
91, 107, 128, 130, 131–133, 153, 154, 159,
168, 193, 203, 204, 208, 212–214, 216, 221,
226, 233, 237, 250, 257, 262, 263, 269, 277,
280, 283, 389, 411, 468, 521, 527, 540, 549,
552–554, 562, 578, 581, 621, 633, 636, 637,
642–644, 707, 735, 736, 754, 758, 760, 764,
780, 798, XXVIII: 862, 866, 868, 873, 888,
889, 898, 900, 916, 925, 937, 946, 968, 989,
998, 1000, 1006, 1049, 1110, 1355, 1363,
1415, 1421, 1448, 1494, 1554, 1557, 1600,
1603, 1607, 1622, XXIX: 1646, 1652, 1653,
1665, 1687, 1688, 1996, 2009, 2073, 2157,
2158, 2165–2167, 2171, 2172, 2174, 2175,
2177, 2184, 2204, 2211, 2246, 2255, 2261,
2262, 2282, 2311, 2372, 2373, 2376, 2377,

2394, 2396, 2398, 2400, 2409, 2411, 2434,
2454, XXXII: 19, 89, 130, 180, 185, 188,
195, 199, 207, 232, 233, 236, 254, 255, 295,
392, 393, 395, 414, 416, 417, 421, 433, 447,
450, 473, 474, 482, 485, 489, 492, 496, 527,
531, 537, 614, XXXIII: 705, 707, 709, 802,
820, 873, 884, 920, XXXIV: 3, 16, 69, 78, 79,
140, 141, 145, 146, 161, XXXV: 6, 19, 31,
51, 147, 153, 156, 159, 160, 167, 175, 179,
XXXVI: 8, 51, 52, 68, 69, 71, 100, 172, 340,
370, 403, 442, 446, 449, 458, 460, 488, 508,
509, 538, 541, 549, 561, 568, XXXIX: 1–
21, 24, 25, 66, 68, 72, 76, 85, 93, 93n, 96,
107, 126, 142, 180, 225, 230, 233, 237, 238,
242, 243, 253, 264, 269, 278, 355, 371, 390,
395, 421, 459–462, 491, XXXX: 65n, 68n,
70n, 106n, 114n, 118n, 130n, 132, 132n, 139,
139n, 141n, 153n, 206n, 209, 225n, 226n,
227, 227n, 241, 246, 246n, 266–P, 266–Q,
269, 374, 474, 481, 483, 495, 497, 526, 533,
534, 536, 543, 555

Roberts Commission Exhibits,
Army, XXIV: 1762–2169
Navy, XXIX: 1285–1762

Roberts, BM2C W. L., XXXV: 1590

ROBIN, XII: 345, XVI: 2252, XXIV: 1723,
1724, 1731, 1739, 1746, XXXVII: 1276

Robin, XXIV: 1461

ROBIN MOORE, V: 2297, XXVI: 295,
XXXIII: 1174, 1231, XXXV: 410, XXXVII:
1107, 1116

Robins, Gen. T. M., XXVII: 3, 299, 302,
341, 346, 348, 349, 446, 483, XXVIII: 1134,
1199, 1210–1212, 1220, 1326, 1510, 1512,
1514, 1519, 1520, XXVII: 3, 365–380, XXIX:
1788, 1805, 1807, 1810, 1811, 1830, XXX:
2739, 2740, 2744, 2756, 2900, 2960, 2961,
2963, XXXIX: 191

Robinson, Col. B. L., XXVII: 3, 297, 395,
424, 665, 667, 669, 674, XXVIII: 1112, 1115,
1119, 1190, 1298, 1300, 1301, XXIX: 1706,
1712, 1746–1748, 1757, 1775, 1782, 1834,
1839–1857, 1869, 1937–1939, 1949–1961,
1966, 2007, 2008, XXX: 2895, 2919–2922,
2942, 3012, 3055, 3056, 3061, XXXI: 3129,
3133, XXXIX: 168, 169, 171, 172, 192, 212,
217, 218

Robinson, Elmer, XXIV: 1448, 1449, 1453

Robinson, Lt. Cdr. Hunter, XXIV: 1612

Robinson Capt. S. B., I: 115, XVI: 2176,

2453, XXI: 4557
Robsion, John M., XXIX: 2225, 2226
Rochefort, Cdr. Joseph John, I: 129, II: 865, III: 1342–1344, 1374, 1445, 1455, 1465, 1480, 1481, 1485, 1491, 1492, 1548, IV: 1625, 1741, 1743, 1744, VII: 2997, 3200, 3277, VIII: 3395, 3396, 3403, 3404, 3441, 3442, 3580, 3610, 3668, 3700, 3702, 3703, 3720, 3730–3733, 3762, 3763, 3792, 3800, 3874, IX: 4153, 4164–4166, 4189, 4313, 4328, 4329, 4333, 4334, 4345–4348, 4350, 4355, 4356, 4360, 4361, 4370, 4373, 4374, 4387, 4412, 4440, 4465, 4539–4541, 4543, 4594–4596, X: 4672–4691, 4693–4710, 4713, 4714, 4722, 4723, 4742, 4744, 4745, 4774, 4830, 4834, 4846, 4866, 4869, 4890, 4896, 4906, 4907, 5018, 5109, XVI: 2271, 2294, 2311, 2321, XVIII: 3223, 3243, 3305, 3338, 3346, XXII: 192, 193, XXIII: 603, 656, 659, 669, 673–688, 692, 1006, 1262, 1263, XXIV: 1413, XXVI: 1, 2, 42, 217–224, 229, 230, 234, 248, 335, 367, 410, 559, XXVII: 3, XXVIII: 861–876, XXIX: 2324, 2339, 2342, 2362, 2432, 2443–2445, 2456, XXXII: 2, 268, 358–362, XXXIII: 833, 834, XXXIV: 5, 17, 21, 72–74, 126, 134, 137, XXXV: 2, 7, 20–27, 30, 37, 38, 43, 44, 46, 47, 49, 88, 89, 92, 118, 120, 127, 129, 130, 133–135, 138, 144, 145, 156, 165, 166, XXXVI: 1, 31–44, 63, 115, 137, 162, 163, 224, 247, 262, 273, 319, 325, 330, 331, 338, 352, 380, 466, 468, 470, 471, 475, 477–479, 482, 485, 488, 489, 506, 522, 542, 565, 571–573, XXXVII: 934, XXXIX: 223, 228, 250, 271, 274–276, 285, 286, 288, 292, 403, 432, 453, 465, 466, XXXX: 69n, 103, 474, 479, 483
ROCHESTER, VIII: 3894
Rockwell, Adm. Francis W., XXXII: 60, 61, XXXX: 100n, 133
Rodey, Lt., XXIV: 1672
Rodgers Field, XVII: 2723, XXIV: 1657, 1682, 1872, 2922, XIX: 3636, XXVI: 30, XXVII: 419, XXXVI: 67
Rodman, Adm., VI: 2498, XXII: 448, XXIII: 1235
ROE, XI: 5505, XVII: 2465, 2514
Rogers, Lt. Robert, XIX: 3638
Rohl, Hans Wilkelm, VII: 3223, XXI: 4567, 4660, 4661, XXVII: 3, 33, 148, 149, 272, 292–295, 298, 300–302, 306, 307, 309, 317, 318, 320–323, 341–346, 351, 366–370, 373–375, 378, 391–397, 400–402, 404, 405, 442–454, 458–462, 484–489, 492–495, 603–606, 609–614, 669–675, 678–681, 687, 688, 695, 743, 744–747, XXVIII: 805, 807, 813–819, 821, 822, 879–881, 884, 886, 987, 1035, 1062, 1071–1073, 1079, 1081, 1082, 1084–1086, 1089, 1098–1103, 1108, 1118, 1125, 1126, 1128–1131, 1133–1152, 1158–1191, 1194–1196, 1199, 1201–1222, 1224, 1226–1228, 1235, 1238–1248, 1255–1258, 1261, 1262, 1265–1278, 1288, 1289, 1292, 1296, 1297, 1300, 1302, 1303, 1305, 1311, 1312, 1316, 1317, 1320, 1325, 1326, 1330–1332, 1334, 1335, 1337–1340, 1344–1347, 1349–1352, 1385, 1434, 1436–1438, 1459, 1481, 1493, 1523, 1561–1564, 1620, XXIX: 1636, 1637, 1655, 1656, 1674, 1676, 1681, 1682, 1686, 1687, 1698, 1705, 1706, 1708–1710, 1712, 1736–1739, 1743–1748, 1750, 1752, 1776–1779, 1790, 1791, 1793–1798, 1803–1810, 1812, 1813, 1816–1818, 1821–1825, 1832–1834, 1840–1843, 1845, 1854, 1855, 1859, 1863, 1864, 1865, 1868, 1869, 1876, 1906, 1907, 1911, 1912, 1915, 1921, 1922, 1926, 1927, 1929, 1938, 1941, 1943, 1951, 1952, 1956, 1958, 1961, 1971–1976, 1979–1981, 2003, 2020–2034, 2036–2039, 2051–2053, 2055–2059, 2092–2102, 2138, 2139, 2141–2142, 2214–2216, 2227, 2228, 2230–2232, 2234, XXX: 2623, 2723–2732, 2734, 2736–2745, 2750, 2752, 2753, 2756, 2761, 2785–2842, 2844–2848, 2852–2855, 2857, 2875, 2879–2894, 2900, 2903, 2934, 2936, 2949, 2951, 2958, 2961, XXXI: 3097–3102, 3159–3161, 3173, XXXV: 5, 19, 121, 129, 130, XXXIX: 25, 146, 147, 147n, 148, 148n, 149–151, 151n, 152, 153–167, 169, 171, 173, 177, 181–185, 188, 189, 191–193, 201–204, 210–216, 218
Rohl-Connolly Co., XXVII: 293, 317, 341, 368, 370, 375, 378, 395, 396, 398, 443, 452, 454, 484, 491–493, 609, 612–614, 657, 670, 678, XXVIII: 1071, 1072, 1084, 1103, 1116, 1124, 1125, 1127, 1128, 1134–1138, 1141, 1144, 1162, 1166–11168, 1174, 1175, 1186, 1189, 1192, 1194, 1197, 1198, 1203, 1206, 1207–1210, 1225, 1228, 1251, 1253, 1255, 1256, 1268, 1305, 1308, 1331, 1440, 1446, 1512–1514, XXIX: 1686, 1694, 1696, 1698, 1701,

1736, 1739, 1744, 1745, 1747, 1740–1751,
1756, 1776, 1787, 1789, 1790, 1804, 1807,
1812, 1815, 1817, 1840, 1844, 1854, 1855,
1858, 1859, 1904, 1905, 1907, 1913, 1914,
1921, 1923, 1927, 1935, 1949–1952, 1955,
1956, 1962, 1971, 1972, 1974–1976, 1981,
2058, 2099, 2141, XXX: 2623, 2725, 2738,
2740, 2742, 2744, 2745, 2747, 2748, 2750,
2752, 2753, 2757, 2761, 2785, 2789, 2790,
2793–2796, 2798, 2799, 2809, 2810, 2812,
2813, 2816, 2821, 2823, 2824, 7830, 2832,
2834–2836, 2840, 2841, 2843, 2875, 2878,
2886, 2950, 2955, 2972, 2982, 2990, 3022,
3039, 3056–3058, XXXI: 3098–3102, 3159,
3161, XXXIX: 149, 150, 160–165, 167–170,
177, 181, 182, 185, 193, 202, 204, 211–213,
215, 218

Rohl, Floy Edith, XXX: 2822–2840, 2842,
2846, 2875, 2882, 2949, XXXIX: 151

Roi Island, XIII: 543, 544, 589, 590

Rome, III: 1462, IV: 1862, X: 4758, 4863, XI:
5352, XIII: 555, XV: 1776, XVII: 2463,
XVIII: 3317, XX: 4205, 4512, XXXIII:
1320, 1358, XXXIV: 104, 191, 192, 195,
XXXV: 162, 308, 670, 672, 677, 682, 683,
686, XXXX: 310, 410, 436

Rongelap, XXII: 531, XXIII: 1063, XXVI: 518,
XXXV: 52

Rooney, Lt., XXIV: 1730

Roosevelt, Mrs. Eleanor, VI: 2837, 2859

Roosevelt, President Franklin Delano, I:
337, 338, II: 423, 429, 449, 465, 613, II: 452,
520, 521, III: 1094, 1115, 1167, 1173, 1192,
1387, 1391, 1435, 1462, 1519, 1520, 1526,
IV: 1655, 1668, 1887, 1913, 1983, V: 2075,
2116, 2117, 2120, 2124, 2206, 2236, 2268,
2270, 2271, 2278, 2331, 2332, 2380, 2392,
2402, 2414, 2419, 2420, 2429, 2436, 2443,
2464, 2465, VI: 2498, 2517, 2566, 2595, 2714,
2715, 2823, 2875, 2906, 2909, 2914, VII:
3058, 3127, 3182, VIII: 3703, 3821, 3832,
3858, IX: 4245, 4272, 4274, 4276, 4290, 4501,
4502, X: 4750, 5147, XI: 5154, 5187–5189,
5192, 5194, 5195, 5198, 5205, 5207, 5210,
6269, 5280, 5284, 5381, 5382, 5394, 5398,
5399, 5411, 5415, 5417, 5418, 5422, 5423,
5425, 5426, 5432, 5449, 5543–5560, XII: 200,
XIV: 932, 933, XV: 1754, XVI: 2005, 2147,
2174, 2302, 2303, 2390, 2447, 2454, XVII:
2764, 2769, 2773, XVIII: 2950, 2951, XIX:
3486, 3487, 3501, 3502, 3504–3507, 3645,
3646, 3681, 3750, 3814, 3925, XX: 3992,
3993, 4000, 4001, 4003, 4161, 4162, 4168,
4171–4173, 4192, 4281, 4283, 4291–4293,
4295–4298, 4301–4304, 4326, 4341, 4342,
4352, 4360, 4361, 4373, 4375, 4412, 4421–
4423, 4436–4440, 4466, 4469–4471, 4480,
4481, 4487, 4527, 4545–4550, XXI: 4767,
4768, 4774, XXII: 484, XXIII: 649, 1070,
XXVI: 457, XXVII: 185, XXVIII: 1419,
1461, XXIX: 1643, 2016, XXX: 2482, 2620,
XXXII: 83, 86, 90, XXXIII: 691, 812, 947,
955, 1321, 1354, 1373, XXXIV: 58, 92, 106,
109, 141, 146, 408, 409, XXXV: 199, 273,
288, 398, 412, 452, 542, 676, 682, XXXVI:
376, 399, 530, 652, XXXVII: 682, 693, 701,
1013, 1106, XXXIX: 247, 384, 438, XXXX:
3, 144, 239, 251, 266-O, 338, 366, 374, 374n,
395n, 417, 505, 537, 540–543, 573

Agreements With Other Nations, III:
994, 995, 997–1000, 1053, 1218, 1220–
1221, IV: 1933, 1936, V: 2333, 2361,
2391, 2469, VII: 3174, 3199, IX: 4564,
4565, 4569, XI: 5204, 5218, 5220, 5239,
5454, XVI: 1969, 1970, 1972, XVII:
2462, XIX: 3456, 3457, 3460, XXVI:
264, XXXII: 604, XXXIII: 1357, 1358,
XXXX: 168, 169, 169n, 508

Aid to Russia, XVI: 2183, XXXIII: 1218

Ambassador Grew, II: 615–617, 619, 630,
632, 633, 639, 640, 641, 646, 664, 666–
668, 677, 698, XI: 5473, XX: 4213–4215,
4239, 4240, 4257, 4258, 4261–4273,
4387, 4388, 4413, XXXX: 314, 441–442

Appoints/Telephone Log, III: 1088, V:
2093, 2094, XV: 1632–1634, XX: 4436–
4440, 4516–4519

Atlantic Charter Message to Congress,
II: 478, 485, 516, 517, 523, 529, 530,
XXXX: 305

Atlantic Conference/Atlantic Charter,
II: 423, 459, 477–485, 523, 529, 537,
660, 712, III: 1235–1237, 1389, 1577,
IV: 1656, 1694, 1695, 1698, 1783–1792,
2042, 2043, V: 2231, 2281, 2359, 2362,
VI: 2867, IX: 4259, 4284, XI: 5387,
5409, 5453, XIV: 1269–1300, XVI: 1968,
XXIX: 1642, XXXII: 105, 106, XXXIV:
142, XXXX: 22, 300–302, 302n, 508,
509

ROOSEVELT, PRESIDENT FRANKLIN DELANO

Attack on Pearl Harbor, II: 521, VIII: 3837, XI: 5235, 5275, 5277, 5288, 5428, 5438, XX: 4520–4524, XXIX: 2395, XXXII: 244, XXXX: 439, 440, 440n, 506
Barrage Balloons, III: 1064, XXVII: 17
Burma Road, I: 305, 318, V: 2327, XI: 5436, XV: 1843
Cabinet Meeting, 7 Nov. 1941, II: 429, XI: 5432, XXXX: 30, 45, 510,
Cabinet Meeting, 5 Dec. 1941, II: 452
Cabinet Meeting, 7 Dec. 1941, II: 610, XI: 5240, 5438, 5439, XXXX: 442, 443
Capture of U.S.S. Wake, XI: 5490–5492
Chiang Kai-Shek, II: 428, 644, 656, 657, 774, VIII: 3839, IX: 4341, XIV: 1070, 1072–1076, 1160, XV: 1476–1478, 1843, XIX: 3496–3507, XX: 4457, XXXIV: 191, XXXX: 29, 37, 174, 340, 342, 343, 400, 502, 538n
China, XI: 5287, XII: 43, 166, 169, 241, 1069, 1347, 1360, XVI: 2305, XIX: 3488–3495, XX: 4182, 4183, 4386, 4539, 4541–4544, XXI: 4742, XXVI: 449, XXXI: 3254, XXXIII: 746, 1382, XXXIV: 121, 128, XXXV: 195, 664, XXXVI: 424, 494, XXXVII: 696, XXXX: 293, 339, 379
Contacts With Winston Churchill, II: 458–460, 468, 475–489, 491, 515–517, 524–528, 537–539, 554, 660, 700–702, III: 1057, 1213, 1221, 1222, 1237, 1389, 1577, IV: 1656, 1694, 1695, 1698, 1705, 1783–1792, 2042, 2043, V: 2092, 2228, 2230–2233, 2235, 2236, 2281, 2363, 2369, VI: 2699, 2867, VII: 3199, VIII: 3840–3842, IX: 4259, 4260, 4284, 4285, 4320, 4323, XI: 5409, 5453, 5509, 5510, 5529, 5531, 5534, XIV: 1081, 1082, 1139–1142, 1269–1300, XV: 1716–1718, 1725, 1726, XVI: 1968, XIX: 3452–3454, XXIX: 1642, 2088, XXXII: 105, 106, XXXIV: 142, XXXV: 6, XXXX: 22, 172n, 293, 300, 301n, 302, 302n, 304, 340, 342, 373, 375, 403, 430, 501, 508–510
Conversations With the Japanese Ambassadors, I: 250, II: 418, 424, 882, III: 1195, 1278, 1279, 1287, IV: 1708, 1771, VI: 2547, XI: 5431, XII: 40, 63, 94, 97, 100, 102, 112, 116, 119, 141, 168, 199, 221, 228, 247, XVI: 2308, XVII: 2749–2755, 2757, 2758, 2800, XVIII: 2949, XIX: 3766, 3767, XX: 3985, 3987, 3992, 4000, 4002, 4026, 4086, 4295–4298, 4406–4410, 4463–4465, XXII: 326, XXIX: 2149, XXXI: 3242, 3243, 3252–3254, XXXII: 113, 639, 655, XXXIII: 1365, 1366, 1368, 1385, 1386, XXXIV: 105, XXXV: 647, 653, 654, 662, XXXVI: 423, 428, XXXVII: 679, 690, 700, XXXIX: 448, XXXX: 13, 23–26, 30, 42, 143, 292, 305–311, 320, 323, 334, 349, 355, 385, 387, 391, 399, 421n, 422, 560
Coordination of FBI, MID, ONI, XXIV: 1647
Embargoes and Freeze Order, II: 422, 618, 707, 803, 804, V: 2115, 2381, 2382–2384, 2410, XXXIII: 831, XXXV: 282, XXXIX: 39, XXXX: 19
Establishing Defensive Areas, I: 130, III: 1436, 1502, 1566, IV: 1681–1686, V: 2292–2296, 2309, 2310, 2312, XV: 1850, XVI: 2209, 2210, 2212, XXII: 499, XXXVI: 23, 24, XXXVI: 397, 408, 409
Files and Papers, I: 5, 7, 118, 125, II: 480, 702, 749, III: 1405, 1406, IV: 1608, VI: 2493, 2494, XI: 5166, 5172, 5208, 5213, 5240, 5470, 5535, 5539, XX: 4442, XXXX: 291, 431
First Overt Act, III: 1310, IV: 1977–1980, V: 2151, 2429, VII: 3014, XXII: 170, XXIII: 1112, XXVIII: 1407, XXIX: 2167, 2171, 2172, XXXII: 564, XXXIX: 135, XXXX: 266-J, 435, 570
Fleet in Hawaii, I: 259, 291, 300, 339, 343, 344, 352, 356, II: 467, 470, 507, 547, 548, 556, III: 1090, 1140, V: 2106, 2108, 2189, 2195, 2196, 2415, VI: 2619, 2716, 2717, 2719, 2770, 2830, 2831, XI: 5184, XIV: 934, 962, 971, 973, XXXII: 282, 607, 616, 628, XXXIII: 692, XXXIV: 144, XXXVI: 365, 407, 420, XXXX: 79, 161, 266-B, 545, 546
Gen. Marshall's Aide Memoire 3 May 1941, III: 1092–1094, 1171, VII: 2944, 3128, XXXX: 121n, 167n, 536
Hopkins, IV: 1785, 1789, X: 4661–4663, 4669–4671, XI: 5157, 5159, 5193, 5196,

ROOSEVELT, PRESIDENT FRANKLIN DELANO

5233, 5275, XIV: 1275, 1287, XIX: 3506, XX: 4302, 4373, 4429, 4540, XXXX: 434, 435, 566
Iceland, III: 1435, V: 2075
Indo-China, II: 421–423, 441, 607, IV: 1697, XII: 58, 154, 223, XIV: 1262–1268, 1280, XV: 1838, 1843, XVI: 2152, 2301, 2304, XVIII: 2943, XIX: 3664, XX: 3998, 4004, 4119, 4363, 4387, 4388, 4413, 4476, XXX: 2975, XXXII: 114, 248, XXXIII: 739, 1204, 1374, XXXV: 653, 658, 660, 662–664, 676, XXXVII: 688, XXXIX: 441, XXXX: 89, 266–F, 297, 298, 303, 377, 415, 419, 421, 431, 432
Japanese Code Destruction, X: 4667, XXXX: 420
Joint U. S./British Warning to the Japanese July 1941, VII: 3199, IX: 4320, XV: 1683–1687
Knox's Investigation of the Pearl Harbor Attack, I: 15, V: 2325, 2337–2345, 2352, VIII: 3816, 3824, 3834, XI: 5235, XXIV: 1749–1756, 1761, XXVII: 554, XXXIII: 802, XXXIX: 24n
Lend Lease, II: 518, 547, 706, IV: 1788, XVI: 1973, XX: 4275–4280, XXXX: 11, 544
Letter from Capt. Zacharias to Adm. Stark 9 Feb. 1941, VII: 3253, XVIII: 3264
Letter from George Parish 3 Aug. 1941, IX: 4410, XXVIII: 1542, 1543, XXXV: 112, 188, 189, 344, 345
Letter from Sec. Morgenthau 30 Oct. 1941, VIII: 3839
Letter to Marshall 14 July 1943, IX: 4543, 4585–4589
Magic, I: 129, 250, II: 718, 886, 925, III: 1155, 1156, 1282, 1283, 1315, 1336, 1362, 1396, 1397, 1465, 1506, 1579, IV: 1709, 1740, 1875, V: 2423, 2424, 2467, VII: 3344, VIII: 3558, 3587, 3682, 3684, 3865–3867, IX: 3982, 3985, 4033, 4069, 4072, 4102, 4113, 4174, 4292, X: 4667, 4751, XI: 5285, 5373, 5393, 5437, 5442, 5476, 5547, XVI: 2295, 2354, XXIX: 2374, 2450, 2451, 2453, XXXIII: 711, 805, 816, 873, 892, XXXIV: 1, 4, 12, 27–29, 51, 193, XXXV: 96, 116, 134, 166, XXXVI: 23, 64, 65, 76, 230, 234, 416, 417, 493, 528, 533, 580, XXXIX: 226, 227, 251, 287, 432, XXXX: 177, 180, 183n, 211, 266–C, 266–E, 266–T, 291, 316, 346, 362, 420, 436, 515, 518, 520, 521, 524, 532, 565
Maintaining the Status Quo, II: 462, 464, 470, III: 1142, 1260, V: 2313, XI: 5384, 5420, XVI: 2173, 2296, XIX: 3667–3682, XXXII: 655, XXXIII: 1234, 1352, XXXIV: 142, XXXX: 93, 294
Manpower, Ships, Aircraft, I: 334, 336, 346, 358, V: 2098, 2101, 2273, 2274, 2287, 2394, XIV: 972, XVI: 2148, 2150, 2154, 2155, 2159–2161, 2163–2166, 2168, 2176, 2207, 2221, 2448, XVIII: 2908, XIX: 3749, XX: 4349–4358, 4428–4435, 4442, 4774, XXIII: 824, 941, 943, XXVI: 47, 96, 97, XXXIII: 1196, 1204, 1207, 1208, 1228, 1237, 1351, XXXX: 226–U
Meeting at the White House, 7 Dec. 1941, II: 610, XI: 5160, 5240, 5241, 5438, 5439, XXXX: 442, 443
Memorandum from Bishop Walsh 5 Feb. 1941, XX: 4287–4293
Memorandum from Adm. Stark 11 Feb. 1941, V: 2112
Memorandum from Adm. Turner 21 July 1941, IV: 2041, 2051 2053
Memorandum from Henry Stimson 26 Nov. 1941, III: 1553, V: 2078, 2081, 2093, 2428, VI: 2670, XVI: 2014
Memorandum from Gen. Marshall and Adm. Stark 5 & 27 Nov. 1941, II: 401, 402, 647, 805, 810, 975, 977, III: 1020–1056, 1167, 1169, 1170, 1227, 1252, 1261–1263, 1292, 1294, 1295, 1307, 1402, 1403, 1425, 1476, IV: 1604, 1663, 1772, 1773, 2011–2013, 2022, 2038, V: 2074, 2122–2124, 2192, 2305, 2320, 2321, 2428, VI: 2620, 2911, VII: 2954n, 3125, VIII: 3839, IX: 4250, 4256, XI: 5181–5184, 5383, 5449, 5450, 5456, XIV: 1083, XVI: 2297, 2298, XXI: 4611, 4622, 4645, XXIII: 946, XXVII: 15, XXIX: 2071, 2192, 2200, 2202, 2258, 2282, 2283, 2330, 2405, 2407, XXXII: 111, 112, 288, 612, XXXIII: 828, 1236, 1238, 1239, XXXV: 176, XXXVI: 437,

ROOSEVELT, PRESIDENT FRANKLIN DELANO 199

XXXIX: 35, 83, 103, 136, 265, 301, 336, 346, 436, XXXX: 29, 170, 173, 174, 175n, 340, 341, 364, 389, 390, 391, 405, 430, 507, 512, 561
Message to Congress 21 Aug. 1941, II: 485, 516, 517, 529, XI: 5409
Message from Premier Konoye 28 Aug. 1941, XVIII: 3202, XXIX: 1890, XXXX: 23
Message, "Bomb Plot" 24 Sept. 1941, IX: 4196
Message from Chiang Kai-shek 2 Nov. 1941, VIII: 3839
Message to Chiang Kai-shek 14 Nov. 1941, VIII: 3839
Message to Churchill 24 Nov. 1941, XXXX: 373
Message from Ambassador Winant 26 Nov. 1941, II: 475, XI: 5531, 5534
Message from Churchill 30 Nov. 1941, XXXX: 403, 430
Message from Tokyo to Berlin 1 Dec. 1941, XXXX: 570, 571
Message "Three Small Ships" 2 Dec. 1941, II: 955, 956, 958, III: 1248, 1250, IV: 1618, 1621, 2044–2046, V: 2190, 2191, 2417, VI: 2872, 2873, IX: 4252, XIV: 1407, XXXX: 266-P, 414, 528n
Message from Ambassador Winant 2 Dec. 1941, II: 493
Message to Japanese Ambassadors 2 Dec. 1941, II: 509, VI: 2670, XI: 5408, XXXX: 425n
Message from Ambassador Winant 6 Dec. 1941, II: 494, 502, 503, XI: 5377, 5453, XIV: 1246, 1247, XXXX: 424
Message to the Australian Minister 6 Dec. 1941, XI: 5164–5173, 5507–5509, XXXX: 428–431
Message to the Japanese Emperor 6 Dec. 1941, II: 402, 441, 531–533, 538, 542, 545, 553, 546, 569, 570, 692–694, 802, IV: 1702, V: 2433, VII: 3080, IX: 4018, X: 4669, XI: 5234, 5372, 5473, XX: 4413, XXI: 4582, XXVII: 714, XXIX: 1648, XXX: 2978, XXXII: 525, 679, XXXIII: 783, XXXIV: 74, XXXVI: 427, XXXIX: 46, XXXX: 43, 43n, 144, 178, 179, 426, 428, 441, 442

Message "Pilot" 6 Dec. 1941, XI: 5448, 5449, XXXX: 520
Message "Fourteen Part" 6 Dec. 1941, II: 520, III: 113, 1176, 1366, 1447–1449, IV: 1875, V: 2188, VI: 2550, VIII: 3392, 3425–3427, 3567, 3568, 3570, 3658, 3698, 3901, 3902, IX: 3986, 4004, 4032, 4036, 4037, 4045, 4096, 4097, 4098, 4099, 4179, 4187, X: 4608, 4660–4666, 4668–4671, 4928, XI: 5154, 5157–5159, 5161, 5176, 5190, 5191, 5196, 5197, 5232, 5233, 5271–5277, 5278, 5279, XI: 5282, 5283, 5393, 5437, 5447, 5448, 5451–5453, 5544–5549, XVI: 2391, XXVI: 392, XXIX: 2384, 2385, 2389, 2411, 2420, XXXIII: 779, 857, XXXVI: 25, XXXIX: 276, 227, XXXX: 42, 43n, 210–212, 216, 216n, 221, 222, 266-G, 266-N, 432n, 433n, 434, 434n, 435, 436, 440, 511, 520, 528, 539, 564, 566–569
Message "One PM" 7 Dec. 1941, XVI: 2391, XXXVI: 25, XXXX: 266-H
Message to Congress 8 Dec. 1943, XXXX: 443
MID/ONI/FBI, II: 803, 804, 886, III: 1576, VII: 3226, XI: 5434, XV: 1838, XVIII: 3008, XXIII: 811, 950, 973, XXIV: 1647, 1824, XXVI: 279, 305–307, XXVII: 66, XXIX: 2352, 2353, XXXI: 3176, XXXIX: 156
Modus Vivendi proposed by the Japanese, XI: 5534, XIV: 1139–1142
Modus Vivindi proposed by the United States, II: 433, 453, 476, 700, III: 1285, 1311, 1312, 1407, V: 2329, XI: 5386, 5391, 5433, XIV: 1138–1141, 1198–1200, XXIX: 2070, XXXX: 34, 36, 37, 45, 365, 367, 373, 375, 376, 392, 396, 511, 562
Curtis Munson, V: 2353, 2388, VI: 2679, 2680, VII: 3353
National Policy, II: 411, 414, 415, 455, III: 1252, XI: 5234, 5235, 5380, 5457, XXVI: 445, XXXX: 13, 23
Neutrality Act, II: 416, XXXVII: 1110, XXXX: 10, 13
Note of 26 Nov. 1941, II: 435, 453, 508, III: 1416, V: 2318, 2319, 2323, 2324, XI: 5445, 5446, 5468, XXI: 4580, 4619, 4645, XXXIX: 42, 43, 99, XXXX: 36, 37, 511, 563

ROOSEVELT, PRESIDENT FRANKLIN DELANO

Pacific Fleet Readiness, I: 259, 344, 348, 354, II: 547

Philippines, I: 331, 357, II: 927, 950, 953, 959, 965, 967, 972, 973, V: 2412, 2413, 2415, VI: 2517, VII: 3204–3206, XI: 5497, XVI: 2446, XX: 4260, 4312–4320, 4328, 4330–4340, 4343–4348, 4365–4374, 4416–4420, 4448–4454, 4456–4462, 4491–4501, 4509, XXIX: 2068, 2069, XXXIII: 1197, 1203, 1361, XXXVI: 406, XXXX: 89

Predicting a Japanese Attack, II: 450, 451, III: 1095, 1412, 1569, V: 2135, 2179, 2191, 2301, 2317, VI: 2859, XI: 5226–5228, 5412, 5421, 5441, XVI: 2224, 2299, XXI: 4607, 4646, XXIX: 2070, XXXIII: 1175, XXXVI: 426, XXXIX: 82, XXXX: 45, 98, 177, 217n, 504, 515, 524, 535

Proposed as Introducer Between China and Japan, XXXX: 379, 419

Proposed Azores Occupation, XIV: 1275–1278, XXXX: 168, 168n, 266–O, 301, 508

Proposed Blockade of Japan, I: 305–308, II: 504, 542, XIV: 1006, XXXX: 266–N

Proposed Joint Warning, II: 423, 460, 466, 479, 481–483, 486, 487, 538, 539, 660, III: 1237, IV: 1694, V: 2363, 2364, VII: 3199, IX: 4284, 4285, 4320, 4323, XIV: 1269, 1270–1274, 1282–1291, XV: 1716–1718, XXXIV: 142, XXXV: 6, 302n, 508

Proposed Meeting With Prince Konoye, II: 406, 423–427, 502, 663, 666, 668, 669, 681, 713, 714–717, 719, 775, III: 1239, 1240, 1257, 1258, IV: 1702, V: 2367, 2368, XI: 5390, XII: 12, 30, 34, 213, 1349, 1357, 1358, XVII: 2759, 2775, 2794–2796, XVIII: 2944, 3328, XX: 3998, 4001, 4006, 4008, 4016, 4025, 4028, 4406, 4413, 4415, 4424–4427, XXIX: 2449, XXXI: 3220, 3247, 3253, XXXII: 1376, 1381, XXXIV: 103, 116, 120, 127, XXXV: 658, 663, XXXVII: 676, 695, XXXX: 19–21, 24, 25, 27, 28, 213, 299, 303, 305, 306, 308–311, 313–316, 318, 319–322, 415, 449, 509

Proposed Message to Congress, II: 522, 552, 553, XI: 5234, 5241, 5244, 5374, 5403, 5436, 5453, 5461, XIV: 1202–1223, XIX: 3508–3519, XXXX: 178, 395–398, 413, 431, 439, 511–513, 558

Proposed Message to the Japanese Emperor, II: 402, 441, 534, IV: 1701, 1702, XI: 5166, 5167, 5172, 5192, 5193, 5224, 5385, 5427, 5436, 5437, 5460, 5461, XIV: 1224–1245, XV: 1727–1734, XXXX: 171–179, 395, 397, 398, 413, 416, 425, 426, 430, 431, 513

Proposed Message to Tojo, XXXX: 386, 394n

Proposed British Warning to Japanese 6 Dec. 1941, XI: 5507

Relief of Gen. Short and Adm. Kimmel, III: 1529, 1530, V: 2430–2432, VII: 3140, 3141, 3145–3147, 3153, 3186, XVII: 2732, XVIII: 3120, 3205, XIX: 3807, 3842, 3848, 3927–3929, 3932–3934, 3940, 3955, 3970, XXXX: 266–Q

Richardson, Adm. James, I: 127, 264–270, 284, 310, 311, 323, 324, 330, 340, 342, 345, 351, 355, VI: 2832, XX: 4411, XXXX: 160

Robert's Commission, I: 10. 15. III: 1204, 1205, 1208, IV: 1846–1848, 1994, V: 2076, 2335, VI: 2493, 2494, 2556, VII: 3259–3261, 3265–3267, 3273, 3279–3282, 3285–3303, VIII: 3830, XI: 5235, 5236, XXIII: 1245, 1272, 1275, XXIV: 1288–1308, 1354, 1355, XXXIII: 802, XXXIX: 1, 390, XXXX: 266–P, 269, 533, 536, 543

Sayre, High Commissioner Francis, II: 950, 951, III: 1020, 1268, 1269, 1274–1276, 1364, X: 4810, XI: 5214, XX: 4248–4256, 4330, 4331, 4336–4340, 4343–4345, 4395–4399, 4444–4447, 4457, 4479, 4491–4495, XXXX: 266–N, 380

Speeches, II: 413, 750–754, V: 2108, XXXI: 3203, XXXIV: 200, XXXV: 408, 409, 443, XXXVII: 1107, 1117, XXXIV: 200, XXXX: 4, 6, 9, 167, 443

Speech 11 Sept. 1941, V: 2359, XVI: 2248, XXXII: 107, XXXIII: 1230

Shooting Orders, II: 544, V: 2359, XVI: 2212, XXXII: 107, XXXIII: 1168, 1231, XXXVI: 410, XXXX: 94

Surprise at Japanese Attack, V: 2300–2303, 2317, 2447

Unity of the People, I: 85, XI: 5229, 5230, XVI: 2177, XXXIII: 1356, XXXX: 171, 347, 510, 512
Unlimited National Emergency, II: 419, XXXX: 12, 14
Use of Poison Gas, XI: 5432
War Council and War Cabinet Meetings, II: 434, 442, III: 1152, 1168, 1173, 1195, 1214, 1215, 1314, V: 2191, 2301, 2303–2305, 2315, 2318, 2322, XI: 5223, 5226–5229, 5381, 5426, 5435, 5458, XXI: 4575n, 4576n, XXIX: 2066–2072, 2083, XXXIX: 37n, 82n, 2066, XXXX: 43–45, 178, 374, 394, 395, 513–515, 565, 571
Warm Springs 28 Nov. to 1 Dec. 1941, II: 441, 539, V: 2422, 2423, X: 4660, 4666, 4667, XI: 5399–5402, 5405, 5427, XII: 116, 207, 208, 212, 214, 223, XIV: 1249, XVI: 2306, XIX: 3757, XXXI: 3245, 3249, XXXIII: 742, 787, 808, 1371, 1372, 1378, 1379, XXXIV: 112, 114, 117, XXXV: 162, 656, 660, XXXVI: 492, 496, 685, 686, 692, XXXIX: 246, 328, 442, 443, XXXX: 392, 395, 396, 402, 403n, 404, 405, 408, 411, 412, 413n, 417, 426,
Warning to Japanese 17 Aug. 1941, II: 423, 424, 459–461, 466, 480, 481, 483–485, 487, 488, 539, 545, 660, 759, 775–777, III: 1237, 1253, IV: 1615, 1642, 1656, 1695, 1695, 1784, 1786, 1787, 1790, 2042, 2043, V: 2281, 2362–2364, VI: 2867, VII: 3176, 3199, IX: 4259, 4260, XI: 5189, 5225, 5377–5379, 5387–5389, 5410, 5433, XI: 5453, 5459, 5462, XIV: 1063, 1254–1261, XV: 1682, XX: 4001, XXXX: 22, 195, 304, 509
Warning Messages to Hawaiian Commanders, II: 417, 450, 972, 974, 976, III: 1020, 1273, 1275, 1297–1300, 1310, 1415, 1501, 1522–1524, 1532, IV: 1619, 1659, 1663, 1946, 1947, 1949, 1952, 1977–1979, 1980, 2048, V: 2151, 2152, 2193, 2272, 2303, 2371, VI: 2761, VII: 3014, 3031, 3165, 3166, XI: 5199, 5425, 5435, 5443, 5444, 5460, XV: 1471, XXI: 4608, 4609, XXVI: 277–279, XXVII: 25, XXVIII: 1366, 1376, 1377, 1398, XXIX: 2071, 2072, 2075, 2080, 2081, 2161–2164, 2167, 2167, 2171, 2172,
2193, 2197, 2279, 2406, 2415, XXXII: 89, 564, XXXIII: 700, XXXIV: 145, XXXVI: 419, 435, XXXIX: 84, 85, 135, 137, XXXX: 199, 200, 266–J, 266–M, 530, 559
War Plans and Agreements, I: 295, III: 994, 995, 1188, 1191, 1221, IV: 1593, 1928, IX: 4241, XI: 5220–5223, XVII: 2462, XXII: 542, XXVI: 264, XXXII: 70, 71, XXXIII: 1357, 1358,
Willkie, Wendell, VI: 2495, XVII: 2457, 2458
Winds Code Messages, VIII: 3638, 3640, 3651, IX: 3949, 4071, X: 4753, 4778, XXVI; 391, XXIX: 2378, 2380
Roosevelt, Capt. James, XVI: 2170, XXXI: 3191, XXXV: 431, 442, XXXVII: 1024, 1090, 1095
Roosevelt, President Theodore, VI: 2564, 2565, XII: 230
Rose, Maj., XXVIII: 980
Ross, Mary L., XXXV: 2, 20, 29, 36–38, 41, 127, 625
Romania, IV: 1593, XV: 1775, 1788, XVI: 2275, XX: 4227, XXVI: 497, XXXIII: 957, 992, 1320, 1325, XXXVI: 291, 382, 651, 656, XXXVII: 843, 989, XXXIX: 407
Row, Col. Lathe B., XXVII: 3, XXVIII: 1067, 1093–1109, XXIX: 1676–1679, 1683, 1979, 2274, 2278, XXX: 2898, 2899, XXXI: 3106, 3125, XXXIX: 153n, 155, 177, 189, 192, 206
ROWAN, XI: 5505
Rowlett, Col. Frank B., III: 1490, 1495, VIII: 3611, 3614, 3615, 3691, 3703, IX: 4349, 4357, 4387, 4390, 4391, 4394, 4397, 4423, X: 4643, 4925, XVI; 2317, XVIII: 3347, 3349, XXVI: 394, XXIX: 2387, XXXIV: 82, XXXV: 2, 20, 34, 94, 106, 107, 115, 127, 129, 143, XXXVI: 315, 509, XXXIX: 273, 460, XXXX: 483
Royal Canadian Air Force, XV: 1589, 1591, 1592
Royal Canadian Navy, XV: 1591, 1592
ROYAL SOVEREIGN (Br.), IV: 1934, XVI: 2213, XIX: 3552, XXXIII: 1169, 1232
Rudolph, Brig. Gen. Jacob H., VII: 3113, XVIII: 3223, 3234, 3235, 3244, 3446, 3249–3251, XXI: 4595, 4635, 4642, 4644, XXII: 28, 100, 107–109, 121–124, 178, 569, XXIII: 1252, XXIV: 2008, 2012, 2141, XXVI; 132,

133, XXVII: 3, 279, 432, 435, 436, 630, 632–642, 776, XXVIII: 994, XXIX; 2262, XXXV: 225, XXXIX: 67, 120, 131, 133n

Rugg, Mr., VIII: 3751, 3855, 3856, XI: 5209, XXXII: 13

Rumor of Attack on Pearl Harbor, II: 401, 448, 449, 560, 561, 819, IV: 1772, 1814, VI: 2513, VIII: 3764, XIV: 1042, 1043, XXI: 4613, 4668, 4716, XXVI: 450, XXVIII: 1448, XXIX: 2145, XXXII: 630, 631, XXIII: 1390, XXXIV: 3, 23, XXXVI: 370, XXXIX: 73, XXXX: 77, 78

Russell, John S., III: 1495, XXXV: 2, 31, 42, 86, 118, 119, 147

Russell, Maj. Gen. Henry D., I: 10, II: 575, 577, 599, 600, III: 1159, 1287, 1286, 1300, 1301, 1325, 1343, 1446, 1447, 1464, 1465, 1467, 1472, 1473, 1479–1481, 1540, VII: 2942, 3110, 3111, VIII: 3733, 3892, IX: 4182, 4301, 4307, 4382, 4423, 4429, 4454, 4480, 4482, 4486, 4507, 4537, 4538, 4541, 4542, 4550, 4551, 4556, 4557, X: 4612, 4631–4633, 4795, 4952, XVIII: 3373, 3374, XIX: 3882, 3885, 3887, 3898, XXI: 4566, 4574, 4580, 4597, 4605, 4606, 4613, 4628, 4629, 4634, XXIX: 2225–2227, XXXV: 104, 132, 165, 167, 173, XXXIX: 24, 34, 36, 43, 69, 81, 91, 112, 171, 178, 197–200, 202, 219, 225, 226, 250, 253, 261, 262, 284

RUSSELL, XI: 5505

Russian Maritime Provinces, II: 921, 922, III: 1018, 1170, 1212, 1276, 1403, XXXIII: 116, 1218, 1354

Russian Naval Losses in the Baltic Sea 22 June & 6 Oct. 1941, XX: 4441

Russo-Japanese Neutrality Pact 21 April 1941, XXXV: 408, 659, XXXVII: 1106

Russo-Japanese Wars, XX: 4013, XXVIII: 1048

Rutledge, Cdr., XXIII: 1040

Ryan, Joseph, XXXIV: 162, 163

RYOHO (Ja), I: 238, XI: 5359, XIII: 401, XXXVI: 633

RYUJO (Ja), I; 238, IV: 1796, VII: 3244, X: 4893, XIII: 401, XV: 1871, 1875, 1879, 1881, 1883, 1889, 1896, XVI: 2322–2324, 2336, 2358, XVII: 2631, 2640, 2641, 2647, 2657, 2674, 2682, XVIII: 3300, 3336, 3337, XX: 4127, XXIII: 658, XXVI: 233, XXXIII: 58, 76, XXXV: 58, 76, XXXVI: 113, 116, 118, 124, 149, 156, 481, 487, 510, 515, 584, XXXIX: 467–469, 487, 518, XXXX: 135

RYUJO MARU (Ja), XVII: 2641, XXXV: 81, XXXVI: 140

S

S-11, VIII: 3382
S-18, XII: 346, XVII: 2528, 2531, XXVI: 557
S-23, XII: 346, XVII: 2528, 2531, XXVI: 557
S-27, XII: 346, XVII: 2528, 2531, XXVI: 557
S-28, XII: 346, XVII: 2528, 2531, XXVI: 557
S-34, XII: 346, XVII: 2528, 2531, XXVI: 557
S-35, XII: 346, XVII: 2528, 2531, XXVI: 557
SABINE, XI: 5506, XII: 346, XVI: 2027, XXIV: 1704, 1710
SACRAMENTO, VI: 2506, XI: 5506, XII: 349, XVII: 2466, XXI: 4663, XXIV: 1576, 1609, 1696, XXXII: 276, 277, 296, XXXIII: 714, 1242, 1243, 1279, 1280, XXXVI: 550, XXXVII: 936, 1229, 1272, 1273, XXXIX: 301
SACRAMENTO (dredge), XXIV: 1457, 1468, XXXVII: 1281
Sadtler, Col. Otis K., I: 128, II: 853, 859, 981, III: 1445, 1446, 1463, 1465, 1467, 1473, 1483–1485, 1488–1490, IV: 1625, 1630, 1631, 1661, 1662, VIII: 3583, 3584, 3591, 3611, 3615, 3646, 3727, 3728, 3803, 3807, 3885, IX: 3961, 3962, 3973, 4143, 4383, 4385, 4387, 4389, 4436, 4484, 4506, 4520–4522, 4537–4539, 4542, 4565, 4598, 4599, X: 4607, 4624, 4628–4659, 4733, 4740, 4743, 4749, 4750, 4753, 4754, 4756, 4780, 4781, 4786, 4914, 4920, XVI: 2315, 2316, 2318, 2321, XVIII: 3347, 3349, XXI: 4623, XXVI: 395, XXIX: 2324, 2325, 2336, 2337, 2341, 2400, 2427–2433, XXXIV: 2, 4, 5, 17, 21, 35, 37, 67–69, 73, 75, 76, 79–82, 85–90, 92, 100, XXXV: 2, 34, 91–93, 97–100, 102–104, 114, 115, 117, 135, 137, 138, 142, 143, 164, 166, 167, 174, XXXVI: 70, 71, 305–307, 318, 503, 504, 506, 509, XXXIX: 104, 223, 224, 248, 249, 251, 253, 262, 270–273, 288, 290–292, 458, 459, 461, 465, 466, XXXX: 179n, 209n, 472, 473, 474n, 526

Safe Passage for Ships, XI: 5202–5204

Safford, Capt. L. F., I: 127, 128, III: 1445–1448, 1455, 1463–1466, 1480–1484, 1489, 1490, V: 2395, VI: 2527, 2528, VII: 2957n, 3325, VIII: 3404, 3407, 3413, 3441, 3555–3591, 3593–3671, 3674–3771, 3774–3814, 3816, 3817, 3842–3894, 3901, 3913, 3924, IX: 3940, 3941, 3946–3953, 3959–3964, 3968, 3969, 3974–3979, 3999, 4001, 4009, 4015, 4024, 4055, 4068, 4069, 4074, 4077, 4079, 4081–4090, 4093–4096, 4106–4108, 4111, 4114, 4121, 4123, 4126, 4135, 4145, 4154, 4159, 4161, 4164–4166, 4174, 4175, 4179, 4180, 4182, 4183, 4187, 4194, 4214, 4218, 4229, 4285, 4304, 4307, 4321, 4335, 4344, 4347, 4351, 4357, 4386, 4389, 4390, 4418, 4421, 4436, 4446, 4457, 4461, 4471, 4486, 4538, 4541, 4557, 4558, X: 4655, 4656, 4712, 4713, 4716, 4725, 4726, 4738–4745, 4767, 4768, 4771, 4774–4776, 4792, 4796, 4799–4801, 4809, 5009–5012, XI: 5500, XVI: 2272, 2294, 2375, XVIII: 3343, XXI: 4555, XXVI: 1, 2, XXIX: 2338, XXXII: 2, XXXIII: 728, 761, 835, 843, 853, 875, 900, 901, 1388, XXXIV: 35, 76–79, 82, XXXV: 6, 30, 97,

103, 105, 120, 132, XXXVI: 1, 28, 40, 60–77,
84, 86, 257, 312–318, 356, 357, 416, 467, 483,
484, 571, 573, 574, XXXVII: 705, XXXIX:
225n, 227, 229, 247, 284–286, 404, 431, 514,
XXXX: 179n, 183n, 208
    Safford's Digest (Index of Translations and Memos—Pearl Harbor), XXXIV: 190–198
    Safford's Legion of Merit, IX: 4344, 4461, 4462
    Safford's Testimony before the Army Pearl Harbor Board, XXIX: 2361–2400
    Safford's Testimony before the Hart Inquiry, XXVI: 387–395, 419
    Safford's Testimony before the Hewitt Inquiry, XXXVI: 60–77, 312–318, 355–358
    Safford's Testimony before the Joint Committee, VIII: 3555–3814, 3842–3893
    Safford's Testimony before the Navy Court, XXXIII: 769–783
    Safford and the Winds Code Execute Message, I: 128, III: 1446, 1447, 1450, 1464, 1488, VII: 3275, 3324, VII: 3387, 3389, 3398, 3409, 3416, 3589, 3590, 3597, 3599–3623, 3636, 3647, 3649, 3653, 3655, 3658, 3667–3671, 3676–3678, 3683–3685, 3689, 3693–3710, 3713, 3719, 3725, 3731, 3763, 3792–3794, 3804–3807, 3844, 3851, 3852, 3888, 3880, 3892, 3914, 3916, 3918–3922, 3926, IX: 3930, 3932, 3935–3937, 3939, 3943, 3948, 3950, 3959, 3976–3979, 4054, 4132, 4133, 4135–4137, 4141, 4144, 4146, 4211, 4213, 4471, X: 4706, 4727, 4730–4733, 4742, 4743, 4747, 4750, 4754–4756, 4775, 4778, 4780, 4784–4787, 4790, 4791, 4795, 4921, 5011, 5018, 5021, XI: 5477, XVI: 2314–2321, 3344–3349, XXVI: 394, 395, XXIX: 2369, 2371, 2373, 2394, XXXIII: 774, 871, 876, XXXIV: 78, XXXV: 97, 103, 106, 133, 135, 137, 164, 165, 167, XXXVI: 8, 71–76, 88, 89, 93, 305–307, 318, 340, 345, 355, 503–507, 582, XXXIX: 224–226, 248–251, 272, 273, 288, 291, 341, 456–466, 483, XXXX: 209, 471–479, 480–486
SAGA (Ja), XVII: 2690
SAGAMI MARU (Ja), XXXIV: 169
SAGI (Ja), XVII: 2691

SAGIRI (Ja), XIII: 543, 556, XVII: 2681, XX: 4126
SAGITAIRE (Fr), XXXV: 315, 588, 629
Sahara, Kanaye, XXXV: 320, 326, 327, 353, 354, 375, 376, 488, 489, 507, 508, 519, 520, XXXVII: 874, 878, 912, 917, 918
Saigon, II: 745, IV: 1694, 1703, 1704, V: 2079, 2080, 2256, VI: 2797, XI: 5427, 5461, XII: 3, XIII: 456, 459, 468, 469, 545, 645, 716, 755, XIV: 1355, 1367, 1381, 1397–1399, XV: 1736, 1740, 1838, 1840, 1877, 1890, 1897, XVI: 2151, 2325, 2326, 2328, 2332, XVII: 2485, 2601, 2608, 2629, 2639, 2652, 2656, 2661, 2665, 2680, XVIII: 2942, 3341, XIX: 3492, XX: 4116, 4120, 4515, XXVI: 230, 232, XXXI: 3223, XXXIII: 1204, 1323, XXXIV: 166, XXXV: 62, 65, 77, 80, 126, 216, 296, 307, 313, 315, 317, 588, 602, 637, 671, XXXVI: 117, 121, 135, 136, 140, 480, 485, 486, 514, 594, 608, 654, 659, XXXVII: 702, 718, 719, 723, 769, 772, 784, 787, 788, 790, 796, 1062, 1177, 1191, 1319, 1323, 1326, XXXIX: 471, 475, 479, XXXX: 33, 344, 401, 432
SAILFISH, XVII: 2513, 2514, XXVI: 554, XXXIII: 1246
SAIMAA (Fi), XIX: 3538
ST. LOUIS, IV: 1676, 1678, V: 2210, XI: 5506, XII: 286–348, XIV: 938–939, XV: 1715, XVI: 2453, XVII: 2510, 2514, XVIII: 3557, 3559, 3563, 3589, XX: 4123, XXI: 4557, 4563, XXIII: 694, 938, XXIV: 1372, 1398, 1399, 1406, 1573, 1576, 1591–1598, 1609, 1617, 1692, XXXIII: 1258, XXXV: 389, 390, 395, 498, 501, 502, XXXVI: 925, 928, 929, 936, 1208, 1225, 1228, 1247, 1248, 1249, 1251, 1253, 1254, 1255, 1256, 1272
Saipan, I: 217, IV: 1878, VIII: 3588, IX: 4014, 4280, X: 4702, 4890, 5119, XIII: 456, 459, 468, 469, 565, 646, XIV: 1365, XV: 1771, 1772, 1873, 1875, 1879, 1883, 1884, 1896, XVI: 2328, 2329, 2337, 2350, 2359, XVII: 2582, 2613, 2631, 2632, 2636, 2642, 2649, 2650, 2656, 2670, 2673, 2684, 2692, 2693, XVIII: 2941, 3338, 3340, XX: 4128, XXI: 4570n, 4763, XXVI: 505, XXVII: 60, XXVIII: 873, 899, 941, XXIX: 2279, XXXII: 663, XXXIII: 1000, XXXIV: 152, XXXV: 1, 60, 61, 67, 81, 588, 627, XXXVI: 118, 123, 149, 473, 513, 515, 589, 605, 616, 632, 633,

643, XXXVII: 709, 712, 720, 722, 725, 737, 738, 741, 745, 746, 750–752, 760, 762, 770, 771, 774, 776, 777, 785, 786, 851, 1142, 1143, 1314, 1318, 1320, 1322, 1324, 1326, XXXIX: 475–477, 506
Sakai, Takaichi, XXXV: 320, 326, 353, 354, 367, 371, 372, 375, 376, 488, 489, 507, 508, 519, 520, 529, 532–534, 537, 538, XXXVII: 873–876, 879, 884, 886, 894–898, 912, 917
Sakamaki, Kazuo, XXXVII: 1148–1150
Salazar, President Antonio de Oliveria, IV: 1786, XIV: 1277
SALINAS, V: 2260, 2297, XI: 5261, XVI: 2218, 2219, 2456, XX: 4357, 4513, XXXX: 177
Salisbury Report, VI: 2699
SALMON, XVII: 2528, 2531, XXIV: 1432, XXVI: 557
SALT LAKE CITY, I: 132, V: 2162, 2210, 2355, VI: 2604, 2702, VII: 3234, 3235, 3240, 3241, 3246, 3252, 3254, 3309, 3311, 3319, 3330, 3334, 3341, 3356, 3359, XII: 345, XIII: 545, XVI: 2083, 2089, 2091, 2101, XVII: 2487, 2518, 2521, XVIII: 3264, 3265, 3296, XX: 4123, XXI: 4558, 4561, 4564, XXIII: 622, 969, 1013, 1014, 1020, XXIV: 1415, 1571, 1652, 1671, 1672, 1681, XXVI: 555, XXXIII: 1264, XXXV: 395, 497, XXXVII: 925, 955, 956, 1222, 1274
Saltzman, Lt. Stephen G., XXII: 272–280, XXIII: 1256, XXVII: 761, 762
SAMIDARE (Ja), XIII: 547, 548, 551, 552, 575, 576, XVII: 2682, XX: 4129
Samoa, I: 30, 31, 90, 186, 268, 294, 305, 311, 318, 319, II: 838, 921, 922, III: 1167, 1304, 1455, IV: 1752, 1799, 1805, 1896, 1952, 1953, 1956, 1967, 2002, V: 2106, 2125, 2138, 2170, 2216, 2217, 2244, 2353, 2405, 2448, 2454, 2457, 2463, 2478, VI: 2503, 2518, 2530, 2650, VII: 2931, 2934, 2945, 2950, 3211, 3290, 3363, VIII: 3588, 3833, 3834, IX: 4282, X: 4673, XI: 5354, 5357, XIII: 564, 716, XIV: 944, 962, 1006, 1067, 1406, XV: 1425, 1614, XVI: 2151, 2276, 2278, 2294, 2421, XVII: 2483, 2573, 2577, 2578, 2580, 2585, 2591–2594, 2714, 2715, XVIII: 2889, 2890, 2916, 3232, XIX: 3606, 3982, 3983, XXI: 4564, 4673, XXII: 326, 330, 373, 486, XXIII: 675, 957, 973, 974, 1063, 1064, 1132, 1136, 1167, XXIV: 1356, 1447, 1448, 1461, 1647, XXVI:

71, 100, 117, 270, 340, 341, 387, 488, 496, 500, 501, 503, 508, 511, 514–516, XXVII: 91, 579, 776, 784, XXVIII: 838, 863, 868, 902, 929, 931, 963, XXIX: 2397, XXXI: 3176, 3177, 3193, 3194, XXXII: 26–28, 71, 80, 408, 410, 428, 550, 582, XXXIII: 707, 817, 938, 939, 977, 991, 995, 996, 998, 1006, 1007, 1009–1011, 1176, 1189, 1204, 1262, 1268, 1290, 1348, 1350, XXXIV: 41, XXXV: 155, XXXVI: 32, 60, 119, 202, 203, 219, 290, 383–385, 401, 431, 484, XXXVII: 675, 782, 842, 846, 849, 857, 861, 1146, 1327, XXXIX: 7, 79, 237, 315, 408, 409, 432, 441, XXXX: 63, 98, 266-N, 339, 535
SAMPSON, XI: 5505, XIV: 938, XVI: 2027
San Bernardino St., V: 2418, VI: 2671, XIII: 442, XIV: 1404, 1405
San Clemente, VIII: 3524, XIV: 981, XVI: 2166, 2231, 2237, XXII: 364, XXXIII: 1260
SAN CLEMENTE MARU (Ja), XIII: 462–464
SAN DIEGO, IV: 1827, V: 2248, 2249, XV: 1905, XXXIII: 1271
San Diego, Calif., I: 254, 280, 281, 329, 332, III: 1171, 1354, IV: 1747, 1794, V: 2123, 2128, 2161, 2171, 2344, 2389, 2395, VI: 2505, 2573, 2603, 2714, 2775, 2850, 2906, 2907, VII: 3234, 3237, 3331, 3333, 3336, VIII: 3391, 3451, 3824, 3894, XIV: 929, 933, 941, 981, 982, XV: 1427, 1601, 1628, XVI: 2007, 2151, 2167, 2170, 2190, 2202, 2203, 2231, 2232, 2234, 2241, 2247, 2250, 2255, 2277, 2349, XVII: 2465, 2484, 2496, 2512, 2526, 2578, 2579, 2581, 2587, 2590, XVIII: 2925, XX: 4455, XXI: 4563–4565, 4585, 4672, XXII: 327, 361, 515, 530, 548, XXIII: 701, 702, 788, 793, 816, 1013, 1014, 1018, 1019, 1023, 1094, 1132, 1157, XXIV: 1375, 1584, 1592, 1596, 1597, 1604, 1652, 1754, 1755, 2013, XXVI: 67, 72, 114, 310, 311, 375, 376, 490, 501, 502, 504, 510, 512, 563, XXVII: 17, 134, 453, XXVIII: 828, 903, 922, 1148, 1265, 1433, 1499, XXIX: 2318, XXX: 2725, 2787–2789, 2803, 2883, XXXI: 3221, XXXII: 555, 565, XXXIII: 696, 972, 984, 996, 997, 999, 1005, 1008, 1044, 1172, 1186, 1204, 1210, 1227, 1252, 1254, 1258–1260, 1270, 1271, 1286, 1360, XXXVI: 120, 372, 514, 536, XXXVII: 777, 847, 848, 850, 856, 968, 971, 1129, 1130, 1217, 1262, XXXIX: 54, 314, 410, 504, XXXX: 77, 184

Sand Island (Oahu), VII: 3002, 3004, 3006,
XVIII: 3017, XXIII: 1039, XXVII: 173,
XXV: 2521, XXXII: 390, 396, XXXV: 245,
367
SAN FRANCISCO, I: 33, IV: 1676, 1678,
V: 2210, 2342, VI: 2560, 2896, IX: 4222, XII:
348, XV: 1715, XVII: 2525, 2530, XVIII:
2525, 2530, XVIII: 3582, XX: 4123, XXI:
4558, 4564, XXIV: 1573, 1574, 1604, 1609,
1669, 1671, 1698, XXVI: 556, XXVIII: 1392,
1551, XXIX: 1669, XXXIII: 1264, XXXV:
389, 390, 501, 502, XXXVII: 928, 929, 936,
1217, 1225, 1262, 1272, 1273
San Francisco, Calif., I: 28, 29, 31, 79, 82, 147,
255, 332, IV: 1930, 1942–1944, 1956, 1960,
V: 2070, 2076, 2077, 2082, 2083, 2084, 2123,
2149, 2167, 2202, 2389, 2395, 2397, 2406,
2435, VI: 2561, 2562, 2665, 2714, 2724, 2804,
2850, 3039, VII: 3039, 3040, 3067, 3097,
3158, 3182, 3183, 3235–3237, 3252, 3263,
3270, 3312, 3313, 3330, 3331, 3333, VIII:
3391, 3540, 3560, 3581, 3584, 3594, 3615,
3653, 3794, IX: 3984, 4179, 4223, 4300, 4311,
4314, 4341, 4359, 4370, 4374, 4386, 4387,
4391, 4392, 4394–4398, 4414, 4473, 4519, X:
4630, 4669, 4711, 4745, 4746, 4865, 4914,
5032, 5037, 5038, 5121, XI: 5203, 5236, 5302,
5304, XII: 79, 225, 231, XIII: 517, 632, XIV:
932, 933, 1405, XV: 1427, XVI: 2002, 2165,
2170, 2173, 2211, 2256, 2294, 2307, 2312,
2316, 2335, 2354, 2452, XVII: 2525, 2733,
XVIII: 2897, 2919, 2925, 2947, 2948, 3064,
3073, 3075, 3254, XIX: 3506, 3895, 3898,
XX: 4214, XXI: 4566, 4639, 4661, 4672,
4767, 4771, 4772, 4774, XXII: 2, 56, 73, 103,
215, 238, 243, 244, 247, 296, 303, XXIII:
834, 881, 1004, 1008, 1013, 1017, 1076, 1080,
1102, 1250, 1271, XXIV: 1372, 1590, 1664,
1689, 1726, 1747, XXVI: 35, 55, 455, XXVII:
14, 91, 109, 110, 157, 166, 167, 178, 212,
268, 272, 287, 293, 333, 337, 352, 394, 399,
444, 454, 608, 641, 676, 682, 683, 686, 693,
745, XXVIII: 1029, 1041, 1063, 1064, 1069,
1074, 1075, 1089, 1097, 1126, 1136, 1171–
1173, 1192, 1193, 1204, 1207, 1269–1271,
1277, 1291, 1310, 1317, 1339, 1437, 1446,
1510, 1522, 1524, 1545, 1547, XXIX: 1633,
1657, 1704, 1753, 1756, 1763, 1775, 1786,
1792, 1807, 1811, 1812, 1820, 1824, 1855,
1898, 1938, 1974–1976, 1981, 2018, 2019,
2038, 2052, 2093, 2102, 2307, 2311, 2316,
XXX: 3101, 3130, 3138, 3191, 3200, 3221,
3240, XXXII: 206, 413, 432, 534, XXXIII:
823, 914, 945, 972, 984, 1044, 1170, 1233,
1258, 1259, 1261, 1268, 1287, 1352, 1391,
XXXIV: 33, 36, 108, 168, 196, 197, XXXV:
4, 13, 35, 42, 49, 83, 94, 100, 106–108, 136,
143, 172, 187, 277, 307, 332, 346, 391–393,
399, 400, 414, 416, 419, 434–438, 441, 443,
444, 447, 449–453, 456, 457, 475, 478, 504,
505, 573, 601, 629, 651, XXXVI: 66, 67, 72,
73, 114, 243, 309, 310, 313, 411, 427, 499,
508, 580, 583, XXXVII: 663, 664, 681, 798,
877, 930–932, 986, 989, 1002, 1009–1011,
1012, 1014–1019, 1022–1025, 1027, 1082,
1093–1097, 1109, 1112, 1113, 1276, 1306,
XXXIX: 24, 126, 179, 184, 204, 260, 273,
290, 297, 314, 391, 431, 447, 454, 456, 459,
512, 516, XXXX: 96, 187, 188, 191, 225,
266–Q, 323, 389, 428, 443, 469, 489, 490n
SANGAMON, XI: 5505, XXVI: 340,
XXXIII: 1246, 1247, 1270
SAN JUAN, IV: 1827, V: 2248, 2249, XV:
1905
SANKIZAN MARU (Ja), XIII: 462–464
San Pedro, Calif., I: 254, 255, 329, 332, III:
1354, IV: 1794, 1806, VI: 2631, 2687, VII:
3236, 3237, 3356, VIII: 3382, 3524, 3531,
XIV: 953, XVI: 2453, XVII: 2509, XVIII:
2925, 3254, XX: 4123, XXI: 4767–4769,
4771, 4772, XXIII: 615, XXIV: 1395, 1652,
XXVI: 48, 56, 293, 305, 462, XXVIII: 1148,
1152, 1266, 1268, XXIX: 2059, 2098, 2100,
XXX: 2730, 2784, 2803, 2804, 2833, 2835,
2949, XXX: 2950, XXXII: 401, 531, XXXIII:
1258, 1260, 1261, 1270, 1271, XXXVI: 120,
366, 465, 514
SANTA JOANNA (Por), XX: 4351
SANTA MARIA, XIV: 1927, 1928
SANTA MARTA, XXIX: 2101, XXX: 2743,
2786, 2791
SANTA PRINCESA (Por), XX: 4351
SANTEE, XI: 5505, XXXIII: 1246, 1270
SANYO MARU (Ja), XIII: 576
SARATOGA, I: 181, 264, III: 1180, 1511,
IV: 1678, V: 2161, 2210, VI: 2530, 2536,
2551, 2573, 2707, XIII: 646, XIV: 937, XV:
1715, XVI: 2131, 2132, 2135, 2307, XVII:
2477, 2496, 2504, 2512, 2514, 2515, 2551,
2552, 2556, 2557, 2561, 2562, 2566, 2567,

2573, 2574, 2714, 2715, XX: 4124, XXI: 4557, 4563, XXII: 373, 526, 530, 549, XXIV: 1415, 1416, 1423, 1489, 1497, 1596, 1619, 1666–1668, 1671, 1725, XXVI: 34, 77, 242, 376, 490, 496, 548, 550, 553, XXVIII: 1383, 1551, XXIX: 1669, 1670, XXX: 3083, XXXI: 3239, XXXII: 401, 409, XXXIII: 752, 909, 914, 991, 1264, 1348, 1349, 1360, 1385, 1391, 1396, XXXIV: 119, XXXV: 367, 533, 650, XXXVI: 500, 537, 545, 551, XXXVII: 668, 699, 842, 978, 980, 1252, XXXX: 232, 517
SARGO, XVII: 2528, 2531, XXVI: 557
Sarnoff, David, XVI: 2311, XX: 4466, XXIII: 653, 686, 868, XXVI: 336, XXVIII: 869, XXXI: 3189, XXXVI: 163, 224, 331, 476, 477, XXXIX: 453
Sasebo, XVIII: 3337, 3338, XX: 4127, XXIII: 677
SATA (Ja), XV: 1873, XVII: 2689
SATSUKI (Ja), XIII: 543, XVII: 2683
Saunders, Lt. L. M., XIX: 3638
SAURY, XVII: 2525, 2531, XXVI: 557
SAVANNAH, XI: 5505, XVII: 2465, XX: 4122, XXVI: 340, XXXI: 3191, XXXIII: 1247, XXXV: 392, 441, 504, XXXVII: 931, 1026
Sayre, Francis B., II: 950, 951, 973, III: 1020, 1021, 1263, 1274, IV: 1658, VII: 3031, 3205, X: 4810, XI: 5211, 5213, 5214, XV: 1471, XX: 4254, 4255, 4313, 4316, 4319, 4320, 4327–4331, 4334–4338, 4344, 4345, 4370, 4395, 4399, 4417, 4418–4420, 4444–4447, 4453, 4457, 4479, 4491–4495, 4503, 4510, XXI: 4571, XXVI: 293, XXIX: 2193, 2202, XXXX: 266–N, 380, 389
SAZANAMI (Ja), XIII: 571, XVII: 2681, XX: 4125
Scanland, Capt. F. W., XXIV: 1609
Scanlon, Brig. Gen. Martin F., II: 835, III: 1025, IV: 1611, XIV: 1390–1392, XXVII: 3, 68, 98, 99, 101, XIX: 2127–2138, XXXIV: 157, 158, XXXV: 155
SCHARNHORST (Ger), XV: 1786, 1808, 1830, XVI: 2162, 2163, XX: 4355, 4545, XXXIII: 1325
SCHARNHORST (Ger), XV: 1862
Schindel, Lt. John Bayard, XXXV: 96, 98, 101, 116, 134, XXXIX: 287
SCHLESIEN (Ger), IV: 1825, 1826, XV: 1786, 1808, 1830, 1904, XXXIII: 1325

Schlesinger, Helen, XXVII: 3, XXIX: 1705–1713, 1846, XXXIX: 192
SCHLESWIG-HOLSTEIN (Ger), IV: 1825, 1826, XV: 1786, 1808, 1830, 1901, 1904, XXXIII: 1325
Schley, Maj. Gen. Julian L., XXVII: 3, 292, 298, 334–352, 459, 493, 497, 498, XXIX: 1784, 1786, 1788, 1805, 1807, 1811, 1830, XXX: 2739, 2744, 2952–2973, 3034, 3055, 3061
SCHLEY, V: 2210, XI: 5506, XII: 349, XVI: 2031, XXIV: 1592, 1618, 1644, 1686, 1694, 1700, 1702, 1705, 1743, 1747, XXXIII: 1313, XXXVII: 936, 1248, 1272, 1273, 1274, 1281
Schofield, Lemuel B., XXVII: 446, 447, XXVIII: 1079, 1211, 1212, 1216, 1239, XXIX: 1819, 1975, 2230, XXX: 2740, 2742, 2744, 2785, 2816, 2845, XXXI: 3102, XXXIX: 204
Schofield Barracks, I: 35, 36, 52, 55, 58, 103, 148–150, 376, 383, III: 1079, VI: 2568, VII: 2925, 2951–2953, 3000, 3001, 3003, 3005, 3006, 3117, 3195, IX: 4347, X: 4972, 5034, 5077, XII: 324, XV: 1441, 1443, 1451, 1608, 1625, 1647, 1656, XVI: 2279, XVIII: 2956–2959, 2969, 2976, 2987, 2988, 2990, 2991, 2995–2997, 3016, 3030, 3032, 3097, 3100, 3118, 3212, 3235, 3245, 3251, 3366, 3385, 3405, 3432, XIX: 3625, 3628, 3633, 3636, 3638, XXI: 4602, 4630, 4637, 4643, XXII: 9, 58, 61, 66, 72, 87, 135, 139, 140, 154, 156, 161, 163, 169, 183, 200, 272, 278, 299, 314, 583, XXIII: 774, 793, 804, 810, 812, 838, 844, 905, 906, 993, XXIV: 1310, 1311, 1327, 1582, 1642, 1726, 1771–1775, 1792, 1802–1806, 1810–1812, 1832, 1845, 1846, 1909, 1912, 1929, 1983, 1985, 1991, 1994, 2013, 2014, 2018, 2021, 2028–2030, 2032, 2033, 2036, 2041, 2054–2059, 2061, 2062–2065, 2074–2076, 2078, 2080, 2082–2085, 2090, 2098, 2099, 2100, 2110, 2111, 2113, 2114, 2118–2120, 2142, XXVI: 30, 484, XXVII: 19, 22, 175, 183, 196, 246, 266, 379, 473–476, 481, 483, 507–509, 512, 513, 527, 528, 595, 628, 654, 656, 664, 667, 671, 687, 701, 702, 708, 711, 729, 738, 758, 760, 762, 763, XXVIII: 877, 914, 982, 983, 1003, 1040, 1051, 1085, 1113, 1250, 1363, 1381, 1470, 1479, 1488, 1533, 1542, 1564, 1600, 1602, 1607, XXIX: 1649, 1650, 1723, 1726, 1741,

1794, 1797, 1809, 1819, 1822, 1861, 1936, 2010, 2114, 2254, 2262, XXX: 2460–2463, 2473, 2480, 2491–2494, 2498, 2499, 2500, 2534, 2535, 2598, 2601, 2807, 2812, 2819, 2820, 2849, 3083, XXXI: 3145, 3158, XXXII: 196, 207, 362, XXXIII: 1155, XXXV: 30, 31, 212, 220, 222, 231, 241, 245, 249, 323, 331, 494, XXXVI: 386, XXXVII: 1236, 1243, 1269, 1311, XXXIX: 77, 115, 124, 132, 189, XXXX: 68n, 81, 491, 492

Schuirman, Capt. R. E., I: 128, II: 442–444, 462, 644–646, 650, 651, 653, 659, 759, III: 1238, 1253–1255, 1257, IV: 1641, 1643, 1655–1657, 1725, 1771, 1772, 1858, 1917, 1947, 2031, 2037, 2038, 2042, 2043, V: 2090, 2132, 2184, 2185, 2318, 2326, 2366, 2428, VI: 2517, VIII: 3428, 3429, 3431, 3682, IX: 3988, 4060, 4061, 4246, 4259, X: 4816, XI: 5207, 5216, 5217, 5223, 5268, 5286, 5394, XIV: 1063, 1064, 1066, XV: 1681, XVI: 2215, 2216, 2296, XVIII: 2942, XIX: 3540, XX: 4103, XXI: 4555, XXVI: 1, 3, 444–452, 471, XXXII: 1, 23, 63, 108, 113, 133, 135, 152–167, 241–247, 524, 528, 538, 540, 637, XXXIII: 731–733, 735–761, 798, 7999, 805, 816, 877, 1235, XXXVI: 26, 367, 374, 376, 377, 403, 408, 409, 415, 417, 419, 420, 423, 424, 428–430, 490–492, 494, 500, 507, 534, 571, 573, XXXIX: 434, XXXX: 44–46, 97n, 224n, 338, 339, 366, 372, 392, 424

Schulz, Cdr. Lester R., VIII: 3426, X: 4659–4672, XI: 5154, 5159, 5190, 5193, 5196, 5232, 5233, 5270, 5271–5273, 5276–5281, 5285, 5289, 5290, XXXX: 211, 211n, 216, 217, 434, 435, 510, 567, 568

Schukraft, Col. R. E., III: 1490, VIII: 3583, 3611, 3613, 3653, 3847, 3864, IX: 4304, 4327, 4386, 4387, 4389, 4391, 4459, 4487, 4521, 4575, X: 4616, 4618, 4643, 4909, 4914–4933, XVI: 2318, XVIII: 3347, 3348, XXVI: 395, XXXV: 2, 94, 96, 97, 103, 107, 115, 116, 121, 143, XXXVI: 71, 503, 509, XXXIX: 273, 462, XXXX: 482, 483

Scobey, Lt. Col. W. P., III: 994, 995, 997, 1220, 1415, IX: 4437, XIV: 1062, 1065, XV: 1487, 1641, 1643

Scott, Ensign, XXIII: 698

SCOTT, XII: 347

Scrambler Telephone, III: 1213, 1214, 1432, VII: 3220, 3270, 3271, 3374, IX: 4375, XVI: 2333, XXII: 46, 243–245, 474, 475, XXIII: 1244, XXVII: 159, 169, XXXII: 197, 204, 206, 544, 545, XXXV: 82, 83, XXXVI: 535, 566, 581, XXXIX: 94–96, 482, 513, XXXX: 266–N, 530

Scrugham, Mr., XXIII: 1157, XXIV: 1376
SCULPIN, XVII: 2513, 2514, XXVI: 554
SEA ADDER (Ger), XXVIII: 1147
SEA BELLE (Br), XV: 1581
SEAGULL, XII: 346, XVI: 2023, 2252, XVII: 2528, 2531, XXI: 4560, 4565, XXIV: 1523, 1644, XXVI: 557, XXXIII: 1313
SEAL, XVII: 2528, 2531, XXVI: 557
SEARCH, XXIV: 1684
SEATTLE (IX-39), XXII: 446, XXIII: 1233
Seattle, Wash., III: 1171, IV: 1747, 1754, 1944, V: 2076, 2077, VII: 3011, 3039, 3182, 3183, VIII: 3391, IX: 4179, X: 4630, XI: 5302, 5304, XV: 1861, XVI: 2002, 2297, 2312, XVII: 2753, XVIII: 2897, 2919, 2925, XXI: 4564, 4672, XXII: 213, XXIX: 2107, 2108, 2112, 2113, 2118, 2120, XXXI: 3221, XXXIII: 909, 913, 914, 945, 972, 1391, 1392, 1396, XXXV: 120, 392, 423, 424, 434–436, 438, 444, 505, XXXVI: 423, XXXVII: 663, 877, 932, 1012, 1013, 1093–1097, 1306, XXXIX: 314, 436, 454, XXXX: 184, 186, 187
SEISEN MARU (Ja), XIII: 571
Seki Kohichi, XXXV: 355, 356, 358, 359, 362–367, 372–374, 377, 381, 384, 385, 507–509, 516, 517, 521, 522, 524, 526, 527, 529–532, 538–540, XXXVII: 875, 878, 885–887, 891, 892, 894, 896, 897
SEKIRO MARU (Ja), XIII: 462–464
Selective Service, III: 1352, 1509, XI: 5409, XXIV: 1893, 1894
SELFRIDGE, IV: 1676, V: 2210, XII: 349, XVII: 2511, 2514, 2519, 2521, XXI: 4558, 4564, XXIV: 1387, 1573, 1577, 1592, 1654, 1667, 1670, XXVI: 555, XXXVII: 1224, 1230, 1248
SEMINOLE, XII: 345, XVI: 2252, XXIV: 1478, 1678, 1683, 1686, 1687, 1712, 1717, 1722, 1731, 1737, 1747, XXXIII: 1246, XXXVII: 1273
SENDAI (Ja), XI: 5359, XIII: 548–552, 576, XV: 1890, 1892, 1898, XVII: 2681, XX: 4127
SENDAI MARU (Ja), XIII: 462–464
SENKO MARU (Ja), XIII: 462–464

SEPULGA, XXXIII: 1246, 1269, XXXVII: 1277
SEQUOIA, V: 2426
SETA (Ja), XVII: 2690
Settle, Frank E., XVIII: 903, 951-954, 962, 1268
SETTSU (Ja), XIII: 476-480, 484, XVII: 2614, 2689, XXIII: 660, 670
Sexton, Col. W. T., IX: 4673, 4586-4589, XXIX: 2451
SEYDLITZ (Ger), XV: 1787, 1808, 1830, 1901, 1904, XXXIII: 1325
Shanghai, China, III: 765, 950, 1092, 1281, 1282, 1285, IV: 1695, 1703-1705, 1715, 1795, 1803, 1949, V: 2081, 2196, 2197, 2481, VI: 2908, VIII: 3388, 3395, IX: 4240, 4408, 4562, 4590, X: 4735, XI: 5182, 5204, 5214, 5344-5347, 5417, 5422, 5433, 5434, 5435, 5491, 5514, 5517, XII: 233, 251, XIII: 543, 554, XIV: 932, 977, 1083, 1099, 1119, 1365, 1366, 1403, XV: 1736, 1767, 1772, 1805, 1840, 1872, 1880, 1884, XVI: 2014, 2323, 2325, 2328, 2331, 2332, XVII: 2614, 2635, 2690, XVIII: 2947, 3200, 3326, XIX: 3982, 3984, XX: 4015, 4060, 4064, 4129, 4378, 4412, 4474-4476, 4511, XXIII: 686, 924, XXIV: 1598, XXXVI: 230, 233, 295, 387, 449, XXVII: 15, 68, XXVIII: 1562, XXIX: 1889, 1945, 2070, 2083, 2312, XXXI: 3208, 3218, 3238, XXXII: 642, 643, XXXIII: 1236, XXXIV: 157, 171, 187, 192, 202, 205, 210, 213, 222, XXXV: 67, 79, 122, 124, 125, 198, 284, 285, 297, 298, 307, 309, 313, 398, 399, 400, 440, 446, 448, 455, 456, 541, 577, 578, 583, 584, 587, 597, 598, 611, 613, 618, 628, 629, 634, 635, 644, 649, XXXVI: 33, 49, 119, 131, 135, 141, 158, 187, 323, 416, 424, 479, 485, 487, 512, 514, 518, 654, 659, XXXVII: 711, 723, 727, 728, 752, 760, 772, 783, 792, 793, 795-797, 799, 801, 881, 1004, 1030, 1031, 1038, 1039, 1042-1044, 1046-1056, 1062, 1085, 1093, 1094, 1100, 1178, 1183, 1184, 1186, 1187, 1190, 1194-1204, 1256, 1316, 1318, 1321, 1323, 1324, 1326, XXXIX: 471, 475, 477, 478-480, XXXX: 5, 144, 174, 207, 375, 379, 380, 388, 391, 395, 423
Shannon, Lt. Col. H. D., XXIII: 955, XXIV: 1560
Shapley, Maj. Alan, XXIII: 634
SHARK, XXIV: 1644, XXXIII: 1314

Shaw, Chief Charles H., XXIII: 689, 699-703, 1263
SHAW, I: 33, 47, IV: 2023, V: 2210, 2324, 2342, VI: 2674, XII: 348, 354, 356, 360, 370, 385, 386, XVI: 2350, XVII: 2511, 2514, XXI: 4557, 4563, XXII: 596, XXIV: 1365, 1387, 1388, 1575, 1582, 1584, 1585, 1588, 1592, 1602, 1603, 1753, XXVI: 553, XXXI: 3191, XXXIII: 1342, XXXV: 392, 441, 504, XXXVI: 570, XXXVII: 931, 937, 1026, 1214, 1248, 1260, 1261, 1267, 1268, 1272-1275, XXXIX: 507, XXXX: 61, 64
SHAWNEE, XXXIII: 984
Sherman, Cdr. Forest, III: 996, XIV: 971, 1063, 1065, XV: 1586, XVI: 2179
Sherman, Capt. Frederick C., XVI: 2115, 2123, 2125-2139, XXI: 4559, XXIX: 2375, 2380
Shiga, Lt. Cdr. Yoshio, I: 175-177, 215-217, FP 239, XIII: 630, 644-647
SHIGURE (Ja), XIII: 549, 550, 575, XVII: 2681, XX: 4126
SHIKINAMI (Ja), XIII: 552, 576, XVII: 2681, XX: 4126
SHIMAKAZE (Ja), XIII: 553, 584
Shimazaki, Lt. Cdr Shigekazu, I: 241, XIII: 405, 409, 423
Shimizu, Vice Adm. Mitsumi, I: 184, XXXX: 57n
SHIMUSHU (Ja), XVII: 2691
SHINEO MARU (Ja), XIII: 684
SHINFUKU MARU (Ja), XVII: 2690
SHINKOKU MARU (Ja), I: FP 239
SHINONOME (Ja), XIII: 543, 555, XVII: 2681, XX: 4125
SHINSEI MARU #6 (Ja), XIII: 462-464
Shintani, XXIV: 1449-1451
Shinto Religion, XXI: 4582
SHIOKAZE (Ja), XVII: 2687, XX: 4126
SHIRAKUMO (Ja), XIII: 553, 578, XVII: 2681, XX: 4125
SHIRANUHI (Ja), I: FP 239, XIII: 403, XVII: 2682, XXXIII: 1325
SHIRATAKA (Ja), XVII: 2683
SHIRATSUYU (Ja), XIII: 549, 575, XVII: 2681, XX: 4126
SHIRAYUKI (Ja), XIII: 548, 576, XVII: 2681, XX: 4125
SHIRETOKO (Ja), XIII: 548, 576, 621, XV: 1873, XVII: 2689

SHIRIYA (Ja), I: 239, XVII: 2689
SHIRIYA MARU (Ja), XIII: 407, 420, 462–464, XXX: 2743, 2787, 2792
Shirly, J. P., XXVII: 3, 352, XXVIII: 1071, 1196, 1198, 1201, 1225–1228, XXIX: 1739, 1789, XXX: 3056–3058
Shivers, Robert L., I: 129, II: 865, III: 1433, 1456, 1480, 1481, 1483, 1492, 1493, 1495, VI: 2689, 2692, VII: 3220, VIII: 3832, IX: 4336, 4345–4348, 4358–4361, 4368, 4430, 4466, X: 4905, 4906, 4911, 4913, 5100, 5110, 5112, XIII: 632, 633, XVI: 2345, 2346, XVII: 2870, XXI: 4592, 4615, 4616, 4620, 4621, XXII: 48, 79, 89, 99, 177, 216, XXIII: 790, 809, 811, 812, 821, 853–880, 882, 883, 891, 914, 921, 976, 1267, XXIV: 1309, 1362, 1363, XXVI: 223, 360, 558, XXVII: 3, 139, 213, 214, 736, 737, 748, XXVIII: 1426, 1466, 1534, 1556, XXIX: 1664–1675, 1867, XXXI: 3178, 3180, 3185, 3189, XXXV: 2, 23, 27, 30–32, 41–45, 118–120, 133–135, 145–148, 156, 203, 205, 225, 283, 320, 321, 327, 336, 394, 401, 479, 490, 592–594, 597–600, 602, 608, 609–611, 615, 630–632, 634, 637, 644, XXXVI: 32, 164, 329, 336, 337, 466, 467, 561, XXXVII: 912, 919, 934, XXXIX: 63, 94, 95, 100, 101, 238, 275–280, 285, 289, 500, XXXX: 132, 132n, 137, 142, 142n
SHOEI MARU (Ja), XIII: 571, XVII: 2685
Shoemaker, Capt. James M., XVIII: 3223, 3226, 3248, XXIII: 689, 729–737, 1264, XXVI: 97, XXXII: 452
Shoemaker, Thomas B., XXVII: 3, XXIV: 2227–2235, XXXIX: 162
SHOGAKKU (Ja), XIII: 645
SHOHO (Ja), XI: 5359, XIII: 546, 571, 572, XVIII: 3337
SHOKAKU (Ja), I: 184, 234, 239, FP 239, 245, IV: 1796, XI: 5359, XII: 358, XIII: 392, 394, 403, 405, 407, 573, 618, 621–623, 645, 719, 720, XV: 1871, 1875, 1879, 1883, 1885, 1896, XVI: 2322, 2323, 2325, 2350, XVII: 2631, 2674, 2687, XVIII: 3337, XX: 4125, XXIII: 665–667, 680, 681, XXVI: 233, XXVIII: 1585, XXX: 3065, 3066, XXXV: 58, 76, XXXVI: 10, 35, 36, 113, 114, 116, 118, 150, 213, 472, 481, 487, 510, 562, 596, XXXVII: 720, 736, 741, 743, 745, 753, 768, 775, 1132, 1316, 1318, 1320, 1323–1325, 1328, XXXIX: 467–471, 506, XXXX: 57n

Short, Arthur T., XXVII: 3, XXIX: 1867–1871
Short, Gen. Walter C., I; 16-18, 34, 103, 111, 141, 142, 399, II: 486, 779, 782, 791, 813, III: 1006, 1047, 1076–1080, 1096, 1162, 1182, 1183, 1188, 1218, 1264, 1267, 1432, 1434, 1467–1469, 1481–1484, 1499, 1522, 1538–1541, 1544, IV: 1601, 1603, 2166, 1630, 1646, 1658, 1955, 2003, V: 2496, 2509, 2520n, 2526, 2264, 2309, VI: 2496, 2509, 2520n, 2526, 2561, 2526, 2561, 2568, 2581, VI: 2596, 2597, 2663, 2695, 2723–2726, 2729, 2730, 2741, 2764, 2793, 2798, 2803, 2836, 2837, VII: 2921– 3231, 3262, 3284, 3293, 3306, 3360, VIII: 3380, 3417, 3418, 3514, 3703, 3723–3725, 3729, 3730, 3781, IX: 4283, 4315, 4317, 4318, 4337, 4346–4348, 4356, 4388, 4405, 4408, 4424, 4426, 4427, 4447, 4467, 4470, 4483, 4484, X: 4683, 4739, 4767, 4857, 4862, 4872, 4899, 4933, 4938, 4944–4949, 4951–4954, 4922, 4975, 4982, 4984, 4985, 4996, 5097, 5099, 5101, 5105, 5109–5112, 5114, 5117, 5119, 5122, XIV: 1328, 1333, 1390, 1391, XVI: 2266, 2270, 2427, XVII: 2738, XVIII: 3227, 3228, 3416, XIX: 3846–3851, XXII: 2, 18, 113, 131–133, 138, 146, 148, 151, 152, 158, 347, 382, 384, 385, 402, 416, 417, 502, 503, XXIII: 686, 778, 786, 790, 801, 802, 807, 824, 827, 834, 912, 913, 931, 961, 960, 1005, 1006, 1049, 1104, 1194, 1204, 1205, XXIV: 1354-1356, 1749, 1750, 1753, 1758, 1845, 1917–1931, 2120, XXVI: 25, 27, 28, 30, 44, 57, 65, 85, 93, 94, 118, 129, 157, 232, 251, 255, 273, 318, 351, 401, 434, 435, 533, XXVII: 3, 15, 42-52, 69, 100, 107, 138, 144, 417, 419, 468-471, 482, 563, 575, 578–581, 586–594, 597, 601, 648, 653, 654, 661, 725, 741–743, 755–757, 768–770, 775–789, 791, 792, 798, XXVIII: 841, 843, 889–892, 894, 899, 901, 903, 906, 923-927, 929, 937, 961, 965, 969–971, 974, 975, 1001, 1007, 1011, 1012, 1020, 1022, 1038, 1068, 1077, 1356, 1358–1361, 1408, 1410-1412, 1417–1419, 1421, 1428, 1446, 1447, 1453-1455, 1458, 1460-1462, 1468, 1469, 1472, 1474–1477, 1481, 1482, 1489, 1494, 1497, 1501, 1518, 1528–1532, 1556–1558, 1578, 1583, 1584, 1592, 1594, 1597- -1600, 1606, 1610–1613, XXIX: 1639, 1640, 1641, 1643–1647, 1649, 1650, 1652, 1655, 1666,

SHORT, GEN. WALTER C. 211

1728, 1730, 1871–1874, 2012–2014, 2016, 2246, 2251–2270, 2319, 2413, XXX: 2477, 2482, 2483, 2487, 2501, 3018, XXXII: 1, 218, 219, 223, 229, 252, 253, 258, 264, 313, 338, 363, 384, 416, 417, 428, 553, 556, 557, 564, 649, XXXIII: 723, 725, XXXIV: 141, 144–146, 162, 165, 190, XXXV: 6, 13–19, 100, 131, 132, 135, 136, 140, 184, 208–217, 240, 241, 249, 251, 347, XXXVI: 115, 143, 148, 161, 164, 221, 378, 379, 430, 448, 523, 551, 554, 571, XXXVII: 939, 942, 1299–1301, XXXIX: 4, 5, 7, 18, 33, 44, 47–53, 55–63, 73, 74, 76–80, 138– 145, 175, 227, 276–281, 283, 294, 299, 337, 388, 396, 401, 402, XXXX: 65n, 70n, 77, 85, 88, 89, 117, 120n, 125, 125n, 126, 130, 130n, 131–133, 137, 139, 142, 145, 145n, 150, 150n, 151, 151n, 156, 167, 183, 190n, 198, 200–202, 202n, 205, 206, 237, 238, 263–265, 266-N, 491, 496, 510, 522, 532–534, 540, 555, 565, 566, 573

    Army Units on the Outer Islands, V: 2169, VI: 2519, 2573, 2802, 3076, VIII: 3554, 3535, XVI: 2287, 2401, XVII: 2482, XVIII: 3124, XXI: 4615, XXII: 452, 457, 526, XXIII: 606, 607, 988, 992, 1244, XXVI: 50, 258, 321, 322, XXVII: 132, 164, 165, 412, XXXII: 124, 412, 537, 578, XXXIII: 702, 1285–1290, XXXVI: 207, 449, 519, XXXIX: 10, 315, 339, 422

    Ammunition Availability to Army Units, I: 53, 150, VI: 2818, VII: 3087, XXI: 4628-4633, 4635, XXII: 57, 58, XXVIII: 1358–1362, 1602–1604, 1607, 1608, XXXIX: 113–118, XXXX: 68n, 548

    Aircraft Warning Service, I: 39, 92–94, 108, 109, III: 1070–1072, 1074, 1075, VI: 2585–2587, 2606, 2742– 2746, 2758, 2799, VII: 2926, 2993–2996, 3033, 3115, 3119, 3182, 3183, VIII: 3511, IX: 4938, X: 4999, XV: 1436, XVII: 2735, 2736, XXI: 4617, 4618, 4623-4628, 4669, XXII: 15, 36, 40, 41, 49–53, 56, 57, 91, 92, 420, 421, 468, XXIII: 752, 980, 981, 1207, 1208, XXIV: 1878–1880, XXVI: 20, 107, 379–384, XXVII: 260–263, 270– 272, 564, 599, 600, XXVIII: 933, 936, 945, 946, XXIX: 1762–1767, 1831, 1991, 1996, 2109, 2116, 2117, 2119, 2120, XXX: 2517, 3004, XXXI: 3117–3121.

3131–3158, XXXII: 173–175, 177, 191, 193, 206, 222, 301, 462, 466, 486–496, 558, 664, 665, 678, 708, 722, XXXVI: 542–549, XXXIX: 65, 66, 68–70, 72, 96, 97, 105–111, 120, 121, 156, 188, 193– 197, 199, 232, XXXX: 70, 129, 140, 140n, 141, 152, 155

Correspondence Between Marshall and Short, XV: 1600–1612, 1622–1626, XXI: 4587, XXIV: 1836–1838, XXVI: 16– 23, XXIX: 2254, XXXII: 565, 566, XXXX: 79–81, 81n, 121, 163

Civil Defense Activities, XVIII: 3107–3123, XXIX: 1918–1933, XXX: 2524–2622

Efforts to Improve Defenses of Hawaii, XVIII: 2970–3106, XXIV: 1785–1918, XXX: 2607–2620, XXXI: 3122–3131

Findings of Army P. H. Board, III: 1451–1469, XXI: 4632–4661, XXXV: 151–161, 166–170, 172–179

Charges and Specifications, XVIII: 3203–3253

Information that the Japanese are Burning Papers, II: 865, III: 1455, 1460, 1481, 1493, 1494, VII: 2996, 2997, 3103, 3104, 3117, IX: 4430, 4431, X: 4951, 5001, 5109, XXI: 4615, XXII: 99, XXVII: 736, XXXV: 128, 146, 161, 167, XXXIX: 253, 276, 277, 287, XXXX: 131, 132, 132n, 554

Information Sent From Wash. D.C., II: 816, 826, 828, 833, 878, 883, 885, 920, 961, 964, 965, III: 1019, 1022, 1025–1028, 1063–1065, 1069, 1112, 1149–1151, 1153–1155, 1173, 1239, 1273, 1301, 1344, 1418–1422, 1425, 1488, 1511, 1513, 1541, 1565, IV: 1597, VI: 2608, 2763, VII: 2931-2933, 3290, XI: 5424, 5442, 5452, 5460, XVI: 2309, 2355, 2360, 2391, XVIII: 3171, XXI: 4611, 4615, 4673, 4684, XXII: 32–34, 46, 47, 376, 377, XXIII: 990, 1011, 1012, XXVI: 119, XXVII: 49, 107, 1401–1403, 1611, XXIX: 1713–1718, 2172–2174, 2176–2182, 2184–2186, 2195–2199, 2205–2208, 2313, 2342, 2343, 2401–2403, 2414, 2415, XXX: 2459, XXXII: 136, 528, XXXIV: 16, 17, 39–41, 133, XXXV: 103, 117–121, XXXVI: 27, 85,

SHORT, GEN. WALTER C.

86n, 89–95, 199, 199n, 529, 535, 535n, 560

Information Not Sent from Wash. D.C., III: 1176, 1177, 1181, 1199, 1210–1212, 1266, 1426, 1460–1462, 1487, V: 2337, IX: 4149, 4526, X: 5110, XXI: 4622, 4623, XXII: 175, XXVIII: 947, XXIX: 2209–2211, 2255–2262, 2403–2406, XXXII: 536, XXXIII: 824, 825, XXXIV: 21, 22, 50, 80, 91, XXXV: 93, 94, 104, 117, 127–129, 145–147, XXXVI: 43, XXXIX: 103–105, 222– 226, 385, XXXX: 227, 227n, 232, 233, 233n, 234, 236, 266-F, 266- H, 266-I, 266-J, 266-P, 504, 505, 519, 520, 530, 531, 543, 554, 556, 557, 569, 570

Joint Army-Navy Defense Plan, I: 377, 379, 386, IV: 1593, V: 2243, VI: 2515, VII: 3175, XV: 1434, XXI: 4681, XXII: 11, 14, 37, 74, 75, 462, 577, XXIII: 1142, XXIV: 1777, 1822, XXVI: 14, 96, 487, 534, XXVII: 43, 135, XXVIII: 832–836, 910, 918, 1291, XXIX: 2187, XXX: 2465, 2485, 2510, 2511, XXXII: 178, 180–182, 200, 590, XXXIII: 715–718, 1157, 1165, 1182, XXXVI: 204, 272, 387, 392, XXXVII: 1309–1314, XXXIX: 68, 234, 303, 412, 417, 424, 425, XXXX: 82, 86, 87n, 127

Meetings With Kimmel, VI: 2574, 2582, 2759, 2802, VII: 3228, 3291, 3344, 3362, VIII: 3555, 4372, IX: 4841, 4888, 4889, 4943, 4960, X: 4993, XVI: 2366, XVII: 2482, XXI: 4615, XXII: 447, 457, 483, 484, 526, XXIII: 607, 1175–1177, 1243, 1244 XXVI: 44, 50, 59, 80, 255, 258, 321, XXVII: 132, 164, 165, 754, 755, XXVIII: 956, 1494, 1497, XXXII: 288, 299, 397, 407, 412, 414, 415, 422, 658, 705, 706, XXXV: 51, XXXVI: 196, 207, 208, 437, 449, 450, 519, 522, XXXIX: 10, 299, 336, 346, 357, 358, 373

Mori Telephone Call, III: 1456, 1494, VII: 2997, 3124, IX: 4347, 4348, 4466, 4467, X: 5001, 5091, 5099, 5102, 5114, XXVII: 248, 738, 739, XXVIII: 1542, XXXII: 179, XXXV: 146, 147, 156, XXXIX: 238, 278, XXXX: 137, 137n

Prosecution of Japanese Counsular Agents, XXIII: 860, 861, 880, 882, 884,
976, XXVI: 352, XXVII: 213, XXVIII: 1556, XXIX: 1689, XXXI: 3182-3185

Relief and Possible Court Martial, III: 1433, 1528–1534, V: 2075, 2076, VI: 2616, VII: 3140, 3141, 3144–3149, 3151–3153, 3159, 3160, 3171, 3186, 3189, 3195, 3196, XVII: 2732, XVIII: 3203, 3211–3215, XIX: 3795–3829, 3840–3843, 3148, 3853- -3855, 3858, 3861–3865, 3867–3882, 3890, 3893, 3903, 3906, 3909, 3911–3918, 3928, 3932, 3940, 3949, 3956, 3959, 3966, 3969, XXIX: 2407, 2434–2437, XXXIII: 691, XXXIV: 141, 146, XXXV: 178, XXXIX: 268, 269, XXXX: 247, 266-Q, 266-R

Report on the Attack, XIX: 3594-3642, XX: 4520, 4521

Response to 27 Nov. Warning Message, I: 71, 129, II: 779, 830, 832, 879, 880, 897, 905, 916, 917, III: 1031–1036, 1097, 1098, 1141, 1143–1145, 1174, 1175, 1202, 1473-1477, IV: 1598, 1599, 1610, 1637–1640, 1668, 1672, 1973, 1999–2001, 2057, V: 2202, 2287, VI: 2524, 2583, 2584, 2738, 2800, 2807–2812, VII: 2922, 2935, 2943, 3272, 3292, 3371, 3372, IX: 4530, 4531, 4533, 4578, X: 4651, 4658, 4659, 4882, 4896, 4940, 4958, 4965, 4966, 4969, 4973, 4974, 4976, 5000, 5007, XI: 5391, 5425, 5426, 5429, 5430, 5443–5445, 5451, 5462, XIV: 1330, XVI: 2264, XXI: 4612, 4674, XXII: 32, 33–36, 76, 77, 188, 189, 197, 208, XXIII: 1078, 1083, 1107, 1109, XXVII: 72, 95, 158, 583–585, XXVIII: 858, 957, 963, 1037, 1364, 1365, 1541, 1542, 1560, XXIX: 1660, 2075, 2082, 2085, 2089, 2160, 2177, 2189–2192, 2194, XXX: 2513, XXXII: 73, 186, 289, 425, XXXIV: 39, XXXVI: 462, XXXIX: 8, 11, 82, 88, 89, 176, 316, 358, XXXX: 119, 120, 122–124, 124n, 128, 128n, 129n, 203, 204, 239, 239n, 256–261, 266-K, 266-L, 266-M, 536–538, 559

Sabotage Alert, III: 1031–1033, 1035, 1036, 1143, 1421, 1423, 1424, 1434, 1451, 1457, 1467, 1528, 1578, IV: 1637, 1638, 1672, 1846, V: 2338, VI: 2584, 2800, 2818, VII: 2922, 2936, 2948, 2987, 2994, 3028, 3029, 3031, 3022, 3048,

3054, 3067, 3068, 3071, 3076, 3102,
3119, 3124, 3129, 3159, 3218, 3226–
3228, 3272, 3296, 3371, VIII: 4317,
3471, 3472, IX: 4485, 4531, 4533, X:
4871, 4882, 4937, 4958, 4973, 4981,
5000, 5005, 5008, 5101, 5122, XI: 5429,
5443, 5451, 5462, XIV: 1330, 1331,
1390, XVI: 2264, XVIII: 2981, 3008,
3212, 3243, 3247, 3249, 3356, XIX:
3602, XXI: 4581, 4604, 4612, 4647,
4648, 4657, 4674, XXII: 24, 32, 133,
457, 474, 503, XXIII: 1109, XXIX: 1750,
1776, 1778, 1823, 1824, XXVII: 26,
158, XXVIII: 1054, 1419, 1421, 1530,
1541, XXIX: 1644, 1645, 1716, 1717,
2189, 2213, 2414, XXX: 2464, 2466,
2467, XXXII: 176, 188, 189, 193, 207,
289, XXXIV: 144, 159, XXXV: 16, 18,
149, 151, 152, 158, 168, 174, 178, 209,
XXXVI: 462, 539, XXXIX: 8, 20, 63,
79, 92, 102, 138, 144, 145, 176, 232, 233,
237, 240, 262, 266, 268, 281, 316, 396,
XXXX: 120–122, 126, 128, 128n, 129,
129n, 190n, 201, 201n, 202, 202n, 203,
256, 260, 266-K, 266-L, 536, 557, 559

Statement to Various Investigations,
XVIII: 2953–3123, XXIV: 1769–1933,
XXX: 2458–2622

Testimony,

Army Pearl Harbor Board, XXVII:
153–234, 237–287

Joint Congressional Committee, VII:
2921– 3231

Navy Court of Inquiry, XXXII: 169–208

Roberts Commission, XXII: 31–106,
XXIII: 975–992

Unity of Command, VII: 3057, XXI: 4589,
4597, 4601, XXVII: 49, 94, 165, 199,
242, 542, 543, XXVIII: 844, 896, 921,
983, 995, XXXIX: 70, 358, 373, 384,
421, 422, 426, 511, XXXX: 83, 240,
240n, 241, 242, 242n, 243, 244

Shortland Islands, XIII: 547–549, 551, 552, 573

Shortt, Pvt. Creed, XXII: 271, 272, XXIII:
1256

SICARD, XII: 349, XVI: 2252, XVII: 2512,
2514, XXI: 4557, 4563, XXII: 594, 599,
XXIV: 1388, 1582–1586, 1593–1595, 1601,
1611, 1644, XXVI: 553, XXXIII: 1313,
XXXVII: 936, 1235–1237, 1239, 1240, 1249,
1251, 1259, 1272

Siberia (Maritime Provinces), II: 408, IV:
2007, 2008, V: 2114, 2118, 2120, XXVII:
15, 24, XXXV: 185, 199, 271, 301, 304, 307,
609, 641, 647, 676, XXXVI: 409, 410, 420,
421, 533, XXXVII: 676, 800, XXXIX: 434,
XXXX: 1, 91, 94, 174, 175, 390, 391

SHROPSHIRE (Br), XV: 1580

Siam, II: 525, 565, 675, 676, IV: 1608, 1695,
1754, 1726, 1857, 1872, 1876, 1877, V: 2110,
VII: 2931, 3128, 3311, 3312, IX: 4246, 4251,
X: 4757, 4759, 4760, 5083–5086, XI: 5186,
5376, 5377, 5403, 5484, 5514, XIV: 972,
1353, 1382, XVII: 2476, XIX: 3487, 3503,
XXIV: 1356, XXVI: 24, 303, XXXIII: 818,
830, 878, 883, XXXIV: 143, XXXV: 125,
298, 313, 314, 583, 588, 589, 635, XXXVI:
425, 432, 527, XXXVII: 778, 1033, XXXX:
304, 365, 414n, 562

Signal Corp, X: 4678, XXI: 4625, 4626, XXIII:
746, XXVII: 260, 274, 313, 314, 352, 353,
359, 556, 561, 563, 593, 594, 618, 620,
622, 623, 628, 629, 631, 647, 655, 658, 663,
XXVIII: 1074, 1076, 1114, 1302, 1307, 1373,
1377, XXIX: 1629, 1718, 1762–1765, 1802,
1831, 1832, 1895, 1966, 1986, 1988, 1994,
2076, 2108–2110, 2200, 2261, 2291, 2324,
2336, 2337, 2342, 2347, 2427, 2428, 2432,
2439, XXX: 2471, 2593, 2600, 2601, 2758,
2760, 3003, 3005, 3012–3014, XXXI: 3131,
3133, 3134, 3147, XXXII: 351, 370, XXXIII:
768, XXXIV: 1, 7, 20, 21, 32, 45, 67, 90,
133, XXXV: 24, 25, 29, 37, 92, 99, 104, 137,
142, 164, 172, 214, XXXVI: 347, 545–547,
XXXIX: 49, 108, 111, 131, 132, 187, 194,
249, 260, 273, 291, XXXX: 129, 202, 472,
514

Signal Intelligence Service (SIS), (See Radio
Intelligence)

Signal Security Agency, (See Radio Intelligence)

SILVERSIDES, XXI: 4556

Simons, Capt. R. B., XXIII: 746, XXIV:
1609

Simpson, Lt. Geo. H., XXXVII: 1282–1284

SIMS, XI: 5505

SIRIUS, XVII: 2524, XXVI: 1619, XXVIII:
679, XXXVII: 798

Singapore, I: 179, 309, 316, 318, 319, II: 449,
490, 525, 611, 626, 642, 643, 651, 654, 671,

676, 726, 727, 748, 784, 839, 840, 865, 914, 915, 921, 922, 954, 966, 979, III: 991–993, 995, 1000, 1010, 1014, 1040, 1052, 1053, 1057, 1148, 1149, 1218–1221, 1228, 1231, 1244, 1246, 1247, 1249, 1251, 1255, 1307, 1317, 1348, 1386, 1481, 1493, 1495, 1525, 1526, 1527, 1542, 1543, 1548, IV: 1604, 1617, 1654, 1655, 1695, 1711, 1753, 1759, 1773, 1798, 1799, 1802, 1857, 1873, 1921, 1928, 1929, 1931–1935, 1956, 1987, 2002, 2014, 2015, 2042, 2043, 2053, V: 2070–2072, 2080, 2104, 2122, 2131, 2135, 2215, 2230–2232, 2361, 2369, 2370, 2372, 2388, 2415, 2425, 2434, VI: 2521, 2702, 2792, 2818, 2819, 2857, 2858, 2864–2866, 2871, 2873, 2874, 2882, 2908, 2911, 2918, VII: 2954, 2997, 3080, 3105, 3174–3176, 3339, VIII: 3415, 3583–3585, 3589, 3593, 3614, 3615, 3625, 3629, 3657, 3703, 3710, 3783, 3858, IX: 3934, 3951, 3953, 4051, 4064, 4070, 4175, 4226, 4240, 4254, 4261, 4270, 4271, 4285, 4286, 4333, 4337, 4338, 4347, 4358, 4360, 4380, 4585, X: 4603, 4635, 4718, 4733, 4761–4763, 4765, 4802, 4803, 4806, 4808, 4818, 4843, 4878, 4882, 4892, 4893, 4966, 5080–5089, 5113, XI: 5183, 5186, 5207, 5257, 5258, 5263, 5361, 5382, 5382, 5407, 5417, 5426, 5434, 5436, 5440, 5484, 5514, 5515, 5516, 5532, 5553, XII: 2, 148, 149, 209, XIII: 437, 438, 543, 544, 554, 645, XIV. 973, 1006, 1007, 1012, 1061, 1064, 1067, 1079, 1082, 1083, 1169, 1356, 1371, 1377, 1402, 1407, 1408, 1412, XV: 1481, 1519, 1567, 1571, 1573, 1578, 1581, 1582, 1584, 1677, 1678, 1754, 1756, 1768, 1839, 1841, 1854, 1855, XVI: 1968, 1991, 2001, 2141, 2148, 2149, 2152, 2153, 2239, 2251, 2299, 2316, 2317, 2326, 2330, 2446, 2447, 2449, 2456, XVII: 2463, 2476, 2659, 2660, 2673, XVIII: 2942, 2948, 3212, 3233, 3242, 3312, 3335, 3349, 3436–3440, XIX: 3444, 3447, 3451, 3452, 3454, 3490–3494, 3497, 3503, 3504, 3509, 3530, 3544, 3548, 3552, 3553, 3547, 3720, 3723, 3741, 3768, 3769, XX: 3989, 3991, 4059, 4063, 4069, 4072, 4073, 4129, 4223, 4226, 4238, 4292, 4323, 4324, 4326, 4339, 4396, 4454, 4457, 4512, 4529, XXI: 4582, 4614, 4711, 4720, 4727, 4728, 4732, 4749, XXII: 376, 438, XXIII: 658, 664, 667, 766, 943, 1132, 1170, 1225, XXIV: 1357, XXVI: 160, 269, 393, 394, 489, XXVII: 15, 63, 64, 718, 789, XXVIII: 1547, 1579, 1615, 1617, XXIX: 2070, 2083, 2327, 2351, 2396, 2406, XXX: 2964, 2975, 2976, XXXI: 3202, 3206, 3208, 3214–3219, 3221, 3222, XXXII: 80, 100, 252, 410, 631, 635, XXXIII: 701, 770, 776, 782, 834, 838, 874, 887, 914, 1174, 1178, 1197, 1202, 1204, 1214, 1238, 1358, 1390, XXXIV: 44, 62, 141, 154, 165–167, 179, 187, 190, 195, 203, 205, 207–209, 211, 220, 222, 224, XXXV: 30, 41, 43, 47, 87, 102, 105, 128, 134, 146, 148, 196, 203, 204, 216, 257, 258, 277, 278, 283, 297, 309, 313, 588, 601, 613, 644, 645, 669, 677, 679, XXXVI: 43, 48–50, 61, 64, 72, 121, 136, 137, 158, 201, 406, 416, 426, 467, 508, 518, 520, 659, 660, XXXVII: 670, 774, 776, 787, 794, 1009, 1010, 1061, 1092, 1177, 1191, XXXIX: 46, 93, 277, 279, 286, 438, 459, 460, 472, 478, XXXX: 17, 48, 89, 93, 100, 130, 130n, 132, 144, 145, 169, 169n, 170, 175, 175n, 178, 187, 189, 192n, 228n, 293, 299, 300, 304, 338, 340, 342, 343, 356, 377, 388, 395, 398, 401, 404, 405, 407, 408, 414n, 419, 437, 439, 441, 484, 507, 508, 522, 554

Singapore Strait, XIII: 442

Singora, V: 2050, 2131, VIII: 3673, IX: 3974, 4176, 4253, 4370, X: 4882, XII: 2, XIII: 543, 554, XIV: 1399, XV: 1768, 1841, XVI: 2326, XVII: 2484, 2656, 2664, XIX: 3787, XXVI: 228, 232, 488, XXVIII: 1591, XXXIII: 860, 1361, 1391, XXXV: 50, 216, 277, 677, 689, XXXVI: 130, 486, 660, XXXVII: 787, 788, 1061, XXXIX: 472, XXXX: 93, 403

Sino-Japanese Treaty of 1940, XXXV: 195, 196

Sipit Straits, XIII: 442

Sisson, George A., XXVII: 3, 297, XXIX: 1629, 1694–1705, XXXIX: 186

Sixteenth Naval District (COM16), I: 82, IV: 1921, V: 2123, 2131–2133, 2256, 2703, 2813, 2814, VII: 3107, 3108, VIII: 3580, 3590, 3617, 3618, 3668, 3673, IX: 4240, 4364, 4402, X: 4717, 4721, 4773, 4834, 4848, XIV: 1367, 1406, 1408, XVI: 2173, 2190, 2315, 2323–2328, 2331, 2336, 2358, 2387, 2452, 2455, XVII: 2536, XVIII: 2895, 2926, 3335, 3336, 3351, XX: 4319, 4320, 4369, 4492, XXIII: 657, 658, 663, XXVI: 40, 233, 283, 389, XXVIII: 862, 864, 926, XXIX: 2362, 2363, XXXI: 3222, XXXII: 41, 60, 216, 358, 384,

XXXIII: 771, 794, 795, 832, 942, 943, 973, 985, 1293, 1353, 1387, XXXVI: 15, 16, 29, 33, 34, 43, 46–49, 62, 63, 68, 121, 126, 128, 130, 131, 135–137, 140, 141, 149, 157, 161, 473, 479, 484, 486, 487, 514, 516, 518, 520, 521, 584, 648, XXXVII: 702, 703, 705, 706, 789–792, 794–801, 1059–1067, 1256, XXXIX: 468, 469, 471–475, 478, 479, 486, 487, 517, XXXX: 133, 134, 207, 470
SKIPJACK, XVII: 2528, 2531, XXVI: 557
Slowie, T. J., VIII: 3654, XVIII: 3305, XXIX: 2357, 2358, XXXIII: 768, XXXIV: 125
Smedberg, Capt. William R., XXXII: 23, 145, XXXIII: 811, XXXVI: 1, 9–12, 556, 562, 574, XXXIX: 404
SMITH, V: 2210, XII: 346, XVII: 2527, 2530, XXI: 4559, 4564, XXIV: 1692, 1712, XXVI: 557
Smith, Capt. Allen, XXXII: 388
Smith, Lt. Cdr. C. D., XI: 5491, 5492
Smith, Harold, III: 1115, XIX: 3923, XX: 4370, 4423, 4516, XXXX: 428
Smith, Gen. Ralph C., IX: 4327, 4459, 4487, 4493, 4515, X: 4611, 4616, 4620, 4621, XXIX: 2456, XXXIV: 46, 93–99, 126, XXXV: 2, 20, 24, 25, 35–37, 96, 97, 127, 137, 138
Smith, Radioman 3/c, Russell B., XXXVII: 1268
Smith, Col. W. Bedell, II: 971, III: 1323–1325, 1328, 1429, 1444, 1446, 1448, 1449, 1463, 1467, 1473, 1485–1487, 1489, 1490, 1538, V: 2076, VIII: 2764, IX: 4304, 4306, 4326, 4327, 4383–4386, 4436, 4455–4459, 4476, 4477, 4480, 4487–4489, 4493, 4503, 4505, 4515, 4573, X: 4609–4612, 4616, 4619–4621, 4630, 4635, 4636, 4644–4652, XIV: 1410, XXI: 4623, 4648, XXIX: 2324, 2421, 2423, 2431, 2451, 2455, XXXII: 372, XXXIV: 5, 68, 87, XXXV: 2, 17, 25, 90, 96–99, 115–117, 121, 138, 142, 143, 164, 167, 174, XXXIX: 104, 139, 224, 226–229, 248, 253, 262, 272, 273, 291–293, XXXX: 266–S
Smith, Adm. W. W., I: 129, V: 2354, 2355, VI: 2604, 2609, 2610, 2624, 2640, 2641, 2648, 2825, 2833, 2836, 2837, 2886, 2896, VII: 3235, 3237, 3238, 3256, 3258, 3303, 3308, 3354–3378, VIII: 3379, 3380, 3501, 3506, 3521–3555, X: 4831, 4872, 4939, 4940, 4943, 4959, XIV: 923, XVI: 2271, 2287, 2340,

XVII: 2834, XVIII: 1065, 1178, XXIV: 1487, 1491, XXVI: 1, 3, 41–74, 81, 103, 111, 121, 141, 155, 187, 192, 203, 205, 210, 217, 225, 227, 232, 237, 241, 245, 248, 293, 309, 317, 333, 339, 349, 363, 368, 387, 397, 403, 415, 419, 427, 474, 526, XXVII: 754, XXXII: 2, 259, 267, 288, 400–433, 594, XXXIII: 705, 719, 720, 725, XXXVI: 1, 144, 199–220, 366, 370, 372, 373, 379, 380, 390, 394, 397, 399, 400, 404, 419, 422, 423, 426, 430, 435, 437, 441, 442, 449–453, 462, 464, 465, 469, 471, 476, 477, 480, 484, 520, 521, 535, 537, 538, 541, 543, 549, 552, 557, 558, 562, 564, 566, 568, 571–573, XXXVII: 205, XXXIX: 403, 423, 492, XXXX: 69n, 105, 111, 226n, 242n
Smith-Hutton, Capt. H. H., XXIX: 2147, XXXII: 2, 641–644, XXXVI: 370, 415, 481, 572
Smyth, Mr., II: 709, IV: 1712–1715, XV: 1757–1767, XIV: 3745, 3754, 3755, 3760, 3763, 3765
Smoke Screen, I: 279–281, III: 1060, 1215, 1216, V: 2127, 2128, 2138, 2243, XIV: 1001, 1004, XVI: 2170, XXII: 501, XXIII: 1093, 1094, XXIV: 1361, 1364, XXVI: 458, 562, 563, XXVII: 768, 769, XXXII: 31, 183, 223, 544, XXXIII: 1164, 1165, 1182, 1187, XXXVI: 403, XXXVII: 942, XXXIX: 300, 312, 339, 348, XXXX: 76, 77
Smoot, Col. Perry M., XXIII: 889, 890, 1044, 1270
SNAPPER, XVII: 2513, 2514, XXVI: 554
Snyder, Adm. Charles P., I: 263, XVI: 2144, 2145, XXII: 459
SOLACE, I: 33, 47, V: 2343, X: 4849, 4850, XI: 5506, XII: 349, XVI: 2027, 2190, XVIII: 3575, XXIII: 635, XXIV: 1574, 1578, 1583, 1587, 1592, 1596, 1610, 1660, 1707, 1708, 1754, XXXIII: 1221, XXXVII: 936, 1226, 1231, 1237, 1241, 1242, 1248, 1253
Solomon Islands, I: 30, 31, IV: 1943, 2170, XI: 5353, XIII: 564, 574–577, 710, 716, XV: 1574, XVI: 2151, XVII: 2383, XXI: 4564, XXIX: 2302, XXX: 2750, XXXIII: 1204, XXXVI: 590, 594, 616
Somervell, Gen. B. B., XXVIII: 1068, 1429, 1508, 1510, 1511, 1513–1515, 1519–1522, XXIX: 1802, 1803, 1967, 1968
SOMERS, XI: 5505

Sonnett, Lt. Cdr. J. F., VIII: 3608–3610, 3610, 3617, 3618, 3620, 3753, 3754, 3786–3790, 3793, 3794, 3874, 3875, IX: 4056–4059, 4134, 4135, 4137, 4138, 4148, 4150, 4170, 4338, 4422, 4466, 4467, X: 5009–5012, 5015–5027, XI: 5306, 5307, XVI: 2262, 2271, 2329, 2330, 2396, 2407, XVIII: 3335, 3339, 3342, 3343, 3345, 3346, XXXV: 8, 23, 114, 115, 118, 127, 129, XXXVI: 364, XXXIX: 356, 360, 403

SONOMA, XII: 345, XXIV: 1388, 1671, 1699, XXXVII: 1274

Soong, T. V., II: 774, III: 1230, V: 2326, XI: 5434, 5437, XII: 87, XIV: 1161, 1231, XXXX: 338, 376, 379, 380, 512

SORYU (Ja), I: 184–186, 234, 238, FP 239, 245, IV: 1796, XI: 5356, 5359, XII: 358, XIII: 394, 401, 403, 405, 561, 644, 645, 719, 720, XV: 1871, 1875, 1879, 1883, 1885, 1896, XVI: 2322, 2323, 2350, XVII: 2674, 2683, 2350, XVIII: 3337, XX: 4125, 4475, XXIII: 665, 666, 680–682, XXVI: 233, XXVIII: 1585, XXX: 3066, XXXV: 58, XXXVI: 10, 35, 36, 113, 114, 116, 149, 152, 190, 462, 481, 487, 510, 562, 596, 597, XXXVII: 735, 742, 744, 745, 748, 751, 753, 775, 783, 1132, 1133, 1316, 1318, 1320, 1323–1325, 1329, XXXIX: 467, 468, 470, 506, XXXX: 57n

SOTOYOMO, XXXVII: 1272

Sound Detectors, I: 40, 41, 126, XXIII: 1093, XXVII: 20, XXXII: 174, 175, XXXV: 119

SOUTHARD, IV: 1678, XII: 345, XV: 1715, XVI: 2027, 2108, XVII: 2527, 2530, XXI: 4559, 4560, 4564, XXIV: 1652, 1654, 1659, 1670, 1677, 1698, 1699, 1709, XXVI: 557, XXXVII: 1273

South China Sea, I: 319, IV: 1738, 1754, 1758, 1759, 1766, 1776, 1799, 1803, 1811, 1844, 1857, 1866, 1869, 1872, 1881, 1932, 1985, 1997, 2010, V: 2190, 2256, 2288, 2290, VI: 2815, IX: 4048, 4051, 4568, X: 4601, 4602, 4604, 4694, 4790, 4882, 4885, XI: 5216, XIII: 447, 555, XIV: 1012, XV: 1576, 1678, 1773, XVI: 2275, 2328, XVII: 2577, XXIII: 670, XXVI: 389, 499, XXVIII: 890, XXIX: 2304, XXXII: 568, XXXIII: 1391, XXXIV: 59, 60, 62, 154, XXXV: 196, 218, 229, XXXVI: 101, 145, 147, 177, 186, 232, 233, 382, 472, 499, 516, XXXVII: 702, 845, XXXIX: 475, XXXX: 187, 300, 565

SOUTH DAKOTA, VI: 2897, XXXV: 367, 533

SOUTH SEAS (Private Yacht), XXIX: 1755, 1756, 1816, 1817, 1822

Southern Naval Coastal Frontier, XVIII: 2880, 2888, 2889, 2917, 2937, 2938, XXXIII: 929, 936, 937, 941, 965, 982, 1045

Southwick, Lt. E. P., XXVI: 238

Soviet Union (Russia, Russian), II: 420, 431, 525, 527, 541, 651, 747, 803, 817, 936, III: 984, 1018, 1149, 1157, 1314, 1453, 1461, IV: 1693, 1702, 1707, 1710, 1714, 1731, 1750, 1886, 1944, 1946, 2052, V: 2078, 2088, 2118–2120, 2225, 2235, 2342, 2424, 2437, VI: 2777, 2778, 2883, VII: 2932, VIII: 3421, 3443, 3546, 3547, IX: 4346, X: 4780, 4791, XI: 5179, 5247, 5248, 5262, 5264, 5417, 5427, 5479, 5482, 5519, 5526, XII: 8, 9, 16, 17, 29, 52, 85, 128, 132, 136, 138, 165, 198, 201, 204, 210, XIII: 517, 714, 715, XIV: 1065, 1067, 1098, 1101, 1102, 1118, 1121, 1134, 1157, 1197, 1271, 1281, 1336, 1341, 1343, 1344, 1346–1350, 1356, 1369–1372, 1376, 1380, 1382, 1396, 1402, XV: 1559, 1748, 1810, 1812, 1815, 1816, 1844, 1908, XVI: 1961, 1962, 1966, 1969, 1972, 2004, 2175–2177, 2182, 2183, 2209, 2296, 2305, 2450, XVII: 2577, 2772, XVIII: 2947, 2951, 3196, 3200, XIX: 3644, 3647, 3658, 3662, 3679–3682, 3757, 3814, XX: 3994, 4002, 4019, 4022, 4088, 4139, 4149, 4157, 4166, 4167, 4227, 4292, 4297, 4323, 4326, 4349–4355, 4360, 4402, 4403, 4441–4443, 4455, 4471, 4475, 4513, 4545, 4546, XXI: 4578, 4619, 4706, 4707, 4711, 4712, 4728, 4730, 4736, 4737, 4738, 4748, 4751–4753, 4756, XXII: 505, XXIII: 943, 944, XXIV: 2164, XXVI: 264, 295, 388, 470, 487, 497, 500, XXVII: 389, 610, XXVIII: 1584, XXIX: 1727, 1887–1890, 2223, 2224, 2321, 2327, 2352, 2368–2370, 2378, XXX: 2861, 2975, 2978, XXXI: 3166, 3167, 3205, 3208, 3218, 3248, XXXII: 613, XXXIII: 756, 1166–1169, 1232, 1324, 1352, 1354, 1356, 1360, 1375, XXXIV: 27, 28, 37, 1188, 122, 141, 165, 166, 174, 175–179, 188, 213, 214, XXXV: 30, 197, 198, 258, 269, 275, 408, 409, 413, 432, 446, 505, 592–594, 599, 600, 609, 614, 657, 659, 673, 676, 678, XXXVI: 144, 495, 655–659, XXXVII: 800, 843, 1008–1010, 1019, 1044, 1056,

STAFF, CH/CM WALTER F. 217

1067, 1073, 1101, 1105, 1110, 1114, 1192, 1203, 1204, XXXIX: 99, 313, 341, 434, 464, XXXX: 3, 15, 23, 47, 91, 94, 164, 173, 215, 235n, 237n, 266–O, 295, 305, 306, 335, 342, 343, 352, 362, 367, 375, 400, 409, 410, 433n, 486
- Maritime Provinces, II: 913, 921, 922, III: 1212, V: 2114, XVI: 2142, 2143
- Russian Army, III: 1148, 1577, XI: 5181, 5182, XIV: 1276
- Russian Participation in the Pacific War, IV: 1838, V: 2232
- Russia and the Winds Code Messages, III: 1106, 1450, 1463, 1464, 1480, 1486, 1488, 1489, 1506, 1535, IV: 1968, 1969, VI: 2549, 2702, VIII: 3386, 3387, 3416, 3420, 3589, 3590, 3603, 3622, 3649, 3769, 3796, IX: 3930, 3935, 3952, 3953, 3959, 4067, 4127, 4136, 4138, 4146, 4225, 4230, X: 4634, 4731, 4785, 4786, XI: 5478, XVI: 2314–2316, 2355, 2356, 2375, 2387, XVII: 2501, 2660, XVIII: 3302, 3303, 3307, 3310, 3311, 3344, 3350, 3351, XXVI: 393, XXVIII: 2323–2325, 2338, 2368–2370, 2429, 2430, XXXIII: 729, 730, 757, 770, 772, 921, 1367, 1388, XXXV: 132, 133, 138, 164, 651, XXXVI: 23–25, 74–76, 81, 87, 88, 131, 161, 261, 339, 340, 427, 501, 502, 504, 505, 507, XXXVII: 664, 681, 682, 787, 788, XXXIX: 223, 224, 229, 248, 249, 251, 270, 285, 292, 456–460, 465, 483, 514, XXXX: 191, 469, 470, 470n, 471, 472, 477, 479, 481, 485, 526
- Siberia, II: 409, III: 1257, V: 2384, XXXIII: 1363, XXXIV: 177, 179, 180, 188, 711
- Will Japan Attack Russia? IV: 2008, 2015, 2052, V: 2090, 2113, 2121, 2124, 2129, 2182, 2317, VI: 2512, 2516, 2517, 2626, 2861, VII: 2931, 2933, 3180, 3206, 3289, IX: 4317, X: 4769, 4856, XI: 5450, XII: 18, 19, 233, 246, XIII: 712, 713, 716, 718, XIV: 1062, 1064, 1326, 1327, 1335, 1337, 1357–1361, 1363, 1378, 1385, 1402, XV: 1825, 1848, XVI: 2212–2214, 2239, 2299, 2441, XVIII: 2948, 3197, 3198, 3202, 3232, XX: 3993, 4023, 4361, XXI: 4589, 4672, XXII: 34, XXIII: 945, XXIV: 1771, 1798, XXVI: 228, 325, 390, 423, 451, 487, XXVII: 24, 48, 154, 219, 783, XXVIII: 1548, XXIX: 1748, 2159, 2178, XXX: 2459, 2486, XXXII: 95, 100, 105, 108, 148, 191, 229, 230, 340, 568, XXXIII: 698, 699, 845, 1175, 1214, 1239, 1320, XXXIV: 180, 202, XXXV: 135, 153, 192, 199, 301, 310, 592, XXXVI: 409, 411, 426, 533, 595, 651, XXXIX: 6, 59, 433, 438, XXXX: 96, 97n, 174, 307, 535

Soviet-Japanese Neutrality Treaty, XII: 138, 210, XIX: 3490, XXI: 4748

SOYA (Ja), XIII: 684

SOYO MARU (Ja), XIII: 462–465, XVII: 2630

Spaatz, Gen. Carl A., III: 1067, VII: 2923, XV: 1628, XXVII: 189, 190

Spain (Spanish), II: 414, IV: 1785, 1786, V: 2309, 2310, XIV: 1276, 1344, XV: 1775, 1816, XIX: 3461, XX: 4276, 4403, 4454, XXI: 4728, 4731, XXXI: 3203, XXXIII: 964, 1320, XXXIV: 200

Spalding, Brig. Gen. Isaac, X: 4638, 4640, 4641, 4656, 4657, XXXIV: 75, 76, 81, 86, 89–93, 100–102

SPARFISH, XXVI: 557

SPEARFISH, XV: 1710, XVII: 2528, 2531

Specht, Lt. Cdr., XXIV: 1432

SPENAVO (Special Naval Observer—London), IV: 1990, V: 2115, 2123–2125, 2244, VI: 2518, 2650, 2667, VII: 2933, 2934, X: 4826, XI: 5215, 5216, 5221, 5263, XIV: 1327, 1401, 1406, XVI: 2302, 2421, XVII: 3232, XXI: 4604, XXIV: 1355, XXVI: 488, XXVII: 579, 703, XXVIII: 929, 963, XXIX: 2177, XXXII: 146, 592, XXXIII: 1173, 1174, 1176, XXXV: 155, XXXVI: 207, XXXVII: 782, XXXIX: 79, 237, XXXX: 98, 396n, 535

SPENCER, XVIII: 2930, XXXIII: 975

SPENCER KELOGG, XII: 303

SPERRY, XXI: 4561

Spratly Islands, XII: 2, XIV: 1105, 1399, XVII: 2630, XX: 4295, 4296, XXXI: 3214, XXXV: 126, 279, 310, 639, XXXVII: 745, 750, XXXX: 93

Spruance, Adm. R. A., VII: 3241, XXI: 4558, 4561, XXIV: 1415

STACK, XI: 5505, XVII: 2465

Staff, CH/CM Walter F., XVIII: 689, 726–729, 1263

Stalin, Joseph, XVI: 1962, 2210, XVIII: 2948, XX: 4326, 4327, 4373, 4471, XXXIV: 193, XXXX: 12

STALWART, XX: 4441

Standley, Adm. William H., I: 10, VI: 2799, 2809, 2811, 2815, VII: 3118–3120, 3122, 3123, 3273, 3283, 3300, VIII: 3703, 3724, 3826, 3833, X: 4989, XII: 88, XVI: 2210, 2452, XXI: 4650, 4661n, XXII: 7–602, XXIII: 605–1242, XXIV: 1290, 1303, 1306, 1307, 1394, XXVII: 552, XXXV: 19n, XXXIX: 21, 142

Stark, Adm. Harold R., I: 16–18, 79, 82, 128, 254, 256, 260, 261, 264, 268–270, 274, 278, 284, 302, 304, 308, 310, 312, 315, 317, 319–321, 332, 339, 340, 368, II: 429, 434, 442–444, 578, 825, 839, 950, III: 995, 997–999, 1052, 1066, 1095, 1119, 1140, 1142, 1155, 1156, 1166, 1167, 1218, 1219, 1252, 1258, 1265, 1269, 1274, 1278, 1280, 1285, 1294, 1296, 1307, 1310, 1362, 1364, 1386, 1397, 1401, 1403, 1512, 1569, 1582, IV: 1668, 1730, 1731, 1738, 1739, 1750, 1759, 1765, 1766, 1829, 1834, 1839, 1848, 1866, 1914–1916, 1966, 1984, 2008, 2011, 2019, 2032, 2033, 2042, 2043, 2047, 2049, V: 2090, 2093, 2094, 2350, 2351, VI: 2537, 2539, 2540, 2551, 2559, 2608, 2618, 2659, 2753, 2842, VI: 2914, VII: 3241, 3368, VIII: 3397, 3419, 3445, 3448, 3637, 3681, 3750, 3754, 3755, 3789, 3815, IX: 4090, 4120, 4123, 4174, 4194, 4196, 4226, 4229, 4245, 4272, 4285, 4286, X: 4712, 4752, 4777, 4802, 4817, 4818, 5009, 5010, 5020, 5087, XII: 45, 72, 85, XIV: 1103, XV: 1471, 1677–1679, XVI: 2224, 2264, 2379–2383, 2396, 2398, XVIII: 2877, 2880, 3254, XIX: 3537, 3733, XX: 4473, 4487, 4488, XXI: 4555, 4576, 4586, 4644–4647, 4662, 4701, XXII: 441, 458, 461, XXIII: 1022, 1073, 1079, 1086, 1106, 1130, 1132, 1155, 1166, 1246, XXIV: 1779, 2164, XXVI: 51, 57, 119, 134, 150, 152, 156–162, 194, 267, 271–273, 292, 424–426, 437, 456, 457, 459, 461–463, 467–470, 481, 524, 531, XXVII: 89, 206, XXVIII: 866, 911, 914, 946, XXIX: 2081, 2083, 2163, 2318, 2410, 2415, 2454, XXXI: 3167, XXXII: 246, 258, 259, 294, 397, 611, 615, XXXIII: 737–743, 758, 806, 812, 832, 848, 861–863, 871, 873, 875, 878, 881, 885–887, 892–894, 1198–1201, 1279, 1281–1284, XXXIV: 52, 192, XXXV: 6, XXXVI: 18, 19, 102, 230–232, 236, 330, 374, 376, 377, 397, 442, 491, 521, XXXVII: 676, 1301, XXXIX: 82n, 86, 87, 139, 299, 318, 321, 324, 331, 335, 336, 343, 344, 351–353, 363, 369, 370, 380, 382, 387, 400, 423, 426, 432, 492, 525, XXXX: 108n, 109, 113, 114n, 136n, 151, 164, 165, 166, 166n, 167n, 169n, 170n, 171n, 172n, 176n, 177, 177n, 179n, 180, 180n, 184, 185, 188, 219, 226n, 237n, 238–240, 245, 266–C, 266–E, 266–P, 266–S, 266–V, 291, 297, 366–368, 372, 380, 403, 413, 482, 504, 505, 518–521, 542, 543, 558, 560–563, 573

 Atlantic Conference, II: 482, 486, 537, III: 1389, IX: 4259

 CINCPAC Damage Report, IV: 2023, XXXVII: 1213

 Codes Being Broken at Corregidor and Hawaii, IV: 1975–1977, X: 4714, 4774, XVI: 2294–2297

 Correspondence Between Block and Stark, XXXIII: 1194–1196, 1240, 1241, XXXVII: 1128, 1299, 1300

 Communications to and from Adm. Hart, V: 2117, 2121, 2123, 2131, VI: 2645, XVI: 2444–2456, XVII: 2462, 2463, XXVI: 449

 Communications to and from Adm. Kimmel, IV: 1792, 1793, 1836, 1838, 1944, 2006, 2040, V: 2112, 2113, 2134, 2135, 2163–2171, VI: 2505, 2511–2518, 2578, 2630, 2810, 2811, 2820–2822, 2910, 2911, VII: 3126, 3138, VIII: 3486, XI: 5412, XVI: 2145–2257, 2285, 2325, 2354–2356, 2371, 2411, XVII: 2462–2465, XXI: 4672, 4674, 4683–4685, XXII: 324, 371, 374, 941–947, XXIV: 1601, 1779, XXVI: 56, 73, 146, 195, 196, 342, XXVII: 16–18, XXXII: 238, 292, 303, 304, 313, 325, 328, 402, 605, 655, 657, 668, XXXIII: 698–700, 702, 1166–1179, 1199–1237, 1241–1278, 1284–1291, 1351–1362, XXXV: 154, XXXVI: 192, 210, 404–411, 418–426, 512, 519, 520, XXXVII: 869, 939, XXXIX: 56, 60, 74, 313, 317, 433, XXXX: 75, 77–79, 89–97, 101, 103, 116n, 163, 164n, 168, 168n, 263, 264, 264n, 266–O, 266–R, 533

 Communications to and from Adm.

STARK, ADM. HAROLD R. 219

Richardson, I: 258, 259, 262, 274, 288, 293, 330, 369, 370, III: 1118, V: 2110, 2111, VI: 2791, XIV: 923–1000, XXII: 328, 329, XXXII: 223, 225, 654, XXXIII: 696, 697, 1187–1194, 1349–1351, XXXVI: 192, XXXX: 75, 159, 159n, 160, 160n
Events in Wash. D. C. 6–7 Dec. 1941, II: 929, 942, III: 1108–111, 1431, 1448, 1532, IV: 1762, 1763, 1767–1769, 1799, 1924, 1972, 2061, V: 2132, 2133, 2260, 2263, 2278, 2279, 2334, 2335, VI: 2549, 2550, VII: 3125, 3273, 3274, VIII: 3384, 3388, 3392–3394, 3566–3570, 3573, 3657–3659, 3777, 3925, 3828, 3829, 3837, 3899, 3900, 3905–3912, IX: 3987–3991, 3993, 3996, 3997, 4029, 4031–4035, 4038, 4047, 4051, 4061, 4097, 4098, 4102–4105, 4108–4116, 4151, 4263–4265, 4471, 4472, 4518, 4547, X: 4663, 4667, 4671, 4736, XI: 5153–5164, 5193, 5246–5255, 5286, 5290, 5393, 5394, 5519, 5543–5560, XVI: 2309, 2333, 2371–2373, 2391, 2421, 2422, XXI: 4684, XXVI: 392, XXIX: 2384, 2385, 2388, 2389, 2455, XXXII: 160, 161, 163–165, 243, 244, XXXIII: 759, 760, 773, 780, 815, 816, 822, 826, 857, 858, 865, 869, 872, 881, 882, 896, XXXIV: 6, 20, 30, XXXV: 25, 26, 76, XXXVI: 532–535, XXXIX: 9, 227, 329, 350, 513, XXXX: 212, 216n, 217, 217n, 223, 224, 224n, 226n, 257, 266–F, 266–G, 266–H, 414n, 424, 425, 435, 439, 527–529, 566–568
First Overt Act, IV: 1979, 1980, 2031, V: 2359
Free Passage for the President Madison, XI: 5202–5206, XVIII: 3345
Hart's Question, II: 953, 954, III: 1231, 1232, IV: 1971
Japanese Code Destruction Message 3 Dec. 1941, IV: 2002, 2003
Joint Action Army/Navy, V: 2126, 2455–2457, VII: 3016, XVII: 2744, XXII: 502, XXVIII: 916, 917, XXIX: 2206, XXXII: 559, XXXVI: 392
Joint Board Meetings, II: 650–653, III: 1152, 1254, 1414, IV: 1947, XIV: 1062–1065, 1471, 1641–1643, XXXIII: 829
Joint Action with Britain in the Pacific, IX: 4324
Kimmel's Relief and Retirement, VI: 2561–2563, XVII: 2727–2734
Knox Report to the President, V: 2338–2345
Marshall-Herron Alert, III: 1379, 1382, 1409, IV: 1883, V: 2453, 2454, VI: 2723, 2726, VII: 2932, XXVI: 23
Memorandum Marshall and Stark to FDR, 5 Nov. 1941, II: 401, 428, 644, 647–649, 681, 805, 810, III: 1246, VI: 2504n, 2620, VIII: 3549, XI: 5383, XIV: 1061, 1062, XXIX: 2406, XXXIII: 826, 1238, 1239, XXXIX: 346, 436, 442, XXXX: 29, 170, 173, 340–343, 364, 389, 405
Memorandum Marshall and Stark to FDR, 27 Nov. 1941, II: 921, 927, 974–976, III: 10567, 1263, 1292, 1293, 1407, IV: 2038, V: 2305, 2319, 2320, 2363, VIII: 3549, XI: 5383, XXI: 4579, 4580, 4622, XXVII: 15, XXIX: 2406, XXXII: 288, XXXIX: 35, 38, 42, XXXX: 170, 174, 175, 175n, 176, 390, 391, 430, 431, 507–509, 512
Moving Ships to the Atlantic, I: 301, III: 1410, 1536, V: 2108, VI: 2507, 2566, IX: 4290, 4299, 4300, XI: 5502, 5503, XXXX: 167, 168
Navy Court Report—Appendix to Narrative Statement, V: 2346, 2347, XXI: 4679, 4680, 4682, 4687
Proposed Blockage of Japan, I: 305, 306
Re-routing Western Pacific Shipping, II: 822, III: 1087
Retention of the Fleet in Hawaii, I: 263, 276, 290, 303, V: 2106, 2107, 2136, 2194, 2195, VI: 2847, XXXII: 282, XXXIII: 790, XXXX: 161, 161n
Statement to the Joint Committee, V: 2097–2135
Statement to the Roberts Commission, XXIV: 1355–1361
Taranto, Italy Incident, V: 2125, XXI: 4696, XXII: 332, XXXIX: 377
Telephone Call to Adm. Block, 7 Dec. 1941, XX: 4522–4524
Testimony Before:
Joint Congressional Committee, V:

2096–2477, XI: 5153–5175, 5202–
5269, 5543–5555
Navy Court of Inquiry, XXXII: 11–152,
247–251, 527, 538, XXXIII: 687–691,
727–729, 734, 787–802
Three Small Ship Message, 2 Dec. 1941,
II: 955–958, IV: 2045, IX: 4252, 4253
Torpedo Nets and Baffles, XVII: 2472–
2475, 2700, 2701, XXII: 332, 333,
XXIII: 1133, XXVI: 35, 36, 70, 71, 286,
XXXII: 314, 318, 319, XXXIII: 1318,
1319, XXXVI: 403, 404, XXXVII: 1126–
1129, XXXIX: 311, 419
Unity of Command, XXXVI: 399,
XXXIX: 421, 422
U. S. Code Destruction Messages, 3, 6
Dec. 1941, II: 840, XXI: 4685, XXVI:
165
War Council Meetings, XXVII: 12, 88,
XXIX: 2065, 2066, XXXIX: 37n, 82n,
135, XXXX: 46, 374, 394, 396, 565
Warning Message, 24 Nov. 1941, II: 827,
972, III: 1081, IV: 1919, 1923, V: 2135,
2199, 2203, VI: 2645, 2646, 2901, VII:
2934, IX: 4250, X: 4866, 4935, XXII: 33,
XXXII: 156, 333, XXXIV: 53, XXXV:
174, XXXVI: 144, XXXIX: 6, 236, 314,
349, 363, XXXX: 104, 133, 208
Warning Messages (Army/Navy), 27 Dec.
1941, II: 549, 876, 973, III: 1022, 1271,
1273, IV: 1921, 1923, 1946, 1953, 1989,
1994, 1995, 2024, V: 2199, 2203, 2208,
2209, 2222, 2301, 2321, 2322, VI: 2518,
2520, 2632, 2645, 2712, 2725, 2734,
2901, VII: 2934, 3025, 3031, VIII: 3385,
3411, 3490, 3516, 3517, IX: 4250, 4251,
X: 4957, XI: 5435, XXIII: 1086, XXVI:
32, 102, 149, 424, XXVIII: 1597, XXIX:
2161, 2402, XXXII: 333, 369, 412, 413,
419, 534, 574, 590, 594, XXXIII: 701,
789, 807, 813, 814, 827, XXXIV: 15,
16, 40, XXXVI: 431–434, 581, XXXIX:
19, 20, 48, 79, 82–84, 339, 364, 368,
378, 395, 441, 481–483, 492, 512, 524,
XXXX: 98, 99, 102, 110, 110n, 113n,
127n, 131, 198, 207, 208, 228n, 235, 236,
255, 266–I, 535
Warning Message, 7 Dec. 1941, IV: 1770,
2030, XXIX: 2313, 2346, 2347, 2453,
2455, XXXIII: 830, 831

Winds Message, X: 4782–4784, XVI: 2268,
2373–2376, XVIII: 2347, XXIX: 2397,
XXXVI: 96, 235, 427, 582, XXXIX: 366,
483, 514, XXXX: 191, 485, 526, 531
Zacharias Memorandum to Adm. Draemel,
17 Mar. 1942, V: 2354, 2355, VII: 3253,
3307–3313
Starry, Sgt. Eugene, XIX: 3639, XXII: 221,
XXIV: 1784, 1830, XXX: 2472, 2519
Status of Army Aircraft in the Philippines 1–
31 Dec. 1941, V: 2072–2074
Status of Army Aircraft on Oahu 7 Dec. 1941,
XII: 323, 324
Steele, A. T., II: 709, 710
Steele, Cdr. J. M., V: 2343, XXXVII: 1274
STEELMAKER, XXIV: 1670, XXXVII: 1277–
1279
STEEL MARINER, XXXIV: 189
STEEL SEAFARER, V: 2297
STEIERMARK (Ger), XXXV: 592
Stephenson, Lt.(jg) W. B., XXVI: 1, 2,
349–363, XXXV: 319, 352, 354, 375, 482,
499, 506, 518, 520, XXXVI: 371, 364, 470,
523, XXXVII: 911, 926, 934
STERETT, XI: 5505, XV: 1584, XVII: 2465
Sterling, 2d Lt. G., XIX: 3638
Sterling, Geo., VIII: 3780, IX: 4520, 4523,
XVIII: 3318–3320, 3323, XXIX: 2324,
XXXIV: 4, 17, 173–175, XXXX: 480
Stewart, Maj., XXII: 294, 295
Stettinius, Edward R., XIX: 3748
Stilphen, Benjamin L., XXVII: 3, 292, 485–
487, 489, 494, 495, XXVIII: 805–823, 880,
881, 1211, 1220, XXIX: 2230, XXXIX: 163,
204
Stimson, Henry L., I: 18, 127, 128, 295,
373n, II: 410, 434, 441–443, 446, 451, 453,
462, 465, 532, 546, 547, 554, 564, 573, 575,
614, 619, 767, 768, 774, 781, 788, 789, 803,
826, 842, 856, 882, 886, 903, 910, 925, 967,
971–977, 980, III: 1017, 1021–1023, 1027,
1028, 1034–1036, 1047, 1051, 1059, 1067,
1077, 1088, 1090, 1095, 1097, 1101, 1112,
1115, 1122, 1130, 1132, 1139, 1140, 1142,
1156, 1167, 1176, 1188, 1192–1195, 1197,
1204–1206, 1210, 1211, 1215, 1218–1220,
1231, 1240, 1243, 1252, III: 1274, 1275,
1278–1289, 1291, 1295, 1299, 1301, 1302,
1310, 1311, 1315, 1332, 1333, 1346, 1359,
1391, 1394, 1396, 1397, 1402, 1404, 1408,

VI: 2948, 3165, VIII: 3821, XXI: 4609, 4645, XXIII: 1106, XXVII: XIX: 2180, 2193–2195, 2197, 202, 2204, 2317, 2318, XXXIX: 85, 87, 88, 137, 138, XXXX: 25n, 127n, 128n, 129n, 145n, 9n, 201, 202n, 203, 266–L, 266– , 536, 559
on D. C. on the 6th and 7th 41, II: 611, III: 1366, 1556, IV: 769, VIII: 3568, 3907, 3912, IX: 91, 3993, 4035, 4040, 4046, 99, 4100, 4102, 4107, 4180, 89, 4513, 4516, 4528, XI: 5156, 90, 5191, 5196, 5197, 5247, 50–5256, 5382, 5470, 5482, 19, XIX: 3536–3539, XXVI: X: 2388, XXXII: 135, XXXIII: XXXV: 116, 117, XXXIX: XXXX: 47, 212n, 217n, 218, , 266–F, 266–G, 266–H, 425, 432n, 433, 433n, 436–439, 442, 560, 566, 567
VII: 2513, 2514, XXVI: 554
IV: 1585
. E., III: 1446, VIII; 3652,

2094, 2095, IX: 4181, 4327, 7, 4493, 4545, 4616, XVI: XXXV: 2, 25, 95, 96, 115,

. E., XXXVII: 1271
erle E., XVIII: 2967, 3014, , XXIII: 1199, XXX: 2471,

IV: 1457, 1738, 1743, 1746 of the Associated Powers,

VI: 243, 244, 476, XXXIX:

anese, (See Japanese Pearl orce)
: 5505, XIV: 981, XVII: 6
rge V., III: 1054, 1101, 355, 1356, 1377, 1378, 5, 1887–1889, IX: 4591, 1593, 1598, 1910, 1929, 2353, 2411, XXXIV: 28,

STURGEON, XVII: 2513, 2514, XXVI: 554
STUTTGART (Ger), XXX: 3077
Subic Bay, II: 795, IV: 1682, XII: 300, XV: 2300, XX: 4356, XXXIII: 913, 1044, 1392, XXXVI: 427
Submarine,
  Attack, I: 279, 374, 380, 386, II: 887, III: 1058, 1061, IV: 1748, 1749, 1782, 1806, 1812, 1813, 1832, 1882, 1903, 1906, 1940, 2032, V: 2127, 2218, 2339, 2343, VI: 2579, 2618, 2705, 2750, 2760, 2762, 2826, VII: 2944, 2968, 3050, 3288, 3295, X: 5128, XI: 5357, XIV: 1001, XV: 1428, 1437, 1453, XVI: 2282, 2284, 2289, 2345–2347, 2353, 2412, XVIII: 3230, XXI: 4600, 4666, XXII: 27, 327, 334, 336, 341, 350, 431, 432, 438, 484, 485, 581, XXIII: 616, 617, 631, 632, 898, 1093, 1115, 1132, 1145, 1219, XXIV: 1361, 1363, 1380, 1399, 1605, 1623, 1631, 1750, 2162, XXVI: 25, 46, 51, 76, 79, 84, 130, 149, 151, 210, 240, 325, 326, 455, 475, 479, 535, 536, 561, XXVII: 18, 41, 191, 197, 207, 539, 540, XXVIII: 839, 904, 941, 1500, 1506, XXX: 2470, XXXI: 3165, XXXII: 30, 72, 183, 218, 221, 233, 259, 260, 261, 286, 314, 327, 332, 378, 407, 424, 437, 450, 502, 568, 570, 578, 629, 660, XXXIII: 698, 710, 1000, 1001, 1158, 1162, 1164, 1183, 1195, 1200, 1297, 1300, 1301, XXXV: 105, 153, XXXVI: 59, 99, 148, 178–181, 193, 201, 205, 209, 210, 269, 282, 283, 291, 354, 369, 379, 388, 392, 393, 402, 412, 437–439, 442, 443, 443n, 450–452, 541, 559, 577, 579, 587, XXXVII: 948, 949, 1218, 1238–1240, 1246, 1247, 1263, 1277, 1278, XXXIX: 5, 9, 15, 62, 72, 73, 96, 120, 123, 233, 300, 304, 305, 331, 362, 367, 374, 414, 415, 418, 419, 425, XXXX: 76, 79, 84, 85, 113, 138, 139, 190n, 544
  British, XXXIII: 1327
  Dutch, XV: 1570, XX: 4131
  German, I: 91, II: 415, V: 2117, 2229, 2293, 2296, 2436, IX: 3981, X: 4820, XV: 1754, 1787, 1788, 1793, 1809, 1831, 1862, 1863, XVI: 2210, 2214, 2241, 2248, XIX: 3645, XX: 4300, 4405, 4474, 4475, 4549, XXI: 4708, 4718, 4731, 4735, 4751, XXVI: 285, 469, XXVII: 539, XXIX: 2403, XXXII: 107, XXXIII: 1325, XXXVI: 656, 658, XXXX: 10, 12

1413, 1414, 1417, 1418, 1420, 1422, 1423, 1427, 1428, 1433, 1437, 1505, 1506, 1519–1521, 1523, 1576, 1583, IV: 1637, 1652–1654, 1668, 1772, 1823, 1875, 1901, 1933, 1949, 2020, 2056, V: 2092–2094, 2102, 2186, 2191, 2197, 2270, 2301, 2317, 2322, 2323, 2326, 2367, 2390, 2419, VI: 2575, 2754, VII: 3014, 3049, 3135, 3139–3143, 3146, 3166, 3203, 3259–3261, 3265, 3273, 3279, 3280, 3283, 3288, 3289, 3298, 3344, VIII: 3677, 3703, 3824, IX: 4241, 4324, 4425, 4428, 4464, 4485, 4520, 4526, 4533, 4560, 4594, X: 4750, 4765, XI: 5179–5182, 5187, 5188, 5194, 5195, 5198, 5199, 5230, 5241, 5242, 5247, 5248, 5366, 5374, 5381, 5384, 5385, 5393, 5394, 5497, 5506, 5528, 5537, XIV: 1346, XV: 1471, XVI: 2014, 2147, 2264, XVII: 2873, XVIII: 3070, 3091, XIX: 3511–3521, 3758, 3759, 3807, 3928–3930, XX: 4117, 4260, 4275, 4309, 4316, 4329, 4369, 4370, 4416, 4422, 4429, 4431, 4444, 4457, 4476, 4517, 4518, XXI: 4570, 4613, XXII: 113, 245, XXIII: 861, 862, 884, 1245, 1246, 1275, 1276, XXVI: 264, 445, 447, XXVII: 241, 270, XXIX: 1689, 2018, 2145, 2160–2167, 2250, 2251, 2259, 2260, 2278–2283, 2320, 2424, 2434, 2435, 2437, 2450, 2451, XXXI: 3184, XXXII: 70, 71, 96, 153, 554, 561, 637–640, XXXIII: 711, 1196, XXXIV: 1, 4, 12, 13, 26, 37, 72, 90, 92, 94, 98, 132, XXXV: 96, 97, 101, 127, 288, XXXVI: 4, 23, 65, 84, 359, 363, 394, 402, 403, 416, 418, XXXIX: 19, 24n, 29, 36, 37, 42, 43, 47, 313, 395, 397, 421, XXXX: 41, 45, 45n, 87, 87n, 121n, 166n, 169, 169n, 171, 173, 173n, 179n, 180, 236n, 238n, 239n, 240n, 251, 321, 346, 347, 365, 367, 372, 373, 374n, 375, 376, 379, 388, 389, 392, 431, 497, 500, 504, 505, 510, 511, 520, 521, 524, 530, 533, 540, 542, 570, 571, 573

Army Pearl Harbor Board, III: 1331, 1345, 1411, 1412, 1415, 1416, 1443, 1444, 1452, 1453, 1465, 1473, 1476, 1482–1484, 1517, 1518, VIII: 448, XXI: 4565, 4566, 4574, 4575n, 4576n, 4654–4661, XXIX: 2063–2091, XXXV: 131–179, XXXIX: 179, 221–295, 333, 400, XXXX: 206n, 266–R, 266–S

Clausen Inquiry, IV: 1627, VII: 3198, VIII: 4300, 4301, 4303, 4305, 4308, 4311, 4313, 4319, 4325, 4337, 4381,

SURPRISE ATTACK 223

Japanese (Also See Japanese Navy), I: 157,
310, 379, III: 1458, IV: 1709, V: 2110, VII:
3069, 3121, 3199, 3292, IX: 4255, X: 4702,
4890, XII: 2, XIII: 497-500, 615-618, XV:
1873, XVI: 2212, 2276, 2322-2324, 2336,
2337, 2358, XVII: 2604, 2612, 2615, 2616,
2619, 2621, 2623, 2624, 2628, 2630, 2631,
2633, 2634, 2636, 2641, 2642, 2654, 2665,
2671, 2674, 2676, 2686, XVIII: 3336, 3337,
XXI: 4592, 4618, XXII: 350, XXIII: 679,
XXVI: 232, 432, 467, 468, 500, XXVIII:
953, 1032, 1381, 1503, 1579, 1580, 1583,
1585, 1593, XXX: 2864, XXXII: 232,
437, 531, 595, 673, XXXIII: 1168, 1169,
XXXV: 71, 75-80, 112, 123, 155, 159,
289-292, 312, 347, 349, 549-551, XXXVI:
15, 40, 49, 62, 102, 113, 125, 135, 136,
149, 150, 153, 164, 188, 231, 410, 412,
440, 441, 465, 473, 475, 479, 485-487, 511,
515-517, 526, 584, 585, 593, 648, XXXVII:
706, 711-713, 716-718, 720-722, 725-728,
743, 745, 746, 751, 752, 754, 755, 760-765,
767-771, 774-779, 786, 789, 1143, 1159,
1207, XXXIX: 242, 469, 476, XXXX: 133,
135, 138
  With German Crew, XXVII: 539
Italian, XVI: 2248, XX: 4350, XXVI: 285,
XXXII: 107, XXXVIII: Item 104
United States, I: 37, 99, V: 2208, 2463, VI:
2516, 2625, 2626, 2720, 2728, VII: 3364,
X: 4813, 5129, XI: 5487, XIV: 1011, 1064,
XV: 1454, 1570, XVI: 2249, 2277, 2297,
2348, 2349, 2446, 2447, XVII: 2478, 2583,
2589, 2590, 2593, XVIII: 2886, 2887, 2917,
2928, 2929, 2931-2933, XX: 4357, XXI:
4672, 4673, XXII: 267, 270, 330, 331, 336,
337, 356, 372, 400, 509, XXIII: 945, 1068,
1070, 1117-1119, 1136, 1166, XXIV: 1367,
1400, 1403, 1404, 1435, 1521, 1522-1525,
1546, 1659, XXVI: 23, 66, 87, 181, 255,
320, 466, 476, 497, 501, 503, 504, 506, 512,
513, 516, 529, XXVII: 17, XXVIII: 856,
894, 47, 230, 424, 432, 606, 615, 647-652,
668, XXXIII: 699, 704, 1000, 1001, 1008,
1011, 1171, 1248, 1294, 1350, XXXIV: 46,
XXXVI: 202, 218, 383, 419, 422, 424, 433,
434, 438, 452, 536, 552, 555, 578, 601-605,
XXXVII: 847, 849, 852, 859, 862, 1218,
XXXVIII: 104, XXXIX: 315, 409, 423,
504, XXXX: 68, 104, 138, 152, 207

Submarine Net, XXII: 399, 400, 472, XXIV,
1677, XXVII: 540, XXIX: 1669, XXXII: 308,
310, 392, XXXIII: 1041, 1195, XXXVI: 550,
559
Submarine Reconnaissance, II: 878, 955, 965,
IV: 1773, XVI: 2352, XXII: 372, XXIII:
1166, XXVII: 61, 70, XXVIII: 927, XXXII:
629, 648, XXXIII: 1033, 1350, XXXVI: 550
Sulu Sea, XIII: 442, XV: 1575, XVI: 2208,
2451, XX: 4334, XXXIII: 1166
SUMANOURU MARU (Ja), XIII: 544,
SUMATRA (Du), IV: 1825, 1827, XV: 1902,
1905, XX: 4131
Sumatra, I: 179, III: 1542, VI: 2864, XIII: 435,
645, 6116, XV: 1560, 1574, 1677, XVIII:
2909, XXIX: 2327, XXXIII: 956, XXXV:
645, XXXVI: 594
Summary of Far Eastern Documents, IX: 4543,
4557, 4565, 4584-4591, XXXI: 3201-3235,
XXXIV: 198-224
SUMNER, XII: 349, XVI: 2031, XVIII: 3575,
XXIV: 1574, 1575, 1577, 1579, 1580, 1582-
1585, 1587, 1592, 1594, 1595, 1619, 1612,
1615, 1668, 1703, 1743, XXXVII: 936, 1226,
1228, 1229, 1232, 1233, 1237, 1238, 1240,
1242, 1248, 1250, 1251, 1278
Sundra Strait, XIII: 444, 545
SUNIDA (Ja), XVII: 2690
SUNNADIN, XXIV: 1598, 1644, 1723,
XXXIII: 1313, XXXV: 390, 502, XXXVII:
929, 1255
Surabaya, IV: 1934, V: 2076, 2077, XIII: 437,
438, 444, 457, 459, 545, XIV: 973, XV: 1582,
XVI: 2449, XVIII: 3342, XIX: 3444, 3492,
XX: 4089, 4092, 4130, XXXV: 609, 613
SURASAYA MARU (Ja), XIII; 551
Surface Reconnaissance, II: 878, 955, 965, IV:
1873, 2044-2046, IX: 4252, 4254, 4255, X:
4807, XI: 5485, XV: 1450, 1453, XXIII:
934, 1116, XXVII: 538, XXXII: 365, 629,
XXXIII: 1013, 1033, 1158, 1350, XXXVI:
384, 401, 412, 550
Surigao Straits, XIII: 442
Surprise Attack, I: 177-179, 181, 184-187,
238, 279, 280, 369, 380, 386, II: 401, 429,
440, 448-450, 560-563, 571, 572, 601, 606,
627, 799, 819, 821, 837, 854, 861, 875, 877,
901, III: 1095, 1138, 1152, 1242, 1452, 1453,
1456, 1460, 1496, VII: 3235, 3338, VIII:
3396, 3546, X: 4843, 4844, 4858, 5006, 5116,

XI: 5354, 5355-5357, 5445, XIII: 402, 516, 528, 710, 713, XIV: 985, 994, 1001-1003, 1026, 1040, 1042-1044, XV: 1437, 1438, 1442, 1453, 1466, 1627, 1628, XVI: 2141, 228, 2277, 2281, 2282, 2284, 2285, 2289, 2290, 2299, 2314, 2325, 2342, 2352, 2353, 2414, 2421, 2427, XVII: 2712, 2713, XVIII: 2964, 2989, 3229, 3230, 3244, 3253, 3254, 3294, XXI: 4575, 4576, 4587, 4599, 4600, 4602, 4634, 4651, 4656, 4663, 4666, 4668, 4681, 4691, XXII: 27, 43, 85, 96, 97, 101, 209, 324, 325, 330, 334, 336, 341, 350, 358, 484, 525, 527, 558, 563, XXIII: 616, 617, 620, 630, 730, 765, 895, 931, 942, 984, 1067, 1081, 1089, 1090, 1093, 1094, 1112, 1115, 1134, 1139, 1143, 1153, 1154, 1191, XXIV: 1294, 1296, 1357, 1361, 1365, 1380, 1475, 1570-1601, 1605, 1606, 1616, 1623, 1629, 1631, 1749, 1755, 1802, 1804, 1826, 1969, 2093, 2110, 2112, 2151, XXVI: 4, 30, 66, 84, 86, 87, 90, 103, 104, 110, 130, 148, 151, 162, 167, 171, 179, 184, 194, 195, 206-208, 239, 242, 247-249, 252, 273, 274, 275, 283, 299, 309, 310, 312, 321, 325, 326, 334, 346, 384, 390, 399, 400, 443, 446, 450, 455, 458, 465, 470, 475, 501, 504, 511, 535, 539, 546, XXVII: 18, 58, 61, 157, 164, 191, 207, 247, 412, 413, 417, 418, 577, XXVIII: 834, 838, 839, 900, 902, 916, 942, 954, 955, 957, 1383-1385, 1496, 1560, 1584, 1594, 1604, 1607, 1608, XXIX: 1671, 2389, XXX: 2459, 2461, 2468, 2492, 2525, 2583, XXXII: 12, 31, 57, 66, 72, 88, 126, 135, 149, 196, 218, 221, 222, 228, 231, 236, 260, 261, 302, 304, 305, 314, 326, 327, 378, 407, 437, 448, 450, 454, 502, 543, 544, 562, 566, 582, 583, 629, 637, 641, 643, XXXIII: 689, 700, 701, 703, 708, 709, 712, 781, 830, 825, 878, 996, 999, 1006, 1158, 1165, 1175, 1183, 1184, 1193, 1194, 1200, 1295, 1299, 1300, 1305, 1332, 1350, 40, 53, 71, 144, 152, 197, XXXV: 15, 93, 99, 102, 105, 149, 151, 153, 154, 156, 157, 167, 168, 174, 178, 213, 287, 291, 10, 45, 99, 100, 105-107, 144-148, 176, 178-180, 190-193, 202, 204, 205, 209, 218, 220, 269, 282, 285, 291, 309, 368-370, 379, 384, 388, 392, 393, 397, 402, 404, 405, 412, 422, 426, 433, 438-447, 461, 475, 513, 526, 527, 533, 534, 562, 579, 580, 583, 586, 588, 593, 596, 602, XXXVII: 847, 850, 857, 949, 999, 1218, 1263, 1264, XXXIX: 5, 6, 9, 10, 12, 16, 18, 21, 36, 42, 48, 50, 72-74, 76, 120, 144, 173, 176, 180, 232, 233, 238, 239, 252, 253, 263, 265, 268, 300, 305, 307, 308, 314, 337, 347, 362, 363, 366, 369, 372, 378, 381, 388, 409, 414, 415, 418, 419, 424-427, 430, 438, 455, 485, 495, 501, 506, 508-510, 516, XXXX: 53, 56-72, 75-79, 81, 84, 85, 85n, 86, 88, 98, 101, 104, 107, 107n, 111, 113, 114, 125, 155, 186n, 190, 227, 374, 441, 504, 521, 535, 539

SURUDA MARU (Ja), XIII: 462-464
SUSUKI (Ja), X: 5141
Sutherland, Lt. Gen. Richard, III: 1490, IX: 4377, 4378, 4436, 4437, XXIX: 2319, XXXV: 2, 84, 118, 121, 143, XXXIX: 273
Suva, I: 31, IV: 1942, XV: 1519, XVI: 2250, XXII: 38, XXVI: 341, XXVII: 179, 680, XXIX: 1751, 1775, XXX: 2854, XXXIII: 1173, XXXV: 315
SUZUKAZE (Ja), XVII: 2682
Suzuki, Lt. Cdr. Sadoaki, X: 5138-5141
SUZUYA (Ja), XI: 5359, XIII: 645, XV: 1885, XVII: 2657, 2682, XX: 4127
Sverdrup, Gen. Lief J., XXVII: 449-451, XXIX: 1775, 1778, 1797, 1815, 1816, 1823, 2022-2025, XXX: 2729, 2737, 2739, 2750, 2752, 2753
SWAN, IV: 1678, XII: 349, XV: 1715, XVI: 2252, XVII: 2529, 2531, 2545, 2549, 2554, 2558, 2563, 2708, XXI: 4562, 4565, XXIV: 1390, 1537, 1574, 1579, 1610, 1644, XXVI: 543, XXXIII: 1314, XXXVII: 937, 964, 975, 977, 979, 981, 1226, 1232, 1272, 1273
Sweeney, R. Rev. James J., XXIII: 771, 834-837, 1265, XXXV: 411
SWIRIYA MARU (Ja), XIII: 465
Switzerland (Swiss), XVI: 1941, 1991
SWORDFISH, XVII: 2513, 2514, XXVI: 554
SYOYO MARU (Ja), XII: 79

T

Table of Distances, XII: 339, XIX: 3492
Tachibana, Cdr. Itaru, I: 234, X: 4880, 4881, XIII: 412, 424, XXXV: 556, 573, 574
TACHIKAZE (Ja), XVII: 2683, XXXV: 55, XXXVII: 733, 1132, 1328
TACOMA, XXIV: 1721
Taffinder, Rear Adm. S. A., I: 318, XXVI: 69, 293
TAIGEI (Ja), XVII: 2686, XXXV: 57, XXXVII: 735, 1134, 1331
Taiwan (See Formosa)
TAIYO MARU (Ja), X: 5107, XIII: 462–464, XV: 1868, XXVI: 353, 354, 356, XXX: 2980, 3075, XXXI: 3188, 3250, XXXV: 112, 122, 226, 325, 342, 364, 400, 406, 410, 413, 421, 433–435, 438, 440, 441, 450, 451–453, 458, 488, 530, 569, XXXVI: 163, XXXVII: 877, 878, 882–884, 888–890, 901–904, 910, 916, 1006, 1013–1015, 1055, 1092–1094, 1097, 1099, 1104, 1111, 1119
Takahashi, Capt., IX: 4439, 4440
Takahashi, Dr. Tokue, XXXIII: 860, XXXV: 112, 122
TAKAMATSU (Ja), XXXV: 622
Takao, X: 4693, 4694, 4887, XVI: 2325, 2328–2332, 2359, XVII: 2485, 2606, 2608, 2612, 2615, 2517, 2628, 2630–2632, 2636, 2637, 2639, 2640–2642, 2654, 2656, 2663, 2664, 2668, 2673, 2675, XVIII: 3338–3340, XXI: 4733, XXIII: 661, XXIX: 2364, XXXIV: 185
TAKAO (Ja), XI: 5359, XIII: 414, 551, 576, XV: 1805, 1873, 1881, 1885, XVII: 2632, 2667, 2682, XV: 4127, XXXV: 55, 57, XXXVII: 732, 762, 779, 1132, 1317, 1321, 1324, 1329
Taking Over Foreign Flag Vessels April 1941, XVI: 2161
TAKUHAN MARU (Ja), XXXV: 57, XXXVII: 734, 1134
TALBOT, V: 2210, XII: 346, XVII: 2519, 2521, XXIV: 1663, 1673, 1681, 1692, 1695, 1698, XXVI: 555
TALLAPOOSA, XVIII: 2937, XXXIII: 982
TAMA (Ja), XI: 5359, XIII: 579, 583, 690, XXXVII: 1330
TAMAHA, XVI: 2158, XXXIII: 1206
TAMBOR, V: 2162, VI: 2702, XI: 5506, XII: 345, XVII: 2513, 2514, XXI: 4561, 4565, XXVI: 554, XXXII: 647, XXXIII: 1246, XXXVII: 955
TAMESIS (Gre), XXXIII: 1325
Tamm, E. A., XXXI: 3189, 3190
TAMPA, XVIII: 2937, XXXIII: 982
TANAGER, XXIV: 1644, XXXIII: 1313
TANEY, XVII: 2472, XXIV: 1515, 1625, 1645, 1664, 1670, 1676, 1680, 1698, 1708, XXXII: 141, XXXIII: 984, 1242, 1279, 1296, 1315, XXXVII: 1281, 1293
TANGIER, I: 45, 47, IV: 1678, X: 4850, XI: 5506, XII: 349, XIII: 495, XV: 1715, XVI: 2348, XVII: 2529, 2531, 2545, 2549, 2554, 2558, 2563, XXI: 4562, 4565, XXII: 455, 530, 549, XXIII: 1063, 1065, 1242, XXIV: 1370, 1537, 1556, 1605, 1645, 1669, XXVI: 557,

XXXII: 458, XXXIII: 1315, XXXVI: 536, XXXVII: 937, 975, 977, 981, 1217, 1262, XXXIX: 503, XXXX: 59, 60, 61
TANIKAZE (Ja), I: 186, 239, FP 239, XIII: 403, 407, XXXV: 595
Tankappu-Wan (Etorofu Jima, Hitokappu Bay, Tankan Bay), I: 179, 180, 184, 242, 246, 247, II: 562, IV: 1803, 1804, V: 2253, IX: 4234, XI: 5355, 5356, XIII: 394, 410, 417, 418, 420, 621, 624–626, 645, 646, 713, 717, 719, XVI: 2324, 2350, 2351, 2361, XXI: 4576, 4594, 4607, 4608, 4618n, 4619, 4636, 4646, 4649, XXVIII: 1579, 1580, 1584, 1585, 1588, XXX: 3065–3067, XXXVI: 10, 104, 113, 114, 119, 125, 514, 563, 588, 592, 595, 596, XXXIX: 38, 83, 84, 98, 98n. 122, 137, 141, 470, 506, 522, XXXX: 49n, 56, 56n, 177n, 147, 344, 345
Tankers, (Also See Fuel Logistics), II: 651, VI: 2504, 2569, 2570, 2718, 2732, 2812, VIII: 3530, IX: 4260, XIV: 1064, XVI: 2231, XXII: 549, XXVI: 158, 160, 260, 282, XXX: 3018, 3019, XXXII: 586, 587, 593, XXXIII: 695, 698, 1011, 1269–1271, XXXX: 266-B, 266-J, 548
Tarakan, XIII: 444, 457, 459, 468, 469
Taranto, Italy, I: 275, 396, V: 2125, 2136, 2185, 2350, VI: 2509, 2592, 2790, XIV: 973, XVI: 2285, 2411, XVII: 2701, 2704, XXI: 4695, XXII: 332, 418, 492, 495, XXIII: 894, 1090, 1137, 1138, XXIV: 1360, XXVI: 248, 524, XXXVI: 195, 403, 444, XXXVII: 1127, XXXIX: 362, 377, 420, XXXX: 79, 160, 545
Tarawa, XIII: 539, 541, 543, 555, XVI: 2133, 2134, XXXV: 61
TASKER BLISS, IV: 1680, XI: 5321, XXXVII: 1278, 1279
TATBUTAKE MARU (Ja), XIII: 462, 463
TATEYAMA MARU (Ja), XIII: 462–464, XXXIV: 169
TATSUKAMI MARU (Ja), XIII: 462–464, XXX: 3075
TATSUMIYA MARU (Ja), XIII: 477
TATSUTA (Ja), XI: 5359, XIII: 548, 561, 565, XVII: 2684, XX: 4128, XXIII: 665, XXXV: 54, 56, XXXVII: 733, 1134, 1330
TATSUTA MARU (Ja), IV: 1716, 1717, XII: 227, XIII: 715, XXVIII: 1588, XXXIV: 168, 190, XXXV: 207, 395, 400, 444, 447, 450, 451, 454, 456, 661, XXXVI: 594, XXXVII: 895, 901, 983, 989, 1013, 1015, 1017–1019
TATU MARU (Ja), VI: 2908
TATUA MARU (Ja), XXII: 395, 396, XXIII: 1188, XXX: 3077, 3079
TATUTA MARU (Ja), VIII: 3609, 3618, 3619, XI: 5202, XVIII: 3335, 3342, 3345, XX: 4513, XXXV: 331, 332, 342, 357, 405, 410, 411, 412–414, 418, 422, 427, 428, 431, 433–435, 437, 441, 443, 450, 458, 494, 495, 522, XXXVII: 882, 900, 901, 922, 923, 1006, 1015, 1017, 1022, 1026, 1090, 1092–1094, 1096, 1103, 1108–1112, 1116, 1120, 1125, 1126
Taussig, Ens. J. K., XXIII: 705, 706
TAUSSIG, XXIV: 1654
TAUTOG, XI: 5506, XII: 349, XVII: 2513, 2514, XXI: 4561, 4565, XXIV: 1572, 1574, 1586, 1610, 1613, 1617, 1676, 1677, 1712, XXVI: 554, XXXIII: 1246, XXXVII: 936, 955
Taylor, Angus M., XVII: 2871, XXI: 4592, XXIII: 853, 860–862, 880–893, 1267, XXVI: 559, XXVII: 3, 213, 214, XXVVIII: 1556, XXIX: 1667, 1687–1691, XXXI: 3183, XXXV: 333, 496, XXXVII: 924, XXXIX: 63
Taylor, Sgt. Harold, XIX: 3639
Taylor, Lt. Kenneth M., XVIII: 3223, 3246, 3250, XIX: 3638, XXII: 249–254, XXVIII: 1051
Taylor, Maj. Max, IX: 4573, XXIX: 2451
Taylor, Lt. Cdr. W. E. G., I: 129, VI: 2587, 2606, 2743, 2744, 2758, VII: 2993, 3115, VIII: 3469, 3833, X: 4977, XVIII: 3213, 3223, 3239–3241, 3248, XIX: 3640, XXI: 4624–4627, 4669, XXII: 114, 228, 229, 367, 368, 405, 406, 421, 519, XXIII: 689, 751–758, 1162, 1197, 1198, 1255, 1264, XXIV: 1412, XXVI: 1, 3, 29, 50, 242, 368–386, XXVII: 3, 213, 258, 261, 262, 461, 554–566, 600, 618, XXVIII: 898, 933, 934, XXIX: 1994, 1996, 2117, XXXII: 2, 202, 203, 461–475, 517, 665, 666, XXXIII: 722, 1344, XXXVI: 391, 542–549, 552, 562, 565, 571, 573, XXXIX: 106–110, 310
Taxis, Capt., XXIV: 1692
TEAL, IV: 1678, XII: 346, XVI: 2252, XVII: 2529, 2531
Tedta Bharu, IV: 2046, 2050, V: 2131, IX: 4253, 4254, XV: 1768, XXVI: 488, XXXIII:

1361, XXXX: 403
TEKASII MARU (Ja), XXXVII: 792
Telephone Cable Monitoring, III: 1213
Telephone Conversation, Wash. D. C. to Tokyo, Kurusu to Yamamoto, 30 Nov. 41, XXXII: 1371, XXXIX: 442, 443, 451, XXXX: 196, 197
Telephone Conversations Between Wash. D. C. and Pearl Harbor on 7 Dec. 1941, (Wash. D. C. Time)
   Stark and Block, 2:30 PM, XXXII: 314
   Stark and Block, 7:10 PM, XX: 4522, 4523, XXIII: 1244
   Marshall and Phillips, 2:30 PM, XXII: 173
Telephone Taps, II: 815, III: 1565, 1566, IV: 1775, VI: 2575, IX: 4361, 4402, 4403, 4429, 4465, 4469, X: 5100, XVI: 2269, 2270, 2310, 2334, 2335, 2356, 2357, 2363, 2417, XXII: 175, 177, XXIX: 1665, XXXIV: 9, XXXV: 30, 43, 44, 48, 84, 119, 120, 134, 135, 146, 156, 548, XXXVI: 3, 40, 50, 163, 212, 221–224, 241, 263, 273, 335, 336, 476, 477, 576, 582, XXXVII: 873–908, XXXIX: 33, 93, 100, 101, 238, 277, 278, 287, 289, 364, 380, 386, 401, 402, 406, 451, 452, 484, 500, 515, XXXX: 132, 137, 150
   Mori, Dr. (Mori Tap), 5 Dec. 41, I: 129, III: 1456, 1494, IV: 1775, VI: 2628, VII: 2997, 3124, 3269, 3283, IX: 4347, 4348, 4371, 4407, 4466, 4467, 4870, 4871, X: 5001, 5091, 5099, 5102–5108, 5110, 5113–5117, XVI: 2310, 2311, 2334, 2356, XVIII: 3234XXI: 4572, 4621, XXII: 25, 175, XXIII: 864, 865, 875, XXIV: 2023–2025, XXVI: 307, 360, 361, XXVII: 248, 738, 739, 741–743, 765, XXVIII: 1541, 1558, 1564, XXIX: 1666, 1667, 2353, XXX: 2979, 2980, XXXI: 3186–3188, XXXII: 179, 180, XXXV: 31, 50, 110, 121, 128, 146, 147, 156, 266, 273–276, XXXVI: 3, 44, 223, 224, 336–338, 523–525, 582, 587, XXXVII: 908–911, XXXIX: 33, 101, 238, 255, 278, 406, 451, 452, 484, 515, XXXX: 137, 137n, 147, 155, 257
TENNESSEE (Old), XXII: 460
TENNESSEE, I: 33, 46, 47, 76, IV: 1676, 1678, 2023, V: 2210, 2324, 2342, VI: 2674, 2678, VIII: 3893, X: 4849, 5134, XI: 5349, 5350, 5351, XII: 257, 260, 348, 354, 355, 377, XVI: 2350, XVII: 2509, 2514, XIX: 3591, XX: 4123, 4522, XXI: 4556, 4563, XXII: 537, 590, 591, XXIV: 1365, 1386, 1472, 1498, 1499, 1500–1503, 1575–1577, 1590–1597, 1599–1603, 1609, 1616, 1658, 1679, 1687, 1752, XXVI: 553, XXVIII: 1551, XXIX: 1669, XXXIII: 1254, 1341, XXXV: 389, 497, 501, XXXVI: 53, 251, 538, 569, XXXVII: 925, 928, 937, 1214, 1227–1229, 1246–1254, 1256–1259, 1261, 1273, 1275, XXXIX: 507, XXXX: 60, 64

Tenny, Jack, XXVIII: 1292, XXX: 2790, 2804, 2812, 2813, 2820–2822, 2839, 2842, 2844, 2846, 2847, 2849, 2852, 2855–2858, 2860–2862, 2865, 2868–2870, 2872, 2874, 2875

Tenny Committee and Report, XXVII: 603–605, 607, 613, XXVIII: 1169, 1172, 1204, 1226, 1227, 1238, 1240, 1242, 1243, 1245, 1247, 1248, 1292, 1293, XXIX: 2037, XXX: 2741, 2742, 2790–2876, XXXIX: 25, 157, 158, 164, 165

Tenny, Col. Parker, XXIV: 2141

TENRYU (Ja), XI: 5359, XIII: 549, 561, 565, 574, 575, XVII: 2684, XX: 4128, XXIII: 665, XXXV: 56, XXXVII: 733, 1134, 1330

Tentative Order of Proof—Joint Committee Hearing, I: 125–129

TENYO MARU (Ja), XIII: 560, 565, 570

TERASAKI, Mr., V: 2434, IX: 3982, 4201, 4202, XII: 72, 139, 223, 227, 234, XX: 3985, 3987, 3995, 4007, XXXVII: 691, XXXX: 308, 324

TERN, XII: 349, XVI: 2252, XXIV: 1572, 1591, 1594, 1611, 1700, 1708, 1731, 1747, 1743, XXXVII: 936, 1224, 1247, 1250, 1272

Territory Airport Constructors, XXVIII: 1280, 1283–1285, 1288, XXIX: 1884, XXX: 2747, 2752

Territorial Home Guard, (See Hawaiian National Guard)

Tetley, Capt. W. H., X: 5033, 5034, 5044, 5049, XVIII: 2963, 3010, 3192–3194, XXI: 4624, XXIV: 1779, 1825, XXVII: 618, 619, 623, 628, 629, 631, XXX: 2467, 2514, XXXI: 3111, XXXIX: 106

TERUTSUKI (Ja), XIII: 575–577

TEXAS, I: 76, XIV: 934, XVI: 2196, XX: 4122, XXVI: 241, XXXIII: 1224

Thacker, 2d Lt. J. M., XIX: 3638

THANET (Br), XIII: 544
Thayer, Wade W., XXIII: 864, 915, 916, 918, XXXV: 371, 396, 536
Theobald, Adm. R. A., VI: 2795, 2816, IX: 4068, XVI: 2226, 2228, XVII: 2459, XVIII: 3242, 3248, XXII: 317, 318, 323, 332, 334, 369, 374, 375, 385, 392, 394, 400, 402, 419, 422, 425, 427, 431–433, 436, 438, 439, 450, 451, 458, 459, XXIII: 737, 897, 1124, 1128, 1139, 1164–1166, 1168, 1169, 1178, 1185, 1187, 1207, 1210, 1212, 1213, 1215, 1219–1221, 1223, 1225, 1229, 1235–1237, 1244, 1258, 1267, XXIV: 1415, 1760, XXVI: 340, XXXII: 424, XXXIII: 1200, XXXVII: 1145
Theobold Board, XXXII: 398, 424
Theodore F. Davis Co., IX: 4336, 4348, 4359, 4361, 4402, XXXV: 31, 42, 44, 147, 148, 590, XXXIX: 278, 279
Thielen, Col. Bernard, I: 25–27, 34–36, 38–41, 49–55, 57–59, 61, 63–65, 69–75, 79–81, 92–99, 101–105, 107–111, 130, 139–151, 153–155, 165–172, 188, 197, 198, 204, 230, 231, III: 1084, 1145, VI: 2660, XXXX: 62, 65n, 68n, 70n
Thomas, Lt. James K., XXII: 289–291, XXIII; 1256, XXVII: 556
Thomas, Lt. Jay P., XXIV: 1937–1960, XXXIII: 1344
Thomas, Lt. Cdr. F. J., XXIII: 705
Thomas, Norman, XXX: 2870
Thomas, Senator E. D., XXIX: 2014–2016, 2018, XXXI: 3236, XXXIII: 1365, XXXVII: 679, XXXIX: 436
Thompson, Col. O. H., XXXXV: 2, 45, 46, 120
Thornburg, Max W., IV: 1699, XV: 1726
THORNTON, XI: 5506, XII: 349, XVI: 2252, 2348, XVII: 2529, 2531, 2545, 2549, 2554, 2558, 2563, XXI: 4562, 4565, XXIV: 1537, 1575, 1577, 1580, 1583, 1588, 1592, 1597, 1605, 1609, 1611, 1615, 1645, 1657, 1703, 1743, XXVI: 557, XXXIII: 1315, XXXV: 388, 501, XXXVI: 536, XXXVII: 928, 929, 977, 979, 981, 1217, 1227, 1229, 1234, 1237, 1243, 1253, 1262, 1273, 1274, 1292
THRESHER, XI: 5506, XII: 345, XVI: 2118, XVII: 2513, 2514, XXI: 4561, 4565, XXIV: 1590, XXVI: 554, XXXIII: 1246, XXXVII: 1245, 1252, 1279, 1292

Throckmorton, Col. Russall C., III: 1468, 1469, XXII: 503, XXIV: 1641, 1646, XXVII: 3, 722–735, XXVIII: 1014, 1021, XXIX: 1726, 1728, 2253, XXXII: 283, XXXV: 152, 168, 169, 184, XXXIX: 232, 255, 256
Thorpe, Col., III: 1481, 1547, 1548, VIII: 3689, 3597, 3598, 3623, 3876, IX: 4067, XVIII: 3304, 3343, 3350, XXXIII: 757, 1388, XXXIV: 175, 176, XXXV: 133, XXXVI: 95, 96, 502, XXXIX: 286, XXXX: 470, 471, 474n, 476, 477
Thurston, Lorrin, VII: 3250, 3308, 3358, XVIII: 3254, 3295
TICONDERAGA, XIII: 728
Tientsin, China, IV: 1803, IX: 4240, 4408, XI: 5203, 5204, XIV: 932, 1408, XX: 4168, XXIV: 1598, XXXI: 3238, XXXIV: 202, 204, XXXV: 285, 313, 314, 628, 630, 649, XXXVII: 1184
TIGER, XVII: 2472, XXIV: 1645, 1657, 1658, 1708, 1709, 1714–1720, XXXII: 141, XXXIII: 1279, 1282, 1315
TIJITJALENKA (Du), XXXIV: 168
Tillman, F. G., XXVI: 558, XXXI: 3182, 3189, XXXV: 326, 331, 336, 349, 381, 382, 384, 385, 488, 494, 513, 515
Tillman, Thomas E., XXVII: 3, XXVIII: 1112–1124, XXIX: 1844, 1939, XXX: 2893, 2894, 2921, 2922, 2936–2938, 2940–2946, 2948, 2949, XXXI: 3127, 3128, XXXIX: 132, 133n
Time of Arrival of the 7 Dec. Warning Message, XIV: 1409, 1410, XXXII: 194, 253, 430, XXXIV: 132, 133, XXXV: 212
Time Comparison Table (Also see Attack Time), XII: 341–344
Timor, XIII; 544, XV: 1575, 1772, XVII: 2651, XXVIII: 1593, XXIX: 2301, XXXIV: 211, XXXVI: 145, XXXVII: 785
Tindal, Maj. L. N., VII: 2952, 2993, 2994, 3035, 3038, 3177, XVIII: 2968, 3015, 3223, 3239, 3245–3248, XIX: 3639, XXI: 4624, 4626, XXII: 222–224, 229, 231–234, XXIII: 1254, XXIV: 1784, 1830, XXVII: 3, 555, 556, 618, 630, XXIX: 2112, 2289–2296, XXX: 2472, 2519, XXXIII: 346, 350, XXXIII: 1344, XXXVI: 562, XXXIX: 106, 108, 200, XXXX: 141
Tinker, Brig. Gen. C. L., VI: 2771, VII: 3260, X: 5066, XVII: 2868, XVIII: 3234,

TORPEDO NETS 229

XXII: 569, XXIII: 969, 1025–1032, 1270,
XXIV: 1963, 2009, XXXVII: 668, 669,
XXVIII: 1100, 1294, XXIX: 1774, 1815,
2015, XXX: 2853, 2881, 2935, XXXIX: 206
Tinker Report, XXIV: 2009
TIPPECANOE, XII: 346, XVI: 2031, 2167,
XXXIII: 1270
TIRPITZ (Gre), XXXIII: 1325, XXXVI: 656
Tittle, Capt. N. L., XIX: 3639
TJIBESAR (Du), XXXIV: 168
TOA MARU (Ja), XIII: 462–464, 547
TOBA (Ja), XVII: 2690, XXXV: 59, XXXVII: 737, 783
TOEI MARU (Ja), I: FP 239, XIII: 403, XX: 4545
Togo, Shigenori, II: 570, 681, 693, 757, 890, 914, III: 1318, 1461, 1466, V: 2397, 2399, 2405, 2406, 2408, 2541, 2542, VI: 2880, 2916, X: 4857, 4863, 4880, 4905, XI: 5355, 5395, XIII: 429, XIV: 1381, XVI: 2298, 2303, XVIII: 2942–2947, 3327, XIX: 3506, XX: 4234, XXVIII: 1617, XXIX: 2151, XXX: 2976, XXXI: 3238, 3245, 3250, 3257, XXXII: 632, XXXIII: 750, 752, 754, 912, 913, 1366, 1371, 1380, 1386, 1392, 1393, XXXIV: 106n, 114, 118, XXXV: 112, 122, 161, 166, 170, 321, 341, 472, 483, 484, 502, 541, 649, 650, 661, 668, 677, 679, 683, 691, 692, XXXVI: 83, 496, 500, XXXVII: 666, 668, 669, 675, 694, 701, 802, 912, 928, 929, 982, 983, 995, 1000–1002, 1005, 1029, 1073, 1110, 1191, 1305, XXXIX: 245, 251, 257, 428, 443, XXXX: 192, 326, 330, 331, 333, 334, 344, 345, 347, 348, 350, 352, 358–362, 378, 379, 385, 386, 394, 394n, 397, 401, 402, 404, 405, 409, 410, 412, 413, 415, 418–423, 428, 433, 436, 437, 441, 442, 516
Tojo, Gen. Hideki, II: 427, 430, 441, 446, 456, 471, 552, 559, 570, 574, 595, 600, 611, 612, 614, 626, 681, 683, 719, 720, 827, 887, 890, 914, III: 1318, 1469, 1470, 1536, 1570, IV: 1714, V: 2397, IX: 4400, 4408, X: 4669, XI: 5373, 5395, 5400, 5401, 5419, XII: 207, 208, 212, 214, 225, XIII: 710, XIV: 1343, 1359, XV: 1762, 1815, 1845, XVI: 2302, 2303, 2390, XVIII: 2945, 3200, 3327, 3329, XIX: 3479, 3506, XX: 3997, 4008–4013, 4016, 4025, 4026, 4088, XXI: 4579, 4580, XXIII: 642, 875, XXVI: 234, XXVII: 249, XXVIII: 1617, XXIX: 1889, 2447, XXX:

2864, 2869, 2974, 2976, XXXI: 3220, 3245, 3249, XXXII: 166, 611, 617, 618, XXXIII: 742, 1371, 1372, 1378, XXXIV: 112, 114, 170, 194, 197, 198, 202, 257, 258, 270, 272, 286, 287, 413, 541, 542, 660, XXXVI: 430, 492, 591, 634, 635, XXXVII: 685, 686, 692, 901, 1110, XXXIX: 41, 43, 257, 328, 437, 442, 443, XXXX: 28, 30, 33, 46, 48, 49, 143, 196, 197, 298, 327–331, 333, 335, 336, 343, 351, 355, 387, 401, 401n, 402, 403411, 413, 414, 415, 417, 437, 441, 442
TOHO MARU (Ja), I: FP 239, XIII: 403, 419, 462–464, 467, 570, 571, 600, 700
TOKI MARU (Ja), XIII: 465, 466
TOKITSUKAZE (Ja), XVII: 2682, XX: 4126, XXXV: 55, XXXVII: 732, 1329
TOKIWA (Ja), XIII: 571, XVII: 2685, XXXV: 56, XXXVII: 734, 1134, 1330
Tokyo (Events on 7 Dec. 1941), II: 570, 571, 574, 692-694, IX: 4151, 4669
Tokyo Bay, IV: 1893, V: 2202
Tokyo-Berlin Circuit (See Purple)
TOKYO MARU (Ja), XXXIV: 169
Tomika, Capt. Sadatoshi, I: 236, 237, 242
Tomo, Cdr. Tachibane, IV: 1891
TOMOZURU (Ja), XVII: 2691, XXXV: 60, XXXVII: 737, 1135
TONE (Ja), I: 184, 186, 234, 239, FP 239, 245, XI: 5356, 5359, XII: 358, XIII: 392, 394, 403, 404, 407, 427, 520, 521, 622, 623, 719, XVI: 2322, 2323, 2350, XVII: 2682, XX: 4125, XXIII: 665, 670, 671, 681, XXVIII: 874, 1585, 1586, XXX: 3066, XXXV: 55, XXXVI: 10, 114, 510, 511, 562, 567, 596, XXXVII: 732, 1132, 1329, XXXIX: 467, 468, 506, XXXX: 57n
TONEGAWA MARU, XIII: 544
Tonga, XV: 1574, 1575
Torpedo Attack, IV: 1989, V: 2264–2263, 2285, 2286, VI: 2508, 2509, 2592, XVI: 2285, 2410, 2411, XXI: 4670, 4671, 4695, 4696, XXII: 331, 332, 418, 496, 584, XXIII: 593, 601, 1133, 1137, XXIV: 1360, 1753, XXXII: 341, XXXVI: 402–406, 448, XXXVII: 1128, 1129, XXXIX: 311, 312, 377, 380
Torpedo Defects, VII: 3363, 3364
Torpedo Nets (Baffles, Barriers, Booms), I: 33, 91, 92, 126, 151, 181, 238, 240, 273, 275, 278, II: 799, III: 1063, IV: 2027, V: 2264–2267, 2284, 2285, 2350, 2409, VI: 2508, 2509,

2579, 2789-2791, 2827, 2828, 2877, 2878, 2895, VII: 3295, VIII: 3832, 3833, IX: 4391, 4393, XIII: 407, XIV: 974, 975, 987, 991, XVI: 2257, 2285, 2314, 2344, 2364, 2424, XVII: 2468, 2470, 2472-2475, 2700-2707, XXI: 4637, 4671, 4683, 4700, XXII: 328, 332-334, 417-419, 472, 492, 493, 497, 545, XXIII: 691, 1039, 1041, 1090-1092, 1133, 1137-1139, 1205-1207, XXIV: 1295, 1309, 1360, 1366, 1454, 1483, 1496, XXVI: 15, 20, 36, 69-71, 94, 108, 196, 244, 286, 287, 331, 408, 409, 459, 523-526, 540, 541, XXXII: 225-227, 255, 302, 310, 318, 319, 341, 378, 381, 382, 391, 392, 405, 406, 544, 547, 568, XXXIII: 721, 1193, 1195, 1283, 1284, 1316-1319, XXXV: 356, 367, 387, 390, 391, 403, 404, 453, 481, 503, 521, 646, 661, XXXVI: 39, 40, 226, 254, 310, 353, 368, 403, 404, 413, 448, 550, 559, 577, XXXVII: 669, 927, 936, 999, 1126-1128, 1285-1289, XXXIX: 15, 123, 305, 311, 312, 338, 348, 362, 368, 377, 382, 406, 419, 428, 430, 455, 456, 485, 497, 526, XXXX: 55, 66, 78, 79, 229, 231, 491, 545, 548

Torpedo—Japanese Modification, V: 2341, 2350, 2357, VI: 2618, 2640, 2641, 2789, VII: 3295, 3296, XXII: 419, 496, XXIII: 1207, XXXVIII: Items 277, 278, XXXIX: 15, 311, 321, 339, 362, 377, XXXX: 59

Torres Straits, I: 31, 82, 83, 88, II: 760, 769, 822, III: 1087, 1092, 1167, IV: 1756, 1942-1944, V: 2167, 2284, VI: 2833, 2912, VII: 2996, VIII: 3541, 3547, IX: 4358, XI: 5216, 5499, XII: 317, XIV: 1403-1406, XV: 1773, XVI: 2256, XX: 4454, XXII: 437, XXIII: 1224, XXXIII: 1287, XXXV: 41, XXXX: 97

Toulmin, Col. Harry A., III: 1324, 1325, VII: 3187, IX: 4301, 4315, 4421, X: 4608-4610, 4612, XXI: 4566, 4620, XXVIII: 1191, XXXIX: 24, 101, 171, 172

Towers, Adm. John H., II: 650, IV: 1700, 2032, IX: 4313, XIV: 960, 962, 1062, XV: 1726, XVI: 2177, XX: 4349, 4351, 4355, 4382, 4405, 4512, XVI: 4555, XXXII: 33, XXXIII: 1362, XXXV: 118, 393, 446, 505, XXXVI: 407, 409, XXXVII: 676, 932, 1018

Townville, Australia, XIX: 3605, 3606, XXII: 38, XXVII: 179, 180, 680, XXIX: 1775, XXX: 2749, 2750, 2784

Toyoda, Adm. Teijiro, II: 487, 627, 666, 887, 893, III: 1461, IV: 2051, VI: 2782, X: 4879, XI: 5395, XIV: 1343, 1352, 1357, 1359, 1381, XV: 1849, XVI: 2296, XVIII: 2950, XX: 3997, 4001-4003, 4006-4009, 4102, 4215, 4219, 4224, XXIX: 2149, XXXI: 3235, 3236, XXXIV: 103, XXXV: 161, 584, 615, 631, 646, 647, XXXVI: 420, XXXVII: 663, 677, 1108, XXXIX: 245, 434, XXXX: 19, 21, 29, 296, 297, 305, 308, 309, 311-315, 322-328, 333, 345, 516

TRACY, XII: 349, XVI: 2252, XVII: 2512, 2514, XXI: 4557, 4563, XXII: 321, 594, 599, XXIII: 1127, XXIV: 1387, 1388, 1572, 1579, 1582, 1583, 1586-1589, 1594, 1601, 1611, 1644, 1654, XXVI: 553, XXXIII: 1313, XXXVII: 936, 1223, 1224, 1233, 1236, 1237, 1240, 1242, 1244, 1250, 1258, 1274

TRADEWIND, XXXV: 395, 431, 439, 443, XXXVII: 1022, 1090, 1098

TRAFALGAR (Br), XX: 4352

Traffic Analysis, (See Radio Intelligence)

Train, Capt. Harold C., I: 222, XVI: 2146, XXXII: 324

Treatment of Prisoners of War, XIII: 596-599

Treaty of Commerce and Navigation, XXIX: 2280, XXXI: 3208-3210, XXXIV: 204, XXXIX: 30, 35, 39, XXXX: 7, 447

TRENTON, V: 2210, XI: 5505, XII: 346, XIV: 939, XX: 4124, XXVIII: 1551, XXXIII: 1247

TREVER, IV: 1676, 1678, XII: 349, XV: 1715, XVI: 2027, XVII: 2527, 2530, XXI: 4559, 4560, 4564, XXIV: 1576, 1579, 1585, 1590, 1591, 1593, 1595, 1599, 1611, 1660, 1663, 1668, 1720, XXVI: 557, XXXVII: 936, 1228, 1232, 1239, 1246, 1249, 1251, 1257, 1277

Trincomalee, XIII: 523, XV: 1580, XXVI: 269, XXVIII: 1585

TRINITY, XII: 284, 289, 296, 302, 303, XXXIII: 912, 1393

Tripartite Alliance (Three Power Pact), II: 409, 418, 419, 422, 425, 426, 430, 438, 447, 456, 552, 556, 558, 559, 582, 667, 711, 724, 797, 803, 903, III: 1383, 1461, 1462, IV: 1710, 2036, 2052, V: 2089, 2314, VI: 2851-2855, 2912, VII: 3312, VIII: 3897, IX: 3944, 4414, X: 4759, XI: 5378, 5379, 5406, 5407, 5417, XII: 3, 10, 16, 25, 31, 33, 37, 44, 45, 48, 61, 74, 76, 77, 83, 88, 89, 94, 102, 125,

132, 136, 140, 142, 146, 147, 151, 152, 157, 167, 169, 170, 181, 194, 205, 212, 239, XIII: 543, 555, 718, XIV: 1214, 1345–1347, 1352, 1356, 1357, 1359, 1381, 1382, 1399, XVI: 2296, 2301, 2303, 2304, 2387, 2389, 2390, 2438, 2450, XVII: 2501, 2660, 2692, XVIII: 2949–2953, XIX: 3454, 3464, 3503, 3546, 3647, 3684, 3685, XX: 3988, 3990–3992, 3994, 3996, 4000, 4003, 4006, 4007, 4017, 4019–4022, 4323, 4393, 4414, 4425, XXI: 4750, XXIX: 2395, XXXI: 3212, 3236, 3237, 3246, 3252, XXXIII: 739, 743, 747, 1190, 1320, 1321, 1363, 1369, 1370, 1372, 1373, 1381, 1387, XXXIV: 103, 104, 109, 110, 113, 120, 122, 126, 129, 141, 144, 166, 191, 207, XXXV: 60, 161, 162, 194–196, 218, 609, 647, 648, 651, 657, 658, 663, 666, 681–683, 685, 688, 690, 691–693, XXXVI: 420, 421, 429, 492, 595, 651, XXXVII: 676, 677, 683, 686, 687, 694, 697, 738, 1143, XXXIX: 245, 246, 324, 327, 434, 440, 441, 443, 444, XXXX: 3, 9, 14, 16, 19, 21, 25–27, 30–32, 47, 48, 93, 168, 205, 213, 215, 292, 293, 295–299, 309, 310, 312, 313, 315, 319, 321, 322, 325, 326, 332, 345, 346, 348, 354, 356, 358, 360, 364, 367, 378, 379, 392, 398, 409, 410, 436, 446, 447, 451, 458, 463, 562
Tripler General Hospital, VII: 2953, XV: 1444, XVIII: 3423, 3427, XXII: 63, 308, XXVIII: 1742, XXX: 2463, 2473, 2481, 2491, 2500, XXXV: 212
TRIPPE, XI: 5505
TRITON, V: 2162, VI: 2702, XI: 5506, XII: 345, XVII: 2520, 2521, 2805, XXI: 4561, 4565, XXIV: 1466, 1556, 1731, XXVI: 555, XXXII: 647, XXXVII: 955, 1279
TROMP (Du), IV: 1934, XIX: 3552, XX: 4131
TROUT, XI: 5506, XII: 345, XVII: 2520, 2521, XXI: 4561, 4565, XXVI: 555, XXXII: 647, XXXV: 498, XXXVII: 926, 1274
Truk, I: 294, IV: 1934, 1955, 1962, 2011, V: 2299, VI: 2503, VII: 2943, 2996, IX: 4278, 4281, XIII: 459, 468, 469, 518, 519, 543–547, 565, 590–594, 616, 618, 623, XIV: 1328, 1365, XV: 1642, 1772, 1875, 1879, 1883, 1884, XVI: 2276, 2328, 2329, 2336, 2340, 2342, 2357, 2362, 2416, XVII: 2577, 2579, 2582, 2584, 2613, 2632, 2633, 2635, 2638, 2540, 2649, 2670, 2675, 2685, 2692, 2693,

XVIII: 2890, 2941, 2942, 2964, 2965, 3011, XX: 4128, XXI: 4570n, 4697, 4763, XXII: 44, XXIV: 1780, 1826, XXVI: 67, 461, 500, 501, 505, 507, XXVII: 60, 89, 91, 96, 105, 166, 167, XXVIII: 873, 1590, XXIX: 2087, 2279, XXX: 2468, 2515, XXXII: 27, 185, 581, XXXIII: 938, 995, 996, 1000, 1002, XXXIV: 152, 186, XXXV: 52, 60, 61, 67, 68, 77, 78, 80, 81, 216, XXXVI: 108, 159, 390, 408, 473, 481, 484, 513, 575, 584, 586, 613, 639, 643, XXXVII: 708, 711, 712, 719, 720, 722, 725, 726, 737, 738, 741, 745, 752, 754, 760, 769, 770, 772, 773, 777, 785, 802, 846, 847, 851, 853, 1136, 1139, 1140, 1143, 1144, 1205, 1318, 1320, 1322–1326, XXXIX: 364, 379, 408, 475, 477, 486, 491, 495, 521, 523, XXXX: 102
Truman, President Harry S., I: 7–9, 12, 118, 125, III: 1340, VII: 3302, IX: 5209, 5210, 5212, 5493, 5494, 5495, 5510, 5523, 5525, XXI: 4565, 4701, XXVII: 605, XXXIX: 355, 371, XXXX: 266-U, 285–287, 570
Truman, Capt. L. W., X: 4984, 4985, XVIII: 2981, XIX: 3795, XXVII: 3, 753–757, XXVIII: 1020
Truman Investigating Committee, IX: 4309, 4497, XXVII: 603, 605, XXIX: 2247, XXXX: 500
TSUGA (Ja), XVII: 2690, XX: 4129, XXXV: 59, XXXVII: 737, 1135
TSUGARU (Ja), XIII: 560, 565, 570, 571
TSURUGA MARU (Ja), XIII: 544
TSURUMI (Ja), XIII: 462–464, XVII: 2689, XXXV: 59, XXXVII: 736, 1331
TUCKER, IV: 1676, V: 2210, XII: 348, XVII: 2511, 2514, XXI: 4557, 4563, XXII: 321, XXIII: 1126, 1127, XXIV: 1572, 1573, 1577, 1600, 1654, 1668, 1670, 1671, 1677, 1679, 1686, 1723, XXVI: 553, XXXI: 3191, XXXV: 392, 441, 498, 499, 504, XXXVII: 926, 931, 936, 1026, 1223, 1224, 1230, 1258
TUG 91, XXIV: 1642
Tulagi, XIII: 546, 571, 572, 574, 575
Tully, Grace, I: 7, 128, II: 702, III: 1406, IV: 2493, VI: 2493, 2494, VII: 3265, VIII: 3839, 3840, XI: 5166, 5172, 5241, 5470, 5509, 5530, 5535, 5538, 5539, XX: 442, 4518, 4519, XXXX: 431, 501
TULSA, XV: 1707

TUNA, XI: 5506, XII: 346, XVII: 2520, 2521, XXI: 4561, 4565, XXVI: 555, XXXIII: 1246
TURBINE (Dredge), XXXVII: 935
Turkey, IV: 1861, V: 2070, VIII: 3783, XIV: 1322, 1356, 1371, 1377, XV: 1531, 1775, XVI: 1991, XIX: 3452, XX: 4401, 4402, 4455, XXI: 4707, 4752, XXXIII: 1320
TURKEY, XII: 349, XVI: 2252, XXIV: 1574, 1575, 1580, 1596, 1599, 1611, 1716, 1717, XXXVII: 937, 1227, 1234, 1253, 1257
Turnbull, Svendrup and Parcel, XXX: 2739, 2747, 2750, 2752, 2758, 2761, 2764, 2785
Turner, Adm. Richmond K., I: 127, 128, 276, 279, II: 514, 650, 737, 911, III: 993, 1007, 1009, 1290, 1291, 1406, 1407, 1415, 1448, 1461, IV: 1664, 1725, 1734, 1740, 1748, 1749, 1758, 1759, 1762, 1763, 1765, 1766, 1769, 1793, 1811, 1836, 1839, 1853, 1867–1869, 1871, 1872, 1892, 1893, 1895, 1899, V: 2132, 2139, 2150, 2151, 2174, 2176, 2203, 2206, 2237, 2306, 2319, 2336, 2380, 2381, 2429, 2460–2462, 2467, 2476, VI: 2502, 2553, 2644, 2647, 2701, 2837, 2840, 2842, 2843, 2866–2868, 2919, 2920, VII: 3171, 3210, 3360, 3368, VIII: 3384, 3385, 3388, 3394, 3396, 3397, 3411, 3431, 3435, 3443, 3445, 3446, 3448, 3569, 3611, 3637, 3658, 3659, 3666, 3699, 3700, 3701, 3703, 3720, 3739, 3753, 3764, 3792–3794, 3803, 3811, 3828, 3829, 3832, 3834, 3837, 3899, 3900, 3905, IX: 3987–3991, 3994, 3996, 3997, 4010, 4028–4031, 4045, 4051, 4061, 4062, 4096, 4097, 4100, 4105, 4111, 4118, 4121, 4150, 4174, 4194, 4196, 4235, 4272, 4437, 4439, 4440, 4484, 4580, X: 4610, 4712, 4714, 4719, 4733, 4750, 4774, 4777, 4784, 4816, 4858, 5015, 5133, 5134, XI: 5155, 5156, 5242, 5244, 5257, 5268, 5364, 5548, 5549, XII: 45, 68, 72, XIV: 971, XV: 1487, 1496, 1641–1643, 1855, XVI: 2315, 2388, 2391, XVII: 2740, 2742, 2743, XVIII: 3347, XIX: 3458, 3508, XX: 4016, 4298–4300, XXI: 4555, 4602, XXII: 1, XXIII: 1073, 1113, 1114, 1172, 1246, 1273, XXVI: 1, 3, 167, 182–184, 263–275, 293, 295, 299, 302, 303, 367, 391, 392, 420, 424, 440, 463, 531, 560, XXVII: 554, XXIX: 2253, 2372, 2384, 2388, XXXI: 3236, XXXII: 2, 22, 30, 132, 154, 165, 243, 410, 429, 541, 542, 603–620, XXXIII: 699, 703, 711, 773, 780, 781, 805, 812, 816, 848, 857, 862, 892, 893, 897, 898, 900, 903, 1362, 1363, XXXIV: 14, 53, 54, 59, 103, 192, XXXV: 128, 161, 646, XXXVI: 18, 23, 26, 64, 230–234, 236, 365, 370, 374, 376, 377, 396, 399–401, 407, 409, 410, 414–420, 421, 425, 428, 431–433, 478, 480, 483, 501, 502, 510, 521, 525, 526, 528, 535, 536, 568, 572, XXXVII: 676, 1301, 1303, XXXIX: 76, 1301, 1303, XXXIX: 76, 227, 245, 323, 325, 328, 329, 458, XXXX: 44, 47, 94, 104n, 107n, 112, 162n, 163n, 167n, 169n, 170n, 171n, 180, 188, 195n, 200n, 206n, 207–209, 212, 218, 222n, 234, 235, 235n, 237n, 238n, 262, 263, 266–C, 266–E, 266–O, 266–P, 396, 439, 473, 518, 521, 526–528, 540, 567
  Testimoney Before:
    Roberts Commision, XXIII: 1084–1086, 1088–1092, XXIV: 1357–1361
    Hart Inquiry, XXVI: 277–287
    Navy Court, XXXII: 603–620, XXXIII: 876–889
    Joint Congressional Hearing, IV: 1911–2063
TUSCALOOSA, XIV: 933, XVI: 2154, 2157, XX: 4122
Tutuila Island, IV: 1685, VI: 2912, XI: 5357, XII: 436, XIV: 1406
TUTUILA, XVI: 2177, XX: 4182, 4216, 4217, 4351, XXXIII: 1356
Twaddle, Col., III: 1067, XV: 1627, 1628
Twelfth Naval District, I: 82, V: 2123, IX: 4370, XXI: 4768–4772, XXXII: 586
Twenty-Fourth Division, I: 35, 52, 53, 55, 103, VII: 3294, XVIII: 2969, 2985, 3235, 3245, XIX: 3628, 3631, 3635, XXI: 4642, XXII: 26, 57, 61, 62, 71, 75, 76, 95, 97, 152, 181, XXIV: 1785, 2053–2090, XXVII: 172, 277, 473, 507, 514, 701, 702, 705, 730, XXX: 2473, 2489, XXXII: 196, XXXIX: 14, 130, XXXX: 68n, 491
Twenty-Fifth Division, I: 35, 53, 55, VII: 3294, XVIII: 2969, 2985, 3235, 3245, XIX: 3604, 3636, XXI: 4591, 4642, XXII: 26, 57, 62, 71, 75, 76, 95, 97, 135, 159, XXIV: 1785, 1805, 2025–2052, XXVII: 172, 473, 730, XXVIII: 1600, 1605, 1611, XXX: 2473, 2489, 2491–2493, XXXII: 196, XXXIX: 14, 130, XXXX: 68n, 491
Tydings-McDuffie Act, XX: 4254, 4255, 4309, 4497, 4510, 4511

Tyler, Lt. Kermit, I: 39, 74, 95, 96, 98, 99, 119, 141, 169, VII: 2951, 2952, 3035, 3040, 3110, 3111, 3159, 3177–3179, VIII: 3516, X: 5037, 5043, 5045, 5048, 5053, 5066, XVIII: 2967, 3014, 3015, 3191, 3213, 3223, 3237, 3239, 3240, 3244, 3245, 3247, 3248, XIX: 3612, 3613, 3638, 3639, XXI: 4617, 4618, 4623, 4624, 4670, XXII: 49–51, 54, 56, 57, 111, 113, 115, 119, 146, 220–227, 230, XXIII: 1254, XXIV: 1782–1784, 1829, 1830, XXVII: 3, 170, 212, 259, 275, 521, 532, 566–571, 621, 622, XXIX: 2117, 2122–2124, 2192, XXX: 2470–2472, 2518, 2519, XXXII: 2, 341–351, 470, 471, XXXIII: 722, XXXVI: 561, 571, XXXIX: 49, 96, 105, 310, 311, XXXX: 140, 141, 262

U

UJI (Ja), XVII: 2690, XXXV: 59, XXXVII: 737, 1135

Ulio, Maj. Gen. J. A., XIX: 3857, 3864, 3865, 3872, 3874, 3877, 3886, 3908, XXXIV: 75

Ultra, (See Magic)

Ullrich, Sgt. Ralph T., XXII: 291–293, XXIII: 1256

Ulupau, XXVIII: 1113, 1234, XXXI: 3139, XXXV: 245

UMIKAZE (Ja), XVII: 2682, XXXVII: 732, 1132, 1329

Underkofler, Lt. Oliver H., XXXVI: 275–278, 574, XXXIX: 404

United Nations, IV: 1912, V: 2232, 2233, 2235, 2236, XVI: 1969, 1972

United States Aid to China, I: 179, 305, II: 409–413, 419, 428, 429, 431, 461, 463, 467, 476, 554, 557, 590, 638, 639, 644, 651–654, 656, 657, 662, 667, 722, 724, 743, 744, 774, 943, III: 1056, 1091, 1250, 1253, 1260, 1400, 1401, IV: 1693, 1708, 1790, 1923, 1945, 2043, 2052, V: 2085, 2089, 2118, 2123, 2148, 2236, 2271, 2319, 2327, 2330, 2331, VI: 2918, IX: 4259, XII: 7, 27, 45, 87, 161, 166, 197, XIV: 1062, 1063, 1065–1067, 1073–1075, 1081, 1083, 1091, 1100, 1121, 1300, 1372, 1377, 1378, XV: 1476–1479, 1481, 1642, 1683, 1719, 1728, 1748, XVI: 1973, 1997, 1998, 2001, 2177, 2223, 2301, 2308, XVIII: 2950, 3410, 3676, XX: 4007, 4457, XXI: 4762, XXIX: 2283, XXX: 3205, XXXI: 3254, XXXII: 52, 613, XXXIII: 740, 1239, 1356, 1379, XXXIV: 180, XXXV: 393, 445, 505, XXXVI: 591, XXXX: 8, 9, 14, 29, 48, 164, 174, 179, 213, 318, 391, 420

United States Declaration of War, XXXX: 444

United States Engineering Department, XXX: 2853, 2878, 2890, 2892, 2897, 2898, 2917–2922, 2930, 2941, 2948, 3060, 3126, 3127, XXXI: 3133, XXXIX: 166, 170, 171, 174, 186, 187, 190, 192, 200

United States Fleet, I: 235, 247, 254, 257, 274, 275, 300, 302, 306, 317, 319, 323, 324, 369, II: 798, 820, 821, 893, 894, III: 1086, 1163, 1241, 1244, 1379, 1409, 1435, IV: 1877, 1878, V: 2138, 2369, 2457, VI: 2503, 2621, 2896, 2897, VII: 3183, 3300, VIII: 3405, IX: 4014, 4222, 4360, X: 4899, 5092, 5132, XIII: 645, XIV: 994, 996, 1009, 1074, XV: 1423, 1424, 1597, 1868, XVI: 1989–1991, 2011, 2311, 2446, XVII: 2713, 2832, XVIII: 3218, XX: 4300, XXI: 4588, 4771, 4772, XXII: 330, 563, 566, XXIII: 946, 1135, XXIV: 2100, 2024, 2162, XXVI: 207, 239, 350, 419, 446, XXVII: 157, 549, 775, XXVIII: 872, 894, 1506, 1587, XXIX: 1722, 1723, 1726, XXX: 3072, 3075, XXXI: 3166, 3185, 3187, 3216, 3217, XXXII: 245, 251, 504, 543, 585, 623, XXXIII: 1193, 1238, 1244, 1245, 1277, 1278, 1350, XXXV: 43, 275, 287, 291, 351, 353, 367, 405, 408, 410, 415, 416, 430–434, 436–439, 446, 485, 549, XXXVI: 224, 367, 374, 524, XXXVII: 910, 920, 924, 1018, 1074, 1089–1098, 1105,

1106, 1108, 1114, 1123, 1124, XXXIX: 57, 408, XXXX: 53, 56, 63, 341, 343, 538n
  United States and Japanese Fleets Compared, (See Japanese and U.S. Pacific Fleet Compared)
  United States Fleet 1940 Disposition, I: 316–319
  Pacific Fleet 7 Dec. Disposition, V: 2210, 2211, VIII: 3540, XI: 345–352, XXI: 4563–4565, XXXVII: 925, 926, XXXIX: 503, 504
  United States Fleet Organization, I: 254, 283, 284, XVII: 2832–2867, XXI: 4555–4565
  United States Losses at Pearl Harbor, I: 188, XII: 325, 354–358, XIII: 411, 542, 554, XVI: 2350, XVIII: 2969, XIX: 3595, 3597, 3600, 3603, 3604, 3611, XX: 4520, 4521, 4523, XXII: 93, 584, XXIII: 611, XXXX: 64, 65, 65n, 71
United States Foreign Policy, III: 998, 999, 1166, 1247
United States Strategy, VI: 2572, 2838, 2839, IX: 4299, XV: 1636–1639, XVI: 2276, XXI: 4751–4756, XXVI: 491–523
United States Military Strength March 1941, XV: 1505–1510, 1545–1550
Unity of Command, III: 1045, 1047, 1122, 1224, VII: 3057, 3314, X: 4897, XV: 1482–1484, XVI: 2286–2288, 2290, XXI: 4559, 4597, 4601, XXII: 541–544, 569, XXIV: 1295, XXVII: 49, 94, 165, 199, 242, 542, 543, 629, 799, XXVIII: 829, 833, 837, 844, 845, 896, 921, 992–995, 1448, XXXII: 31–33, 40, 55, 147, 170, 178, 182, 229, 303, 549, 557, 559, 607, XXXIII: 716, 1021–1023, XXXVI: 279, 301, 395, 399, 436, 450, 575, 577, 578, 580, XXXVII: 1302, XXXIX: 61, 70, 72, 75, 358, 373, 374, 380, 384, 418, 420–423, 426, 511, 523, 527, XXXX: 80, 240–242, 242n, 243, 243n, 244, 245, 252, 264, 266–U

Upson, Lt. John, X: 5033, 5052, 5054
URANAMI (Ja), XVII: 2681, XX: 4126, XXXV: 54, XXXVII: 732, 1132
URKAZE (Ja), XVII: 2687, XX: 4127, XXXIII: 1325, XXXV: 58, XXXVII: 736, 1329
USHIO (Ja), I: 239, FP 239, XVII: 2687, XX: 4127, XXXIII: 1325, XXXV: 58, XXXVI: 656, XXXVII: 735, 1131, 1328
USO, XXIII: 792, 803
USUGOMO (Ja), XVII: 2681, XX: 4125, XXXV: 54, XXXVII: 732
UTAH, I: 45, 188, V: 2210, 2341–2343, 2408, VI: 2674, 2827, VII: 3359, X: 4850, XI: 5464, XII: 260, 349, 354, 357, XIV: 941, XVI: 2023, 2345, 2350, XVII: 2512, 2517, 2526, XIX: 3565, XX: 4523, XXI: 4766, 4768, 4770, 4772–4774, XXII: 478, 545, 590, XXIII: 692, 693, 748, XXIV: 1308, 1365, 1572–1575, 1578, 1580, 1581, 1602, 1603, 1610, 1752–1754, XXVI: 38, 52, XXVII: 634, XXVIII: 1546, 1551, XXIX: 1669, 1670, XXXI: 3192, XXXIII: 1250, 1251, 1343, XXXV: 388, 390–392, 453, 480, 481, 497, 500–503, XXXVI: 170, 333, 334, 476, 560, 570, XXXVII: 925, 927–931, 937, 986, 1214, 1224–1227, 1231, 1233, 1234, 1260, 1261, 1275, XXXIX: 453, 454, 499, 507, XXXX: 59, 60, 64
Utterback, Charles J., XXII: 304–308, XXIII: 1257
Uttrick, Qm 2c R. C., XXXVII: 1299
Uyeno, Giichiro, XXXV: 549–551, 559, 567, 572, 573
UZUKI (Ja), XVII: 2687, XX: 4126, 4127, XXXV: 58, XXXVII: 735, 1134, 1329

V

Vacant Sea, II: 822, 823, 966, III: 1218, IV: 1943, VIII: 3496, VIII: 3496, XXVII: 58, 59, 61, 74, XXXIV: 150, XXXIV: 150–152
Van Cleave, Lt., XXIV: 1723
Van Valkenburg, Capt. F., XXI: 4557, XXII: 442, XXIII: 1229, XXIV: 1609, 1611
Vancouver, B. C., V; 2076, 2077, VIII: 3808, 3870–3873, IX: 3973, XXXVII: 1276, 1277
Vandenberg, Senator Arthur, XXI: 2005
Van Deurs, Capt. George, XXVI: 1, 3, 311, 312, 315, 546, XXXVI: 462, 573
VAN NESS (Du), XX: 4131
VAN GHENT (Du), XX: 4131
VEGA, XXVII: 679, 680
VEGA (Private Yacht), XVII: 2524, XXVI: 556, XXVII: 393, 394, 448, 450, 452, 629, 679, 680, 681, 683, XXVIII: 1085, 1146, 1151, 1152, 1160, 1175, 1180, 1181, 1217, 1239, 1240, 1243, 1266, 1272, 1274, XXIX: 1692, 1693, 1746, 1751–1754, 1774, 1775, 1793, 1815, 1816, 1908, 2059, 2101, XXX: 2724, 2730, 2731, 2738, 2741, 2743, 2787–2790, 2799–2801, 2804, 2805, 2809, 2813, 2814, 2824, 2825, 2827–2832, 2836–2838, 2845–2849, 2875, 2884, 2885, 2891, 2949, 2850, XXXI: 2724, 2730, 2731, 2734, 3160, 3161, 3271, 3326, 3341, 3353, 3354, XXXIX: 146, 151, 210, 214
VESTAL, I: 48, IV: 2023, V: 2210, 2342, VI: 2674, X: 4849, XII: 349, 354, 356, 378, XVI: 2027, 2350, XVII: 2510, 2517, 2518, 2525, XXIII: 635, XXIV: 1365, 1574, 1579, 1580, 1583–1585, 1588, 1591, 1602, 1603, 1610,
1697, 1753, XXXIII: 1343, XXXVI: 538, 570, XXXVII: 937, 1214, 1226, 1233, 1237–1239, 1243, 1247, 1260, 1261, 1275, XXXIX: 507, XXXX: 61, 64
Vichy Government, I: 34, 172, 341, 342, 349–351, 368, II: 409, IV: 1699, 1723, 1731, V: 2081, 2227, 2310, VI: 2540, 2792, 2882, X: 4833, 4844, 4863, XIV: 1398, 1399, XV: 1719, 1726, 1776, 1777, 1798, 1799, 1819, XVI: 2014, 2221, XIX: 3461, 3509, 3530, 3664, 3713, XX: 4120, 4363, 4476, 4511, 4512, XXI: 4720, XXX: 2975, XXXI: 3217, XXXII: 242, XXXIII: 1237, 1320, 1321, XXXV: 624, XXXVI: 651, XXXVII: 1084, 1085, 1087, XXXX: 3, 17, 19, 92, 93, 304, 380, 415, 417, 427, 432
VINCENNES, XX: 4122
VIREO, XVI: 2252, XXIV: 1574, 1575, 1577, 1582, 1584, 1599–1601, 1611, XXXVII: 937, 1227, 1230, 1236, 1238, 1257, 1259
Virgin Islands, I: 294, XXXI: 3177
VIRGINIA (Old), XXII: 460, XXX: 2827
VITTORIO VENTO (It), XV: 1813
VIXEN, XXVI: 455, 564
Vladivostok, Russia, IV: 1942, 1944, V: 2437, VI: 2777, 2778, VIII: 3546, XIII: 472, XIV: 1065, 1338, 1402, XV: 1862, XVI: 2140, XVIII: 2948, 3200, 3201, XIX: 3493, 3498, XX: 4102, 4354, 4443, XXIX: 1889, XXXIV: 199, 258, 301, 314, 393, 416, 432, 437, 446, 505, 597, 600, 609, 615, 628, 642, 670, XXXVI: 600, XXXVII: 1008, 1019, 1091, 1114, XXXX: 305

Vogel, Maj. Gen. C. B., XXI: 4559, 4560
Von der Osten, Capt. Ulrich, XXVIII: 1562, XXIX: 1945, 1946

Von Luckner, Count, XXVIII: 1147, 1312, XXX: 2730, 2859, XXXIX: 152
Von Wiegand, Karl H., XI: 5517, 5518

W

WABOTO MARU (Ja), XIII: 465, 466
Waesche, Vice Adm. R. R., XVI: 2146, 2169, 2174
WAHIAWA, VII: 3004, 3005, XVIII: 3016, 3019, XXIII: 676, 825, 1002-1005, XXIV: 1538-1540, 1650, 1868, 1929, 2029, 2056, 2058, 2061, 2065, 2075, 2078, 2080, 2085, 2110, 2111, XXVIII: 877, XXXII: 300, XXXX: 490
WAIALEALE, XXIV: 1526
Waianae, XXXI: 3136, 3157, 3158
Waikakalua, XV: 1624
Waikiki, XXII: 313, 494, 495, XXIII: 795, 847
Wakasugi, Kaname, II: 530, IV: 1862, VII: 3313, X: 5137, XII: 3. 4, 66, 67, 69, 70, 73-79, 81-84, 104, 112, 119, 120-124, 129, 131, 179, XVI: 2296, XVIII: 3261, XX: 3998, 4001, 4008, 4027, XXXI: 3237, XXXIV: 105, XXXV: 648, XXXVI: 421, XXXVII: 678, XXXIX: 435, XXXX: 323, 324, 331, 332, 348, 351, 353, 354, 386
WAIMEA, XXXXVII: 1276
WAINWRIGHT, XVII: 2465
WAIPIO, IV: 1680
WAKABA (Ja), XIII: 553, 578, 583, XVII: 2631, XX: 4126, XXXV: 54, XXXVII: 731, 1131, 1329
WAKAURA MARU (Ja), XXXVII: 875
WAKE, XXXV: 541
WAKEFIELD, XVI: 2205, XXXIII: 1228
Wake Island, I: 19, 29, 30, 77, 114, 132, 133, 144, 181, 238, III: 1158, 1171, 1261, 1267, 1277, 1464, IV: 1684, 1754, 1776, 1781, 1878, 1951, 2002, 2010, 2057-2059, V: 2103, 2138, 2160-2162, 2164, 2165, 2237, 2238, 2247, 2257, 2288, 2307, 2308, 2375, 2385, 2387, 2413, 2454, 2471, 2472, 2478, VI: 2507, 2516, 2529, 2530, 2532, 2533, 2536, 2537, 2551, 2552, 2572, 2573, 2604, 2605, 2612, 2629, 2652, 2656, 2657, 2702, 2722, 2731, 2732, 2734, 2737, 2802, 2833, 2889, 2894, 2912, VII: 2942, 2950, 2982, 3018, 3021, 3060, 3075, 3103, 3120, 3121, 3240, 3242, 3243, 3246, 3250, 3287, 3292, 3295, 3305, 3308, 3334, 3500, 3508, 3533, 3586, IX: 4291-4293, 4299, X: 5013-5015, XI: 5476, XIII: 402, 555, XIV: 996, 1011, 1065, 1404, 1405, XV: 1425, 1431, 1625, 1627, XVI: 2212, 2220, 2243, 2249, 2250, 2253, 2254, 2277, 2278, 2289, 2297, 2338, 2340, 2341, 2348, 2349, 2353, 2354, 2447, XVII: 2478-2480, 2487, 2496, 2537, 2577, 2579-2581, 2593, 2595, 2597, 2709, 2714, 2715, 2722, 2806, 2809, 2816, 2818, 2820, XIX: 3982, 3983, XX: 4282, 4283, 4524, XXI: 4563, 4564, 4576, 4583, 4585, 4661, 4673, XXII: 330, 372, 381, 388, 394, 395, 397, 398, 454-458, 466, 509, 554, 557, 559, 566, 567, 579, XXIII: 614-616, 620, 758, 760, 944, 945, 1028, 1081, 1087, 1133, 1134, 1136, 1166, 1167, 1175, 1180, 1182, 1187, 1240, 1244, XXIV: 1356, 1371, 1391, 1455, 1460, 1571, 1587, 1598, 1604, 1605, 1650, 2129, XXVI: 23, 24, 31, 44, 59-61, 66-68, 72, 73, 76, 79, 88, 90, 98,

100, 105, 121, 122, 127, 128, 130–132, 143, 144, 163, 184, 185, 204, 205, 223, 248, 255–258, 270, 278, 279, 310, 323, 324, 329, 331, 439, 440, 464, 466, 468, 483, 500–506, 511, 513, 516, 518, 520, 529, 544, XXVII: 104, 179, 200, 205, 238, 253, 553, 634, XXVIII: 828, 831, 836, 838, 839, 843, 847, 855, 857, 860, 900, 903, 913, 922, 927, 928, 929, 931, 938, 939, 1022, 1069, 1439, 1495, 1497, 1499, 1585, XXIX: 2222, XXX: 2790, 2803, 2808, XXXI: 3193, 3194, XXXII: 35, 57, 58, 231, 232, 266, 267, 269, 303, 305, 404, 409, 418, 423, 436, 441, 446, 451, 498, 500, 503, 507, 508, 516, 530, 535, 569–572, 587, 606, 614, 617, 618, XXXIII: 694, 699, 703, 983, 995–999, 1006, 1013, 1015, 1152–1154, 1169, 1240, 1241, 1258, 1262, 1268, 1284, 1285, 1290, 1293, 1348–1350, 1360, 1361, XXXV: 218, 228, XXXVI: 101–103, 107, 108, 158, 180–182, 191, 201, 278, 290, 292, 295, 296, 372, 382–385, 400, 401, 408, 420, 421, 433, 441–446, 452, 455, 457–460, 536, 537, 553, 578, 579, 594, XXXVII: 846, 847, 849, 850, 852, 857, 864, 955–958, 960, 961, 963, 965, 1216, 1217, 1256, 1262, 1263, 1278, 1279, 1309, 1310, XXXIX: 3, 38, 51, 54, 358, 363, 378, 408, 409, 434, 435, 489, 490, 492, 493, 504, XXXX: 70, 88, 104, 106, 107, 111, 112, 116n, 125, 232, 490

  Fueling Point for B17s Bound for the Philippines, II: 653, III: 1120, 1161, X: 5142–5146, XIV: 1403, XV: 1614, 1643, XVI: 2211, 2215, 2248, 2413, XX: 4416, XXI: 4696, XXII: 38, 45, 356, 467, XXVII: 89, 91, 96, 103, 245, XXIX: 1727, XXXIII: 707, 1170, 1233, 1234, XXXX: 96, 97

  Japanese Attack, I: 18, 186, 239, VI: 2818, 2819, VII: 3296, VIII: 3833, XI: 5354, XIII: 407, 518, 543, 545, 554, 558–563, 715, XVI: 2257, 2276, XIX: 3504, XX: 4523, XXI: 4662, XXII: 529, 587, XXIII: 663, 681–683, 957, 1010, 1070–1072, 1190, 1241, XXIV: 1368–1370, 1463–1468, 1471, 1556, 1600, 1652–1655, XXXV: 541, XXXVII: 777, 778, 1207, 1242, 1257, XXXIX: 15, 16, 298, XXXX: 63, 293, 443

  Order to Destroy Codes/Papers, X: 4767, XXIX: 2398, 2399, XXXII: 888, XXXV: 165, XXXIX: 250, XXXX: 131

  Photo Reconnaissance of the Marshall Islands, III: 1288, IX: 4371, XIV: 1328, XVI: 2339, XVIII: 2964, 3011, XXII: 44, 102, XXIV: 1780, XXVII: 166, XXX: 2468, 2515, XXXII: 185, XXXV: 52, XXXVII: 802, 1205, XXXIX: 491

  Relief Plan, XVI: 2131, 2136, XXII: 84, 516, 526, 530–532, 547–549, XXIII: 761, 762, 767, 988, 1062–1072, 1190, 1242, XXIV: 1369, 1370, 1538–1540, 1555

  Replacing Marines With Army Units, V: 2130, 2154–2157, 2163, 2167–2171, 2197, VI: 2518–2520, 2531, 2582, 2822, VII: 3489, 3554, X: 4943, XV: 1642, XVI: 2287, 2288, 2290, 2299, 2370, 2401, XVII: 2481–2484, XVIII: 2963, 3010, XXI: 4615, 4683, 4692, XXII: 42, 43, 328, 452, 453, 484, XXIII: 606–608, 624, 625, 991, 992, XXIV: 1779, 1826, XXVI: 50, 292, 296, 321, 322, 489, 490, XXVII: 157, 164, 165, 210, 412, 413, 429, 786, XXVIII: 830, 837, XXX: 2467, 2514, XXXII: 194, 238, 239, 411, 412, 419, 537, 574, XXXIII: 702, 1177, 1284, 1287–1289, XXXV: 51, 160, 207, 208, XXXVI: 426, 435–438, 441, 450, 519, 526, 580, XXXVII: 801, XXXIX: 10, 93, 315, 339, 349, 422, 423, 426, 438, 511, XXXX: 105, 108, 108n, 242, 242n, 243, 264

  Submarine Patrol, V: 2463, VI: 2625, 2626, XVI: 2352, XVII: 2578, 2582, 2583, 2590, XXI: 4565, 4672, XXII: 356, 372, 515, 593, XXIII: 1151, XXVI: 23, 31, 66, 87, 506, 513, 516, 529, XXVIII: 894, XXXII: 47, 230, 424, 432, 647, 648, 651, 668, XXXIII: 1000, 1001, 1008, 1011, 1171, XXXVI: 202, 218, 419, 434, 552, XXXVII: 851, 859, 862, XXXIX: 313, 424, 508

  Wake Diary, XXIII: 1070–1072, XXIV: 1463–1468

Wake Island Story, XXIII: 1070–1072
Waldron, Lt. Cdr., XXIII: 1040
Walker, Col. Eugene B., XXVII: 3, 499–503, XXVIII: 1001, 1002
Walker, T. G. S., XVIII: 2979, 3121, 3361, 3363, 3374, 3386, 3387, 3391, 3399, 3401,

3405-3408, 3411, XXII: 71, 72, XXIV: 1795, 1932, XXVIII: 1370, XXXI: 2483, 2621, XXXIX: 112
Walker, Frank, XX: 4284, 4285, 4288, XXXX: 356, 375
Wallace, Capt. J. R., XXVI: 4, 6-9
Wallace, Henry, V: 2093, XII: 214, XXXI: 3247, XXXIII: 1376, XXXIV: 116, XXXV: 658, XXXVII: 690, XXXX: 415
Waller, Capt., XXVI: 300, 365
WALNUT, XXIV: 1556, 1731, 1733, XXXVII: 1279
Walsh, Father, XX: 3985, 4284, 4286, 4289, 4291
Walsh, Brig. Gen. Roland, XXVII: 719-722, XXVIII: 998, 999, XXXV: 246, 251
WALTER A. LUCKENBACK, XIX: 3535
Waltrous, Ch. Radioman, W. L., XXXVII: 1269
Wang Ching-Wei, IV: 1708, 2052, VII: 3311, 3312, XIV: 1351, 1355, XV: 1478, 1753, 1852, XX: 4225, 4292, 4378, 4379, 4382, XXI: 4746, 4762, XXXI: 3220, XXXIV: 205, 206, XXXV: 195, 196, 314, 410, 416, XXXX: 456
WAPELLO, XXXIII: 1279, XXXVII: 1286
Ward, Col. Orlando, III: 1062, 1077, 1105, 1437
WARD, I: 30, 41, 42, 47, 56, 66-68, 131, V: 2210, VI: 2538, 2539, 2559, 2598, 2600, XII: 3295, X: 5026, 5051, XI: 5293, XII: 352, XIII: 490, 494, XVI: 2343-2345, 2348, XVII: 2719, XIX: 3580, XX: 4594, XXI: 4560, 4594, 4636, XXII: 402, XXIII: 1036-1038, 1041, 1051, 1052, 1194, XXIV: 1569-1571, 1605, 1644, 1649, 1654-1656, 1665, 1667, 1668, 1672, 1675, 1681, 1685, 1698, 1703, 1743, XXVI: 31, 65, 209, 210, 411, XXVIII: 1582, XXXII: 308, 309, 311, XXXIII: 720, 721, 1313, XXXVI: 2, 5, 8, 42, 52, 55, 57, 246, 253, 268, 269, 276-278, 354, 555-559, 574, XXXVII: 1215, 1216, 1218, 1221, 1222, 1264, 1267, 1274, 1281-1285, 1289-1291, 1293, 1299, XXXVIII: Items 297, 298, XXXIX: 15, 66, 123, 405, 406, 496-499, 503, XXXX: 61, 66, 138, 139
War Council/War Cabinet, II: 434, 450, III: 1095, 1152, 1168, 1173, 1194, 1195, 1214, 1215, 1314, 1411, IV: 1772, V: 2191, 2301, 2303-2305, 2315, 2318, 2320-2322, VII: 3289, IX: 4222, 4226, XI: 5223, 5226-5229, 5261, 5262, 5376, 5381, 5412, 5426, 5433, 5435, 5441, 5458, XX: 4111, 4113, XXI: 4575n, 4576n, 4606n, 4607, 4644, 4645, XXVI: 12, 57, 88, XXIX: 2065, 2066, 2083, 2088, 2284, 2285, XXXII: 637, 639, XXXIV: 15, 52, 149, XXXIX: 6, 37, 37n, 48, 52, 82, 82n, 134-136, XXXX: 43, 44, 46, 175, 178, 217n, 266-C, 374, 389, 394-398, 513-515, 565, 571
War Department Organization Chart, XXI: 4552, 4554
War Games-Japanese, 2-13 Sept. 1941, XXXVI: 589, 590, XXXX: 149n
Warm Springs, Ga., II: 441, 539, 607, V: 2422, 2423, X: 4660, 4666, 4667, XI: 5399-5402, 5405, 5427, XII: 116, 207, 208, 223, XIX: 3757, XXXX: 46, 196, 197, 392, 395, 396, 402, 403n, 404, 405, 408, 412, 413, 417, 426
Warner, Maj., XXIV: 1681
Warning Signs of Japanese Moves, XXVI: 390
War Plans,
ABC-1, ABC-2 (See ABC-1, 2)
A-1-41, XV: 1461-1471
A-2, V: 2287, IX: 4565, 4568, 4602, 4604, 4625, 4695, XXIX: 2303
01 (Orange 1938), I: 293-295, 319, 373-375, III: 1002, 1003, XIV: 964-970, 980, 1007, 1009, XV: 1423-1451, XVI: 2278, 2444, XVII: 2465, 2568, 2569, 2571, 2581, 2584, 2585, 2589-2597, XXXII: 609, 1191, 1192
"DOG", I: 296, V: 2112, iv; 1950, 1951, 1954-1959, 2001, 2010, 2011, XIV: 993-999, XVI: 2149, 2150, XXXIII: 1201, 1202
Rainbow 1, I: 294-296, 373, 375, 376, III: 1002, 1003, 1145, 1146, 1154, 1172, 1188, 1220, 1221, 1348, 1349, 1455, IV: 1915, 1937, XIV: 938, 944, 946, 968, 969, 980, XV: 1431, XXVI: 14, 15, 32, 33, 482, 484, 485, XXII: 80, 142, XXXIII: 714, 1153-1156, 1189, 1192, XXXVI: 395, XXXVII: 1310-1312
Rainbow 2, I: 296, III: 1145, 1146, 1154, 1172, 1188, 1220, 1221, 1348, 1349, 1455, IV: 1915, 1937, XIV: 938, 968, 969, 980, XXXII: 80, XXXIII: 1192, XXXIV: 60
Rainbow 3, I: 296, 368, 369, III: 1145, 1146, 1154, 1172, 1188, 1220, 1221, 1348, 1349, 1455, IV: 1915, 1929, 1930, V: 2102, 2112, VI: 2512, 2515n, XIV: 969, 971, 973, 980,

993, XVI: 2144, 2149, 2150, 2229, 2449,
XVII: 329, 330, XXIII: 1135, XXVI: 32,
33, 245, 268, 293, XXXII: 80, 605, 609,
XXXIII: 1192, 1201, 1349, 1358, 1361,
XXXVI: 395, 400, 418
Rainbow 4, I: 296, III: 1145, 1146, 1154,
1172, 1188, 1220, 1221, 1348, 1349, 1455,
IV: 1915, 1937, XIV: 946, XXXII: 609
Rainbow 5 (WPPac-46), I: 296, 374, II: 828,
878, 964, III: 994, 995, 1003, 1004, 1006,
1012, 1032, 1145, 1146, 1154, 1172, 1188,
1220, 1221, 1348, 1349, 1455, IV: 1592–
1594, 1805, 1915, 1916, 1934, 1936, 1937,
V: 2102, 2104, 2112, 2113, 2118, 2131,
2287–2289, 2361, 2389, 2340, 2448, 2452,
2454, 2478, 2479, IV: 1950–1952, 1956,
1957, 2004, 2028, 2046, VI: 2502, 2506,
2558, 2745, 2859, 2865, 2869, VII: 2931,
2935, 2945, 3015, 3066, 3175, 3215, 3331,
IX: 4278, XIV: 980, 1328, 1329, 1331,
XV: 1452–1461, XVI: 2161, 2165, 2169,
2183, 2223, 2236, 2275–2278, 2283, 2288,
2289, 2299, 2302, 2326, 2342, 2351–2353,
2360, 2362, 2401, XVII: 2462–2465, 2471,
2569, 2571–2600, 2714, 2744, 2748, XVIII:
2877, 2882, 2887, 2888–2892, 2894, 2895,
2903, 2908, 2921, 2935–2941, 3173, 3174,
3227, 3228, 3233, 3246, XIX: 3549, XXI:
4604, 4612, 4691, XXII: 1, 12, 34, 363,
567, XXIV: 1377, 1771, 1799, 2160, 2161,
2165, XXVI: 2, 32, 33, 67, 74, 75, 169,
180, 182, 185, 208, 245–247, 249, 254, 264,
268–270, 284, 488, 491–523, XXVII: 38–
40, 42, 44, 46, 95, 155, 412, 577, 702, 770,
785, 788, XXVIII: 902, 963, 1012, 1033,
1042, 1056, 1365, 1396, 1609, XXIX: 1662,
1715, 2079, 2136, 2188, 2189, 2207, XXX:
2459, 2487, XXXI: 3163–3169, XXXII: 16,
17, 26, 69, 70, 71, 79, 80, 86, 96, 187, 273,
296, 380, 530, 531, 573, 609, XXXIII: 714,
926–987, 1150, 1169, 1174, 1178, 1212,
1218, 1232, 1281, 1357, 1358, XXXIV: 33,
155, 207, XXXVI: 3, 101, 123, 176, 177,
191, 200, 285, 381–385, 389, 390, 395–397,
406, 426, 431, 433, 434, 445, 575, 578, 586,
XXXVII: 837–871, XXXIX: 79, 90, 236,
240, 357, 373, 405, 407–415, 417, 423, 424,
426, 438, 441, 442, 472, 495, 508, 511, 521,
523, XXXX: 87, 88, 88n, 90, 99, 102, 123,
168, 201n, 266–Y, 535, 558

WPL 1, V: 2478
WPL 8, V: 2478, XV: 1430, XVII: 2464,
XXVI: 483, 494, XXXVII: 1310
WPL 13, V: 2478, XVII: 2464
WPL 14, V: 2478, XVII: 2464
WPL 42, V: 2478, XIV: 980, XVII: 2464,
XVIII: 2877, XXXVII: 1306, XXXIII:
1242
WPL 43, XXVI: 268, 285
WPL 44, IV: 1000, VI: 5404, XVII: 2464,
XVIII: 2877, XXIII: 1137, XXXIII: 1242
WPL 46 (WPPac-46), I: 296, III: 1304,
1454, 1457, IV: 1732, 1805, 1916, 1936,
1950–1952, 1955, 1957, 1958, 1965, 1991,
2001, 2004, 2010, 2011, 2078, 2045, V:
2103, 2107, 2108, 2125, 2130, 2131, 2152,
2153, 2208, 2214, 2259, 2293, 2296, 2361,
2376, 2377, 2387, 2392, 2448, 2452, 2462,
2469, 2477–2479, VI: 2502, 2518, 2524,
2525, 2529, 2530, 2534, 2558, 2559, 2638,
2650, 2667, 2711–2713, 2723, 2725, 2726,
2738, 2840, 2841–2843, 2860, 2861, 2869,
2883, 2903, VII: 2931, 2934, 2945, 2974,
2983, 2992, 3050, 3109, 3167, 3174, 3175,
3215, 3331, 3361, 3370, VIII: 3442, 3459,
3486, 3516, 3532, 3533, 3552, IX: 4049,
4241–4243, 4251, 4256, 4267, 4278, 4281,
4288, 4289, 4292, 4294, 4295, X: 4822,
4823, 4826, 4856, 4937, 4951, 4957, XI:
5351, XIV: 1401, 1403, 1407, XVI: 2128,
2302, 2326, 2340, 2342, 2360, 2361, XVII:
2464, 2471, 2568, 2706, 2714, XVIII: 2879,
2880, 3232, XXI: 4604, XXII: 326, 328,
373, 380, XXIII: 935, 1132, 1167, XXIV:
1371, 1588, XXVI: 32, 180–183, 185, 264–
268, 282, 284–286, 291, 292, 296, 420, 425,
459–461, 488, 490, 491, 493, XXVII: 579,
703, 788, XXVIII: 929, 963, XXIX: 2177,
XXXII: 16, 17, 26, 29, 30, 35, 37, 40, 41,
51, 74, 86, 96, 126, 141–144, 150, 210, 236,
273, 274, 277, 326, 327, 380, 410, 411, 430,
534, 545–547, 550, 573, 574, 586, 591, 595,
598, 609, 610, XXXIII: 699, 703, 710, 714,
793, 797, 808, 919, 926–1018, 1178, 1348,
XXXV: 158, XXXVI: 3, 102, 103, 119,
123, 153, 176, 177, 190, 200, 206, 217, 296,
389, 396, 400–402, 431, 433, 434, 439, 451,
514, 515, 587, XXXVII: 837–871, 1129,
1243, XXXIX: 79, 237, 240, 366, 405, 441,
442, 472, 492, 495, 496, 521, XXXX: 87,

242 WAR PLANS DIVISION—ARMY

88n, 94, 98, 99, 105, 108, 111–113, 117n, 167, 255, 535, 535n, 548, 558, 562
WPL 49, V: 2112, 2293, XVI: 2165
WPL 51, V: 2294, 2295, VI: 2667, 2269, 2670, XIV: 1401, 1402, XVI: 2451, XXXX: 94
WPL 52, V: 1732, 1954, 1979, 2131, 2296, 2310, VI: 2524, 2525, 2668, 2669, 2670, 2725, VII: 3066, X: 4975, XIV: 1402, 1407, XVI: 2302, 2326, XXXIII: 703, XXXVI: 123, XXXIX: 442, 472, XXXX: 99
War Plan Leak, XI: 5430
War Plan—U. S./British Joint Basic Plan, XV: 1504–1532, XVII: 2462, 2463
War Plans Division—Army, II: 833, 847, 848, 854, 866, 867, 881, 882–884, 909, 971, 972, III: 989, 990, 999, 1002, 1015, 1018, 1019, 1022, 1023, 1027, 1029–1032, 1036, 1038, 1041, 1050, 1058, 1096, 1098, 1101, 1114, 1143, 1145, 1176, 1182, 1185–1189, 1191, 1192, 1204, 1218, 1241, 1260, 1262, 1263, 1270, 1292, 1300, 1313, 1322, 1343, 1348, 1355, 1400, 1428, 1437, 1438, 1444–1446, 1448–1450, 1458, 1463, 1475, 1486, 1496, 1505, 1512, 1523, 1539, 1549, 1556, IV: 1595, 1597, 1599, 1601, 1612, 1613, 1615, 1616, 1632, 1644, 1654, 1657, 1659, 1665, 1725, 1728, 1885–1887, 1913, 1938, 1959, 1960, V: 2075, 2478, VII: 2923, 2961, 3127, IX: 4010, 4385, 4526, 4531, 4532, 4580, 4583, X: 4627, XI: 5183, 5192, 5423, 5427, 5430, 5461, XIV: 1065, 1067, 1106, XXI: 4586, 4589, 4606, 4648–4650, 4653, 4654, 4657, 4659, 4717, 4722, 4724, 4732, 4754, 4756, 4760, 4764, XXIII: 1105, 1111, XXVII: 16, 22, 24, 26, 28, 29, 37, 46, 47, 49–52, 60, 62, 71, 155, 157, 190, 219, 468, 469, XXVIII: 1420, XXIX: 2156, 2158–2160, 2162, 2172, 2181, 2182, 2188–2191, 2194, 2197, 2200, 2202–2204, 2212, 2412, 2416, 2419, 2431, 2450, 2452, 2454, XXXI: 3163, 3221, XXXII: 188, XXXIII: 819, 822, 824, 825, 829, 1075, 1139, 1140, 1146, 1147, XXXIV: 13–15, 27, 29, 36, 39, 41, 47, 50, 51, 57, 68, 70, 72, 89, 94, 151, 156, 159, 160, XXXV: 16, 18, 19, 27, 28, 39, 91, 92, 136, 138, 139, 176, XXXIX: 104, 134, 139, 142, 143, 173, 176, 223, 224, 260, 264–266, XXXX: 44, 201–204, 239, 239n, 252, 256, 338, 339
War Plans Division—Navy, I: 317, 319, IV: 1725, 1729, 1730, 1739, 1740, 1750, 1751, 1794, 1833, 1834, 1852, 1864, 1865, 1898, 1901, 1911–1915, 1917–1927, 1937, 1939, 1942, 1954, 1959, 1960, 1976, 1977, 1982–1984, 1986, 1994, 2010, 2012, 2018, 2024, 2027, 2029, 2030, 2045, 2047, V: 2101–2103, 2132, 2138, 2150, 2460, 2461, 2467, VII: 3012, VIII: 3384, 3388, 3435, 3441, 3442, 3637, 3666, 3753, IX: 4028, 4051, 4245, 4271, 4272, X: 4712, 4919, XIV: 984, 1065, XVI: 1937, 2145, 2214, 2296, XXI: 4556, 4602, XXII: 1, XXIII: 1084, 1085, 1133, XXVI: 180, 182, 183, 263, 272, 286, 291–293, 296, 440, 446, 463, XXIX: 2253, XXXII: 22, 30, 127, 154, 155, 157, 541, 542, 603, 609, 612, 613, XXXIII: 711, 773, 781, 788, 795, 813, 814, 817, 855, 878, 892, 1075, 1139, 1140, 1146, 1147, 1234, XXXIV: 41, XXXVI: 18, 30, 419, XXXIX: 76, XXXX: 44, 45, 207, 239, 252, 264, 265, 339
WARRINGTON, XI: 5505
WARRIOR, XX: 4442
WARSPITE (Br), XI: 5345, XII: 281, 308–310, XXXIII: 909, 913, 914, 1391, 1392, 1396, XXXVII: 1109
WARWICK UNION OIL, XV: 1927, 1928
WASHINGTON, I: 76, 123, 152, 163, 164, IV: 1827, V: 2247, 2249, XV: 1905, XVI: 2209, 2213, 2219, 2248, 2250, XVIII: 3079, XX: 4122, XXII: 372, XXIII: 945, 946, 1166, XXIV: 1892, XXXIII: 1167, 1169, 1172, 1230, 1232, 1359
Washington Conference, II: 407, XXXIII: 1379
Washington D. C.—6, 7, 8 Dec. 1941, II: 441, 443, 924–926, 929–931, 933–946, III: 1108–1115, 1196, 1366–1371, 1428–1432, 1447–1450, 1462, 1471, 1472, 1484, 1486, 1513, IV: 1637, 1768, 1847, 1848, 1879, 1970–1973, 2029, 2030, V: 2135, 2187, 2188, 2260, 2263, 2333–2338, VIII: 3391–3394, 3396, 3443, 3556–3558, 3560–3563, 3569, 3570, 3573, 3660–3663, 3696, 3715–3718, 3799, 3808–3810, 3819, 3827–3831, 3834–3838, 3898–3912, IX: 3983, 3997, 4004, 4024–4053, 4061, 4062, 4081, 4148, 4167–4171, 4205, 4262–4264, 4288, 4326, 4327, 4398, 4470, 4473, 4474, 4476, 4482, 4483, 4486–4488, 45024509–4518, 4522–4525, 4527, 4544–4556, 4566, 4571–4574, 4579, X: 4608–4610, 4617–4619, 4622, 4633, 4634, 4643, 4660–

4668, 4736–4739, 4926–4932, XI: 5231–5235, 5246–5255, 5264–5289, 5295, 5392, 5439, 5447–5455, 5543–5560, XII: 237–245, 247–252, XIV: 1246–1248, 1383, 1384, 1409, 1410, 1411, 1413–1416, XV: 1640, 1680, XVI: 2313, XIX: 3502–3507, 3535–3556, XX: 4516–4518, 4528–4537, XXI: 4684, 4686, XXIII: 1080, 1082, 1102–1105, XXIX: 2309–2312, 2314, 2320–2322, 2344–2347, 2349, 2350–2352, 2382–2392, 2420–2424, 2431, 2432, XXXII: 132–136, 535, XXXIII: 779, 780, 1380–1385, XXXIV: 116, 117, 120–124, 126–132, XXXV: 26, 97, 98, 102, 106–108, 172, 662–668, XXXVI: 86, 303, 304, 314–318, 345, 527–536, 565, 566, 581, 582, XXXVII: 694–700, XXXIX: 226–230, 340–345, 447–450, 482, 484, XXXX: 209–232, 266-F, 266-G, 266-H, 266-M, 266-N, 424–430, 438–444, 460–465, 528–530, 565–571
Washington Naval Treaty, II: 566
WASMUTH, IV: 1676, 1678, XII: 349, XV: 1717, XVI: 2027, XVII: 2527, 2530, XXI: 4559, 4564, XXIV: 1576, 1590–1593, 1597, 1599, 1609, 1615, 1670, 1672–1674, 1677, 1691, 1704, 1719, 1742, XXVI: 557, XXXVII: 936, 1228, 1245, 1246, 1248–1250, 1254, 1257, 1294
WASP, I: 123, 199, XII: 280, XX: 4122, XXVI: 375, XXXV: 367, 533, 547, XXXVI: 626–628
Watanabe, Cdr. Yasuji, I: 236, 237
Watch Officers Log—CNO's Office 6–7 Dec. 1941, XIX: 3534–3542
Waterhouse, George S., XXIII: 771, 773–779, 1265
Waterhouse, Rev. Paul, XXIII: 771, 837–842, 1266, XXIV: 1304, 1305
WATERS, V: 2210, XII: 346, XVII: 2519, 2521, XXIV: 1674, 1687, 1698, XXVI: 555
Watson, Maj. Gen. Edwin M."Pa", II: 655, 788, 789, III: 995, 1092, 1093, 1558, V: 2391, XI: 5288, 5475, 5476, XIV: 1069, XX: 4284, 4308, 4343, 4359, 4454, XXI: 4767, XXXX: 342, 343
Watts, Lt. Cdr., IV: 1762, 1796, 1848, VIII: 3392, 3426, 3427, 3429, 3431, IX: 4012, XXVI: 300, 301, XXXII: 355, XXXVI: 26, 534, XXXX: 337
Wavell, Field Marshal Sir Archibald, III: 1123, V: 2233, IX: 4380, XIV: 1371, 1377

WAYO MARU (Ja), XIII: 462–464
Webster, 1st Lt. John, XIX: 3638
Weddington, Lt. Col. Leonard D., XVIII: 3223, 3236, XXI: 4629, 4643, 4644, XXIII: 689, 741–745, 1264, XXIV: 1769, 1937, XXVII: 3, XXVIII: 1569–1576, XXX: 2877, 2896, 2926, XXXIX: 113, 115, 133, 133n
WEEBER (Dredge), XXXVII: 935
Weimer, Lt. Col., XXVIII: 1113, 1114, 1129, 1432
Weiner, John, XXVII: 447, 448, 605, XXVIII: 1267, 1269, 1270, 1272, 1273, 1280, 1318, XXIX: 2038, 2217, XXX: 2724, 2726–2728, 2731, 2732, 2734, 2951, 2973, XXXI: 3172, 3173
Weinzapfel, Ens. R. J. H., XVI: 2126
Weir, Col. John M., XIX: 3839, 3840, 3850, 3851, 3853, 3891, 3829, 3932
Wellborn, Cdr. Charles Jr., V: 2401, VIII: 3899, 3909, IX: 3988, 4061, 4103, 4116, 4186, X: 4816, XIV: 971, XVI: 2145, 2216, XXVI: 1, 3, 419–427, 443, XXXII: 23, 97, XXXIII: 787, 797, 811, 861, 869, XXXVI: 375, 376, 379, 423, 435, 506, 525, 573
Welch, Lt. George S., XVIII: 3223, 3237, 3246, 3250, XIX: 3638, XXI: 4634, XXII: 249, 250, 253–256, XXIII: 1255, XXVIII: 1049–1052, XXXIX: 119
Welker, Capt. G. W., VIII: 3572, 3580, 3581, 3583, 3611, 3613, 3629, 3696, 3749, 3843, 3847, 3859, 3864, IX: 4009, 4010, XVIII: 3347, 3348, XXVI: 395, XXXVI: 73–75, 509
Welles, Sumner, I: 119, 270, 398, II: 421, 429, 444, 455, 457–473, 477–523, 529–549, 577, 586, 587, 653, 678, 680, 776, III: 1018, 1019, 1052, 1156, 1194, 1229, 1238, 1242, 1462, IV: 1694, 1696–1700, 1705, 1783, 1785–1792, 2051, V: 2094, 2362, 2363, 2367, 2380–2382, VI: 2547, 2806, IX: 4035, 4120, X: 5137, XI: 5173, 5179, 5183, 5227, 5234, 5377, 5395, 5396, 5405, 5418, 5427, 5437, 5448, XII: 3, 4, 5, 13, 64, 66, 69, 70, 73, 74, 82–84, 86, 221–223, XIV: 961, 1066, 1227, 1248, 1255, 1269–1299, XV: 1725, XVI: 2007, 2304, 2305, 2390, XVII: 2457, 2458, XIX: 3443, 3477, 3500, 3501, 3698, 3699, 3702, 3703, 3721, 3733, XX: 3998, 4008, 4027, 4079, 4113, 4301, 4320, 4321, 4373, 4386, 4399, 4517, 4518, XXI: 4579,

4727, 4730, XXIV: 1286, XXVI: 271, 391, 444, XXIX: 2066, 2244, XXXI: 3249, 3250, XXXII: 152, 242, 638, XXXIII: 734, 785, 786, 1373–1375, 1377, XXXIV: 52, 55, 59, 114, 115, 117, XXXV: 163, 660, XXXVI: 376, 377, 493, 494, XXXVII: 688, 689, 691, 1074, XXXIX: 42, 247, 328, 444, 445, XXXX: 17, 44, 45, 45n, 160n, 171n, 266–T, 297, 300, 300n, 301, 302, 302n, 303, 324, 332, 336–338, 347, 392, 393, 401, 406–408, 414, 414n, 415, 416, 418, 422, 425, 425n, 440n, 509, 510, 565

Wellington, New Zealand, XXXIII: 834, XXXVI: 141, 522, XXXVII: 795, 1277

Wells, Gen. B. H., VII: 3310, IX: 4344, XVIII: 3298, 3354, 3355, 3363, 3365, 3369, 3374, 3385, 3396, 3407, XXI: 4592, 4629, XXIII: 771, 801–812, 1265, XXVII: 2, XXVIII: 1370, 1417–1428, XXIX: 2017, XXXV: 102, 152, XXXIX: 63, 112, 232

WEST CRESSEY, XVI: 2160, XXXIII: 1208

West, Col. Charles W., VII: 3187, VIII: 3615, 3674, IX: 4301, 4305, 4421, 4479, XIX: 3882, 3883, 3885, 3887, 3890, XXI: 4566, XXXIX: 24

West, Capt. Melbourne H., XXII: 296–299, XXIII: 1257, XXVII: 3, XXVIII: 1622–1624, XXXIV: 147

West China Sea, III: 1248, V: 2191, VI: 2873, IX: 4252

Western Union Telegraph, VII: 3269, 3270, IX: 4519, XXIII: 1076, 1080, 1102, 1103, XXVII: 109, 110, XXIX: 2311, XXXII: 209, XXXIII: 823, 1282, XXXIV: 33, XXXV: 172, XXXVII: 1081 XXXIX: 95, 229, 260, XXXX: 225

WEST POINT, XVI: 2205, XXXIII: 1228

WEST PORTAL, IV: 1680

WESTRALIA (Br), XV: 1581

WEST VIRGINIA, I: 33, 41, 45, 46, 76, 224, 234, 245, IV: 1676, 2023, V: 2210, 2324, 2342, 2344, VI: 2674, 2678, VIII: 3382, X: 4849, XI: 5349, 5350, 5356, XII: 256, 260, 348, 354, 374, 377, XIII: 392, 394, XV: 1584, XVI: 2249, 2350, XVI: 2509, 2514, XX: 4123, 4522, XXI: 4557, 4563, XXII: 372, 537, 591, 595, XXIII: 945, 1166, XXIV: 1365, 1386, 1398, 1399, 1412, 1497–1499, 1520, 1575, 1576, 1580–1582, 1585, 1587, 1590–1597, 1599–1603, 1609, 1611, 1614–1617, 1719, 1752, 1754, XXVI: 190, 553, XXVIII: 1551, XXXI: 3179, XXXII: 47, 230, XXXIII: 699, 1171, 1342, XXXIV: 198, XXXV: 389, 497, 501, XXXVI: 538, 569, XXXVII: 925, 928, 931, 937, 1213, 1214, 1227–1229, 1235, 1236, 1239–1242, 1246, 1248–1254, 1257–1261, 1275, XXXIX: 507, XXXX: 59, 60, 64, 70n

WESTWARD (Private Yacht), XXX: 2777

Whaling, Col. William J., XVIII: 3236, XXIII: 1073, 1095–1102, 1273

WHARTON, XVI: 2255, XVII: 2524, XXVI: 556, XXXIII: 1286

Wheeler Field, I: 36, 38, 39, 49, 50, 51, 54, 55, 61, 98, FP 239, 240, 241, 376, III: 1079, IV: 1901, 1902, 2491, VI: 2586, 2772, VII: 2924, 2926, 2952, 2953, 3004, 3036, 3037, 3096, 3111, 3112, 3227, 3295, XII: 323, 324, XIII: 405–408, 421, 422, 726, XIV: 1036, 1037, 1039, XV: 1441, 1442, 1444, 1603, 1607, 1608, 1625, 1630, XVI: 2279, XVII: 2551, 2552, 2556, 2557, 2561, 2562, 2566, 2567, 2723, 2725, 2867, 2868, XVIII: 2956–2959, 2967–2969, 2971, 2972, 2976, 2987–2989, 2991, 2995, 2996, 3014, 3015, 3017–3020, 3022, 3025, 3028, 3030–3033, 3043, 3048, 3054, 3055, 3064, 3089, 3090, 3095, 3097, 3118, 3234, 3236, 3246, 3369, 3433, XIX: 3594, 3597, 3603, 3613, 3614, 3622, 3623, 3625, 3632, 3635, 3637–3640, XX: 4520–4522, XXI: 4625, 4637, 4642, XXII: 9, 36, 37, 49, 50, 52, 57, 59, 60, 63, 64, 93, 94, 107, 111–113, 116–118, 159, 173, 221, 223, 229, 230, 247, 249, 252, 255, 259–261, 273, 275, 278, 279, 287, 583, XXIII: 713, 992, 993, 1257, XXIV: 1295, 1368, 1564, 1566, 1567, 1590, 1652, 1655, 1656, 1658, 1659, 1663, 1664, 1667, 1670, 1672–1674, 1676, 1678, 1682, 1683, 1690, 1701, 1704, 1714, 1715, 1719, 1721, 1722, 1744, 1745, 1762, 1768, 1772, 1774, 1775, 1784, 1788, 1791, 1803, 1805, 1806, 1811, 1812, 1829, 1830, 1833, 1836, 1841, 1845–1847, 1857, 1862, 1868, 1876, 1877, 1899, 1901, 1902, 1907, 1909, 1935, 1937, 1962, 1971, 1972, 1981–1987, 1991–1994, 1998, 2007, 2009, 2013, 2014, 2012, 2111, 2112, 2114, 2119, 2127, 2132, 2133, 2138, 2142, 2143, 2159, 2160, 2166, XXV: Items 88, 89, XXVI: 30, 376, 379, 381, 484, XXVII: 19, 159, 173, 174, 196, 259,

281, 285, 348, 409, 415, 478, 480, 556, 560, 563, 619, 627, 632, 696, 729, 758, 761, 763, XXVIII: 914, 957, 967, 968, 974, 982, 983, 1049, 1051, 1076, 1077, 1250, 1324, 1485–1491, 1493, 1541, 1574, XXIX: 1724, 1730, 1771, 1779, 1782, 1802, 1819, 1820, 1832, 1877, 2012, 2109, 2112, 2114, 2117, 2122, 2123, 2291, 2460–2462, 2464, 2471–2473, 2476, 2480, 2491, 2493, 2494, 2499, 2519, 2520, 2522–2524, 2527, 2529, 2531, 2534–2536, 2546, 2549, 2551, 2557, 2565, 2566, 2588, 2591, 2596, 2598, 2670–2685, 2735, 2736, 2807, 2808, 2811, 2812, 2819, 2849, 2850, 2889, 2892, 2917, 2982, 2987, 2990, 2992, 2997, 3041, 3042, 3083, XXXI: 3115, XXXII: 195, 196, 350, 462, XXXIII: 1155, XXXIV: 91, 164, XXXV: 210, 219, 220, 224, 231, 232, 240, 241, XXXVI: 386, 545–547, 551, 597, XXXVII: 1207, 1269, 1311, XXXIX: 15, 107, 124, 131, 132, XXXX: 62, 70, 492
    Enlisted Men Assigned to Ground Defense, XXIV: 1999–2007
WHEELEY (Old), XXII: 460
WHIPPORWILL, XV: 1707, XXIV: 1644, XXXIII: 1313
White, Lt. Grover, VII: 2951, 3034, 3035, 3118, XVIII: 2966, 2967, 3013, 3014, 3191, XIX: 3612, 3639, XXII: 408, XXIII: 978, 1199, XXIV: 1782, 1783, 1829, XXVII: 556, XXIX: 2123, 2124, XXX: 2470, 2471, 2517, 2518, XXXIII: 1344
White, Brig. Gen. W. R., XXVII: 3, 87, 721, XXVIII: 1040–1049
White Sulfur Springs, IV: 2051, 2053
Whiteman, Lt., XIX: 3638
WHITNEY, XII: 349, XIV: 941, XVII: 2511, 2514, 2519, XXII: 321, XXIII: 698, 1126, XXIV: 1514–1518, 1572, 1573, 1577–1581, 1583, 1584, 1586, 1587, 1590, 1592, 1595, 1600, 1605, 1610, 1674, XXVI: 553, XXXVII: 936, 1218, 1224, 1225, 1230, 1231, 1232, 1234, 1235, 1237, 1238, 1240, 1241, 1246, 1248, 1251, 1258, 1263
Wichas, Sgt. Stanley J.., XVIII: 2967, 3013, 3191, XIX: 3612, XXIV: 1782, 1829, XXX: 2470, 2517
WICHII MARU (Ja), XIII: 462–464, XXX: 3077
WICHIKI MARU (Ja), XIII: 462–464

WICHIRO MARU (Ja), XIII: 462, 463
Wickiser, Rea B., XXVII: 3, XXVIII: 1279–1290, XXX: 2734–2736, XXXIX: 187, 192, 206
WICHITA, XVI: 2219, XX: 4122, XXXIII: 1359
WIDGEON, XII: 349, XVII: 2528, 2531, XXI: 4560, 4565, XXIV: 1575, 1600, 1610, 1644, 1696, XXVI: 557, XXXIII: 1314, XXXVII: 936, 1227, 1258
WIKI, XXIV: 1458
Wilke, Weslie T., XXIII: 771, 788, 793, 803, 815–819, 1265
WILLARD A. HOLBROOK, XII: 347, XIV: 1404, 1405
WILLIAM P. BITTLE, XI: 5505, XIV: 981, XVII: 2465, XXXIII: 1246
WILLIAM B. PRESTON, XI: 5315, XXXIII: 1314
WILLIAM WARD BURROWS, VI: 2530, XII: 345, XVII: 2524, 2714, 2715, XX: 4523, XXII: 373, 548, XXIII: 1166, 1167, XXIV: 1387, 1460, 1469, 1670, 1686, 1738, XXXII: 232, XXXIII: 704, 1348, 1349, XXXVII: 1278
Willkie, Wendell, II: 728, VI: 2495, 2859, XVII: 2457, 2458, XXXX: 422
Williams, Cdr., XXVI: 416, XXXVI: 565
Williams, Frank S., XX: 4031, 4041, 4051, 4053
WILLIAMSON, XII: 346, XVI: 2252, XVII: 2529, 2531, XXVI: 557
Wilkinson, Lt. Col. G. H., III: 1494, 1495, IV: 4336, 4337, 4348, 4358, 4359, 4361, 4379, 4380, 4401, 4402, 4408, XXXV: 31, 32, 41, 42, 44, 84–87, 109, 113, 114, 118, 124, 147, 148, 203, 204, 582, 590, 591, 641, XXXIX: 278–280, 293
Wilkinson, Adm. Theodore S., I: 127, 128, 203, 204, II: 736, 765, 794, 796, 814, 824, 839, 911, 925, 935, 940–942, 944, 945, III: 1009, 1370, 1374, 1448, 1464, 1465, 1487, 1554, IV: 1673, 1717, 1719, 1918, 1919, 1921, 1922, 1924–1928, 1960, 1970–1972, 1984, 2002, 2017, 2019, 2021, 2024, 2025, 2030, 2031, 2056, V: 2147, 2187, 2254, 2358, 2388, 2389, 2401, 2460–2462, 2480, 2486, VI: 2550, 2553, VII: 2961, 3343, 3368, VIII: 3384, 3385, 3388, 3389, 3392–3394, 3397, 3410, 3411, 3413, 3414, 3425, 3427, 3428,

3431, 3432, 3434, 3435, 3439, 3443, 3448,
3566–3570, 3580, 3587, 3611, 3658, 3659,
3667, 3670, 3671, 3694, 3695, 3698, 3700–
3705, 3720, 3731, 3735, 3737–3739, 3747,
3752, 3753, 3760–3762, 3788, 3811, 3812,
3832, 3874, 3878, 3899–3905, 3907, IX: 3940,
3967, 3986, 3989, 3990, 3992–3996, 4004,
4006, 4025, 4026, 4028, 4031, 4032, 4044,
4045, 4058, 4061–4063, 4090, 4096–4098,
4100, 4104–4107, 4111, 4113, 4114, 4116,
4118, 4120–4122, 4144, 4151, 4153, 4157,
4158, 4160, 4164, 4165, 4178, 4192, 4194,
4196, 4202, 4246, 4472, 4514, 4515, 4544,
4559, X: 4610, 4712, 4719, 4733, 4740, 4750,
4777, 4784, 4816, 5026, XI: 5153, 5156, 5232,
5238, 5244, 5268, 5271, 5272, 5276, 5279,
5280, 5282, 5286, 5287, 5362–5364, 5475,
5547, XVI: 2272, 2294, 2316, 2318, 2320,
2365, 2376, 2387, 2391, 2415, 2416, XVIII:
3347, XXI: 4556, 4685, 4689, 4697, XXII:
2, XXIII: 1248, 1273, XXIV: 1357, 1361,
XXVI: 1, 2, 313, 363, 391–393, 395, XXVIII:
926, XXIX: 2322, 2372, 2384, 2387, 2388,
2396, 2441, XXXI: 3195, XXXII: 1, 24, 60,
62, 128, 131–133, 135, 165, 243, 353, 354,
356, 381, 541, 684, XXXIII: 758, 774, 778,
781, 792, 796, 805, 812, 813, 816, 848, 850,
851, 853, 855, 889–893, 897, 899, 900, 903,
904, 918, 1319–1328, XXXIV: 51, 59, 95,
XXXV: 102, 117, 139, 165, XXXVI: 1, 8,
18–20, 23, 25–27, 64, 68, 69, 73, 79, 84, 85,
94, 374, 415–417, 464, 477, 479, 480, 483,
499, 505, 508, 510, 520, 521, 526–529, 531–
533, 572, 574, 582, 650, XXXIX: 227, 250,
323, 328, 329, 341, 342, 351, 354, 363, 364,
378, 379, 385, 402, 404, 431, 459, 461, 465,
483, 514, XXXX: 184, 207, 207n, 208, 209,
211, 212, 218, 265, 266–E, 266–F, 266–G,
266–H, 432n, 482, 485, 519, 521, 527–529,
540

    Testimony Before the Hart Inquiry,
XXVI: 299–309

    Testimony Before the Hewitt Inquiry,
XXXVI: 229–241

    Testimony Before the Joint Committee,
IV: 1723–1911

Willoughby, Gen. C. A., III: 1490, IX: 4353,
4377, 4379–4382, 4401, 4423, 4434, 4436–
4438, 4441, XXXV: 2, 84–87, 118, 121, 143,
148, XXXIX: 273

Wilson, Brig. Gen. Durward S., I: 52,
103, VII: 3101, 3102, 3114, XVIII: 3223,
3235, 3245, 3360, 3385, XXII: 71, 152–
158, 181, 188, 242, XXIII: 1253, XXVII: 3,
277, 268, 473, 482, 701–719, XXVIII: 1605,
XXIX: 2209, 2262, XXXV: 152, XXXIX: 232

Wilson, Col. Erle M., XXVII: 3, 473–483,
XXVIII: 1600, 1604, 1605

WILSON, XI: 5505, XVII: 2465

Wimer, Col. B. R., XXIX: 1876, 1877

Winant, Ambassador John, V: 2871, IX:
4042, 4043, 4260, 4286, XI: 5216, 5221,
5292, 5377, 5534, XIV: 1246–1248, 1300,
XV: 1773, XIX: 3441, 3472, XX: 4062, 4066,
4084, 4355, XXXX: 172n, 373, 403, 414n,
424, 425n, 430, 522, 565, 570

Wing, Col. C. K., VII: 2998, 3005, XVIII:
3016, 3377, 3378, XXIV: 1833, XXX: 2521

WINSLOW, XVII: 2465

Winter Harbor, Maine, (See Radio Intelligence)

Withers, Adm. Thomas, I: 29, VI: 2626,
XXI: 4556, 4560, XXIV: 1522–1524, 1526,
XXXII: 2, 212, 647, XXXIII: 1201, XXXVI:
371, 448, 552, 572

WITTE DE WITH (Du), XX: 4131

WITTELSBACH (Ger), XXX: 3076

Wolfe, Ens., XXIII: 698

WOOD, XVIII: 3079, XXIV: 1892

Wong, Ahoon, XXIX: 1883-1886

Woodrum, Lt. Donald, IX: 4313, 4367,
4368, 4441, 4443, 4465, XXXV: 2, 48, 49,
118, 119, 352, 375, 506, 518, 520, XXXVI: 1,
220, 221–226, 466, 476, 574, XXXIX: 404

Woods, Sam, XXXV: 356, 357, 381, 382, 513,
522

Woodward, Lt. (jg) Farnsley C., XVI:
2272, 2311, 2312, XXXVI: 1, 247, 249, 262,
263, 319–325, 350–352, 574, XXXIX: 404,
453, 454

WOODWORTH, XX: 4476

Woolley, Cdr. G. B., XV: 1463, XXIV:
1626, 1627, XXVI: 532, XXXIII: 1298

Woolley, Ralph, XXVII: 4, 395, 491, 612,
613, 657, 746, XXVIII: 1116, 1117, 1296,
1300, 1301, 1303, 1325, 1326, 1331, 1337,
1438, 1439, XXIX: 1798, 1840, 1846, 1858,
1859, 1864, 1904, 1911, 1912, 1914, 1915,
1917, 1918–1930, 1938, 1941, 1974, 1975,
2042, XXX: 2623, 2738, 2739, 2748, 2751,

2796, 2848, 2851, 2853, 2854, 2878, 2879, 2882, 2939, 2972, 2982, 2990, 3055, 3056–3058, XXXI: 3101, 3102, 3130, XXXIX: 156, 166, 186, 203, 212, 214

WORDEN, IV: 1676, V: 2210, VI: 2538, XII: 349, XVI: 2128, 2131, 2136, 2347, XVII: 2511, 2514, 2519, XXI: 4557, 4563, XXIV: 1597, 1653, 1664, 1717, 1747, XXVI: 553, XXXV: 498, 499, XXXVI: 465, XXXVII: 926, 936, 945, 1254, XXXIX: 502

Wotje, X: 4900, XIII: 456, 459, 468, 469, XVII: 2582, 2596, 2632, 2670, 2685, 2693, XVIII: 2941, XXI: 4763, XXVI: 505, 518, XXXIII: 1000, 1013, XXXIV: 186, XXXV: 52, 61

Wright, Capt. J., IV: 2029, X: 5134, XXVI: 183, 184, XXXVI: 526

Wright, Lt. Cdr. Wesley, VIII: 3701, 3703, 3756, 3658, 3762, 3763, 4122, XXVI: 1, 2, 184, 415–418, 443, XXXVI: 247, 261–266, 371, 490, 527, 565, 573, 574, 649, XXXIX: 404

WRIGHT, I: 30, 339, V: 2157, 2164, VI: 2678, 2679, VIII: 3535–3539, 3541, X: 4905, XII: 345, XVI: 2253, XVII: 2480, 2487, 2496, 2529, 2531, 2545, 2549, 2554, 2558, 2563, 2708, 2714, 2801–2832, XXI: 4562, 4565, 4768, 4769, XXIII: 607, 625, 1097, XXVI: 440, 490, 543, 557, XXXIII: 1259, 1284, 1314, 1348, XXXVI: 436, XXXVII: 956, 958, 964, 966, 970, 975, 977, 979, 981, 1222

Wyatt, Cdr. J. L., VI: 2919, XI: 5267

Wyman, Col. Theodore, Jr., II: 1216, 1450, VII: 3223, IX: 4305, 4309, 4418, 4419, 4450, XIX: 3883–3885, 3899, XXI: 4566, 4567, 4643, 4644, 4652, 4660, 4661, XXII: 307, 309, XXIV: 1662, XXVII: 4, 33, 147–149, 179, 259, 272, 294–300, 302, 309, 315–317, 321–323, 326–328, 330–332, 334, 337, 340–345, 347–351, 366, 370, 373–377, 379, 380, 391, XXVIII: 392–401, 403–405, 442–454, 459–462, 493, 495–499, 600, 602–606, 608–613, 645, 659, 664–674, 676–682, 684–686, 688, 690, 696, 735, 744, XXVIII: 806–811, 813–815, 822, 883, 886, 986, 987, 1035, 1061–1073, 1077–1088, 1093–1096, 1098, 1102, 1103, 1106–1108, 1112, 114–1116, 1124–1126, 1128, 1130, 1133, 1136–1145,

1148, 1151, 1152, 1156–1158, 1161–1185, 1188–1195, 1197, 1201–1208, 1210–1212, 1215, 1218, 1219, 1226, 1227, 1231, 1233–1236, 1241–1245, 1247, 1248, 1250, 1252, 1254–1257, 1259, 1261, 1262, 1265–1272, 1274–1276, 1280, 1281, 1283, 1284, 1287–1295, 1298, 1300, 1301, 1304, 1312, 1316, 1318, 1323–1326, 1332–1335, 1337–1352, 1385, 1431–1438, 1445, 1446, 1459, 1460, 1481, 1491, 1492, 1508–1511, 1513, 1515–1523, 1527, 1561, 1563, 1564, XXIX: 1631, 1635–1637, 1655–1657, 1674, 1676–1680, 1682, 1686, 1687, 1691–1693, 1705–1712, 1735–1836, 1839–1843, 1845, 1846, 1850, 1854, 1855, 1859, 1860, 1862, 1864–1866, 1868, 1869, 1876, 1880, 1885–1891, 1906, 1911, 1916–1919, 1926, 1927–1929, 1936, 1843, 1953, 1958–1963, 1965, 1966, 1968–1972, 1975–1980, 2020–2028, 2030, 2036–2040, 2052–2057, 2060, 2091–2094, 2096–2101, 2138–2142, 2215–2217, 2227, 2228, 2232, 2234, 2273, 2274, 2276, XXX: 2625, 2627–2635, 2637–2666, 2669, 2673, 2677, 2678, 2681–2685, 2687–2705, 2707, 2708, 2710, 2712, 2714–2720, 2723, 2724, 2726–2741, 2744, 2745, 2752, 2754–2758, 2760, 2764, 2765, 2783, 2797, 2802, 2805, 2809, 2810, 2812, 2814, 2816, 2819, 2821, 2876, 2929–2837, 2841, 2845, 2847, 2849–2852, 2855, 2856, 2875, 2976, 2878–2881, 2886–2892, 2894, 2896–2898, 2900–2905, 2908–2911, 2913–2916, 2924, 2927, 2934, 2935, 2940, 2941, 2951–2953, 2955, 2956, 2960–2966, 2973, 2982, 3007, 3008, 3010, 3011, 3013, 3018, 3022, 3034, 3043, 3055, 3061, 3062, 3063, XXXI: 3097–3098, 3101–3106, 3112, 3115, 3116, 3118, 3120–3122, 3125, 3127, 3129, 3133–3135, 3157, 3162, 3173, 3175, XXXV: 5, 19, 121, 129, 130, 151, XXXIX: 23, 25, 132, 133, 133n, 146, 147, 147n, 148, 148n, 149, 149n, 150, 150n, 151, 153–170, 172–174, 177, 179, 181–189, 191–193, 201–217, 219, 231, XXXX: 245, 246, 253, 501

WYOMING (old), X: 4711, XII: 268, XVI: 2312, XXIV: 1308

X

XAV, XXXV: 59
XPG-551 (Ja), XVII: 2684, XXXV: 57
XPG-552 (Ja), XVII: 2684, XXXV: 57
XPG-553 (Ja), XVII: 2684, XXXV: 57
XPG-554 (Ja), XVII: 2684, XXXV: 57
XPG-561 (Ja), XVII: 2685, XXXV: 56
XPG-562 (Ja), XVII: 2685, XXXV: 56
XPG-563 (Ja), XVII: 2685, XXXV: 56
XYP-155, XXIV: 1713, 1718–1720, 1730, 1731, 1735, 1743, 1748
XYP-156, XXIV: 1743, 1746
XYP-157, XXIV: 1731, 1735, 1743, 1744, 1746, 1748
XYP-161, XXIV: 1700, 1713, 1715, 1730, 1735, 1739, 1742, 1748
XYP-166, XXIV: 1700, 1713, 1718, 1719, 1727, 1731, 1739, 1742, 1743, 1746

Y

YAEYAMA (Ja), XVII: 2683, XXXV: 56, XXXVII: 733, 1134
YAKAZE (Ja), XIII: 476, 478, 580
Yamaquchi, Cdr., I: 244, 245
YAMAGUMO (Ja), XIII: 543, XVII: 2682, XXXV: 55, XXXVII: 732, 1132
YAMAKAKE (Ja), XXXVII: 1132
YAMAKAZE (Ja), XXXV: 55, XXXVII: 732
YAMAKAZE MARU (Ja), XIII: 462–464
Yamamoto, Adm. Isoroku, I: 178–180, 225, 226, 236, 237, II: 562, 573, III: 1157, IV: 1737, VII: 2961, 3224, VIII: 3495, 3496, XI: 5358, XIII: 399, 400, 415–417, 426, 553, 612, 645, 707–710, 716, XVI: 2322, XVII: 2681, XXVI: 38, 55, 88, 107, 137, 148, 222, 235, 248, 325, XXVIII: 3066, XXXII: 63, XXXV: 182, 183, XXXVI: 9, 370, 446, 447, 562, 589–591, 595, XXXIX: 467, 506, XXXX: 53, 57, 147, 337
Yamamoto, Kumaichi, I: 226, III: 1461, 1462, IV: 1666, 1697, 1698, VI: 2546, IX: 4039, 4387, XII: 188–191, 206, 207, XIII: 429, XVI: 2300, 2302, 2303, 2350, XVIII: 2945, XXXI: 3241, 3243–3245, XXXIII: 776, 1367, 1371, XXXIV: 107, 111, 112, XXXV: 94, 162, 652, 654, 655, XXXVI: 491, XXXVII: 680, 681, 685, 906–908, XXXIX: 246, 439, 442, 443, XXXX: 196, 197, 386, 392, 394, 402, 417
YAMASHIRA (Ja), X: 5141
YAMASHIRO (Ja), XI: 1870, 1874, 1878, 1882, 1895, XX: 4125, XXXV: 54, XXXVII: 731, 741, 751, 783
YAMATO (Ja), XIII: 545, 616, 617, 645, XXXVI: 588, 617, 618, XXXVII: 1173, XXXX: 57
YANAKAZE (Ja), XVII: 2682
Yap Island, IV: 1801, XXI: 4570, 4763, XXVIII: 1590, XXXV: 611, XXXVI: 632, 637, 638, XXXVII: 1316, 1318, 1323, 1326, XXXVII: Items 64–66, XXXIX: 30
Yarnell, Adm. H. E., XVI: 2174, 2446, XX: 4283, XXVI: 208, XXXII: 13, XXXIII: 1353
YAWATA MARU (Ja), XV: 1856, XXXV: 396, 427, 432, 434, 441, XXXVII: 1019, 1091, 1125
YAYOI (Ja), XIII: 565, XVII: 2684, XX: 4127, XXXV: 56, XXXVII: 733, 1134
YC-447, XXXVII: 1272
YC-477, XXXVII: 1273
YF-24C, XXXVII: 1274
YFD-1, XXXVI: 615
YFD-2, XXXIII: 1270, XXXVII: 937
YMCA, XXIII: 787, 792, 803, 815, 817, 843–845, 847, 851, 852
YN-2, XXXVII: 1286
YN-7, XXXVII: 1286
YN-47, XXXVII: 1286
YN-53, XXIV: 1709, XXXVII: 937, 1286
YN-56, XXXVII: 1286
YN-617, XXXVII: 937, 938, 1285–1288
YNG-17, XXIII: 1039, XXIV: 1625, XXXVI: 254, XXXVII: 937, 938, XXXVIII: Items 126–138

YO-30, XXXVII: 1272
YO-43, XXXVII: 1272
YO-44, XVI: 2023
YODOGAWA MARU (Ja), XIII: 462–464
Yokosuka, XIII: 489, 552, 554, 578, 554, 578, 579, 616, XVIII: 3340, XX: 4127, 4354, XXIII: 677
Yokohoma, XX: 4355, 4454, 4471, XXIII: 1188
Yokota, S., I: 175, 209, XIII: 620–626
York, Pvt., XXIV: 1831
York, Yee Kam, XXIII: 903, 923–931, 960, 1268
YORKTOWN, II: 852, VII: 3363, VIII: 3548, XII: 256, 258, 259, XVII: 2466, 2573, 2712, XX: 4122, XXVI: 34, 47, 375, 496, 547, XXVIII: 972, XXXII: 84, XXXIII: 991, 1246, 1249, 1264, 1291, XXXV: 406, 547, XXXVI: 397, 551, XXXVII: 663, 842, 1104
YP-83, XII: 310
YP-87, XII: 87
YP-89, XII: 310
YP-90, XII: 310
YP-109, XXXVII: 937
YS-86, XV: 1459, 1461, 1463, XXIV: 1625, 1626
YSD-27, XXXVII: 1272, 1273
YT-3, XXXVII: 1273
YT-42, XXIV: 1625
YT-142, XV: 1461
YT-153, XXIII: 692, XXIV: 1454
YUBA (Ja), XVII: 2686
YUBAKU (Ja), XIII: 562
YUBARI (Ja), XIII: 561, 565, 574, 575, 661, 701, XI: 5359, XVII: 2684, XX: 4128, XXXV: 56, XXXVII: 733
YUDACHI (Ja), XIII: 547, 549, 550, 575, 576, XVII: 2682, XX: 4129, XXXV: 55, XXXVII: 732, 1132
Yuge, Kyonosuke, XXXV: 355, 364, 368, 385, 534
YUGIRI (Ja), XVII: 2681, XX: 4126, XXXV: 54, XXXVII: 732, 1132
Yugolsavia, IV: 1593, XX: 4227, XXXIII: 957, 1320
YUGUMO (Ja), XIII: 552
YUGURE (Ja), XIII: 549, 575, XVII: 2681, XX: 4126, XXXV: 54, XXXVII: 731, 1131
YUHOS (Ja), XXXVII: 752
YUKAZE (Ja), XIII: 574, XVII: 2683, XXXV: 55, XXXVII: 733
YUKIKAZE (Ja), XIII: 551, 552, 575, XVII: 2682, XX: 4126, XXXV: 55, 597, XXXVII: 732, 1132
YUNAGI (Ja), XIII: 575, 571, XVII: 2684, XX: 4128, XXXV: 56, XXXVII: 733, 1134
Yunnan Province, XIV: 1063–1065, 1073, 1079, 1080, 1083, 1172, 1173, 1361–1364, 1377, XV: 1476–1479, 1805, 1843, XVI: 2441, 3722, 3765, XX: 4457, XXVII: 15, XXXX: 339, 340, 342, 343, 391
YURA (Ja), I: 184, XI: 5356, XII: 358, XIII: 548, XX: 4125, XXXV: 58, XXXVII: 735, 1134, XXXX: 57n
YUZUKI (Ja), XIII: 565, XVII: 2687, XX: 4126, 4127, XXXV: 58, XXXVII: 735, 1132, 1133, XXXVII: 735, 1132, 1133
YW-10, XXXVII: 1272

WITHDRAWN

Z

Zacharias, Capt. E. M., I: 129, IV: 1808, V: 2353, 2354–2356, VI: 2603, 2604, 2639, 2641, 2642, VII: 3233–3259, 3303–3319, 3321, 3325–3357, 3359, 3366–3368, VIII: 3380, 3521, IX: 4410, X: 4858, 5115, XI: 5474, 5511, XV: 1924, 1927, 1928, XVIII: 3254–3301, XXI: 4558, XXIII: 969, 1012–1025, 1269, XXXX: 147n

ZAMZAM (Eg), XXXV: 393, 448, 506, XXXVII: 933, 1017

ZANE, IV: 1676, 1678, XII: 275, 349, XV: 1715, XVII: 2527, 2530, XXI: 4559, 4564, XXIV: 1576, 1584, 1585, 1590, 1599, 1611, 1615, 1667, 1668, 1685, 1716, 1742, XXVI: 557, XXXVII: 936, 1228, 1238, 1240, 1246, 1257

ZEILEN, XIV: 981, XVI: 2184, 2240, XXI: 4559, 4564, XXXIII: 1215, 1218, 1219

Zucca, Emil Lawrence, XXVII: 4, 451, XXVIII: 1343–1352, XXIX: 1825, XXX: 2736–2738

ZUIHO (Ja), XI: 5359, XVII: 3337

ZUIKAKU (Ja), I: 184, 234, 239, FP 239, 245, IV: 1796, XI: 5356, 5359, XII: 358, XV: 1871, 1875, 1877, 1879, 1883, 1896, XVI: 2322, 2323, 2325, 2350, XVII: 2622, 2644, 2646, 2674, 2687, XVIII: 3337, XXIII: 665–667, 680, 681, XXVI: 233, XXVIII: 1585, XXX: 3066, XXXV: 58, 71, XXXVI: 10, 113, 114, 116, 150, 481, 487, 510, 562, 596, XXXVII: 715, 736, 743, 748, 752, 764, 775, 783, 784, XXXIX: 467, 468, 470, 506, XXXX: 57n

About the Compiler

STANLEY H. SMITH is involved in graduate research and writing at the University of Washington in Seattle. His academic interests are in military history and World War II and he will be receiving a Master of Arts Degree during the 1990 academic year.